백제왕성
서울 풍납동 토성의
현재와 미래

Present and Future
of Baekje Royal Fortress in Pungnap-dong, Seoul

서울특별시
SEOUL METROPOLITAN GOVERNMENT

백제왕성 서울 풍납동 토성의 현재와 미래

Present and Future of Baekje Royal Fortress in Pungnap-dong, Seoul

발행인 박원순(서울특별시장)
총괄 정영준(문화본부 역사문화재과장)
진행 · 교정 박용순 · 문은순 · 류지원 · 최종규

제작부서 서울특별시 문화본부 역사문화재과
(04515) 서울특별시 중구 덕수궁길 15 서울특별시청 서소문청사
Tel. 02-2133-2623
http://www.seoul.go.kr

판명 · 판수 초판 1쇄
발행일 2018. 3. 30.
디자인 · 인쇄 홀리데이북스
Tel. 02-2026-0545
ISBN 979-11-6161-195-2 03910
일련번호 문화체육디자인 311-0012
가격 9000원

백제왕성
서울 풍납동 토성의
현재와 미래

Present and Future
of Baekje Royal Fortress in Pungnap-dong, Seoul

서울특별시
SEOUL METROPOLITAN GOVERNMENT

1963년 사적 제11호로 지정된 '서울 풍납동 토성'은 1997년 재개발부지 발굴을 시작으로 본격적인 발굴조사를 진행한 결과 고대왕국 백제의 초기 왕성유적으로 확인된 유적입니다. '한국의 폼페이 유적'이라고도 하는 풍납토성은 2천년이 넘는 역사도시 서울의 시작을 보여주고, 고대 동아시아 문화강국으로 기능한 백제 초기 500년 역사를 보여주는 핵심유적이기도 합니다.

2017년은 풍납토성을 본격적으로 발굴조사한 지 20년이 되는 해입니다. 풍납토성은 오랜 기간 지속적인 발굴조사를 통해 왕성의 면모를 하나씩 드러내면서 초기 백제왕성의 실체를 고스란히 보여주고 있습니다. 서울시는 국내를 넘어 국제적인 가치를 지닌 백제왕성 풍납토성의 면모를 온전히 밝혀내어 그 가치를 공유하고, 보존해서 후대에 전하고자 노력하고 있습니다.

그 일환으로 서울시는 2017년 풍납토성 발굴조사 20주년을 맞아 그동안의 조사·연구성과와 도시 변화상을 회고하고 백제왕성으로서의 미래비전을 마련하고자 국제학술회의를 지난해 11월 30일과 12월 1일 이틀간 개최하였습니다. '백제왕성 풍납토성의 현재와 미래' 라는 주제로 국내외 전문가분들의 다양한 주제발표와 총평으로 진행된 학술회의는 풍납토성의 과거와 현재를 돌아보고 미래를 준비하는 뜻깊은 국제교류의 장이 되었습니다.

발 간 사

박 원 순 (서울특별시 시장)

이제 20년간의 조사 · 연구성과 공유, 풍납동의 도시변화 등 현재상황 진단, 국내외 동아시아 고대왕성 유적의 발굴 · 보존 · 활용사례 비교, 백제왕도 복원과 풍납토성 활용방안 모색 등 국내외 전문가분들의 소중한 주제발표문과 총평문을 담아 연구서로 발간합니다. 이 연구서를 통해 풍납토성의 역사적 가치 및 위상을 우리 모두가 공유하고자 합니다. 또한 전문가와 시민이 함께 소통하는 과정을 통해 백제왕성의 미래비전을 마련하는 소중한 기초적 자료가 되기를 기대합니다.

2018년 3월

반갑습니다. 서울특별시 문화본부장 서정협입니다.

쌀쌀한 날씨에도 불구하고 풍납토성 발굴조사 20주년을 기념하여 서울시가 준비한 국제학술회의에 참석해주셔서 대단히 감사하다는 말씀을 먼저 드리겠습니다.

제가 몇 분을 특별히 소개드리고 감사드리고 싶습니다. 멀리서 오신 중국 사회과학원 고고연구소 주옌스 부소장님, 일본 칸사이대학교 이노우에 치카라 교수님, 니가타대학교 하시모토 히로후미 교수님, 그리고 베트남 고고학연구소 똥쭝띤 교수님 이 분들께는 다시 한번 감사의 말씀을 드리고 싶고, 백제학회 정재윤 회장님, 그리고 이 자리에 참석해주신 풍납동 주민 여러분께 특별히 감사의 인사를 드리고 싶습니다.

다 잘 아시겠지만, 풍납토성은 서울의 핵심유적입니다. 서울은 사실상 고대왕국 백제에서부터 시작하였기에 풍납토성은 서울 2천년 역사의 출발점이기도 합니다. 또한 풍납토성은 고대 동아시아 해상무역과 문화교류의 중심축을 이룬 백제 한성시대 500년의 역사와 문화가 담긴 소중한 유산입니다.

개회사

서 정 협 (서울특별시 문화본부장)

우리 서울시는 풍납토성을 온전히 발굴하고 보존해서 다음 세대에 물려주고자 합니다. 오늘 국제학술회의도 이런 노력의 하나로 생각해주시면 될 것 같습니다. 특히 이번 국제학술회의는 풍납토성에 대한 그동안의 발굴조사와 연구성과, 도시 변화상 등을 돌아보는 소중한 자리가 될 것으로 생각합니다.

또한 아시아 여러 나라의 고대왕성 발굴과 보존 경험을 공유하는 자리가 될 것입니다. 오늘과 내일 이틀간 진행하는 국제학술회의는 중국의 고대왕성인 조위 업성으로부터 일본의 3~5세기 왕궁 후보지인 마키무쿠유적과 와키모토유적, 미쓰데라 I 유적을 포함한 3~6세기 동일본 고분시대 호족거관 유적들, 또 베트남 하노이 북부에 위치한 도성유적인 탕롱 황성 중앙구역 등 고대왕성을 발굴하고 보존한 경험을 나누는 뜻깊은 자리가 될 것으로 생각합니다.

아무쪼록 백제왕성 풍납토성의 역사적 가치를 되새기고 앞으로의 미래발전을 준비하는 이번 국제학술회의에서 국내외 여러 전문가분들의 많은 고견을 부탁드립니다. 다시 한번 참석해주신 국내외 전문가님들을 비롯한 모든 분들께 감사의 인사를 드립니다. (2017.11.30.)

안녕하십니까, 백제학회 회장 정재윤입니다.

백제왕성 풍납토성 발굴조사 20주년 기념 국제학술회의를 진심으로 축하드립니다.

잘 아시다시피 풍납토성은 1925년 을축년 대홍수 때 청동초두가 발견되면서부터 세간에 알려졌습니다. 1936년 고적에 지정되고, 1963년 사적 제11호로 지정되면서 보호됐습니다. 그런데 그 출발점 자체가 토성의 성벽만 보존되고, 토성의 안까지 보존되지 않음으로써 엉키게 됐습니다. 그래서 1997년 현대리버빌 재건축 아파트를 만들 때부터 시작되어 경당지구, 미래지구 등 수차례 발굴되면서 왕성의 면모는 드러났으나 보존과 생존권이라는 문제가 엉키게 됐습니다.

그리고 나서, 2017년 삼표레미콘공장 이전 때, 한 판사가 문화재의 존재가 보이지 않는다는 것을 이유로 풍납토성에 위치한 삼표레미콘공장 이전문제가 부결됐었습니다. 이렇게 문화재가 개인에 의해서 판단되고 개인의 생존권과 관련되는 굉장히 심각한 문제에 부딪쳤을 때 또 한편으로는 활용이라는 측면도 대두됐습니다. 이런 측면에서 이제 풍납토성은 보존과 또 한편으로는 생존권, 활용이라는 키워드로서 우리가 모두 합심해서 풀어가야 할 문제가 되었다고 생각합니다.

축 사

정 재 윤 (백제학회 회장)

문화재는 우리의 것이 아니라 선조들이 물려준 것으로, 우리는 그것을 잠시 점유하고 있는 것이며, 그것은 장차 후손들에게 물려줘야 할 가치 있는 자산입니다. 백제왕성이 만약에 파괴된다면 우리의 2천년이 넘는 역사가 소실되는 것입니다. 이런 측면에서 이번 국제학술회의는 그간의 연구성과를 종합하고, 풍납토성의 가치와 의미를 새롭게 모색한다는 데 큰 의미가 있을 것으로 생각합니다.

이번 학술회의를 위해서 준비해주신 서울시 관계자들, 한성백제박물관 관장님을 비롯한 관계자분들, 무엇보다도 발표와 총평에 참가해주신 여러 선생님들께 깊은 감사를 드립니다. 다시 한번 풍납토성 국제학술회의의 개최를 진심으로 축하드립니다. (2017.11.30.)

목 차

일러두기

1. 이 책은 2017년 서울특별시가 주최한 백제왕성 풍납토성 발굴조사 20주년 기념 국제학술회의 「백제왕성 풍납토성의 현재와 미래」(2017.11.30.~12.1.)의 주제발표문과 총평문을 담았습니다.
2.
3.

사진 1 | 풍납동 토성 전경(동남쪽에서)(2015.9.)

화 보

사진 2 | 풍납동 토성 서남성벽(2016.10.)

사진 3 | 풍납동 토성 동북성벽(2016.10.)

사진 4 | 풍납동 토성 북성벽(2016.11.)

사진 5 | 풍납동 토성 전경(동남쪽에서)(2017.12.)

사진 6 | 풍납동 토성 전경(남쪽에서)(2017.11.)

사진 7 | 풍납동 토성 전경(서남쪽에서)(2017.12.)

사진 8 | 풍납동 토성 전경(서쪽에서)(2017.11.)

사진 9 | 풍납동 토성 전경(동북쪽에서)(2017.11.)

사진 10 | 풍납동 토성 서성벽 발굴현장 발견 문지(2017.11.)

사진 11 | 풍납동 토성 서성벽 발굴현장 발견 대형 콘크리트 구조물(2018.3.)

사진 12 | 2017 백제왕성 풍납토성 발굴조사 20주년 기념 국제학술회의(2017.11.30.~12.1.)

사진 13 | 특별전 「아! 백제왕성, 풍납토성」(2017 백제왕성 풍납토성 발굴조사 20주년 기념 국제학술회의, 2017.11.30.-12.1.)

제1부

백제왕성 풍납동 토성의 조사 · 연구 성과

Present and Future of Baekje Royal Fortress in Pungnap-dong, Seoul

백제왕성 서울 풍납동 토성의 현재와 미래

Present and Future of Baekje Royal Fortress in Pungnap-dong, Seoul

백제왕도 한성과 풍납토성 조사 · 연구 성과

신희권 서울시립대학교 교수

Ⅰ. 풍납토성의 발견과 문화재 지정

Ⅱ. 풍납토성의 조사 성과

Ⅲ. 풍납토성의 문헌사적 연구 성과

Ⅳ. 풍납토성의 고고학적 연구 성과

Ⅴ. 향후 과제와 전망

Ⅰ. 풍납토성의 발견과 문화재 지정

1. 일제강점기의 현황

사적 제11호로 지정·보호되고 있는 풍납토성은 행정구역상 서울시 송파구 풍납 1·2동에 걸쳐 위치해 있으며, 평면형태는 서쪽으로 한강을 끼고 약간 동쪽으로 치우친 남-북 방향의 장타원형이다. 북벽과 남벽은 짧은 벽으로 직선에 가까우나 각기 동벽과 서벽으로 둔각을 이루며 꺾이고, 그 중 동벽은 중앙부가 튀어나온 형태를 띠고 있다.

풍납토성의 모습은 일제강점기 때 제작된 지형도와 잡지 등을 통해 그 일면을 엿볼 수 있다. 당

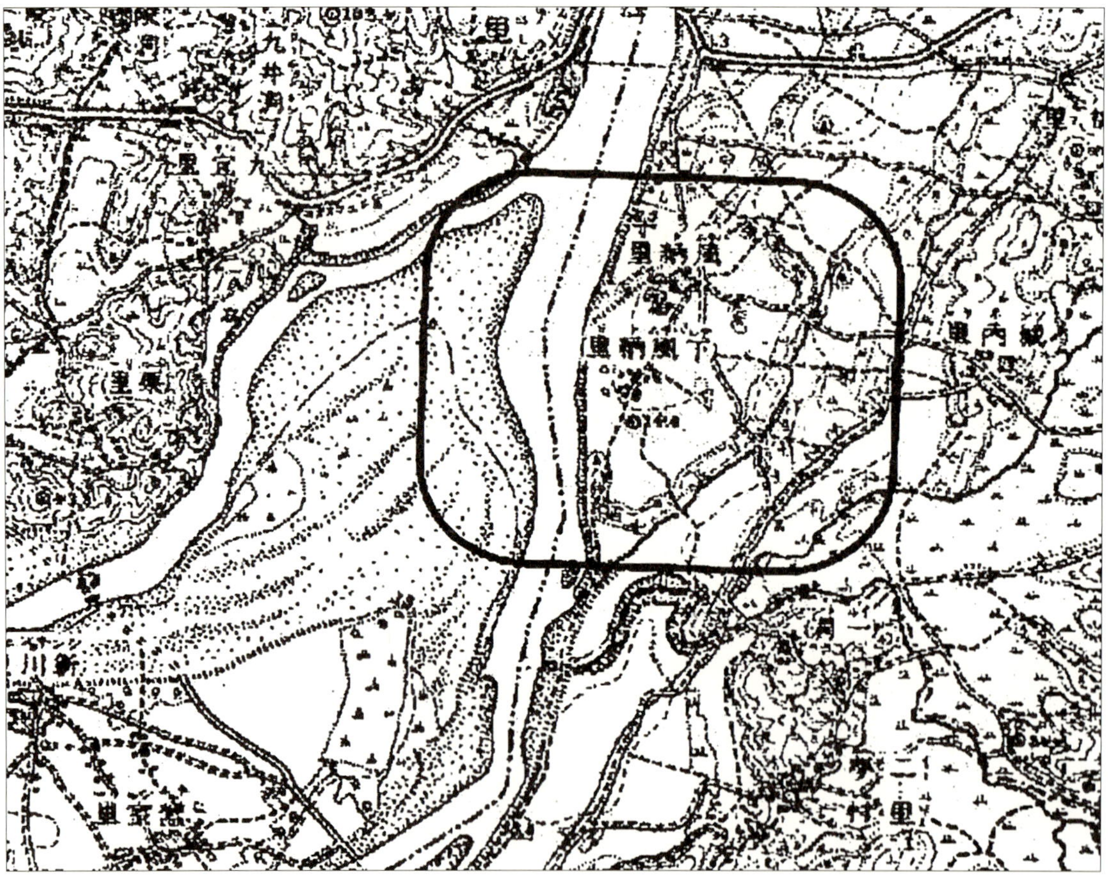

그림 1 | 풍납토성 일대 지형도(1917년)

초 풍납토성은 1925년(을축년) 대홍수로 서벽이 유실되면서 붕괴된 것으로 이해해 왔고, 그 과정에 중요 유물이 출토되어 그 중요성이 부각된 것으로 알려져 왔다. 그러나 실제로는 을축년 이전부터 일부 성벽의 유실이 있었던 것으로 추정된다. 1915년에 제작되어 1925년에 수정된 지형도에 의하면 이미 풍납토성의 서벽이 현재의 상태와 거의 동일하게 표현되어 있는 것을 볼 수 있다.

풍납토성의 존재가 학계의 주목을 받기 시작한 것은 을축년 8월 홍수로 서벽이 유실될 당시 청동제 초두를 비롯하여 이식금환, 동노, 백동경, 과대금구, 자감색 유리옥, 4구획 원문수막새 등 중요 유물이 발견되면서부터이다. 이로 인해 당시 일본인 학자들이 풍납토성을 주목하게 되는데 1934년 아유카이 후사노신鮎貝房之進은 백제의 고도지古都址를 소개하면서 다음과 같이 묘사하였다.

> "광진의 맞은 편 풍납리에 위치한 대토성으로 둘레 약 1리(10리?) 가량이며, 높이 2,30척, 폭 역시 이에 준하는 타원형의 성벽으로 둘러싸여 있다. 곳곳에 내외로 통하는 성문지가 있고, 성벽 위에는 소나무가 무성한 곳도 있다…(중략)… 강변에 면한 서측의 성벽은 전부 수해로 인해 함몰되었고, 동측은 송파의 윗머리까지 연결되어 있다."

특히 그는 풍납토성을 그 입지상 『삼국사기』「백제본기」 온조왕조의 작도 기록에 견주어 '하남위례성'으로 비정하기도 하였다. 즉, 하남 위례성의 입지로서 동쪽에 있는 높은 산은 주장산晝長山, 남쪽으로는 남한산 산맥을, 남쪽의 비옥한 땅은 둔골제屯骨堤의 비옥한 밭을 가리키는 것으로서 지형상 풍납리와 딱 들어맞는다는 주장이다.[1]

이후 풍납토성은 그 중요성이 인정되어 당시의 경기도 광주군 구천면 풍납리 일대의 성벽이 1936년 2월 21일 고적古蹟 제27호로 지정되었다(조선총독부 관보 제2730호, 조선총독부 고시 제69호). 당시 고적으로 지정된 지역은 풍납리 67번지 임야를 비롯해 40개 필지의 38,200평 정도였다. 비록 성 전체는 아니었지만 당시 남아 있던 성벽만이라도 고적으로 지정했다는 것은 조선총독부도 풍납토성의 가치를 인정하고 있었다는 뜻이다.

1_ 鮎貝房之進, 1934,「百濟古都案內記」,『朝鮮』234號.

2. 광복 이후 최근까지의 현황

광복 이후 1961년 문화재관리국이 설립되고, 이듬해인 1962년 1월 '문화재보호법'이 제정되었다. 또한 문화재위원회 규정을 제정하여 일제강점기에 지정된 보물과 고적 등을 국보・보물・사적으로 명칭을 변경하여 지정하였다. 그러한 작업의 일환으로 풍납토성 또한 1963년 1월 21일에 사적 제11호로 재지정되었다. 그런데 여기서 간과할 수 없는 점은 일제강점기에 지정되었던 성벽만 그대로 재지정되었다는 사실이다. 반세기가 지난 현재 풍납토성이 안고 있는 토지 보상 문제 등을 생각해 보면 실로 안타까운 일이라 하지 않을 수 없다.

풍납토성에 대한 최초의 조사는 1964년 서울대학교의 김원용 선생에 의해 이루어졌다. 발굴조사 보고서에 의하면 "벽의 길이는 북벽이 약 300m, 동벽이 1,500m, 남벽이 200m 가량 되며 여기에 유실하고 남은 서북벽 250m를 가산하면 현존장 합계는 2,250m쯤 된다. 유실한 서벽은 1925년의 대홍수시에 그렇게 된 것이며 북벽과의 접합부부터 거의 남벽 가까이까지 휩쓸려 나갔다"고 되어 있다. 또한 "북벽의 경우 정상에서 약 2m 내려간 위치에서 일단의 넓은 단을 만들었고 거기서부터는 경사를 죽여서 기부를 만들고 있으며 성벽 기부에서의 폭은 30m 가량이나 되고 있다. 그리고 단면에서 보면 돌은 거의 없고 고운 모래뿐인데 그것을 엷은 층으로 한층한층 다져서 쌓아 올라가고 있다"고 하고 있다.[2]

이러한 현상 자체 역시 현재와 크게 다를 바가 없다고 생각된다. 다만 1969년에 북벽과 동벽의 연결부 남쪽으로 동벽 일부 및 유실되고 남은 서벽 일부 구간을 해제하여 그 부분의 현상이 변경된 것이 1960년대 초 조사 당시와 달라진 점이라 할 수 있다. 이후 이전까지의 사적지 지정 범위 및 일부 해제된 구간 등을 포괄하여 1970년 문화재 보호구역으로 지정한 것을 재차 고시한 바 있으며, 그때의 지정 내용이 근래의 사적지 범위로 이어져 왔다.

1997년 1월 초 선문대학교 역사학과 풍납토성 학술조사단(단장: 이형구)에 의해 실시된 풍납토성의 실측조사에 의하면 성벽의 너비는 대체로 40~30m 정도이고 가장 넓은 곳은 저부 넓이가 70m에 이르며, 지금 남아 있는 성벽 중 이미 복원된 북벽의 높이는 현지표로부터 11.1m, 미복원된 남쪽과 동쪽의 높이는 6.2m 내지는 6.5m 정도로 보고되어 있다.[3]

2_ 김원용, 1967, 『풍납리포함층조사보고』, 서울대학교고고인류학총간 제3책.

3_ 이형구, 1997, 『서울 풍납토성[백제 왕성] 실측조사연구』, 백제문화개발연구원.

결론적으로 풍납토성은 현재 전체 토성 중 북벽과 동벽, 남벽 등이 남아 있고, 서벽은 대부분이 유실된 상태이다. 북벽 446m 구간은 1976년에서 1978년에 걸쳐 현 상태로 복원·정비가 완료되었고, 동벽은 북쪽에 일부 구간이 유실된 것을 제외하고 약 2,080m 정도가 축조 당시의 모습대로 남아 있다. 이를 통해 보면 풍납토성은 현재 약 2.1㎞ 정도가 남아 있는 것이고, 서벽이 붕괴되지 않았을 것을 가정하면 전체 길이는 약 3.5㎞에 이르는 대형이었을 것으로 추정된다.

현재의 풍납토성 권역은 성벽을 포함한 문화재 보호구역을 합하면 약 88만㎡에 달하는데, 최근까지도 지속적으로 사적지로 추가 지정하고 토지 보상을 실시하여 현재는 약 30만㎡ 가량의 토지 매입을 완료한 상태이다.

Ⅱ. 풍납토성의 조사 성과

1. 1964년 유물포함층 시굴조사[4]

풍납토성에서 처음으로 실시된 조사는 1964년 서울대학교 김원용 선생에 의해 이루어진 것으로 풍납토성 내 북쪽지역 유물포함층에 대한 시굴조사이다. 조사 결과 제1주거층, 제2주거층 그리고 을축 이후의 3개 퇴적층이 확인되었고, '풍납리무문토기'를 비롯하여 조질유문토기, 김해식유문토기 등의 토기류와 개와, 철편류 등의 유물이 출토되었다.

김원용 선생은 "풍납리토성의 초축 연대는 삼국사기의 기록에 입각해 볼 때 서기 1세기경에는 백제인들이 이와 같은 축성을 할 수 있었을 것이며, 서기 200년대의 풍납리인들은 개와집에 살고 있었을 것"으로 확언하고, 폐기 시점에 대해서는 "백제의 한성이 고구려군에게 함락당하고 웅진으로 떠나간 475년까지는 존속한 것"으로 보았다.

결론적으로 "풍납리토성은 방위용 성이긴 하지만 평시에는 많은 일반민이 살고 있었던 반민반

4_ 김원용, 1967, 주2)의 앞 책.

군적 읍성이고, 토성의 정확한 초축 연대는 알 수 없지만 위례성과 거의 동시에 축성된 초기의 것임은 틀림없으며, 특히 개로왕 21년(475)에 고구려군이 남하하여 7일 동안 북성北城을 공격하고 남성南城으로 이동하자 왕이 달아났다는 대목의 북성이 바로 풍납토성으로 규정"한 바 있다.

2. 1996년 현대아산병원 기숙사 신축부지 발굴조사[5]

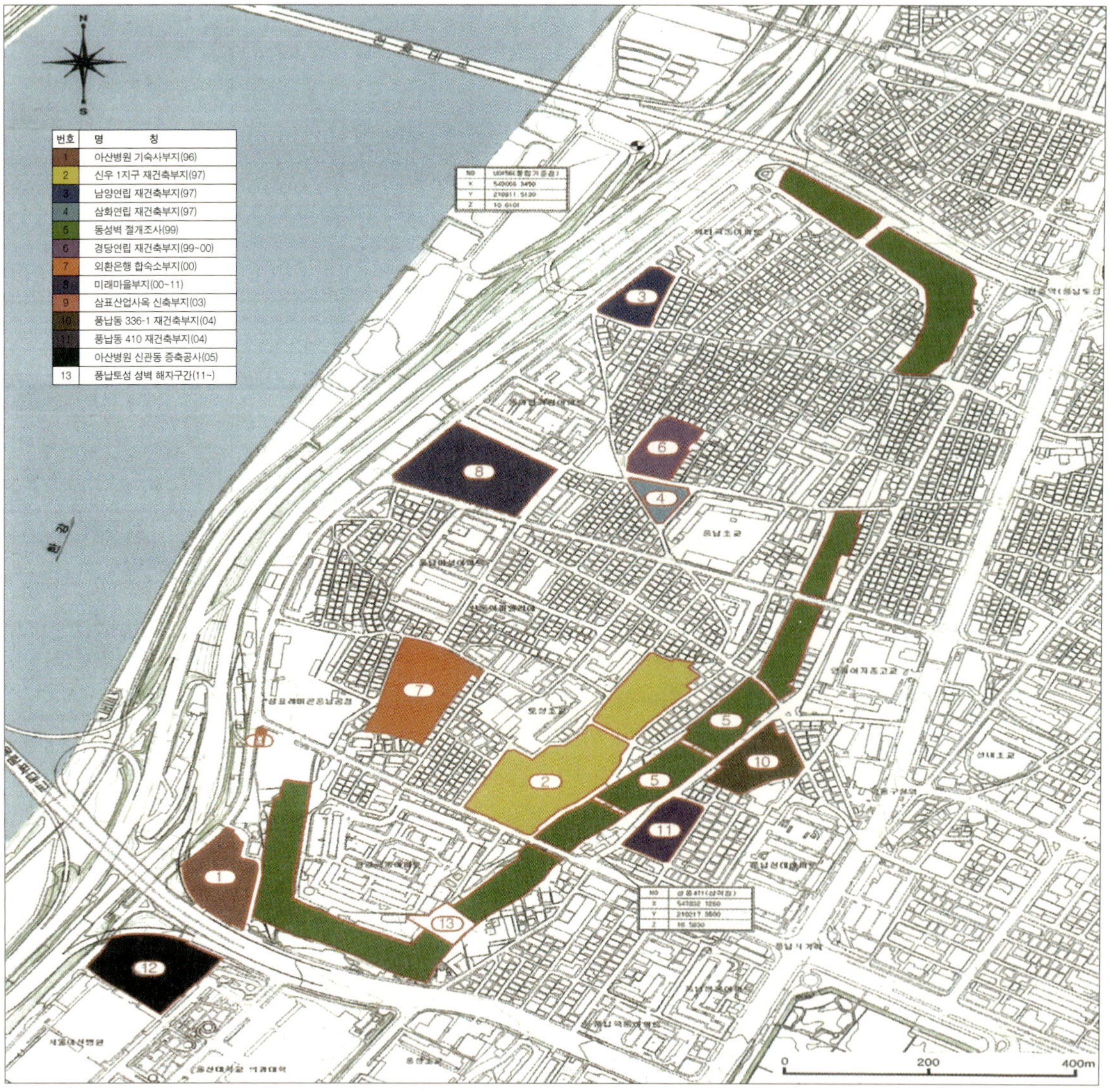

그림 2 | 풍납토성 발굴조사 현황도(1996~2011년)

5_ 한양대학교박물관, 1996, 『풍납토성 인접지역 시굴조사 보고서』.

1996년 한양대학교박물관에 의해 풍납토성 서남쪽 외곽의 현대중앙병원 기숙사 신축부지에 대한 발굴조사가 실시되었다. 2곳의 트렌치조사 결과 해자의 존재 유무는 밝히지 못했지만 백제시대 회청색경질토기편, 회색연질토기편, 기와편 등과 조선시대 토기편, 자기편 등의 유물을 수습하였다.

조사단은 현재의 한강 수면보다 훨씬 얕은 층인, 한강의 바닥층으로 보이는 자갈층이 조사지역 바로 앞까지 연결되어 있는 것으로 보아 해자가 원래 없었거나, 혹은 축성 초기에는 있었더라도 하도의 변화에 따라 유실되었을 수밖에 없다고 판단하였다.

3. 1996~1997년 풍납토성 실측조사 연구

1996년 여름 선문대학교 이형구 교수는 풍납토성의 전체 상황과 규모를 파악하기 위한 지표조사와 실측조사(평판 측량)를 실시하였다. 그리고 그해 겨울 풍납토성 성벽의 높이를 확인하기 위한 등고선(레벨) 측량을 실시하였다. 또한 토성벽 주위의 주거 현황과 유휴지 확인 작업을 병행하면서 성벽 외곽에 있을 해자의 유존 가능 지역을 조사하기도 하였다.

조사 결과 앞 장의 광복 이후 풍납토성의 현황에서 기술한 바와 같은 풍납토성의 잔존 규모를 확인하였다. 한편 후술할 풍납동 현대아파트 건설공사 예정부지에서 지표 하 2.5m부터 지하 4m까지 백제토기편을 발견하는 놀라운 성과를 올리기도 하였다.[6]

이 조사는 풍납토성의 정확한 제원을 파악하기 위한 최초의 실측조사라는 점에서 가치가 있으며, 특히 풍납토성 내부 건설공사 현장에서 백제토기편을 발견하여 지금까지도 계속되고 있는 풍납토성 발굴조사의 단초를 마련하였다는 측면에서 그 의미를 높이 평가할 수 있다.

4. 1997년 현대리버빌 아파트 신축부지 긴급발굴조사[7]

1997년 1월 4일 풍납토성의 실측작업을 진행하던 이형구 교수는 풍납동 231-3번지 소재 아파트 건설현장(풍납현대연합주택조합 아파트재건축현장)에서 백제토기 다수를 발견하고 그 사실을 즉각 문화재관리국과 국립문화재연구소에 알렸다. 국립문화재연구소는 발견 신고를 접수한 즉시 현

6_ 이형구, 1997, 주3)의 앞 책.

7_ 국립문화재연구소, 2001, 『풍납토성 I -현대 연합주택 및 1지구 재건축 부지』.

장 점검을 실시하여 공사를 중지시키고 1월 16일부터 긴급 발굴조사를 실시하였다. 조사 결과 그동안 실체가 제대로 알려지지 않았던 초기 백제시대의 주거지 19기 및 3중의 환호, 토기 가마터, 40여 기의 수혈 유구 등이 조사되었고, 국내 최고의 기와편 등 각종 유물이 다량 출토되었다.

당시 발굴조사에서 가장 두드러진 유구로서 평면형태 6각형의 대형 수혈주거지를 들 수 있다. 6각형 주거지는 철기시대 이래 한강유역과 동해안지역을 중심으로 독특하게 발달한 '呂자형' 또는 '凸자형' 주거지가 계승된 것으로 추정되며, 한강유역 전역과 임진·한탄강유역에서 계속적으로 발견되고 있다. 6각형 주거지는 전면부에 방형의 독립된 출입구를 가지며, 양 단벽과 장벽이 둔각으로 연결되고, 후면부 동북벽 쪽에 터널형으로 축조된 부뚜막이 설치되고 있으며, 정교하게 다듬어진 판자와 기둥으로 이용한 벽체를 특징으로 한다(신희권 2001a).

한편 층위상으로 6각형 주거지보다 이른 데다 기원 전후로 추정되는 풍납동식무문토기가 집중 출토되는 3중의 환호유구는 성벽과의 관계를 해명하는 데 중요한 단서가 되고 있다. 당시 발굴조사에서는 풍납토성의 위상을 보여주는 다양한 유물이 출토되었는데, 수막새 2점을 비롯한 기와류 외에도 전돌, 토제 초석, 토관 등 일반적인 주거지에서는 사용할 수 없는 중요한 유물들이 다량 출토되었고, 청자편과 흑갈유병편 등 중국계 도자기류도 출토되었다.

5. 1997년 삼화연립 재건축부지 등 긴급발굴조사

1997년에는 국립문화재연구소에서 실시한 발굴조사 외에도 풍납토성 일원에서 크고 작은 발굴조사들이 이루어졌다. 대표적으로 풍납동 172-1번지 일대 삼화연립 아파트 재건축부지에 대한 한신대학교의 발굴조사가 있다. 여기서는 원삼국시대에서 백제시대에 이르는 문화층이 확인되었고, 구상유구에서 경질무문토기 30여 점이 일괄 출토되기도 하였다.[8]

한편 유실된 서벽쯤에 해당하는 풍납동 121-1번지 남양빌라 부지에서도 같은 성격의 긴급 발굴조사가 이루어졌는데, 서울대학교에서 트렌치조사를 통해 토층을 확인하였지만 전 구간에 걸쳐 홍수로 인한 모래퇴적층만이 확인되었다.[9]

8_ 한신대학교박물관, 2003, 『풍납토성 III-삼화연립 재건축 사업부지에 대한 조사보고』.

9_ 서울대학교박물관, 1997, 『풍납지구 남양 재건축 부지 긴급 발굴 조사 보고』.

6. 1999년 풍납토성 동성벽 발굴조사[10]

1997년도 발굴조사 이후 풍납토성 복원·정비 사업계획에 의거 국립문화재연구소에서 1999년 동쪽 성벽 2개 지점에 대해 발굴조사를 실시하였다. 발굴조사 결과 풍납토성은 거대한 판축토성으로 밝혀졌다. 성벽은 우선 생토층을 정지한 후 약 50㎝ 두께의 뻘흙을 깔아 기초를 다지고 하부 폭 7m, 높이 5m 정도의 사다리꼴 모양으로 중심부를 쌓은 것으로 확인되었다. 기저부의 정지작업과 중심토루의 축조가 완료된 후에는 안쪽으로 사질토(Ⅱ토루)와 모래(Ⅲ토루), 점토다짐흙(Ⅳ토루)과 뻘흙(Ⅴ토루)을 위주로 한 판축토루를 비스듬하게 덧붙여 내벽을 축조하였다. 내벽 마지막 토루(Ⅵ) 상면에는 강돌을 한 겹씩 깔아 3단으로 만들고, 그 안쪽으로는 할석을 1.5m 이상 쌓아 마무리하였다. 이러한 석렬 및 석축은 토사의 흘러내림과 밀림을 방지하는 한편 배수의 기능도 겸했던 것으로 추정된다. 중심토루 외벽으로는 경사지게 떨어지는 자연층 위에 판축법으로 토루를 쌓고, 내벽과 마찬가지로 상부에 할석 또는 강돌을 깔아 마무리하였다. 발굴조사에서 확인된 규모만 보더라도 성벽의 너비가 43m, 높이 11m가 넘는 대규모이다.

성벽은 크게 중심토루와 내벽, 외벽의 3개 구간으로 나눌 수 있으며, 내벽은 다시 Ⅳ토루 하단 천석렬의 존재로부터 Ⅲ토루까지를 경계로 1차 증축 성벽과 2차 증축 성벽으로 구분이 가능하다. 각각에서 출토된 토기편의 기술유형을 분석한 결과 중심토루인 Ⅰ토루에서는 풍납동식무문토기의 비중이 다른 토루에 비해 월등히 높아 가장 이른 시기에 축조되기 시작한 것으로 보인다. 증축된 내벽과 외벽 역시 연질 타날문토기가 주로 출토되고 있고, 기존에 대표적인 백제토기 기종으로 알려진 삼족기나 고배, 광구장경호 등 3세기 후반 이후에나 출현하는 것으로 알려진 유물들이 출토되지 않는 것으로 보아 늦어도 3세기 중반 이전에 성벽의 축조가 완료된 것으로 생각된다.

풍납토성 내벽 일부 구간에서는 식물유기체를 얇게 깐 것이 10여 겹 이상 확인된다. 이러한 부엽공법은 성벽의 축조에 식물유기체를 이용한 방법은 지금까지 확인된 예 중 가장 이른 시기의 것으로서 백제 고지故地인 김제 벽골제와 부여 나성 등에서 확인될 뿐 아니라 일본 규슈九州의 미즈키水城, 오사카大阪의 사야마이케狭山池 등 제방 관련 유적에서도 발견된 바 있어 백제 토목기술의 일본 전파과정을 직접적으로 보여주는 자료라 할 수 있다(신희권 2001b).

10_ 국립문화재연구소, 2001, 『풍납토성 Ⅱ-동벽 발굴조사 보고서』.

7. 1999~2000년과 2008년 경당연립 재건축부지 발굴조사[11]

1999년 9월부터 한신대학교박물관에서 삼화연립 재건축부지(현 대동아파트) 북편의 경당연립 재건축부지에 대한 발굴조사를 실시하였다. 조사 결과 백제시대의 주거지와 저장공 등 유구 200여 기 이상이 확인되었다. 특히 16×14m 이상의 규모에 외곽으로 정연한 판석을 시설한 도랑이 돌아가는 대형 신전 건물지가 처음으로 발견되었다. 이 건물지 남쪽에서는 수백여 점의 제기와 '대부大夫'명 토기, 말머리뼈 10여 개체 등이 집중 출토된 제사 구덩이 등이 발견되었다.

이렇듯 왕성 내 중요 시설과 유물이 다량 출토되는 바람에 발굴조사 기간이 연장되던 끝에 급기야 주민 대표가 발굴조사 중인 제사 구덩이 유구를 고의적으로 훼손시키는 불미스런 유적 파괴 사건이 자행되었다. 경당연립 부지의 조사로 말미암아 풍납토성은 내부 전체를 보존해야 한다는 범

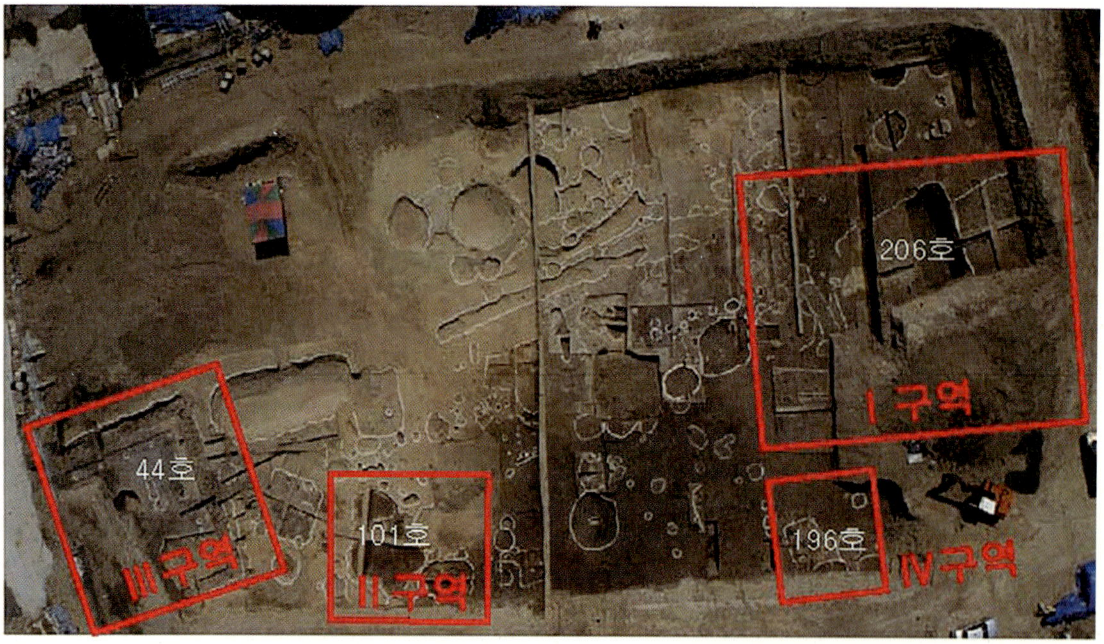

그림 3 | 경당지구 발굴 유구 현황도

11_ 권오영, 2001, 「풍납토성 경당지구 발굴조사 성과」, 『풍납토성의 발굴과 그 성과』, 한밭대학교 개교 74주년기념 학술발표대회 논문집.
한신대학교박물관, 2011, 『풍납토성 XⅡ-경당지구 196호 유구에 대한 보고』.
한신대학교박물관, 2015, 『풍납토성 XⅦ-경당지구 206호 유구에 대한 보고』

국민적 여론이 조성되었고, 마침내 국무회의에서 대통령의 강력한 보존 지시가 내려지면서 2000년 5월 사적으로 지정하도록 결정되었다.

예기치 않게 중단된 발굴조사는 2008년에 재개되어 신전 건물로 추정되는 44호 유구 등 중요 유구에 대한 발굴이 이루어졌다. 44호 건물지의 남쪽에 위치한 101호 수혈에서는 토기 500여 점과 소, 말, 멧돼지 등의 동물뼈가 다량 출토되었는데, 이는 신전에서 제사를 드릴 때 사용했던 그릇들과 희생물들을 폐기한 곳으로 생각된다. 196호로 명명된 장방형의 수혈에서는 유약을 바른 대형의 중국제 시유도기와 백제토기가 집중적으로 출토됨으로 해서 왕실의 제사와 관련된 중요 물품을 보관하던 창고 건물로 추정되고 있다. 또한 44호 신전 건물지의 정남향에 위치한 206호 유구는 판재와 석재를 이용하여 만든 우물로 판명되었는데, 우물 내부에서는 220여 점의 토기가 의도적으로 매납된 것으로 밝혀졌다.

8. 2000년 외환은행 직장주택조합 재건축부지 등 시굴조사[12]

경당연립 재건축부지의 보존 논쟁이 한창임에도 불구하고 이미 재건축 조합 아파트 허가를 신청해 놓은 풍납토성 내 '외환은행 직장주택조합'과 '미래마을 재건축조합'에 대해서는 국립문화재연구소에서 2000년 6월부터 9월까지 시굴조사를 실시하였다.

조사 결과 두 지역 모두 백제시대의 유물포함층이 확인되고, 소토유구와 기와무지 등에서 백제시대 토기와 기와를 비롯한 유물이 출토됨으로 해서 2001년 2월 문화재위원회 1 · 2 · 3분과 합동회의를 통해 문화재보호구역으로 보존 결정된 후 동년 4월 사적으로 지정되었다. 이 중 미래마을 재건축부지(풍납동 197번지)에 대해서는 2003년부터 국립문화재연구소에서 10개년 발굴계획을 수립하여 발굴조사를 진행하였다.

12_ 국립문화재연구소, 2007, 「풍납토성 Ⅷ-외환은행직원합숙소부지, 소규모주택신축부지, 강동빌라부지, 대진 · 동산연립주택부지」.
국립문화재연구소, 2009, 「풍납토성 ⅩⅠ-풍납동 197번지(구 미래마을) 시굴 및 발굴조사 보고서 1」.

9. 2002~2003년 삼표산업 사옥 신축예정부지 발굴조사[13]

국립문화재연구소에서는 2002~2003년에 걸쳐 풍납토성 서남벽 외곽에 위치하는 삼표산업 주식회사 사옥 신축 예정부지에 대한 시굴조사와 발굴조사를 실시하였다. 전체 4개의 조사갱을 설치하여 조사한 결과, 지표하 3~4m까지는 건축폐기물 등이 매립되어 있었으며, 그 이하에서 안정적인 퇴적층들이 나타났다.

잔존 성벽에 최대한 가까이 설치한 제3조사갱에서는 성벽에 가까운 곳에서부터 수평퇴적층, 경계층, 그리고 강돌을 포함한 개흙층이 발견되었다. 결과적으로 풍납토성 서쪽 성벽의 기초로 추정되는 퇴적층과 그에 연결되어 성벽의 자연해자 역할을 했던 것으로 추정되는 강돌 포함 개흙층이 확인됨으로써 동 부지에 대한 보존 결정이 내려졌다.

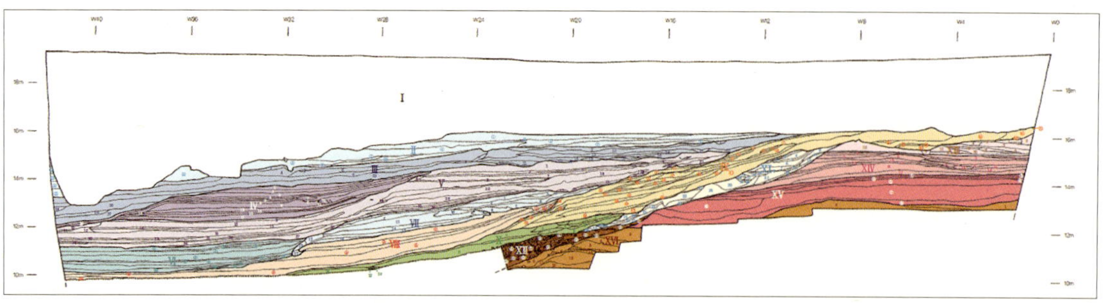

그림 4 | 제3조사갱 토층 단면도

10. 2004~2011년 미래마을(197번지 일대) 재건축부지 발굴조사[14]

미래마을 재건축부지(197번지 일대)는 풍납토성의 중앙에서 약간 북쪽에 위치한 서쪽 성벽 인접 구간이다. 2000년에 실시한 시굴조사 이후 사적지로 지정하고 2003년 추가 시굴조사를 거쳐 2004년부터 2011년까지 정밀 발굴조사가 이루어졌다. 발굴조사는 가지구부터 마지구까지 5개 구

13_ 국립문화재연구소, 2005, 『풍납토성 V-삼표산업 사옥 신축예정부지 발굴조사 보고서』.

14_ 국립문화재연구소, 2009, 『풍납토성 XI-풍납동 197번지(구 미래마을) 시굴 및 발굴조사 보고서 1』.
국립문화재연구소, 2012a, 『풍납토성 XIII-풍납동 197번지(구 미래마을) 발굴조사 보고서 2』.
국립문화재연구소, 2012b, 『풍납토성 XIV-풍납동 197번지(구 미래마을) 발굴조사 보고서 3』.

그림 5 | 197번지 발굴 유구 현황도

역으로 나누어 진행하였는데, 남북 방향과 동서 방향으로 교차하는 백제 최고의 도로 유구를 비롯하여 5천점 이상의 기와가 폐기된 수혈, 100평이 넘는 대형 건물지, 40여 기 수혈 주거지, 그동안 발견된 적이 없던 지상 건물지 5기, 장방형 수혈 창고군 등이 확인되었다.

수천 점의 기와와 초석 장식, 토관 등 건축 부재가 폐기된 건물지와 남북 길이 21m, 동서 너비 16.4m가 넘는 초대형 건물지는 이 일대에 관청과 같은 시설이 존재하였을 가능성을 보여주는 자료이다. 한편 남-북 도로의 경우 현재까지 확인된 길이는 110m 남짓 되는데, 조사구역 밖으로도 계속 연장되고 있어 규모는 더 커질 것으로 보인다. 도로의 너비는 7.5~8m, 깊이 20~30㎝ 정도로 도로면의 기초를 굴착한 후 가운데 부분에 너비 4.5~5m 가량의 잔자갈을 렌즈상으로 깔아서 노면을 조성하였다. 동-서 도로는 남-북 도로의 중간 지점에서 동편으로 연결되는 양상으로 발견되었고, 도로의 조성 방법은 기본적으로 남-북 도로와 크게 다르지 않다. 동-서 도로의 확인된 길이는 약 22m이다.

또한 구상유구를 따라 안쪽에서 열을 맞춰 조성된 장방형 수혈군이 발견되었는데, 수혈 중에는 대옹 3개체가 완형으로 안치되어 있고 그 안에서 중국제 청자 완이 출토되어 이들이 술이나 물 등의 액체류를 보관하던 것이 아닌가 생각된다.

이처럼 관청 시설로 추정되는 대형의 건물지와 고위 계층의 집단 거주지, 그리고 궁성 내 주요 공간과 시설을 분할한 것으로 보이는 잘 짜인 도로망 등의 존재는 풍납토성이 당시 상당히 체계화된 도시 구획을 갖추고 있었음을 보여주는 증거이며, 나아가 이러한 기반 시설을 바탕으로 효율적인 행정 치소로서의 역할을 수행할 수 있었음을 입증해주는 중요한 자료라고 판단된다.

11. 기타 소규모 건축 증개축부지 시굴조사[15]

2001년 4월 문화재청은 풍납토성 지역 소규모 건축행위 관련 문화재위원회 심의를 통해 풍납토성 내부 지역에서 이루어지는 공사는 지하 2m, 지상 15m 이내의 범위에서 기존 건물의 증개축만 허용한다고 의결하였다. 또한 모든 공사에 앞서 문화재 전문공인기관의 조사 후 건축을 시행하되, 풍납토성 학술조사는 국립문화재연구소로 일원화하여 정부가 직접 조사를 담당토록 하였다. 풍납토성 외곽의 해자 추정지역에서는 문화재 시굴조사를 선행한 후 유물포함층이 파괴되지 않는 범위 내에서만 건축을 허용하도록 하였다. 이러한 규정은 2001년 6월 서울시 문화재위원회에서도 동일하게 의결되었다.

이러한 방침에 따라 소규모 재건축부지에 대한 시굴조사를 현재까지도 실시해 오고 있으며, 그간의 시굴조사를 통해 풍납토성의 현황을 알 수 있는 중요한 단서들이 다수 발굴되었다. 예를 들면 삼표산업 레미콘 공장이 들어서 있는 부지 북편으로는 풍납토성의 성벽이 유실되어 존재하지 않는 것으로 알려져 있었으나, 소규모 건축 증개축부지 5개소에 대한 시굴조사 결과 풍납토성 서쪽 성벽의 하부 구조가 확인 되어 전부 사적지로 지정하였다. 이러한 조사 결과는 비록 지상에는 남아 있지 않지만 삼표산업 레미콘 공장 부지 지하에도 풍납토성의 서쪽 성벽이 잔존해 있을 가능성을 보여주는 중요한 성과라 할 수 있다.

이를 포함하여 2007년까지 조사된 소규모 주택 증개축부지 136건 중 4개소를 제외한 모든 지점

15_ 국립문화재연구소, 2007,『풍납토성 Ⅷ-외환은행직원합숙소부지, 소규모주택신축부지, 강동빌라부지, 대진 · 동산연립주택부지』.

에서 백제시대 문화층이 안정적으로 남아있는 것을 확인하였다. 따라서 풍납토성 내부 지역은 현재 고층 아파트가 들어 서 있는 지역(풍납토성 전체의 약 20%) 일부를 제외한 나머지 지역에는 백제시대 문화층이 양호하게 남아 있음을 추정할 수 있게 되었다. 아울러 이러한 지점별 시굴조사를 통해 풍납토성 내·외부지역의 백제시대 지형 복원을 위한 기초 자료도 확보할 수 있었다.

12. 2011년 풍납토성 동성벽 발굴조사[16]

2011년 국립문화재연구소는 성벽의 구조 및 축조공법 등을 규명하고, 대국민서비스를 위한 역사문화콘텐츠 개발을 목적으로 1999년 조사지점에서 약 280m(1999-B지점 기준) 남쪽에 위치한 곳에 대해 발굴조사를 실시하였다. 조사 결과 이 구간의 성벽은 네 단계를 거쳐 완성된 것으로 보았다. 먼저 지정공사를 실시하고(제1단계), 골조를 수직으로 시공한 후 내외벽을 절취하여 경사면을 조성하였다. 이 골조의 경사면에 내벽은 2회, 외벽은 1회의 다짐시공을 하여 초축성벽을 완공하였다(제2단계). 이후 초축성벽의 내벽에만 다짐시공을 하여 성벽의 너비와 높이를 동시에 확장하였으며(제3단계), 다시 내벽에 점토블럭을 쌓고 석축시설을 설치하는 등 이전 단계와는 다른 설비와 시공절차를 추가하면서 성벽의 규모를 확대하였다(제4단계).

각 단계의 시간성은 층서관계, 출토유물 등의 고고정보와 방사성탄소연대 및 광자극발광연대를 통계학적으로 결합하고 보정하여 해석하였다. 그 결과 초축 성벽은 기원후 3세기 중후반 ~ 4세기 초반의 어느 시점에 착공되어, 늦어도 4세기 중반 이전에 완공되었고, 이후 두 차례의 증축은 4세기 후반과 5세기 중반을 중심으로 이루어진 것으로 보았다. 이처럼 규모를 점진적으로 확대한 풍납토성은 최대 13.3m의 높이로 축조가 가능하였으며, 토성의 축조에는 연인원 138만명 이상이 투입되었던 것으로 추정된다고 보고하였다.

하지만 이러한 해석은 후술할 2015~2016년 동성벽 외곽 해자의 발굴조사 결과 외벽에 세 개의 황 시설이 조성되어 있는 것으로 확인됨에 따라[17] 성벽 축조 공정 파악에 대한 오류가 있는 것으로 생각되고, 성벽의 축조 연대를 추정한 점에서도 출토유물의 편년에 문제가 있음이 제기되어 발굴조

16_ 국립문화재연구소, 2014, 『풍납토성 XIV-성벽의 축조공법 및 연대 규명을 위한 학제간 융합연구』.

17_ 국립문화재연구소, 2017, 『서울 풍납동토성(사적 제11호) 동성벽 외곽 추정 해자부지 발굴조사 완료보고서』.

사 결과에 대한 근본적인 재검토가 불가피한 상황이 되었다.[18]

13. 2015~2016년 풍납토성 동성벽 해자 발굴조사[19]

풍납토성은 서쪽으로는 한강의 본류가 자연 해자 역할을 하도록 일부의 바닥 시설만 처리하여 해자로 이용하였음이 밝혀진 바 있다. 한편 근대의 지형도를 보면 북벽과 동벽으로는 20세기 초까지도 개천과 같은 작은 물길이 표현되어 있어 백제시대 이래 해자의 존재 가능성을 시사하고 있었다. 이에 동성벽 외곽의 해자 존재 여부를 밝히기 위해 2015년부터 '(구)태양열주택'부지에 대한 시·발굴 조사를 실시하게 되었다.

조사 결과 조선시대 층과 백제시대 유물포함층이 차례로 퇴적되어 있는 것이 확인되었다. 한편 이러한 퇴적층이 2011년 발굴한 토성벽에 맞물려 존재할 가능성이 제기되어 토성벽쪽으로 확장 조사가 이루어졌다.

발굴자의 보고에 따르면 동성벽 외곽의 '구하도'는 풍납토성의 해자로 추정되어왔으나, 조선시대 이후에 백제시대 유물포함층을 파괴하고 조성되어 있어 백제시대 해자의 존재 여부는 불확실한 상황이다. 그러나 '구하도' 안쪽에서 성벽 기저부의 요철凹凸면과 연결되는 '구상유구'가 조사되었는데, 백제 한성기의 탄금대토성, 소근산성 등에서 조사된 '황' 시설로 추정된다. '황'은 높낮이 차이를 두고 3개가 차례대로 시설되었는데, 초축의 '황' 내부는 토사에 의해 매몰되어 폐기되고, 그 위로 새롭게 외벽을 재정비하여 한 차례 이상 증축된 것으로 판단되며, 성 외벽의 규모도 외황과 함께 외곽으로 확장되고 증대되었던 것으로 보인다.

이번 발굴조사 결과가 주는 의미는 단순히 해자의 존재 여부를 밝힌 것 이상으로 중요하다. 바

18_ 최근 박중균은 풍납토성 초축 성벽 지정공사 구간(기저부 조성층)에서 출토된 원반형토제품에 시문된 횡선부가평행집선문이 4세기 후반~5세기대의 한성백제유적에서 확인되는 토기문양 요소라고 보아 성벽의 초축 연대가 4세기 중엽 이전으로 소급되기 어렵다는 문제를 제기하였다(박중균, 2017, 「한성백제 성곽유적의 최근 발굴성과와 과제」, 『서울지역 고중세 성곽유적에 대한 주요 조사연구 성과와 과제』, 제60회 전국역사학대회 고고학부 발표자료집). 만약 이 유물의 출토 위치가 정확하고 유물의 편년에 문제가 없다면 오히려 다른 구간보다 초축 성벽의 기저부 조성층에서 출토된 유물이 시간적으로 가장 늦는 것으로 볼 수 있으며, 결국 풍납토성의 축조 공정을 세분한 것이 무의미하다는 결론에 도달할 수 있기 때문에 이에 대한 발굴자의 해명이 요구된다.

19_ 국립문화재연구소, 2017, 주 17)의 앞 책.

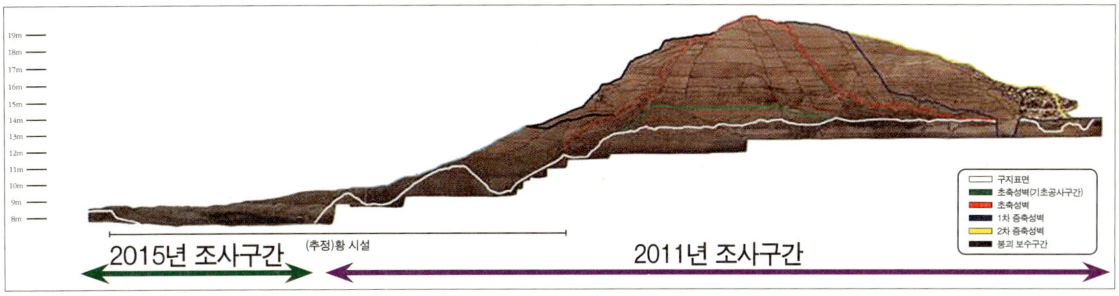

그림 6 | 풍납토성 동성벽과 해자(외황) 관계도

로 풍납토성 성벽의 축조 공정과 분기에 대한 확증을 해 준 것이다. 발표자는 1999년 동성벽 2개 지점의 발굴조사 결과를 토대로 풍납토성의 성벽이 최소한 한 차례에서 두 차례의 증축 과정을 거쳐 오늘날과 같은 모습을 갖춘 것으로 보았다. 이는 내벽과 외벽이 마찬가지였다. 그러나 2011년 이번 해자 발굴지의 연장선에 있는 동성벽 발굴조사 보고자는 외벽은 별다른 증축 과정 없이 내벽만 두 차례 증축된 것으로 보고하였다. 당시 외벽의 토층을 보면 '99년과 같은 양상을 띠고 있었음에도 불구하고 그러한 부분들에 대해서는 의미 있는 해석을 내놓지 않았던 것이다. 그러나 이번 해자 발굴조사 과정에서 해자부터 동성벽으로 연장해서 조사한 결과 외벽 또한 세 번에 걸친 황 시설의 축조가 이루어졌음이 밝혀짐으로써 외벽의 두 차례 증축 과정이 명백히 입증된 셈이다.

14. 2017년 풍납토성 서성벽 발굴조사[20]

국립강화문화재연구소는 풍납토성 서성벽 유실 구간에 대한 성벽 잔존 상황 및 구조, 축조기법에 관한 기초 학술 자료 및 유적 정비·복원 자료 확보를 목적으로 2017년 9월부터 현재까지 풍납동 310번지 일대에 대한 발굴조사를 실시하고 있다.

성벽과 직교하여 트렌치 3개소를 설치하여 조사한 결과, 현 지표 0.5~1.5m 아래에서(해발 14~14.5m) 성벽 잔존 유구가 확인되었는데, 현 잔존 유구의 해발 높이로 보아 성벽 바닥에서 1~1.5m에 해당되는 것으로 볼 수 있다. 트렌치 1과 트렌치 3에서는 1999년과 2011년도 조사에서 내벽의 최종 마감 단계로 추정하였던 석축시설의 하부가 확인되었는데, 석축시설의 너비는 2~3m

20_ 국립강화문화재연구소, 2017,『서울 풍납동 토성 서성벽 복원지구 내 유적 전문가 검토회의 자료집』.

그림 7 | 풍납토성 서성벽 문지 위치

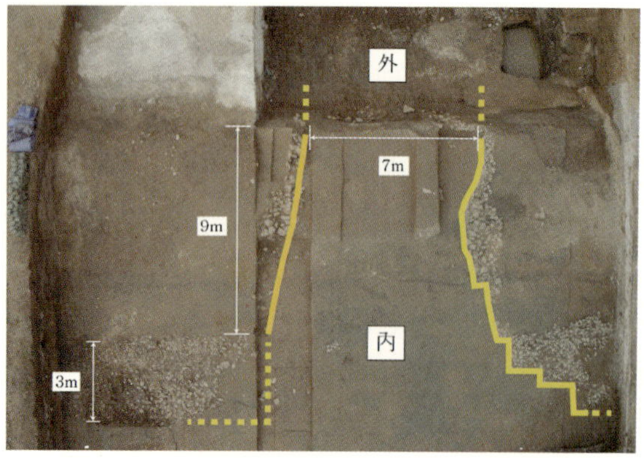

그림 8 | 풍납토성 서성벽 문지 전경

정도이며 상부에는 천석으로, 하부에는 30~40cm 크기의 할석을 깔아 만들었다. 하지만 성벽의 중심토루는 콘크리트 매납으로 인해 상당부분 훼손되어 원형을 상실한 상태이다.

트렌치 2에서는 성벽을 관통하는 1렬의 석렬유구가 확인되었으며, 트렌치 2와 트렌치 3사이 구간을 확장하여 조사한 결과 트렌치 2와 대칭을 이루는 1렬의 석렬이 추가로 확인되었다. 두 석렬의 간격은 7m이며, 그 하부에는 굴착한 후 인위적으로 석재와 토사를 이용하여 성토한 흔적이 확인되었다.

이처럼 기존 성벽이 약 7m 정도의 너비로 끊어져 개활된 상태로 확인된 것은 바로 이 지점이 성벽의 문지로 추정할 수 있는 결정적 증거인데, 이는 풍납토성에서 처음으로 발견된 것으로 향후 풍납토성의 형태와 구조를 연구하는 데 있어서 잔존 성벽의 존재만큼이나 중요한 자료로 평가할 수 있다.

Ⅲ. 풍납토성의 문헌사적 연구 성과

1. 위례성 관련 논쟁의 종식

문헌 자료를 통해 하남 위례성의 입지를 살펴볼 수 있는 대목은 그다지 많지 않은데, 직접적으로는『삼국사기』「백제본기」온조왕조의 기록에 의지할 수밖에 없다. 온조왕 원년조에는 하남 위례성의 정도 과정을 기록하며 그 입지를 다음과 같이 묘사하고 있다.

백제의 시조 온조왕이…마침내 한산에 이르러 부아악에 올라 가히 거할만한 곳을 바라보았는데…. 열명의 신하가 간하여 이르기를 생각컨대 이곳 강 남쪽의 땅은 북으로 한수를 띠고 있고, 동으로 높은 산에 의지하고 있으며, 남으로 비옥한 들판이 보이고, 서로 큰 바다가 막혀 있으니 이렇게 하늘이 내려준 험준함과 땅의 이점은 좀처럼 얻기 어려운 지세인지라…. 온조가 하남 위례성에 도읍하였다.

이 기록에서 핵심이 되는 구절은 바로 "북으로 한수를 띠고 있고, 동으로 높은 산에 의지하고 있으며, 남으로 비옥한 들판이 보이고, 서로 큰 바다가 막혀 있으니[北帶漢水 東據高岳 南望沃澤 西阻大海]"란 구절인데, 한강 남쪽에 위치한 위례성의 입지조건을 가리키는 것이다. 이러한 조건을 충족할 만한 입지는 서울 지역에서는 송파구를 중심으로 한 강동구 일대 외에는 없다. 이 지역의 북쪽에는 한강이 굽이쳐 흐르고 있고, 남쪽에는 험준한 남한산이 동서로 길게 펼쳐져 있다. 이들은 그 자체로 훌륭한 방어 요소가 되기 때문에 도성으로서는 최고의 입지를 띠고 있다고 할 수 있다. 더불어 남쪽으로 성남시에 이르는 너른 평야가 펼쳐져 있고, 서쪽으로 김포와 인천의 서해로 연결되는 더없이 좋은 지리적 이점을 보유한 곳이다.

서울시 송파구 일원에는 이 같은 조건을 뒷받침할 만한 토성유적 2개가 존재하는데 풍납토성과 몽촌토성이 그것이다. 풍납토성과 몽촌토성을 중심으로 한 이 일대는 결국 백제 한성시대의 도성인 한성漢城의 중심지로 볼 수 있지만, 온조왕 천도 당시의 하남위례성은 두 곳 가운데 한 곳으로 압축할 수 있는데, 일제강점기 이래의 연구와 최근의 발굴조사 결과를 종합해 보면 풍납토성으로 보는 것이 합리적이다.

『삼국사기』「백제본기」에는 한성백제시대 도성의 경관을 짐작할 수 있게 해 주는 중요한 기록이 나오는데, 개로왕 21년조(475) 기사가 그것이다.

왕이 이르기를 "옳다. 내가 장차 그렇게 하리라." 이에 나라 사람들을 모두 징발하여 흙을 쪄서 성을 쌓고[烝土築城], 그 안에는 궁실과 누각, 사대 등을 지었는데, 중장하고 화려하지 않은 것이 없었다. 또 욱리하에서 큰 돌을 가져다가 덧널[槨]을 만들어 부왕의 뼈를 묻고, 강을 따라 둑을 쌓았는데, 사성의 동쪽에서 숭산의 북쪽에까지 이르렀다.

여기서 주목되는 것은 덧널을 만들어 부왕의 뼈를 묻었다는 기록과 사성의 동쪽에서 숭산의 북

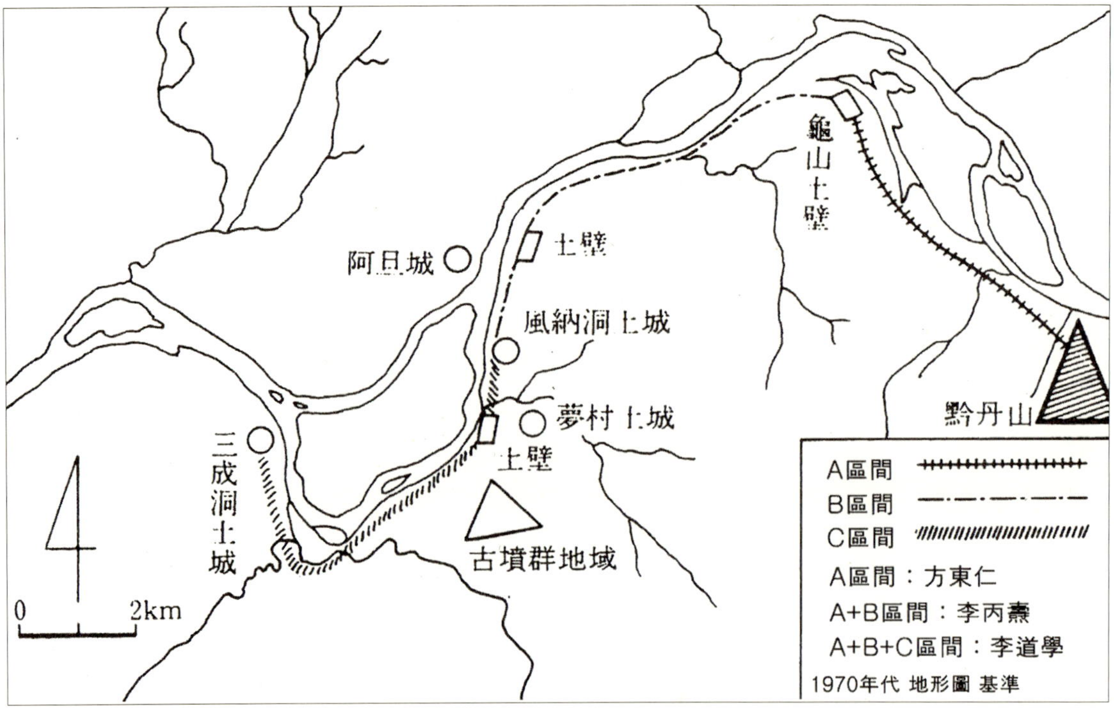

그림 9 | 사성 및 개로왕대 제방 위치도(이도학 1992)

쪽까지 강을 따라 둑을 쌓았다는 기록이다. 풍납토성과 몽촌토성의 남쪽으로는 방이동고분군, 석촌동고분군이 복원 · 정비되어 있어 궁성과 가까운 위치에 왕족의 무덤이 함께 조성되어 있었음을 알 수 있다. 최근에는 일제강점기에 작성된 석촌동 일대의 고분 분포도와 항공사진, 지적도, 행정문서 등을 검토하여 일부 고분의 위치와 성격을 추론함은 물론 당시 이 일대에 293기의 고분이 밀집돼 있었다는 새로운 연구 성과도 소개되었다.

강을 따라 둑을 쌓은 목적은 한강의 범람으로부터 도성 전체를 안전하게 보호하기 위함으로 사료된다. 즉 도성의 홍수 피해를 방지하는 한편, 한강을 타고 침략해 오는 적군으로부터 도성을 방어하기 위해 축조하였을 것임에 틀림없다. 1937년에 작성된 자료에 의하면 송파에서 풍납토성 사이에는 길이 400m 정도에 높이 9~12m의 토벽이 확인되고 있는데, 이 토벽은 개로왕대에 축조된 제방의 일부가 분명해 보인다. 이 제방은 삼성동토성에서 시작하였을 가능성이 높은데, 풍납토성부터 검단산에 이르는 구간 역시 제방이 있었을 것으로 생각되며, 일부 구간에는 암사동토성과 구산성지 등과 같은 토성도 쌓았을 것으로 추정된다.

한강변의 제방 축조와 관련하여 최근 시굴조사와 고지형분석이 이루어진 삼성동토성의 조사 성과가 주목할 만하다. 2015년 말 서울시의 의뢰를 받아 한국고고환경연구소에서 삼성동 일대의 고

지형도 및 1960년대 항공사진 등 모든 기초 자료를 수집하여 삼성동토성의 존재 가능성을 분석한 바 있다. 검토 결과 한강과 탄천, 그리고 지금은 없어진 송파강 강변 및 무동도 주변으로 인위적으로 흙을 쌓아서 올린 흔적이 관찰되었다. 이것이 바로 개로왕 21년조 기사에서 한강변에 축조되었다는 제방의 흔적이었을 가능성이 있다는 결론이 제시되었다.[21]

이 밖에 『삼국사기』 책계왕 원년(286) 기록에는 위례성과 함께 당시 도성 방어의 핵심적인 역할을 수행하던 아단성과 사성이 존재하였음을 알 수 있다.

> 왕은 고구려의 침공과 노략질을 염려하여 아단성阿旦城과 사성蛇城을 수리함으로써 이에 대비하였다.

그러나 기록에 등장하는 아단성阿旦城과 사성蛇城의 실체를 명확히 할 수 있는 고고학적 증거들은 아직 부족한 상황이다. 사성의 위치에 대해서는 이견이 분분하였으나, 개로왕대 제방 축조 기사로 미루어 볼 때 도성의 가장 서쪽 경계에 위치한 유적일 가능성이 높으며, 궁성이나 왕릉, 민간 거주구역을 포함하는 외곽에 위치여야만 할 것이다. 현재 남아 있는 백제 도성 관련 유적 가운데 가장 서쪽에 위치하여 풍납토성과 몽촌토성은 물론 석촌동 고분군 등 도성 전체를 아우르는 지점에 해당하는 유적이 바로 삼성동토성이기 때문에 사성을 삼성동토성으로 보는 견해가 합리적이라 판단된다(신희권 2014a).

한편 아단성은 현재의 아차산성으로 보는 것이 일반적인데, 「광개토왕릉비」의 영락 6년(396)조에는 광개토왕이 백제로부터 공취한 58개 성 가운데 아단성이 포함되어 있다. 또 『삼국사기』 개로왕 21년조에는 475년 장수왕이 백제 한성을 공함할 당시 개로왕을 아차성 아래로 압송하여 죽였다는 기록이 있다. 이러한 이유로 아차산성은 일찍부터 학계의 관심을 받았으나, 실제로는 1997년이 되어서야 본격적인 조사가 시작되어 1999년까지 성벽과 내부 일부에 대한 시굴조사만이 이루어졌을 뿐이다. 성벽 뒷채움 층에서 출토된 고배 및 뚜껑류의 편년을 통해 볼 때 현재의 아차산성은 6세기 후엽 또는 7세기 전반에 신라에 의해 축조된 것으로 밝혀지고 있다. 지금까지 아차산성에 대한 조사가 지표조사 및 일부 지점에 대한 시굴조사에 국한된 것이라는 점을 감안하면 향후 백제 및 고

21_ 한국고고환경연구소, 2016, 『삼성동토성 추정지 일대 발굴을 위한 기초조사 용역 보고서』.

구려와 관련된 유구나 유물이 출토될 가능성은 여전히 남아 있다.[22]

풍납토성과 한강을 사이에 두고 북쪽에 아차산성 일대는 고구려 장수왕의 남하 정책으로 고구려의 수중에 들어가기 전까지는 명백히 백제의 영토로서 한강 이북에서 쳐들어오는 적군으로부터 도성을 방어하기 위한 중요 군사 기지가 존재했을 가능성이 높다. 이러한 이유에서 백제에 의해 초축된 아차성이 고구려와 신라의 점령 이후에도 계속적으로 군사적 거점으로 점유될 수 있었을 것으로 생각된다. 향후 추가 조사 결과에 따라서는 백제의 초축 성벽이 발견될 가능성도 없지 않다.

이처럼 아차성과 사성은 지리적으로 한강 북안과 남안의 서쪽에 위치하여 한강의 이북과 한강의 하구에서 위례성으로 쳐들어오는 적군을 가장 효율적으로 감시할 수 있는 전략적 요충지에 위치하고 있다는 공통점이 있다. 『삼국사기』 기록에 입각하면 아차성과 사성은 백제 한성기 전기부터 위례성을 중심에 두고 한강 양안을 방어했던 도성 방어의 핵심 기지 역할을 수행하였으며, 이는 개로왕대까지도 그대로 유지되었음을 짐작할 수 있다(신희권 2016).

그동안 문헌에 등장하는 백제의 첫 도읍지와 관련하여 하북 위례성설도 제기되었고, 하남 위례성의 위치와 관련된 천안 직산설, 광주고읍 일대설, 하남 교산동토성설, 몽촌토성설 등 숱한 논쟁이 있어 왔지만 여러 문제점들로 인해 설득력을 잃고 학계의 인정을 받지 못하였다. 최근에야 비로소 풍납토성을 『삼국사기』에 기록된 '하남 위례성'으로 보는 설이 학계의 정설로 자리 잡으면서 기나긴 백제의 위례성 논쟁은 마침내 종지부를 찍게 되었다.

2. 한성의 실체 구체화

'하남 위례성'의 실체를 논함에 있어 반드시 짚고 넘어가야 할 것으로 '한성漢城'의 문제가 있다. '한성'은 『삼국사기』 「백제본기」 기록 전반을 통해 볼 때 '위례성'과 더불어 백제시대 초기의 도성 내지는 왕성으로 볼 수 있는 중요한 명칭으로 인식되기 때문이다.

'위례성'과 관련해서는 온조왕 원년조에 '하남 위례성'이란 명칭이 단 한 번 등장한 이래 이후의 온조왕 8년 · 13년 · 17년 · 41년조에 '위례성'이란 이름만 계속 사용된다. 이후 '위례성'에 대한 직접적인 거명이 전혀 없다가 250여 년이 지난 책계왕 원년(286)에 이르러서 짧게나마 '위례성' 수리 기

22_ 최종택, 2011, 「아차산성」, 『한국고고학전문사전-성곽 · 봉수편』, 국립문화재연구소.

사가 다시 등장할 뿐이다.

한편 책계왕 이후에는 '위례성'이란 명칭 자체를 전혀 찾아볼 수 없고, 도성을 지칭한 것으로 추정되는 '한성'이 등장하고 있다. '한성'이란 명칭은 온조왕 14년과 25년 기사에 처음 등장한 이래 아신왕 즉위년(392)에야 다시 등장하고 있다. 이후에는 전지왕대와 개로왕대까지 '한성'이란 명칭이 계속 사용되고 있어 백제 한성기 멸망 당시의 왕도가 곧 '한성'이었음을 짐작케 하고 있다.

이상의 기록을 통해 알 수 있는 분명한 사실은 백제의 첫 도성이 바로 '하남 위례성'이며, 멸망 당시의 왕도는 '한성'이라는 것이다. 또한 온조왕대에서 책계왕대까지는 도성의 명칭으로 '하남 위례성'이 사용된 반면, 아신왕대 이후로는 '한성'으로만 불렸다는 점이다. 이러한 현상에 대해 '하남위례성'과 '한성'을 별개의 왕성으로 보고 책계왕에서 아신왕대 사이에 '하남위례성'에서 '한성'으로 천도한 것으로 이해할 수도 있겠으나 위 기록상으로는 특별히 천도 사실을 확인할 수 없을 뿐더러 다른 어떠한 기록에서도 그러한 사실이 발견된 바 없기 때문에 양자를 별개의 왕성으로 보기에는 곤란하다.

따라서 현재로서는 '하남 위례성'과 '한성'이 동일한 왕성을 지칭하는 것이되, '한성'이란 명칭이 온조왕대에도 사용되고 있는 것으로 보아 그것이 '위례성'에 대한 별칭으로서 후대의 역사가들에 의해 소급 적용된 것으로 보는 편이 타당하리라 생각된다. 즉, 온조왕이 처음으로 도읍을 정할 당시에는 실제로 '하남 위례성'이란 명칭이 '한성'이란 명칭과 함께 사용되지 않았다 하더라도 후대에 왕성으로 고착된 '한성'이 실질적으로는 최초의 '하남 위례성'과 크게 다르지 않았기 때문에 백제 역사의 시작인 온조왕대의 기록에 병용한 것으로 판단된다. 더욱이 온조왕대 중에서도 '하남 위례성'으로 천도한 온조왕 14년조부터 '한성'이란 명칭이 등장한다는 사실이 곧 '하남 위례성=한성'이란 등식이 성립될 수 있는 가능성을 높여 주고 있다.

그러나 그렇다 하여 '하남 위례성'과 '한성'이 반드시 동일한 왕성을 가리킨다고만은 볼 수 없다. '하남 위례성'과 '한성'의 기록은 특정 시점을 경계로 사용 예가 완전히 달라지고 있기 때문이다. 이러한 근간에는 그 시점에서 비록 천도 차원이 아니라 하더라도 '하남위례성'이 '한성'으로 변화하면서 왕성의 규모 내지는 성격이 크게 달라졌을 가능성이 있음을 상정할 필요가 있다. 즉 책계왕대에서 아신왕대 사이의 어느 시점을 계기로 백제 한성시대의 도성제도 자체가 일대 변화를 맞이하는 것이 아닌가 생각된다.

이와 같은 백제 한성기의 도성 변천에 대해서는 최초 풍납토성에 도읍을 정한 후 3세기 중후반경 왕권 강화와 체제 정비를 도모한 백제가 고구려와 낙랑, 말갈 등 북방으로부터의 지속적인 위협에 대비하기 위한 군사적 목적으로 전략적 요충지로서의 새로운 방어성인 몽촌토성을 축조하는 등

도성제의 정비가 이루어졌음을 주장한 바 있다(신희권 2002).

결론적으로 현재까지 밝혀진 제반 증거들로부터 추정컨대 '한성'은 백제의 왕권 강화 및 체제 안정을 기반으로 상시적인 외적의 침입을 대비하기 위해 확대 정비한 도성으로서 '하남 위례성'과 별개의 왕성이 아닌 하남 위례성을 포괄하는 광의의 개념으로 이해함이 바람직하다. 따라서 온조왕대 이래 '(하남)위례성'으로 불리던 왕성이 책계왕 이후~아신왕 이전에 '한성'이란 이름의 새로운 도성으로 확대 재편되고, 그것이 멸망 당시까지 '한성'이란 명칭으로 지속되었던 것으로 볼 수 있다.

이처럼 '하남위례성'과 '한성'이 동일한 백제시대의 도성임을 입증할 만한 문헌 기록이 있다. 『일본서기』 권14 웅략천황 20년조 각주에 "百濟記云 蓋鹵王乙卯年冬 狛大軍來 攻大城七日七夜 王城降陷 遂失慰禮 國王及大后王子等 皆沒敵手"라 하여 개로왕대 고구려의 대군에 의해 백제 왕성이 함락되는 상황이 묘사되어 있다. 여기서 주목되는 명칭이 바로 '위례'인데 '위례'가 곧 당시의 왕성으로서 이를 빼앗김에 따라 왕과 태후, 왕자 등이 모두 적의 손에 죽었음이 명확하다. 한편 이와 동일한 사건을 기록한 『삼국사기』 개로왕 21년조 9월 기사가 있다.

> 가을 9월에 고구려왕 거련이 군사 3만을 거느리고 와서 왕도 한성을 에워싸므로…. 군사를 거느리고 와서 북성을 공격한지 7일만에 함락시키고 남성으로 옮겨 공격하매 성 안이 위험에 빠지고 왕이 도망하여 나갔다.

위 두 기사 모두 백제의 왕성이 고구려군에 의해 7일간의 공격을 받은 끝에 함락된 것으로 되어 있어 당시의 상황에 대한 기록의 정확성 자체를 부인할 수는 없을 것으로 생각된다. 다만, 『삼국사기』에 북성과 남성으로 이루어진 왕도 '한성'이 『일본서기』에는 대성 + 왕성, 혹은 대성=왕성인 '위례'로 명기되어 있어 '한성=위례'임이 명확히 밝혀진 셈이다.

결론적으로 백제 한성기의 도성제도는 초기에 풍납토성이 '하남 위례성'으로 존재하다가 몽촌토성이 추가로 축조되면서 '한성'으로 확대되었으며, 도성의 구조는 '하남 위례성'인 단일궁성 체제에서 '북성'인 풍납토성과 '남성'인 몽촌토성의 양궁성 체제로 발전되어 고구려에 함락되는 개로왕대까지 이어졌던 것으로 추정된다(신희권 2010).

Ⅳ. 풍납토성의 고고학적 연구 성과

1. 왕궁 관련 유구의 발견

1) 제의성 유구

궁전과 종묘 등은 도성 내에서도 가장 핵심적인 건축물로서 이들의 존재를 통해 궁성 또는 도성의 여부를 판가름할 수 있는 결정적인 지표로서 도성 내에서도 가장 중요한 지점에 최상의 기술과 공력을 동원하여 축조하였을 가능성이 높다.

풍납토성에 대한 연차적인 발굴조사 결과 궁전 또는 제사 건물로 추정되는 특수한 건물지의 발견이 잇따르고 있다. 경당지구에서는 동-서 너비 16m, 남-북 길이 18m 이상의 평면 방형에 남측으로 한 변 3m 정도의 입구부가 연결된 몸자형의 대형 건물지(44호 유구)가 발견되었다. 이 건

그림 10 | 경당지구 신전 건물지(44호 유구)

물지는 북쪽에 조성된 현대 주택의 지하로 연장되고 있어서 그 형태와 규모를 단정하기 어려운 상황이다. 44호 유구는 유물의 부재와 외곽의 도랑 시설, 서남편에 위치한 101호 유구와 9호 유구 등에서 제의에 사용된 동물 희생의 유체, 훼손된 제기 등이 대량 발견됨으로 해서 줄곧 제의와 관련된 건물로 추정되어 왔고,[23] 『삼국사기』에 자주 등장하는 제사 기록에 견주어 동명왕묘로 추정하기도 하였다.[24]

의례적 성격과 관련하여 2000년도 발굴 당시 44호 건물지와 동일한 남북축에 위치하여 그 중요성이 인정됐던 206호 유구는 2008년 추가 발굴 결과 특수한 성격의 우물로 밝혀졌다. 약 10m 가량의 방형 구덩이를 깊이 3m 정도 파내고 내부를 점토와 사질토를 섞어 되메운 후 중앙에 할석과 천석을 채워 넣은 원형의 적석부를 두었는데, 그 바닥에는 4단으로 결구한 방형 판재 내에 220여 점의 토기를 층층이 가지런하게 매납하였다. 그리고 판재 위에 다시 할석을 원형의 우물 모양으로 쌓아 올려 의도적으로 폐기한 것이다. 토기는 주로 호와 병이 압도적으로 많은데 대부분 의도적으로 구연부를 깨트린 상태였고, 개중에는 충청도와 전라도 지방의 것들도 섞여 있다. 유구의 구조와 위치로 보아 북쪽의 제사 건물지와 함께 왕이 사용하였던 어정御井을 특별한 연유로 폐기한 것으로 보고 있다(한신대학교 2015).

경당지구의 서남편에 위치한 197번지 '마'지구에서도 경당지구 44호 건물지와 유사한 형태의 건물지(마-2호)가 발굴되었다. 마-2호 건물지 상면에서는 굴광 바닥에 초석을 시설한 다음 기둥을 세운 뒤 흙을 채운 '지하 초석'과 2층의 기단을 시설하고 지붕에 기와를 얹은 마-1호 건물지도 발견되었다. 따라서 이 일대가 국가적 제의와 관련된 핵심 지역이었을 것으로 생각된다.

2) 왕실 부속 창고

197번지 일대에서는 의례용 건물과는 성격을 달리 하는 다수의 지상 건물지가 발견되었다. 기단을 갖춘 '다'지구의 4호 건물지, 그리고 '라'지구 1 · 2호 건물지 등이 대표적이다. 라-1호 건물지 적심시설은 35개가 남아 있는 것으로 확인되었는데, 전면 8칸, 측면 5칸의 형태로 추정된다. 라-2호 건물지 적심시설도 후대 중복수혈 등으로 인하여 상당부분 유실된 상태이지만 노출된 적심시설로

23_ 권오영, 2014, 「미리 그려보는 한성기 왕성의 모습」, 『백제의 왕궁』, 2014 봄 백제문화 특별전, 한성백제박물관.

24_ 한성백제박물관, 2014, 『백제의 왕궁』, 2014 봄 백제문화 특별전.

볼 때 전면 7칸, 측면 4칸의 구조로 볼 수 있다. 이 건물지는 동편 끝이 조사 경계지점에 걸쳐 있는 관계로 동쪽으로 더 확장될 가능성도 있다.

이상의 '라'지구와 '마'지구의 지상 건물지는 197번지에서도 지형이 가장 높은 지역에서 확인된다. 이 건물들은 일반적인 수혈 주거지와는 다른 방식으로 조성되고 규모도 커서 그 기능 또한 달랐을 것으로 생각된다. 그런데 197번지 일대의 '나'지구 동편과 '다'·'라'지구에 걸쳐 저장 시설로 추정되는 장방형 수혈 29기가 군집을 이루며 발견되었다. 대형 지상 건물지를 주변에서 발굴된 구상유구와 구상유구를 따라 북편에 열을 맞춰 조성된 장방형 수혈군과 연계시켜 보면 이 건물지들은 지상식의 대형 창고 또는 창고를 관리하는 관청이었을 것으로 추정된다(소재윤 2012).

그림 11 | 197번지 장방형 수혈 창고군

한편 경당지구의 196호 유구 또한 길이 10.8m, 너비 5.8m 가량의 장방형 수혈로 밝혀졌다. 여기서는 중국제 시유도기 33점을 비롯하여 백제토기 74점 등 많은 용기류가 빽빽하게 놓여진 상태로 출토된 데다 조리나 취침, 생산 등의 공간이 확인되지 않은 것으로 보아 일반 생활공간이 아닌 창고로 판단된다. 일부 토기에서는 복어와 도미의 뼈가 들어 있는 점을 볼 때 어류를 재료로 한 식료품을 보관하던 용기로 생각된다(한신대학교 2011). 이러한 점을 볼 때, 196호 유구는 왕궁에서 소비하는 식료품을 보관하거나 인접한 제의 시설과 관련된 제수 용품을 보관한 창고 시설로 생각된다. 따라서 경당지구의 서남편과 197번지 일대가 바로 풍납토성 중앙부에 위치한 궁전종묘구역의 핵심 시설에 물품을 조달하거나 보관하기 위해 조성한 창고 구역으로 추정된다.

3) 동서 · 남북으로 연결된 도로망

197번지 일대에서는 남-북 방향과 동-서 방향으로 교차되는 도로가 발견되었다. 이 도로는 궁성 내 중요 공간을 분할하거나 중요 시설을 감싸던 핵심 도로였을 것으로 추정하였다. 특히, 남-북 방향 뿐만 아니라 동-서 방향의 도로가 교차하는 것으로 볼 때, 당시 이미 초보적인 성격의 공간 분할이 있었을 것으로 생각되었다. 또한 도로가 발견된 지점이 중앙에서 서편에 치우친 것으로 보아 중앙에 있었을 것으로 추정되는 궁성의 외곽을 감싸는 순환 도로이거나, 서쪽 성벽에 인접한 지역임을 감안할 때 성벽과도 밀접히 연관되어 있을 것으로 추정하였다. 도로의 기능은 인력의 통행과 물자의 수송을 염두에 둘 수 있다. 서쪽 성벽이 한강변에 인접하여 축조되어 있는 것을 보면 아마도 당시 한강을 이용한 수운의 발달과도 연결지어 생각해 볼 수 있다. 서쪽 성벽에 나루와 연결되는 통행로를 만들고, 그곳으로부터 연결시킨 도로가 이와 같은 양상으로 조성되었을 가능성이 높다고 판단된다(신희권 2007).

이러한 도로는 197번지 일대에서 동편으로 약 100여m 떨어진 지점의 삼화연립주택부지까지 구상유구의 형태로 연결되고 있는 것으로 생각된다(소재윤 2012). 한편 경당지구에도 남북 · 동서 방향의 구상유구가 존재하는데, 풍납토성 내부가 동서 · 남북 방향의 여러 줄의 구상유구에 의해 구획되어 있을 개연성이 있다(권오영 2014).

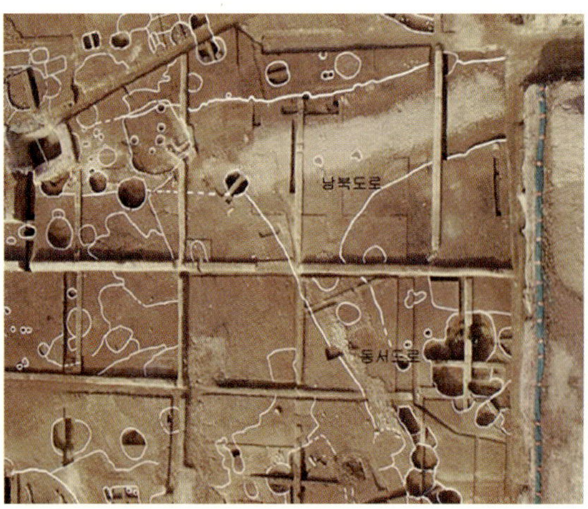

그림 12 | 197번지 남북 · 동서 도로 유구

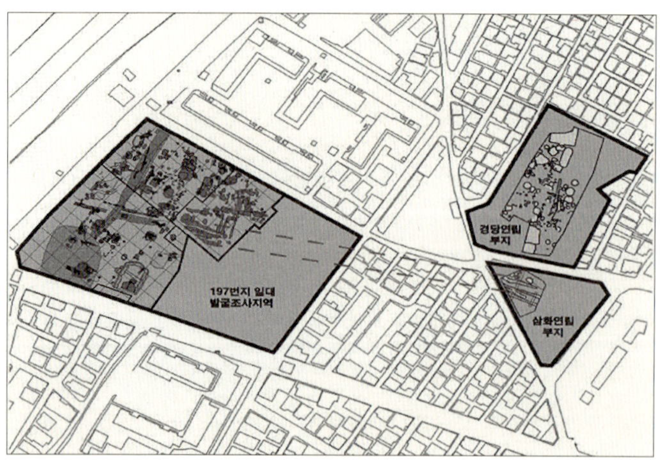

그림 13 | 197번지~삼화연립부지 도로 연결 추정도

2. 백제토기 연구의 재정립

풍납토성에서 헤아릴 수 없을 정도로 많은 양이 출토된 토기 유물은 그동안 통용되어 왔던 백제토기의 개념에 대한 인식의 전환이 불가피하게끔 만들었다. 풍납토성을 위시한 백제 영역권 내의 유적에서는 몽촌토성의 발굴조사를 통해 정립되었던 백제토기의 정의와 분류 체계를 가지고는 설명할 수 없는 다종다양한 토기들이 출토되었으며, 각각의 유물에 대하여 조사기관별로 또는 연구자별로 각기 다른 명칭을 사용함으로써 백제토기 자체에 혼란이 야기되었다.

이에 국립문화재연구소에서는 풍납토성에서 출토된 토기 유물을 중심으로 그동안 한성백제 도성지역 내에서 출토된 모든 토기 유물을 대상화하여 객관적이고 표준화된 토기 분류안을 도출함으로써 백제토기 연구의 근간을 제시하고자 '한성지역 백제토기 분류 표준화 방안 연구' 프로젝트를 기획하였다. 우선 백제 도성지역에 해당하는 풍납토성, 몽촌토성, 석촌동고분군, 미사리유적 등에서 공통적으로 출토되는 기술유형의 토기를 한성지역 백제토기로 인식하고, 기 보고된 개별 토기에 대한 계측작업을 우선으로 고고학적인 방법에서 추출할 수 있는 온갖 속성 분류를 통하여 일차적인

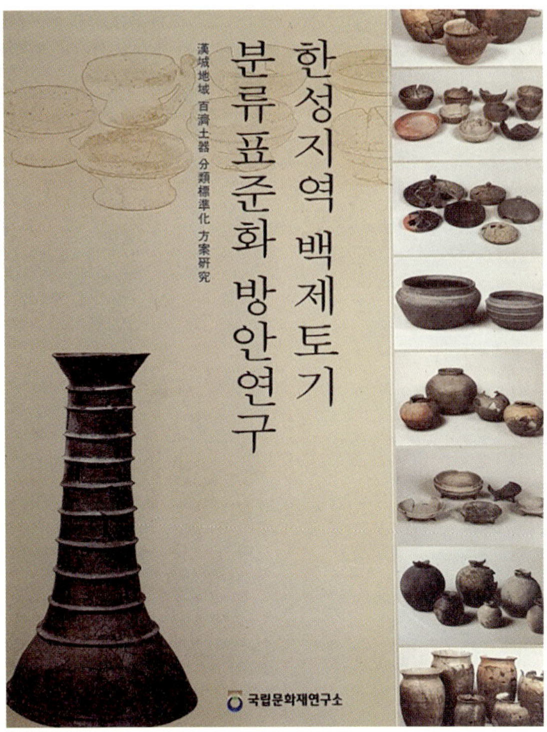

그림 14 | 한성지역 백제토기 분류표준화 방안연구서(2011)

그림 15 | 한성백제 건축유적 유형분류와 복원연구서(2014)

기종을 분류해내는 것을 일차 목표로 하였다. 나아가 자연과학적인 분석을 병행하여 고대 토기 제작기술을 복원할 수 있는 기초자료 및 산지추정 자료를 확보하는 데도 주안점을 두었다.

기술유형의 분류와 속성 분석 등을 통해 백제토기를 28개의 기종군으로 분류하였고, 각각의 기종에 대한 분석을 실시하였다. 개별 기종에 대해서는 형태 파악이 가능한 유물을 대상으로 계측치별 통계 분석을 실시하여 각각의 형식과 속성을 추출하고, 육안 관찰을 통하여 태토 및 경도(소성온도)를 구분하고 제작기법 등을 파악하였다. 각각의 기종에 대한 기능을 유추하고 그 용도를 제시하였다. 태토 조성(정량), 소성온도 등의 자연과학적 분석과 백제토기 및 외래계 도·토기의 미량성분 분석을 통한 산지추정 분석을 병행하였다.

이로써 각 기종의 분류 기준과 사용 용도별 구분, 명칭의 정립 등 백제토기의 분류 기준안이 마련되었다. 또한 이러한 기준안을 발굴현장에서 쉽게 적용할 수 있도록 구체적인 활용방안도 제시하였다. 나아가 백제토기의 편년과 관련한 그동안의 연구 경향을 살피고 논점을 정리하였고, 상대연대를 파악하기 위한 유구의 선후관계를 파악하고 당시까지 측정된 AMS 분석 결과치를 정리하여 백제토기의 편년 연구의 객관적 자료를 집대성하였다.[25]

3. 백제시대 주거지 복원 연구 활성화

1997년 풍납토성에서 대형의 수혈 주거지가 집중적으로 발굴된 이래 중부지역에서는 가평 대성리유적, 남양주 장현유적, 화천 원천리유적 등 대규모 취락유적에 대한 발굴조사가 이루어졌고, 이를 토대로 개별 유적 내 주거지를 중심으로 한 유형분류와 변천 과정에 대한 연구가 활발히 진행되었다.

풍납토성 또한 미래마을 재건축부지에 대한 연차 발굴에서 40기가 넘는 다양한 수혈 주거지는 물론 그동안 발견된 적이 없던 대형의 지상 건물지 5기가 확인되었다. 백제 주거지 역시 토기와 마찬가지로 통일된 용어와 분류 기준이 없는 상태였고, 건물지의 구조와 성격을 이해하는 데에도 각자 상이한 기준을 적용할 수밖에 없었다. 특히나 고고학자와 건축 연구자들 사이에서도 발굴에서 드러난 하부 구조와 실제로 건축되었을 상부 구조를 이해하는 방식 또한 간극을 좁히기 어려운 상황이었다.

25_ 국립문화재연구소, 2011,『한성지역 백제토기 분류표준화 방안연구』.

이에 2012년부터 2014년까지 국립문화재연구소 고고연구실과 건축문화재연구실이 공동으로 그동안 중부지역에서 발굴된 대규모 취락 유적을 중심으로 주거지 분석을 실시한 후 주거지의 상부 구조에 대한 복원안을 마련하는『한성백제 건축유적 유형분류와 복원연구』를 실시하였다.

이 연구에서는 우선 건축물 분석에 있어서 기초가 되는 용어와 유형분류안을 제시하였다. 이후 중부지역을 서울경기권, 경기남부권, 경기북부권, 인천서해안권, 영서권, 영동권의 6개 지역으로 구분하여 원삼국시대~백제 한성기의 특징적인 '철凸'자형의 출입구가 돌출된 수혈 주거지를 집중 분석하였다. 또한 풍납토성에서 확인된 지상건물지까지 분석한 후 3D 시뮬레이션 등을 통한 주거지별 축조기법 및 상부 구조의 복원안을 도출하는 성과를 올렸다.[26]

비록 완전한 복원안이 아니더라도 고고학과 건축학의 학제간 연구를 통해 발굴 자료에 대한 충실한 검토와 분석, 실험을 실시하는 등의 노력이 이루어진 결과라 할 수 있으며, 향후 민속학이나 민족지 연구 등을 보완하여 진전된 연구가 계속되길 기대한다.

4. 토성 축조기술과 토목공학적 연구 개시

풍납토성의 발굴 이후 연구 성과에서 빼놓을 수 없는 것이 바로 판축법이나 성토법 등 고대 토성과 산성에 축조에 이용된 기술에 관한 연구이다. 판축법은 판으로 틀을 만들어 그 안에 흙이나 모래 등을 층층이 부어 다짐 방망이 등으로 찧어서 단단하게 쌓아 올리는 대표적인 고대 토목기법으로, 토성이나 건물 기단, 담장과 같은 시설을 축조하는 데 가장 보편적으로 이용되어 왔다. 사실 판축법 또는 판축토성이란 말은 성곽 연구에서 보편적으로 사용해 왔지만 판축에 대한 엄밀한 의미 규정이나 사용 증거에 대한 치밀한 검토는 부족했다고 볼 수 있다.

토성을 축조하기 위해서는 가장 먼저 성벽이 들어설 지점을 택하여 정지작업을 실시하고 기초를 단단히 조성해야 한다. 대체로 점성이 강한 흙 또는 뻘흙을 깔아 기저부를 형성하는데, 이러한 원리는 구덩이를 파고 다시 메꾸어서 기초를 다지는 중국의 기조 원리와도 일맥상통한다. 일반적으로는 지정목을 박거나 잡석을 깔아 기초를 다지는 것으로 알려져 있다. 풍납토성은 중심토루의 안팎으로 여러 겹의 판괴를 비스듬하게 연접하여 축조한 것이 특징이다. 고정주와 협판, 달구질 흔

26_ 국립문화재연구소, 2014,『한성백제 건축유적 유형분류와 복원연구』.

적 등의 뚜렷한 판축의 증거는 발견되지 않았지만 고정주로서 기능하였을 것으로 추정되는 수직 방향의 목재가 결구된 상태로 발견되었다. 이 목재가 발견된 층에서는 판괴 내의 결합력을 높이고 수분을 유지하여 지내력을 증강시키기 위한 부엽층도 확인되었다. 중심토루 외벽에서는 역경사 판축법을 이용한 외피 토루도 관찰된다. 이 밖에 성벽 축조를 마무리하면서 부석과 석축으로 전체 성벽의 유실 방지와 방수, 배수 등의 효과를 꾀한 방법은 풍납토성 축조의 백미라 할만하다. 또한 석축 밑 뻘층에 지정목을 박은 것도 후대의 교량과 제방 등 연약지반 보강에 핵심적으로 이용되는 방법 중의 하나이다. 습기를 통제하거나 판축토 내의 수분을 제거하기 위한 목적으로 불다짐하기도 하였다(신희권 2014b).

그러나 아직까지 우리나라 고대 토성에서 판축의 정형을 찾았다고는 말할 수 없다. 판축이라 함은 글자 그대로 '판을 대고 쌓는다'라는 뜻이기 때문에 협판이나 이를 고정하기 위한 기둥, 협판을 받치기 위한 횡장목, 흙을 견고히 다진 달구질 흔적 등의 증거들이 검출되어야 하나, 발굴조사에 이를 입증하기가 여간 어려운 것이 아니다. 따라서 단순히 성분이 다른 흙을 교대로 쌓아 올렸다고 해서 판축토성이라고 부를 수 없다는 문제도 이미 지적된 지 오래이다. 이에 대해 기존의 '단순 성토'나 '유사판축' 등의 개념과는 차별화하여 '물성이 다른 흙을 교호로 성토한 방식'을 '교호성토'라는 용어로 부르자는 제안도 제시된 바 있다(권오영 2010).

이렇듯 판축에 대한 정의와 적용 사례에 대한 문제 제기에서 비롯된 고대 축성기술에 대한 연구는 갈수록 활기를 띠고 있다. 따라서 풍납토성 등에서 확인된 판축의 흔적들을 여러 유적들과 면밀히 비교 연구해 나가면 판축토성의 축조 방법과 원리를 밝히는 데 큰 진전이 있을 것으로 기대한다.

또한 풍납토성 발굴조사에서 성벽 축조에 부엽법이 이용된 사실이 보고된 이래 부엽법의 원리와 기능에 대한 논의가 활기를 띠게 되었다. 당초에는 부엽법이 김제 벽골제와 부여 나성 등 주로 백제 유적에서 확인되어 이를 백제의 고유한 토목기술로 이해하기도 하였으나, 최근에는 백제 고지故地 뿐 아니라 신라와 가야 지역의 토성과 제방 유적에서도 부엽법을 적용한 사례들이 잇따라 발견되고 있다. 뿐만 아니라 부엽법이 토축 제방이나 토성의 기저부 축조에 국한되어 이용되었던 것으로 알려졌던 것과는 달리 최근 산성의 보축부 등에도 이용된 예들이 속속 보고되고 있다. 따라서 현재는 부엽법이 우리나라 삼국시대 토축 구조물에 보편적으로 이용된 특징적인 토목기술로 받아들여지게 되었다(신희권 2014c).

최근에는 고대 성곽 축조에 대한 고고·역사학적 검토 외에도 과학적 규명을 위해 공학 분야의 연구를 보완하는 움직임도 일고 있다. 대표적으로 국립문화재연구소는 풍납토성 축조 공정과 분기, 연대 등을 종합적으로 검토하기 위해 고고학 전문가 뿐 아니라 영상공학, 지구물리학, 지리학, 측량학, 토목공학, 토양학, 핵물리학 등 여러 분야의 전문가들이 참여한 학제간 융합연구를 시도하여 풍납토성의 구조를 세밀히 밝혀내었다(국립문화재연구소 2014).

V. 향후 과제와 전망

풍납토성의 발굴은 한국 고고학사에 있어서 가장 기념비적인 발굴임에 틀림없고 그야말로 우리나라 삼국시대의 개시 및 도성 출현 연구에 있어서 가장 중대한 영향을 끼치고 있다고 할 수 있다. 1997년 이래 본격적으로 발굴이 시작된 이래 지금까지 축적된 성과만으로도 우리나라 고대 국가의 형성 과정, 특히 백제의 건국과 발전을 연구하는 데에 그 중요성이 얼마나 큰 지는 재삼 강조할 필요가 없다.

풍납토성이 지닌 이러한 중요성만큼이나 문헌사적으로나 고고학적으로 풀어야 할 숙제 또한 많은 것이 사실이다. 무엇보다 백제의 건국과 관련하여『삼국사기』초기 기록을 어떻게 바라볼 것인지에 대한 문제는 비단 풍납토성만의 문제가 아니라 우리나라 고대사 전반을 아우르는 핵심 문제이기 때문에 풍납토성 발굴로 촉발된 문헌 기록과의 정합성 여부를 반드시 해결해야 할 것이다. 이를 풀어낼 열쇠는 결국 고고학적인 성과와 해석에 달려 있다고 해도 과언이 아니다.

풍납토성에서 발견된 유물포함층은 기원 전후에 이곳에 정착한 주민들이 5세기 말경까지 지속적으로 영유한 흔적을 고스란히 간직하고 있다. 특히나 청동기시대 이래 환호 취락의 일면을 보여주는 3중 환호는 풍납토성 역사의 서막을 여는 중요한 증거이며, 이후 토성으로 대체되는 중대 기로를 입증하는 결정적 발견이라 할 수 있다. 따라서 환호의 폐기와 토성의 축조로 이어지는 과정에 대한 면밀한 검토가 요구된다.

이는 풍납토성 유물포함층을 어떻게 구분하고 그 연대를 결정지을 것인지와 무관하지 않다. 풍납토성 내 문화층의 분기를 설정하기 위해서는 출토유물, 그 중에서도 토기 유물에 대한 면밀한 분석이 선행되어야 한다. 백제토기를 어떻게 개념화하고 성격을 규정할 것인지에 대한 객관적 기준이 확립되어야 하고, 토기의 편년 및 연대에 대한 연구자간의 합의가 이루어져야 한다. 그러할 때만이 비로소 원삼국시대와 관련된 논란을 해소하는 단초가 마련될 수 있을 것이다.

이러한 논란은 궁극적으로 풍납토성의 축조 연대 문제로 귀결될 수밖에 없다. 과연 풍납토성과 같은 거대한 성벽이 언제 축조되었는지 그 시기를 밝혀내는 문제가 바로 위에 열거한 여러 문제를 한꺼번에 풀어낼 수 있는 열쇠가 될 것이다. 지금까지 발굴된 양상으로만 본다면 그 해법을 찾기는 쉽지 않으리란 생각이 든다. 우선 풍납토성의 축조 분기를 시간적 차이로 볼 것인지 아니면 공정상의 차이로 볼 것인지 인식의 차이가 존재하고, 그 연대를 놓고서도 커다란 시각의 차이가 드러나고 있다. 이러한 차이를 극복하기 위해서는 기본적으로 토성이라는 거대한 구조물을 축조하고 수리하는 방법에 대한 면밀한 토층의 구분이 이루어져야 하고, 출토유물에 대한 세밀한 검토도 수반되어야 한다. 그리고 이러한 해석을 보완해 줄 수 있는 절대연대 측정 결과에 대해서도 과학적인 적용이 이루어져야 한다. 가능한 많은 시료를 대상으로 다양한 방법의 측정이 이루어지고 그 결과가 공개되어야만 보다 객관적 시각에서의 접근과 문제 제기가 가능할 것이다.

비록 단시간에 이러한 문제를 해결하기는 어려울 것이다. 특히나 그동안 뿌리깊이 이어 내려온 학문적 토대와 선입관을 떨쳐 버리기는 더더욱 어려울 것이다. 하지만 고고학이라는 학문이 존재할 수 있는 이유는 발굴을 통해 새로운 사실을 발견하고 그것을 객관적으로 해석하여 과거의 시간과 공간을 규명하는 데 있기 때문에 비록 지난한 작업이라 할지라도 풍납토성에 대한 지속적 조사와 연구를 통해 백제의 건국과 발전 과정을 밝히고, 나아가 우리나라 고대국가의 형성에 대한 큰 그림을 그리는 데 기여할 수 있기를 기대해 마지 않는다.

참고문헌

국립가야문화재연구소, 2011, 『함안 성산산성 발굴조사 보고서 Ⅳ-제Ⅰ권 본문편』

국립강화문화재연구소, 2017, 『서울 풍납동 토성 서성벽 복원지구 내 유적 전문가 검토회의 자료집』

국립문화재연구소, 2001, 『풍납토성 Ⅰ-현대 연합주택 및 1지구 재건축 부지』

______________, 2002, 『풍납토성 Ⅱ-동벽 발굴조사 보고서』

______________, 2005, 『풍납토성 Ⅴ-삼표산업 사옥 신축예정부지 발굴조사 보고서』

______________, 2007, 『풍납토성 Ⅷ-외환은행직원합숙소부지, 소규모주택신축부지, 강동빌라부지, 대진·동산연립주택부지』

______________, 2009, 『풍납토성 ⅩⅠ-풍납동 197번지(구 미래마을) 시굴 및 발굴조사 보고서 1』

______________, 2011, 『한성지역 백제토기 분류표준화 방안연구』

______________, 2012a, 『풍납토성 ⅩⅢ-풍납동 197번지(구 미래마을) 발굴조사 보고서 2』

______________, 2012b, 『풍납토성 ⅩⅣ-풍납동 197번지(구 미래마을) 발굴조사 보고서 3』

______________, 2014, 『한성백제 건축유적 유형분류와 복원연구』

______________, 2014, 『풍납토성 ⅩⅣ-성벽의 축조공법 및 연대 규명을 위한 학제간 융합연구』

______________, 2017, 『서울 풍납동토성(사적 제11호) 동성벽 외곽 추정 해자부지 발굴조사 완료보고서』

권오영, 2001, 「풍납토성 경당지구 발굴조사 성과」, 『풍납토성의 발굴과 그 성과』, 한밭대학교 개교 74주년기념 학술발표대회 논문집

______, 2010, 「고대 성토구조물의 축조기술과 의림지」, 『의림지의 역사적 가치와 활용방안』, 의림지학술대회

______, 2014, 「미리 그려보는 한성기 왕성의 모습」, 『백제의 왕궁』, 2014 봄 백제문화특별전, 한성백제박물관

김원용, 1967, 『풍납리포함층조사보고』, 서울대학교고고인류학총간 제3책

박순발, 2001, 『한성백제의 탄생』, 서경문화사

박중균, 2017, 「한성백제 성곽유적의 최근 발굴성과와 과제」, 『서울지역 고중세 성곽유적에 대한 주요 조사연구 성과와 과제』, 제60회 전국역사학대회 고고학부 발표자료집

서울대학교박물관, 1997, 『풍납지구 남양 재건축 부지 긴급 발굴 조사 보고』

소재윤, 2012, 「4~5세기 풍납토성의 도성 경관」, 『백제학보』 8, 백제학회

신희권, 2001a, 「한강유역 1~3세기 주거지 연구-'풍납동식 주거지'의 형성과정을 중심으로」, 서울대학교 대학원 석사학위논문

______, 2001b, 「풍납토성의 축조기법과 성격에 대하여」, 『풍납토성의 발굴과 그 성과』, 한밭대학교 개교 제74주년기념 학술발표대회 논문집

______, 2002, 「풍납토성 발굴조사를 통한 하남위례성 고찰」, 『향토서울』 62, 서울특별시사편찬위원회

______, 2003, 「백제 한성기 도성제에 대한 고고학적 고찰」, 『백제도성의 변천과 연구상의 문제점』, 서경문화사

______, 2007, 「풍납토성의 도성 구조 연구」, 『풍납토성, 500년 백제왕도의 비전과 과제』, 국립문화재연구소 국제학술대회

______, 2010, 「백제 한성시대 도성제도에 관한 일고찰 -양궁성제도를 중심으로」, 『향토서울』 76, 서울특별시사편찬위원회

______, 2014a, 「백제 한성도읍기 도성 방어 체계 연구」, 『향토서울』 86, 서울특별시사편찬위원회

______, 2014b, 「판축토성 축조기법의 이해」, 『문화재』 47-1, 국립문화재연구소

______, 2014c, 「삼국시대 토축 구조물의 부엽법 연구」, 『백산학보』 98, 백산학회
______, 2016, 「개로왕대 한성의 도성 경관과 토목공사」, 『개로왕의 꿈, 대국 백제』, 백제학연구총서 쟁점백제사 8, 한성백제박물관
이도학, 1992, 「백제 한성시기의 도성제에 관한 검토」, 『한국상고사학보』 98, 한국상고사학회
이형구, 1997, 『서울 풍납토성[백제 왕성] 실측조사연구』, 백제문화개발연구원
한성백제박물관, 2014, 『백제의 왕궁』, 2014 봄 백제문화 특별전
한신대학교박물관, 2003, 『풍납토성 Ⅲ -삼화연립 재건축 사업부지에 대한 조사보고』
______________, 2008, 『서울 풍납토성 경당지구 2차 발굴조사 현장설명회 자료집』
______________, 2008, 『서울 풍납토성 경당지구 재발굴조사 제2차 지도위원회의』
______________, 2011, 『풍납토성 ⅩⅡ -경당지구 196호 유구에 대한 보고』
______________, 2015, 『풍납토성 ⅩⅦ -경당지구 206호 유구에 대한 보고』
______________, 1996, 『풍납토성 인접지역 시굴조사 보고서』

鮎貝房之進, 1934, 「百濟古都案內記」, 『朝鮮』 234號

백제왕성
서울 풍납동 토성의
현재와 미래

Present and Future
of Baekje Royal Fortress in Pungnap-dong, Seoul

풍납토성의 세계유산적 가치와 OUV

권오영 서울대학교 교수

Ⅰ. 머리말

2017년은 풍납토성에 대한 본격적인 발굴조사가 시작된 지 20주년이 되는 해이다. 1997년도에 본격적인 발굴조사가 실시되고 오늘에 이르는 사이에 공주, 부여, 익산 등 3개 지구가 백제역사유적지구Baekje Historic Areas로 세계문화유산에 등재되었다. 이 과정에서 당연히 포함되었어야 할 서울시내의 한성기 백제 유산이 누락되면서 아쉬움을 남겼고, 뒤늦게나마 그 필요성에 대한 공감대가 확산되고 있다.

서울시내의 한성기 백제 유산은 별도의 등재가 아니라 이미 등재된 백제역사유적지구를 확장하는 형태로 등재하는 방안이 유력시되고 있다. 한성기 백제 유산 중 가장 가치가 높은 것은 풍납토성과 몽촌토성, 그리고 석촌동고분군이다. 이 글은 풍납토성을 주로 다루지만 몽촌토성과 석촌동고

그림 1 | 풍납토성 내 경당지구 44호 건물지

분군까지 시야에 넣고 과연 이 유산들이 백제역사유적지구와 OUV(Outstanding Universal Value)를 공유할 수 있는지를 점검하는 것을 목표로 삼는다.

Ⅱ. 풍납토성과 비교되는 국내외 유산

풍납토성 등의 한성기 유산을 등재하기 위한 기초 작업으로서 유사한 성격의 국내외 유산과 비교해 보고자 한다.

1. 국내 유산

1) 경주역사유적지구Geongju Historic Areas

신라의 역사는 시종 경주를 중심으로 전개되었기 때문에 경주에는 신라사의 전 과정을 보여주는 오랜 시기에 걸친 다양한 문화유산이 분포한다. 이미 세계유산으로 등재된 것은 석굴암과 불국사Seokguram Grotto and Bulguksa Temple, 경주역사유적지구Gyeongju Historic Areas, 그리고 안동 하회마을과 함께 한국의 역사마을Historic Villages of Korea로 등재된 양동마을이다.

이 중 풍납토성 등의 한성기 백제 유산과 비교되는 것은 경주역사유적지구이다. 이 유산은 신라사의 발전기부터 멸망기까지를 포괄하는데, 남산지구(불교유적 중심), 월성지구(왕궁), 대릉원지구(왕, 왕족의 능역), 황룡사지구, 그리고 산성지구(왕경 방어용) 등 5개의 지구로 구성되어 있다.

경주역사유적지구는 불교건축 및 생활 문화와 관련된 뛰어난 기념비적인 건물과 유적지가 다수 분포한다는 점, 그리고 1000년에 이르는 신라 문화의 진수를 보여주는 문화유산으로 그 가치를 인정받아 등재기준 (ⅱ), (ⅲ)에 의해 등재되었다. 문화유산이 본래의 위치에 잘 남아 있어 진정성이 높고, 건축, 탑, 조각, 왕릉, 산성이 모두 원형을 잘 유지하고 있는 점에서 완전성에서도 좋은 평가를 받았다.

유산의 진정성이 높고 장기간의 계획적인 발굴조사에 의해 그 성격이 규명된 점, 한국 고대국가

그림 2 | 경주 월성(북에서 본 모습)

의 도성과 관련된 점이 공통점이다. 반면 종교 관련 유산(남산지구, 황룡사지구)이 포함된 점에서 이에 비견할 만한 유산이 없는 한성기 백제 유산과 차이가 있다.

아울러 경주에는 산성지구가 포함된 데 비하여 한성기 백제 유산에 본격적인 산성은 존재하지 않는다. 하지만 나지막한 구릉 위에 축조된 몽촌토성의 성격을 풍납토성을 방어하기 위한 방어적 관방유적으로 간주하면 양자의 공통성은 증대한다.

2) 고구려고분군The Complex of the Koguryo Tombs

평양에 소재하는 고구려고분들로 구성되었는데 대부분 횡혈식 석실묘이다. OUV는 (ⅰ), (ⅱ), (ⅲ), (ⅳ)번을 적용하였다. 석촌동고분군과 비교할 때 고대 왕국의 왕릉 및 귀족묘란 점에서 동일하다. 다만 차이점은 석촌동고분군이 적석총 위주인데 비하여 평양은 횡혈식 석실묘가 주류이고, 벽화고분의 비중이 적지 않다는 점이다.

3) 평양역사유적지구Historic Relics in Pyongyang

북한이 2000년도에 잠정목록에 등재한 상태이고 아직 등재되지 못하였다. 그 내용은 구석기시대부터 조선왕조에 걸친 장기간의 유산으로 구성되었다. 그 중 대성산성, 안학궁, 장안성 등 후기 고구려의 문화유산이 한성기 백제 유산과 비교대상이 된다.

양자의 공통점은 고대 왕국의 도성과 관련된 유산이란 점이다. 다만 평양의 유산은 고대 국가의 완성된 도성제의 면모를 보여준다는 점에서 국가 형성기의 한성백제기 유산보다는 사비도성이 포함된 '백제역사유적지구'와 유사한 측면이 있다. 아울러 평양이라는 특정 장소를 대상으로 구석기시대부터 중세에 이르는 장기간의 문화유산으로 구성된 점과, 3~5세기의 한정된 시기를 대표한다는 차이점도 있다.

4) 개성역사유적지구Historic Monuments and Sites in Kaesong

고려의 도성인 개성에 분포하는 20개의 유산으로 구성되었으며 OUV는 (ⅱ), (ⅲ)번을 적용하였다. 유산의 내용은 왕성, 성과 성문, 왕릉, 유교 · 불교 · 도교 관련 건물이다.

왕국의 도성을 구성하는 유산이란 점에서는 동일하지만 양자는 시간적으로 큰 차이가 있다. 개성역사유적지구는 유교와 도교 관련 시설이 중요한 구성요소인 점에서 한성기 백제 유산과 차이를 보이며, 건물과 성의 구조, 축조기술면에서 계승성은 인정되지만 현상적인 차이가 뚜렷하다.

2. 국외 유산

1) 고대 고구려 왕국의 수도와 묘지Capital Cities and Tombs of the Ancient Koguryo Kingdom

고구려 초기의 역사를 보여주는 졸본卒本과 국내성國內城 시기의 유산으로서 등재기준 (ⅰ), (ⅱ), (ⅲ), (ⅳ), (ⅴ)번을 적용하였다. 중국 랴오닝성[遼寧省] 환런[桓仁] 소재 오녀산성五女山城, 지린성[吉林省] 지안[集安] 소재 국내성, 환도산성丸都山城 등 3개의 왕성, 지안의 태왕릉太王陵을 비롯한 40기의 능묘로 구성되었다. 능묘 중에는 적석총, 석실봉토묘가 모두 포함되며 일부 벽화고분도 포함된다.

고대 왕국의 도성제와 관련되었으며 왕릉, 왕성으로 구성된 점, 유산이 형성된 시기 등 여러 가지 측면에서 가장 유사하다. 고구려의 역사가 졸본에서 국내성으로 천도하면서 발전한 양상에 맞추어 졸본(환런)과 국내성(지안)의 유산을 포함하고 있다는 점에서 공주, 부여, 익산 등 백제 중기 이후의 유산과 전기의 유산을 연결시키는 작업에서도 참고할 부분이 많다.

그림 3 | 환런 · 지안 고대 고구려 왕국의 수도와 묘지 관련 유산

2) 나라의 역사기념물군Historic Monuments of Ancient Nara

710년부터 784년까지 고대 일본의 도성이었던 헤이조쿄[平城京]와 관련된 문화유산으로서 등재 기준 (ii), (iii), (iv), (vi)번을 적용하였다. 왕궁인 헤이조큐[平城宮], 중요 사찰인 도다이지[東大寺], 고후쿠지[興福寺], 간고지[元興寺], 도쇼다이지[唐招提寺], 신사인 카스가다이샤[春日大社] 등으로 구성되었다.

고대 왕국의 도성제과 관련된 유산이란 점에서는 동일하다. 다만 시간적으로 약간의 차이가 있고, 나라의 경우 왕궁과 사찰, 신사는 포함되지만 능묘가 누락된 점, 한성기 백제유산은 사찰, 신사 등의 종교 관련 유산이 없다는 점이 다르다.

3) 모즈-후루이치고분군Mozu-Furuichi Kofungun, Ancient Tumulus Clusters

오사카부[大阪府] 사카이시[堺市]의 모즈고분군[百舌鳥古墳群], 하비키노시[羽曳野市]와 후지이데

그림 4 | 나라의 역사기념물군(도다이지)

라시[藤井寺市] 일대에 분포하는 후루이치고분군[古市古墳群] 2개소가 2010년에 잠정 등재된 상태이고 아직 세계유산에 등재되지는 못하였다. 일본 야마토[大和] 정권의 왕릉과 귀족의 무덤으로 구성되었으며, 시간적으로는 4~6세기대에 해당된다. 대형의 전방후원분 및 주변의 배총으로 이루어져 있는데, 대표적인 고분은 모즈고분군의 다이센[大仙]고분(전 닌토쿠릉[傳 仁德陵])과 후루이치고분군의 콘다야마고분[譽田山古墳](전 오진릉[傳 應神陵])으로서[1] 일본의 전방후원분 중에서 최대급이다.

고대 왕자王者의 무덤인 왕릉과 배총으로 구성된 점에서 석촌동고분군과 유사하고 시간적으로도 상당 부분 중첩된다. 차이점은 모즈-후루이치가 전방후원분 위주인데 비하여 석촌동은 적석총 위주란 점이다. 그러나 양자는 유사성이 매우 많기 때문에 차후 세밀한 비교분석이 필요하고, 모즈-

1_ 닌토쿠[仁德]천황과 오진[應神]천황의 무덤이라고 전해지고 있지만 시간적으로 닌토쿠, 오진의 무덤으로 보기는 곤란하다.

그림 5 | 일본의 전방후원분
① 5세기대 동북아시아의 대형 고분 비교, ② 최초의 전방후원분인 하시하카고분[箸墓古墳],
③ 오사카 시온지야마고분[心合寺山古墳] 모형, ④ 다이센고분[大仙古墳]

후루이치의 등재 추진과정을 참고할 필요가 있다.

3세기 중엽 내지 후엽부터 등장한 일본의 전방후원분은 5세기대에 그 규모가 가장 커지면서 일본의 학계와 언론, 일반 시민들은 이집트의 쿠푸 피라미드, 중국의 진시황릉과 함께 세계 3대 거대 왕릉으로 간주하고 있다. 그럼에도 불구하고 세계유산 등재 추진과정이 순탄치 않은 이유와 배경에 대한 심도 있는 검토가 타산지석이 될 것으로 예상된다.

4) 아스카-후지와라 Asuka-Fujiwara: Archaeological sites of Japan's Ancient Capitals and Related Properties

'아스카[飛鳥]-후지와라[藤原]'는 현재 잠정 등재된 상태로서 '나라의 역사기념물군' 직전 시기인 아스카시대(592~710)의 왕성, 사원, 능묘로 구성되어 있다. 고대 일본의 도성제와 관련된 점에서 좋은 비교가 된다. 다만 아스카시대는 백제 후기 문화의 영향을 강하게 받았기 때문에 한성기보다는 사비기 문화유산과 공통점이 많아서 직접적인 비교의 대상이 된다.

그림 6 | 아스카-후지와라 관련 유산
①② 아스카데라, ③④ 아스카쿄

그림 7 | 아스카 다카마쓰쓰카고분[高松塚古墳]

5) 탕롱 황성 중앙구역Central sector of the Imperial Citadel of Thang Long

베트남 북부 하노이에 소재하는 유산으로서, 2010년에 등재되었다. 등재기준은 (ii), (iii), (vi)번을 적용하였다. 리 비엣 왕조의 왕성으로 알려졌는데, 발굴조사 결과 7세기 무렵 안남도호부安南都護府 관련 유적부터 11세기를 거쳐 18세기까지 장기간에 걸친 건축물이 확인되었다.

도성 관련 유산으로서 왕성의 한 복판에 해당되므로 풍납토성과 상통하는 점이 있다. 그러나 한성기 백제 유산보다 시간적으로 늦으며 능묘를 포함하지 않은 점에서 차이가 난다.

6) 앙코르Angkor

캄보디아 북부 시엠 립에 소재하는 크메르왕국의 유산으로서 등재기준 (i), (ii), (iii), (iv)번이 적용되었다. 시간적으로는 9~15세기대에 속하며 유산의 내용은 사원과 수리시설로 구성되어 있다. 유명한 관광지인 앙코르 와트, 앙코르 톰, 바욘 사원, 바푸온 사원 등이 포함되어 있다.

고대 왕국의 왕이 거처하던 왕궁과 그의 시신을 모신 탑으로 구성된 점에서 일부 비교할 만한 부분이 있으나 건축물이 대부분 힌두교와 불교 신앙의 표상이란 점에서 근본적인 차이가 있으며, 지상의 석조 건축물이란 점도 한성기 백제 유산과 다르다.

그림 8 | 앙코르 관련 유산

Ⅲ. 백제역사유적지구와의 비교

1. 구성과 내용

이미 등재된 백제역사유적지구는 백제가 한성에서 웅진으로 천도한 이후의 역사를 가장 집약적으로 보여주는 8개의 유산들로 구성되어 있다. 시간적으로는 웅진기(475~538)와 사비기(538~660)에 속하고, 지역별로는 공주(공산성, 송산리고분군), 부여(부소산성과 관북리유적, 왕궁(공산성, 부소산성과 관북리유적, 나성), 익산(왕궁리성, 미륵사지)에 나뉘어져 있다.

유산은 모두 백제의 도성제와 관련되는데 왕성 및 왕궁(공산성, 부소산성과 관북리, 나성), 왕릉(송산리고분군, 능산리고분군), 종교유적(정림사지, 미륵사지) 등 3개의 범주로 나눌 수 있다. 서울의 한성기 유산이 왕성과 왕릉으로 구성된 데 비하여 공주는 왕성과 왕릉, 부여는 왕성, 왕릉, 사원, 익산은 왕성, 사원으로 구성되어 비교된다.

그림 9 | 백제역사유적지구 관련 유산
① 공주 공산성 연지, ② 부여 나성, ③ 익산 왕궁리성, ④ 익산 미륵사지 서탑

2. 핵심적인 가치

현재 유네스코가 요구하는 OUV의 내용은 〈표 1〉과 같다. 이 중 백제역사유적지구는 OUV로서 (ⅱ), (ⅲ)번을 선택하였다.

표 1 | 유네스코 세계유산 OUV의 평가기준

항목	내용
(ⅰ)	인간의 창의성으로 빚어진 걸작을 대표하여야 한다.
(ⅱ)	오랜 시간 동안, 또는 세계의 어떤 문화지역 안에서 일어난 건축, 기술, 기념비적 예술, 도시계획 또는 조경 설계의 발전에 관한 인간적 가치의 중요한 교류를 보여주어야 한다.
(ⅲ)	문화적 전통, 또는 살아있거나 소멸된 문명에 관하여 독보적이거나 적어도 특출한 증거가 되어야 한다.
(ⅳ)	인류역사의 중요한 단계를 잘 보여주는 건조물의 유형, 건축적 또는 기술적 총체, 또는 경관의 탁월한 사례여야 한다.
(ⅴ)	문화 또는 돌이킬 수 없는 변화의 충격을 받아 취약하게 되었을 때의 환경과 사람의 상호작용을 대표하는 전통적인 정주지, 토지의 이용 또는 해양의 이용의 탁월한 사례여야 한다.
(ⅵ)	탁월한 보편적 중요성을 보유한 사건, 또는 살아있는 전통, 사상, 신념, 예술적 · 문화적 작품과 직접 또는 가시적으로 연계되어야 한다.

이 두 가지 기준에 어떻게 부합하였는가?[2]

Criterion (ii): The archaeological sites and architecture of the Baekje Historic Areas exhibit the interchange between the ancient East Asian kingdoms in Korea, China and Japan in the development of construction techniques and the spread of Buddhism.

백제역사유적지구의 고고학 유적과 건축물은 한국과 중국 및 일본의 고대 왕국들 사이에 있었던 상호교류를 통해 이룩된 백제의 건축 기술의 발전과 불교 확산에 대한 증거를 보여준다.

Criterion (iii): The setting of the capital cities, Buddhist temples and tombs, architectural features and stone pagodas of the Baekje Historic Areas contribute in forming exceptional testimony to the unique culture, religion and artistry of the kingdom of Baekje.

백제역사유적지구에서 볼 수 있는 수도의 입지, 불교 사찰과 고분, 건축학적 특징과 석탑 등은 백제 왕국의 고유한 문화, 종교, 예술미를 보여주는 탁월한 증거이다.

위의 서술에서 중요한 키워드를 추출해 보면 한중일의 교류, 불교와 건축 기술 등이다. 이는 한성기 백제 유산의 확장 등재 시에 최우선적으로 주목해야 할 항목이 된다.

2_ 이하 OUV 및 완전성, 진정성에 관한 서술은 유네스코 세계유산센터(whc.unesco.org)와 백제세계유산센터(www.baekje-heritage.or.kr)의 홈페이지에 소개된 내용을 토대로 정리한 것이다.

3. 완전성과 진정성의 내용

백제역사유적지구의 완전성Integrity과 진정성Authenticity 서술은 아래와 같다.

Integrity: The property components together contain all the elements necessary to embody the values of the property as a whole. The component parts are of sufficient scale to present the historic function of the capital cities and their relationship to their settings. Apart from the pumping station in the vicinity of the northern gate of Busosanseong Fortress and the remaining residential accommodation within the Archaeological Site of Gwanbuk-ri, the sites have not been impacted adversely by development or neglect.

유산은 전체적으로 유산의 가치를 구현하기 위해 필요한 모든 요소를 충족하고 있다. 구성 유산들은 백제의 수도가 지녔던 역사적 기능을 입증하며, 유산과 해당 유산의 배경 사이의 관계를 증명할 만한 충분한 규모를 갖추고 있다. 부소산성 북문 인근에 있는 양수장揚水場과 관북리 유적지 내에 남아있는 일부 주거 시설을 제외한다면, 나머지 유적은 개발이나 방치로 인해 부정적 영향을 받지 않았다.

Authenticity: Most elements of the eight component parts of the serial property have suffered human intervention including reparation and restoration to different degrees. Materials and techniques used have largely been traditional. The forms of tombs and temples have been retained. The temple sites are now to some extent islands amongst low scale urban development but the settings of the fortresses and tombs largely retain their forested setting in a mountain landscape.

연속 유산이 분포된 8개의 유적지는 대부분 정도의 차이는 있지만 복구와 복원 사업을 포함하여 다양한 방식으로 이루어진 인간의 개입에 영향을 받아왔다. 적용된 자재와 기법은 대체적으로 전통을 따랐다. 고분과 사찰은 본연의 형태를 유지하고 있다. 절터의 경우에는 크지 않은 규모의 도시 개발 지역 한 가운데에 있어서 마치 고립된 섬과 같은 형상이지만 산성과 고분의 경우 산림 경관 내에 숲으로 둘러싸인 원래의 입지를 대체로 유지하고 있다.

백제역사유적지구의 완전성 서술의 특징은 백제의 수도란 측면을 부각시킨 점이며 구체적으로 부소산성 인근 양수장과 관북리 내의 주거시설에 대한 부분이 포함되어 있다는 점이다. 한성기 유산의 신청서에서 주의하여야 할 부분이 된다. 진정성 부분에서는 정림사지의 입지적 불리함을 고백하고, 산성과 고분이 지닌 상대적 우월성(그림 10)으로 이를 만회하려는 듯한 분위기를 풍긴다. 한성기 유산을 상기해 보면 주거밀집지역으로 변해버린 풍납토성, 고립된 섬과 같은 형세를 띠고 있는 석촌동고분군, 상대적으로 경관을 잘 간직하고 있는 몽촌토성에 대한 서술이 각기 달라야 하며 서로 유기적으로 보완적이어야 함을 알 수 있다.

그림 10 | 유리한 경관 조건의 부여 능산리고분군

Ⅳ. 풍납토성의 탁월한 세계 보편적 가치

1. 비교대상 세계문화유산의 OUV

1) 베트남 미썬 유적My Son Sactuary

한성기 백제 유산과 직접적으로 비교할 대상은 아니지만 베트남 중부에 위치한 미썬 유적은 등재기준 (ⅱ), (ⅲ)번에 해당되므로 검토 가치가 있다.

(ⅱ)번이 문화교류라는 점에서 백제역사유적지구와 상통한다. (ⅲ)번에서는 동남아시아 참파왕국의 역사를 보여주는 유산이란 점을 강조하고 있는데, 한성기 유산이야말로 동북아시아 백제왕국의 초기 역사를 보여주는 유일한 유산이란 점을 강조할 필요성을 느끼게 한다.

Criterion (ii): The My Son Sanctuary is an exceptional example of cultural interchange, with an indigenous society adapting to external cultural influences, notably the Hindu art and architecture of the Indian sub-continent.

미썬유적은 인도의 힌두 예술과 건축 등 외부의 문화적 영향을 수용한 토착사회의 문화교류를 보여주는 특수한 사례이다.

Criterion (iii): The Champa Kingdom was an important phenomenon in the political and cultural history of South - East Asia, vividly illustrated by the ruins of My Son.

참파(Champa) 왕국은 동남아시아의 정치사와 문화사에서 매우 중요한 현상인데 미썬유적에 생생히 반영되어 있다.

그림 11 | 미썬 유적의 보존상태

그런데 세계적인 관광지이기도 한 미썬유적의 현재 상황은 심각한 문제를 안고 있다. 관람코스에서 약간만 벗어나면 베트남 전쟁 기간 동안 미군 폭격기에서 투하된 불발탄의 폭발로 인한 사고현장이 있고, 당시 폭격으로 파괴된 채 방치된 사원, 온전하지 못한 복원 상태 등이 눈에 들어온다. 이렇듯 복원과 보존이 불충분한 상태에서 유네스코에 등재된 다른 사례가 어느 정도인지는 알 수 없으나 유산 자체의 중요도, OUV의 성공적인 서술 등이 보존관리 상태보다 결정적임을 보여준다.

2) 베트남 탕롱 황성 중앙구역Central sector of the Imperial Citadel of Thang Long

앞에서 이미 살펴본 탕롱 황성의 중앙구역은 등재기준 (ii), (iii), (vi)번에 해당되는데 여기에서 주목하고 싶은 점은 전체 황성의 극히 일부분이란 사실이다. 현재 하노이의 도시화에 의해 지하에 매장된 유산 중 중앙구역 일부만 발굴조사 후, 보존한 상태에서 유네스코에 등재한 경우이다.

한성기 유산 중 풍납토성은 도시화에 의해 지하 매장문화재 위에 수많은 가옥이 건축된 상태이며, 석촌동고분군의 경우도 전체 고분군 중 극히 일부만 잔존하고 나머지는 이미 멸실되거나 지하에 묻혀 있는 상태이다. 탕롱의 경우를 참고한다면 단일 유산을 모두 노출시켜서 관리하는 것이 반

그림 12 | 탕롱 황성 중앙구역

드시 필요조건이 아님을 알 수 있다. 풍납토성 내부에서 발굴조사 후 보존 조치되고 공원으로 관리되는 경당지구와 미래지구를 중심으로 일부 핵심구역(궁전이나 관청 등)을 추가할 경우 '백제 왕성 한성의 중앙구역' 등의 명칭으로 등재를 추진하는 것이 아주 불가능한 일은 아닌 셈이다.

3) 일본 이와미 은광과 문화경관Iwami Ginzan Silver Mine and its Cultural Landscape

시마네[島根]현 이와미[石見] 은산[銀山]에 소재하는 대규모 은광, 제련소, 정련소, 광산촌, 도로, 항구 등으로 이루어진 유적이다. 16세기 이후 이곳에서 생산된 은이 일본 국내는 물론이고 동아시아, 유럽과의 교역에서 중요한 역할을 한 것으로 여겨지고 있다. 등재기준 (ⅱ), (ⅲ), (ⅴ)번이 적용되었다.

풍납토성과는 시간적으로나 유산의 성격으로 볼 때 거리가 멀어 보이지만 이 광산이 발전할 수

그림 13 | 이와미 은광과 문화경관

있었던 기술적인 배경으로 중국과 한국을 거친 회취법灰吹法의 수용, 그리고 생산된 은의 원거리 교역이란 측면이 주목된다. 동북아시아의 기술적인 교류, 그리고 은의 원거리 유통을 통해 일본 경제가 세계 경제의 한 몫을 하게 되는 과정이 높은 평가를 받은 것으로 이해된다. 결국 유산의 화려함, 웅장함과는 관련 없이 기술의 교류, 세계 경제라는 키워드가 중요하게 작용한 것으로 이해된다.

4) 일본 히로시마 평화기념관(원폭 돔)Hiroshima Peace Memorial (Genbaku Dome)

1945년 8월 6일 히로시마에 원자폭탄이 투하되어 14만 명의 시민이 사망할 당시 '히로시마현 물산장려관' 건물은 완전 붕괴되지 않고 골조만 남게 되었다. 이 건물 잔해를 철거하지 않고 영구보존하면서 주변에 히로시마 평화기념공원이 건설됨으로써 참혹한 전쟁 유산이 반전, 반핵의 염원을 반영하게 되었다. 파괴된 건물(원폭 돔)과 평화기념관을 포함하는 이 유산은 등재기준 (vi)번이 적용되었다. 그 내용은 아래와 같다.

Criterion (iv): The Hiroshima Peace Memorial (Genbaku Dome) is a stark and powerful symbol of the achievement of world peace for more than half a century following the unleashing of the most destructive force ever created by humankind.

히로시마 평화기념관(원폭 돔)은 인간에 의해 만들어진 가장 파괴적인 폭력의 자행을 보여주는 동시에 지난 반세기 동안 세계 평화를 달성하기 위한 완전하고 강력한 상징물이다.

이렇듯 세계평화를 향한 인류 공통의 염원을 담은 유산이란 설명은 유네스코의 창립 취지와도 부합하고 세계문화유산의 의미를 되새기는 계기로 작용하게 된다. 결국 인류 문명의 위대함을 보여주는 유산이 아니라 오히려 야만적인 폭력성, 그럼에도 불구하고 이를 극복하려는 노력이라는 두

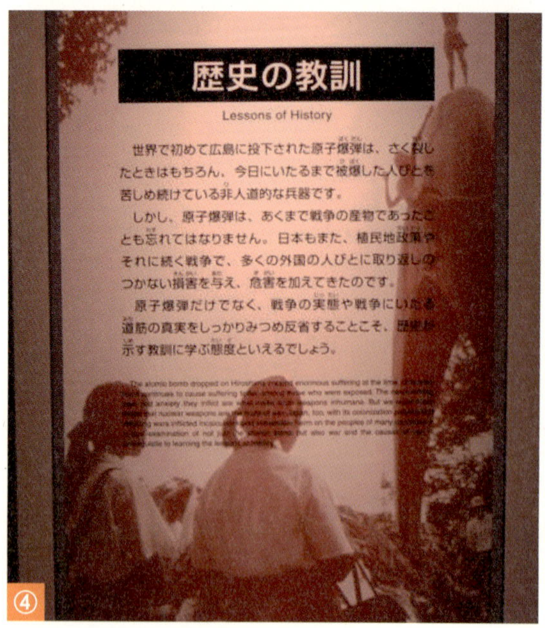

그림 14 | 히로시마 원폭 돔과 평화기념관
① 폭격 직후의 모습, ② 현재의 원폭 돔, ③ 평화학습 중인 학생들, ④ 원폭 돔의 메시지

가지 측면이 절묘하게 맞아떨어지면서 원폭 돔과 평화기념관은 1996년에 등재되었다.

유네스코 세계유산의 의미가 결코 한 국가, 한 민족의 우수성을 과시하기 위함이 아님을 여실히 보여준다. 한성기 백제 관련 유산만이 아니라 전통시대의 문화재를 소재로 등재 추진운동이 활발히 전개되는 국내의 동향과 관련하여 참고할 부분이 많다.

2. 풍납토성의 OUV 도출 방안

풍납토성을 비롯한 한성기 백제 유산의 OUV는 새롭게 도출하는 것이 아니라 기존 백제역사유적지구에 맞추어야 한다. 앞에서도 언급하였듯이 백제역사유적지구는 등재기준 (ⅱ), (ⅲ)번을 적용하였다. 그 내용을 다시 정리해 본다.

Criterion (ii): 백제역사유적지구의 고고학 유적과 건축물은 한국과 중국 및 일본의 고대 왕국들 사이에 있었던 상호교류를 통해 이룩된 백제의 건축 기술의 발전과 불교 확산에 대한 증거를 보여준다.

Criterion (iii): 백제역사유적지구에서 볼 수 있는 수도의 입지, 불교 사찰과 고분, 건축학적 특징과 석탑 등은 백제 왕국의 고유한 문화, 종교, 예술미를 보여주는 탁월한 증거이다.

등재기준을 (ⅱ), (ⅲ)번으로 적용하더라도 위의 서술을 그대로 반복할 수는 없다. (ⅱ)번의 핵심 키워드는 건축기술, 불교의 교류이다. 풍납토성과 몽촌토성, 석촌동고분군 등의 유산 역시 동북아시아 문화교류의 생생한 증거임을 밝히는 동시에 공주, 부여, 익산 등 백제역사유적지구 유산과 공통성, 계승성을 가지고 있음을 설명하여야 한다. 토성의 축조 방법, 내부 건물지의 축조 기술, 고분 축조 기술 등은 효과적인 설명이 이루어지면 성공적으로 연결지을 수 있을 것으로 전망된다. 문제는 '불교의 확산'이다. 한성기에 불교가 수입되고 최초의 사찰이 한성 어딘가에 축조되었음은 분명하지만 현재 등재 추진이 이루어지고 있는 3개의 유산에서 불교와 관련된 건축기술은 찾아 볼 수 없다. 앞으로 최초의 사찰이 한성지역에서 발견되는 행운이 따르지 않는 한 '한성기 불교 관련 유산 및 기술'은 설명이 곤란해지게 된다.

(ⅲ)번의 경우, '수도의 입지, 고분의 건축학적 특징'에 대한 서술은 가능하지만 '불교 사찰과 석탑'은 한성기에 한정할 경우 해당 사항이 없다. 앞의 (ⅱ)번과 마찬가지로 불교 관련 유산이 없는 점이 큰 문제로 남는다. 따라서 한성기 백제 유산의 OUV 문제는 단순히 백제역사유적지구에 일치시킨다고 안심할 문제가 아니라 공백을 메우고 양자를 연결짓는 정밀한 작업이 필요하다.

3. 완전성과 진정성의 비교

OUV에서 당면한 어려움은 완전성과 진정성 부분에서는 더욱 심해진다.

1) 완전성의 문제

백제역사유적지구의 완전성 서술은 아래와 같다.

> **Integrity**
> 유산은 전체적으로 유산의 가치를 구현하기 위해 필요한 모든 요소를 충족하고 있다. 구성 유산들은 백제의 수도가 지녔던 역사적 기능을 입증하며, 유산과 해당 유산의 배경 사이의 관계를 증명할 만한 충분한 규모를 갖추고 있다. 부소산성 북문 인근에 있는 양수장揚水場과 관북리 유적지 내에 남아있는 일부 주거 시설을 제외한다면, 나머지 유적은 개발이나 방치로 인해 부정적 영향을 받지 않았다.

얼핏 보더라도 이 서술은 공주, 부여, 익산에 한정적으로 적용될 뿐 서울과는 무관한 점이 많다. 따라서 전면적으로 새로 작성하여야 함을 알 수 있다. 이때 직면하게 되는 문제는 아래와 같다.

① 풍납토성과 몽촌토성, 석촌동고분군을 소재로 백제 수도가 지녔던 역사적 기능을 입증할 수 있느냐?

이 부분은 문제가 없어 보인다. 다만 한성기 백제의 왕성을 서울 강남이 아니라 하남이나 직산 방면에 비정하려는 일부 움직임이 되살아나면 이 문제도 복잡해질 수 있다.

② 개발이나 방치로 인한 부정적 영향이 없는가?

이 문제는 일부 인정, 일부 적극적인 해명이 필요하다. 근현대 이후 서울의 도시화 광풍 속에서 풍납토성의 경관이 많이 악화된 사실, 그리고 수백 기에 달하던 석촌동고분군의 고분 개체수가 급격히 줄어들은 점은 부정할 수 없는 사실이므로 인정하여야 한다. 다만 몽촌토성은 비교적 경관을 잘 유지하고 있어서 앞의 두 유산의 아쉬운 점을 상쇄시켜 줄 수 있다.

③ 풍납토성의 성격

풍납토성이 한성기 백제의 왕성이었음은 이미 수차례에 걸친 발굴조사와 많은 논문, 학술대회를 통해 명백히 밝혀졌음에도 여전히 잔존하고 있는 사회 일각의 문제 제기는 여전히 복병으로 작용할 수 있다. 이와는 별도로 풍납토성과 몽촌토성의 관련성, 즉 단순한 관계가 아니라 한성기 백제

도성제에서 양자가 어떠한 위상을 차지하고 어떤 기능을 하였는지에 대한 합의가 필요하다. 나아가 현재 논란이 분분한 축조시기에 대해서도 완전한 의견 일치는 어려울지라도 공통분모를 넓혀가는 노력이 필요하다.

④ 백제역사유적지구와의 계승성

풍납토성과 몽촌토성, 그리고 석촌동고분군으로 구성된 한성기의 도성제가 웅진기, 사비기의 도성제와 어떻게 연결되는지 그 계승성에 대한 분명한 정리가 필요하다. 이 점에서 각 단계별 도성제의 공통점과 차이점, 그리고 계승 발전된 측면에 대한 거시적인 설명이 요망된다.

⑤ 백제 왕릉의 발전양상에 대한 설명

석촌동고분군도 송산리고분군과 무령왕릉과 어떠한 관련성을 갖고 있는지 설명하여야 한다. 석촌동고분군이 적석총 위주인 데 비하여 송산리고분군은 전실묘와 횡혈식석실묘로 구성된 점에서 큰 차이가 있다. 이러한 차이를 극복하기 위해서는 양자의 공통성을 찾아내고 계승발전적인 부분을 효과적으로 설명할 수 있어야 한다. 또 하나의 효과적인 방안은 석촌동고분군 주변에 존재하였던 가락동고분군을 포함한 송파고분군이란 개념의 사용이다. 지금은 멸실되었지만 가락동 일대에는 송산리고분군의 조형일 가능성이 매우 높은 횡혈식석실묘가 존재하였기 때문이다.

⑥ 불교사원의 부재문제

부여와 익산의 경우 불교사원이 포함되었지만 공주에서는 누락된 상태이다. 서울도 마찬가지로 불교 사원이 누락되므로 이에 대한 설명이 필요하다. 한성기 백제에 불교 관련 건축물은 아직 발견되지 않았다. 하지만 불교 전래 초기부터 대규모 사찰이 존재하였다고 볼 필요는 없다. 대신 불교와 관련성이 있는 유물, 예를 들어 연화문이 표현된 와당이나 금속기, 발자국이 찍힌 토기[3] 등을 사례로 들어 웅진기 대통사 창건의 의미, 사비기 이후 대규모 불교사찰의 건립 등을 계기적으로 설명하는 것도 방법이 될 것이다. 아울러 풍납토성 경당지구 내 44호 건물지의 성격을 종교 제례와 관련된

3_ 풍납토성 경당지구에서는 사람의 발자국을 스탬프처럼 찍어서 문양으로 표현한 대옹이 출토되었다. 불상이 본격적으로 제작되기 이전 부처를 표현하는 방식 중의 하나가 족적임을 고려하면 이 발자국을 적극적으로 해석하여 불교와 관련지을 수 있는 가능성이 있다. 그러기 위해서는 이와 관련된 연구성과가 축적되어야 할 것이다.

것으로 볼 여지가 있으므로 불교 수입 이전의 종교시설로 자리매김하는 방법도 고려해 볼 만하다.

2) 진정성의 문제

백제역사유적지구의 진정성에 대한 서술은 아래와 같다.

> **Authenticity**
> 연속 유산이 분포된 8개의 유적지는 대부분 정도의 차이는 있지만 복구와 복원 사업을 포함하여 다양한 방식으로 이루어진 인간의 개입에 영향을 받아왔다. 적용된 자재와 기법은 대체적으로 전통을 따랐다. 고분과 사찰은 본연의 형태를 유지하고 있다. 절터의 경우에는 크지 않은 규모의 도시 개발 지역 한 가운데에 있어서 마치 고립된 섬과 같은 형상이지만 산성과 고분의 경우 산림 경관 내에 숲으로 둘러싸인 원래의 입지를 대체로 유지하고 있다.

완전성에 대한 서술과 마찬가지로 이 부분 역시 대대적으로 새로 작성되어야 한다. 이 경우 직면하게 될 문제는 아래와 같다.

① 복원에 적용된 자재와 기법이 전통적이냐?

풍납토성 북벽과 서벽 연결부가 원상과 무관하게 최근에 보수되었다거나, 북벽의 계단식 구조가 밭으로 이용되던 경작면을 그대로 성벽으로 복원하였다는 지적을 고려하면 발굴조사를 통해 원상에 가깝게 복원하여야 한다. 몽촌토성의 경우도 목책구간으로 복원된 지점에 대한 발굴조사 결과 별도의 목책 시설이 아니라 축조과정에서 공법의 필요에 의한 기둥이라는 해석이 나오고 있다. 석촌동고분군의 경우는 보수, 복원에 이용된 석재에 큰 문제는 없어 보인다.

② 풍납토성 내 경당지구와 미래지구의 공원화에 대한 평가는?

경당지구는 발굴조사 성과를 제대로 반영하지 못하는 상태이고 미래지구는 전반적으로 조잡한 양상이다. 발굴조사 성과를 제대로 보여줄 수 있는 획기적인 방안이 필요하다.

③ 석촌동고분군은 본연의 형태를 유지하고 있는가?

최근 진행된 발굴 조사 결과 1호분과 외방내원분 북편에서는 소규모 적석총이 연접하면서 규모를 확대하는 양상을 보여주고 있다. 현재 독립적인 적석총으로 복원된 2호분도 주변에 많은 연접부가 있었을 가능성이 매우 높다. 1호분 역시 2기의 적석총이 연접된 것으로 표현된 현재의 모습이 아닌 훨씬 복잡한 구조의 연접분이었을 가능성이 있다. 발굴조사가 진행될수록 원상에 가까이 접근하겠지만 이에 비례하여 현 상태의 복원상태에 대한 수정이 필요해진다. 과거의 복원된 모습과 최근 발굴조사 결과가 보여주는 괴리는 기존 복원에 대한 진정성 문제가 제기될 소지를 만들고 있다. 1호분과 2호분 주변에 대한 재조사의 필요성을 염두에 두어야 할 것이다.

④ 경관이 원래의 모습을 간직하고 있는가?

몽촌토성은 해자의 양상을 잘 알 수 없는 문제가 있으나 전반적으로 경관을 잘 간직하고 있다고 평가할 수 있다. 반면 석촌동고분군은 전체 고분군 중 극히 일부만 잔존하는 상태란 점이 문제이다. 풍납토성은 일부 성벽구간의 진정성에 대한 의문이 제기될 뿐만 아니라 성 내부가 주거구역으로 바뀌어버린 점이 불리하다. 하지만 이러한 불리함에도 불구하고 중앙정부와 지자체의 장기간에 걸친 관심과 정책을 통하여 문제를 해결하고 있는 과정에 있음을 효과적으로 서술하는 것이 유효할 것이다.

Ⅴ. 맺음말

지금까지 풍납토성을 비롯한 서울의 한성기 백제 유산을 대상으로 삼아 이미 등재되어 있는 백제역사유적지구에 상응하는, 그러면서도 한성백제에 적합한 OUV와 진정성, 완전성의 서술방안에 대해 검토해보았다. 확장이란 방식을 택함에 따라 유리한 점과 불리한 점이 모두 있는 것으로 판단된다. 따라서 막연한 기대감보다는 구체적인 사례를 꼼꼼하게 점검하는 것이 요망된다.

다른 한편으로는 강렬한 OUV의 발굴이다. 아케메네스 페르시아의 건설자인 고레스(키루스, Cyrus the Great)의 무덤과 궁궐 등의 유산으로 구성된 파사르가대Pasargadae는 그다지 화려하지 않고 웅장하지도 않지만 세계유산에 당당히 등재되어 있다. 결정적인 이유는 고레스가 종족과 문화, 종교적 다양성을 인정하면서 세계 최초의 인권선언인 고레스 칙령을 반포하였기 때문일 것이다. 파사르가대의 등재기준은 (ⅰ), (ⅱ), (ⅲ), (ⅳ)번이 적용되었지만 핵심은 (ⅱ)번에서 운위되고 있는 '제국 내 다양한 종족의 기여', 즉 다양성의 인정에 있다고 본다. 이렇듯 강렬한 메시지를 내포

그림 15 | 파사르가대의 고레스왕 무덤

하고 있는 파사르가대는 그 어떤 유산보다도 유네스코의 취지에 부합한다.

백제역사유적지구를 관통하고 있는 OUV는 '동북아시아의 평화적인 교류'이다. 서울의 한성기 유산 역시 여기에 호응하면서 좀 더 강렬한 이미지를 만들어내는 것이 필요하다. 예를 들어 근초고왕에 대한 평가를 '위대한 정복군주'가 아닌 '동북아시아 평화 교류의 기초를 닦은 인물'로 이동시키고 그의 무덤일 가능성이 높은 석촌동 3호분이 포함된 석촌동고분군의 가치를 높이는 것도 방법이 될 것이다. 세계유산의 등재기준이 부동산적 의미의 건축물 위주임은 분명하지만 그 배후에 있는 인물과 역사적 사건의 전개도 무시할 수 없는 중요성을 갖고 있기 때문에 역사와 유산을 연결짓는 노력이 필요하다.

참고문헌

권오영, 2007,「백제 한성도읍기 문화유산의 분포양상과 활용방안」,『한성백제의 역사와 문화』, 송파구 · 송파문화원

______, 2015,「한성백제유적의 세계유산적 가치」,『한성백제유적의 세계유산적 가치 조명』, 서울특별시

백제역사유적지구 세계유산등재추진단 · 원광대학교박물관, 2013,『백제 사찰과 주변국 사찰과의 비교연구-정림사지와 미륵사지를 중심으로-』

백제역사유적지구 세계유산등재추진단 · 충청남도역사문화연구원, 2013,『백제 도성제와 주변국 도성제의 비교연구』

백제역사유적지구 세계유산등재추진단 · 한국전통문화대학교 전통문화연구소, 2013,『백제의 능묘와 주변국 능묘의 비교연구』

西谷正, 2009,「공주 · 부여지구의 세계문화유산 등재 전략」,『백제문화』40, 공주대학교 백제문화연구소

서울특별시, 2011,『풍납토성 합리적 관리방향 및 추진전략』

신희권, 2011,「풍납토성의 의의와 관리 활용상의 과제」,『세계문화유산 등재에 있어 도시고고유적의 의의와 관리 과제』, ICOMOS-KOREA · 국토연구원

______, 2012,「풍납토성의 관광자원 활용방안」,『동아시아 속의 풍납토성』, 제12회 한성백제문화제 국제학술회의

______, 2015,「한성백제유적의 역사와 유적 현황」,『한성백제유적의 세계유산적 가치 조명』, 서울특별시

朝倉敏夫, 2009,「일본의 세계문화유산 추진전략」,『백제문화』40, 공주대학교 백제문화연구소

백제왕성 서울 풍납동 토성의 현재와 미래

Present and Future of Baekje Royal Fortress in Pungnap-dong, Seoul

풍납토성 일대의 도시경관 변화상

- 도시개발과 도시형태 및 경관 변화 -

이난경 서울시립대학교 도시형태설계연구실 연구원

Ⅰ. 머리말

풍납토성은 475년 왕성이 폐기된 이후 오랫동안 정치적, 군사적, 행정적 기능에서 소외되어 왔다. 한성백제기에 축성된 풍납토성의 현재는 가시적 실체인 토성 일부만이 남아 있으며, 내외부 전체가 현대 도시화되어 있다.

따라서 풍납토성은 475년 고구려에 함락된 이후 1200년간은 불모지로 방치된 공간이었고, 조선시대부터는 대부분의 지역이 논밭으로만 이용되다가 1970년대부터 본격적으로 주거지로 개발되어 과거 흔적은 대부분 사라졌다고 전제되어 왔다.

이러한 인식을 토대로 한성백제기 도시유적에 해당하는 풍납토성에 대한 역사적 가치는 한성백제기 왕성에만 집중 조명되어 풍납토성 보존·관리를 둘러싼 갈등과 그 해결방안들은 매장문화재 및 성벽터 매입 발굴과 복원, 그에 대한 토지보상과 이주대책 마련에만 치중되어 왔다.

풍납토성 보존·관리방향의 핵심이 되는 한성백제기 문화재 자체의 보존과 역사적 진정성 확보도 매우 중요하지만 이와 함께 문화재를 형성 가능케 한 지형 및 하천 등의 자연환경과 과거부터 현재의 삶의 흔적인 도시환경을 아우르는 역사문화경환경을 이해하기 위한 노력도 함께 이루어져야 한다. 즉 풍납토성을 제대로 이해하고 그 가치 및 의미를 고찰하는데 있어 한성백제기 문화재라는 시각에서 벗어나 역사적 맥락 속에서 유기체적인 도시공간으로 해석될 필요성이 있다.

따라서 여기에서는 1910년부터 현재까지 한성백제기 도성의 핵심지역인 풍납토성(왕성) 일대를 역사문화환경이라는 관점에서 고찰하여 그 구성요소들의 변화과정을 도시형태학적으로 해석하고자 하였다. 구체적으로 풍납토성 일대의 도시형태 및 경관 변화과정을 하천, 도로, 풍납토성 성벽을 중심으로 살펴보았다. 2000년 역사도시를 지향하는 서울의 핵심지역으로서 풍납토성 일대 역사문화환경 중 시간적 지속성이 강하고 역사적 골격에 해당하는 하천과 도로, 풍납토성 성벽이 도시개발과정 속에서 어떻게 변화되어 왔는지 살펴보았다.

그 방법으로서 1910년부터 현재까지 도시형태 및 경관을 함축하고 있는 지형도 및 지적도, 항공사진 등의 도면자료(지도자료)를 토대로 도시형태학적 측면에서 풍납토성 일대의 하천, 도로, 풍납토성 성벽의 변화과정을 세밀하게 짚어보았다.

한성백제기 문화재인 풍납토성을 연구하는데 있어 1910년부터 현재까지를 시간범위로 설정한 이유는 문화재인 풍납토성이 삶터로서의 역사문화환경이라는 인식전환에 근거하여 도면자료를 근거로 한성백제기의 풍납토성과 현재의 풍납토성의 역사적 맥락을 짚어내기 위함이다. 문화재 주변 도시공간의 맥락적 고찰은 단절된 한성백제와 현재의 도시간극을 좁혀줄 뿐만 아니라 기능적으로 급변해온 도시형태 및 경관 변화를 이해하는 길잡이가 될 수 있다.

Ⅱ. 풍납토성 변형기(한강개발 전 : 1910~1967년)

1. 하천의 변화

1) 조선후기의 하천

〈그림 1〉은 조선후기 풍납토성 일대 하천 및 구거 현황도[1]이다. 이를 보면 풍납토성의 자연해자이기도 한 한강이 풍납리에서 두 갈래로 갈라져 흐른다. 또 다른 하천으로는 암사리 부근에서 한강에서 분기하여 풍납동에서 한강 본류로 다시 유입하는 하천이 있다. 이 하천은 사지沙地가 드러나 있는 형태로 지형도를 통해서는 하천인지 여부를 정확히 판단하기 어려우나 풍납리, 곡교리, 암사리의 1911년 지적원도를 살

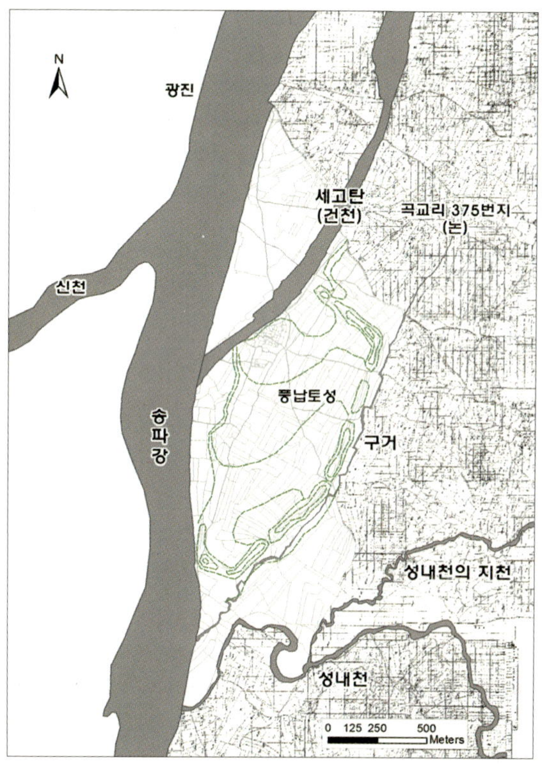

그림 1 | 조선후기 풍납토성 일대의 하천 및 구거
(1911년 지적원도와 1915년 지형도를 토대로 작성)

1_ 축척 1:1,200의 1911년 지적원도(풍납리, 성내리, 곡교리, 이리)와 축척 1:25,000의 1915년 지형도에서 하천과 구거, 등고선(풍납리만을 대상으로 함)을 추출하여 작성한 지도이다. 여기에서는 이 지도가 조선후기의 하천 및 미세지형 현황을 반영하고 있다고 판단하였다.

표 1 | 조선후기 풍납리 일대 하천 및 구거 현황 종합

옛물길		특성
표시	구분	
川, 漢江	한강 (송파강)	풍납토성 북측 일대에서 두 갈래로 갈라져 풍납토성과 면하여 흐름
川	세고탄 (건천)	마른 천(건천)으로 우기에만 흐르며 한강본류에서 갈라져 흐르다가 풍납토성 일대에서 유입됨. 모래톱이 발달함
川	성내천	자유곡류천으로 S자 모양으로 흐르며 한강으로 유입됨
川	성내천의 지천	성내천 하류와 가까운 지점에서 유입되는 하천임. 안내개울이라 불렸음
溝	구거	폭이 좁은 실개천(개울) 형태로서 농수로로 이용

펴보면 '川'이라고 기록되어 있다. 여러 근거를 통해 해당 하천을 '세고탄'이라 추정하였다. 세고탄과 관련된 기록들을 살펴보면, 서거정의 7언시 「세고탄」에서 찾아볼 수 있다.[2] 「도담행정기」(1823년 4월 12일)에는 광진(양진) 일대 서울에서 영남으로 통하는 길목에 '세고탄'이 있다고 기록하고 있으며, 송파구지(1994)[3]에는 아랫바람드리 서쪽에 한강으로 흐르는 여울이 있는데 옛날 한 노파가 이 강변에 살면서 빨래를 업으로 삼아 이 여울에서 빨래를 하였다 하여 '세고탄'이라는 이름이 붙여졌다고 기록하고 있다. 이를 종합해보면, 세고탄은 풍납동측 광진 일대의 한강의 여울로서 아랫바람드리 서편으로 흐르는 물길이라 할 수 있다. 그러나 세고탄은 우기에만 물이 흐르는 건천으로 변모한 것으로 보인다.

다음으로 풍납토성의 남벽 아래쪽에서 한강으로 유입하는 성내천과 그 지천(안내개울)이 흐른다. 풍납토성은 자연제방 상에 축조되어 주로 밭이 발달되어 있는데, 성내천과 안내개울이 흐르는 지역은 저지대로서 논이 발달되어 있는 것이 특징이다.

그 밖에 풍납토성 동벽에 면하여 구거가 흐르고 있다. 풍납토성 동벽을 따라 흐르는 구거는 곡교리 375번지 논畓과 연계되어 조선시대에는 농수로 성격의 관개시설로서 기능한 것으로 파악된다. 이 구거는 한성백제기 해자로 추정되는 물길로서, 곡교리 375번지[畓]부터 한강으로 유입되는 전 구간이 모두 해자였다고 하기에는 무리가 있으나 그 구간 중에 동성벽과 면하여 흐르는 구간이 해자로 조성되었을 가능성이 높다고 할 수 있다. 그러나 폭이 매우 좁고 형태도 일정한 형태를 갖추지 않은 것으로 보아 풍납토성 폐기 후 토사가 퇴적되거나 농수로로 이용되면서 전체적인 형태가

2_ 김건곤 · 김태환 · 어강석 편, 2016, 『동국여지승람 제영사전 : 산천편』, 한국학중앙연구원출판부, 114쪽.
3_ 송파구청, 1994, 『송파구지』, 795쪽.

변형된 것으로 보인다.

2) 을축년 대홍수에 따른 한강 유로 변경 및 물웅덩이 형성

풍납토성 일대 수환경은 1925년 을축년 대홍수의 영향으로 큰 변화를 겪게 된다. 그 당시 수환경의 변화를 확인해볼 수 있는 지도는 축척 1:25,000의 1926년에 측량된 지형도이다. 이 지형도는 1925년 7월의 을축년 대홍수로 한강유역 지형이 변화된 직후의 수정측도여서 당시의 변화상을 살펴보는데 중요한 근거를 제공해준다. 〈그림 2〉와 같이 1918년 지형도와 1926년 지형도를 비교 고찰하면[4] 1925년 을축년 대홍수 이후 송파강의 물길이 크게 변하였고 풍납리 일대에 여러 물웅덩이가 형성되었음이 확인 가능하다. 을축년 대홍수의 영향으로 퇴적물들이 쌓이면서 지형이 변화되어 송파강의 물길이 왼쪽으로 더 휘어져 흐르게 되었다. 따라서 풍납토성 서벽의 서편일대는 기존에는 한강의 하도였으나 1925년 대홍수 이후로는 이보다 더 왼쪽으로 물러나 한강이 흐르게 된 것이다. 유로가 변경된 송파강은 이후로 1970년대 한강개발 이전까지 그 형태가 유지되었다.[5]

을축년 대홍수는 송파강의 유로를 변경하였을 뿐만 아니라 풍납리 일대에 크고 작은 물웅덩이를 형성시켜 놓았다. 〈그림 2〉의 1926년 지형도를 보면 풍납토성 내부 두 곳에 물웅덩이가 형성되었고, 동벽에 면한 구거의 일부 구간에도 두 곳의 물웅덩이가 형성되었다. 그리고 대규모 홍수의 거센 격류에 의해 북벽의 서단이 헐리고 해당지역 일대에 물웅덩이를 형성시켰다. 을축년 대홍수로 1925년까지 존재했던 북벽과 서벽 연결지점의 토성벽이 유실된 것이다. 해당 성벽은 지적원도 상에 105, 106번 필지 일대에 해당한다. 그리고 1918년 지형도를 보면 이미 남벽과 연결부의 서벽을 제외한 대부분의 서벽은 유실되어 있는 상태이다. 따라서 기존에 알려진 바와 같이 1925년 을축년 대홍수로 서벽의 대부분이 유실되었다기보다는 서벽과 북벽이 연결되는 부분의 성벽이 쓸려나갔고 이 일대로 물웅덩이가 생겨난 것이다.

4_ 축척 1:25,000인 1918년 지형도와 1926년 지형도는 1915년 지형도를 각각 1918년에 제1회 수정측도하여 1920년 발행한 것이고, 1926년에 제2회 수정측도하여 1929년에 발행한 것이다. 축척과 도식이 동일하여 비교고찰을 위한 근거자료로 사용하였다.

5_ 그러나 조선시대까지는 한강의 본류인 송파강의 유량이 신천보다 확실히 많았으나, 이후 시간이 지남에 따라 송파강의 유량은 점점 줄어든 반면 신천쪽 유량은 지속적으로 증가해왔다.

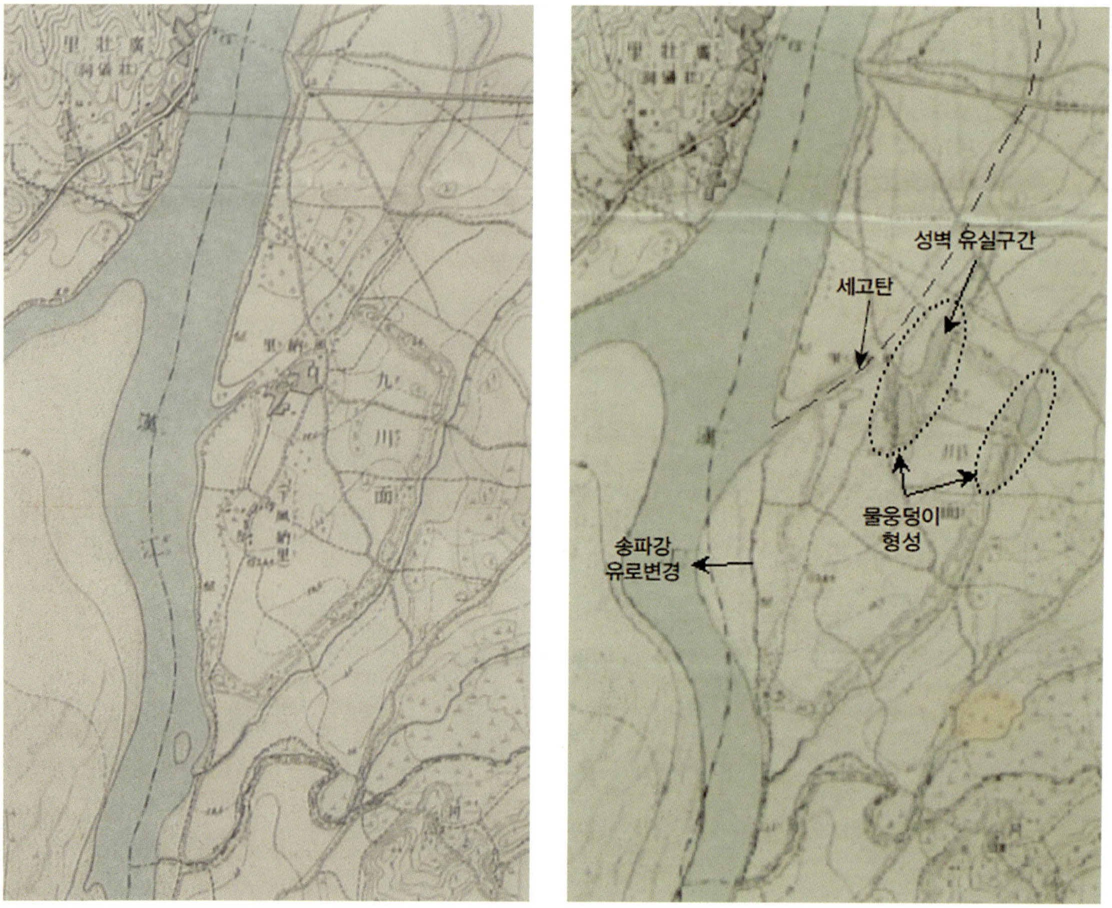

1918년 지형도(1:25,000)　　　　1926년 지형도(1:25,000)

그림 2 | 1925년 을축년 대홍수 이후 물길의 변화 비교
(출처 : 한수당자연환경연구원 한상복 원장의 개인 소장자료, 한수당연구원 블로그에 게재된 지도 수록)

2. 도로의 변화

1) 조선후기의 도로

1910년 지형도와 1911년 지적원도를 토대로 조선후기의 도로체계도를 복원하였다. 도로선은 지적도에서 추출하였고 도로의 체계는 1910년 지형도상의 중로, 소로, 인습도로[6]로 분류하였다. 지

6_ 일제강점기 토지조사 당시 도로에는 지번을 부여하지 않아 토지조사부상에는 도로가 누락되어 있으며, 지적원도상에 도로로 표기하여 일반 토지와 구분되도록 하였다. 그러나 이 연구에서는 지형도상에 표기

적원도 상에서는 도로라고 명시되어 있지 않은 인습도로가 1910년 지형도에는 표시되어 있기 때문에 지형도와 지적도를 교차분석하여 최종 도로망 자료를 구축하였다.

조선후기의 도로체계도(그림 3)를 보면 풍납토성 일대 도로는 가느다란 실이 엮여 있는 형태로 도로의 폭이 크게 넓은 곳이 없다. 대부분의 도로는 1m 안팎의 실폭도로에 해당한다. 단, 지적원도를 보면 광진로(광진간로)[7]에는 '道(車)'가 표기되어 있어 수레가 통행 가능한 도로였음이 확인된다. 조선후기의 도로체계(1910년)는 광진로(광진간로)와 곡교리-송파간 연계 도로가 중로로서 주요 도로였음이 확인되며, 나머지 도로는 모두 소로로 구분되어 있다.

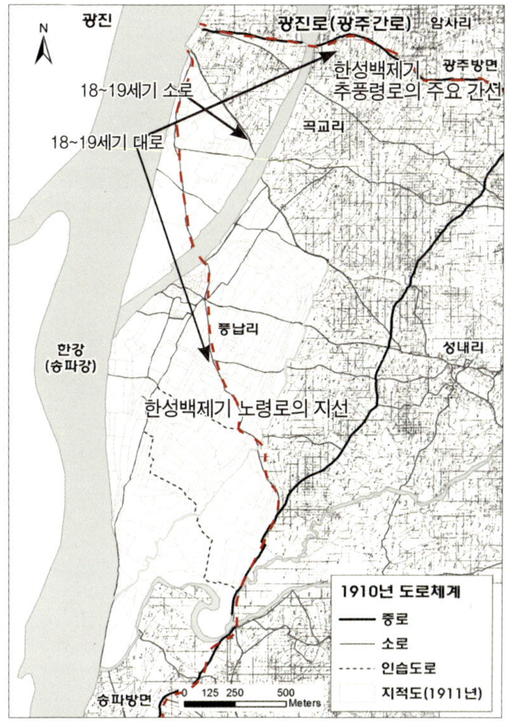

그림 3 | 조선후기의 도로체계도
(1910년 지형도와 1911년 지적원도를 토대로 작성)

그러나 광주부 지도『해동지도』, 광주부 지도『여지도서』, 광주전도『1872 지방지도』, 광주부 지도『광주부읍지』등 18세기 및 19세기 생산된 고지도의 도로를 추출하여 교차분석해보면[8] 광진에 갈라져 나오는 대로 2개 노선과 소로 1개 노선을 확인할 수 있다. 이 중 풍납토성을 관통하는 대로는 광진간로와 같이 18세기부터 19세기까지만 하더라도 대로로써 빈번하게 이용되었지만 조선 말기에 와서는 곡교리의 도진취락이 번성함에 따라 곡교리에서 몽촌과 송파를 연계하는 중로의 이용이 더욱 빈번해짐에 따라 소로로 이용이 감소되었음을 알 수 있다. 또한 18세기와 19세기까지 대로였던 광진로(광진간로)와 광진에서 풍납토성을 관통하는 송파방면 도로는 각각 한성백제기 남방교통로의 핵심이 되는 '추풍령로'와 '노령로의 지선' 도

된 도로(소로)가 지적원도상에는 반영되어 있지 않은 경우가 있어 이러한 도로를 인습도로라 달리 명명하고 도로체계에 반영하였다.

7_ 해당도로가 1780년대 생산된 도성지도상에 광진로로 표기되어 있으며, 도성도『동여도』(1858년)에는 광진간로로 명기되어 있다.

8_ 이난경·양승우, 2016,「역사문화환경으로서 서울 풍납토성 일대의 도시형태 특성 연구」,『서울학연구』, 121~122쪽.

로와 관련성이 매우 높은 도로에 해당한다.[9] 조선시대까지도 이러한 한성백제기와 연계상에 있는 주요 거점을 연계하는 도로가 지속적으로 이용되어온 것으로 판단된다.

또한 인습도로는 대부분의 구간이 필지선을 따라 조성되어 있으며, 1945년 지형도에서도 'track and trail'(소로와 오솔길)로 표기되어 있어 지속적으로 이용되어왔음을 알 수 있다.

2) 일제강점기의 치도사업에 의한 신작로 건설

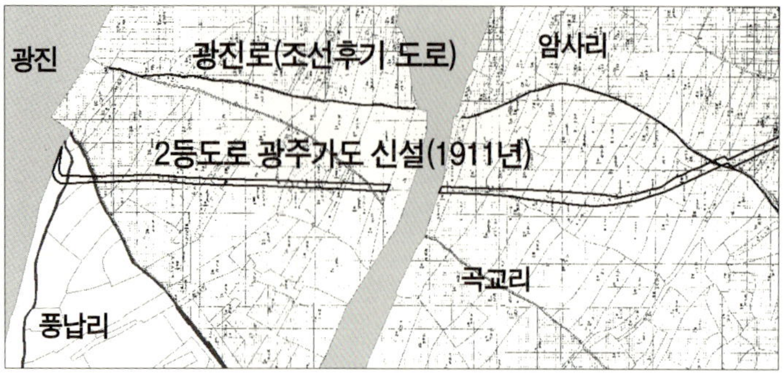

그림 4 | 2등도로 광주가도의 개설
(1911년 지적원도)

조선총독부 제1기 치도사업계획[10]에 따라 1911년에 광진리의 광진(나루터)과 풍납리 및 곡교리를 연계하는 광주가도의 일부 구간이 개설되었다(그림 4 참조). 이 도로는 전체적으로는 조선시대의 광진로 노선과 거의 일치하지만 조선총독부에 의해 도로확폭 및 직선화, 일부노선을 변경하여 개수되었다. 풍납토성 일대 광주가도의 도로폭은 약 5m[11] 정도로 조성되었다. 1911년「도로규칙」이 제정됨에 따라 도로의 종류가 1등도로, 2등도로, 3등도로, 등외도로로 구분되었는데, 풍납토성 일대 도로들은 2등도로인 광주가도(경성-강릉선 광주구간)를 제외하고는 모두 등외도로에 속하였다.

이후 조선총독부의 제2기 치도사업계획[12]에 따라 여러 변화가 나타났다.

9_ 서울시사편찬위원회, 2008, 한성백제사4 : 대외관계와 문물교류, 51~52쪽, 55쪽.; 서영일, 2003,「한성 백제의 남한강수로 개척과 경영」,『문화사학』제20호, 37쪽.

10_ 제1기 치도사업계획은 일제 강점기 초에 조선총독부가 심혈을 기울인 대형 국책사업이었다. 일본은 군사적, 경제적, 행정적 목적을 위해서 반드시 이른 시기에 한반도 전역을 관통하는 도로망의 개수가 필요했다. 1917년 10월 7일 제1기 치도계획의 마지막 사업이었던 한강 인도교 개통을 맞이하면서 계획 완성 기념 축하회에서 하세가와 총독의 식사의 일부내용을 살펴보면 가장 중요한 노선을 택하여 우선 사업을 실시하였음을 확인할 수 있다(행정안전부 · 국가기록원, 2010,『국가기록원 일제문서해제 : 토목편』, 255쪽.).

11_ 광주가도가 관통하는 풍납리, 곡교리, 암사리 등 지적원도상의 도로폭을 기준으로 산정하였다.

12_ 제2기 치도사업계획은 당초 1917년 11월부터 시작되어 1922년까지 6년 계획으로 수립되었으나, 실

〈그림 5〉와 같이 1934년 12월에 경성의 동대문에서 광장리까지 전차궤도 노선이 완전 개통되면서 광진리의 나루터 대신 전차노선과 바로 연계된 광장리에 도선장이 설치되었다. 그리고 1934년에 착공하여 1936년에 완공된 너비 9.4m, 길이 1,037m의 광진교가 광장리와 풍납리를 연결하며 건설되었다. 1934년 광장리까지 전차노선이 개통되고 1936년 광진교가 개설됨에 따라 한강의 이남과 이북을 연계하는 지점이 광진리와 곡교리를 연계하는 광나루에서 광장리와 풍납리를 연계하는 광진교로 완전히 이전되었다.

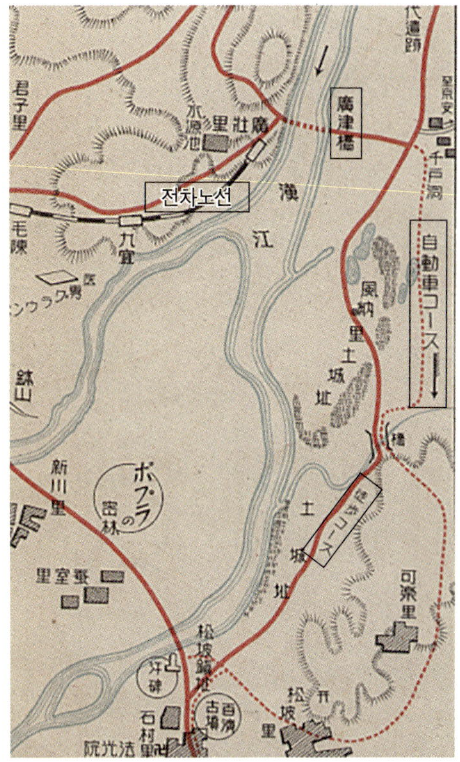

그림 5 | 풍납리토성-경성동남부 안내도 일부(1937)
(출처 : 京城電氣株式會社 編, 1937,『京電ハイキングコース 第3輯 : 風納里土城』)

한강의 도강지점이 이전되고 자동차 교통중심의 광진교가 개설됨에 따라 기존의 도로들에도 변화가 나타났다. 1945년 지형도를 보면 조선시대 이전부터 활발히 이용되어오던 광진의 기능이 완전히 상실됨에 따라 이와 연계된 도로들(점선의 타원 표시 지역)이 소멸되었다(그림 6).

반면 광진교 개통과 함께 이 다리와 연결된 도로들이 새롭게 건설되었다. 먼저 광진교에서 직선으로 연결된 도로는 착공시점은 명확하지 않으나 완공시점은 국도 1호선으로 지정된 1938년 전후로 판단할 수 있다.[13] 포장도로인 국도 1호선(구천면길로 불림)이 풍납리 북부를 관통하게 되면서 서울과의 접근성이 더욱 향상되었고, 풍납토성이 자동차 교통체계 상에 놓이게 되는 직접적인 계기가 되었다. ㉠표시된 도로는 광진교가 개통되면서 1911년 신설된 광주가도의 노선이 일부 조정되어 국도 1호선과 새롭게 연결되었다. 그리고 광진교와 연결된 국도 1호선에서 2개의 노선이 분기하면서 구천호사거리를 형성하게 된다. ㉡표시된 도로는 비포장도로로 완전히 새로운 도로가 조성된 것이고, ㉢표시된 도로는 기존도로인 〈그림 3〉의 중로(곡교리-송파간 도로)를 확폭 및 직선화하여

제로는 1938년에 이르러서야 완성되었다(조병로 외, 2011,『조선총독부의 교통정책과 도로건설』, 국학자료원, 41~42쪽).

13_ 제2차 치도사업이 완료된 시점도 1938년이다.

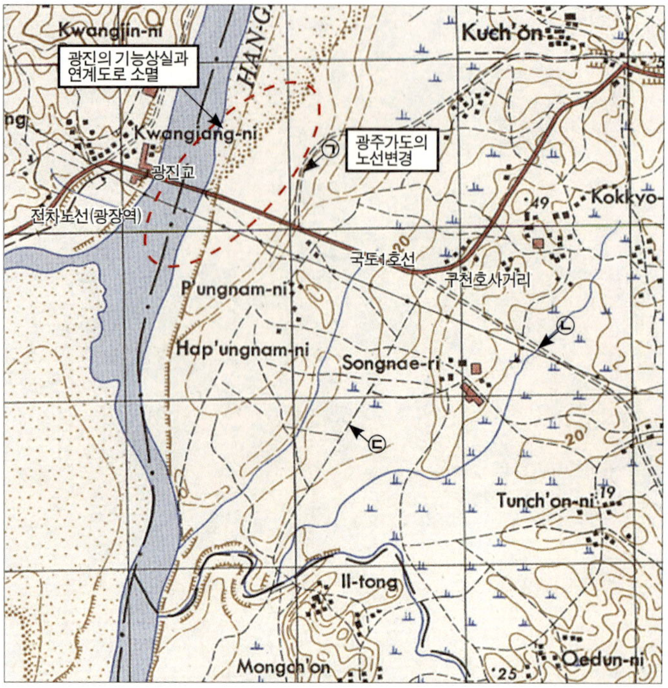

그림 6 | 1945년 미육군지도창 지형도(1:50,000)
(원 지형도에 변화내용을 표기 작성, 출처 : 미국텍사스대학교 도서관 홈페이지)

개수한 것이다. ㉡표시된 도로는 일제강점기 군용지길이라 불리던 자동차도로로서 구천호사거리에서 거여동 일대에 조성된 일본 육군 군사훈련장 간을 연계하는 도로이다. 〈그림 5〉에서 풍납토성을 가로질러 송파와 연계되는 도로는 徒步コース(도보코스)라 표기하고 있으며 광진교를 지나 천호사거리에서 우절하여 몽촌을 지나 송파로 이어지는 도로는 自動車コース(자동차코스)로 구분되어 있다.[14] 이 자동차도로는 ㉢도로에 해당한다.

일제강점기 치도사업에 따라 자동차도로인 광주가도, 국도 1호선과 구천호사거리-길동-둔촌-오금-거여로 뻗어가는 군용지길(㉡도로), 구천호사거리-성내-몽촌-방이-가락-송파를 연계하는 ㉢도로가 신설되었다. 도로폭은 국도 1호선이 가장 넓고 ㉡도로, ㉢도로 순이다. 이렇게 일제강점기에 구축된 자동차도로 체계는 1960년대 후반까지 그대로 유지되었다.

3) 해방 이후 인습도로 개설과 성벽훼손

1967년 폐쇄지적도 및 1967년 미육군지도창 지형도, 1970년 지적약도를 기준으로 조선후기부터 1967년까지 도로의 연혁을 분석해보면 〈그림 7〉과 같다. 이 도면을 보면 1970년대 본격적인 도시개발이 이루어지기 이전까지 풍납토성 일대 도시형태가 크게 변화되지 않았다는 인식과 달리 1910년부터 1967년까지 여러 변화가 있었음을 알 수 있다.

14_ 1937년 관광안내도에서 해당 도로가 점선으로 표시되어 있어 개통된 도로인지 건설 예정도로인지는 명확하지 않다. 그러나 『동아일보』, 1939.11.2. '코-쓰설명 풍납토성 경성동남부내' 기사를 보면 해당 도로에서 경전버스가 운행되고 있으므로 1939년 11월 이전에 건설되었음을 알 수 있다.

먼저 해방 이후 폭 1m 내외의 도보로였던 기존 도로들이 직선화하거나 노폭이 확대되었다. 인습도로의 경우는 시간이 지남에 따라 여건변화로 소멸된 경우와 도로로 개수된 경우가 있다.

풍납토성 북벽(73, 97-1, 97-2, 97-3번지 일대)을 훼손하여 무단으로 개설한 불법도로도 확인되었다. 이 도로는 일제강점기까지도 성벽이 잘 남아 있던 곳으로서 해방이후 도시화가 진행되면서 새롭게 조성된 불법 인습도로에 해당한다.

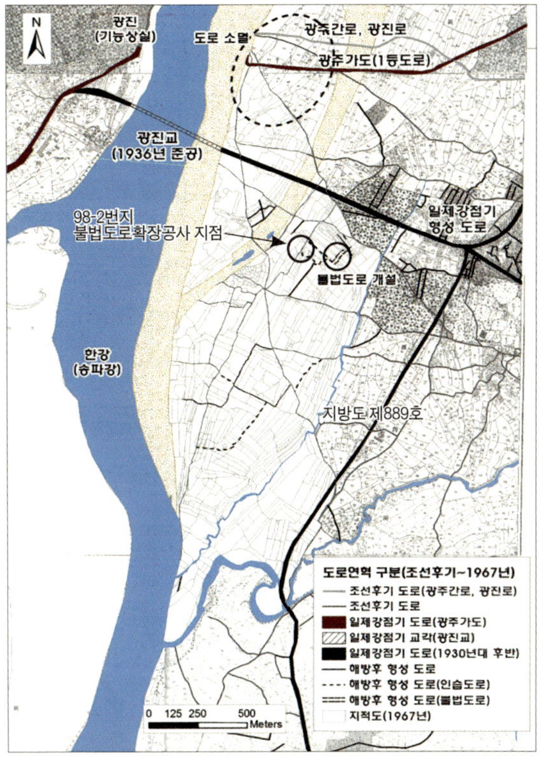

그림 7 | 1967년 도로연혁 구분도
(1967년 폐쇄지적도와 1970년 지적약도 합도)

또한 북벽 서단부에 위치한 귀속재산 98-2번지(일제강점기 조선낙농주식회사 소유)가 1960년 개인에 불하되었는데, 해당 필지에서 1967년 7월 도로확장공사가 무단으로 행해져 성벽이 훼손되었다.[15] 을축년 대홍수로 성벽이 쓸려가고 물웅덩이가 생기면서 지대가 낮아졌던 성벽에 면한 도로 일대를 성벽을 헐어 그 흙과 모래로 성토하고 기존 폭 4m, 길이 20m쯤 되는 길을 폭 7m, 길이 30m로 확장하고 높이도 약 5m쯤 올려 쌓았다.[16] 이렇듯 해방 이후에는 일제강점기 이후에 광진교 및 자동차도로가 조성됨으로써 북벽 일대 개발압력이 높아지면서 민간에 의한 불법도로 개설로 성벽이 훼손되었다.

15_ 1967년 7월 7~19일 사이에 풍납동 도로확장위원회 위원장 및 동위원회 위원 등이 동민 100여 명을 동원하여 98-2번지 풍납리토성의 50여 평의 흙을 파내어 도로확장공사를 불법 시행하였다(『조선일보』, 1967.8.25.).

16_ 토성 시발지에 인접하고 있는 풍납동의 통행도로가 폭이 좁고 지대가 얕아 통행이 불편하여 해당 도로의 보수를 추진하기 위한 도로확장위원회를 구성하여 당초 한강에서 토사를 운반하여 사용하다가 힘이 들게 되어 풍납리토성을 헐어 그 흙을 사용하게 된 것이다(1967.8.28. 국가기록원 공문서 참조).

3. 성벽의 변화

1) 일제강점기 고적조사(1916~1918년)

1910년대 풍납토성은 어떠한 모습으로 남아 있었을까? 일정부분은 지형도 또는 지적원도를 통해 당시의 형태를 추정할 수 있다. 그러나 좀더 면밀한 근거자료를 얻기 위해 일제강점기 풍납토성 관련 고적조사 과정을 살펴보았다.

조선총독부는 1916년 7월 4일 조선총독부령 第52호 「고적 및 유물 보존규칙」(이하 「보존규칙」)을 제정하고 조선총독부 내에 고적조사위원회를 두어 고적조사 및 발굴조사를 실시하였다. 고적조사위원회는 어느 지역, 어느 시대의 유적을 조사할지를 결정하는 위원회로 조선총독부의 고등관료와 일본인 고고학자들에 의해 구성되었다.[17]

조선총독부박물관 공문서는 일제강점기 조선총독부박물관에서 생산・보관하던 문서이다. 여기에는 고적조사사업에 대한 내용을 파악할 수 있는 귀중한 자료들도 포함되어 있다.[18] 이 중에 풍납토성 관련 고적조사 문서들을 검색하여 고적조사위원회 위원들이 조사한 내용들을 확인할 수 있는데, 정리하면 〈표 2〉와 같다. 총 7건의 고적 조사 및 등록대장 관련 문서가 있었다. 고적조사는 1916~1918년 사이에 이루어졌고 관련문서들은 1920년 이전에 생산된 문서들이었다. 이 중 풍납토성의 성벽형태를 파악 가능한 문서가 2건이 발견되었다. 〈그림 8〉과 같이 1916년 고적조사와 1918년 고적조사에서 각각 1910년 지형도와 1915년 지형도 상에 풍납리토성을 수기로 표기하였다. 1916년 고적조사에서는 서벽을 송파강변 제방 상에 표시하여 기록하고 있어 오류가 있고, 1918년 조사에서는 남벽과 연결된 잔존 서벽에서부터 당시 확인 가능한 부분을 점선[19]으로 추정 표기하였다. 좀더 정밀하게 표시한 1918년 고적조사 도면을 자세히 들여다보면 북벽 가장 좌측 서벽과 연계되는 지점까지 성벽으로 조사되어 있다. 따라서 고적 지정 이전 풍납토성 성벽은 〈그림 8〉의 1918년 고적조사 시 설정한 선과 같은 외형을 가졌다고 판단된다.

17_ 황수영 편, 2014, 『일제기 문화재 피해 자료』, 국외소재문화재단, 132쪽.

18_ 조선총독부박물관 문서는 광복 이후 현재까지 국립중앙박물관으로 이관되어 보존・관리하고 있다.

19_ 이 시기 이미 서벽은 유실되었으나 서벽의 위치를 점선으로 추정하고 표시한 것으로 짐작된다.

표 2 | 1910년대 풍납토성 고적조사 및 등록대장 관련 문서

조사년도	생산년도	작성자 또는 작성기관	문서 및 보고서명	풍납토성 내용
1916년	1917~1920년 생산 추정	이마니시 류 [今西龍]	경기도 일원 소재 고적 및 유물목록 : 고적 및 유물 등록 대장	평고성지 미조사(소재지만 기록)
1916년 5월 27~28일	1916년	-	사적조사서 : 남한산성 및 부근의 고적 별견기	**1910년 지형도상 풍납토성 표시**
1916년 5월 27~28일	1917년	이마니시 류 [今西龍]	대정 5년 고적조사 보고서 : 경기도 광주군 고적조사 보고서	제4구천면 풍납리토성(평고성) 상세기록(고적 유래, 상태, 특징 등)
1916년	1919년	고적조사위원회	1916년 유적 및 유물소재도보고	소재지명, 형상, 위치, 발견유물, 년대 등 조사
1917년	1918년	야쓰이 세이이치 [谷井濟一]	대정 5~6년도 복명서	옛백제지역을 조사한 내용 정리. 풍납토성은 기록내용이 없음
-	1916년 또는 1917년	식산국 산림과	경기도 고적대장	번호, 종별, 장소, 소유, 적요 등 기록
1918년	1919년	-	대정 7년 복명서 : 뚝도부근백제시대유적조사약보고	**1915년 지형도상 풍납토성 표시**

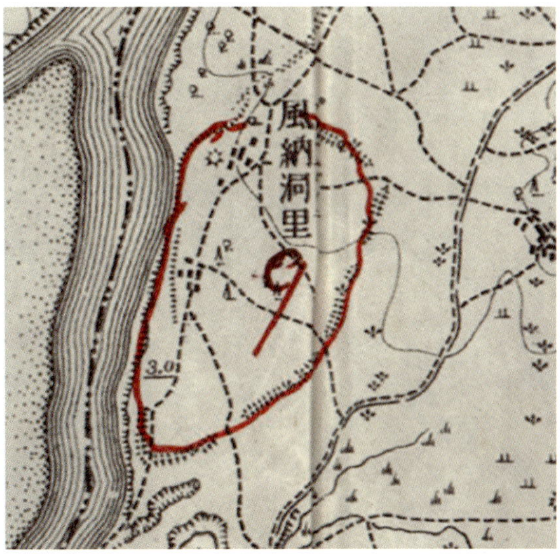

1916년 고적조사(1910년 지형도)

1918년 고적조사(1915년 지형도)

그림 8 | 1910년대 고적조사위원(고적 조사자)이 작성한 풍납토성 성벽 형태
(지형도상에 수기로 표시된 부분은 고적 조사자가 작성한 것임)

2) 필지분석에 따른 개발 및 훼손과정(1932~1967년)

조선총독부는 「보존규칙」을 대신하여 1933년 조선총독부제령 제6호 「조선보물고적명승천연기념물보존령」(이하 「보존령」)을 제정하고 '보물고적명승천연기념물 보존회'를 발족하여 조선의 고적 지정 작업을 본격화하였다.

조선총독부박물관 공문서 목록에서 풍납토성 고적 지정과 관련된 문서를 살펴보았다. 1932년

고적 및 유물 지정 대장은「보존령」에 의한 지정작업의 첫 단계로서 각 지역 소재의 보물고적에 관한 용지를 조사하기 위한 문서단계이다. 그 중 경기도 소재 고적 및 유물 지정대장의 광주군 풍납리 토성지 대장내용을 살펴보면 토성지(풍납토성)으로 등록되어 있는 지번을 확인할 수 있다. 총 6개의 필지가 대장에 기록되어 있는데, 76(임, 국유), 151(임, 국유), 97(임, 한국인), 106(임, 한국인), 150(임, 일본인), 159(전, 한국인)번지가 이에 해당한다. 고적 지정을 위한 문서단계로서 북벽과 동벽의 일부구간만이 풍납토성 용지로 조사되어 있으나 106필지는 1925년 을축년 대홍수시에 허물어진 성벽이지만 이 고적 및 유물 지정대장에는 포함되어 있는 것이 주목된다.

이후 1935년 10월 25일 보물고적명승천연기념물 보존회에서 풍납토성 고적 지정건을 심의 결의함에 따라 1936년 2월 21일(조선총독부 관보 제2730호, 조선총독부 고시 제69호)에 최종적으로 고적 제27호(40필지, 38,202평)로 고시되었다. 〈그림 9〉는 1936년 고적 지정필지를 복원 작성한 도면이다. 원형이 상실된 서벽구간(필지형태를 반영하여 일부 성벽구간 추정선 표시)을 제외한 성벽이 고적으로 지정되었다. 1932년 지정대장에는 포함되어 있던 필지 중 106번 필지(을축년 대홍수로 유실된 성벽 일부)는 제외되었으며, 관보 고시된 필지소유주 항목을 보면 고적 지정당시 대부분

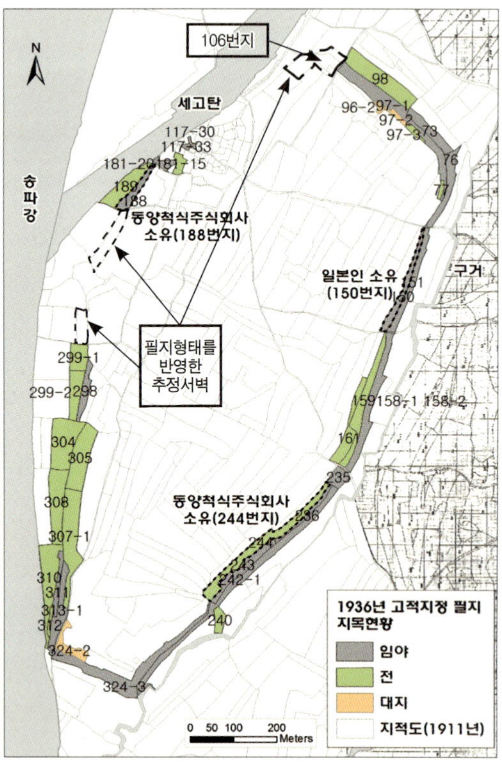

그림 9 | 1936년 풍납토성 성벽의 필지분할 및 지목 현황도

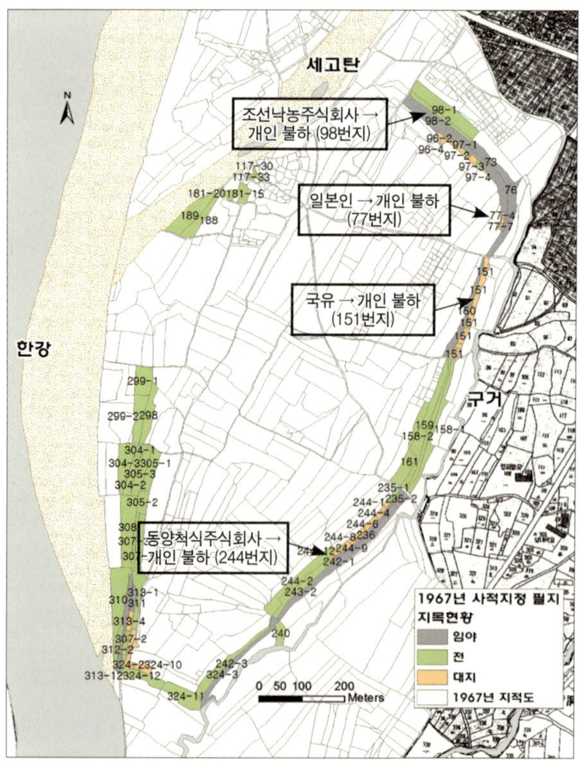

그림 10 | 1967년 풍납토성 성벽의 필지분할 및 지목 현황도

의 필지가 개인의 사유지(35개 필지)였고, 동양척식주식회사 소유지가 2필지(188, 244번지), 일본인 소유 필지(150번지)가 1필지 있었다. 국유지는 3필지에 불과했다는 것을 확인할 수 있다. 또한 당시 성 안쪽으로 성벽 일부가 분할되어 대지로 이용되고 있었다.

고적 제27호 광주 풍납리 토성은 1962년 「문화재보호법」이 1월 10일 제정 및 시행되자 1963년 1월 21일 사적 제11호로 재지정되었다. 1963년 사적 지정은 1963년까지의 분할합병 현황조차 파악되지 않은 상태에서 일제강점기에 고적으로 지정된 40개 필지와 해당 소유주명과 소유주소재지가 모두 동일하게 고시되었다. 이는 사적 지정 이전에 사적조사가 이루어지지 않고 문서상 행정절차만 이행한 데 따른 오류로 판단된다.

1967년 지적도 및 구대장을 토대로 1936년 이후 성벽 지정 필지의 분할 및 지목, 토지 소유에 따른 변화를 살펴보면(〈그림 10〉 참조), 필지분할은 1936년 고적 지정 필지 중 18필지에서 일어났는데, 77번지가 8필지로, 151번지가 17필지로, 244필지가 13필지로, 313-1가 7필지로 분할되었고, 그 외의 필지는 2~3필지로 분할되었다. 분할이 많이 이루어진 필지는 일제강점기의 일본인 및 동양척식주식회사, 국가 소유의 땅으로 해방 이후 민간에 불하되면서 성벽 자체가 급속하게 개발되어 왔다. 또한 이러한 소유특성을 가진 필지가 개발되다 보니 북벽 중앙부에는 불법도로가 생겨나게 되면서 주변이 더욱 개발되었다. 토지소유 변화를 보면 국유지와 귀속재산(일본인, 동양척식주식회사, 조선낙농주식회사 소유) 토지 모두 개인에게 불하되었다. 따라서 1967년에는 거의 모든 성벽필지가 사유화되었다. 지목변경 현황을 살펴보면 1936년부터 1967년 사이 임야였던 성벽이 전으로 가장 많이 개발되었으며 서울 편입 이후 전과 임야였던 필지가 분할되면서 대지로 개발되는 경향을 보였다. 1967년 지목이 대지인 필지가 총 42필지였다.

Ⅲ. 풍납토성 해체기(한강개발 후 : 1968~1992년)

1. 하천의 변화

1) 한강개발3개년계획(물막이 공사 및 공유수면 매립공사)에 따른 하천변화

풍납토성 해체기 하천변화는 한강개발3개년계획에 따라 시행된 물막이 공사를 시작으로 한강의 유로가 변경되었고, 한강의 본류인 송파강의 하도를 메우는 공유수면 매립공사에 의해 풍납동 일대가 지형적으로 크게 변화되었다.

표 3 | 물막이 공사 및 공유수면 매립공사 추진과정

시기	내용
1970년 11월 3일	경인개발㈜가 잠실지구 공유수면 매립 인가신청
1971년 2월 1일	건설부가 경인개발㈜의 잠실지구 공유수면 매립공사 인가
1971년 2월 초순	현대, 대림, 삼부, 극동, 동아건설 등 5개 건설회사에 매립면허 통보
1971년 2월 17일	동아건설(주)가 하천절개공사 시작
1971년 4월 16일	동아건설(주)가 물막이 공사 완공
1971년 6월 19일	공유수면 매립공사 실시계획 인가(공식적인 공유수면 매립공사 착공일)
1971년 7월 13일	잠실개발㈜ 설립
1974년 6월 19일	잠실지구 공유수면 매립공사 준공예정일
1977년 3월 9일	제1차 준공
1978년 6월 29일	제2차 준공

〈표 3〉의 물막이 공사 및 공유수면 매립공사 추진과정을 살펴보면 1971년 4월 16일 풍납토성 남서벽 인근의 송파강 유로를 막는 물막이 공사가 완공되고 이후 공유수면 매립공사가 1971년 6월 19일 착공되었다. 공유수면 매립공사는 착공될 당시만 해도 만 3년이면 준공될 것으로 예상되었다. 그러나 한강에서 채취한 토사량이 턱없이 부족하여 두 차례의 설계변경을 거쳤고, 당초 인가된 면적을 축소하여, 연탄재 등의 쓰레기와 서울 시내 건설현장 배출 토사로 복토공사를 추진하여 제1차 준공은 1977년 3월 9일에, 제2차 준공은 1978년 6월 29일이 되어서야 이루어졌다.[20]

20_ 손정목, 2003, 『서울 도시계획 이야기3』, 한울, 196쪽.

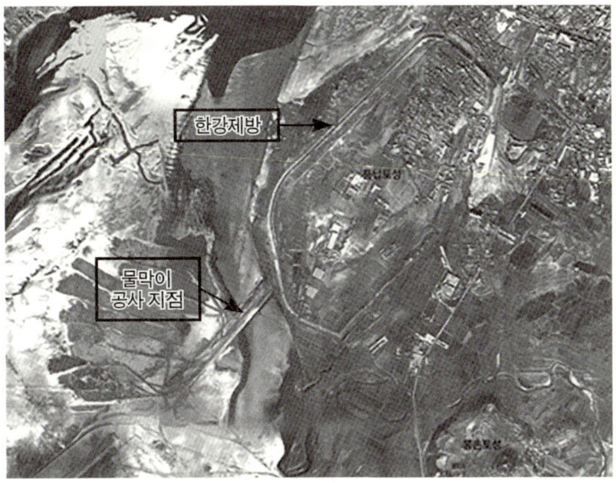

그림 11 | 1972년 항공사진

그림 12 | 1974년 항공사진

이렇듯 이 시기 하천의 변화는 한강개발3개년계획에 의한 물막이공사와 공유수면 매립공사에 의해 풍납동 위쪽에서 두 갈래로 갈라져 흐르던 한강을 본류인 송파강을 메우고 신천으로 흐르게 한 대대적인 한강개발에 따른 것이었다. 1972년 항공사진을 보면 풍납동에 면한 송파강에서의 물막이 공사가 완료된 것이 반영되어 있다(그림 11).

풍납토성 일대 성내천의 유로도 이 시기 변화를 겪게 되었다. 첫 번째로는 한강 물막이 공사가 완료되자 잠실지구 공유수면 매립공사에 의해 성내천이 인공하천으로 개수되었다. 두 번째로는 잠실지구 토지구획정리사업을 시행하면서 개수하였다. 1974년 항공사진을 보면 성내천이 한강 합류부에서부터 현 올림픽로 부근까지 직강화공사가 시행되어 있음을 확인할 수 있다(그림 12).

2) 한강종합개발사업 및 토지구획정리사업에 따른 하천변화

1970년대 말 한강제방이 축조되고, 강변도로 건설, 공유수면 매립공사가 완료된 이후 풍납토성 일대 수환경의 변화를 살펴보면 1982년 지형도와 같다(그림 13). 한강의 유로가 변경되어 있고, 본격적인 한강종합개발사업이 이루어지기 이전으로 한강제방 안쪽으로 한강변에 백사장이 남아 있다.

또한 동벽에 면하여 흐르던 구거의 일부구간이 복개되어 도로가 되었고 주변은 주택지로 조성되었다. 복개구간은 영파여고 뒤편 오거리 부근에서 천호동까지이다.

잠실지구 공유수면 매립공사 및 토지구획정리사업이 완료됨으로써 과거 한강 하도였던 풍납토성 남벽 주변으로 새로운 택지가 조성되었다.

이후 1982년부터 한강종합개발사업에 따라 한강 저수로 공사와 올림픽대로 확장 건설공사가 이루어짐으로써 1987년 지형도와 같이 제방 안쪽 백사장이 사라지고 현재와 같은 인공하천의 형태를

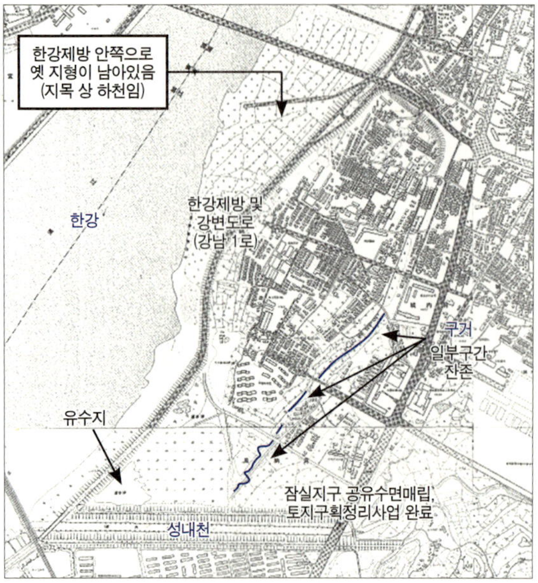

그림 13 | 1982년 지형도(1:5,000)
(성동085 · 086 · 095 · 096도엽을 합도함)

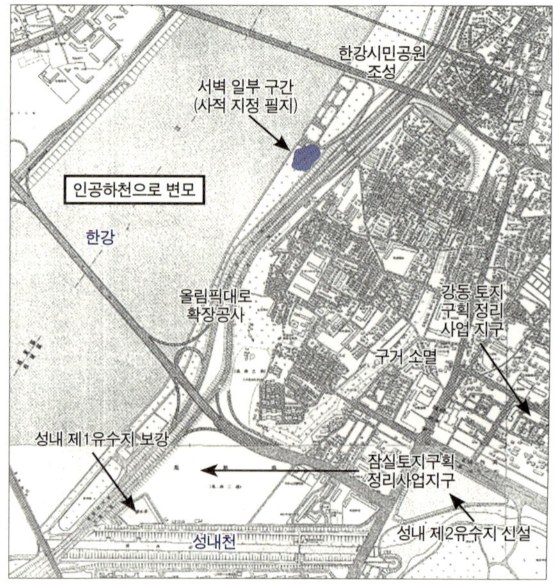

그림 14 | 1987년 지형도(1:5,000)
(성동085 · 086 · 095 · 096도엽을 합도함)

갖게 되었다(그림 14). 그리고 1985~1987년까지 한강시민공원이 조성되었는데, 한강변이 정비되면서 건천인 세고탄은 한강시민공원부지에 포함되면서 소멸되었다. 뿐만 아니라 한강시민공원 부지에 서벽 잔존부지가 분포되어 있었으나 시민공원을 조성하면서 정지작업 후 잔디가 식재되면서 그 흔적이 사라지게 되었다.

또한 성내천의 지천인 안내개울은 잠실토지구획정리사업과 강동토지구획정리사업에 대한 택지개발을 통해 소멸되었다. 구거 역시 도로 또는 택지로 조성되어 소멸되었음을 알 수 있다.

이로써 조선후기 한강과 세고탄, 성내천과 안내개울, 구거로 둘러싸여 있던 풍납토성의 입지형태는 한강개발을 통해서 인공하천으로 변모한 한강과 직강화된 성내천만이 남아 있는 형태로 변모되었다. 한편 1984년 홍수에 따른 대책으로 국립경기장부지 내 성내천이 개수되고, 성내 제1유수지를 보강하며, 성내 제2유수지가 신설되었다.[21]

21_ 『경향신문』, 1984.10.2.

2. 도로의 변화

1) 도시계획가로재정비 계획에 따른 도로변화

서울시는 1971년 4월 7일 도시계획가로재정비 계획을 고시하였다. 1971년 풍납토성 일대 도시계획가로재정비 계획내용을 살펴보면 풍성로와 토성로, 한가람로[22]가 중로 2류, 폭원 15m, 강변 7로(현 올림픽대로 이전 조성도로)가 중로 1류, 폭원 20m, 풍납로(올림픽로)가 광로 2류, 폭원 40m, 강동대로와 천호대로가 광로 1류, 폭원 50m로 계획되었다(표 4). 1970년대 초에 수립된 이 가로정비계획에 따라 풍납토성 일대 주요 도로들이 개설되었다. 그러나 도로재정비 계획도를 보면 폭원 50m의 광로 천호대로와 15m 폭의 풍성로와 토성로가 풍납토성 성벽 보존과 저촉되도록 계획되어 있음을 알 수 있다.

표 4 | 1971년 서울 도시계획가로재정비 계획

㉠ 풍성로	중로 2류, 폭원 15m
㉡ 토성로	
㉢ 한가람로	
㉣ 강변 7로 (강남 1로, 현 올림픽대로)	중로 1류, 폭원 20m
㉤ 풍납로 (올림픽로)	광로 2류, 폭원 40m
㉥ 강동대로	광로 1류, 폭원 50m
㉦ 천호대로	광로 1류, 폭원 50m

이러한 문제가 있음에도 1982년 말 도로현황도(그림 15)를 살펴보면, 계획이 일부 변경되어 도로폭이 확장되거나 축소되기도 하였으나 한가람로를 제외한 천호대로(1976년 완공), 풍성

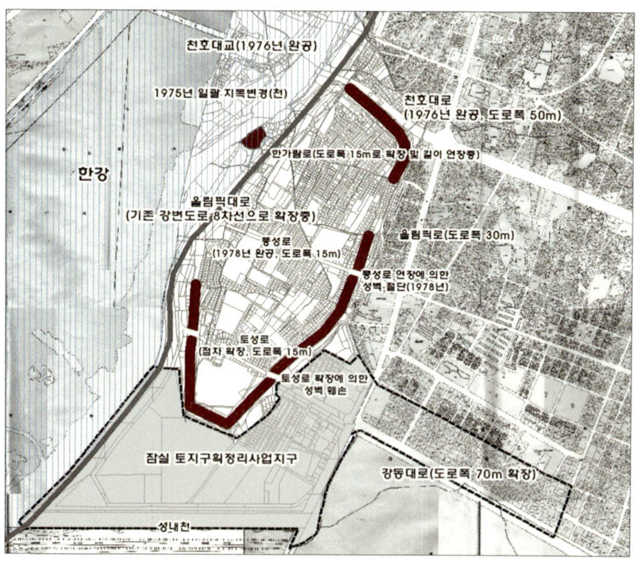

그림 15 | 1982년 말 도로현황도
(1982년 폐쇄지적도와 1984년 지적약도를 토대로 작성)

22_ 이후 1972년 12월 8일에 1971년에 고시된 도시계획가로재정비 계획 내용을 일부 변경하여 재고시한 바 있다. 재고시된 가로재정비에는 한가람로의 개설이 제외되었으나 이후 기존 고시된 내용대로 한가람로 개설이 시행되었다.

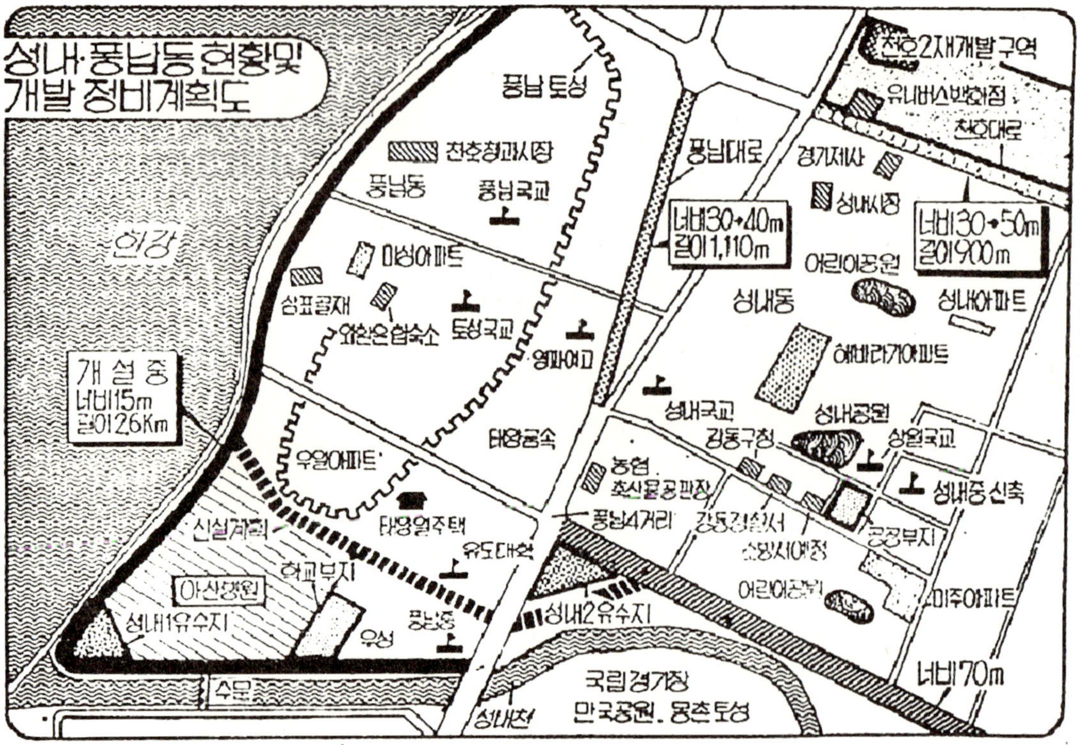

그림 16 | 풍납동 일대 도로현황 및 개발정비계획(1984년)
(출처 : 『경향신문』, 1984.10.2.)

로, 토성로, 풍납로(1978년 완공), 강동대로, 강변 7로가 모두 개설되었음을 알 수 있다.

그리고 1984년에는 88 서울 올림픽 개최와 관련하여 현 송파구 일대가 종합운동장, 올림픽공원 등의 개발이 활발히 이루어졌던 시기이다. 이와 함께 도로망의 정비 및 확충도 이루어졌다. 1984년 풍납동 일대 도로현황 및 개발정비계획도를 보면, 한가람로[23]와 현 올림픽로 43길 2.6km를 너비 15m 규모로 신설하여 취약한 도로기능을 확충하고 국립경기장 북측도로에 해당하는 강동대로가 너비 70m의 가로공원 형태로 개설될 예정임을 알 수 있다(그림 16). 또한 1984년에 국립경기장에서 강

23_ 서울시는 인구급증과 강동지역 교통난 해소를 위해 풍납토성에서 라이프아파트까지 800m 구간을 폭 15m 도로로 개설키로 했으며 1984년 10월 30일경 착공하여, 연말까지 완공될 예정이라고 하였다. 서울시는 이 도로를 기존 천호대교에서 암사시영아파트까지 이면도로와 연결시킬 계획인데 중간에 풍납토성이 가로막고 있어 기존 강변도로에서 천호대로로 진입하는 도로만 연결시키기로 했으며, 1985년에는 라이프아파트~삼표골재~성내천 제방까지 도로를 신설하여 제방도로를 통해 국립경기장과 연결시키기로 하였다(『매일경제』, 1984. 10. 22.).

남 1로와 이어지는 너비 40m의 연결도로도 계획되어 있었다.[24] 기존도로가 올림픽로에서 분기하여 유도대학~성벽남측~삼표레미콘 공장 인근까지 개설되어 있었으나 도로폭이 약 10m 정도의 2차선도로였으므로 추가적인 도로확충이 요구되었다. 천호사거리에서 동쪽으로 뻗는 너비 30m의 천호대로가 너비 50m(길이 900m)로, 남쪽으로 뻗는 너비 30m, 길이 1.1km의 풍납대로(현 올림픽로)가 너비 40m로 각각 넓혀지게 되었다.

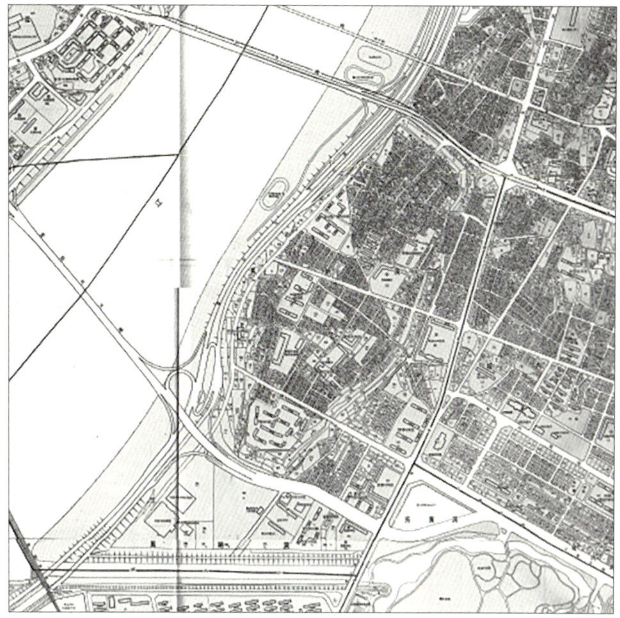

그림 17 | 1992년 지적약도
(풍납토성 일대 도엽을 합도함, 출처 : 중앙지도문화사, 1993, 지번구획입 신편서울특별시 지번약도-하권)

1985년에는 서울도시계획에 따라 올림픽대교 및 접속도로 건설계획이 확정됨으로써 올림픽대로와 올림픽공원을 곧바로 연결하는 8차선 접속도로 1,600m가 1988년 8월말 개통되었고,[25] 1985년 10월 9일 착공된 올림픽대교(폭 30m, 연장 1,470m)는 1989년 11월 15일 완공되었다.

1992년 지적약도를 보면, 1971년 수립된 가로재정비계획에서 신설하기로 한 도로들이 이후 변경계획을 반영하여 모든 완공되었으며, 올림픽대교 및 접속도로도 신설되어 현재와 같은 도로망 체계가 확립되었음을 알 수 있다(그림 17).

2) 도로개설에 따른 성벽 훼손과정

서울시는 1971년 풍납토성 북벽을 가로지르는 천호대로 도로계획을 공시하였다. 〈그림 18〉과 같이 1972년 이러한 사실이 알려져 사회적 이슈가 되었다. 당시 문화공보부는 서울시로 공문을 보내 해당 도시계획 시정조치를 요청하였고, 이후 서울시는 북벽을 비스듬히 지나가는 기존 계획을 변경하여 북벽에서 최소한만을 이격하여 1976년 천호대로를 개설하였다. 이를 계기로 풍납토성 북벽

24_ 이 도로는 추후 계획이 변경되어 올림픽대교의 접속도로로 8차선으로 확장되어 개설되었다.

25_ 『동아일보』, 1988.8.25.

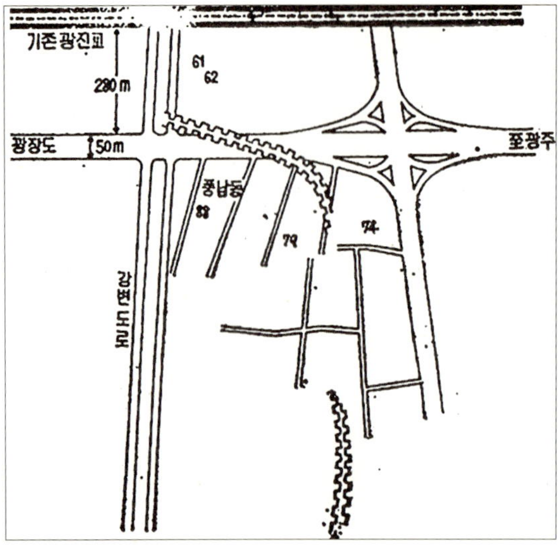

그림 18 | 천호대로 계획선과 풍납토성
(출처 : 『동아일보』, 1972.7.31.)

에 근접하여 50m 광로가 개설됨에 따라 풍납토성 일대 개발압력은 더욱 상승하게 되었다.

토성로는 동성벽 개구부가 형성되어 있던 지점(동벽 4번째 개구부)으로 15m 폭의 직선도로가 신설된 것이다. 토성로는 동성벽 외측은 잠실토지구획정리사업에 의해 계획보다 확폭하여 개설되었고, 내측 일부구간은 주택조성과 함께 건설되었다. 서성벽 잔존구간을 통과하는 토성로 구간은 삼표산업 소유 토지로서 사도를 조성하며 건설된 것이다.

다음은 토성을 철저하게 훼손한 풍성로의 개설이다. 풍성로 개설지점은 이전에는 성벽이 온전히 잘 남아 있던 곳이나 풍납토성 내외부가 시가지로 개발되어감에 따라 교통불편 해소를 위해 신설되었다. 풍성로 개설은 토성의 절단은 불가하므로 토성 지하에 도로를 개설하고 성벽은 원형대로 복원할 수 있게 설계하는 조건으로 1977년 11월 16일 허가되었다.[26] 그러나 지하도로로 개설되기로 한 풍성로는 토성을 절단하여 개설되었다. 따라서 당시 문화공보부에서는 토성 절개부분의 상부를 조속히 복원하고 향후 보존관리에 철저히 할 것을 명하였지만 서울시는 예산부족의 사유를 들어 복원을 이행하지 않았고 현재에 이르고 있는 것이다.

1985년에는 풍납토성 보존을 저해하는 올림픽대교 및 접속도로 건설계획이 마련되었다. 올림픽대교 건설 기본계획에 따르면, 성동구 구의동과 강동구 풍납동을 잇는 올림픽대교 남쪽으로 연결되는 접속도로가 문화재보호구역인 풍납토성 2군데를 가로지르게 되어 있었다. 즉, 기존 동벽과 서성벽 잔존구간을 훼손하고 개설된 토성로를 너비 50m로 확폭하여 올림픽대교와 연계하는 계획이 마련된 것이다. 뿐만 아니라 올림픽대교 남단에 설치될 너비 30m의 입체교차시설도 풍납토성을 거치게 되어 있었다. 이러한 도로건설계획은 문화공보부 관계자 및 문화재전문가들의 반대에 부딪혀 수정되었다. 결국 서울시는 1985년 9월 3일 당초의 설계안을 변경하여 올림픽대교 남쪽 접속도로

26_ 국가기록원 공문서(지정문화재현상변경 허가서, 1977.11.16.) 참조

에 대해 풍납토성을 비켜가는 안을 최종 확정하였다.[27] 그러나 올림픽대교 및 접속도로가 설계원안보다는 성벽을 훼손하지 않는 방안으로 수정 설계되었지만 천호대로와 마찬가지로 이격거리 없이 바로 비껴서 놓여 있어 성벽만 훼손하지 않았을 뿐이지 광폭도로가 풍납토성을 둘러싸게 만드는 결과를 낳았다. 다행히 올림픽대교 및 접속도로의 풍납토성 훼손시비를 계기로 무분별한 개발우선정책에 대한 반성이 일었다.[28]

3. 성벽의 변화

1) 사적지정 해제(1969년) 및 문화재보호구역 지정(1970년)에 따른 변화

한강개발3개년계획이 시행됨에 따라 풍납토성 일대에서도 제방도로 건설을 위한 제방축조공사가 시행되었다. 1968년 4월부터 현상변경 허가절차 없이 풍납토성과 저촉되는 한강 제방공사가 이행되었다.[29] 1968년 말, 문화재위원회에서 제방공사로 인해 서벽 일부가 훼손되었다는 것을 파악하고 이미 공사가 진행된 불법 제방공사를 중지시켰다.

이후 서울시는 1969년 4월 29일 제방공사의 원활한 시행을 위해 해당 공사로 훼손된 서성벽 구간을 포함한 성벽 일부구간에 대해 원형 상실을 사유로 해제를 요청하였다. 해제를 요하는 지역은 총 7필지로 150, 151, 188, 189, 298, 299-1, 299-2번지였다(표 5).

1969년 6월 25일에 7필지(5,489평) 모두가 해제되었다. 강변도로 건설을 위한 불법 제방공사로 성벽이 유실된 지역과 밭으로 경작된 지역, 도로 및 주택으로 개발된 지역들이 사적에서 해제된 것이다(그림 19). 이렇게 1969년 6월 서성벽 일부가 해제된 이후 풍납동 제방공사가 재개되었고 풍납

27_ 『동아일보』, 1985. 9. 4.

28_ 올림픽대교 건설에 따른 풍납토성 훼손시비는 1985년 7월 2일 '서울 고도 민족문화유적 종합복원정비계획'을 수립하는 계기가 되었다. 이 정비계획은 수도 서울의 2000년 역사를 복원하고 백제문화를 소생시킴으로써 국민에게 문화시민의 긍지를 심어주는 한편 청소년들에게는 역사의 산 교육장을 제공한다는 목적에서 추진되었다. 또한 1988년 서울올림픽 개최를 앞두고 백제 한성시대의 사적과 유적을 대대적으로 복원하기 위해 수립되었다. 정비사업은 1985~1991년까지 7년 동안 추진하기로 계획되었다(문화재청, 2011, 『문화재청 50년사 : 본사편(1961~2011)』, 283쪽).

29_ 서울시는 삼환건설(주)로 하여금 한강변에 제방을 축조하여 그 내부에 주택지를 조성하는 공사를 시행하도록 하였다. 문화공보부에서 서울시로 보낸 국가기록원 공문서를 살펴보면 1968년 4월 이후 강변 7로 건설을 위한 사전작업으로 제방공사가 불법으로 시행되었음을 확인할 수 있다.

표 5 | 1969년 풍납토성 해제요청 대상 지역 및 해제사유

해제요청 성벽	지번	지목	지적(평)	편입면적(평)	토지소유	해제사유
동벽	150	임야	827	827	귀속재산(국유)	도로 및 주택건설
	151	임야	1,011	1,011	국유	
서벽	188	임야	616	616	귀속재산(국유)	불법제방공사에 따른 훼손
	189	전	1,178	1,178	개인	
	298	임야	616	약 450	개인	경작에 따른 훼손
	299-1	전	877	877	개인	
	299-2	전	764	약 530	개인	
합계	7필지	임야 또는 전	-	5,489	국유 및 사유	원형 상실

(출처 : 국가기록원 공문서를 참조하여 재작성)

토성 서성벽터를 가로지르는 제방이 설치되었다. 한강제방 설치 이후 서성벽 잔존구간이 기존 성벽과 완전히 분리되면서 일제강점기 고적 지정 시보다 더욱 파편화되었을 뿐만 아니라 성벽 전체 외형이 왜곡되는 결과를 가져왔다.

이후 1970년 10월 26일 나머지 원형이 잘 남아 있는 구간에 대해서는 토성경계에서 좌우로 20m 범위(161필지, 36,693평)를 문화재보호구역으로 지정하게 되었다. 〈그림 20〉은 1970년 지정된 풍납토성 문화재보호구역을 표시한 도면이다. 그러나 중요한 사실은 보호구역의 설정이 〈그림 19〉와 같이 1969년 사적으로 지정되어 있는 필지경계에서 20m 완충구역이 아니라 〈그림 20〉과 같이 1970년 현상에 남아 있는 토성벽 하부경계에서 안팎으로 20m 범위를 문화재보호구역으로 지정함에 따라 적절한 완충구역이 설정되지 못했다는 것이다. 이는 일제강점기부터 유지되어온 현상중심 보존정책이 계승되었기 때문으로 판단된다. 그 결과 304-1, 304-2, 304-3, 305-1, 305-2, 305-3번지가 사적에서 자동 제척되었고, 308번지는 부분 포함, 310번지 역시 자동 제척되었다.

1970년 문화재보호구역 설정으로 서성벽의 일부구간이 사적에서 제척되는 결과를 초래한 것이다. 이러한 문제점으로 인해 서성벽 제척구간 및 잔존구간이 주택, 아파트, 상가 등으로 개발되었을 뿐 아니라 1976년 골재 및 레미콘 생산 공장(삼표산업 풍납동 공장)이 들어서게 되는 단초를 제공하였다. 구대장을 살펴보면 삼표산업은 1970년대 초부터 서성벽과 남성벽 및 그 주변 토지들을 지속적으로 매입해왔음을 확인할 수 있다.[30] 특히 2017년 10월 삼표산업 사옥 신축부지 풍납동 310번

30_ 삼표산업은 1976년 공장 설립 후 지속적으로 주변 토지를 매입하여 서성벽터 및 주변 토지로 공장부지

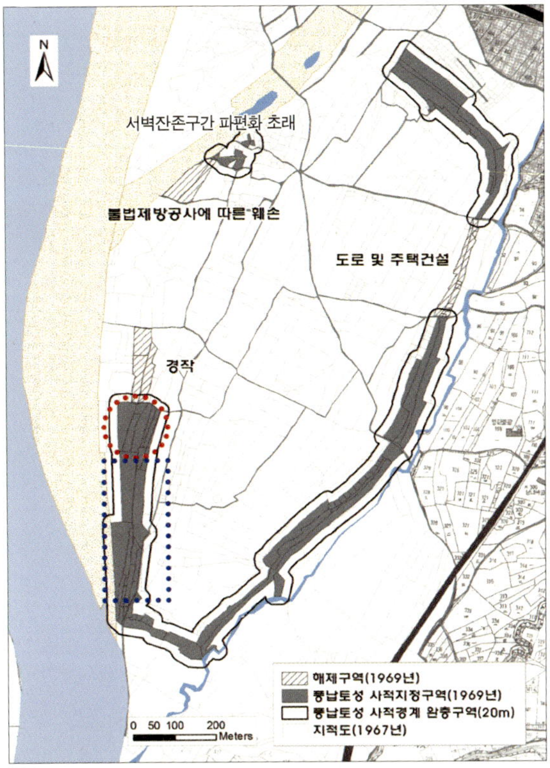

그림 19 | 1969년 사적 지정구역 및 해제구역도

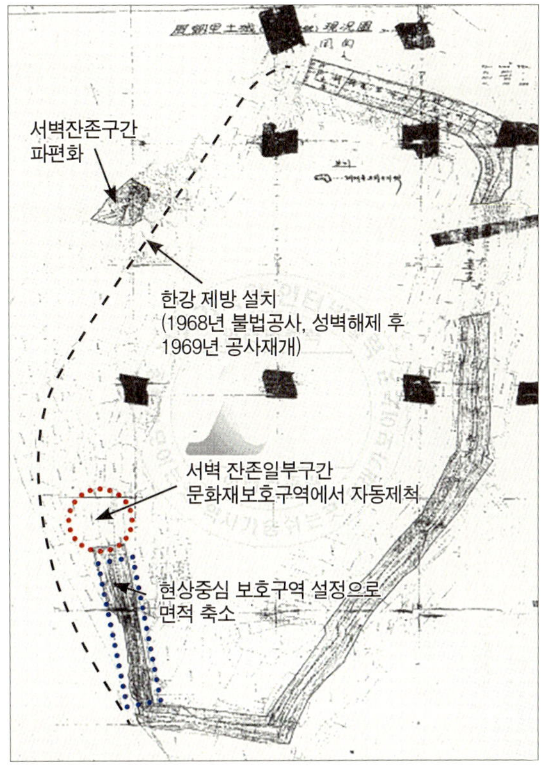

그림 20 | 1970년 문화재보호구역도
(출처 : 국가기록원 공문서)

지 발굴결과가 보도되었는데, 서성벽과 석축, 문지가 발굴되어 이와 같은 사실은 더욱 명확해졌다.

2) 성벽복원에 따른 성벽 형태 변화

풍납토성 북벽을 가로질러 계획된 천호대로 개설을 위한 현상변경허가 과정에서 풍납토성 보존에 대한 필요성이 강력히 제기됨에 따라 북벽을 중심으로 최초 복원사업이 이루어지게 되었다.

를 확대해나갔다. 1979년 12월에 소음과 분진 등의 공해배출시설로 1980년 10월 말까지 1차 이전명령, 1982년 8월 말까지 2차 이전명령 조치가 취해졌으나 1982년 9월 28일, 한강바닥을 정비하는 공사를 건설회사가 강바닥 골재를 채취해서 판 자금으로 개발하도록 하는 한강종합개발사업이 기공식을 갖게 됨에 따라 골재수요처인 삼표산업 풍납동 공장 이전계획은 한강종합개발의 완공시점까지 백지화되었다(『매일경제』, 1979.12.7.; 『동아일보』, 1982.11.2.; 『동아일보』, 1983.8.25.; 『동아일보』, 1988.5.10.) 이후 1987년 10월 골재공장은 시성세 밖으로 이전되었지만 레미콘 공장은 현재까지 운영되고 있어 서성벽 발굴 및 복원사업을 위한 공장 이전문제로 정부와 삼표산업 간의 법정소송이 진행 중에 있다.

풍납토성 북벽 복원은 1973~1978년까지 5년 동안 3회 걸쳐 성벽 446m가 복원되었다. 복원현황을 살펴보면 〈표 6〉과 같다.

표 6 | 1973~1978년 풍납토성 북벽 복원 현황

구분	1차 복원	2차 복원	3차 복원
복원 시기	1973~1974년 (1973.10.8. ~ 1974.1.9.)	1976년 (1976.6. ~ 1976.9.22.)	1977년 (1977.7.16. ~ 1977.10.31.) : 1978.2.27. 준공 보고
복원 위치	북벽 중앙 불법개설도로 왼편 성벽	북벽 중앙 불법개설도로 오른편 성벽부터 동벽 해제구간 이전까지	좌동
복원 연장	1차+2차 성벽 복원연장 : 291m		3차 복원 연장 : 155m
	1차+2차+3차 성벽 총 복원 연장 : 446m		
성토설계	• 1973년 복원 구간은 내벽에는 단을 두었으나 외벽에는 단을 두지 않고 성토함	• 1976년 복원 구간은 정식 발굴 고증 없이 현지조사 결과 외벽에 단의 흔적이 있다하여 현상을 기준으로 내벽과 외벽 모두에 단을 두어 조성함	• 1977년 보수공사 시에는 1차와 2차 복원 구간의 조성방식이 상이하여 전문가의 정밀한 고증이 요하게 되었으나 문화재위원 검토의견에 따라 내벽과 외벽에 단을 두어 조성함
보수공사 고증기록	지표조사 후 복원	지표조사 후 복원	• 발굴조사 : 1977.8.10. • 고증을 위한 현지조사 : 1977.10.5. 16:00~18:00 • 풍납리포함층조사보고서(1967) 참조

(국가기록원 공문서 ; 서울특별시, 1988, 『시사자료5』, 419쪽 ; 『동아일보』(1976.11.13.)를 참조하여 정리)

1974년 항공사진에서 1차 성벽복원(1973~1974년) 현황을 파악할 수 있다(그림 21). 먼저 중앙 불법 개구부 왼편으로 복원정비공사가 이루어졌음을 알 수 있다. 문화재보호구역내에 존치되어 있던 주택들이 철거되고 말끔히 정리된 형태이다. 좌측 1966년 항공사진과 비교해보면 풍납토성 성벽 및 그 보호구역이 말끔히 정리되었다. 또한 조경공사도 이루어졌으며, 석축이 4개소 설치되었다.

그러나 1969년 서벽 일부구간이 사적에서 해제된 이후 풍납토성 북벽 서단부에서 제방공사가

복원 이전 북벽 현황(1966년 항공사진)

1차 북벽 복원 현황(1974년 항공사진)

그림 21 | 1차 북벽 복원 후 변화

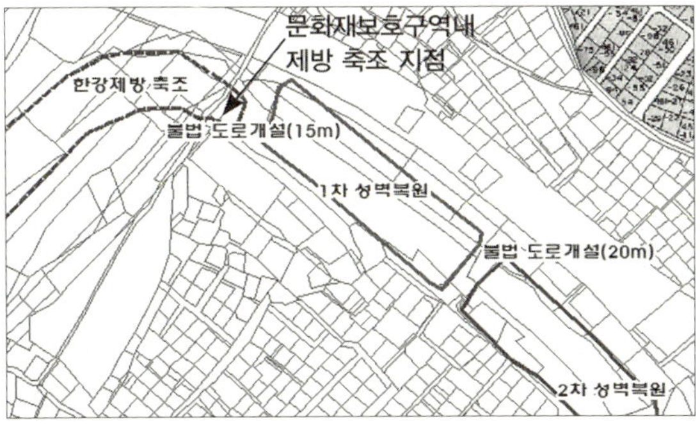

그림 22 | 복원 성벽부지와 한강제방의 필지형태
(1982년 폐쇄지적도를 토대로 작성)

그림 23 | 1차 복원구간 현황사진
(출처 : 국가기록원 공문서(1977년))

마무리되었는데, 그 공사의 종점은 과거 1925년 을축년 대홍수시 유실된 북벽과 서벽이 연결되는 지점으로 해당지역까지 제방이 설치되었다(그림 22). 이렇게 강변도로 및 택지조성을 위해 쌓은 제방이 1925년 을축년 대홍수로 유실된 성벽 터와 1967년 7월 불법도로확장공사 시행부지 일대까지 축조되었다. 〈그림 23〉과 같이 1973년 풍납토성 문화재보수공사 시 이 한강제방의 종점에도 석축이 설치되어 한강제방이 성벽으로 오인되는 계기가 되었다.

또한 2차 성벽복원공사는 1976년 6월~1976년 9월 22일까지 시행되었는데 외벽에 단을 두어 복원하였다. 반면 1차 복원구간은 단이 없이 복원되었다. 3차 복원공사는 1977년 7월 16일~10월 31일까지 실시되었다. 3차 복원 연장구간은 155m이고 폭은 45m이며 기존 토성과 같이 복원하도록 되어 있었다. 그러나 1차 복원과 2차 복원 성토방식이 달라 전문가의 정밀한 고증이 요구되었으나 발굴조사서는 제출되지 않았고 『풍납리 포함층 조사 보고서』(1967년) 내용을 참조하여 1976년 복원된 토성 양식과 같이 단을 두어 보수·복원하도록 조치되었다.

따라서 1973~1978년 성벽복원 당시에는 토성의 발굴조사가 제대로 이뤄지지 않았기 때문에 1차와 2차 복원 시에 서로 상이한 형태로 공사가 시행되었으며, 3차 복원 시에도 실질적인 발굴이 이루어지지 못하고 현지조사 및 일부 전문가 의견에 의존한 형식적인 복원이 이루어졌음을 확인할 수 있었다.

Ⅳ. 풍납토성 보존기(1993년~현재)

1. 성벽 중심 선적 보존

1985년 수립된 '서울 고도 민족문화유적 종합복원정비계획'에 따라 풍납토성에 대한 보수정비계획이 마련되었다. 사업내용은 성벽 정비지역 내 사유지를 보상하여 토성을 보수 정비하는 것이었다. 토성보수는 계획 기간 내인 1991년까지 끝내되 사유지 보상은 예산이 마련되는 대로 단계적으로 실시한다는 방침이었다.[31] 따라서 몽촌토성, 석촌동 고분군, 방이동 고분군에 비해 풍납토성 정비는 지체될 수밖에 없었다.

이후 서울시와 문화재청은 1993년 '풍납토성 복원공사' 사업계획(1993~2003년)을 수립하였다.

1995년 항공사진

2002년 항공사진

그림 24 | 풍납토성 복원공사 현황 비교(1995년과 2002년)

31_ 『경향신문』, 1985.7.2.

사업내용은 풍납토성 미복원 구간의 토성 내 불법건축물을 정비하고 잔디식재, 펜스설치 등을 통해 성벽을 복원하는 것이었다. 풍납토성은 1993년부터 성벽을 중심으로 미복원구간의 불법건축물이 정비되어갔고 성벽이 보수되었다. 복원사업 초기인 1995년 항공사진을 보면, 여전히 성벽주변으로 무허가 건물, 한옥, 고물상, 비닐하우스 등이 일부 난립되어 있음을 확인할 수 있다.[32] 반면 사업이 마무리되어가는 2002년 항공사진을 보면 1995년에 비해 풍납토성의 성벽이 정비되고 잔디가 식재되어 있는 모습을 확인할 수 있다(그림 24).

2. 풍납토성 면적 보존관리

1990년대에는 풍납토성 내부 주거지역 재건축 시점이 도래함에 따라 성 내부에서 단독 또는 연립주택 조합을 중심으로 아파트 건립이 활기를 띠고 있었다. 이러한 분위기 속에 1997년 아파트 신축을 위한 터파기 공사가 한창이던 현대리버빌아파트 재건축부지에서 이형구 교수에 의해 매장문화재가 발견되는 커다란 사건이 있었다. 이후 1997년 4월 1일부터 대규모 건설공사 시 사전발굴조사 실시 방침이 결정되었다.

게다가 경당재건축부지 발굴현장에서 2000년 5월 13일 유적 훼손사건이 발생함에 따라 풍납토성 내부지역에 대한 면적보존방침이 결정되었다. 2001년에는 내부지역 소규모건축행위허용방침까지 결정됨으로써 주요 매장문화재가 발굴되거나 백제문화층이 확인됨에 따라 매장문화재 보호가 풍납토성 지역 보존의 핵심 화두가 되었다.

따라서 토성 내부지역이 사적으로 지정되어 갔는데, 2000년 7월 경당연립재건축부지, 2001년 4월 외환은행합숙소 및 미래마을재건축부지가 시굴조사 후 사적으로 추가 지정되었고, 소규모건축부지들이 사적에 포함되었다.

이러한 매장문화재 측면에서의 면적보존을 위한 도시관리 방침은 2009년에 문화재청에서 '풍납토성 보존 관리 및 활용 기본계획'을 수립하여 권역구분 및 권역별 보존활용 방안을 제시하면서 구체화되었다.

32_ 1996~1997년 풍납토성 실측조사 내용을 보면 성벽 실측구간별 실태를 확인할 수 있는데 대체로 경작지로 훼손되었으며, 개사육장 · 가건물 · 한옥 · 민가 · 김장독 · 고물상 · 묘목 등 여러 가지 형태로 훼손되어 있는 상태였다(이형구, 1997,『서울 풍납토성[백제 왕성] 실측조사연구』, 백제문화개발연구원 참조).

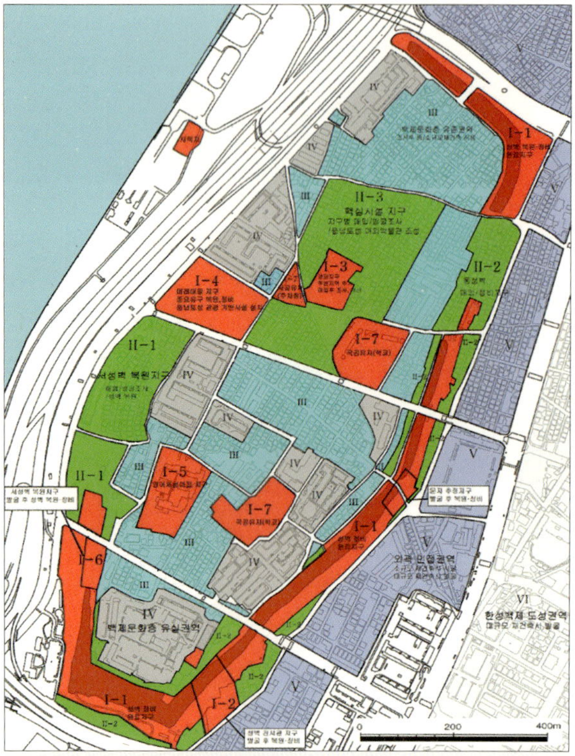

Ⅰ권역 : 지정 매입완료 권역으로 현상유지와 발굴조사를 통한 정비(빨간색 표시)
Ⅱ권역 : 지정매입 필요 권역으로 순차적 매입 후 발굴 · 정비(초록색 표시)
Ⅲ권역 : 백제문화층 유존권역으로 건축높이는 서울특별시 도시계획조례(현재 21m)에 따름(진한 파랑색 표시)
Ⅳ권역 : 백제문화층 파괴권역으로 재건축 시 발굴조사(회색 표시)
Ⅴ권역 : 토성 외곽 인접권역으로 재건축 시 시 · 발굴조사(흐린 파랑색 표시)
Ⅵ권역 : 한성백제 도성지역으로 대규모 재건축 시 발굴조사(색 없음)

그림 25 | 풍납토성 권역별 종합 보존계획)
(출처 : 2015.1.8. 문화재청 보도자료)

계획의 기본원칙은 토성 등 중요 유적 및 백제문화층 등 핵심지역을 선별하여 보존에 집중하고, 그 외 지역은 규제 완화 등 주민 편의를 도모하고, 권역별로 구분하여 지역 특성에 따라 차별화된 보존 · 활용방안을 강구하는 것이었다. 풍납토성 보존 관리 및 활용 기본계획은 풍납토성 내 · 외부지역을 6개 권역으로 구분하고 있다(그림 25). 권역의 구분은 문화재의 중요도 및 매입여부, 백제문화층 잔존여부 등에 따라 지정 · 매입완료권역(Ⅰ권역), 지정 · 매입필요권역(Ⅱ권역), 백제문화층 유존권역(Ⅲ권역), 백제문화층 파괴권역(Ⅳ권역), 외곽 인접지역(Ⅴ권역), 도성권역(Ⅵ권역)으로 구분하였다. 그리고 권역별 보존 및 활용 방안을 제시하였다.

특히 Ⅰ, Ⅱ권역은 우선 매입이 필요한 핵심지역으로 보았지만 Ⅲ권역에 대해서는 현행수준에서 재건축이 가능한 것으로 하였으나 이후의 정책은 풍납토성 내부 전체 보존 방침이 지속적으로 확대 · 추진되었다. 따라서 백제문화층 파괴권역(아파트 부지)을 제외한 Ⅰ~Ⅲ권역에 대한 사적 지정이 지속적으로 추진됨에 따라 내부 지역 상당부분이 사적으로 지정되었다(그림 26). 특정 지역에 대한 사적 지정이 아닌 산발적이고 점적으로 지정되어 있음을 알 수 있다. 이는 그동안 우선순위 없이 개별 건축 시 시굴조사 결과에 따라 또는 개별 필지별 신청순에 따라 사적이 추가 지정되어왔기 때문이다.

풍납토성 내부에 대한 우선순위 없는 사적 지정이 이루어짐에 따라 이해당사자간의 갈등은 깊어졌다. 문화재청은 2015년 1월 8일 보존 및 정비를 위한 예산 및 시간상의 문제[33]로 인해 기존의 정책 기조를 바꿔 3권역의 건축 규제를 완화한 하는 내용을 골자로 한 '풍납토성 보존·관리 및 활용 기본계획'을 발표하였다.[34] 반면 서울시는 2015년 1월 15일 문화재청의 변경계획에 대한 반대성명으로 특단의 재원대책을 통해 향후 5년 안에 Ⅱ, Ⅲ권역을 조기 보상해야 한다고 발표하였다.

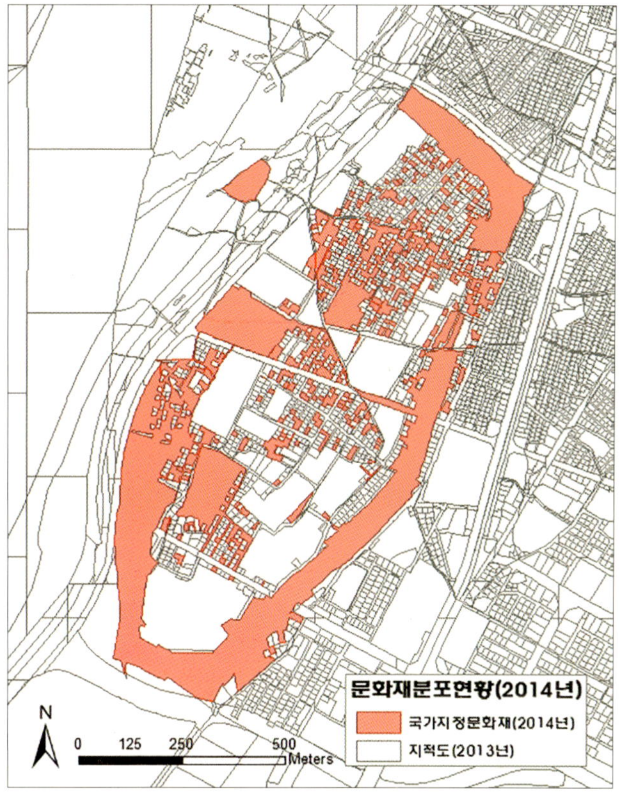

그림 26 | 2014년 풍납토성 사적지정 현황도

이러한 갈등을 조정하여 2015년 12월 23일 서울시는 「풍납토성 조기보상·세계유산 등재 종합계획」을 발표하였다. 핵심 역사적 실체 발굴과 세계유산 등재를 위해 보상방식이 기존의 Ⅱ, Ⅲ권역 전체에서 Ⅱ권역 왕궁추정지 등 핵심지역을 대상으로 우선 보상하는 선택과 집중방식으로 전환되었다(그림 27). 따라서 왕궁추정지 중 핵심지역과 서성벽 추정지를 중심으로 보존관리하고 나머지 지역에 대해서는 문화재와 주민이 상생할 수 있는 도시환경으로 재생하고자 노력하고 있다.

33_ 2014년까지의 보존방침에 따라 풍납토성 내부 전체(Ⅰ~Ⅲ권역 중심)에 대한 사적지정 및 매입·발굴 추진하기 위해서는 상당한 제약이 따랐다. 즉 시간과 비용이었다. Ⅰ권역과 Ⅱ권역을 보상하는데 소요되는 기간은 약 29년, Ⅲ권역까지는 약 61년, Ⅳ권역까지는 약 83년이 소요되었다. 비용은 Ⅰ~Ⅳ권역을 보상하는데 약 2조 4,530억원으로 추정되었다(서울특별시·송파구, 2014, 『풍납토성 보존을 위한 도시계획적 지원방안 등에 관한 연구』, 74쪽).

34_ 2015.1.8. 문화재청 보도자료 참조.

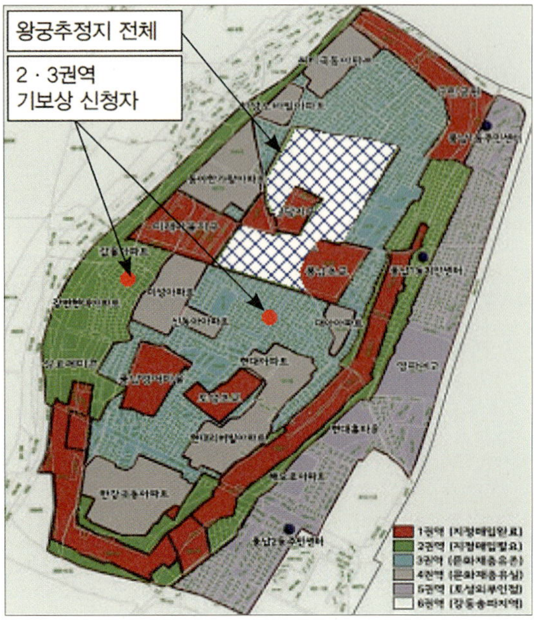

기존 풍납토성 보존 방침

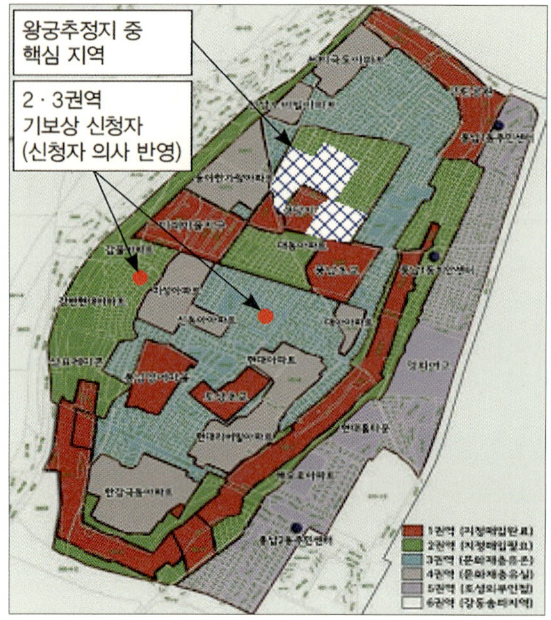

2015년 12월 23일 변경 방침

그림 27 | 2015년 말 풍납토성 보존 변경 방침
(출처 : 서울시 내부결재문서)

V. 맺음말

1910년부터 현재까지 하천, 도로, 풍납토성 성벽을 중심으로 도시개발과정에서 도시형태 및 경관이 어떻게 변화되어왔는지에 대해 살펴보았다.

풍납토성 변형기(1910~1967년)에는 자연적 요인(대규모 홍수)에 의해 하천의 유로가 변경되고 북벽과 서벽 연결부가 유실되는 변화를 겪었으며, 조선총독부의 치도사업에 따라 자동차 중심의 신작로 및 교량이 새롭게 개설되면서 풍납토성 일대가 개발압력이 높아지는 구조적인 변화를 겪었다. 또한 고적 지정과정에서 현상 중심 보존관리로 풍납토성 성벽 전체가 아니라 풍납토성 북벽, 동벽, 남벽과 잔존 서벽 일부만을 지정하여 서벽 일부구간들이 전체구간과 단절되는 형태를 갖게 하였다. 조선후기부터 해방 이후 성벽개발은 지속적으로 이루어졌지만 서울 편입 전후 그 경향이 심화되어 사적으로 지정된 이후로도 성벽필지가 지속적으로 분할되고 국유지 및 귀속재산이 불하되면서 주택유입(허가 및 무허가 주택)이 급증하였다.

풍납토성 해체기(1968~1992년)에는 한강개발3개년계획에 따라 풍납토성 서남벽 일대에서 한강의 본류인 송파강을 막아 신천으로 흐르게 하는 물막이 공사가 시행되면서 풍납토성과 면하여 흐르던 한강의 유로가 크게 변화하게 되었다. 또한 성내천도 직강화공사가 이루어지면서 인공하천으로 변모하였다. 즉 풍납토성 주변 하천의 자연성이 훼손되었다. 이어 한강종합개발사업이 시행되면서 한강은 완전히 인공하천으로 변형되게 되었고 강변으로 한강 시민공원이 조성되면서 현재와 같은 형태가 되었다. 도로는 1971년 가로재정비계획이 수립됨에 따라 주요 간선도로 및 내부도로가 신설되었다. 특히 풍성로는 현상변경 허가조건대로 공사가 이루어지지 않고 성벽을 절단하며 개설되었다. 토성로는 기존 동벽 개구부를 중심으로 먼저 개설·확장되었고 삼표 레미콘공장 부지에 해당하는 서벽추정지를 관통하며 조성되었다. 풍납토성은 계획된 모든 간선도로가 정비되자 광폭도로에 둘러싸이게 되었다. 또한 도시고속도로인 올림픽대로가 조성됨으로써 풍납토성과 한강은 완전히 분리되게 되었다. 그 결과로서 풍납토성 외형이 왜곡되었다. 사적으로 지정된 서벽 잔존구간은 한강시민공원 부지에 포함되면서 흔적을 찾을 수 없게 되었고 한강제방 및 올림픽대로가 풍납토성을 엇비슷하게 지나가면서 도로 안쪽이 서성벽 추정지로 오인되어왔다. 풍납토성 성벽은 한강제방이 축조되면서 1969년 성벽 일부구간이 해제되었고 한강과 단절되기 시작하였다. 1970년 문화재보호구역이 설정되었으나 현상기준 완충구역 설정으로 서성벽 상당부분은 자동제척되거나 문화재보호구역에서 누락되는 결과를 낳았다. 1973년부터 성벽복원공사도 시행되었으나 성토설계 불일치 및 한강제방과의 혼동야기, 불법도로 방치 등 조성과정에서 여러 문제점이 발견되었다.

풍납토성 보존기(1993년~현재)에는 1978년 북벽 복원 완공 이후 중단된 공사가 1993년부터 재개되면서 한강변의 서벽 추정지를 제외한 대부분의 구간이 정비되었다. 최근에는 풍납토성 보존·관리 및 활용 기본계획이 몇 차례 수정되어 풍납토성 보존 및 관리, 활용에 대한 방안들이 마련되었으나 왕궁추정지 등 풍납토성 내부지역에 대한 보존관리에 중점을 두었다. 풍납토성 성벽에 대한 정비방안도 마련되었으나 현상유지 또는 현재의 도시형태에 근거한 서벽잔존 구간, 동벽해제 구간, 해자구간에 대한 매입·정비방안이 제시되는 것에 그쳤다. 따라서 현재 올림픽대로 및 한강제방 설치에 따른 서성벽의 파편화 및 외형 왜곡, 불법도로 및 지역 간선도로 조성으로 훼손된 성벽구간 방치, 풍납토성과 한강의 단절 및 접근성 부족 등의 문제가 남아 있다.

앞으로 풍납토성 내부에서는 세계유산 등재 및 역사적 진정성 확보 측면에서 한성백제의 확실한 왕성임을 명확히 밝혀줄 수 있는 근거(궁궐 관련 매장문화재) 마련을 위해 왕궁추정지 중 핵심

지역 발굴조사가 활발히 진행될 것이다. 그러나 왕궁추정지 발굴 진행과 함께 근현대 과정 속에서 왜곡되어 온 성벽 외형을 점진적으로 회복해나가야 할 것이며, 도시개발과정에서 관주도 또는 민간주도로 훼손되고 단절된 구간들에 대해서는 명확하게 인식 가능하도록 세심한 관리가 요구된다.

이와 함께 우리나라 옛도읍지(고도)의 역사문화환경을 바람직하게 관리하기 위해서는 역사문화환경 내의 문화재를 개별적인 존재, 단위 문화재로 인식하는 것보다는 주변 환경 또는 주변 문화재와의 조화나 그 곳에 살아왔던 사람들과 현재 살아가는 사람들이 맺어왔던 관계에 초점을 두고 살펴보는 작업도 소홀히 해서는 안 된다. 즉 어느 한 시대의 문화재로서의 의미와 가치뿐만 아니라 역사적 변천과정 속에서 어떠한 과정을 거쳐 현재에 이르게 되었으며 현재를 살아가는 주민 및 주변 환경과 어떠한 관계를 맺고 있는지에 관한 연구가 끊임없이 이루어져야 할 것이다. 그러한 측면에서 한성백제기부터 조선시대를 거쳐 현재까지 이용되고 있는 옛길 및 성문지를 조명할 필요가 있다.

인구가 밀집한 신개발지의 역사문화도시를 위한 미래지향적 관리는 변화하는 속도를 조절시켜 존재하는 문화재만이 아니라 역사문화환경을 보존 관리하여 문화재와 주민이 함께 살아가는 도시공간으로 지속시키는 것이다. 역사적 실체로서의 유적만을 보존하는 것이 아니라, 한성백제의 왕성이 입지할 수 있었던 지형적 조건으로서의 자연환경, 역사문화유산, 도시환경, 현재의 토지이용을 함께 고려할 수 있어야 한다. 이러한 인식전환을 통해 바람직하고 지속가능한 풍납토성 모습을 기대할 수 있을 것이다. 따라서 풍납토성 역사문화환경을 보존 · 관리 · 활용하기 위해 역사문화적 도시재생 방안을 각 관련 주체(민 · 관 · 학)가 함께 고민해야 할 것이다.

참고문헌

김건곤 · 김태환 · 어강석 편, 2016, 『동국여지승람 제영사전 : 산천편』, 한국학중앙연구원출판부

문화재청, 2011, 『문화재청 50년사 : 본사편(1961-2011)』

서영일, 2003, 「한성 백제의 남한강수로 개척과 경영」, 『문화사학』 20, 한국문화사학회.

서울시사편찬위원회, 2008, 『한성백제사4 : 대외관계와 문물교류』

서울특별시, 1988, 『시사자료5』

서울특별시 · 송파구, 2014, 『풍납토성 보존을 위한 도시계획적 지원방안 등에 관한 연구』

손정목, 2003, 『서울 도시계획 이야기 3』, 한울

송파구청, 1994, 『송파구지』

이난경 · 양승우, 2016, 「역사문화환경으로서 서울 풍납동 토성 일대의 도시형태 특성 연구」, 『서울학연구』 62, 서울시립대학교 서울학연구소

이형구, 1997, 『서울 풍납토성[백제 왕성] 실측조사연구』, 백제문화개발연구원

조병로 외, 2011, 『조선총독부의 교통정책과 도로건설』, 국학자료원

행정안전부 · 국가기록원, 2010, 『국가기록원 일제문서해제 : 토목편』

황수영 편, 2014, 『일제기 문화재 피해 자료』, 국외소재문화재단

京城電氣株式會社 編, 1937, 『京電ハイキングコース 第3輯 : 風納里土城』

1910년 · 1915년 · 1918년 · 1926년 · 1945년 · 1982년 · 1987년 지형도

1911년 지적원도, 1967년 폐쇄지적도, 1982년 폐쇄지적도

1970년 · 1984년 · 1992년 지적약도

1966년 · 1972년 · 1974년 · 1995년 · 2002년 항공사진

서울특별시, 1977, 서울도시계획연혁(관계도집)

1911년 토지조사부, 구토지대장

국가기록원(www.archives.go.kr)

국립중앙박물관(www.museum.go.kr)

국립지리정보원(www.ngii.go.kr)

문화재청(http://www.cha.go.kr)

미국텍사스대학교 도서관(www.lib.utexas.edu/)

서울문화포털 서울지명사전(culture.seoul.go.kr/sggDic/sggDic.do)

서울시청(www.seoul.go.kr)

조선총독부관보활용시스템(gb.nl.go.kr)

한수당연구원(blog.naver.com/hahnsudang)

백제왕성 서울 풍납동 토성의 현재와 미래

Present and Future of Baekje Royal Fortress in Pungnap-dong, Seoul

도시민속학적 관점에서 본 풍납토성

김시덕 대한민국역사박물관 교육과장

Ⅰ. 머리말

풍납토성이 한국 고대사의 빈 공간을 메우는 중요한 유적, 백제왕성으로 떠오른 것은 1997년이다. 풍납토성이 백제왕성으로 떠오르는 역사적 순간이었지만, 이를 잘 모르는 주민들에게는 도시개발을 제한하는 달갑지 않은 존재가 된 시기도 이때였다. 2000년 경당지구 유적이 사적으로 지정되고 풍납토성의 그 외 지역은 보존 대상이 되면서 더 이상 풍납동의 도시개발은 불가능해졌기 때문이다. 풍납토성 때문에 풍납동은 이불리利不利, 긍정과 부정의 영향을 받을 수밖에 없게 되자 주민들에게 풍납토성은 밉기도 하고 좋기도 한 양면적 존재가 된 것이다.

풍납토성이 한성백제의 위례성으로 확실시되면서 주민들은 보상을 받고 풍납동을 떠나든지 고향이라는 개념의 Ⅰ~Ⅱ구역을 떠나 Ⅲ~Ⅳ구역으로 옮겨야 한다. 고대사 복원이라는 국가 단위의 유적 발굴에 따른 피해자가 된 것이다. 그렇다고 주민들의 입장만 대변하여 국가적, 학문적 당위성을 포기할 수도 없는 곳이 '풍납토성이 있는' 풍납동의 현실이다.

고고학 발굴 전 지표조사라는 것을 하는데, 얼마 전까지 반드시 포함되었던 분야가 민속이었다. 이는 발굴대상이 있었던 시대 이후에 형성된 역사와 문화적 현상을 기록하려는 목적이었다. 그러나 어느 때부터인가 민속분야는 사라지고 없었다. 유적 형성 시대의 역사만 중요하고 그 위를 덮고 새로이 형성된 역사와 문화는 중요하지 않다는 것이다. 풍납동 역시 이러한 현상 중의 하나이다. 다행히 백제왕성 풍납토성 발굴조사 20주년 기념 국제학술회의에서 토성이 있는 풍납동의 도시민속학적 변화를 하나의 주제로 삼았으므로 그 원망을 다소 피할 수는 있을 것이다.

한 지역이나 마을의 문화를 조사 연구하고 그 내용을 제대로 분석하기에는 많은 시간과 인력을 요구한다. 거기에 조사연구 대상 지역의 면적과 역사적 깊이도 영향을 미친다. 그런데 필자에게 주어진 시간과 인력 등 토성마을 풍납동의 도시민속학적 변화를 찾기에는 너무나 제약이 많았다. 어쩔 수 없이 문제제기만 하는 정도여서 안타깝기만 하였다. 이에 필자는 풍납동의 인문경관에 영향을 미치는 요소가 무엇인가를 우선 조사하였다. 외형으로 드러나는 인문경관cultural landscape을 그리는 방법이었다.

조사연구 대상 지역에서 가장 일반적이고, 쉽게 발견하고 조사할 수 있는 것은 바로 그 지역의 외형이다. 건물형태, 상업시설, 가게, 건물이름, 간판, 길 이름, 시장 등이 그러한 것들이다. 과연 풍납토성을 안고 있는 풍납동의 외형은 어떤 모습일까. 당연히 풍납동을 휘감고 있는 토성이다. 또한 일부 고층 아파트를 제외하고는 3~5층 이하의 낮은 건물, 풍납, 토성, 한성, 풍성, 백제 등 '토성과 관련된' 간판들이 쉽게 눈에 들어온다는 것이다. 이러한 것들은 외부인이 풍납동을 둘러볼 때 "아! 이곳이 백제토성이 있는 풍납동이구나!"라는 것을 알려주는 대표적 표상이라고 할 수 있다. 흔히 간판이나 건물 이름은 그 지역의 행정 명칭을 따르는 것이 일반적이어서 간판을 보면서 이 마을이 '○○동'임을 인지하게 된다. 풍납동 역시 '풍납' 혹은 '바람드리'라는 간판과 도로명 등이 이곳이 풍납동임을 알려준다. 그러나 토성, 한성, 백제, 풍성 등의 이름은 고대사의 중요한 유적으로 백제왕성이라는 풍납토성이 없었다면 나타날 수 없는 현상이다.

전통 민속학에서는 유구한 역사와 전통을 바탕으로 정착된 문화현상을 연구대상으로 삼는다. 그러나 도시민속학은 상대적으로 짧은 역사와 문화를 대상으로 한다. 물론 도시 이전의 전통이 도시화된 이후에도 지속될 수 있지만 도시라는 공간 환경은 이를 쉽게 수용하지 않는다. 따라서 도시의 역사가 짧듯 도시의 민속 역시 그 역사가 상대적으로 짧을 수밖에 없다.

풍납동 역시 서울이라는 도시의 한 지역이므로 전통 민속학으로 접근하기에는 한계가 있다. 따라서 도시민속학의 근간이 되는 지역민속학 관점으로 접근하는 것이 효과적이다. 만약 풍납동이라는 도시 마을에 '풍납토성'이 없었더라면 이러한 관심조차 없었을 것이다. 특히 1997년 이후 백제왕성으로 밝혀진 풍납토성이라는 존재가 풍납동에 미치는 영향은 의외로 크다. 역사학, 고고학에서는 백제왕성의 존재를 밝혀 줄 유적 그 자체로서 중요하다. 하지만 역사민속학, 지역민속학을 기반으로 하는 도시민속학에서는 거기에 덧붙여 유적 그 이후에 형성된 풍납동이라는 도시의 역사와 문화사도 중요시한다. 이것이 도시민속학으로 풍납동에 접근하는 이유이다.

Ⅱ. 도시민속학과 도시의 마을문화를 보는 시각

도시민속학이라는 용어는 정통 민속학에서도 아직은 그리 익숙한 용어가 아니다. 민속학 내에서도 이를 응용인류학처럼 민속학의 새로운 경향 혹은 분파로 여겨왔기 때문이다. 그러나 세계 대

그림 1 | 풍납동의 민간신앙

부분의 지역이 도시화되는 현 시점에서 도시민속학은 민속학의 지속적 발전에 없어서는 안 될 연구 분야가 되었다.

지금까지 도시민속학은 크게 2가지 개념으로 갈려 있었다. 하나는 도시에도 잔존하는 전통 민속 현상에 대한 연구이다. 예를 들면 당산제, 민간신앙, 부군당, 전통 거래관행, 전통시장 등을 조사 연구한다는 것이다. 다른 하나는 도시라는 공간이 형성된 후에 생성된 현재의 문화를 연구한다는 것이다. 필자는 후자의 관점에서 풍납동의 도시민속을 보려 한다. "도시는 천의 얼굴을 가졌다"거나 "신은 인간을 만들었고, 인간은 도시를 만들었다", "인간이 만든 가장 위대한 소산은 도시이다", "도시는 사회행위의 예술이며 극장이다"라는 말은 도시의 복합성과 다양성을 보여준다.[1] 이러한 다양성은 도시라는 공간이 만들어낸 문화적 특성이다.

"민속은 역사적 과정을 거치면서 나타나는 차이인 구식舊式과 신식新式이라는 구분 외에 농민이

1_ 한국도시지리학회편, 1999, 『한국의 도시』, 법문사, 머리말 참조(김시덕, 2014.12, 「서울민속학 연구의 지평확장을 위한 연구대상과 분야」, 『서울민속학』 창간호, 서울민속학회, 38쪽 재인용).

나 피지배집단의 것이라는 사회계층의 문제나, 아니면 과거의 생활풍속이니 잔존물殘存物이니 하는 시간적 차원의 문화현상으로서는 설명될 수 없는 것이다. 그리고 구식이나 신식은 항상 현재의 삶 속에 공존하고 있기 때문에 민속학은 현재의 삶의 방식, 즉 현재의 생활문화를 연구하는 학문이다."[2] 그러므로 도시민속학은 현재학적인 성향을 담보하고 있어야 하므로 풍납동의 민속 역시 현재성, 토성을 품고 사는 현재 풍납동민들의 민속을 연구하기에 적합하다.

도시민속학이란 개념에 대해 아직까지 이견이 있긴 하나 최근 경향을 보면 대체로 지역민속학을 전제로 하고 있다. 서울과 같은 도시를 조사연구 대상으로 하는 지역민속학의 하나라는 것이다. 여기에서 민속학은 민속인Homo Folkloricus을 전제로 인간과 문화에 대해서 연구하는 학문이라고[3] 한다. 이는 전통성과 공동체성, 전통과 현대의 동시성, 이성과 감정의 공존 등으로 정의되기도 한다. 그래서 풍납동은 어쩌면 서울민속학의 하나로서 '풍납동의 민속'이라는 명칭도 가능하다. 풍납동이라는 지역을 대상으로 하는 지역민속학이라는 말이다.

지역민속은 곧 지역문화로서 "인간이 일정한 지역에 정착해 오랫동안 사회를 이루고 살아오면서 습득 · 공유 · 전달해 온 행동양식이나 생활양식"으로 정의된다.[4] 이러한 지역문화의 연구는 역사학 · 민속학 · 사회학 · 인류학 · 문화지리학 · 도시공학 등에서 나름의 관점과 방법론을 가지고 연구해 왔다.[5] 그러나 풍납동에 살고 있는 사람들의 삶의 모습, 즉 생활문화를 진솔하게 보여주는 방법론은 역시 도시민속학일 것이다. 즉, 도시민속학이 백제왕성 이후에 명멸했던 풍납동의 역사와 풍납동의 도시문화를 가장 잘 설명할 수 있다는 것이다.

그러나 민民(Folk)이라는 말에 대한 편협한 정의에서 출발한 한국 민속학은 서울과 같은 도시보다는 농촌이나 어촌을 주 연구대상으로 삼아 서울에는 사람이 살지 않는 것처럼 여기게 만들기도 하였다. 이는 민속의 주체를 농민 혹은 피지배 계층 등으로 한정하려는 노력이 끊임없이 계속되었기 때문에 나타난 현상이다.[6] 우리에게 미국 민속학을 구체적으로 소개해 준 앨런 던데스Alan

---

2_ 장철수, 2000, 『한국 민속학의 체계적 접근』, 민속원, 17~18쪽.

3_ 강정원, 2014.12, 「서울민속학의 연구대상과 연구방법론」, 『서울민속학』 창간호, 서울민속학회, 9쪽.

4_ 정치영, 2007.9, 「문화 · 역사지리학에서 지역문화 연구의 동향과 과제」, 『정신문화연구』 30-3, 한국학중앙연구원, 63쪽.

5_ 김시덕, 2014.12, 「서울민속학 연구의 지평확장을 위한 연구대상과 분야」, 『서울민속학』 창간호, 서울민속학회, 30쪽.

6_ 김시덕, 2014.12, 위의 글, 32쪽.

Dundes 역시 "'folk'라는 말은 어떻든 간에 적어도 하나의 공통요소를 공유한 사람들의 집단과 관련이 있을 수 있다. 그것은 공통직업이나 언어 또는 종교와 같이 그들을 연결시키는 요소linking factors가 무엇이냐가 중요한 것이 아니라, 보다 중요한 것은 어떠한 연유로 형성된 집단이든지 자기들의 것이라고 부를 만한 어떠한 전통some traditions을 가졌느냐가 중요하다.(……) 'folk'가 이러한 유연한 정의를 가진 집단이라면 작게는 가족에서부터 크게는 국가에까지 이를 수 있어야 한다."[7]

필자는 이미 일생의례의 향유주체를 논하면서 문화공동체 혹은 민속공동체folk group or folk community가 공유하는 문화를 민속으로 보고 이를 조사 연구하는 것이 민속학이라고 주장하였다.[8] 예를 들면, '가례家禮'란 가정의 의례란 뜻으로 1차적으로는 개인이 속한 가족이라는 문화공동체가 향유하는 의례라는 뜻이다. 그러므로 가례 즉, 일생의례一生儀禮는 가족, 좀 더 크게는 당내堂內가 공유하는 문화공동체의 의례라고 보았다.[9] 그렇다면 풍납동의 민속이란 풍납동이라는 문화공동체가 향유하고, 전승하는 민속이라고 할 수 있을 것이다.

도시라는 지역은 다양한 직업을 가진 다양한 사람들이 지리적으로 모인 곳이다. 어쩌면 지리적으로 같은 지역에 살고 있다는 행정구역이라는 연결요소linking factors가 있다 하더라도 지연地緣이라는 공동체성은 없을 수도 있다. 도시인들은 마을 혹은 행정구역상의 '동'이라는 공동체보다 직장 혹은 직업공동체라는 가상의 공동체로 구성되어 있고, 이들은 이를 더 중요시할 수도 있다. 따라서 도시 마을의 공통요소는 농촌 마을의 공통요소보다 자기들의 것이라고 부를 수 있는 전통이 약해 보인다. 그런데 풍납동은 상황이 좀 다르다.

풍납동의 공통요소는 고유명사 '풍납토성風納土城'이다. 풍납동 사람들은 백제왕성으로 알려진 '풍납토성'이라는 공통요소를 품고 살고 있다는 것이다. 풍납동의 민속을 논할 때 '풍납토성'이라는 공통요소를 제외하고는 논의 자체가 불가능하다는 것이기도 하다. 따라서 풍납동이 가지는 지역, 직업 등 도시민속의 연결요소는 다양하지만, 풍납동 주민들이 '자기들의 것'이라고 부를 수 있는 어떤 전통은 '풍납토성'이라는 가설은 타당성이 충분하다.

7_ Dundes, Alan, 1980, "Who are the folk", INTERPRETING FOLKLORE, Indiana University Press, pp.6~7.

8_ 김시덕, 2009.12, 「마을민속에서 산업민속으로 변화하는 일생의례의 연구」, 『민속연구』19, 안동대학교 민속학연구소, 253~354쪽; 김시덕, 2000.11, 「가가례로 보는 경기지역 제사의 특성」, 『민속문화의 지역적 특성을 묻는다-실천민속학 새책』2, 실천민속학회, 103쪽.

9_ 김시덕, 2009.12, 위의 글, 354쪽.

Ⅲ. 풍납동을 도시민속학으로 보는 방법

풍납동의 인문경관 특성은 여러 종류가 있을 것이다. 환경이 좋은 주거지, 풍납토성이라는 유적을 낀 주거지, 한강을 조망할 수 있는 주거지, 교통이 편리한 주거지라는 외형적인 특성이 있다. 반면 유적 때문에 재산권의 손해를 보는 곳, 발굴 때문에 조만간 떠나야 하는 곳, 고층 아파트와 높은 빌딩을 세울 수 없는 곳 등의 특성도 고려될 것이다.

이러한 경관 특성의 공통요소는 어찌되었던 송파구의 한강 변에 자리 잡은 마을이면서 풍납토성을 끼고 있다는 것이다. 풍납토성 때문에 덕을 보기도 하고 손해를 보기도 하는 도시인 셈이다. 이는 토성을 빼놓고는 풍납동의 민속 혹은 문화를 논할 수 없다는 뜻이기도 한다. 그러므로 도시민속학으로 풍납동에 접근할 때는 반드시 풍납토성과 연계해야 한다는 것이다.

민속학은 다른 학문과는 달리 그 지역에 살고 있는 주민들과 직접 대면하면서 그들의 이야기와 제보를 근거로 그 지역의 역사와 문화를 서술한다. Interview라는 조사 방법론을 핵심으로 사용한다는 뜻이다. 물론 문화인류학도 이러한 방법을 사용한다. 문화인류학은 철저하게 제3자가 외부에서 내부를 들여다보는 시각으로 접근한다. 그러나 민속학은 내부자가 내부에서 내부를 들여다본다는 점에서 차이가 있다. 그렇기 때문에 민속학은 가끔 주관적이라는 지적을 받기도 한다. 그렇지만 민속학은 내부자의 입장에서 그들의 문화를 좀 더 치밀하고 깊이 있게 들여다 볼 수 있다는 장점이 있다.

그런데, 현재 풍납동의 도시민속학 조사에서는 약간의 예외를 인정해야 한다. 왜냐하면 짧은 시간에 인터뷰 대상은 너무 많고, 시간은 없어 심도 있는 인터뷰가 불가능하다는 것이다. 또한 지금 풍납동 주민들에게는 재산권이라는 문제가 첨예하게 대두되어 있다. 부동산 소유자에게 재산권은 굳이 설명하지 않더라도 매우 중요한 것이다.

이러한 상황에서 민속학의 내부자 시선은 그 장점에도 불구하고, 자칫 주민들의 일방적 의견을 대변하는 정도에 그칠 위험이 크다. 따라서 짧은 조사 기간에 몇몇 주민들의 인터뷰로 그 간의 사정을 간파하려 해서는 안 된다. 또한 몇몇 이슈메이커나 그들 자신의 이익만 대변하는 제보자로부터 받은 정보로 그들의 의견과 주장을 대변해버리는 오류를 범해서도 안 된다. 그래서 민속학에서는 이러한 오류를 방지하고, 정보의 객관성을 담보하고자 반복되고 중첩된 제보자로부터 정보를 수집하는 데에 많은 시간과 노력을 기울인다. 문화인류학의 제3자 관찰자의 관점에서 풍납토성을 들여다보는 것도 조사연구의 객관성을 확보할 수 있는 좋은 방법이다. 다행히 '풍납동소식', '풍납토성의 어제와 오늘' 같은 카페와 블로그, 송파구의 자료 등으로 토성과 관련된 풍납동 주민들의 요구와 사정을 읽을 수 있을 것이다.

다른 하나는 풍납동의 골목을 기웃거리는 일이다. 풍납1동과 2동을 나누어 거리를 걸어 다니며 보이는 풍경을 스케치하는 것이다. 이는 민속학 조사연구에서 조사연구 대상지에서 인문지리적 환경을 조사하는 첫 번째 작업이다. 골목의 풍경은 그것이 농촌이나 어촌이든, 도시이든 그 외형을 보여주기에 부족함이 없다. 시장이 어디에 있고, 빌라와 다세대주택이 어디에 있고, 공원은 몇 군데이며, 대단위 아파트단지는 어디에 몇 군데이며 등등의 현황을 파악할 수 있다. 도시의 특성으로서 가게들은 어디에 있고 술집 밀집지역, 카페, 식당 등도 도시민속학의 중요한 관찰대상이다. 이를 토대로 특징 중심의 자연스러운 마을지도를 제작할 수도 있다.

조사연구 대상지역의 특징을 발견하는 가장 쉬운 방법은 두 발로 걸어 다니는 것이다. 한두 번으로는 그 특징을 파악할 수 없기에 시간을 두고 걸어보아야 그 특징을 충분히 찾을 수 있을 것이다. 도시는 도시계획에 따라 구획되었기 때문에 그 특성이 미미하고, 다른 곳과의 차이도 별로 없다는 선입견이 있을 수 있지만 골목투어로 새로운 특징을 찾아내는 것도 가능하다.

이러한 방법론은 곤와지로[今和次郎]의 고현학考現學(Modernology)에서[10] 실마리를 얻을 수 있다. 이 방법론은 거리를 걸으며 보이는 건물, 패션, 넥타이 매는 법, 종업원들의 복장, 사람들의 자세 등등을 수집하여 그 지역의 문화를 읽어내는 기법이다. 곤와지로는 이러한 자료를 분석하여 당대의 패션, 걸음걸이, 주택의 특징 등 문화를 읽어낼 뿐만 아니라 디자인과 예술로까지 승화시켰다.

골목걷기, 골목투어에서 가장 두드러지게 눈에 띄는 것은 건물의 외형이다. 예를 들면 빌라는 거의 보이지 않고 다세대주택이 많다는 점, 건물 디자인의 다양성이 떨어진다는 점, 아파트단지가 있기는 하지만 대규모가 아니라는 점, 골목길이 좁다는 것 등을 쉽게 발견할 수 있을 것이다.

둘째는 도시 마을의 골목걷기에서 가장 먼저 마주하는 각종 간판이다. 간판은 그 마을의 지역명이나 행정명을 가장 먼저 알려주는 기호로서 기능한다. 예를 들면 '○○은행 풍납동지점', '○○○풍납점' 등은 그곳이 풍납동임을 알려주는 기호이다. 다른 하나는 그 지역의 특성을 배경으로 한 간판이다.

10_ 이에 대해서는 今和次郎, 2012,『今和次郎 採集講義』, 青幻舎 참조.

토성이나 풍성, 풍납토성 등의 간판은 이곳이 토성이 있는 마을임을 알려주는 기호이기도 하다.

셋째는 연두색 펜스와 안내문이다. 이 펜스는 풍납동에서만 볼 수 있는 현상으로 일정 시간이 지나면 없어질 임시적인 현상이지만 민속지적 현재에서 풍납동의 경관을 설명할 때 누락시켜서는 안 될 경관요소이다. 이 펜스는 보상이 완료된 주택이나 건물을 보호하고자 둘러놓은 것으로 그곳에는 보상완료와 주의사항 안내문이 걸려 있고, 대책위원회 등의 이름으로 보상에 대한 문제점과 불만을 표현하는 현수막이 걸리는 것이 특징이다.

그림 2 | 곤와지로의 고현학

넷째는 토성이다. 동서로 이어지는 도로는 언제나 토성과 마주치거나 토성을 가로지르게 되어 있어 쉽게 마주치는 경관이다. 50여 년 전과는 달리 현재는 수려한 공원의 역할, 산책로의 역할을 하는 토성은 인문경관이나 주민들의 마음 속에서 풍납동의 상징으로 작용하고 있다.

그러므로 풍납동의 도시민속학적 조사연구는 외부인으로서, 관찰자로서 접근하는 것이 객관적인 서술과 분석이 가능할 것으로 보인다. 또한 골목걷기를 이용하여 경관적 특성으로 마을의 특성을 분석하는 방법이 풍납동의 도시민속학적 조사연구의 기본적인 방법론으로 봐야 할 것이다. 여기서 드러나는 것이 바로 토성이고 이것이 풍납동 주민이 자기들 것이라 생각하는 어떤 전통 중 가장 대표적인 것이라 할 수 있으므로 이와 연관하여 풍납동을 바라보는 방법이 유용할 것이다.

Ⅳ. 긍정과 부정의 이중주

블로그, 카페, SNS 등에서 보이는 풍납동 주민들의 관심은 크게 2가지이다. 하나는 유적으로서 백제왕성이라는 풍납토성이다. 다른 하나는 그에 따른 도시개발 제한과 개인 제산권의 제약이다. 이 둘은 주거지에서 유적 발굴이라는 국가적 과제를 수행하는 과정에서 나타나는 불가분의 관계에 있다.

풍납동에서 이러한 이중주가 시작된 것은 1997년 1월 4일 이형구 교수가 현대아파트 공사장에서 백제토기를 발견하여 이곳이 백제왕성일 가능성이 대두되면서다. 이어서 1999년 9월 27일부터 시작된 한신대의 경당지구 발굴과정에서 백제 유물이 대거 발굴되었고, 2000년 5월 13일 재건축아파트 조합에서 유구를 파괴한 사건을 계기로 2000년 5월 16일 김대중 대통령의 '돈은 얼마든지 들어도 상관없으니 정말로 하남위례성이라면 보존하라'는 지시에 따라 열린 26일의 문화재위원회에서 경당지구를 사적으로 지정하고, 풍납토성 다른 지역은 보존한다는 원칙을 제시하면서부터다.[11]

풍납토성이 백제왕성으로 밝혀지고, 선 발굴로 도시개발에 제한이 걸리자 주민들은 '주민자치위원회', '풍납토성 주민대책위원회', '통장협의회', '풍납동 발전대책위원회' 등 다양한 위원회를[12] 구성하여 대응하고 있다. 주민들이 운영하는 카페나 SNS에 올라오는 대부분의 내용이 재산권을 보

그림 3 | 2009년 5월 보상대책을 요구하는 주민들
(출처 : http://m.cafe.daum.net/windcome/GwSt/2087?svc=cafeapp&sns=cafeapp)

11_ 김태식, 2001.2, 『풍납토성, 500년 백제를 깨우다』, 김영사, 294~298쪽, 494~496쪽, 504쪽 등 참조.

12_ 주민자치위원회, 풍납토성 주민대책위원회, 풍납동 사적지 및 환경대책위, 풍납동 발전대책위원회, 풍납동 비상대책 협의회, 풍납동 환경비상대책위원회, 풍납1동 통장협의회, 풍납2동 통장협의회 등이 있

호반자는 내용에서도 이는 증명된다.[13] 끊임없이 제출하는 청와대 탄원서 역시 재산권과 밀접한 관련이 있다. 심지어 '풍납토성의 어제와 오늘'이라는 블로그를 운영하는 '풍납동사적지 및 환경대책위원회'는 변호사를 내세워 주민들을 대상으로 문화재 소송, 환매소송 설명회(2015.4.22, 2016.1.28 등)를 개최하는 등 재산권을 법적으로 해결하려고도 한다.[14]

그림 4 | 법적대응 주민설명회 현수막(2016.1.28.)
(출처 : http://cafe.daum.netwindcomeHSh93205)

이러한 현상은 신문기사에서도 역력히 보인다. 예를 들면 "개발과 역사 보존 두 가치가 충돌 중인 풍납동"[15], '대전고법 삼표산업 풍납동 공장 사업인정고시 적법'[16] '풍납동민 현실보상 이주대책 요구'[17] 등에서도 확인된다. 또한 신용철 기자의 '정부의 안일한 정책으로 고통 받고 있는 풍납동 주민들'과 같은 월간지 기사에서도[18] 확인된다.

송파구에서 2017년 7~8월 풍납동 주민 579명(당초 500명)을 대상으로 실시한 설문조사 결과는 주민들이 무조건 보상가 현실화만 요구하지 않는다는 것을 확인시켜 준다.

첫째, "주민들이 바라는 풍납토성의 미래비전과 발전방안에 대한 큰 그림에 대한 의견은?"이라는 질문에 대해 역사와 미래가 공존하는 '역사문화도시 조성'과 '문화재와 주민 상생방안'이 369명(63.8%)으로 역사도시 속에서 주민들이 상생하는 도시 조성을 바라는 것으로 나타났다. 둘째 "성벽과 왕궁터인 II권역 복원 시 반영해야 할 사항은?"이라는 질문에 과거와 현재가 공존하는 마을 조성과 왕궁터 복원으로 관광단지를 조성하여 관광 명소화 및 활성화를 꽤하자는 의견이 332명(57.1%)으로 과반수를 넘는 정도이다.

는 것으로 확인된다.

13_ 카페 '풍납동 소식', 블로그 '풍납토성의 어제와 오늘' 등이 그러한 것이다.

14_ http://blog.naver.com/jdsoo0934/220982989800

15_ 「개발과 역사보존 두 가치가 충돌중인 '풍납동'」, 『아시아경제』, 2017.11.10.

16_ 「대전고법 "삼표산업 풍납동 공장 사업인정고시 적법"」, 『YTN』, 2017.11.2.

17_ 「풍납동민, 현실 보상-이주대책 요구: 새누리당 민생특위, 풍납토성 방문-주민과 대화」, 『송파타임즈』, 2016.7.16.

18_ 신용철, 2008.9, 「정부의 안일한 정책으로 고통 받고 있는 풍납동 주민들」, 『월간말』 267, 월간말, 78~81쪽.

셋째 "Ⅲ권역 정주성 향상을 위해 우선시해야 하는 사업은?"이라는 질문에 아파트 등 공동주택 건축 및 도로 확장 등 대규모 재개발을 원하는 의견이 341명(58.9%)으로 역사문화도시 조성 요구보다 더 낮게 나왔다. 넷째, "보상가 현실화를 위한 가장 합리적인 방법은?"이라는 질문에 대해 '주변 시세에 맞게', '지금보다 높은' 보상가를 책정해 달라는 의견이 472명(81.5%)로 재산권에 대한 열망을 읽을 수 있다.

이러한 정량적 설문조사 결과를 보더라도 주민들은 역사문화도시 조성도 하고, 재산권도 보장받는 양쪽을 요구하고 있음을 알 수 있다. 그러나 각 항목의 기타 의견으로 끊임없이 등장하는 것이 보상가 현실화와 이주대책 마련이라는 것을 보면 첫째가 재산권 보호이고, 둘째가 문화재와 상생하는 역사문화도시 조성임을 알 수 있다. 사실 이러한 이중주가 나타날 수밖에 없었던 이유는 토성이라는 문화유산과 현재의 풍납동이 상생할 수 있는 방안이 될 수 있는 UNESCO의 '지속 가능한 개발 sustainable development'을 염두에 두지 않았기 때문으로 보인다.

흥미로운 것은 2000년 5월 13일 재건축아파트 조합에서 유구를 파괴한 사건을 계기로 2000년 5월 26일 문화재위원회 3, 6분과 합동회의가 결정되고, 19일 문화재위원들이 현장을 방문하여 발굴과정과 성과에 대한 설명을 들을 때였다. 훼손 사건이 터지기 전인 4월 25일 한신대 박물관의 제3차 현장설명회에서는 "근거 없는 왕성 만들기 일부 사학자는 각성하라" 따위의 플래카드가 풍납토성 곳곳에 나부낄 정도였는데, 이날 경당지구에는 "문화재 파괴 반성합니다", "문화재위원 여러분 방문을 환영합니다" 등의 플래카드가 걸려 있었다. 아마도 발굴현장 파괴에 대한 여론의 질타를 의식하지 않을 수 없었던 듯싶다.[19] 주민들의 입장에서도 아마 상생의 묘안도 기대하고 있었을 것이다.

이중주라고는 하였지만, 이러한 갈등이 첨예하다보니 문화재 보존정책에 따른 정부와 지역주민 간의 갈등을 분석하는 모델로 풍납동이 등장하기도 한다. 문화재보호법 제2조 "문화재를 보존하여 민족문화를 계승하고 이를 활용할 수 있도록 함으로써 국민의 문화적 향상을 도모함과 아울러 인류문화의 발전에 기여함"을 목적으로 하고 있다. 그러나 "이러한 규제정책은 지역주민의 사유재산권을 침해함으로써 문화재에 대한 주민 반감을 심화시키고 있으며, 해당 지역의 다양한 여건을 반영하지 못하는 일부 허용 기준 운영은 과도한 주민 재산권 침해로 이어지고 있는 실정"이기에 갈등이 존재한다고 보고 있다.[20] 이는 문화재 보존 구역을 점유하는 주민들과 문화재보호 정책 사이의 갈

19_ 김태식, 2001.2, 앞 책, 506쪽.

20_ 이에 대해서는 류영아 · 채경진(2017.3,「문화재 보존정책에 따른 정부 지역주민간 갈등분석-풍납토성

등은 풍납동도 예외가 아니라는 것을 보여준다.

주민들은 역사 유적지 때문에 당하는 재산권 피해 보상과 안정적 주거지 확보를 보장하는 수단으로 도시개발이라는 연주를 바란다. 이에 반해 국가에서는 역사유적지를 발굴하여 역사의 실체를 밝히는 발굴과 보존이라는 연주를 중요시한다. 외형상 이러한 갈등에도 불구하고 주민들이 '역사문화도시 조성'을 바라는 것은 자신들의 연주와 국가의 연주가 아름다운 하모니로 연주되기를 바라는 문화적 현상을 보이고 있음을 시사한다. 즉, 상호 상반된 의견의 무조건 대립이 아니라 보존과 개발의 이중주를 조화롭게 연주하자는 것이 풍납동의 정서이자 문화임을 알 수 있다.

Ⅴ. 도시개발이 만든 풍납동의 인문경관

인문경관人文景觀은 민속학에서 조사 대상마을의 외형을 기록하는 첫 번째 일로서 조사대상 지역의 첫인상을 결정하는 중요한 작업이다. 지금까지는 인문 지리적 환경이나 특성, 혹은 인문환경 등의 용어를 많이 사용하였다. 그러나 마을의 특성을 중심으로 그 마을의 인문 지리적 지도를 작성하는 작업을 인문경관이라 한다. 즉, 인문경관은 지리, 사회, 문화적인 모든 특성을 포함하는 인문환경에서 발생하는 풍경을 말한다고 할 수 있다.

현재와 같은 풍납토성의 인문경관은 1960년대에 시작되었다. 김태식은 한국문화재신문의 박세웅 기자가 찍은 사진 한 장을 보여주면서 "60여 년 전 풍납토성 내부에는 농가 몇 채와 밭 경작지만이 있어, 일제강점기까지 최상의 보존 상태를 간직했음을 이 한 장의 흑백사진은 극명히 보여준다"

사례를 중심으로」, 『한국정책연구』17-1, 경인행정학회, 1~19쪽); 이우형 · 정재희 · 정재웅(2014.2, 「문화재보호구역내 공공기관과 지역주민과의 이해갈등 해소를 위한 협상론의 도입방안 연구-풍납토성 갈등사례의 하비브(Habeeb) 이론에 의한 협상력 분석」, 『한국도시설계학회지 도시설계』15-1, 한국도시설계학회, 33~50쪽)의 글 참조.

그림 5 | 1958년의 풍납토성(김영상 촬영)

고[21] 하였다. 또한 이형구의 저서『한국고대문화의 비밀』(2004)에[22] 실린 풍납토성 사진(1958년 김영상 촬영)에도 풍납토성은 경작지가 있는 들판이었다. 적어도 1950년대 이전까지 풍납동은 일부 지역에 단층의 주택이 있었고, 주로 농토가 있어 풍납토성 유적이 온전하게 남아 있었을 것이라는 이야기다.

사실, "풍납토성은 서기 475년 고구려군에 함락될 때 이미 회복 불능일 정도로 처참하게 파괴됐다. 이후 이곳은 완전히 폐기된 듯하다. 앞서 보았듯이 이곳에서는 백제 이후 유물이 거의 보이지 않는다는 점이 이런 사정을 잘 말해 주고 있다. 백제에 이어 이곳을 차례로 점령했을 고구려와 신라는 물론이고 고려, 조선시대 유물도 찾기 힘들다. 이후 홍수 범람이 여러 차례 있었다."[23] 이 역시 범람으로 토사가 쌓여 유적층이 교란되지 않고 보존되었을 것이라 기대한 것이다.

흥미롭게도 이난경, 양승우의 연구결과에서도 이러한 정황이 보인다. 하천과 도로의 변화, 지적도의 변화, 발굴 결과 등을 종합하면, "조선시대의 풍납토성은 여전히 한강과 매우 밀접한 관계를 맺고 있었을 뿐만 아니라 주거지로서 주요한 삶터였고, 도요업의 기능을 갖춘 비교적 번성한 촌락이었

21_ 김태식, 2001. 2, 앞 책, 238쪽.
22_ 이형구, 2004. 7,『발해연안에서 찾은 한국고대문화의 비밀』, 김영사, 313쪽.
23_ 김태식, 2001. 2, 앞 책, 513쪽.

다는 사실이다. 뿐만 아니라 한성백제부터 이용되던 도로가 확인되었는데 이 도로는 조선시대 토성 내부의 high street로 한성백제기의 지형을 반영하여 조성되어 있고 토성 내부 도시 형태에 영향을 미쳤으며 광역적으로는 주변지역을 연계하는 기능을 오랫동안 유지해왔다는 것이다. 두 시대간 형태적 관계 고찰을 통해서는 하천, 등고선, 지목, 필지 형태, 발굴조사 자료 및 기타 사료를 통해 풍납토성 성벽의 전체적인 형상과 문지를 추정할 수 있었으며, 일부 면적인 발굴유구배치도를 미시적으로 살펴본 결과 조선시대 도시 형태와 한성백제 도시 형태 사이에는 형태상 일치하거나 맥락적 상관성이 매우 높은 것으로 확인되었다."[24] 조선시대에는 북서쪽에 16호 정도의 옹기점이 광진과 연계하여 성업하는 정도의 작은 농촌이었고, 나머지는 세장형 필지가 농토였음이 확인 되었다는 것이다.

김원용은 『풍납리 포함층 조사 보고』(1967)에는 당시 풍납토성을 다음과 같이 보고하고 있다.[25]

1. 북쪽성벽

성 내부 쪽 경사면은 주민들에 의해 야채밭으로 변했고 후세에 매장한 인골도 이곳 북벽에서 토사 채취 중 발견되고 있다.

2. 동쪽성벽

그 북벽과 접하는 부분에 토묘土墓들이 있고 또 그에 잇대어서 민가들이 성벽을 부수어 없애고 들어앉아 있을 뿐만 아니라 내벽 경사면도 전부 경지화되고 있다.

3. 성 전체 현황

토성 내부에 본격적으로 민가가 들어서기 시작한 것은 (한국전쟁 당시) 9·28 수복 이후 서울의 인구가 급증하고 풍납동 동쪽의 천호동이 주택 상점가로 발전하기 시작한 뒤부터이며 특히 1963년 광주 구천면九川面에서 서울시로 편입됨을 계기로 점차 도시적 색채를 띠어가고 있다.

현재 북벽의 내외內外를 중심으로 민가가 특히 조밀하며 우리가 발굴 작업을 하고 있는 동안에도 신식 벽돌집을 포함한 십여 채의 기옥이 신축되고 있었고 시멘트 블록을 만들기 위해 성벽의

24_ 이난경 · 양승우, 2016.2, 「역사문화환경으로서 서울 풍납동 토성 일대의 도시형태 특성 연구」, 『서울학연구』 62, 서울시립대학교 서울학연구소, 141~142쪽.

25_ 김태식, 2001.2, 앞 책, 513~516쪽 재인용.

모래를 마구 파 써서 성벽이 나날이 파괴되어 가고 있는 형편이다. 특히 북벽은 여기 동민들에 의하여 그 중심부가 굴통掘通되어 넓은 도로가 생겨 있지만 그 잔여 부분도 동리 발전의 큰 장벽으로 간주되고 있으며 고의적인 성벽 파괴가 급히 진행 중에 있다. 또 성내 서반부에 있어서는 서단西端(서쪽 끝)의 부락 이외에는 민가가 그리 많지 않고 모두 야채밭으로 되어 있으나 여기도 앞으로는 주택이 번져갈 것이 틀림없으며 이 토성의 전반적인 발굴은 앞으로 점점 더 어려워질 것으로 생각된다.

또한, 이형구는 『서울풍납토성[백제 왕성] 실측조사연구』(1997)라는 보고서에서 당시 풍납토성의 상황을 다음과 같이 기술하고 있다.[26]

"사적 지정 구역 안에 지하실을 판 콘크리트건축(빌딩)을 짓는 것 말고도 성체城體 위에 무허가 건축물이 들어서 있고 묘목장, 양파경작장, 호박밭, 콩밭 등 농지로 활용되고 있으며 성벽의 기저(밑) 부분은 주차장이나 카센터로 사용되고 있어 국가가 정한 법률을 무색케 하고 있다"고 하고 있다. 또 성벽 바깥쪽으로 냉면집들이 들어선 동쪽 성벽에는 인근 "냉면집들이 김칫독을 많이 묻어 두어서 성벽의 군데군데에 웅덩이가 파여 있다"고 말하고 있다.

이와 같은 보고들은 보고 당시의 민속지적 현재 시점에서 본 풍납토성이 있는 풍납동의 인문경관이라고 할 수 있겠다. 1960년대부터 시작된 도시개발은 풍납동에 많은 사람들이 거주할 수 있는 주거지를 형성하는 일이 중요했을 것이다. 아마 당시 서울로 모여드는 인구를 수용하려는 정책과도 맞물려 있었을 것이다. 1960년 개발이 만든 풍납동의 인문경관은 2000년 2월 11일 있었던 문화재위원회 제6분과 회의에서 제동이 걸린다. "문화재 파괴를 들어 풍납토성 일대에서 건축 행위에 제동이 걸린 것은 이곳이 재개발에 들어가기 시작한 1960년대 이래 처음 있는 일이었다."[27] 이로써 풍납토성은 더 이상의 훼손을 막을 수 있게 되었고 풍납동의 경관을 이루는 중요한 요소가 되기에 이르렀다.

26_ 김태식, 2001. 2, 앞 책, 518쪽.
27_ 김태식, 2001. 2, 앞 책, 526쪽.

VI. 사적, 풍납토성이 만드는 풍납동의 인문경관

현재와 같은 풍납동 인문경관이 만들어지기까지는 약 17년의 역사가 흘렀다. 그간 무분별한 개발로 훼손되었던 풍납토성은 1997년경부터 서서히 제 모습을 찾아가고 있다. 이에 따라 현재 풍납동의 인문경관은 '풍납토성'이 단연 그 첫 번째로 으뜸이다. 다른 농촌이나 도시 마을과는 달리 풍납동에는 가장 먼저 발견되는 것이 구릉 같은 토성이 마을 내에 존재한다는 것이다. 풍납동토성은 1936년 2월 21일 조선총독부에서 '조선 고적 제27호 광주풍납리토성廣州風納里土城'으로 지정하였고, 1963년 1월 21일 풍납리 토성의 성곽 부분 121,325㎡가 '대한민국 사적 제11호'로 지정 고시되었다. 1970년 10월 26일 나머지 원형이 남아 있는 토성을 문화재보호구역으로 지정하였다.

그림 6 | 풍납동 토성

그림 7 | 펜스와 현수막

1973~1978년까지 5년 동안 3회에 걸쳐 북벽 복원이 진행되었다.[28] 1985년 '서울고도 민족문화유적 종합복원정비계획'에 따라 풍납토성 역시 보수 정비 계획이 수립되었다. 석촌동 고분군 등 초기 백제유적의 보존은 어느 정도 가능해졌다. 그러나 풍납토성은 이미 많은 주민들이 밀집하면서 도시화되었고, 발굴에 따르는 사유지 보상이 문제가 되어 지체될 수밖에 없었다. 1993년 '풍납토성 복원공사 사업계획(1993~2003)'을 수립하고 성벽 복원을 추진하였다. 1997년 1월 아파트 건립 부지를 굴착하는 과정에서 백제의 왕성을 증명할 수 있는 백제토기들이 발굴되면서 풍납토성은 백제왕성으로서 본격적인 발굴의 신호탄을 올리게 된다. 이에 따라 남아 있는 토성은 원형복원 사업으로 보존의 혜택을 입게 되고, 풍납동은 토성마을이라는 상징성과 경관성을 확고히 하게 된다.

둘째는 발굴을 위한 보상과 그에 따른 현수막과 펜스다. 풍납토성이 백제왕성이라는 것이 발굴을 거쳐 확인되면서 발굴의 당위성을 확보하게 되고, 이에 따라 주민들은 재산권 보장이라는 현실적인 문제에 직면하게 된다. 이미 도시화가 진전되었기에 주민들의 재산권을 먼저 보상해 준 후 발굴지를 확보하는 정책이 추진되었다. 정부에서는 문화재청을 중심으로 서울시, 송파구와 함께 발굴을 위한 보상을 하였으나 보상금액이 주변 부동산 시세보다 낮다는 이유로 반대의 목소리도 높다. 일시적인 현상이지만 마을에는 '보상가 현실화'를 요구하는 현수막이 풍납동 인문경관의 새로운 요소로 등장하고 있다. 또한 보상이 이루어진 주택 등의 건물을 보호하고자 연두색으로 된 펜스를 설치하면서 이 역시 하나의 새로운 경관요소로 등장하게 된다. 펜스가 설치되면서 쓰레기 무단

28_ 이난경 · 양승우, 2017.5, 「풍납토성 일대 도시형태 변화과정 연구-하천, 도로, 풍납토성을 중심으로」, 『서울학연구』 67, 서울시립대학교 서울학연구소, 214~216쪽.

그림 8 | 토성을 표상하는 간판

투기, 보상에 대한 불만을 표시하고, 주민의 재산권을 주장하는 문구가 쓰인 플랜카드가 짝을 이루면서 이 역시 또 하나의 경관요소로 등장하고 있다. 물론 이는 몇 년 사이에 없어질 일시적인 현상으로 역사에 기록되지 않을 수도 있다. 그러나 2017년 8월이라는 민속지적 현재에 엄연히 존재했던 풍납동의 경관이었음은 부인할 수 없을 것이다.

그림 9 | 토성을 상징하는 골목길 이름

그림 10 | 위례성을 표상하는 간판

셋째는 풍납동의 시장과 골목을 장식하는 간판이다. '풍납동'이라는 행정구역을 따서 지은 간판은 토성마을이라는 특성을 보여주는 경관요소는 아니다. 그러나 토성, 백제, 한성, 풍성 등의 간판은 이 마을이 토성과 관련되는 마을임을 나타내는 경관요소이다. 이러한 간판은 가게 간판도 있지만 건물의 간판으로도 사용된다. 대형 건물이나 단지로는 연지토성아파트, 토성현대아파트, 토성빌라 등이다. 그리고 풍성초등(중)학교, 토성초등학교, 토성어린이집, 풍성경노당 등 공공기관이나 공공건물의 이름으로도 사용된다. 또한 시장을 위시한 각종 가게의 간판에도 '토성○○', '풍납토성점'이라는 명사가 사용된다. 토성이 단독으로 사용되기도 하지만 풍납과 함께 사용되기도 한다. 이러한 토성이라는 간판은 풍납동이라는 행정명의 상징에 토성마을이라는 상징성을 더 공고히 해주는 인문경관요소로 기능한다.

넷째는 공공의 지명과 명칭이다. 가장 먼저 눈에 띄는 것이 도로명이다.[29] 풍납동에 등장하는 도로명은 바람드리, 한가람로 등 풍납동의 원지명을 이용하기도 한다. 그러나 풍납동의 도로명 중에는 풍성로, 토성로가 보인다. 이는 '풍납토성'이라는 고유명사와 '토성'이라는 고유명사를 이용한 것이다. 이는 풍납동에 토성이 없었다면 등장하지 못했을 도로명이다. 여기에 덧붙여 공적인 것으로 신도시를 조성하는 과정에서 풍납토성이 위례성이라는 학설에 따라 '위례신도시'라는 명칭을 사용하게 되었고, 지자체별로 주도권을 잡으려는 경쟁이 지금도 진행되고 있다. 물론 위례신도시에는 백제 등의 간판들도 등장하고 있다.

토성, 백제, 한성, 위례성 등의 고유명사를 사용한 간판들은 이곳이 백제의 왕성이라는 발굴 결과와 이를 해석한 학설에 따른 것이었다. 아마 이러한 현상은 1997년 이후 풍납동이 백제의 왕성이라는 것이 밝혀진 이후에 등장한 것으로 보인다. 물론 그 이전부터 사용했을 가능성도 배제하지 못하지만, 가게의 간판 역사가 짧기 때문에 그 이후일 가능성이 크다. 이러한 간판이나 도로명은 당분간 증가될 것이다. 발굴이 정상화되고, 주민들의 염원대로 '역사문화도시'를 조성하게 되면 주민들 스스로가 이 마을의 지역적 특성을 부각하고자 더 많은 간판에 백제왕성을 상징하는 고유명사를 사용할 것으로 보인다.

29_ 정부가 도로명 주소 도입을 추진한 것은 1996년이고, 2007년 새 주소를 도입하는 내용을 담은 도로명 주소법이 제정 · 시행하면서 정부는 전국적으로 도로명판과 건물번호판 설치 작업을 하였다. 2014년 1월부터 도로명 주소를 전면적으로 도입하여 사용하였다(『한경 경제용어사전』, 한국경제신문/한경닷컴, 네이버)

다섯째는 편리한 교통과 한강을 조망하는 수려한 주거지라는 것이다. 풍납동에는 5호선 8호선이 교차하는 천호역과 8호선 강동구청역, 몽촌토성역이 연결되고 다양한 버스노선이 지나가며, 올림픽로와 올림픽대로, 강동대로를 끼고 있어 교통이 편리한 곳이기도 하다. 또한 한강변에 인접한 지역은 고층 아파트들이 조망권을 장악하고 있지만, 풍납동의 경관을 이야기할 때 한강 조망권을 빼놓을 수는 없다. 물론 이들의 입장에서는 올림픽대로의 소음에 시달림을 호소하기도 하지만 조망권을 장악했음에는 틀림이 없다.

이와 함께 송파구에서 1994년부터 추진하는 '한성백제문화제-한성백제! 그 500년의 빛과 소리'라는 축제이다. 통상 10월 중에 열리는 이 축제에는 동명제 · 근구수왕 즉위식과 전통예술한마당, 거리행렬, 10여 개국이 참여하는 국제민속축제, 송파장터 등이 등장한다.[30] 송파구에서 한성백제문화제를 여는 이유는 한성백제의 역사를 오늘날 송파의 역사와 문화로 이어 정체성을 확보하려는 의도가 있기 때문이다. 풍납토성, 몽촌토성, 백제고분군 등 백제유적이 없었다면 존재할 수 없는 송파구에 속한 풍납동의 인문경관이면서 도시민속의 하나이다.

지자체의 이러한 역사 전통과 정체성 연결 노력은 하남시도 마찬가지다. 한양대학교에서는 하남시의 지원을 받아 1986년부터 1999년까지 7차례에 걸쳐 이성산성을 발굴하였다. 그러나 이곳에서는 백제유물보다는 신라유물이 더 많이 출토되었고, 시기적으로나 유물의 내용 모두가 풍납토성보다 늦은 것임이 밝혀졌다.[31]

그림 11 | 한성백제문화제(2017)
(출처: '대한민국 구석구석')

30_ 사진과 내용은 '대한민국 구석구석'(http://korean.visitkorea.or.kr)에서 인용.

31_ 김태식, 2001.2, 앞의 책, 130~131쪽.

'풍납토성'이 하남위례성河南慰禮城으로 확실시되면서 현재 '풍납동'은 백제왕성 마을이 되었다. 백제왕성이 핵심적이고 중요한 경관요소로 작용하게 되었다는 것이다. 앞으로 의도하든 그렇지 않든 풍납토성은 풍납동의 상징으로 자리매김될 것이다. 주민들은 이를 활용한 다양한 상징요소를 만들어 갈 것이고, 그들의 것이라고 하는 어떤 전통을 만들 것이다. 또한 풍납동은 백제왕성의 도시로서, 역사문화도시로서 인문환경을 공고히 할 것이고, 이와 관련된 문화적 현상인 민속을 만들어 낼 것이다.

Ⅶ. 백제왕성 지역 풍납동의 본격적인 도시민속학적 조사연구 제안

민속은 한 지역의 문화적 현상의 총체이다. 그 안에는 일상생활문화라고 하는 인간 생활과 관련된 모든 것이 들어 있다. 그러기에 이를 단 며칠 만에 명쾌하게 밝히기란 쉽지 않다. 굳이 문화인류학의 장기 현지 체류 현지조사field-work는 아니더라도 간헐적 방문조사 역시 상당한 기간의 반복적 방문을 요구한다. 꼭 그들과 함께 생활하면서 조사연구를 진행하지 않더라도 관찰 그 자체만으로도 많은 횟수와 기간이 필요하기 때문이다. 필자는 이 지역을 약 6차례 정도 방문하여 거의 모든 골목을 걸어보았다. 그때 받은 느낌은 펜스와 플랜카드의 마을이었다. 한마디로 사람들이 떠나는 폐촌 그 자체였다. 그러나 한 층 더 들어가 보니 간판들이 보였고, 간판의 명칭이 토성, 백제라는 고대사와 관련된 것들이 적잖이 눈에 띄었다. 풍납동이 풍납토성을 중요한 상징으로 받아들이고, 이를 하나의 경관요소로 수용하고 있음을 알 수 있다. 이 글에서는 심도 있는 도시민속학적 조사연구의 결과보다는 그러한 외형상 보이는 인문 경관 정도만을 이야기할 수 있었다.

그러나 민속조사는 이 정도 이상의 범위와 깊이를 요구한다. 이는 풍납토성이 백제왕성, 위례성으로 밝혀지면서 현재까지 이어온 마을의 공동체성은 위기에 직면한다. 특히, 전면적인 발굴이 진행되고, 역사문화유적으로서 보존이 결정되면 기존의 풍납동이라는 공동체는 해체의 수순을 밟지 않을 수 없다. 유적 발굴에 따라 보존 지역에 있었던 기존 주거지는 철거의 대상이 될 수밖에 없다. 이에 따라 주민들은 보상을 받고 마을을 떠나거나 풍납토성의 우선 보존지역에서 벗어난(Ⅲ지구와 그 외 지역) 다른 지역으로 이동함으로써 원래의 공동체성이 해체된다는 것이다. 그 후 발굴이 완료되고 백제왕성으로서 역사문화도시가 조성되면 풍납동의 공동체는 새로운 형태로 형성될 것이고, 그에 따른 새로운 문화 역시 생성될 것이다.

발굴과 보상, 이주, 새로운 이주 등의 다양한 움직임이 진행되는 2017년의 민속지적 현재에서 풍납토성이라는 사적지에 거주하는 풍납동 주민들의 문화를 기록한 민속지를 작성하는 것은 매우 중요한 일이다. 이는 역사유적의 발굴과정을 기록한 일지와 함께 이곳에 살고 있었던 주민들이 누렸던 역사와 문화를 기록하는 일도 중요하기 때문이다. 현재의 모습을 파헤치는 발굴 시작 전에 발굴대상의 역사 이후에 새로이 조성된 역사문화경관을 기록하는 일은 또 하나의 역사일 것이다. 즉, 지배자의 역사로 일관하는 기존의 역사 서술 관점이 아니라 역사를 구성하는 다양한 구성원의 이야기가 소외되거나 배제되지 않는 다수의 역사를 기록하는 일이기도 하므로 반드시 필요한 작업이다. 이때 지역에 따라 다르겠지만 풍납동은 도시민속학의 방법에 따르는 것이 효과적이라 생각된다.

이난경과 양승우의 연구는 최소한 조선 말기까지의 역사를 재구할 수 있는 자료와 방법론을 제시하였다.[32] 하천과 도로의 변화, 지적도로 필지의 변화를 추적하여 다소 간격이 있지만, 일단 조선시대와 일제강점기와 현대의 풍납동 구조가 밝혀지고 있고, 발굴이 한성백제 풍납토성의 구조를 밝혀주고 있다.

1971년 서울 도시계획 가로 재정비 계획에 따라 풍성로와 토성로가 동성벽을 뚫고 지나가고, 한가람로가 서성벽쪽을 종단하면서 풍납동의 가로 경관은 조선시대 가로경관에 덧붙여 변화하여 오늘에 이른다. 앞으로 풍납토성의 발굴로 백제왕성의 규모와 구조가 밝혀지고 가로경관이 확인되면 한성백제의 왕성 풍납토성 민속의 하나인 인문경관의 구조적인 모습이 밝혀지리라 기대된다. 이후 조선시대부터 현재에 이르는 역사문화의 변화과정을 추적하면 현재의 풍납토성 역사와 문화를 기록할 수 있을 것으로 기대한다.

발굴이 본격적으로 시작되기 전에 도시민속학, 문화지리학, 도시공학 등이 협업으로 현재 풍납동의 인문경관과 그 변천과정을 그려낸다면 한성백제 시기의 위례성과 오늘날 풍납토성의 역사를 이을 수 있을 것이라 생각된다. 이난경, 양승우의 연구와 도시민속학으로 현재의 풍납동을 조사 연구한다면 충분히 가능할 것이다.

32_ 이난경 · 양승우, 2016. 2, 앞의 글, 95~150쪽 참조.

백제왕성의 실체를 확인하는 중차대한 일을 수행함에 앞서 그 이후에 형성된 풍납동의 역사와 문화도 간과할 수 없는 한국사의 한 부분이다. 크게는 한성백제기, 고려시대, 조선시대, 일제강점기, 1960년대, 2017년 오늘날을 이어주는 풍납토성의 역사 잇기를 해야 한다는 것이다. 필자는 '백제왕성 풍납토성 발굴조사 20주년 기념 학술회의'가 자칫 무시되고 배제될 뻔한 현재 풍납동의 역사와 문화를 조사 연구하여 기록하게 했다는 데에 의의를 두고자 한다.

참고문헌

강문희, 2017.4, 「한성백제기 성곽 내 주거유형의 성격」, 『한국고대사탐구』 25, 한국고대사탐구학회
강정원, 2014.12, 「서울민속학의 연구대상과 연구방법론」, 『서울민속학』 창간호, 서울민속학회
국립강화문화재연구소, 2017.11.9, 『백제왕도 풍납토성 발굴 성과와 과제』, 풍납토성 발굴 20주년 기념 국제학술대회 발표자료집
김기섭, 2003.11, 「한성백제시대의 생활문화사 연구 동향」, 『향토서울』 63, 서울시사편찬위원회
김시덕, 2000.11, 「가가례로 보는 경기지역 제사의 특성」, 『민속문화의 지역적 특성을 묻는다-실천민속학 새책』 2, 실천민속학회
_____, 2009.12, 「마을민속에서 산업민속으로 변화하는 일생의례의 연구」, 『민속연구』 19, 안동대학교 민속학연구소
_____, 2014.12, 「서울민속학 연구의 지평확장을 위한 연구대상과 분야」, 『서울민속학』 창간호, 서울민속학회
김원용, 1967, 『풍납리 포함층 조사 보고』, 서울대학교 고고인류학과
김태식, 2001.2, 『풍납토성, 500년 백제를 깨우다』, 김영사
류영아 · 채경진, 2017.3, 「문화재 보존정책에 따른 정부 지역주민간 갈등분석-풍납토성 사례를 중심으로」, 『한국정책연구』 17-1, 경인행정학회
서울특별시, 2016.8, 『고대 동아시아의 왕성과 풍납토성』
신용철, 2008.9, 「정부의 안일한 정책으로 고통 받고 있는 풍납동 주민들」, 『월간 말』 267, 월간 말
이난경 · 양승우, 2016.2, 「역사문화환경으로서 서울 풍납동 토성 일대의 도시형태 특성 연구」, 『서울학연구』 62, 서울시립대학교 서울학연구소
__________, 2017.5, 「풍납토성 일대 도시형태 변화과정 연구-하천, 도로, 풍납토성을 중심으로」, 『서울학연구』 67, 서울시립대학교 서울학연구소
이우형 · 정재희 · 정재웅, 2014.2, 「문화재보호구역내 공공기관과 지역주민과의 이해갈등 해소를 위한 협상론의 도입방안 연구-풍납토성 갈등사례의 하비브(Habeeb) 이론에 의한 협상력 분석」, 『한국도시설계학회지 도시설계』 15-1, 한국도시설계학회
이형구, 1997, 『서울풍납토성[백제 왕성] 실측조사연구』, 백제문화개발연구원
_____, 2004.7, 『발해연안에서 찾은 한국 고대문화의 비밀』, 김영사
장철수, 2000, 『한국 민속학의 체계적 접근』, 민속원
정치영, 2007.9, 「문화 · 역사지리학에서 지역문화 연구의 동향과 과제」, 『정신문화연구』 30-3, 한국학중앙연구원
한국경제신문/한경닷컴, 『한경 경제용어사전』, 네이버
한국도시지리학회편, 1999, 『한국의 도시』, 법문사

今和次郎, 2012, 『今和次郎 採集講義』, 青幻舎
Dundes, Alan, 1980, "Who are the folk", INTERPRETING FOLKLORE, Indiana University Press

「개발과 역사보존, 두 가치가 충돌중인 '풍납동'」, 『아시아경제』, 2017.11.10.
「대전고법 "삼표산업 풍납동 공장 사업인정고시 적법"」, 『YTN』, 2017.11.2.
「풍납동민, 현실 보상-이주대책 요구: 새누리당 민생특위, 풍납토성 방문-주민과 대화」, 『송파타임즈』, 2016.7.16.

카페 '풍납동 소식', 블로그 '풍납토성의 어제와 오늘'

http://m.cafe.daum.net/windcome/GwSt/2087?svc=cafeapp&sns=cafeapp

http://cafe.daum.netwindcomeHSh93205

http://blog.naver.com/jdsoo0934/220982989800

http://korean.visitkorea.or.kr

백제왕성 서울 풍납동 토성의 현재와 미래

Present and Future of Baekje Royal Fortress in Pungnap-dong, Seoul

제1부 총평

최병현 숭실대학교 명예교수

정재윤 백제학회 회장 · 공주대학교 교수

총평 1 - 1 / 최병현(숭실대학교 명예교수)

숭실대를 은퇴한 지 5년 됐습니다. 명예교수인 최병현입니다. 잘 아시는대로 저는 백제고고학 전공자가 아닙니다. 신라고고학을 주로 공부해왔는데, 얼마 전에 서울시 담당자께서 이번 학술대회의 내용을 이야기하시면서 총평을 맡아달라고 하셨는데, 순간 멈칫하다가 수락을 했습니다. 사실 수락을 해놓고 보니까 자신도 없고, 오늘 무슨 말씀을 드려야 할지 잘 모르겠습니다. 제가 학문생활의 전반기는 서울에 살지 않았는데, 후반기에 서울에 살게 되니까 풍납토성 발굴장에 가서 자주 자문위원이랍시고 참여했고, 여기저기 풍납토성 관련 학술대회에 불려나가기도 하고, 제가 제 발로 가기도 하면서 얻어먹은 공밥이 꽤 많습니다. 그러니까 아마 공밥 먹은 값 좀 해야 할 것이 아니냐 하는 요구로 받아들였고, 저도 공밥 조금 갚아야 되겠다는 생각 때문에 왔습니다.

오늘 1997년부터 계산해서 풍납토성 발굴조사 20주년 기념 국제학술회의를 갖게 됐습니다. 연구자에 따라서는 "왜 꼭 20주년이라고 하느냐, 예전에 삼불 김원용 선생이 발굴하신 것부터 따지면 50년도 넘었는데…" 이렇게 주장하는 학자도 있지만, 하여튼 성 내부가 본격적으로 발굴되기 시작한 것은 1997년부터니까 그렇게 20주년으로 계산하는 것 같습니다.

오늘 네 분의 발표를 통해서 제 나름대로 간략하게 요약하면, 조선 후기, 주로 일제강점기부터이겠습니다만 그때부터 현대까지의 풍납토성과 주변 경관변화, 도시화, 또 그에 따른 성 내외부와 성벽의 변화과정을 짚어주셨습니다. 이것은 발표순서가 아니라 제가 순서를 바꿔서 요약한 부분입니다.

두 번째는 풍납토성과 백제 도성에 대한 문헌사 연구, 고고학적인 조사와 연구성과를 요약 정리해주셨습니다. 풍납토성이 발굴되고 백제왕성으로 밝혀지면서 유적의 보존문제가 대두하고, 또 보상, 주민 이주문제 같은 것이 대두되면서 현재 토성 내부에 살고 있는 주민들의 바뀌어가는 삶의 모습, 그 분들의 요구사항 이런 것들이 마지막 순서에서 짚어졌습니다.

또, 미래, 장래에 할 일로 한성백제 왕성으로서 그 역사성과 문화유산적 가치를 어떻게 회복해서 세계유산으로 등재하느냐, 이미 등재되어 있는 백제역사유적지구에 이것을 확장해서 등재하느냐 하는 이런 문제를 또 마지막에 이야기했습니다.

아까 권오영 선생님이 발표하시면서, 여러가지 이야기보다는 '한방이 중요하다'고 하신 것 같습니다. 빨리 한방을 찾아서 등재되기를 저도 바라겠습니다.

이상으로 간략히 요약할 수 있겠는데, 제가 네 분이 발표하신 내용을 하나하나 짚어서 총평하고 내용을 논의하는 것은 능력도 안되고, 굳이 그럴 필요도 없는 것 같습니다. 아까 말씀드린대로 발굴 현장을 다니면서 공밥 먹고 학술회의 참가하면서 공밥 먹으면서 느낀 것, 앞으로의 바람 이런 것을 한 두가지만 말씀드리겠습니다. 지금 드리는 말씀은 아까 제가 말씀드렸듯이 저는 백제고고학 전공자가 아니어서 무식하면 용감하다고 뭣도 모르고 무식한 소리한다고 하실지 모르겠습니다만, 제가 그냥 생각한 거니까 용서하시고 들어주시기 바랍니다.

그 동안 풍납토성이 본격적으로 발굴되기 전에 한성기 백제 도성 또는 왕성, 줄여서 사료적으로 말하면 '한성이 어디냐'에 대해 광주 이성산성, 춘궁동 일대, 몽촌토성 등등 여러 주장들이 있었지만 결국은 모든 논쟁이 끝났지요. 아까 신희권 교수가 논쟁이 끝났다고 하셨습니다. 아직도 물론 '이것이 백제왕성이 맞느냐' 하는 이색적인 주장을 하는 사람들이 저는 한두명쯤 있다고 했더니 아까 권오영 선생님 말씀 들으니까 여러명 있다고 하시네요? 아마 문헌사나 고고학을 통틀어서 전문학자들 가운데에는 저는 없다고 봅니다. 다만 사회 어느 분야든지 조금 극단적인 주장을 하는 분들이 한두명 정도 양념삼아 있지요. 그분들을 제외하면 이제 풍납토성이 백제왕성이라는 것은 다시 거론할 필요도 없을 정도로 확정된 겁니다. 그렇게 보셔야 되는데요.

오늘 여기 발표 중에서도 '도성', '왕성' 이런 용어가 나왔고, 또 오늘은 나오지 않은 것 같은데 다른 발표에서는 '궁성'이라는 용어를 간혹 쓰기도 해요. 용어에 따라 풍납토성의 성격이 규정되기도 합니다만, 가장 적절한 용어를 저는 '왕성'이라고 생각합니다.

아까 권오영 교수 발표 중에 풍납토성과 가장 비교하기 좋은 게 국내성 같은 유적을 이야기하셨습니다. 국내성이나 풍납토성이나 경주에 발굴하고 있는 월성도, 월성은 나중에 6세기 이후에는 궁성으로 바뀌지만, 궁성이 되기 이전의 상황은 모두 같았다고 생각합니다. 내부에는 분명히 궁궐이 있겠지요. 그 바깥을 싸고 있는 토성이 있는데, 그 내부에는 아까 말씀드린 대로 궁궐만 있는 것은 아니고, 관아지구도 있을 것이고, 오늘 풍납토성에서는 일부 생산유적도 있다고 하고, 이런 여러 가지 아주 많은 주민들, 일반주민까지는 아니겠지만 민거구역이 포함되어 있기 때문에 초기의 풍납토성, 국내성, 월성은 도성적 성격의 왕성이고 이것이 점차 궁성으로 바뀌어갔다고 할 수 있습니다. 신라는 수도를 옮기지 않았기 때문에 월성이 그대로 궁성으로 바뀌었지요. 풍납토성 같은 경우는 5세기 들어 점차 궁성으로 바뀌어가는 찰나에 고구려가 침입해서 백제가 망하니까 결국은 그 상태에서 끝난 게 아닌가 이렇게 생각합니다.

제가 조사한 것은 아니지만 다른 학자가 조사한 걸 보면, 왕성이라는 표현은 궁성을 표현할 때도 있고, 도성을 표현할 때도 있다고 합니다. 이렇게 변해가는 풍납토성을 가지고 설명할 때에는 왕성이라는 용어가 역시 적합하겠다는 생각이 듭니다. 이런 부분들이 학자들끼리도 발표할 때도 통일이 안되는데, 이런 성격을 분명히 하면서 용어를 썼으면 좋겠다는 생각이 듭니다.

그 보다도 지금부터 무식한 이야기를 좀 할까 합니다. 제일 중요한 문제는 아까 신희권 교수가 궁극적으로 풍납토성의 토층연대가 중요하다고 지적했습니다. 솔직히 지금까지 풍납토성의 연대문제가 거론되면서 사실 백제의 국가형성 또는 국가성립시기를 어떻게 보느냐에 따라서 풍납토성의 연대를 올려보기도 하고, 내려보기도 한 게 아닌가 생각됩니다. 잘 아시는대로 여기 백제사의 대가께서 계시니까 또 무식한 소리가 될지 모르겠습니다만, 온조기에는 백제 강역기사가 나와 있어서 마치 그것을 존중하면 서기 1세기에 이미 백제가 국가가 된 것 같고, 그런가 하면 우리 학계에 쭉 논의된 것을 보면 3세기 후반 고이왕대에 와서 백제가 비약적으로 발전하기 때문에 그 때 국가가 됐다고 보기도 합니다.

그 동안의 풍납토성 발굴 결과를 가지고 우리가 하는 해석도 어느 편을 따르느냐에 따라서 풍납토성이 기원전후, 아니면 1세기에는 이미 만들어졌다, 어떤 학자들은 3세기 중후반에 만들어졌다, 초축됐다 이렇게 했는데요. 거기에는 아까 방사성탄소연대도 나오기도 했었지만, 그 뒤에 토성벽이 잘라지고 거기서 나온 토기연대가 고증되면서 이것도 지금도 어떻게 보면 3세기 중후반에 시작돼서 초축성벽이 있고, 초축성벽은 4세기 전반 이전에는 만들어졌다, 2차 증축, 3차 증축이 되면서 5세기까지 증축됐다 이렇게 설명되고 있습니다.

요즘 경주 월성을 발굴하고 있어서 제가 자주 내려가서 관찰하고 있습니다. 그런데 제가 갖는 생각은 문헌적으로 『삼국사기』 비판은 저는 할 자신도 없고, 따라갈 수도 없습니다. 고고학적으로만 해석하면 신라나 백제의 발전과정과 속도가 같다고 할 수 있습니다. 고고학에서 원삼국이라고 하는 시대가 있는데요. 원삼국시대가 지속되는 가운데 3세기 중엽쯤에 물질문화상에 큰 변화가 옵니다.

그 하나가 무엇인가 하면 과거에는 고분이라고 했습니다만, 우리가 보통 고분이라고 하면 고총을 의미했는데, 고총이 아니라 대형분묘들이 등장합니다. 석촌동에 있는 과거에 가락동 2호분, 3호분은 연대를 좀 늦다고 보지만 석촌동 3호분 동쪽에 있었다고 하는 그런 모양의 즙석분구묘와 같은 것이 등장하는 시기가 대체로 3세기 중후반입니다. 그 시기에 영남지방에서는 김해 대성동 29호분, 경주 구호리 1호분과 같은 대형 목곽묘들이 등장합니다. 시기가 거의 같습니다.

그때쯤에 토기양식이 또 바뀝니다. 원삼국토기양식으로부터 여기서는 한성백제양식토기, 신라에서는 이름을 따로 붙여서 신라조기양식토기, 가야조기양식토기, 학계에서는 고식도질토기라고 하는데, 어느 학교에서 제가 그랬습니다. 고식도질토기가 삼국시대 토기라고 하면서 고식도질토기라고 하면 이게 다른 나라 토기인지, 중남미 토기인지 모르겠다, 이게 삼국이면 신라가 성립되고, 가야가 성립됐으면, 가야토기, 신라토기라고 이름을 붙여줘야지 라고 했습니다. 여하튼 토기양식에 변화가 옵니다. 그리고 같습니다. 과연 그 때에 월성이 쌓이고, 풍납토성이 쌓였느냐? 그건 아니라는 겁니다.

4세기 중후반에 다시 또 큰 변화가 옵니다. 석촌동에서 적석총이 나타나는데, 높은 봉우리가 있는 고총입니다. 경주의 적석목곽분이 등장합니다. 거의 시기가 같습니다. 아마도 고총 등장 이후, 그런 토목기술이 발달한 이후에 토성도 쌓여졌을 것 같습니다.

제가 요즘 경주 월성을 면밀히 관찰해 보니까 빨라야 4세기 극말, 영남의 늦은 연대로 보면 450년대가 되는데, 그건 도저히 못 믿겠습니다. 왜냐하면 450년대에 월성을 쌓고, 474년에 명활산성으로 왕이 도망가고, 이게 말이 됩니까? 그 말은 맞지 않고, 아마 4세기 극말쯤 될 것 같습니다. 여기서 풍납토성에 대한 의문을 갖게 된 겁니다. 예전에는 국가성립의 3대 요소 지표를 고분의 등장, 토기양식의 등장, 성곽의 등장이라고 했습니다. 굳이 꼭 성곽의 등장이 국가성립의 지표냐? 저는 빼도 상관 없다고 봅니다.

이러면서 토성에 대해 저 나름대로 여러 가지 의문을 갖는데, 무식하면 용감한 이야기, 아까도 1차 성벽, 초축토루, 2차 성벽, 3차 토루라고 했는데, 과연 그것이 시차, 시기를 둔 증축일까? 성벽을 공부하는 분들을 보면, 중심토루, 외피토루 이런 용어들을 씁니다. 그 이야기는 먼저 중심토루를 만들고, 외피토루를 붙이면서 공정의 차이라고 보는데, 혹시 그런 건 아닐까 하는 의심을 해본다는 이야기입니다.

아까 또 해자 이야기도 하셨습니다. 저도 맨 바깥에 있는 넓은 구덩이는 해자로 봅니다. 그런데 안쪽 성벽 밑에 있는 단면 V자형의 구덩이가 과연 해자일까? 예전에 제가 화성의 소근산성이라고 하는 토성발굴장에 간 적이 있습니다. 그 밑에 토성을 잘라놨는데, 성벽 밑부분의 앞쪽과 뒤쪽에 긴 도랑이 지나가는데, 그것을 성벽을 전공하는 충북대 차용걸 교수가 아까 권오영 교수한테 물으니까 기조라고 했다고 합니다. 토심인지 기조인지 아무튼 성벽의 흙이 앞뒤로 밀리지 않도록 성벽 밑에 도랑을 파고, 흙을 다진다는 것이거든요. 혹시 그런 건 아닐까 라는 의심을 한번 해볼 만하다는 생각을 가졌습니다.

앞으로의 바람을 말씀드리면, 풍납토성의 발굴은 여기서 끝나서는 안 될 것입니다. 앞으로 토성 내부의 유구배치, 북쪽이 대체로 궁전구역이고, 남쪽에 관아시설과 여러 가지 저장시설, 고급 관원들의 주거지 이런 것들이 밝혀지고 있는데, 솔직히 궁전구역은 경당 44호 유구 때문에 그쪽이라고 추정됐지만 아직 조사된 내용이 없습니다. 앞으로 많이 조사돼서 풍납토성의 내부가 정말로 더 밝혀졌으면 하는 바람입니다.

한성백제 왕성을 찾고, 조사연구를 하고 이렇게 기념학술회의를 하면서 우리의 지식을 넓혀가고 하는 것들이 정말 경축하고 축하할 만한 일인데, 사실 풍납토성 행사를 가질 때마다 머리 무거운 부분이 있습니다. 아까 마지막으로 발표하신 분이 여러 가지 상황을 짚어주셨는데, 주민들 입장에서 보자면 솔직히 입장 바꿔서 '문화재가 중요하고, 역사가 중요하니까 당신들은 희생하시오' 라고 하는 걸 용납할 사람은 없습니다. 저부터도요.

아까 신희권 교수 발표 들으니까 1997년에 유적이 발견됐을 때 정부 내부에서 큰 논의가 있었던 것 같은데, 그 때 그런 일이 실현돼서 특단의 대책을 내렸으면 오늘날과 같은 이런 주민들의 피해나 희망이 다 해결되지 않았을까 하는 바람을 갖습니다. 지금부터라도 정책담당자들께서 큰 결심을 하셔서 빨리 해결했으면 좋겠습니다. 다행히 요즘 보니까 문화재청보다는 서울시가 의지를 가지고 적극적으로 해결하려고 하는 게 정말 고마운데, 서울시의 힘만으로 되겠습니까? 중앙정부 차원에서 그리고 온 국민이 관심을 갖는 가운데 해결돼서 정말 '풍납토성'이라고 하면 누구나 반갑고, 축하하는 행사가 됐으면 좋겠다는 바람을 가져봅니다. 이상입니다.

총평 1 - 2 / 정재윤(백제학회 회장 · 공주대학교 교수)

최병현 선생님께서 앞에서 잘 정리해주셨기 때문에 저도 각 주제별로 간단하게 말씀드리겠습니다. 사실 제가 여기서 총평을 할 그런 입장은 아닌데, 여러 선생님들 앞에서 총평을 한다는 것 자체가 부담스럽지만 나름대로 정리해보겠습니다.

먼저 최병현 교수님께서도 말씀하셨지만, 풍납토성 축조시기 편년이 사실은 초기에는 초미의 관심사였습니다. 저는 다른 각도에서 접근하고 싶습니다. 풍납토성을 구조물로, 그리고 국가의 표지로만 접근하기 때문에 성벽의 축조시기에 매달리고 있지 않나 생각합니다. 원래 풍납토성은 처음에 사람이 거주했고 그 사는 공간이 발전하면서 성벽이 축조됐다 이렇게 접근하는 것이 온당하지 않나 생각합니다. 예를 들어서 풍납리식무문토기랄까 이런 등장을 소위 말하는 온조를 시조로 하는 집단의 이주로 보고, 이들이 점차 발전해서 성벽을 쌓고 이렇게 한다면 우리가 초기에 갖는 기억의 역사가 일종의 역사로 복원될 수 있는 장치를 마련한다는 의미에서 성벽에만 너무 매달리는 것이 아니라 생활공간으로서 풍납토성도 조금 주목해야 되지 않을까 생각합니다.

첫 번째 발표로, 신희권 교수께서 위례성이 한성임이 밝혀졌다고 말씀하셨고, 문헌과의 협업을 이야기하셨습니다. 저도 전적으로 공감합니다. 그런데 누구나 다 알고 있다시피 고고학쪽에서 고고학 결과물을 일부 자기의 구미에 맞는 문헌만 받아들이고 있습니다. 문헌도 마찬가지입니다. 자기의 구미에 맞는 고고학적 성과물을 받아들이고, 짜깁기를 하고 있기 때문에 실제적으로는 협업이 되지 않고 있습니다. 문헌이든, 고고학이든 다양한 연구성과를 섭렵해야지 진정한 학술적 성과가 나오지 않나 생각합니다.

예를 들어서 위례성이 한성이라고 했는데, 이게 간단한 것이 아닙니다. 근초고왕 371년에 평양성 전투에서 승리했는데, 한산으로 바로 천도하고 있습니다. 이건 무엇을 의미하는 걸까요? 이때의 한산을 어디로 보느냐에 따라서 굉장히 논란이 되고 있습니다. 그런데 고구려와의 전쟁 과정에서 한산이 등장한다는 것입니다. 결국 한산의 등장은 아신왕 때 기사를 보면 한성의 별궁에서 태어났다고 나옵니다. 이때 또 한성이 나오고, 또 한산성이 아신왕 4년에 나옵니다.

한산, 한산성, 한성 이렇기 때문에 최소한 근초고왕 때부터 한산이 등장한다면 고구려와 전쟁이 격화되면서 한산 내지는 『일본서기』와 『삼국사기』에 나오는 북성北城, 남성南城의 개념이 생겼고 이것은 양성兩城구조와도 연결된다는 것이 됩니다. 그래서 위례성, 북성, 남성, 그리고 한산, 한산성, 한성 이런 부분을 총체적으로 이야기해야지, 이도학 선생의 연구성과만 섭렵하셨는데, 김기섭 선생이나 다른 연구성과까지 고루 다 섭렵해야 어떤 의미에서 포괄적인 고고학과 문헌의 협업이 되지 않을까 생각합니다.

두 번째 발표로, 권오영 교수께서 이야기했던 세계유산의 문제입니다. 백제역사유적지구의 세계유산 확장등재문제입니다. 사실 제가 세계유산 등재를 위한 백제역사유적지구의 초안을 작성했는데, 그때 굉장히 논란이 됐었습니다. 사실은 처음에 한성까지 포함하려고 했었는데, 서울지역에서 미온적이어서 서울을 빼고 공주, 부여, 익산만 진행됐습니다. 이 때 초안을 작성할 때 이미 한성을 염두에 두고 했습니다.

그리고 도성제의 틀 속에서 진행했습니다. 도성제를 전면에 내세울 경우에 도성을 설명해야 되니까 설명할 내용이 마땅치 않기 때문에 도성이라는 말은 내세우지 않았지만 도성이라는 틀 속에서 진행했다는 점을 말씀드립니다. 그렇기 때문에 충분히 한성에 있는 몽촌토성, 풍납토성, 석촌동고분군도 백제역사유적지구의 확장 가능성은 충분하다고 할 수 있습니다. 다만, 여러 논의와 성과가 있었음에도 불구하고 영문표기상의 문제점이 발생하면서 상당히 우리를 제약하는 요소가 되어버렸다는 점은 인정하지 않을 수가 없습니다.

먼저 풍납토성과 몽촌토성 같은 경우에는 사실은 평지성과 산성이라는 이런 일종의 방어성이라는 양성구조의 시작이고, 이게 바로 주변 고구려와의 대적관계에서 시작됐다, 이것이 바로 공산성으로 연결되고, 공산성은 위급한 상황이었고 나중에 사비로 천도하면서 관북리유적과 부소산성으로 연결된다는 이런 백제 나름대로의 독특한 왕성구조를 이야기할 수 있습니다. 이런 점에서 충분히 연결이 가능하고, 발전적 형태를 이야기할 수가 있겠습니다. 이것은 첫 번째 수도의 입지에서는 충분히 논리적인 설명이 가능합니다.

두 번째 석촌동고분군 같은 경우에도 사실은 석촌동고분군 내에 지하차도가 지나는 게 가장 핸디캡이 될 수가 있습니다. 그런데 선릉을 서울이 개발되면서도 이렇게 지켜낼 수 있었던 것은 대단한 것이 아닌가 하는 이런 논리, 예를 들어 송산리고분군에서 수십기의 고분에서 6기만 남아 있음에도 불구하고 충분히 현상만 가지고 설명했기 때문에 우리가 석촌동고분군을 어떻게 잘 포장하느냐는 것은 충분히 가능성이 있다고 할 수 있습니다. 그리고 또 석촌동고분군은 도성 내에 위치하지만, 웅진천도 이후에는 송산리고분군이 절묘하게 송산이라는 산을 경계로 해서 도성 밖에 있고, 부여로 이주해서는 나성, 성곽 밖에 능산리고분군이 있는 이런 도성제의 발전과정을 보여주기 때문에 어느 정도 설명이 가능할 것 같습니다.

그리고 불교 같은 경우에는 반드시 불교를 설명해야 되느냐 이런 점에는 제 개인적으로는 불교를 반드시 설명할 필요는 없다고 생각합니다. 불교는 처음에 시작할 때 탑신앙부터 시작하고, 교리가 발전하면서 불상이 만들어지며, 금당, 곧 강당이 만들어지면서 대중법회로 연결됩니다. 그리고 중국에서도 사찰이라든가 불상단계가 시기적으로 변천됩니다. 그러기 때문에 우리가 백제 초기 침류왕 때 불교를 받아들였을 때 반드시 사찰이 있어야 된다는 당위성은 없고, 이 사찰의 구조라든가 사찰이 만들어진 것이 대통사를 비롯한 웅진・사비기에서부터 불교의 발전단계를 충분히 논의할 수 있지 않을까 생각합니다. 다만 이제 도성의 왕성과 관련돼서 부엽판축공법 같은 경우에는 문화교류라는 두 번째와 흡사하기 때문에 보편사적인 왕성의 구조와 부엽판축공법이라는 교류사적인 측면도 함께 언급해줬으면 좋겠다고 생각합니다.

나머지 세 번째, 네 번째 발표는 사실은 제 전공분야가 아니기 때문에 제가 감히 언급하는 것이 외람되지만 저는 깜짝 놀랐습니다. 사실 우리가 풍납토성을 과거 속에서만 다뤘었는데, 현대의 개발과정 속에서 도로의 개설, 구획화에 따른 공간변화가 생기고, 이것이 현재 우리의 풍납토성을 보는 시선을 가로막고 있다는 사실을 깨닫고 저도 한번 반성했습니다. 그래서 현재 도시경관적인 측면에서 발굴과 보존에 필요한 새로운 접근방안을 제시했다고 생각이 들면서 이러한 연구성과를 앞으로 풍납토성의 보존과 발굴에 적극 활용할 필요가 있다고 생각합니다.

끝으로, 도시민속학적 관점에서 본 풍납토성 같은 경우에는 사실 아까 제가 축사에서 말씀드렸습니다만, 문화재라는 것은 시대적, 공간적 배경에서 만들어진 것입니다. 사실 우리가 문화재를 제대로 이해하려면 그런 배경과 생활문화를 이해해야 합니다. 우리가 간과할 수 없는 사실은 문화재는 주민들 생활의 일부였지만 문화재가 지정됨으로써 오히려 그곳에 살고 있는 사람들의 생활공간에서 분리를 시키면서 대상물이 되어버린다는 것입니다. 그렇기 때문에 사실은 이런 문화재, 풍납토성을 주민들한테 돌려줄 수 있는 방안을 찾는 것이 바로 진정한 보존으로 나가는 것이 아닌가 생각합니다. 그럼으로써 자발적 참여를 찾는 것, 이것이 바로 해결이 될 수 있는 실마리라고 생각합니다. 부족하지만 이상으로 마치겠습니다. 감사합니다.

제2부

국내외 고대왕성 발굴 · 보존 · 활용 사례

Present and Future of Baekje Royal Fortress in Pungnap-dong, Seoul

백제왕성 서울 풍납동 토성의 현재와 미래

Present and Future of Baekje Royal Fortress in Pungnap-dong, Seoul

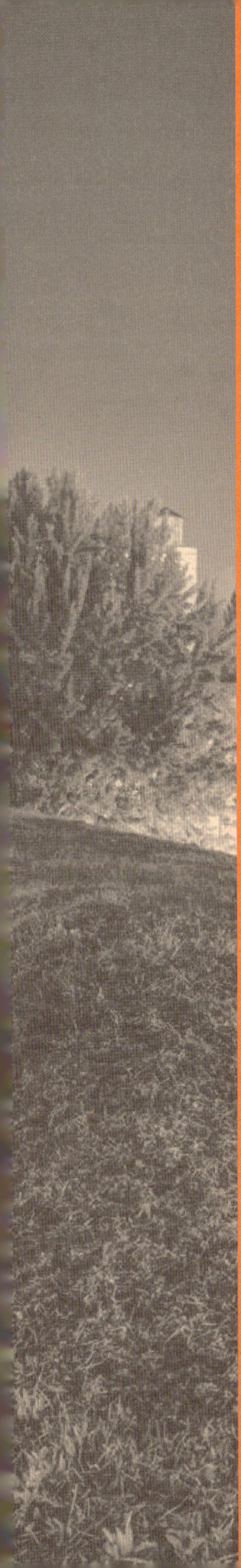

경주 월성의 발굴조사와 보존 · 활용

이종훈 국립경주문화재연구소 소장

Ⅰ. 머리말

경주 월성은 『삼국사기』에 의하면 파사니사금 22년(101)에 축성되었고, 같은 해 왕이 월성으로 처소를 옮기면서 신라궁성의 역할을 시작하게 되었다. 이후 자비마립간 18년(475)에 명활성으로 처소를 옮겼고, 소지마립간 9년(487)에 월성을 대대적으로 수리한 후, 다음해(488) 왕의 처소를 다시 월성으로 옮겼다. 이처럼 월성은 자비마립간에서 소지마립간에 이르는 13년 동안을 제외하면, 신라가 멸망하는 경순왕 9년(935)까지 신라의 궁성으로서 기능과 역할을 담당하였다.

따라서 경주 월성은 신라왕경의 실체를 규명하고 신라사를 연구하는데 있어 가장 중요한 유적이다. 이러한 유적의 중요성에 근거하여 1963년 사적으로 지정되었고, 2000년 12월 세계유산에 등재되었다. 이러한 중요성으로 인해 1979년 월성 동문지에 대한 발굴조사를 시작으로 이후 해자구간에 대한 발굴조사 등이 지속적으로 이루어졌으며, 현재 월성 내부에 대한 발굴조사에까지 이르고 있다.

2014년까지 실시되었던 경주 월성에 대한 발굴조사는 1979년 월성에서 안압지(현재 사적명은 '동궁과 월지')로 이어지는 동문지 발굴조사를 제외하면 해자와 첨성대 주변 건물지 등에 집중되어 있었고, 궁성 내부에 대한 발굴조사가 이루어지지 않았다. 2014년 10월 경주시가 국립경주문화재연구소에 경주 월성 내부에 대한 발굴조사를 의뢰하였으며, '신라왕경유적 복원·정비사입추진단' 자문위원회의 논의와 문화재위원회의 심의를 거쳐, 2014년 12월 석빙고 남쪽을 중심으로 하는 구간(C지구)에 대한 시굴조사를 착수하였다. 이후 2015년 3월 시굴조사 완료와 함께 C지구는 정밀발굴조사로 전환하였으며, 1914년 도리이 류조[鳥居龍藏]가 절개조사를 하였던 남성벽 구간과 월정교와 인접한 서문지 구간(A지구)에 대한 정밀발굴조사를 착수하였다. 월성 내부에 대한 발굴조사를 본격적으로 착수하면서 보다 정밀하고 원활한 조사의 진행을 위해 2007~2008년 실시한 지하레이더Ground Penetrating Radar/GPR 탐사결과를 토대로 월성 내부와 성벽을 포함하여 크게 4개의 지구로 나누었다(그림 1).

2017년에 석빙고 남쪽을 중심으로 하는 구간(C지구), 남성벽 구간과 월정교와 인접한 서문지 구간(A지구)의 정밀발굴조사와 함께 월성해자 1호, 2호, 3호에 대한 보완발굴조사(2016년부터 실시)를 실시하였다.

경주 월성의 정비는 해자와 주변지역을 중심으로 진행되었다. 1979~1980년에 동문지 발굴조

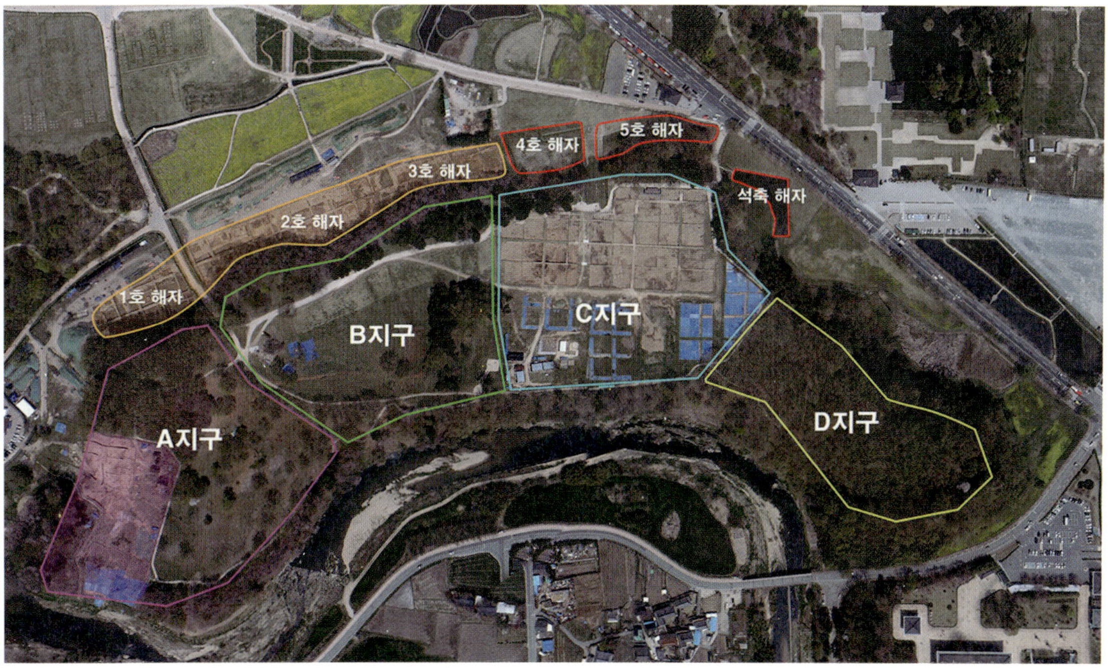

그림 1 | 2015년 경주 월성 발굴조사 지구별 현황

사 과정에서 일부 구간의 발굴이 이루어진 '나'구역 석축해자가 가정 먼저 정비가 이루어졌다. '나'구역 석축해자는 1984~86년에 걸쳐 발굴조사가 이루어졌으며, 1988년 설계가 진행되었고 다음해인 1989년에 정비가 마무리되었다. 이후 2008~2009년에는 4호 해자의 정비가, 2011년에는 5호 해자의 정비가 이루어졌다. 이 외에도 2015년 12월부터 1~3호 해자에 대한 보완발굴조사가 실시되면서 2016년 1~3호 해자에 대한 정비 기본계획 수립 연구도 진행되었다. 월성 내부는 본격적인 발굴조사가 2014년 12월부터 실시되었기 때문에 아직 정비가 이루어진 것은 없다. 그러나 2018년 C지구에 대한 발굴조사(가장 늦은 시기의 유구층에 대한 조사)가 완료된 이후부터 건물지에 대한 정비가 이루어질 것으로 보인다.

아울러 경주 월성은 발굴조사와 관련한 많은 홍보 및 활용 프로그램도 운영하였다. 특히 적극적인 현장개방을 통해서 관련 학계 및 시민들과의 소통을 진행하였으며, 발굴조사 현장 등을 테마로 사진촬영대회도 개최하였다. 이러한 프로그램을 통해 발굴조사가 조사자와 연구자의 몫으로만 머무르지 않고 시민들도 함께 공감하고 참여할 수 있는 과정으로 만들기 위해 노력하였다.

Ⅱ. 경주 월성에 대한 발굴조사와 지표조사 현황

경주 월성의 발굴조사는 앞서 언급한 것처럼 2014년 12월 국립경주문화재연구소가 경주 월성 내부에 대한 발굴조사를 착수하기 이전에는 일제강점기 남쪽 성벽에 대한 발굴조사가 이루어지긴 하였으나, 해자와 주변지역에 대한 발굴조사가 중심이었다. 경주 월성에 대해 선행된 조사는 크게 일제강점기와 광복 이후로 나누어 볼 수 있으며, 일제강점기의 조사는 지표조사를 포함한 현황조사 위주였고, 광복 이후의 조사에 이르러서야 고고학적인 발굴조사가 주류를 이루게 되었다.

1. 일제강점기 조사 현황

일제강점기의 조사는 1902년 세키노 타다시[關野貞]의 월성 유적현황조사를 시작으로, 도리이 류조가 1914년에 선사시대 유적조사를 위하여 월정교 부근 성벽에 대한 발굴조사를 실시하였고, 1917년에 같은 곳을 중심으로 다시 조사를 실시하였다(그림 2, 3).

1922년에는 후지타 료사쿠[藤田亮策], 우메하라 스에지[梅原末治], 고이즈미 아키오[小泉顯夫]에 의하여 도리이 류조가 발굴조사한 지점에 대한 성벽 하부의 유적을 조사하였다. 이때까지 조사는 월성의 실체를 규명하기 위한 조사가 아니라 선사시대 문화를 조사하는 것에 중점을 두었다.

1929년에는 후지시마 가이지로[藤島亥治郎]에 의하여 이루어진 건축사적인 조사가 그나마 월성의 실체에 대한 최초의 조사라고 할 수 있다. 또한 1930~1940년대 아리미쓰 교이치[有光敎一]가 조선총독부박물관이 소장하고 있는 월성 출토 토기편을 조사하였다. 이와 같이 간헐적으로 이루어지긴 하였으나, 일제강점기 내내 경주 월성에 대한 조사는 지속되었다. 이러한 조사 과정을 일목요연하게 정리하면 〈표 1〉과 같다.

그림 2 | 제1차 월성 조사(남쪽 성벽 발굴조사 광경) 1914년

그림 3 | 세2차 월성 조사(남쪽 성벽 발굴조사 시점)1917넌

표 1 | 일제강점기 실시되었던 경주 월성에 대한 조사

조사자	조사기간	조사지역	저서	내용
세키노 타다시 [関野貞]	1902 1909	월성 전체	『韓国建築調査報告』1 『東洋協会調査部学術報告』2 『朝鮮芸術之研究』	월성의 위치와 형태에 대한 간략한 서술.
도리이 류조 [鳥居龍藏]	1914.4.	월정교 부근 성벽	『人類学雑誌』3	월성축조 전의 선사시대에 치중, 성벽 하부 유적 조사 후 층위에 따른 출토유물 기록
	1917.10.~11.		『유리원판목록집』4	
후지타 료사쿠 [藤田亮策] 우메하라 스에지 [梅原末治] 고이즈미 아키오 [小泉顕夫]	1922	도리이의 조사 지점	『大正11年度古蹟調査報告』5	도리이가 발굴한 성벽 하부 유적 실사 당시 확인된 유물 기술
후지시마 가이지로 [藤島亥治郎]	1929	·	『建築雑誌』6	최초의 사적(史的) 고찰. 『삼국사기』, 『삼국유사』 발췌 기사 나열, 월성 구조에 대해 기술
아리미쓰 교이치 [有光敎一]	1930~1940	·	『朝鮮学報』14 7	조선총독부박물관 소장 월성 출토 토기편을 3개의 그룹으로 나누어 고찰

2. 1979~2014년 조사 현황

광복 이후에는 1979년에 이르러서야 경주 월성에 대한 조사가 처음으로 이루어졌다. 조사는 월성 해자와 주변지역에 대한 발굴조사가 중심이었으며, 문화재청 소속의 국립경주문화재연구소가 조사를 전담하여 수행하였다. 국립경주문화재연구소는 1975년 문화재관리국 소속 문화재연구소 경주고적발굴조사단으로 시작하여 1990년에 이르러서야 경주를 중심으로 경북지역 조사를 전담하는 정식 조직인 국립경주문화재연구소로 탈바꿈하였다.

1_ 関野貞, 1904,「都城」,『韓国建築調査報告』, 東京帝国大学工科大学学術報告 第6册, 東京帝国大学, pp. 32~34.

2_ 関野貞, 1909,「慶州に於ける新羅時代の遺跡」,『東洋協会調査部学術報告』第1册, 東洋協会調査部 編, 東京 : 東洋協会, pp.83~85.

3_ 鳥居龍藏, 1914,「鳥居龍藏氏よりの通信 第5信第5信(4月25日, 浦項發)」,『人類学雑誌』29-5, 東京人類学会.

4_ 국립중앙박물관, 1997,『유리원판목록집 I』.

5_ 藤田亮策・梅原末治・小泉顕夫, 1924,「慶州発見の石器と古墳出土の異形陶質器四五」,『大正11年度古蹟調査報告』第1册 慶尙南北道 忠淸南道 古蹟調査報告, 朝鮮總督府, pp.6~14.

6_ 藤島亥治郎, 1930,「朝鮮建築史論・其二」,『建築雑誌』44-531, 日本建築学会, pp.106~113.

7_ 有光教一, 1959,「慶州月城・大邱達城の城壁下の遺跡について」,『朝鮮学報』14, 朝鮮学会, pp.489~502.

1979년에서 1980년까지는 동문지에 대한 발굴조사가 이루어졌으며, 문지門址와 문지에 인접한 동성벽, 석축해자를 확인하였다. 그러나 1980년 이후 연이어서 발굴조사가 실시되지 못하였으나, 1984년 시굴조사를 계기로 1985년부터 본격적인 발굴조사가 시작되었다. 1996년부터 1998년까지 일시 발굴조사가 중단되었으나, 1999년 이후부터는 2014년까지 지속적으로 발굴조사가 실시되었다(그림 4).

1984년에서 1985년까지 성벽 외곽을 따라 해자가 있을 것으로 추정되는 지역과 첨성대 남편의 건물지 추정지역을 중심으로 시굴조사가 실시되었다. 이 시굴조사를 통해 해자의 규모와 형태 그리고 건물지의 존재여부를 우선 확인하였다. 시굴조사 결과는 월성해자와 주변지역에 대한 장기적인 발굴조사 계획을 마련하는 기초자료로 활용되었다. 당시 성벽 바깥쪽 해자추정 구간에 대해 성벽을 따라 동쪽에서 서쪽으로 '가 · 나 · 다 · 라'구역 등으로 구분하여 조사구역을 명명하였으며, 이후 월성해자 발굴조사 과정에서는 이러한 구분 기준을 적용하여 조사를 실시하였다(그림 4 참조).

해자 등 주변지역에 한정되기는 하지만 앞서 언급한 것처럼 경주 월성에 대한 본격적인 발굴조사는 시굴조사가 완료된 1985년부터 시작되었다. 1985~1989년에는 '나지구' 석축해자, '다지구'

그림 4 | 경주 월성 해자 및 주변지역 발굴조사 현황

1 · 2 · 3호 해자를 조사하였다. 1999~2006년에는 4호 해자를 조사하였으며, 2007~2010년에는 5호 해자를 조사하였고, 4호 해자를 정비하였다. 또한 계림 북편(1987~1988년, 2006년), 첨성대 남편(1992년), 월성 북편(1994~1995년)을 중심으로는 건물지 조사가 이루어졌다. 이 외에도 발굴조사를 통해 석교지(1987~1988년)와 수로유구(1994~1995년) 등이 확인되었다. 1970년대 말부터 2014년까지 월성과 관련된 유구 및 인근에 위치한 해자, 건물지 등의 유적조사는 표 2와 같이 정리하였다.

표 2 | 광복 이후 실시되었던 발굴조사(조사기관 : 국립문화재연구소)

조사기간	주요조사지역	면적(㎡)	조사내용
1979~1980	동문지	-	동문지, '나'구역 석축해자 일부구간 등
1984~1985	'가'-'라'구역	-	해자 존재, 규모, 건물지 확인
1985. 9.~1986.12.	'나' · '다' · '라' 구역 해자 및 건물지	974	'나'구역 석축해자, '다'구역 1-3호 해자 및 건물지(6동), '라'구역 해자 및 건물지(2동), 계림 북편 건물지(12동)
1987. 9.~1988. 9.	'다' · '라' 구역 건물지	1,089	건물지 등
1988.10.~11. 1989. 4.~ 5.	계림 동편 돌다리터	-	남북측 교대, 교각
1988.10.~1989.12.	'다' 구역, 계림 북편 건물지	18,556	적심건물지 12동, 담장
1990. 3.~12.	'다' 구역	3,000	'다' 구역 해자 및 외곽 유구
1991. 3.~12.	'나' · '다' 구역	3,900	'나' · '다' 구역 석축해자, 수혈유구
1992. 3.~12.	'다' 구역 (첨성대 남편)	7,933	석축수로 및 도로유구
1994. 5.~12.	'다' 구역 (월성 북편)	4,958	적심건물지, 석교지, 우물지
1995. 3.~ 6.	'다' 구역 (월성 북편)	2,644	굴립주건물지
1999.10.~12.	'다' 구역 4호 해자	990	수혈, 구, 석축해자
2001. 3.~12.	'다' 구역 4호 해자	3,600	석축해자, 주거지 등
2003. 3.~12.	'다' 구역 4호 해자	3,300	석축해자
2004. 3.~12.	'다' 구역 4호 해자	3,300	석축해자, 성벽 일부
2005. 7.~12.	'다' 구역 (월성 북편)	3,300	석축해자, 주혈유구, 성벽 일부
2006. 2.~ 9.	'다' 구역 4호 해자	3,300	제철유구, 주혈유구, 해자바닥편
2006. 8.~2007. 2.	'다' 구역, 계림 북편 건물지	1,700	적심건물지 7동, 석렬유구 1동
2007~2010	'다' 구역 4호~5호 해자	-	'다' 구역 4호 해자(정비) '다' 구역 5호 해자, 주혈유구 등
2009~2014	'라' 구역 건물지	-	'라' 구역 건물지, '다' 구역 5호 해자 등

1) 월성 시굴조사[8]

월성 시굴조사는 경주고적발굴조사단에서 1982년 경주대공원조성업의 일환으로 월성 외곽 해자 정비의 기본 자료를 활용하기 위해 1984년부터 1985년까지 성벽 방향을 따라 '가 · 나 · 다 · 라' 구역으로 구획하고 트렌치를 설정하여 시굴조사를 진행한 결과 해자의 대체적인 규모와 성격을 파악하였고, 해자의 기능이 상실되고 통일신라시대의 건물지가 들어섰음을 확인하였다(그림 5).

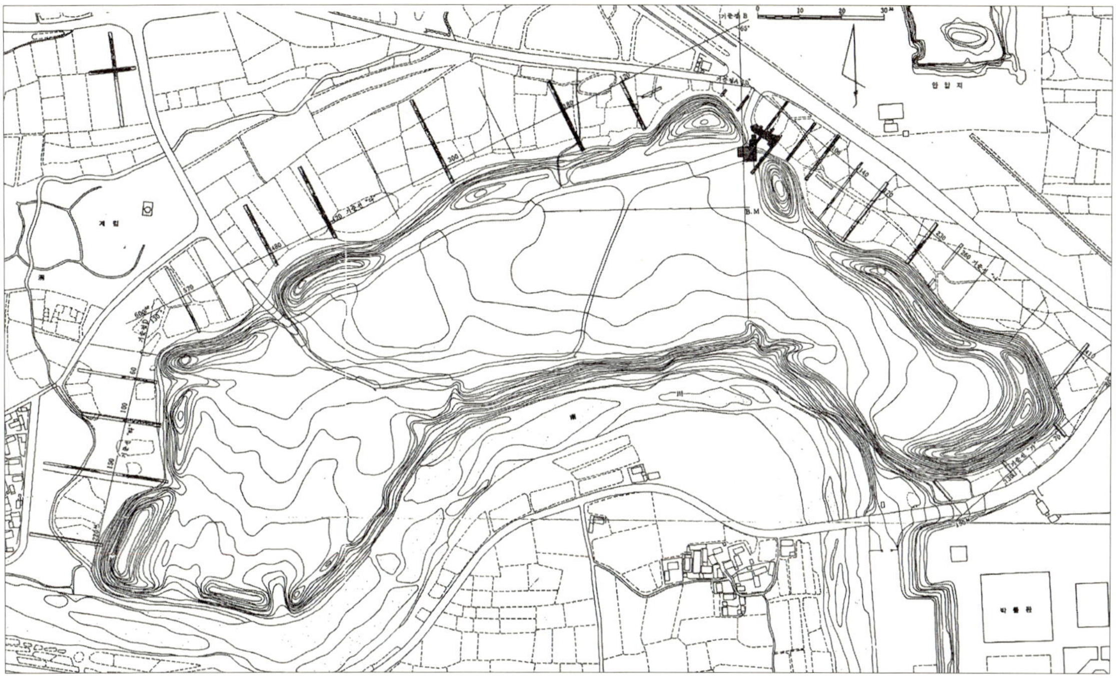

그림 5 | 월성 주변지역 시굴조사 현황도
(문화재연구소 경주고적발굴조사단, 1985, 도면 1 인용)

2) 월성 1980년대 발굴조사

월성의 본격적인 발굴조사는 1985년에서 1989년까지 실시된 3차례의 발굴조사이다. 조사결과 월성 북편의 '나'구역 석축해자, '다'구역 1~3호 해자, '라'구역 건물지와 계림 북편 건물지, 석교지 등 월성을 둘러싼 다양한 시설이 확인되었다(그림 6~9).

월성 '나'구역 조사는 1980년 시굴조사에서 확인된 석축호안에 대해 1985~1986년 전면적인 발

8_ 문화재연구소 경주고적발굴조사단, 1985, 『월성해자 시굴조사보고서』.

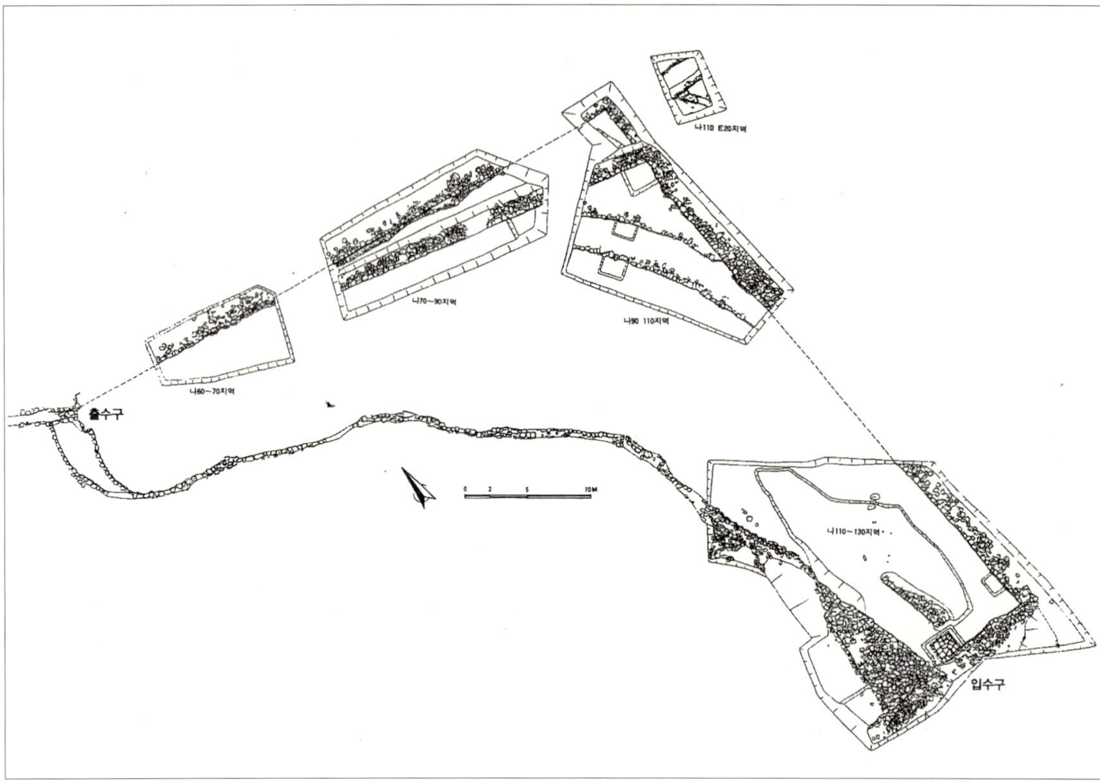

그림 6 | 월성 '나'구역 석축해자 유구현황도
(문화재연구소 경주고적발굴조사단, 1990, 도면 3 인용)

굴조사를 통해 월성 북동편에 석축으로 조성된 해자가 확인되었다. 조사결과 석축으로 쌓은 연못형 해자의 형태는 외곽의 남·동·서면은 직선으로 처리하고 성벽 기저부는 성벽을 따라 부드러운 곡선으로 처리하여 직선과 곡선이 조화를 이룬 'ㄱ'자형의 독립된 형태이다. 석축해자의 면적은 1,151㎡, 최대폭 25m이며, 석축은 50×20㎝ 크기의 직사각형의 면이 바른 자연석을 이용하여 축조하였고, 2~3회에 걸쳐 축소하여 개축하였다. 입수구와 출수구를 두어 해자 안의 수면이 항상 일정한 높이를 유지하도록 조영하였다.

월성 '다'구역 조사는 1985~1988년에 조사를 진행한 결과 3개의 연못식해자(1~3호 석축해자)가

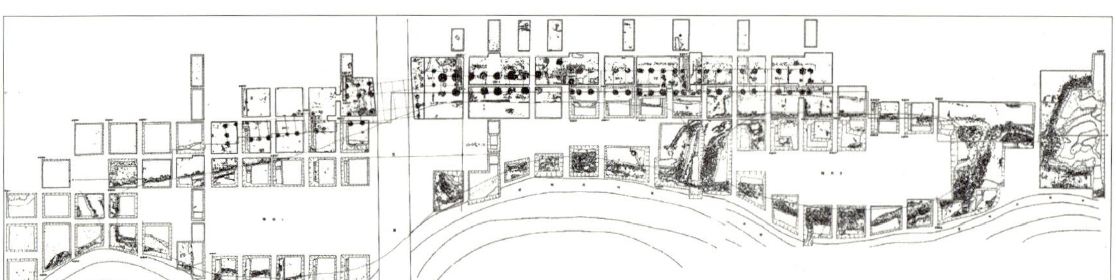

그림 7 | 월성 '다'구역 1~3호 해자 및 해자 외곽 건물지 유구현황도
(문화재연구소 경주고적발굴조사단, 1990, 도면 5 인용)

일렬로 확인되고, 해자 외곽에 건물지 6동이 확인되었다. 1~3호 석축해자의 남편호안은 성벽 기저부를 따라 축조하고 북편호안은 직선으로 축조한 형태의 독립적인 해자이다. 25㎝ 내외의 자연석을 2~3단으로 쌓아 호안을 축조하였고, 각 해자는 입·출수구로 연결되어 있다. 해자 북편에 인접하여 회랑식의 건물이 동서방향으로 배치되어 있고, 건물의 주축방향은 성벽방향과 동일하다.

계림 북편 건물지 조사는 1989년 첨성대에서 계림으로 이어지는 지역에 대한 조사를 진행하였다. 조사결과 12동의 건물지와 담장이 확인되었다. 건물은 북편 중앙에 중심건물을 배치하고 동서

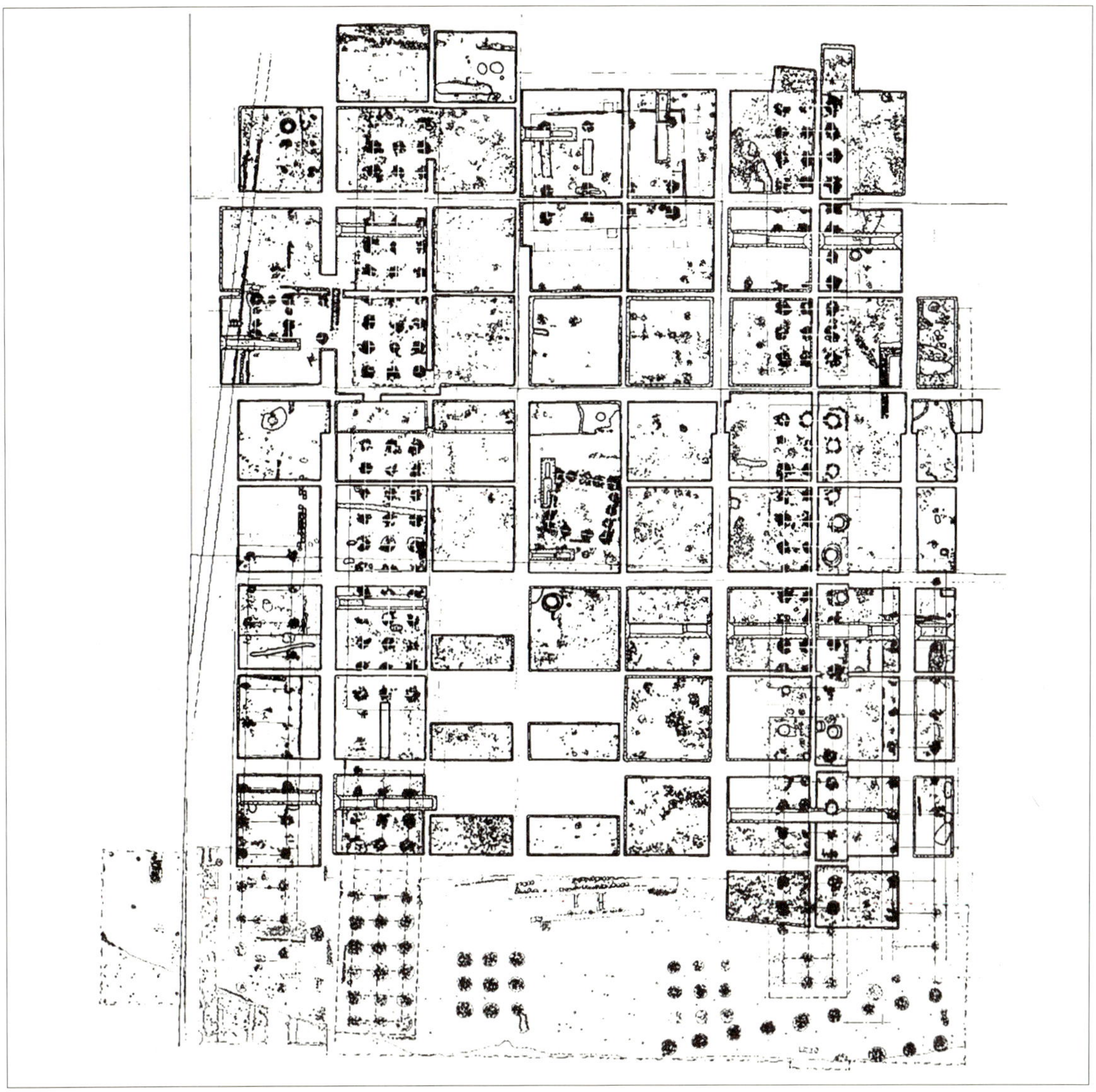

그림 8 | 계림 북편 건물지 유구현황도
(국립경주문화재연구소, 2009b, 도면 3 인용)

양쪽에 각각 3동씩 회랑형의 건물을 배치하였다. 이와 같은 건물의 규모와 배치형태로 보아 월성 북편에 위치한 관청건물로 추정하였다(그림 8).

황남동 123-2번지 유적은 1989년 계림 북편 건물지 발굴조사 당시 미조사 구역에 대한 발굴조사를 진행하였다. 조사결과 건물지 15동, 담장 등이 확인되었다. 토기류 및 기와류 등 통일신라 초기 유물과 유적의 성격을 짐작할 수 있는 5개의 지진구 및 황칠유개합 등이 출토되었다.

계림 동편 돌다리터는 1988~1989년 계림 동편에 위치한 수로에 조사갱을 설치하여 조사를 진행한 결과 남측교대, 북측교대, 석재 교각지가 확인되었다. 석교지는 첨성대 남쪽 연장선상 수로에서 확인되며, 남·북 교대 사이 정중앙에서 교각 기초석과 기초석 위에 올려놓은 교각석까지 유실되지 않은 채로 확인되었다. 석교가 가설되기 이전에 교대 간격보다 더 넓게 수로가 있었으며, 출토된 목재의 상황으로 보아 목교가 있었을 것으로 추정하였다. 현재 교량지 자리에 잔존부재를 이용하여 복원정비가 이루어졌다.

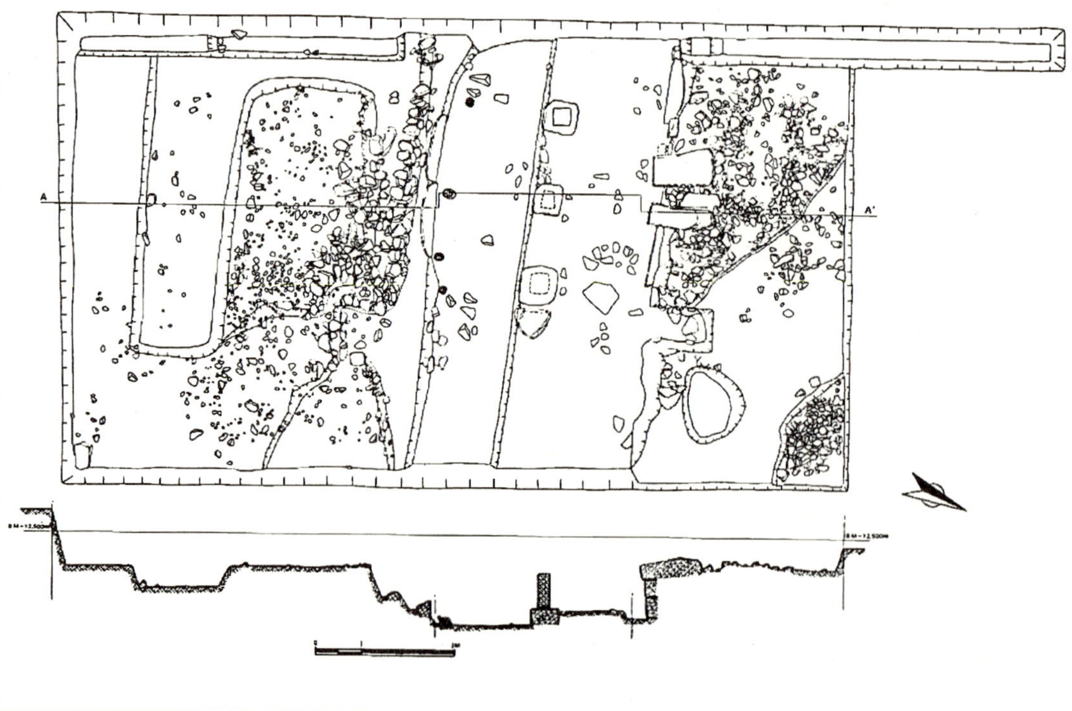

그림 7 | 계림 동편 돌다리터 유구현황도
(문화재연구소 경주고적발굴조사단, 1990, 도면 40 인용)

3) 월성 1990~2000년대 발굴조사

월성 1990년대 발굴조사는 국립경주문화재연구소가 개소(1990년)되고 1990~1995년 5년간 진행되었다. 조사결과 '다'구역 해자 및 외곽유구, '나'구역 수로 등, '다'구역 해자, 수혈유구, 첨성대 남편 건물지 34동, 석교지, 석축도로, 우물지, 굴립주건물지 23동 등 다양한 유적이 확인되었다.

월성 북편 조사는 1990년 월성 '다'구역 3호 해자와 외곽에 대한 조사이다. 조사결과 3호 해자의 전체적인 범위를 확인하였고, 3호 해자 외곽지역에서 주거지, 수혈유구, 주혈군 등이 확인되었다. 3호 해자 외곽에서는 말각방형의 반수혈주거지 2동이 확인되었고, 내·외부에서는 3~4세기대의 유물이 출토되었다. 수혈유구 2기가 확인되고 수혈유구와 주거지가 해자의 호안석렬 방향과 평행한 동서방향으로 조성되어 있다(그림 10).

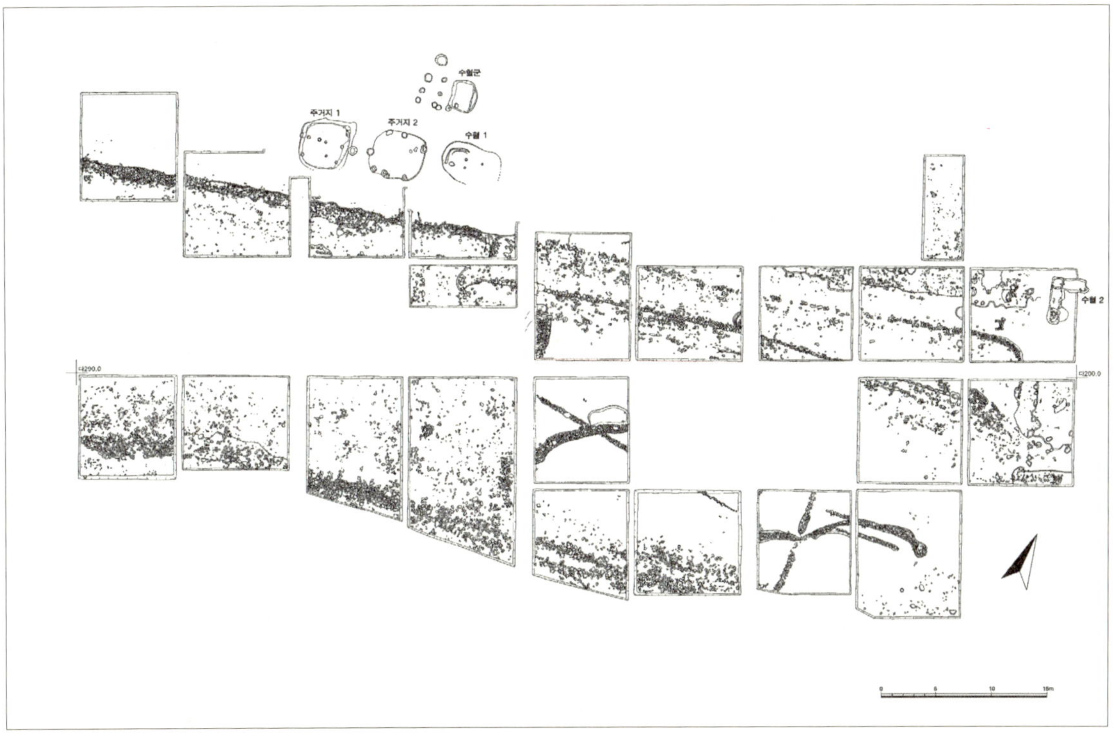

그림 10 | 월성 북편 유구현황도
(국립경주문화재연구소, 2004, 도면 3 인용)

계림 남편 조사는 1991년 '다'구역 1호 해자와 계림사이 공간에 대한 유구의 존재유무를 파악하기 위하여 실시하였다. 조사 결과 10여 기의 부정형 수혈유구, 집석유구, 주혈군 등이 확인되었다. 일부 수혈유구에서는 청동기시대 석관묘 등 청동기시대 복합취락유적과 통일신라 이전의 철관련 공방지로 추정되는 유구 등 다양한 시기의 유적이 존재한 것으로 추정된다. 조사지역의 남쪽에는

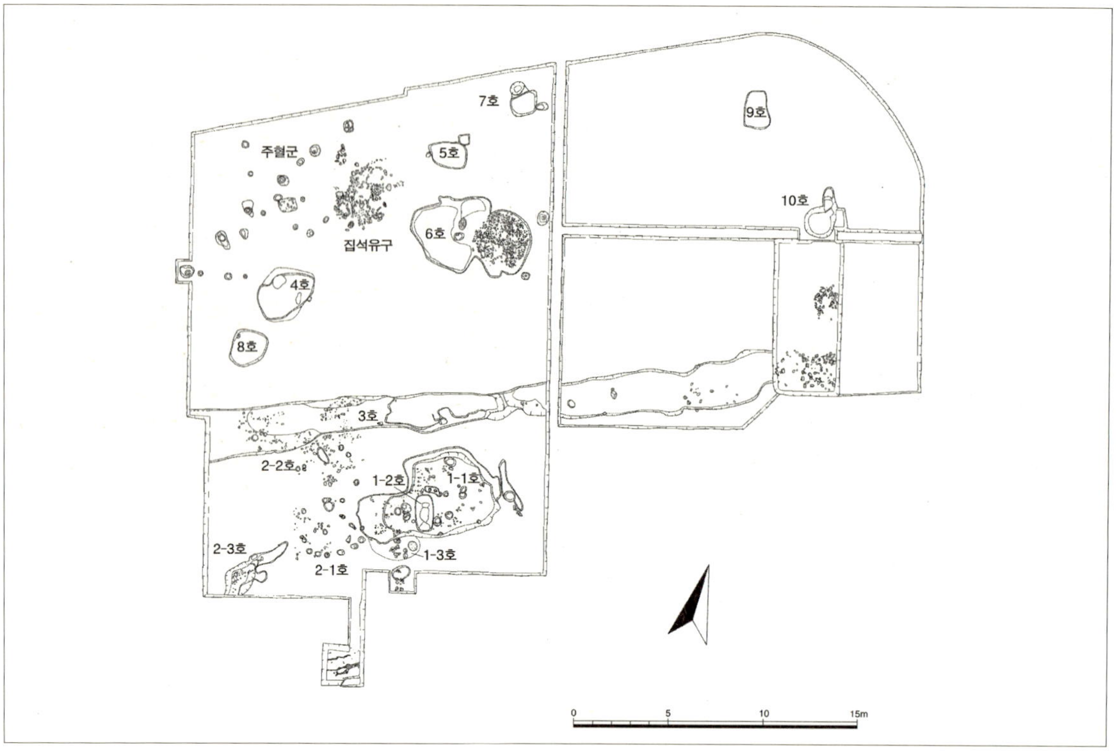

그림 11 | 계림 남편 유구현황도
(국립경주문화재연구소, 2004, 도면 30 인용)

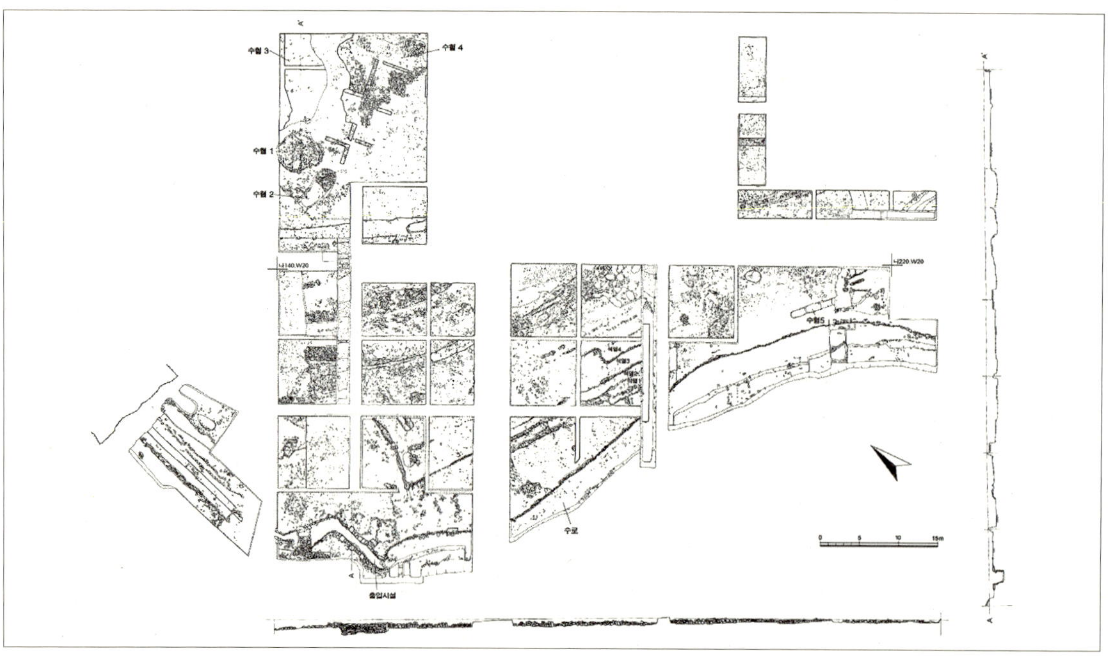

그림 12 | 월성 동편 유구현황도
(국립경주문화재연구소, 2004, 도면 53 인용)

해자가 위치하고 북쪽으로는 대규모의 건물지군이 조성되어 있어 이 지역은 공터로 이용된 것으로 파악되었다(그림 11).

월성 동편 조사는 1991년 '나'구역 석축해자의 동남편 일대에 대한 발굴조사가 진행되었다. 조사 결과 월성 '나' 구역 석축해자의 입수구와 연결되는 수로와 문지로 추정되는 지역에서 성내 · 외의 통행을 위한 출입시설, 석렬 수혈 등이 확인되었다. 확인된 유구 하부에 형성된 흑색뻘층으로 연못형해자(수혈해자)의 존재를 파악하였고, 연못형해자(수혈해자) 축조 이전에 유구가 분포되어 있었던 것을 추정하였다. 수로는 해자의 기능이 상실되면서 좁게 축소되었고, 수로의 석축은 성내 출입시설로 사용하였던 구간을 제외하고는 바깥쪽 석축만을 쌓았고, 안쪽은 석축을 쌓지 않고 성벽 기저부를 이용하였음을 확인하였다(그림 12).

첨성대 남편 조사는 1986년 일부에 대한 발굴조사를 실시하였고, 1992년 조사지역 전체에 대한 조사계획을 수립하고 본격적인 조사를 실시하게 되었다. 조사 결과 적심건물지 34동과 이와 관련된 담장, 우물, 남북방향 석축렬 등이 확인되었고, 조사지역 남단에 석축수로와 2개소의 석교지와 1개소의 목교지가 확인되었다. 적심건물지는 첨성대-계림-월성을 잇는 도로의 동편에 위치하고 있고, 서편에 위치하고 있는 계림 북편 건물과 관련성이 높은 것으로 보인다.

목 · 석교지는 1986년도 조사된 석교지에서 서쪽으로 55m 지점에 위치한다. 목교지는 석교지 북편교대 북쪽 뒤채움 조사에서 확인되어 선행하여 시설된 것으로 확인되었다. 도로는 1988년 석교지 북편에서 확인된 남북방향으로 동편 가장자리에 축조된 석축배수로와 황갈색의 모래자갈층 위에 3~5㎝ 내외 잔자갈을 깔고 상면을 다짐하였다(그림 13).

월성 북서편 조사는 1994~1995년에 월성 '다'구역 해자와 첨성대 남편 대형 건물지 사이에 위치한다. 조사 결과 통일신라시대 건물지 9동과 건물지 북쪽으로 인접하여 동서방향으로 흐르는 수로와 주거지, 수혈, 굴립주건물 23기 등이 확인되었다. 수로와 굴립주건물은 동시기에 존재하였을 것으로 추정된다. 층위와 출토유물의 분석을 통해 주거지 폐기 후 굴립주건물이 조성되고, 수로와 굴립주건물을 매립한 후 통일신라시대 건물지를 축조하였음을 확인하였고, 시기별 유구의 변화양상을 파악할 수 있다(그림 14).

월성 '다'구역 4호 해자는 1999~2006년에 조사를 진행한 결과 장방형의 모양으로 3회에 걸쳐서 축조된 것으로 확인되었다. 가장 먼저 축조된 해자는 수혈식해자로 자연적 또는 인공적인 바닥에 물을 가두어 해자로 사용한 것으로 보이고 이후 연못식해자가 총 3회에 걸쳐 축조되었다. 4호 해자는 물이 유입되는 입수부, 물이 고이는 담수부, 물이 배출되는 출수부로 구성되어 있다. 평면형태는

그림 13 | 첨성대 남편 유구현황도
(국립경주문화재연구소, 2004, 도면 116·149·150 인용)

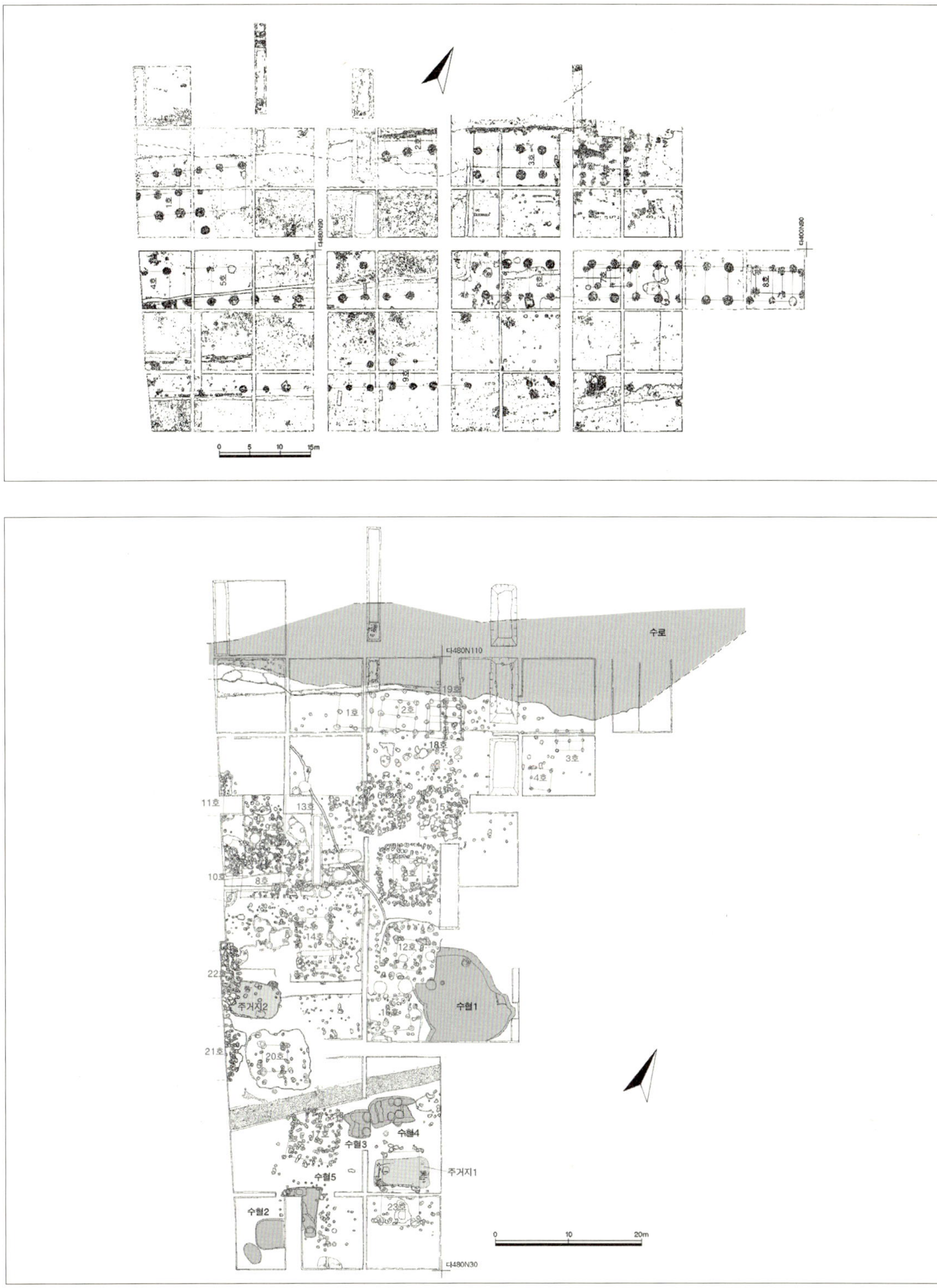

그림 14 | 월성 북서편 유구현황도
(국립경주문화재연구소, 2004, 도면 235·236 인용)

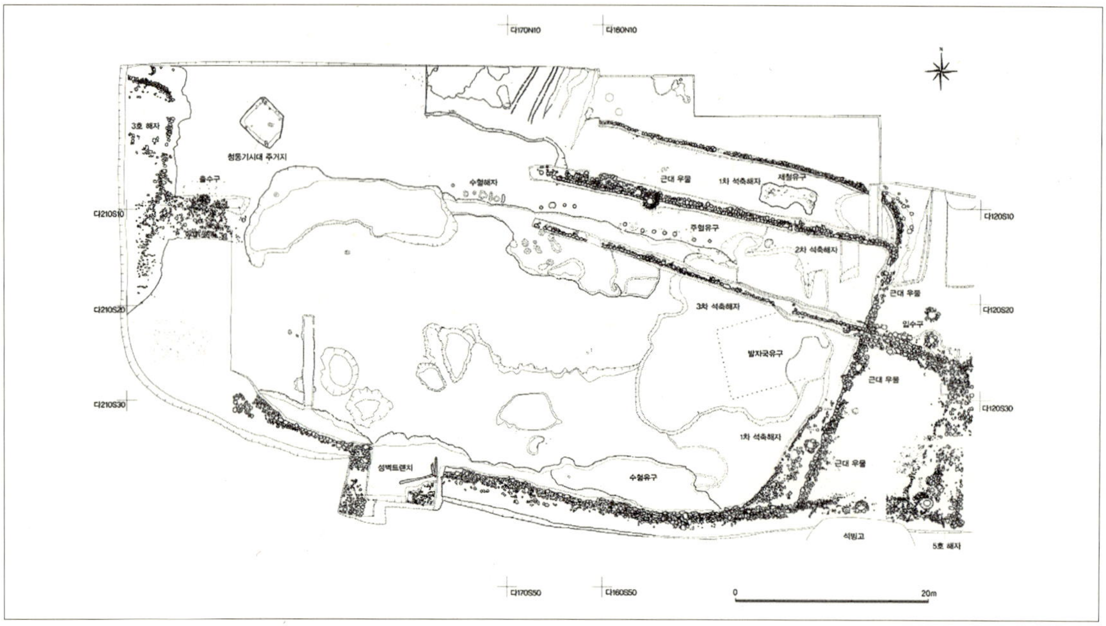

그림 15 | 월성 '다'구역 4호 해자 유구현황도
(국립경주문화재연구소, 2011b, 도면 1 인용)

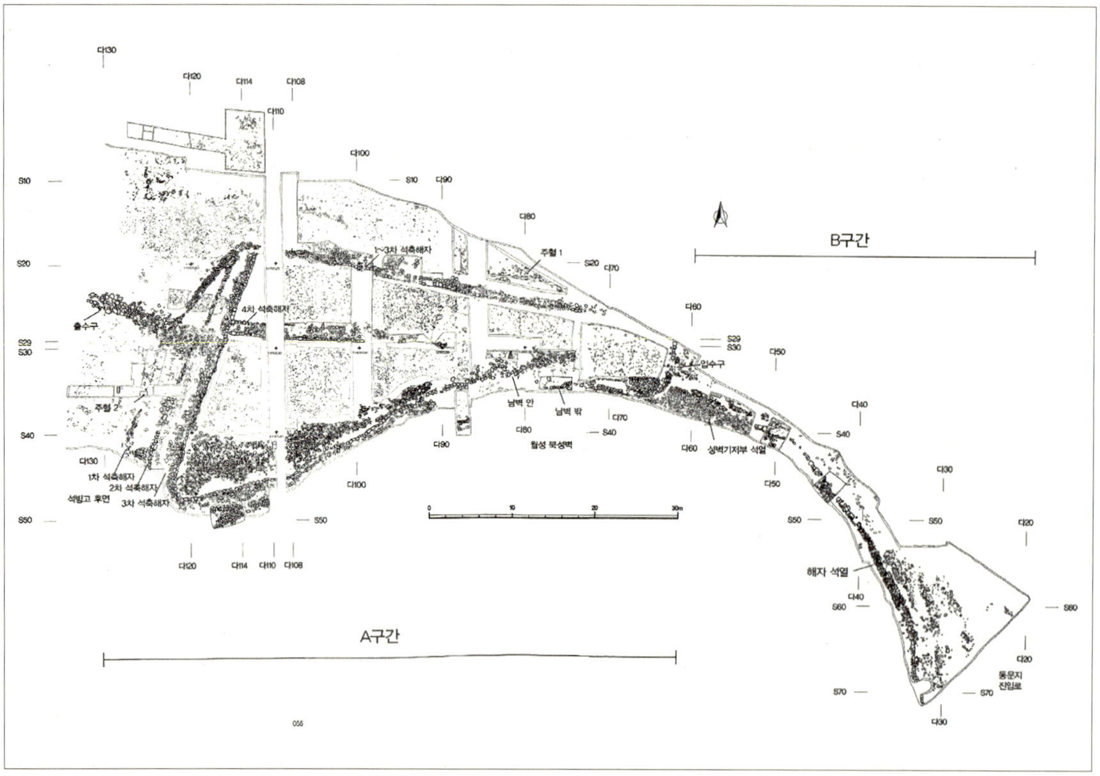

그림 16 | 월성 '다'구역 5호 해자 유구현황도
(국립경주문화재연구소, 2012, 도면 4 인용)

장방형이며, 최대 규모는 장축 80m, 단축 40m이다. 북편 호안석축은 3차례에 걸려 축조되며 개축된 흔적이 확인된다(그림 15).

월성 '다'구역 5호 해자는 2007년부터 발굴조사가 진행되었고 3년간에 걸친 조사결과 5호 해자 하부에 조성된 수혈해자의 존재 확인, 5호 해자의 전체 윤곽과 축조순서 확인, 해자를 둘러싼 주혈을 확인하였다. 최대 규모는 장축 62m, 단축 28m이고 담수부는 확인된 석렬과 사용된 석재를 통해서 총 4회에 걸쳐 축조된 것으로 확인된다. 주혈은 해자 석렬 조성층 하부에서 확인되는 것으로 보아 석축해자 조성이전 성토구축을 위하여 시설한 것으로 추정되고, 수혈해자 단계에 해자 외곽에 시설된 목책시설과 석축해자 조성시기에 성토구축을 위한 시설로 구분된다(그림 16).

월성 '라'구역 발굴조사는 1985~1987년에 걸쳐 '라'구역 해자조사를 진행하였다. 조사 결과 해자의 뻘층은 확인되지 않았고, 건물지 2동이 성벽 방향과 동일하게 배치되어 있었다. 이후 2009~2014년 '라'구역에 대한 발굴조사가 진행되었고 석조유구 1기, 건물지 7동, 담장, 우물 등이 확인되었다. '라'구역은 해자가 존재하였을 것으로 추정되나 그 규모와 구조는 확인되지 않았고, 해자 내부로 추정되는 일대는 매립 성토되어 수로, 담장, 건물지, 우물, 석조유구가 축조되었다(그림 17).

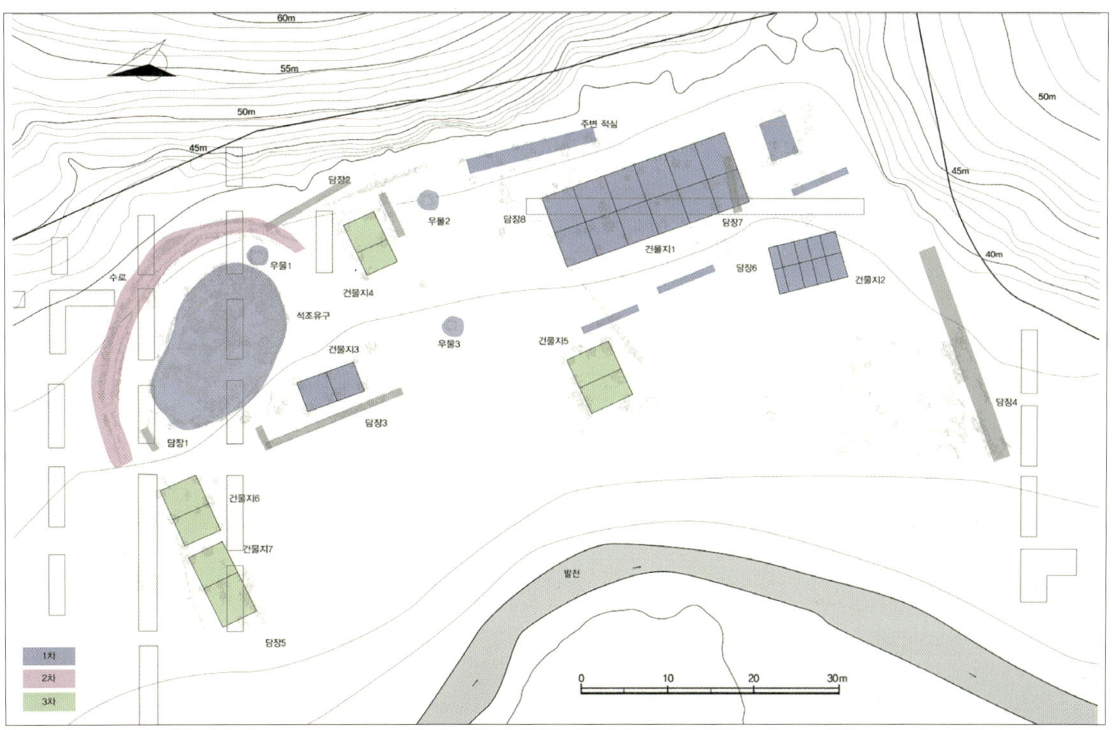

그림 17 | 월성 '라'구역 건물지 유구현황도
(국립경주문화재연구소, 2015, 삽도 7 인용)

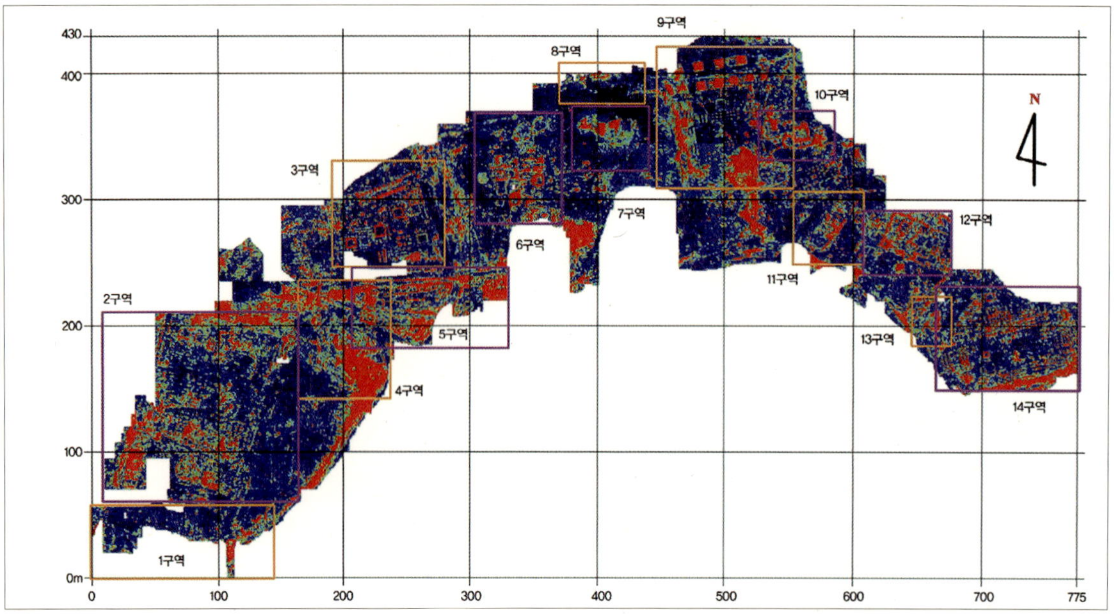

그림 18 | 월성 지표조사 및 지하레이더(GPR) 탐사 현황도
(국립경주문화재연구소, 2010, 도면 103 인용)

2003년 11월부터 2004년 5월까지 성 내부, 성벽 그리고 해자구간 등에 대한 정밀지표조사를 실시하였으며, 2007~2008년에는 성 내부에 대한 지하레이더 탐사 등을 실시하였다. 지하레이더 탐사 결과는 2014년 12월부터 현재까지 이어지고 있는 성 내부 발굴조사의 계획을 수립하는 기초자료로 활용되었다(그림 18).

3. 2014년 이후 발굴조사 현황

2014년 12월 본격적인 월성 내부 발굴조사를 실시하였다. 내부 발굴조사는 2014년 11월 문화재위원회에서 구두로 지적한 사항을 반영하여 우선 C지구를 중심으로 실시하였으며, 2015년 3월 A지구의 서문지에 대한 발굴조사가 추가되었고, 같은 해 12월 1~3호 해자에 대한 보완발굴조사도 함께 실시하게 되었다.

C지구는 월성의 중앙부에 해당하며, 2007~2008년 실시한 지하물리탐사에서 건물지가 집중적으로 분포하고 있어 월성의 중심공간으로 추정된 곳이다. 조사지역 북쪽에 위치한 석빙고를 중심으로 남동편의 평지상에 건물지 17기가 일곽一廓을 이루고 있음이 확인되었다.

건물지는 자북방향에서 북서쪽으로 약 8°틀어져 17기의 건물과 담장이 하나의 곽廓, 즉 일곽의 형태로 배치되어 있다. 담장은 외곽의 1, 2, 5호 건물지와 중심의 3호 건물지 사이를 구분짓는 역할을 하며, 3호 건물지를 둘러싼 'П'자로 형태로 배치되어 있다.

그림 19 | 경주 월성 C지구 중심건물지 전경

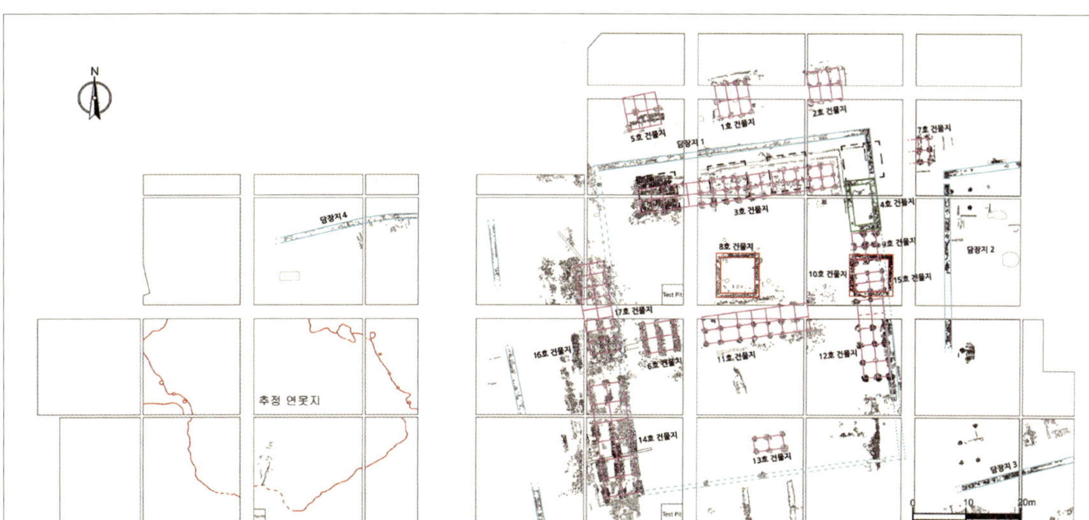

그림 20 | 월성 C지구(중앙지역) 발굴조사 유구 배치도

월성 A지구 서문지의 존재 여부를 밝히기 위해서 성벽 단절 구간에 대한 평면 조사를 실시하고 동서 방향의 트렌치, 북쪽 성벽의 진행방향을 따라 성벽 내부를 관통하는 폭 1m의 트렌치를 설정하였다. 문지 구간의 북쪽 성벽의 기저부를 따라서 1~2단으로 쌓아 올린 석축이 확인되었다. 석축은 조선시대 통행로 상부의 퇴적층 위에 축조되어 있어서 오히려 이 통행로보다 후대의 것으로 판단된다. 이 석축은 유실된 성벽 흙이 통행로로 쓸려 내려오는 것을 막기 위한 용도로 축조되었던 것으로 보인다. 서성벽 단절 구간에 대한 현재까지의 조사 내용으로는 이 구간에는 문지와 관련된 어떠한 시설, 즉 초석이나 적심, 석축 시설, 별도의 바닥 시설 등이 확인되지 않는다. 성벽 성토층 상부에 조선시대 통행로가 확인되는 점으로 미루어 문지가 유실되었을 가능성이 클 것으로 판단된다. 이와 함께 A지구에 대한 조사과정에서 인신희생人身犧牲으로 판단되는 인골 2구가 출토되어 후속 연구가 필요한 상황이다.

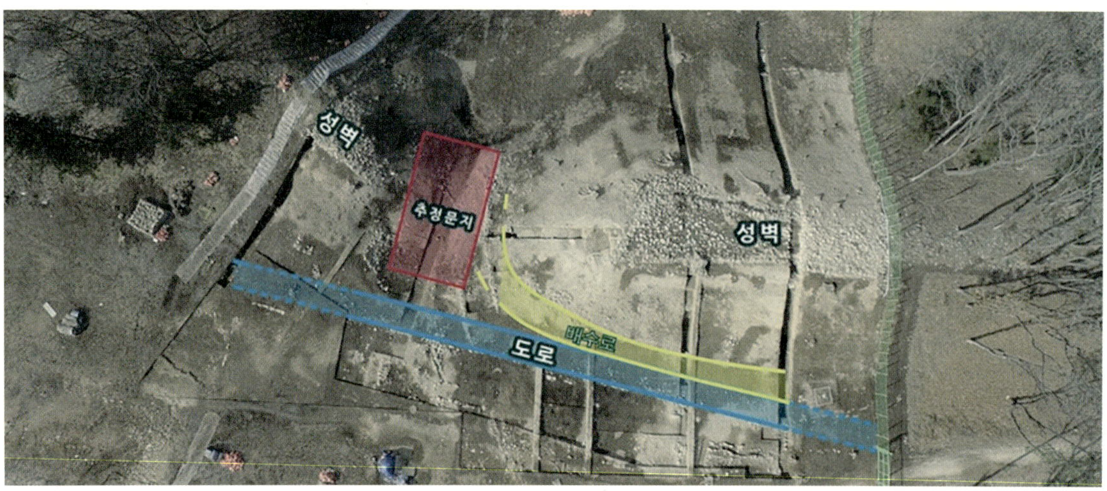

그림 21 | 월성 A지구 추정 문지부분과 성벽 내부 도로(보도)

월성 1~3호 해자에 대한 조사는 1985~1989년에 이루어진 시굴조사 결과를 바탕으로 정밀발굴조사를 실시하고 있다. 현재까지 이루어진 발굴조사를 통해 유구의 평면을 확인하였고, 해자 내부 퇴적층의 토층조사를 통해 층위별 유물의 출토양상 및 해자의 사용시기를 파악하였다.

1호 해자의 토층조사 결과, 표토층과 기반층을 제외한 해자 내부퇴적층은 크게 3개의 층위로 세분된다. 해자라는 유구의 특성상 각 층위에서 출토되는 유물의 하한연대를 통해 해자의 사용기간 및 폐기시기를 추정하였다. 또한 기존에 발굴조사가 완료된 4·5호 해자의 토층양상과 비교·검토한 결과 통일된 퇴적양상을 보여 '다'구역 1~5호 해자는 유기적으로 공존하면서 해자로 기능했던 것

그림 22 | 월성해자('다'구역 1~3호 해자) 그리드 구획배치도

으로 판단된다.

해자의 외형적 특징, 호안 축조방법, 호안 축조 시 사용된 부재의 종류에 따라 기반층을 굴착하여 조성한 수혈해자와 석재를 사용하여 호안을 조성한 석축해자로 구분할 수 있다. 수혈해자는 기반층을 굴착하여 조성하였고 내부에는 목주와 목판을 설치한 물막음 시설이 확인되었다. 수혈해자는 내부퇴적토인 흑갈색점질토(뻘층)를 통해 담수시설로 기능하였던 것으로 판단된다. 석축해자는 석재를 이용하여 호안을 조성한 해자시설로 통칭할 수 있다. 남측 호안은 월성 북성벽 기저부를 따라 조성하였고 북측 호안은 거의 일직선으로 축조하였으며, 각각의 석축해자는 입·출수구시설을 두어 담수와 배수가 이루어지도록 하였다. 석축해자는 수혈해자가 폐기된 이후 축조된 것으로 판단된다. 해자 보완발굴조사를 통해 목간이 새로 확인되고, 많은 수량의 동물뼈와 씨앗류 그리고 목재 유물이 출토되었다. 이러한 출토유물들로 인해 이후 많은 연구가 이루어질 수 있는 기반이 마련되었다.

Ⅲ. 경주 월성의 정비와 관련한 현황

1. 현재까지의 월성해자 정비

발굴조사 후 겉으로 드러난 유구는 바람과 물, 햇빛 등에 의해 천천히 손상되기 시작하므로 유구를 보호하기 위한 정비가 뒤따라 이루어져야 한다. 우리나라의 많은 문화재들은 대부분 유구를 일정부분 흙으로 덮어 보호하는 정비가 이루어진다. 복토보다 더 적극적인 방법으로 발굴조사 결과를 바탕으로 고증하여 다시 바로잡고 보호처리하여 원래의 유구 형태를 겉으로 드러내는 방법이 있다. 월성에서는 성벽 외곽을 따라 북쪽편에 조성된 해자에서 두 번째로 언급한 방법을 발견할 수 있다.

월성 해자는 동쪽에서부터 서쪽까지 '가'~'라'구역으로 나누어 발굴조사가 이루어졌고 이러한 조사를 통해 그 성격과 구축양식이 비교적 잘 밝혀진 '나'구역 석축해자와 '다'구역 4·5호 해자가 정비되어 있다.[9] 석축해자는 물을 담고 있는 담수해자이고 4·5호 해자는 물을 담지 않은 건해자로 조성되어 있다. 이 3개 해자의 정비에 대해 정비가 행해진 순서대로 살펴보고자 한다.

1) 석축해자

석축해자는 동문지와 국립경주박물관 사이에 위치하고 있다. 석축해자는 1979~1980년 월성 동문지를 발굴할 때 일부구간이 발굴되었으며 1984~1986년에 시·발굴조사되었다. 그 후 1988년에 설계가 진행된 후 같은 해에 정비공사를 시작하여 1989년에 공사가 완료되었다.

석축으로 쌓은 연못형 해자의 형태를 하고 있으며 북쪽과 동쪽은 직선으로 쌓고 성벽 인근은 성벽을 따라 부드러운 곡선의 형태로 쌓아 'ㄱ'자 모양을 하고 있다.

기존에 있던 15m 정도의 석축을 보강하였고 193m는 새롭게 쌓았다. 'ㄱ'자의 양쪽 말단부에 입·출수구를 설치하고 기존 배수로와 연결하는 흄관을 설치하였다. 바닥은 점토다짐으로 하여 물이 빠져나가지 않도록 하였다. 그 후 주변에 잔디를 식재하여 평탄하게 정돈하였다.

그림 23 | 석축해자 정비 전
(문화재관리국, 1990, 46쪽)

그림 24 | 석축해자 정비 후
(문화재관리국, 1990, 46쪽)

9_ 본 글에서는 '나'구역 석축해자는 석축해자로, '다'구역 1~5호 해자는 1호 해자, 2호 해자, 3호 해자, 4호 해자, 5호 해자로 기술하고자 한다.

2) 4호 해자

4호 해자는 석빙고 서북쪽에 위치하고 있다. 4호 해자는 1999~2006년에 발굴조사가 이루어졌고 총 9번의 정비설계관련 자문회의가 개최되었다. 1차 자문회의에서는 4-2 석축을 기준으로 4-1 석축과 4-2 석축 사이 지피식물 식재방안이 제시되었다. 1차 자문회의 이후 실시설계가 시작되어 실시설계과정에서 2~7차 자문회의가 이루어져 담수하지 않는 안으로 정리되었다.

표 3 | 4호 해자 정비관련 자문회의 내용
(국립경주문화재연구소, 2009a, 34~35쪽)

회차	개최일	내용
1차	2006.10.12	4-2 석축이 기준으로 유실된 서편지역의 석축은 동편을 기준으로 동일한 방식으로 축조 4-1 석축과 4-2 석축 사이에는 지피식물 식재
2차	2007.2.16.	해자의 형태 및 배수에 관한 확정안이 나오기 전까지 내부 담수를 하지 않고 보존
3차	2007.3.12.	정비와 관련된 3개안 제시 1) 기존 설계안을 그대로 이용 2) 발굴조사 시 확인된 부분만 우선적으로 정비 3) 해자 서북편 유실부분에 대해 추정복원하고 안내표시
4차	2007.4.11.	빗물이 자연 배수될 수 있도록 설계 반영 유실부분은 인접한 3호 및 5호 해자 조사 후 정비
5차	2007.4.27.	담수하지 않는 안으로 정비한 후, 향후 주변해자에 대한 발굴조사를 통해 구조가 밝혀진 후 수정 · 보완
6차	2007.6.12.	정비기준이 되는 4-2 석축 이외의 석축들도 보존 부족한 석재는 최대한 유사한 것으로 사용 해자의 발굴상태와 주변 경관 등 고려하여 정비
7차	2007.11.13.	각 석축은 가급적 원형을 많이 보완하고 담수하지 않음 입 · 출수구는 조사당시의 형태를 최대한 유지하도록 설계 석축의 뒤채움이 견고하도록 점토층을 두어 방수
8차	2008.10.14.	개별 석축에 대한 시공표본을 제작하여 실제 모습 검토 뒤채움은 안식각 등을 고려하여 안정성 확보 후 시공
9차	2008.12.30.	동북모서리 석축배수로는 기존 유구와 혼동될 우려가 있어 복토 후 잔디 식재, 남측의 성벽 토사 유실 방지조치

2008년 문화재청 설계심사가 진행되었는데 건해자로 가급적 원형을 많이 남겨 보완하고 입 · 출수구는 조사 당시 형태 최대한 유지, 석축의 뒤채움을 견고히 하기 위해 잡석의 적심과 함께 점토층을 두어 방수시설하는 것을 조건으로 승인되었다. 2008년 7월 정비공사가 착공되어 8~9차 자문회의에서 정비완료 현황을 검도한 후 2009년 4월에 공사가 완료되었다.

정비는 원형 유구의 잔존 여부에 따라 완전 해체 복원구간, 신설 복원구간, 부분 정비 복원구간으로, 석축재료에 따라 자연석 막돌 설치구간, 자연석 가공석 설치구간으로 분류하여 정비되었다. 석축 쌓는 방법은 잔존유구에서 볼 수 있는 퇴물림과 동일한 방법으로, 전체의 기울기는 안으로 들이가도록 하되 일률적인 퇴물림 방법을 시양하였다. 완전 해체 복원구간은 구조적 안정을 위해 기

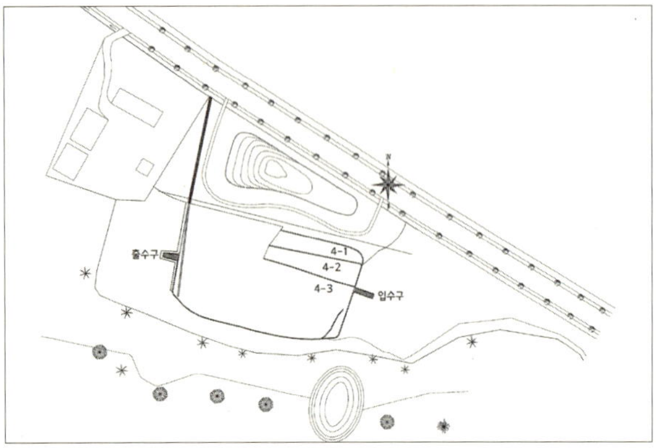

그림 25 | 4호 해자 정비 배치도
(서흥기술건축사사무소 제공 도면 수정편집)

그림 26 | 4호 해자 정비 사진
(국립경주문화재연구소, 2011a)

초를 설치하고 잡석으로 뒤채움하였으며, 부분 정비 복원구간은 보충되거나 해체 후 재설치되는 부분만 잡석으로 뒤채움하였다.[10]

3) 5호 해자

5호 해자는 동문지와 석빙고, 신라왕궁영상관 사이 남쪽에 위치하고 있다. 5호 해자는 2007~2009년에 발굴조사가 이루어졌고 이 결과를 바탕으로 3번의 정비설계관련 자문회의를 거쳐 2011년 실시설계가 이루어졌다. 첫 번째 자문회의에서는 입·출수 등 배수관계가 명확해진 후 담수하는 것을 전제로 담수하지 않는 방향으로 하는 것이 바람직하다고 정리하였다. 두 번째 자문회

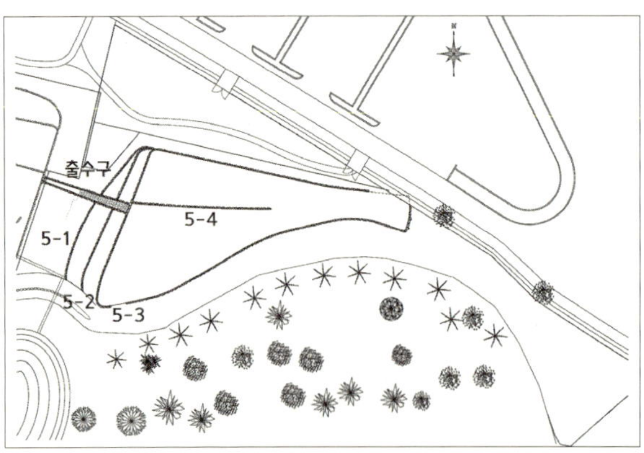

그림 27 | 5호 해자 정비 배치도
(정우건축사사무소 제공 도면 수정편집)

그림 28 | 5호 해자 정비 사진

10_ 국립경주문화재연구소, 2009, 『경주 월성 4호 해자 정비보고서』, 47~48쪽.

의에서는 석빙고 북측 석축 하부에 대한 보완조사 필요성이 제기되어 석빙고 인접부 사면안정성 조사연구가 진행되었다. 그리고 석빙고 인접부 사면 및 출수구 관계에 대한 보완조사도 뒤따라 이루어졌다. 3차 자문회의에서는 해자 석축해체와 바닥면 정비 등에 대한 내용이 검토되었다.

정비 설계의 기본적인 방향은 해자 석축의 변천을 확인할 수 있고 유구의 흔적이 표현되도록 건해자로 계획하였다. 석빙고 북편 하부경사면은 수습된 기존 석재를 완만한 경사를 이룰 수 있도록 정비하였다. 5-3 석축을 기준으로 5-3 석축 이후 유구인 5-1 석축과 5-2 석축은 출수구의 레벨보다 낮게 처리하고 5-3 석축보다 이전 유구인 5-4 석축은 석렬이 뚜렷하게 남아있는 부분만 정비하였다. 5-3 석축에 맞춰 입수구의 위치를 표시하고 출수구는 기존에 정비된 4호 해자의 입수구와 연계하였다. 바닥은 마사토다짐으로 정리하였다. 추가적으로 해자 북편에 기존 4호 해자 관람객 진입동선이 이어지도록 관람로를 조성하였다.[11]

월성에서는 1980년대에 석축해자, 2009년에 4호 해자, 2011년에 5호 해자에서 정비사업이 이루어졌다. 관련 전문가의 자문을 거쳐 그 성격이 밝혀지지 않은 부분은 추가적으로 조사한 후 설계와 공사를 진행하였다. 정비가 완료되기 위해서는 발굴조사와 관련 고증연구, 전문가 검토회의, 문화재위원회 승인, 추가 조사, 조사결과 재검토 및 반영 등 많은 과정이 이루어져야 한다. 또 정비공사가 완료되었다고 하더라도 주변 지역의 발굴조사 및 정비에 따라 재정비가 필요하다. 따라서 기존 유구의 완전한 보호가 이루어져야 하며 재조사 및 정비에 대한 대비책이 마련되어야 한다.

2. 월성 정비 연구

월성을 대상으로 발굴조사 후 이어지게 되는 복토 및 복원에 관한 2개의 연구를 진행하였다. 하나는 월성해자의 전체적인 정비방안을 마련하는 연구로 2016년 3~7월에 거쳐 이루어졌다. 기존 발굴조사 성과를 바탕으로 현재에 가장 적합한 정비안을 마련하고자 하였다. 다른 하나는 발굴조사 후 가장 안정적인 유구복토 방법을 마련하기 위한 연구이다. 2016년 11월부터 2017년 3월에 거쳐 진행되었다. 이 두 가지 연구의 내용을 요약하여 아래에 정리하였다.

11_ 국립경주문화재연구소, 2011, 『경주 월성 5호해자 정비』, 8쪽.

1) 경주 월성해자 정비 기본계획 수립 연구

월성 1~3호 해자 추가 발굴조사의 종료와 함께 기존에 정비되어 있는 4~5호, 석축해자를 함께 통일성 있게 재정비하자는 요구가 증가하였다. 이러한 추세에 따라 기존에 정비가 이루어진 3개의 해자를 포함하여 1~3호 해자까지 포함한 월성해자의 기본 정비계획을 수립하였다. 현재의 상황에서 가장 적합한 월성해자로 정비하기 위한 정비의 기본적인 방향을 제시하고 아울러 월성해자 정비 실시설계가 진행되기 전 고려해야 할 중점사항을 미리 정리하여 실시설계도 작성의 참고자료로 활용하고자 하였다.[12]

먼저 해자 정비·복원과 관련한 국·내외 사례를 조사하고 2014년도까지 진행된 발굴조사 성과를 해자 구축방법 및 시대에 따른 변천과정을 검토하였다. 또한 정비 설계도 작성을 위하여 정비대상지역의 도면자료를 구축, 조감도 작성을 위한 항공사진 촬영, 해자와 인접한 성벽에 대한 비파괴검사를 진행하여 성벽의 시기별, 위치별 안정성 검토가 이루어졌다.

해자뿐 아니라 동부사적지 내 건물지 정비에 대한 기본계획을 수립하였다. 경주 월성의 북서쪽에 위치한 동부사적지대를 대상으로 구역별 정비방향과 동선계획을 수립하였다.

그리고 총 3가지의 기본적인 정비계획안을 제시하였다. 첫 번째 정비계획안은 1~5호 해자, 석축해자 모두를 담수해자로 정비하는 방법이다. 바닥 다짐층을 제외하고 폭 1m, 높이 1m, 길이 1,067m(1~3호 해자 둘레 및 배수로 길이)의 석축을 발굴조사로 고증된 축조방법으로 정비하고 기정비된 4·5호 해자 및 '나'구역 석축해자의 경우는 일부 손상부의 부재만을 교체한다. 해자 사이의 입·출수구 폭은 1~2호는 10m, 2~3호는 20m로 정비하고 1~2호 해자 사이의 입·출수구는 석축을 양측에 쌓아 물막이를 설치하고, 바닥의 경사도를 완만하게 조절하여, 유속을 느리게 하여, 해자 간 입·출수가 자연스럽게 이루어지도록 시공하는 방법이다. 이 방법은 해자간 통일성이 있어 유구의 용도를 시각적으로 확실히 보여주는 장점이 있는 반면 해자의 변천과정을 확인할 수 없으며 해자 내 유구가 유실될 가능성이 있다.

두 번째 방법은 기존의 해자는 그대로 두고 1~3호 해자만 담수해자로 정비하는 것이다. 유구의 변천과정을 보여줄 수 있으나 해자 간의 통일성이 부족하여 서로 다른 대상물로 오해할 수 있다.

세 번째 방법은 석축해자는 담수해자로 두고 나머지 해자를 모두 건해자로 정비하는 것이다.

12_ 한국고고학회, 2016, 「한국고고학의 기원론과 계통론」, 제40회 한국고고학전국대회 발표자료집, 301쪽.

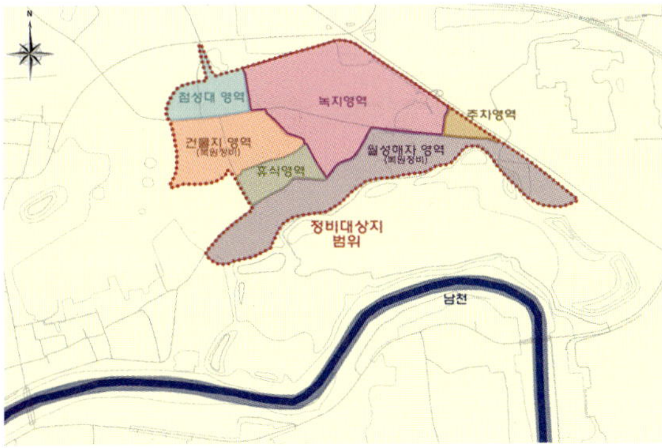

그림 29 | 기본계획의 범위 및 영역설정
((재)서라벌문화재연구원, 2016, 288쪽)

그림 30 | 동선계획도
((재)서라벌문화재연구원, 2016, 291쪽)

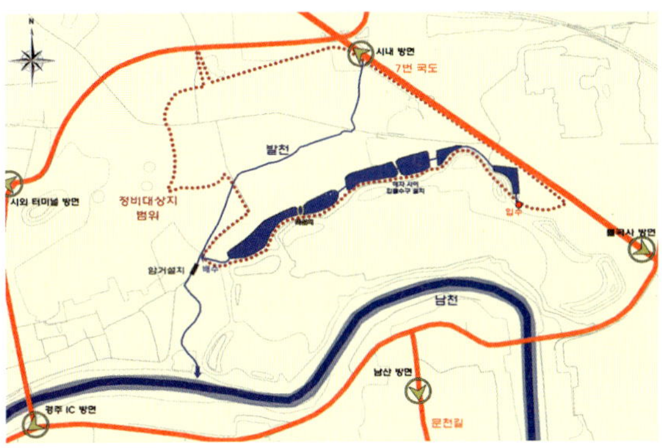

그림 31 | 배수계획도
((재)서라벌문화재연구원, 2016, 292쪽)

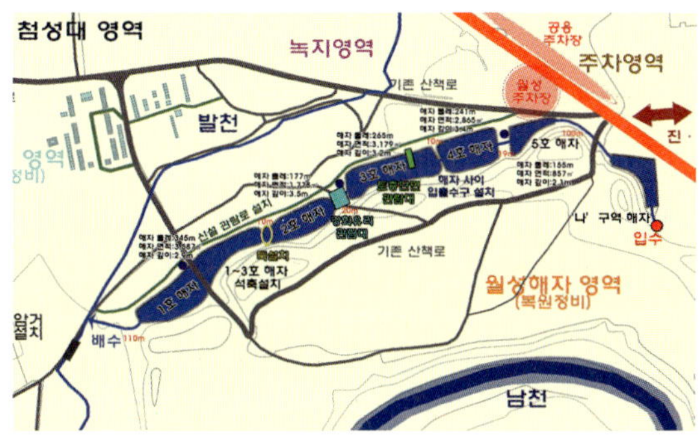

그림 32 | 월성해자 정비계획안 1
((재)서라벌문화재연구원, 2016, 306쪽)

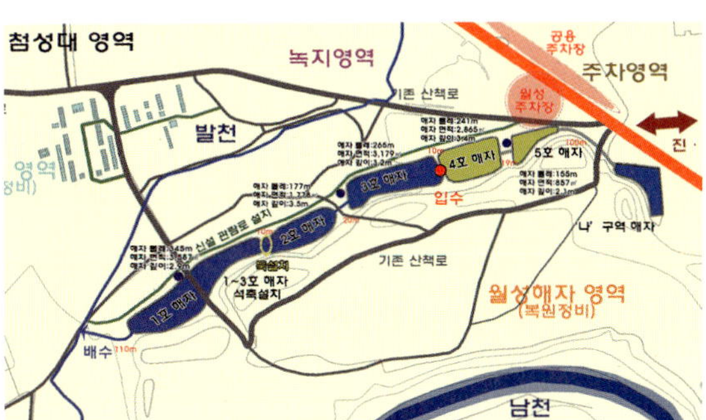

그림 26 | 월성해자 정비계획안 2
((재)서라벌문화재연구원, 2016, 310쪽)

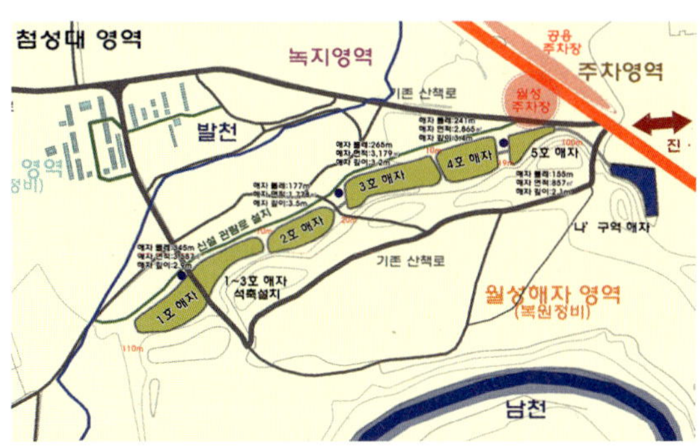

그림 27 | 월성해자 정비계획안 3
((재)서라벌문화재연구원, 2016, 311쪽)

'다'구역의 해자끼리 통일성을 줄 수 있고 유구 소실의 위험이 적고 해자의 축성시기별 특성을 가시적으로 확인할 수 있다는 장점이 있으나 해자의 특징인 물의 부재로 해자에 대한 이해도를 경감시킬 우려가 있다.

위에 서술한 기본계획을 바탕으로 발굴조사 결과를 종합적으로 검토하면서 현재 해자정비에 대한 실시설계가 진행 중이다. 석축해자부터 1호 해자까지의 높이차를 고려하고 해자와 월성 내부 유적, 동부사적지대의 정비계획을 함께 고려하여 경주와 월성의 의미를 충분히 반영한 월성해자로 다시 탄생하기를 기대한다.

2) 경주월성 유구보존 안정성검토 실험 연구

그동안 발굴조사 후 유구 복토는 많이 이루어지고 있지만 복토 후 유구가 안정적으로 보호되는지에 대한 객관적이고 과학적인 기본자료가 거의 없는 상황이다. 발굴조사 후 안정적인 유구복토(되메우기)방법을 마련하기 위해 월성 내부 중앙건물지를 대상으로 기본적인 복토방법을 제시하고자 하였다. 유구복토 및 정비와 관련한 선행연구를 조사하고 월성에서 시료를 채취하고 토질의 물성을 파악하였으며 초석 및 적심석에 대한 물성도 분석하였다. 복토 층위구성에 대한 변위량 시뮬레이션을 진행하여 월성에 가장 적합한 복토층 구성안을 제시하였다.

현행 복토방법은 발굴조사 후 유구면을 정리한 후 유구표면을 경화처리하거나 비닐 혹은 부직포를 깐다. 그리고 모래주머니 등으로 충진한 후 발굴조사에서 굴착한 흙을 덮어서 정리한다. 토사유출을 방지하기 위한 망을 깔기도 하고 그 상부에 잔디를 식재한 후 안내판을 설치하는 과정으로 마무리되고 있다.

하지만 우수 등을 통해 토양에 스며든 수분과 함께 토사가 이동하면서 부직포 표면에 점토가 밀착되면서 부직포 상부가 물그릇 역할을 하게 된다. 수분이 머무는 시간이 길어지며 유구에 수분이 침투하게 되고 변형이 일어난다. 또한 표면에 식물이 자라게 되면 뿌리가 토층까지 내려가면서 교란이 야기되는 등 문제가 발생하게 된다.

우수에 의한 지표수의 흐름도 파악을 위하여 광파측정을 통해 지형기복도 제작하고 강수 시뮬레이션을 진행하였다. 지표수가 생성될 경우 고도가 낮은 남쪽내지는 남서쪽으로 유출될 것으로 나타나 유구정비 시 남쪽에 위치한 유구를 고려해 배수체계를 계획해야 할 것으로 판단하였다.[13]

13_ 공주대학교 산학협력단, 2017, 『경주월성 유구보존 안정성 검토 실험연구』, 20쪽.

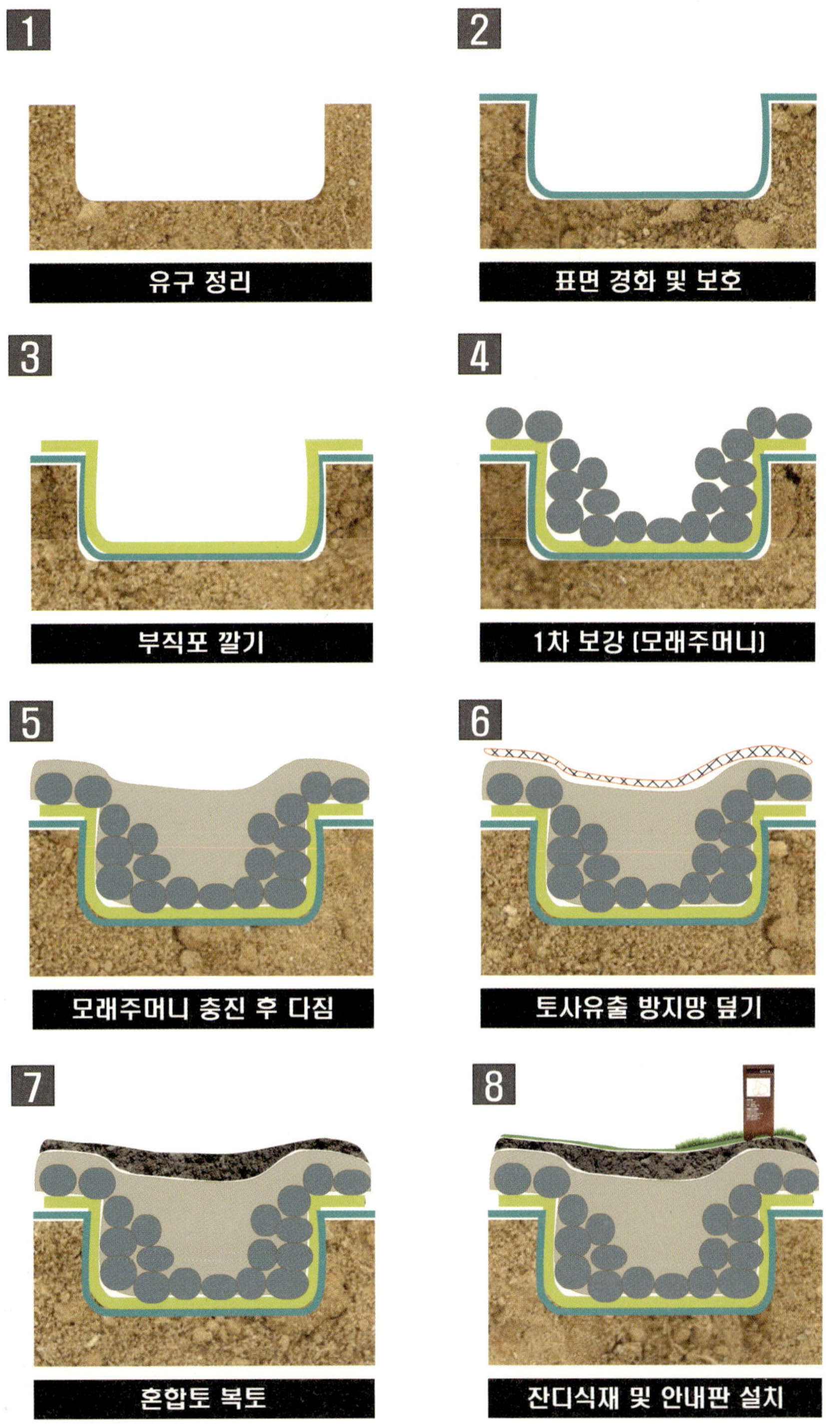

그림 35 | 현행 유구정비 방법 모식도
(공주대학교 산학협력단, 2017, 45쪽)

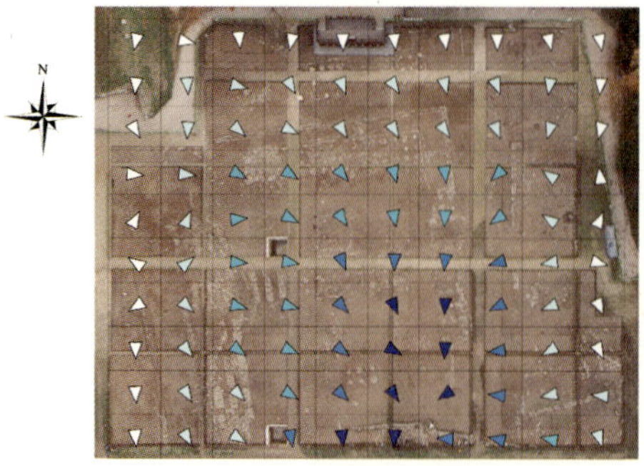

그림 36 | 지표수 이동 예상 모식도
(공주대학교 산학협력단, 2017, 22쪽)

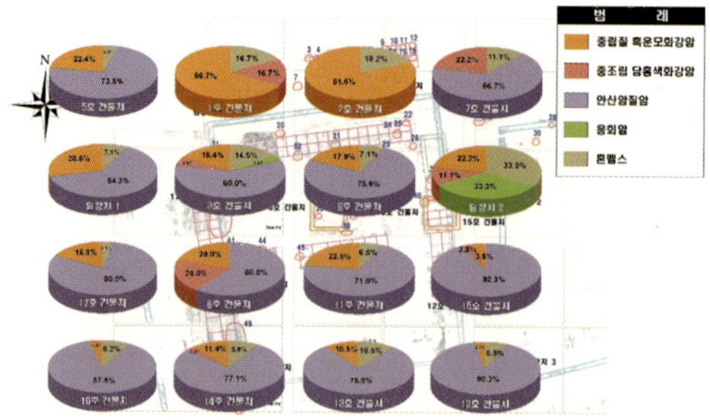

그림 37 | 중앙건물지 9구역 건물지별 암종 비율
(공주대학교 산학협력단, 2017, 73쪽)

석재의 특성을 파악하기 위해 편광현미경 관찰, 육안조사를 통해 구성암석의 종류와 점유율을 확인하였다. 중립질 흑운모화강암 15.5%, 중조립 담홍색화강암 3.0%, 안산암 72.2%, 응회암 1.0%, 혼펠스 8.3%로 구성되어 있었다. 또한 풍화도 산출을 위하여 초음파속도 측정을 진행한 결과 28.6%의 암석이 신선한 상태이고 70%가 중간단계의 풍화도를 보이고 있는 것으로 확인되었다.

토질 파악을 위해 시추조사와 위치별 시료채취를 진행하였다. 시추결과 지표~지하 2m까지는 점토가 많이 분포하고 지하 2~7m까지는 사질토가 많이 분포, 지하 7~8m까지는 점토가 많이 분포하는 것으로 파악되었다. 위치별로 심토 10개, 표토 5개를 채취하였고 발굴 후 야적 토양도 채취하였다. 테스트피트 내 11개의 토층에 대한 시료채취도 이루어졌다. 채취한 토양을 대상으로 실체현미경관찰을 통해 구성물질을 확인하였고 X-선 회절분석을 통한 광물 종 확인, 색도분석, 입도크기 파악이 이루어졌다. 발굴조사 후 야적된 토양은 점토질이 많이 함유되어 있어 수분을 오래 머물게 하기 때문에 재복토 재료로 부적절한 것으로 판단하였다.

토질 파악을 통해 시뮬레이션에 대입하기 위한 지반정수를 산정하는 작업이 이루어졌다. 모래치환법을 통해 현장건조단위중량 산출하였고 아터버그 한계 측정(토양의 수분 함량에 따른 무르고 단단한 정도 파악)을 통해 액소성한계가 산출되었다. 현장건조단위중량과 액소성한계, 토질 측정 결과를 바탕으로 다짐시험(최적함수비, 최대건조단위중량 산출), 일축압축시험(일축압축강도 산출), 압밀시험(간극비, 압축지수, 압밀하중 산출), 투수시험(투수계수산정)을 진행하여 지반정수를 산정하였다.

소일웍스라는 시뮬레이션 프로그램을 사용하여 지반정수를 대입하고 복토층 구성안에 따른 변위량을 측정하였다. 안정율을 2로 가정하고 주변상황이나 미관적인 부분을 고려하여 복토두께

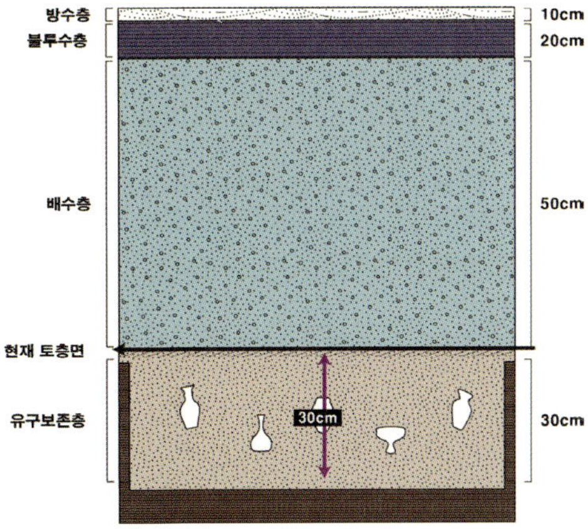

그림 38 | 유구복토 최적안
(공주대학교 산학협력단, 2017, 224쪽)

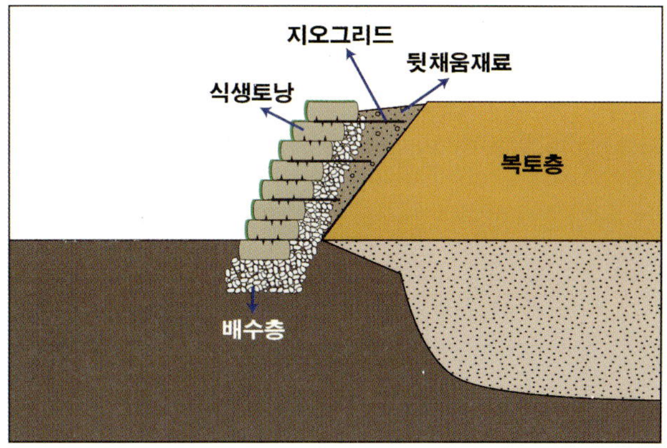

그림 39 | 유구사면의 식생토낭 보강토 공법 모식도
(공주대학교 산학협력단, 2017, 247쪽)

1.1m가 바람직할 것으로 판단하여 시뮬레이션을 수행한 결과 방수층 10cm, 불투수층 20cm(점토), 배수층 50cm(화강암풍화토), 유구보존층 30cm(사질토)으로 구성하는 것이 가장 적합한 것으로 나타났다.

복토층 상부 정비방법에 대한 고찰도 이루어졌는데 초석만으로 상부 유구를 표시하는 방법에 비해 목구조까지 표현하는 방법은 침하량이 40% 증가하기 때문에 최소한의 표현이 하부 유구를 안정적으로 보존할 수 있는 방법으로 파악되었다.

복토면의 사면을 안정적으로 유지하기 위한 방법도 몇 가지 제시되었는데 복토층을 구성하고 사면에 뒤채움을 한 후 배수층을 두고 식생토낭을 시설하여 뒷채움면부터 식생토낭까지를 지오그리드로 잡아주어 사면을 안정적으로 유지할 수 있는 방법이 가장 적합할 것으로 판단되었다.

토질, 지질, 지반, 수리 분야의 분석결과에 근거하여 유구의 안정적 보존관리 방안에 대한 실험적 연구가 진행되었다. 야외에 노출되어 있는 유구에 대한 안정적 보존방법에 대한 최초의 과학적 검토가 수행되었다는 점에서 매우 큰 의미가 있다. 추후 위의 연구에 뒤따르는 보존과학적 연구가 진행되어야 할 것이며 현장에서 실험연구가 진행되어 객관적인 자료의 확보가 반드시 뒤따라야 한다.

Ⅳ. 경주 월성 발굴조사 관련 활용 프로그램

국립경주문화재연구소는 경주 월성 발굴조사와 관련하여 다양한 활용 프로그램을 실시하였다. 경주 월성에 대한 발굴조사는 2014년에 이루어졌다. 그러나 발굴조사가 착수되기 이전 일부이기는 하지만 많은 조사기관을 투입하여 신속한 발굴조사를 추진하는 것이 필요하다는 의견을 제시하는 입장과 장기적이고 체계적인 발굴조사 계획 수립이 필요하고, 성급한 발굴조사에 반대한다는 입장이 대립하는 과정을 거쳤다. 이러한 대립과정을 거치면서 국립경주문화재연구소는 발굴조사 과정과 성과를 관련 학계뿐만 아니라 시민들과도 긴밀하게 소통하는 것이 중요하다는 결론에 도달하게 되었다. 이러한 결론을 토대로 기존의 발굴조사 현장에서는 실시하지 않았던 많은 활용 프로그램을 실시하게 되었다. 이러한 프로그램은 발굴조사 전체 계획(마스터플랜)에 반영되었으며, 2016년부터 정기적으로 실시하고 있다.

1. 발굴조사 현장 개방행사

발굴조사 현장 개방행사는 '천년 궁성, 월성을 걷다'와 '빛의 궁궐, 월성'라는 타이틀로 지금까지 총 3회에 걸쳐 실시되었다. 조사를 담당하고 있는 학예연구사의 상세한 설명과 기와편 등의 출토유물을 직접 관찰할 수 있는 내용을 포함하였다. 이 외에도 별도의 홍보물을 제작하여 배포하는 등 참가자들이 발굴조사를 보다 쉽게 이해할 수 있도록 준비하였다. 특히 '빛의 궁궐, 월성'은 야간 개방행사를 포함하여 참여한 시민들로부터 많은 호응을 이끌어내었다. '천년 궁성, 월성을 걷다'는 2016년 3월 25일 문화의 날에 맞추어 개최하였으며, 전체 792명의 사람들이 참여하였다. '빛의 궁궐, 월성'은 2016년 10월 21~23일까지, 2017년 10월 27~28일까지 2차례 개최하였으며, 1288명(2016년)와 1709명(2017년)의 사람들이 참여하였다.

그림 40 | ‘천년 궁성, 월성을 걷다’ 포스터(2016.3.25.)

그림 41 | ‘빛의 궁궐, 월성:밤’ 포스터(2016.10.21.)

그림 42 | ‘빛의 궁궐, 월성:낮’ 포스터(2016.10.21.)

그림 43 | ‘빛의 궁궐, 월성’ 포스터(2017.10.27.)

그림 44 | '2016 천년 궁성, 월성을 걷다'

그림 45 | '2016 빛의 궁궐, 월성'

그림 46 | 2017 전문가와 함께하는 신라이야기

그림 47 | '2017 빛의 궁궐, 월성'

그림 48 | '2017 빛의 궁궐, 월성' 주간 현장 설명

그림 49 | '2017 빛의 궁궐, 월성' 야간 현장 설명

2. 발굴조사 현장 사진촬영대회

사진촬영대회는 '천년 궁성, 월성을 담다'라는 이름으로 2016년 5월 25일, 2017년 5월 27일 등 지금까지 2회에 걸쳐 진행하였다. 발굴조사는 정상적으로 진행하면서 사진을 촬영할 수 있도록 개방

그림 50 | '천년 궁성, 월성을 담다' 포스터(2016.5.25.)

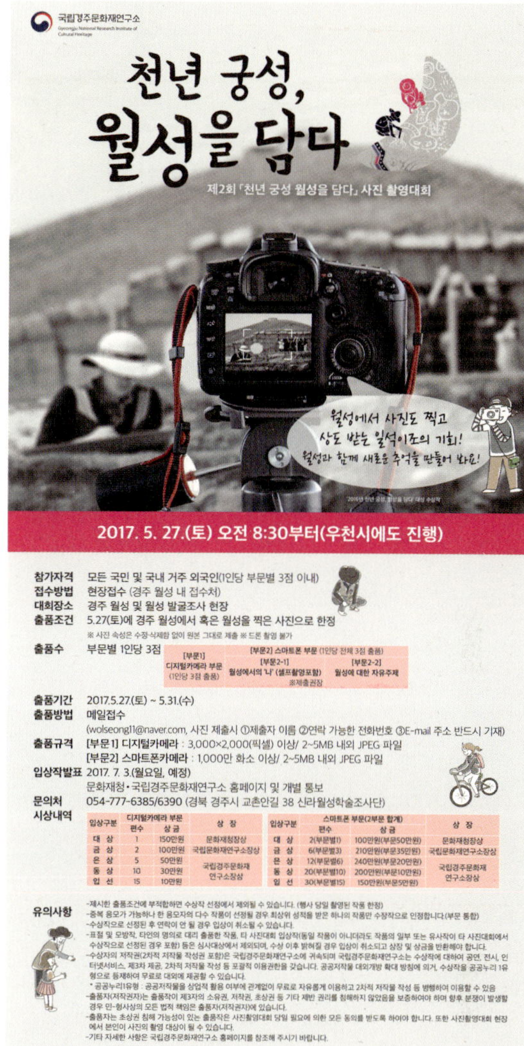

그림 51 | '천년 궁성, 월성을 담다' 포스터(2017.5.27.)

그림 52 | '천년 궁성, 월성을 담다'(2016.5.25.)

그림 53 | '천년 궁성, 월성을 담다'

그림 54 | '천년 궁성, 월성을 담다'

그림 55 | '천년 궁성, 월성을 담다' 시상식

하는 한편, 조사를 담당하는 학예연구사 등이 발굴조사에 대한 설명을 함께 실시하였다. 2016년도에는 502명, 2017년도에는 1034명의 사람들이 참여하였으며, 우수한 작품은 별도의 시상식과 전시회를 개최하였다.

3. 월성이랑

'월성이랑月城以朗'은 발굴조사의 시작에서 현재에 이르는 과정, 발굴조사 성과와 출토유물에 대한 상세하고 체계적인 내용을 중심으로 설명과 교육을 전담하는 팀으로 한글로는 '월성'에 어떤 행동을 함께 하거나 상대로 하는 대상임을 나타내는 조사인 '이랑'을 붙여서 '국민과 함께 하는 월성 발굴조사'를 나타내고자 하였으며, 한자로는 '신라 화랑花郞'의 '랑郞'을 차용하여 젊고, 활동적이며

그림 56 | '월성이랑'

그림 57 | '월성이랑'

진취적인 이미지를 담고자 하였다. '월성이랑'은 기존의 문화재 해설이 전달하기 어려운 발굴조사의 내용과 학술적 성과를 시민들의 입장에서 쉽고 상세하게 전달할 수 있는 프로그램이다.

V. 맺음말

지금까지 경주 월성에 대한 발굴조사와 정비, 활용 등에 대해 살펴보았다. 경주 월성의 발굴조사는 이미 1914년 일본인 도리이 류조에 의해 처음 실시되었으나, 1979년에 이르러 우리 손으로 직접 발굴조사를 시작하였다. 그러나 그 이후 35년의 시간 동안 월성 해자를 포함한 주변지역에 대한 조사에 머물렀다가 2014년 12월부터 본격적으로 월성 내부에 대한 발굴조사가 이루어졌다. 약 3년에 걸쳐 이루어진 발굴조사를 통해 나름의 성과를 도출하기도 하였지만, 아직은 밝혀낸 것보다 밝혀내야 할 것들이 많은 것이 사실이다. 출토유물의 분석과 문헌에 대한 연구 등을 통해 발굴조사 성과를 정밀하게 해석하는 과정이 앞으로의 과제이다.

또한 발굴조사와 함께 지속적으로 추진되어야 할 것들이 발굴조사 유구의 보호와 보존을 위한 유적정비이다. 기존의 유적정비 방법론뿐만 아니라 새로운 방법론을 도출하기 위한 연구와 실험이 반드시 수반되어야 한다. 국립경주문화재연구소는 이러한 연구와 실험을 보다 체계적으로 추진할 계획이다. 아울러 이러한 과정을 통해 도출된 유적정비 방법론이 유적정비가 필요한 우리나라의 많은 사적 등에서도 적용되기를 바란다.

마지막으로 발굴조사가 일반시민들과 지속적으로 소통할 수 있는 공간을 마련하는 것도 중요하다. 특히 경주처럼 발굴조사 현장을 시민들의 생활공간 주변에서 항상 볼 수 있는 지역에서는 발굴조사 현장과 지역민과의 거리를 좁혀, 발굴조사가 지역민들의 일상과 함께 하는 것이 필요하다. 발굴조사 과정의 유구와 유물을 보호할 수 있는 장치를 마련하는 것은 당연하며, 아울러 발굴조사 과정이 교육의 현장이 되도록 프로그램을 개발하고 적용하기 위한 노력이 필요하다.

참고문헌

공주대학교 산학협력단, 2017, 『경주월성 유구보존 안정성검토 실험연구』

국립경주문화재연구소, 2004, 『월성해자 발굴조사보고서Ⅱ』

__________, 2009a, 『경주 월성 4호해자 정비보고서』

__________, 2009b, 『경주 황남동 대형건물지-황남동 123-2번지 유적-』

__________, 2010, 『경주 월성Ⅲ-기초학술조사 보고서-』

__________, 2011a, 『경주 월성 5호해자 정비』

__________, 2011b, 『월성해자 발굴조사보고서Ⅲ(4호 해자)』

__________, 2012, 『월성해자 발굴조사보고서Ⅳ(5호 해자)』

__________, 2015a, 『경주 월성 발굴조사 마스터플랜 수립보고서』

__________, 2015b, 『월성해자 발굴조사보고서Ⅴ(라구역)』

국립중앙박물관, 1997, 『유리원판목록집Ⅰ』

문화재관리국, 1990, 『문화재수리보고서 1988(상)』

문화재연구소 경주고적발굴조사단, 1985, 『월성해자 시굴조사보고서』

__________, 1990, 『월성해자 발굴조사보고서Ⅰ』

(재)서라벌문화재연구원, 2016, 『경주 월성해자 정비 기본계획 수립연구』

한국고고학회, 2016, 『한국고고학의 기원론과 계통론』, 제40회 한국고고학전국대회 발표자료집

関野貞, 1904, 「都城」, 『韓国建築調査報告』, 東京帝国大学工科大学学術報告 第6册, 東京帝国大学

______, 1909, 「慶州に於ける新羅時代の遺跡」, 『東洋協会調査部学術報告』 第1册, 東洋協会調査部 編, 東京: 東洋協会

藤島亥治郎, 1930, 「朝鮮建築史論・其二」, 『建築雑誌』 44-531, 日本建築学会

藤田亮策・梅原末治・小泉顕夫, 1924, 「慶州発見の石器と古墳出土の異形陶質器四五」, 『大正11年度古蹟調査報告』 第1册 慶尙南北道 忠淸南道 古蹟調査報告, 朝鮮總督府

有光教一, 1959, 「慶州月城・大邱達城の城壁下の遺跡について」, 『朝鮮学報』14, 朝鮮学会

鳥居龍藏, 1914, 「鳥居龍藏氏よりの通信 第5信(4月25日, 浦項發)」, 『人類学雑誌』29-5, 東京人類学会

백제왕성
서울 풍납동 토성의
현재와 미래

Present and Future
of Baekje Royal Fortress in Pungnap-dong, Seoul

日本における古代王城の発掘・保存・活用：畿内地域

-3~5世紀の纒向遺跡および脇本遺跡を中心に-

井上主税 日本 関西大学 准教授

Ⅰ．はじめに

『古事記』と『日本書紀』には、歴代天皇の宮号が記されているが（表１）、これら宮の実在性については謎が多い。記紀にみえる崇神天皇から推古天皇までの宮の所在地は、仁徳天皇と反正天皇を除けば、すべて大和（現在の奈良県）に伝承されている。なかでも５・６世紀のヤマト王権の王宮は、奈良盆地東南部、三輪山周辺（狭義のヤマト）に集中していることが知られる。

古墳時代の宮について、これまで発掘調査によってその所在地が確認されたのは、雄略大王（天皇）の泊瀬朝倉宮（『日本書紀』）のみである。そのため、ヤマト王権の宮の規模や構造についてはほとんど明らかでないといえる。古代史研究の立場からは、和田萃氏が泊瀬朝倉宮についての諸説を検討したうえで、脇本遺跡が泊瀬朝倉宮である根拠を述べている（和田1988）。

泊瀬朝倉宮の一部とされる遺構は、1984年３月に「磯城・磐余の諸宮調査会」による脇本遺跡第１次調査で掘立柱建物が確認されたことを契機とする。上層からは７世紀後半代の掘立柱建物、下層からは５世紀後半代の掘立柱建物が検出された。５世紀後半代の建物は２間×４間の南北棟、２間×２間以上の南北棟で、主軸を揃えて南北に並ぶことが確認されている。

一方、３世紀から４世紀前半にかけて営まれた纒向遺跡は、その特質から邪馬台国の所在地ではないかとされ、また記紀にみえる宮との関連性は不明であるが初期ヤマト王権の宮殿が営まれた可能性が高いとされる遺跡である。

本稿では、３～５世紀にかけての王宮の候補地である、奈良県桜井市纒向遺跡と同市脇本遺跡（図１）を中心に取り上げ、各遺跡の発掘調査の成果、保存・活用事業について述べてみたい。

Ⅱ．纒向遺跡の発掘・保存・活用について

纒向遺跡は、奈良盆地東南部（狭義のヤマト）、三輪山の西麓に位置し、東西２㎞、南北1.5㎞に広がる。３世紀初頭に突如出現し、４世紀前半まで営まれた大規模な集落跡である。周辺には、纒向石塚古墳をはじめとする纒向古墳群や箸墓古墳など出現期の古墳が点在している。これまでの調査成果に基づき、旧河川に挟まれた微高地上に営まれた居住区と、遺跡の西辺から南辺にかけて営まれた王墓区の存在が想定されている（図２）。

現時点では、纒向古墳群の一部（纒向石塚古墳・ホケノ山古墳）が2006年に「史跡纒向古墳群」として、纒向遺跡の一部（太田地区・辻地区）が2013年に「史跡纒向遺跡」として、それぞれ国史跡に指定された。さらに、2017年には箸墓古墳前方部西側の隣接地が国史跡に指定された。

１．既往の調査と遺跡の特質

纒向遺跡の本格的な調査は、1971年の雇用促進住宅の建設にともなう調査に端を発し、同年に７次にわたる調査が実施された。このときの調査成果は、1976年に刊行された報告書である『纒向』に詳しい。この調査を契機に、纒向遺跡は最古の前方後円墳を持つ古墳時代前期の大集落遺跡として位置づけられた。

その後、桜井市教育委員会と奈良県立橿原考古学研究所によって継続的に調査が行われ、新しい知見が得られていくのに伴い、纒向遺跡は大きく注目を浴びた。1984年に纒向遺跡の持つ特質が寺沢薫氏によって指摘され、「新たに編成された政権の政治的意図によって建設された日本最初の都市」と評価された（寺沢1984）。

2000年代に入ると発掘調査は、古墳や集落域の範囲確認調査が計画的に進められるようになるとともに、これまで出土した遺構・遺物に対する研究も飛躍的に進み、遺跡の持つ新たな特質が多数指摘されている（橋本2013）。

纒向遺跡の諸特質については、『奈良県桜井市史跡纒向遺跡・史跡纒向古墳群－保存

活用計画書ー』のなかで言及されており、以下のように整理することができる。

① 大規模な集落：弥生時代の拠点集落の規模をはるかに上回るだけでなく、同時期の集落でも同等の規模を持つものはない。

② ３世紀初頭に突如として大規模な集落が営まれており、遺跡の消長は周辺の前期古墳の動向と時期が一致する。

③ 発生期の前方後円墳で構成された古墳群の存在：纏向石塚古墳・矢塚古墳・勝山古墳・東田大塚古墳・ホケノ山古墳などの共通した規格性を持った前方後円墳群が存在した。

④ 農業を営んでいない可能性：出土木製品をみると農具である鍬が極めて少なく、土木工事用の鋤などが多く出土する。

⑤ 吉備地域との直接的な関係：吉備地域をルーツとする弧帯文様をもつ特殊器台・弧文円板などの出土から吉備地域との直接的な関係が想定される。

⑥ 広範囲な地域からの搬入土器が多く出土している。各調査地点では全体の15％～30％前後を占めており多量である。その範囲は北部九州から南関東におよぶ。

⑦ 交通の要所と「大市」の存在

⑧ 辻地区の特殊な大型建物群の存在：辻地区では柵をめぐらせた大型掘立柱建物が確認されている。これらは方位や軸線をそろえており、明確な設計と規格性に基づいて建てられている。この時期の首長居館と目されている。

⑨ 首長層の墓制：太田地区では一般的な居住域において、方形周溝墓・木棺墓・土器棺墓などとともに、庄内式期の前方後方墳である全長28mのメクリ１号墳が確認された。この事例からみて、遺跡内での首長層の墓制や立地に、明確な多様性や階層性が存在する。

⑩ 高床式建物や平地式建物：一般的な竪穴住居はほとんど確認されていない。高床式や平地式の建物で居住域が構成されていた可能性がある。

⑪ 朝鮮半島や大陸系の遺物：韓式系土器やバジル・ベニバナの花粉、漢式三角鏃を模倣した木製鏃、木製輪鐙、ホケノ山古墳の副葬品にみる舶載された鏡鑑類やサルポ（鍬形鉄製品）など、朝鮮半島や大陸系の文物の存在から直接的な交流が想定される。

⑫ 高度な技術者集団の存在：北東部の導水施設区（布留０式〜布留１式）、北西部の勝山古墳周辺（布留１式）では、鉄器製作に関連する鞴の羽口や鉄滓など鍛冶関連資料が出土している。鍛冶炉は未検出であるが、鉄製品·鉄片·鉄滓·送風管などが確認されている。ベニバナを用いた染織が行われていた可能性も指摘されている。

以上のような多様な特質から、纒向遺跡は弥生時代の拠点集落や同時代の集落とは一線を画し、ヤマト王権の政治的中心地と考えられている。一方で、邪馬台国の所在地の有力な候補とも考えられているが、研究者によって評価の一致をみていない。

2. 辻地区および太田地区、巻野内地区の調査成果

つぎに、纒向遺跡のうち、国史跡に指定された辻地区および太田地区、さらに遺跡の北東部にあたる巻野内地区の発掘調査成果について整理する。特に、今回のシンポジウムの内容と関連する遺構として、辻地区で検出された大型建物（橋本2013·森2016）について詳しくみてみる。

1) 辻地区

掘立柱建物、大規模な水路、祭祀土坑などが検出されている（図３）。このうち、掘立柱建物の時期は３世紀前半とみられ、４棟以上の建物（A・B・C・D）が東西に方位および軸線をそろえて建てられていた（図４）。このうち、中心的な位置を占める大型の掘立柱建物（建物D）は、桁行４間、梁行は現状２間、復元すると４間と考えられ、南北19.2m、東西12.4mである。その西側には独立棟持柱建物（建物C）、さらにその西にも掘立柱建物（建物B）が検出され、３棟の建物は柵で囲まれていた。柵の外側にも多くの柱穴および井戸が確認されている。また、建物群の廃絶時に掘削されたとみられる4.3m×2.2m、深さ約0.8mの大型祭祀土坑も検出された。

このように、建物群は微高地に位置し、方位や軸線をそろえており、規格性を有する居館域とみられる。東西150m×南北100m前後の方形居館区画が存在したと推定するが、柵によって内郭と外郭の区別があったと考えられている。王墓の分布も辻地区の西

部に集中しており、纒向遺跡前半期の中枢であったのであろう。

2) 太田地区

辻地区の南方、谷を挟んだ太田地区では、掘立柱建物や祭祀土坑のほか、墳長28mの前方後方墳であるメクリ１号墳、方形周溝墓、木棺墓、土器棺墓などが検出された。庄内式期～布留式期の遺構が多く検出されており、遺跡の中でも中心的な居住区と想定されている。

3) 巻野内地区

布留０式期以降の特殊な遺構が多く検出されており、庄内式期にさかのぼる遺構の存在は希薄である。布留０式期から布留２式期（３世紀後半～４世紀中頃）にかけての区画溝（図５）や導水施設などが検出されている。鍛冶関連や木製品加工関連の遺物が出土しており、関連工房の存在が想定されている。また、韓式系土器や木製鏃の出土が知られる。辻地区の居館域が布留式期になって、巻野内地区に移転したと推定されており、纒向遺跡後半期の中枢とみられる。

3. 保存・活用について

纒向遺跡の調査研究および保存活用に向けた取り組みを総合的に行うとともに、倭国の成り立ちや文化の原像を解明するための機関として、桜井市纒向学研究センターが2012年４月に設立された[1]。所長（非常勤）以下、文化財課調査研究係の係員３名が在籍する。なお、展示機能は桜井市立埋蔵文化財センターによっている。

桜井市教育委員会では、『奈良県桜井市史跡纒向遺跡・史跡纒向古墳群－保存活用計画書－』を2016年３月に刊行し、遺跡の保存・活用計画を策定しており、この指針に基

1_ 纒向学研究センターは、「纒向学」の研究拠点として設立された。「纒向学」とは、纒向遺跡とその周辺地域の調査と研究を充実させ、そこからこの国の成り立ちや歴史、文化の原像を解明するための「学」としている。

づいて整備・活用事業を進めている（表２）。このなかでは、遺跡内における今後の開発や現状変更などに対応するため、まず遺構の重要度を鑑みて保存管理地区・予定区分をA区～D区に設定し、それぞれの区によって異なる取扱基準を定めている。

1) 発掘調査の現況と今後の計画

纒向遺跡については、1971年以降、桜井市教育委員会および奈良県立橿原考古学研究所が193次にわたって発掘調査を実施してきたが、これまでの調査面積は遺跡全体の約２％である。

纒向学研究センターでは、纒向遺跡の発掘調査を計画的に進めており、現在は国史跡に指定された太田地区の整備にともなう調査を主に実施している。第193次調査は、太田地区のガイダンス施設建設予定地で実施中であり、発掘費用は国庫補助金によっている。このガイダンス施設には、ガイダンス機能はもちろん、体験学習や座学ができる学習機能、ボランティア活動拠点としての機能、地域住民との交流拠点としての機能、纒向学研究センターの機能、遺跡の管理機能などをもたせる予定となっている。太田地区と同様に国史跡に指定された辻地区では、継続して公有地化を進めており、今年度は大型建物３棟が検出された箇所に柱の位置を明示する仮整備を行う予定となっている。

一方、纒向石塚古墳およびホケノ山古墳が国史跡に指定された纒向古墳群では、残りの矢塚古墳、東田大塚古墳、勝山古墳の史跡指定を目指していく。

2) 調査研究成果の公開、教育・普及活動

現地説明会の開催、桜井市や纒向学研究センターのホームページによる広報活動をおこなっている。また、活動報告をまとめた『纒向考古学通信』や研究紀要『纒向学研究』の刊行、東京フォーラムや纒向学セミナーといったシンポジウムの開催によって情報発信活動を展開している。その結果、遺跡について以前に比べ広く知られるところとなっている。このほか、子供向けの体験講座や地域住民を対象とした纒向考古楽（学）講座を開催している。

地域の文化遺産を守り、後世に伝えていくためには、市民との連携が不可欠である。将来的には地域住民にボランティア活動などを通して協働してもらい、地域の文化遺産

に対して関心を持ってもらうことで、遺跡の保護活用を進めていく方針である。

4. 小結

纒向遺跡は、３世紀初めに突如出現し、４世紀前半まで営まれた大規模な集落跡である。周辺には纒向古墳群や箸墓古墳など出現期の前方後円墳が点在している。このことから倭国の成り立ちを解明する上で重要な遺跡である。

このうち、辻地区で検出された掘立柱建物群は、該期の居館の構造を知る上で重要である。同時期の居住域や墓域、祭祀遺構、大溝などが広範囲に及んでいることも明らかになっており、出土遺物も多種多様で豊富である。

古墳時代前期前葉から前期後葉まで箸墓古墳、西殿塚古墳、桜井茶臼山古墳、メスリ山古墳、行燈山古墳、渋谷向山古墳の６基の巨大前方後円墳が纒向遺跡周辺において継起的に築造されている。6基すべてが初期ヤマト王権の「王墓」として評価できる。

纒向遺跡では初期ヤマト王権の王宮が営まれたとされるが、その時期は布留１式期までである。実際に、纒向遺跡では布留０式期における集落規模の拡大や、集落の中枢となる居館域が辻地区から巻野内地区へ移動、大型前方後円墳である箸墓古墳の築造など、庄内式期新相から布留０式期にかけての時期は大きな画期と評価される（橋本2017）が、布留０式期新相から布留１式古相頃にはすでに遺跡の規模が縮小へと向かう。そのため、現時点では纒向遺跡以降の拠点的な集落の実態は明らかでない。

Ⅲ. 脇本遺跡の発掘・保存・活用について

脇本遺跡は桜井市脇本・黒崎に所在する。奈良盆地東南部、外鎌山と三輪山に囲まれた初瀬谷に立地し、初瀬川右岸の微高地にあたる（図７）。周辺には初瀬谷から西峠を越え榛原へと続く伊勢街道が通り、古来より東国と大和を結ぶ交通の要衝であった。なかでも朝倉の地は、『日本書紀』に雄略天皇が泊瀬朝倉宮を営んだ場所であると伝えられる[2]。

1. 既往の調査

脇本遺跡の重要性が認識されたのは、1981年から1983年にかけて、朝倉小学校の体育館およびプール敷地内で６世紀前半とされる石組溝や柱穴群が検出されたことによる（図８）。これを契機に、1984年には「磯城・磐余の諸宮調査会」が組織され、同遺跡の本格的な調査が開始された。1984年から1990年までの７次にわたる学術調査では、５世紀後半、６世紀後半、７世紀後半の３時期にわたる大型の掘立柱建物や柵などが検出された（図10）。

その後、2004年から2013年まで、奈良県立橿原考古学研究所が遺跡周辺を東西に走る国道165号線の拡幅工事にともなう発掘調査を行ってきた。

国道拡幅にともなう一連の調査では、弥生時代後期後半から古墳時代初頭にかけての竪穴建物（住居）が数多く検出されており、建物およびその周辺からは、青銅器鋳造と関連する遺物も出土している（図９）。古墳時代中期から飛鳥時代にかけては、竪穴建物、

2_ 雄略天皇について、『古事記』には大長谷若建天皇（おおはつせわかたける）、『日本書紀』には大泊瀬幼武天皇と記されている。『宋書』によると、倭王武は478年に宋に遣使を行った。雄略天皇の時代は、倭国が首長連合体制から大王の専制体制へ移行するという政治的な画期にあたる。

土坑、溝のほか、大型の掘立柱建物や柵等が検出された。報告書が刊行され、詳細が明らかになっている最近の調査について、古墳時代から飛鳥時代にかけての成果を整理する（図11・16）。

1) 第15次調査

2009年11月から2010年３月にかけて実施した。３区では、古墳時代初頭に該当する竪穴建物４棟や多数の土坑とともに、６・７世紀の掘立柱建物や柵を検出した。このうち、掘立柱建物（SB15006）は東西２間、南北３間以上の南北棟（主軸方向N-14°-W）である。６世紀代に建てられ、７世紀に入って建て替えが行われており、最終的には柱の抜取りがなされていた。柱間寸法は東西3.6～3.7m、南北2.7～2.8mを測る。建て替え後の掘立柱建物（SB15006）の柱掘方は長辺1.5～2.0m、短辺1.3～1.6m、深さ1.0mと非常に大きなもので、柱痕跡から直径48cm～58cmの柱材を使用していたと推測される（図15）。

また、この建て替えと同じ頃には、遺跡南辺を限る柵（SA15001）とその内側に位置する掘立柱建物（SB15007）が建てられている。ともに主軸方向はほぼ正方位をとる。

３区は脇本遺跡の南縁にあたり、中心建物はさらに北側に展開するものとみられる。そのため、1981年から1983年にかけて朝倉小学校の敷地内で検出された石組溝や掘立柱建物との関連性が注目される。

2) 第17次調査

2011年５月から2012年２月にかけて実施した。飛鳥時代の掘立柱建物（SB17020）の下層において、古墳時代の竪穴建物19棟を検出した。

竪穴建物は古墳時代初頭（３世紀初頭）から後期後半（６世紀後半）にかけてのもので、一辺３～５m程度の方形である。竪穴建物は５世紀前半になると、それまでの地床炉にかわって、建物の壁ぎわにカマドが設けられている。

掘立柱建物（SB17020）は、東西８間（18.8m）、南北３間（8.0m）の東西棟であり、整地層の上に建てられていた（図17）。建物の主軸は正方位をとる。柱掘方は長辺1.3～1.5m、短辺0.8～1.1mの隅丸方形で、深さ0.3～0.7mを測る。柱は直径35cm～

50cm程度の木材を使用していたと推測される。この建物は遺跡の中心部南辺に位置し、大型の外郭施設であったとみられる。これによって、「磯城・磐余の諸宮調査会」による第１・２次調査で確認された、７世紀後半の正方位に並ぶ柱穴が、この建物SB17020と東西で対になる建物の可能性が出てきた。その範囲は東西約100mにも及ぶ。既往の調査成果もふまえると、７世紀後半の大伯皇女の「泊瀬斎宮」の一部である可能性が考えられる[3]。

また、既往の調査では、４・５世紀の集落が５世紀後半の造成によって削平され、「泊瀬朝倉宮」と関連する大規模な建物が造られたのではないかとみる見解があった（前園2004）。しかし第17次調査の成果からは、竪穴建物から構成される集落は断続するのではなく継続していることがわかっている。大型の掘立柱建物と竪穴建物が併存する形態を考えていく必要がある。

3) 第18次調査

2012年４月から2013年１月にかけて実施した。弥生時代後期後半から古墳時代初頭に該当する竪穴建物１棟のほか、５世紀後半から６世紀後半にかけての池状遺構（壕状遺構）とそれにともなう石積み遺構が検出されている（図12・13・14）。池状遺構は東西60m、南北60m以上の規模であるが、全体の平面形態は不明である。石積みは約20度の傾斜角を持ち、石材は20～40cm大の川原石を使用していた。

２．調査の成果

脇本遺跡では、飛鳥地域に宮が遷る前の５世紀後半から６世紀後半に大型掘立柱建物が建てられている。また推古天皇の豊浦宮（592年）以降、飛鳥地域に宮が遷った後も、継続して大型掘立柱建物が建てられていた。重要な点は、継続してこの地に大型建物が

3_ 脇本遺跡で検出された７世紀後半の建物に関しては、天武天皇の皇女である大来皇女が、「泊瀬斎宮」で潔斎をおこなったという記事（『日本書紀』天武二年四月十四日条）との関連性が指摘されている。

建てられていたという事実である。また、掘立柱建物SB15006や掘立柱建物SB15007のように同一地点で建て替えが行われていることも、この地が非常に重要な意味を持ち、建物が長期間にわたり使用されていたことをあらわす。すなわち、古墳時代から飛鳥時代の奈良盆地内で、複数時期にわたって大型建物群が同一地域に建てられた例は、飛鳥地域中枢を除くとごくわずかにすぎない。これは、脇本遺跡がヤマト王権にとって由緒ある場所であり、この場所が伝承されていたため（和田1988）とみられる。また泊瀬の地は、「東国」に通じる交通の要衝にも位置している。これは、５世紀後半以降ヤマト王権と密接な関係を持つようになった「東国」へ向かうルートの出発点にほかならない。奈良盆地から「東国」に向かう「関門」としての機能も備えていたのであろう。

この遺跡を記紀にみられる宮に直接比定するには残された課題も多い。しかし、飛鳥時代以前における宮の実態を究明する手がかりとなる遺跡であることは間違いない。

今後の課題を指摘すると、第17次調査で検出された５世紀後半代の竪穴建物群と、「磯城・磐余の諸宮調査会」の調査によって検出された５世紀後半の掘立柱建物２棟との関係性があげられる。すなわち、居館域と居住域との関係性をどのように捉えるかによって、古墳時代の宮の構造に関する評価が異なってくる。５世紀後半代の王宮において、中心建物を構成する掘立柱建物群が、竪穴建物とは立地上隔絶されていなかった可能性も示唆している。

3. 保存・活用について

国道165号線の拡幅部分に含まれる遺構の多くは記録保存となった（奈良県立橿原考古学研究所編2011・2014・2015など）。ただし、大型建物の一部は道路設計変更等によって現地保存されている。国道拡幅部分以外の遺跡範囲は、土地利用の現状が水田や個人住宅となっており、地下で保存している。また、朝倉小学校敷地内で検出された石組溝等の遺構は、現在小学校体育館の地下において保存されている。

なお出土遺物をはじめ、調査記録等は桜井市教育委員会および奈良県立橿原考古学研究所にて保管しており、広く活用することが可能な状況にある。

Ⅳ．４・５世紀にみられる奈良盆地内の首長居館

これまで述べてきた纒向遺跡や脇本遺跡は古墳時代の王宮の可能性を指摘できる一方で、４世紀から５世紀にかけての奈良盆地内には、王権を支える各地の首長が規格的に整備した居館の存在も確認されている。濠や柵・塀で囲まれた内部には、政治や祭祀を執り行う大型の建物群を築いている居館の代表的な事例を概観する。

菅原東遺跡（奈良市）

奈良盆地北部に位置する菅原東遺跡では、古墳時代前期後半～中期前葉とみられる方形区画の濠（SX22）が検出されており（図18・19）、区画内には竪穴建物２棟が配置され、居館として評価されている。方形区画の溝は幅約６m、深さ0.5～0.7mの規模で、東西37m、南北25m以上を区画し、濠南辺の中央付近には幅４mの陸橋部が存在する（森下・松浦1994）。

その後、濠は完全に埋められることなく、区画内には竪穴建物にかわって、掘立柱建物および塀が建てられる。其々の時期は特定できないが、建物間で切り合いがみられること、また主軸方向が異なる複数の建物から構成されることなどから、６世紀代を含む一定の時間幅を認めることができる。

秋津遺跡（御所市）

奈良盆地西南部の葛城地域に所在する。古墳時代前期前半（４世紀前半）の居館の様子が明らかになりつつある。東西約150m、南北約100mの範囲で複数の方形区画施設と溝、掘立柱建物や竪穴建物等が検出されている（図20）。方形区画内では独立棟持柱建物を含む掘立柱建物が複数棟建てられていた。

南側の竪穴建物群（居住空間）とは明らかに区分されており、祭祀・儀礼的な性格を持つものと推定されている（奈良県立橿原考古学研究所2011）。葛城地域の首長居館とみる見解のほか、その規模からヤマト王権と関連づける見解もあるが、この場合記紀に

記載されている秋津嶋宮は、孝安天皇自体が実在性について疑問が呈されている。

極楽寺ヒビキ遺跡（御所市）

奈良盆地西南部の葛城地域に所在する。石積みを施す溝に囲まれた区画が確認され、その内側で板柱構造を持つ特殊な大型掘立柱建物が検出された（図21・22）。溝は幅約13m、深さ約２mを測る。大型建物は２間×２間の身舎に５間×５間の縁を持ち、さらに西と南は塀によって囲まれていた。この遺跡については、柱の配置や板状柱の使用、規模などからみて居住空間ではなく、祭祀域であったと報告されている（奈良県立橿原考古学研究所2007）。出土した須恵器や土師器から古墳時代中期前半（５世紀前半）に位置づけられている。

V．おわりに

飛鳥時代以前の宮に関する調査･研究はあまり進展していない。それは、発掘調査によって宮の所在地が確認された例がほとんどないことに起因している。

実際、纏向遺跡で検出された、邪馬台国の卑弥呼の王宮、もしくは初期ヤマト王権の王宮の一部かとみられる掘立柱建物群（辻地区）のほか、脇本遺跡で検出された、「泊瀬朝倉宮」の一部かとみられる掘立柱建物群や池状遺構等が挙げられる程度である。

纏向遺跡の居館構造については、古墳時代の宮の原形があることが指摘されている（橋本2013）。脇本遺跡は、現時点で特定の宮に比定することは依然として課題が残るものの、５世紀後半の掘立柱建物群や石積みをともなう池状遺構の時期が、雄略天皇の在位期間と近いことは事実である。さらに和田萃氏が指摘する、初瀬谷には在地氏族の伝承がない点や、検出遺構の規模から文献にみえる宮と結びつく可能性を鑑みると、この遺跡が「泊瀬朝倉宮」である蓋然性は高い。飛鳥時代以前の王宮の実態を究明する上で重要な位置づけにある。

古墳時代の王宮の多くが、短期間おそらくは一代で廃絶しており、大王による歴代遷宮が行われてきたとされる。その後、推古天皇の豊浦宮（592年）以降の飛鳥時代は、代替わりごとに宮が飛鳥地域に継続して造営されるようになった。

たしかに、纒向遺跡では辻地区の掘立柱建物群は短期間で廃絶し、布留式期には巻野内地区へと王宮が移動すると推定されている。一方、脇本遺跡では、「泊瀬朝倉宮」の一部と推定される掘立柱建物が短期間で廃絶したのち、６世紀後半代に大型建物（行宮[4]か）が、７世紀後半代にも大型建物（皇子や皇女の宮か）が繰り返し建てられている。また、同一地点での建て替えが行われたことは、この地がヤマト王権にとって由緒ある場所であり、伝承されていたためと判断される。このことは、古墳時代は「歴代遷宮」の形態を採りながら、その一方でヤマト王権にとって由緒ある場所では、繰り返し大型建物や柵などの関連施設が営まれていた状況を読み取ることができる。

あらためて纒向遺跡をみると、辻地区の掘立柱建物群が３世紀半ばに廃絶した後、布留２式期（４世紀中葉頃）と古墳時代中期末（TK47型式期：５世紀末）に大溝が掘削されており、この地区では繰り返し大規模な施設が営まれていたようである（図６）。布留２式期の大溝は、南北にのびる幅約９m、深さ約１mの大規模なもので、建築部材などの木製品が多量に出土している。また、古墳時代中期末〜後期初頭の石貼りを施す溝は幅約５mで、同じ時期の居館に伴うものと推定されている。この溝が途切れる部分も確認されており、居館への出入り口と推定されている。ただし、これまで居館自体は確認されていない（森2016）。

上述のような状況からは、歴代遷宮が行われていた古墳時代の王宮のなかには、一代に限らず繰り返し大型建物や柵などが営まれていた場所が存在した可能性を示唆する。ヤマト王権にとってその王宮の所在地は由緒ある場所であり、伝承されていたためと推測される。このような王宮の在り方は、古墳時代および飛鳥時代以降の王宮の在り方を

4_ 泊瀬には、雄略天皇の「泊瀬朝倉宮」のほか、武烈天皇の泊瀬列城宮（『日本書紀』）が伝承されている。また、『日本書紀』欽明紀三十一年四月条には「泊瀬柴籬（はつせしばがき）宮に幸す」と記されており、泊瀬の地に行宮も存在したとされる。

考える上で重要な視点となるものである。

最後になったが、遺跡の保存・活用に関して述べる。脇本遺跡では国道の拡幅工事にともない多くの遺構が記録保存となったが、大型建物の一部は道路設計変更等によって現地保存された。一方で、纒向遺跡では、調査研究および保存活用に向けた取り組みを総合的に行うため、纒向学研究センターを設立している。現在研究センターでは保存・活用計画書の策定を行ない、この指針に基づいて遺跡の発掘調査を計画的に実施し、整備・活用事業を進めている。

【謝辞】本稿作成にあたり、纒向遺跡については、纒向学研究センターの寺沢薫所長をはじめ、福辻淳氏、森暢郎氏から多くのご教示を賜り、関連資料をいただいた。深謝申し上げる。

参考文献（あいうえお順）

桜井市教育委員会 2016『奈良県桜井市史跡纒向遺跡・史跡纒向古墳群－保存活用計画書－』

桜井市立埋蔵文化財センター 2011『ヤマトの王と居館』（平成23年度特別展）

寺沢薫 1984「纒向遺跡と初期ヤマト政権」『橿原考古学研究所論集』6 奈良県立橿原考古学研究所

奈良県立橿原考古学研究所編 1971『纒向』桜井市教育委員会

奈良県立橿原考古学研究所編 2002『大和の考古学100年』

奈良県立橿原考古学研究所編 2007『極楽寺ヒビキ遺跡』

奈良県立橿原考古学研究所 2011『御所市 秋津遺跡 第５次調査 現地説明会資料』

奈良県立橿原考古学研究所編 2011『脇本遺跡Ⅰ』

奈良県立橿原考古学研究所編 2014『脇本遺跡Ⅱ』

奈良県立橿原考古学研究所編 2015『脇本遺跡Ⅲ』

橋本輝彦 2013「纒向遺跡の特質と邪馬台国」『纒向出現－纒向に卑弥呼がいたなら－』（桜井市纒向学研究センター設立記念 東京フォーラム）

橋本輝彦 2017「纒向遺跡と纒向遺跡群からみた初期ヤマト王権と黒塚古墳」『王権は移動したか－纒向から柳本へ－』第７回奈良県立橿原考古学研究所公開講演会資料集

前園実知雄 2004『奈良・大和の古代遺跡を掘る』学生社

森下浩行・松浦五輪美 1994「平城京右京三条三坊二坪・菅原東遺跡の調査第257-3次」『奈良市埋蔵文化財調査概要報告書平成５年度』奈良市教育委員会

森暢郎 2016「纒向遺跡の大形建物とその性格」『宮室、楼観、城柵、厳かに設け…－卑弥呼の居処－』（桜井市纒向学研究センター 東京フォーラムⅣ）

和田萃 1988「斯鬼宮と泊瀬朝倉宮」『体系日本の歴史２ 古墳の時代』小学館

和田萃 2010『ヤマト国家の成立－雄略朝と継体朝の政権』文英堂

表 1 | 歴代の宮と山陵について
(和田萃 2010)

天皇 (数字は代数)	宮		山陵		
	宮の名	比定地	山陵名	所在地	現在治定の古墳
10. 崇神	磯城端籬宮	奈良県桜井市金屋付近	山辺道上陵	奈良県天理市柳本町	行燈山古墳
11. 垂仁	纒向珠城宮	〃 桜井市穴師付近	菅原伏見陵	〃 奈良市尼ヶ辻西町	宝来山古墳
12. 景行	纒向日代宮	〃 桜井市穴師付近	山辺道上陵	〃 天理市渋谷町	渋谷向山古墳
13. 成務	志賀高穴穂宮*	滋賀県大津市坂本穴太町付近	狭城盾列陵	〃 奈良市山陵町	佐紀石塚山古墳
14. 仲哀	(穴門豊浦宮)	山口県下関市豊浦町付近	河内長野陵	大阪府藤井寺市藤井寺4丁目	岡ミサンザイ古墳
	(橿日宮)	福岡市東区香椎町付近			
神功皇后	磐余若桜宮	奈良県桜井市池之内付近	狭城盾列陵	奈良県奈良市山陵町	五社神古墳
15. 応神	明宮 (軽島豊明宮)	〃 橿原市大軽町付近	川内恵賀裳伏崗*	大阪府羽曳野市誉田6丁目	誉田御廟山古墳
	難波大隅宮	大阪市東淀川区西大道町付近			
16. 仁徳	難波高津宮	〃 中央区大阪城付近	百舌鳥野陵	〃 堺市大仙町	大仙陵古墳
17. 履中	磐余稚桜宮	奈良県桜井市池之内付近	百舌鳥耳原陵	〃 堺市石津ヶ丘	上石津ミサンザイ古墳
18. 反正	丹比柴籬宮	大阪府松原市上田付近	耳原陵	〃 堺市北三国ヶ丘	田出井山古墳
19. 允恭	遠飛鳥宮*	奈良県高市郡明日香村付近	河内長野原陵	〃 藤井寺市国府1丁目	市野山古墳
20. 安康	石上穴穂宮	〃 天理市田町付近	菅原伏見陵	奈良県奈良市宝来町	☆
21. 雄略	**泊瀬朝倉宮**	〃 桜井市脇本付近	**丹比高鷲原陵**	大阪府羽曳野市島泉8丁目	高鷲丸山・平塚古墳
22. 清寧	磐余甕栗宮	〃 桜井市池之内付近	河内坂門原陵	〃 羽曳野市西浦6丁目	白髪山古墳
23. 顕宗	近飛鳥八釣宮	〃 高市郡明日香村上八釣付近	傍丘磐杯丘南陵	奈良県香芝市北今市	☆
24. 仁賢	石上広高宮	〃 天理市石上町付近	埴生坂本陵	大阪府藤井寺市青山3丁目	ボケ山古墳
25. 武烈	泊瀬列城宮	〃 桜井市出雲付近	傍丘磐杯丘北陵	奈良県香芝市今泉	☆
26. 継体	**樟葉宮**	大阪府枚方市楠葉付近	**三嶋藍野陵**	大阪府茨木市太田3丁目	太田茶臼山古墳
	筒城宮	京都府京田辺市多々羅付近			
	弟国宮	〃 長岡京市付近			
	磐余玉穂宮	奈良県桜井市池之内付近			
27. 安閑	勾金橋宮	〃 橿原市曲川町付近	河内古市高屋丘陵	〃 羽曳野市古市5丁目	高屋築山古墳
28. 宣化	檜前廬入野宮	〃 高市郡明日香村檜前付近	身狭桃花鳥坂上陵	奈良県橿原市鳥屋町	ミサンザイ古墳
29. 欽明	磯城嶋金刺宮	〃 桜井市金屋付近	檜隈坂合陵	〃 高市郡明日香村平田	梅山古墳
30. 敏達	百済大井宮	〃 桜井市吉備	磯長陵	大阪府南河内郡太子町葉室	太子西山古墳
	訳語田幸玉宮	〃 桜井市戒重付近			
31. 用明	磐余池辺双槻宮	〃 桜井市池之内付近	河内磯長陵	〃 南河内郡太子町向小路	春日向山古墳
32. 崇峻	倉梯宮	〃 桜井市倉橋付近	倉梯岡陵	奈良県桜井市倉橋	☆
33. 推古	豊浦宮	〃 高市郡明日香村豊浦付近	科長大陵*	大阪府南河内郡太子町山田	山田高塚古墳
	小墾田宮	〃 高市郡明日香村雷付近			
34. 舒明	飛鳥岡本宮	〃 高市郡明日香村岡付近	押坂陵	奈良県桜井市忍阪	段々塚古墳
	田中宮	〃 橿原市田中町付近			
	厩坂宮	〃 橿原市大軽町付近			
	百済宮	〃 桜井市吉備付近			
35. 皇極	百済宮カ	〃 桜井市吉備付近	小市岡上陵	〃 高市郡明日香村越	牽牛子塚古墳
	飛鳥板蓋宮	〃 高市郡明日香村岡付近			

歴代の宮と山陵(『日本書紀』による) ＊は『古事記』の記載による。山陵については、現在治定されている場所を示した(☆は古墳と考えられないもの、または不明なもの)。

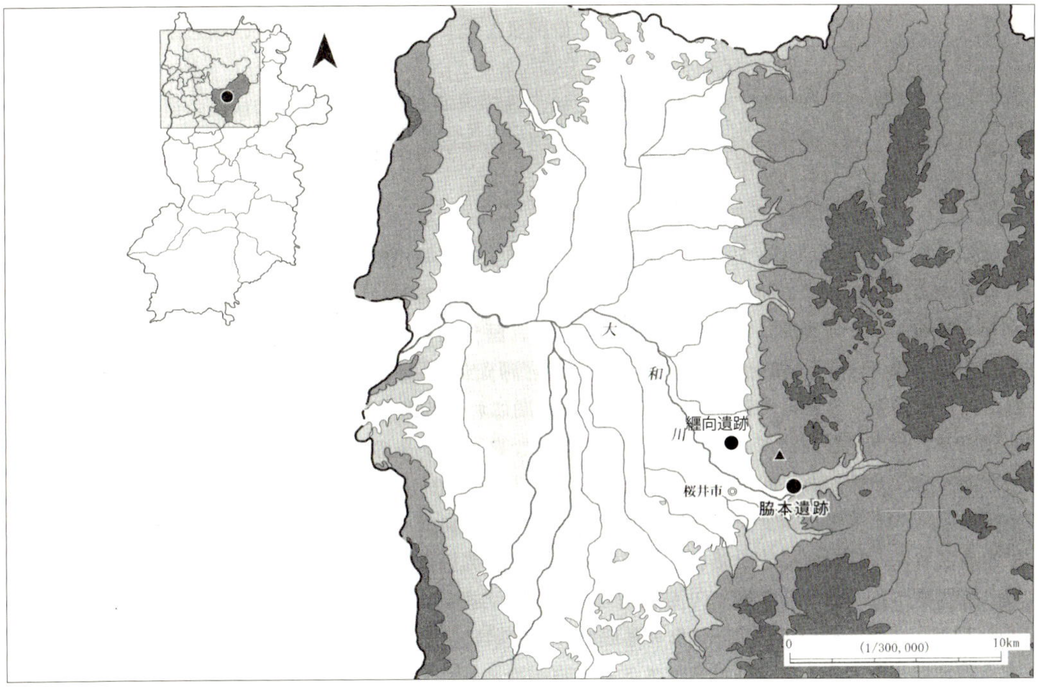

図 1 | 関連遺跡の分布図
(奈良県立橿原考古学研究所編 2014 一部改変)

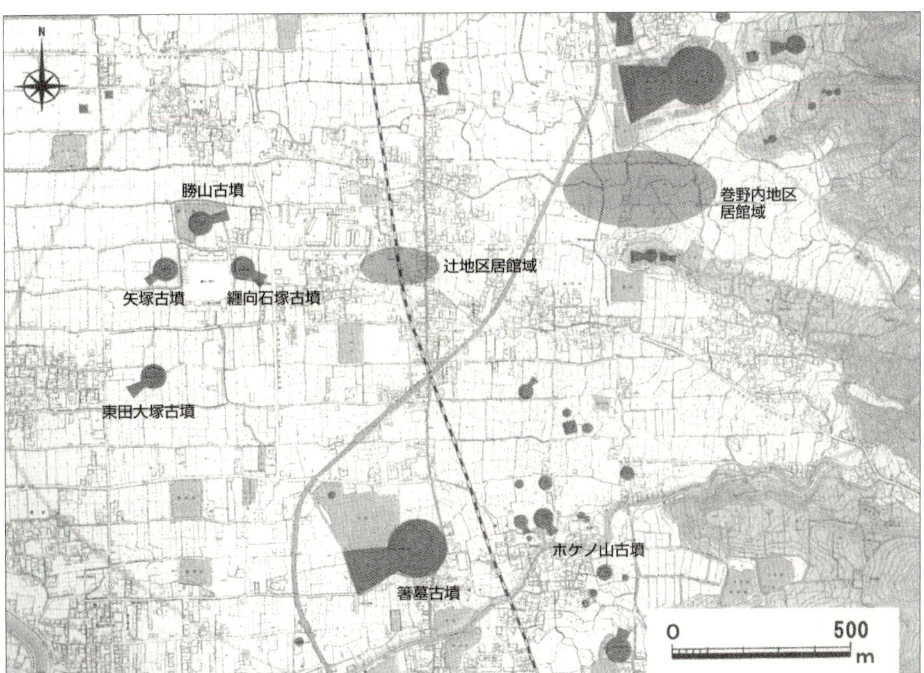

図 2 | 纒向遺跡の範囲
(橋本輝彦 2013)

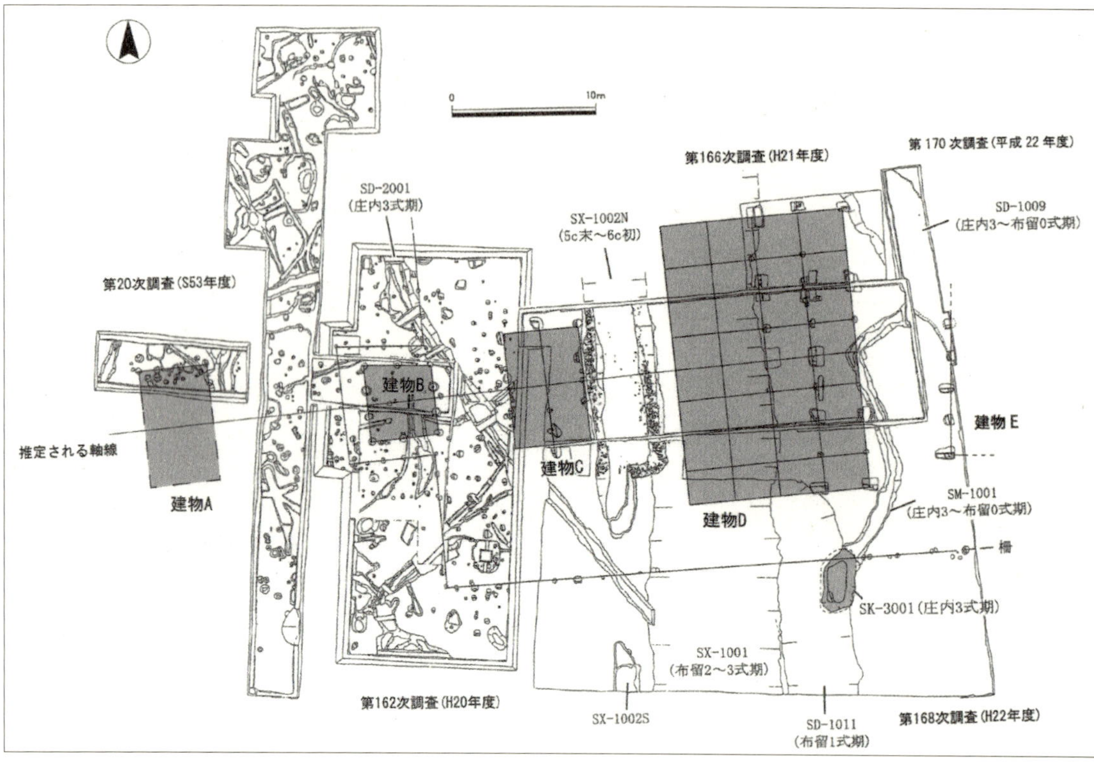

図 3 | 辻地区の遺構配置図
(橋本輝彦 2013)

図 4 | 辻地区建物復元案
(『纒向学研究センター年報』 第0号)

図 5 | 布留式期の区画溝：巻野内地区
(桜井市立埋蔵文化財センター 2011)

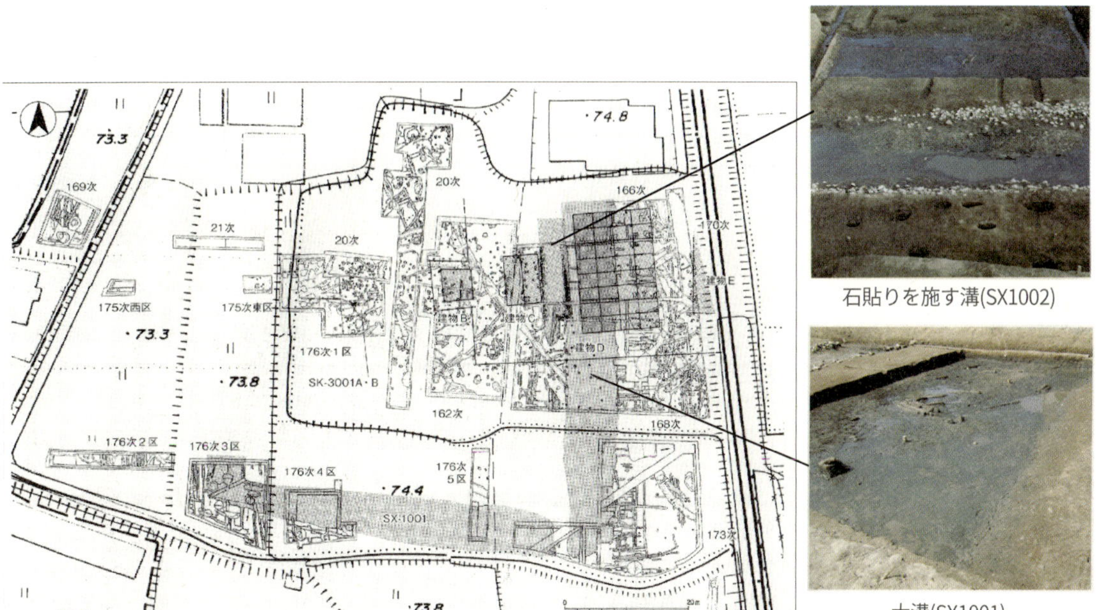

石貼りを施す溝(SX1002)
大溝(SX1001)

図 6 | 辻地区遺構配置図
(『纒向学研究センター紀要』 第1号, 写真は桜井市立埋蔵文化財センター 2011)

表 2 | 纒向遺跡施策実施計画総括
(桜井市教育委員会 2016)

年度	28	29	30	31	32	33	34	35	36	37
期	第Ⅰ期				第Ⅱ期					
保存事業（追加指定）	纒向古墳群の追加指定 勝山・矢塚・東田大塚古墳 →				纒向古墳群・纒向遺跡の追加指定 箸墓古墳・巻野内地区 ⇢					
期	第Ⅰ期		第Ⅱ期		第Ⅲ期					
整備事業	センターエリア整備 遺構展示・活用広場・エントランスゾーン →		センターエリア整備 交流館 →	センターエリアの完成	センターエリア整備 メイン駐車場・アプローチ道路 ⇢ サテライト整備 ⇢					
期	第Ⅰ期		第Ⅱ期		第Ⅲ期					
活用事業	（仮）運営協議会の設置と活動 →		（仮）纒向遺跡保存活用協議会の設置と計画の策定 →		活用計画に基づいた活動の実施 →					

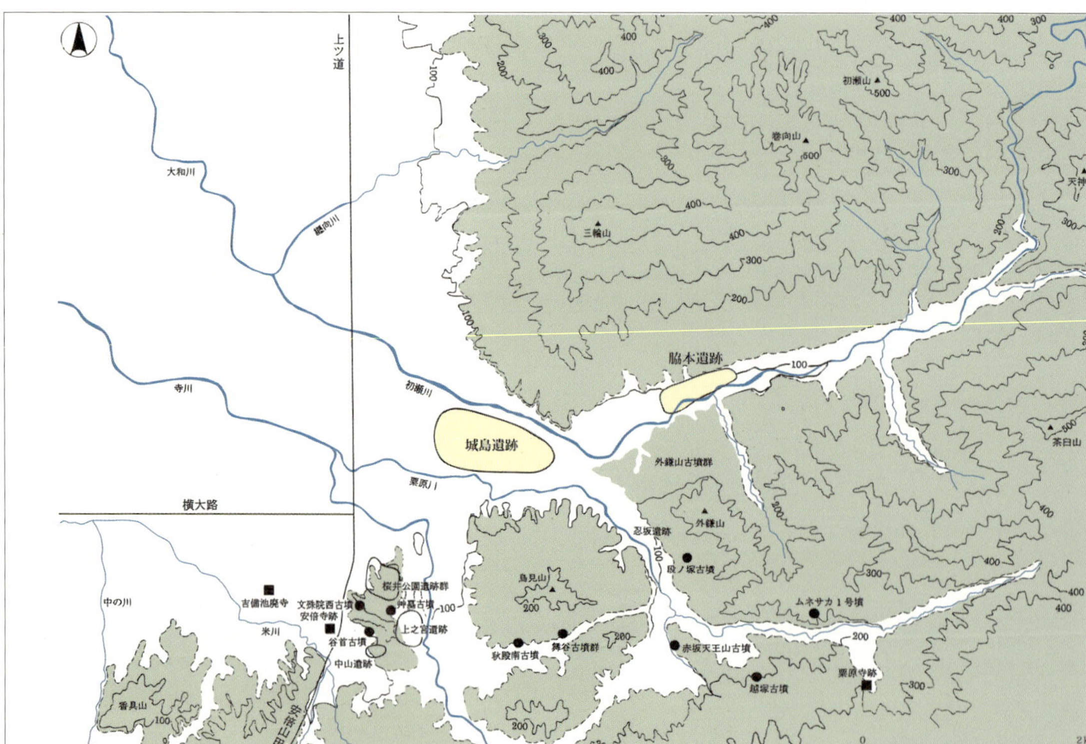

図 7 | 脇本遺跡の位置図

図 8 | 石組溝(朝倉小学校敷地：６世紀前半)
(奈良県立橿原考古学研究所編 2002)

図 9 | 青銅器鋳造と関連する遺物
(奈良県立橿原考古学研究所編 2011)

図 10 | 脇本遺跡第2次調査
(桜井市立埋蔵文化財センター 2011)

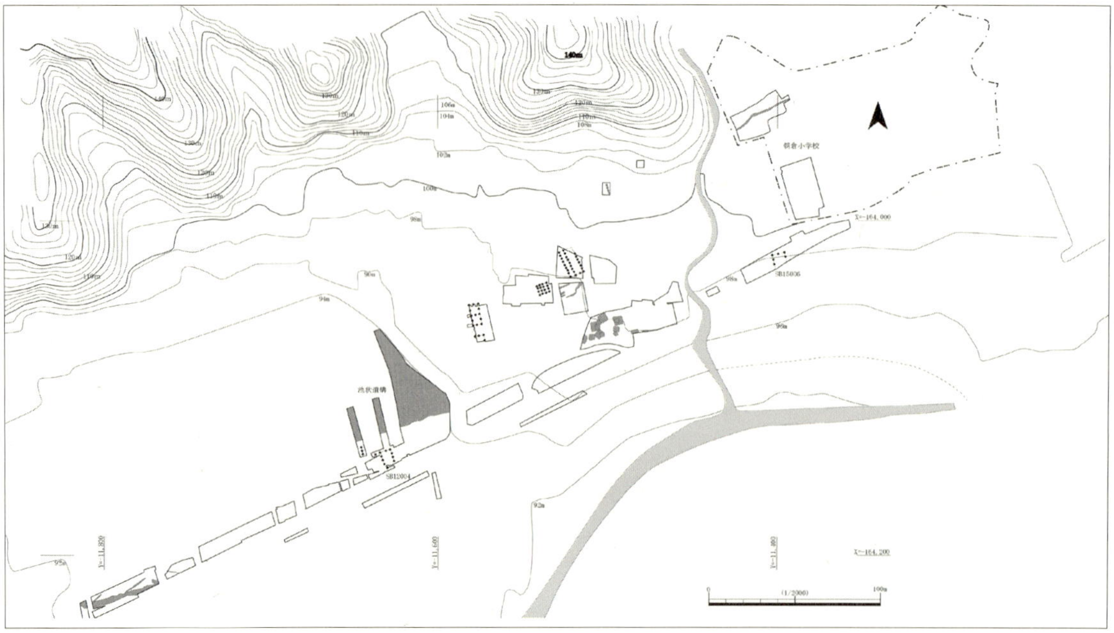

図 11 | 古墳時代中期 ・ 後期の遺構配置図
(奈良県立橿原考古学研究所編 2014)

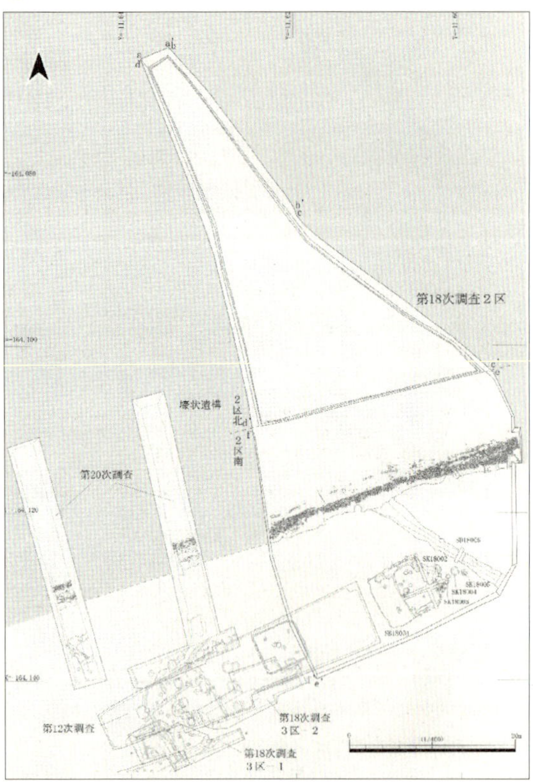

図 12 | 池状遺構 : 第18 ・ 20次調査
(奈良県立橿原考古学研究所編 2015)

図 13 | 石積み遺構(北西から)
(奈良県立橿原考古学研究所編 2015)

図 14 | 池状遺構全景(北から)
(奈良県立橿原考古学研究所編 2015)

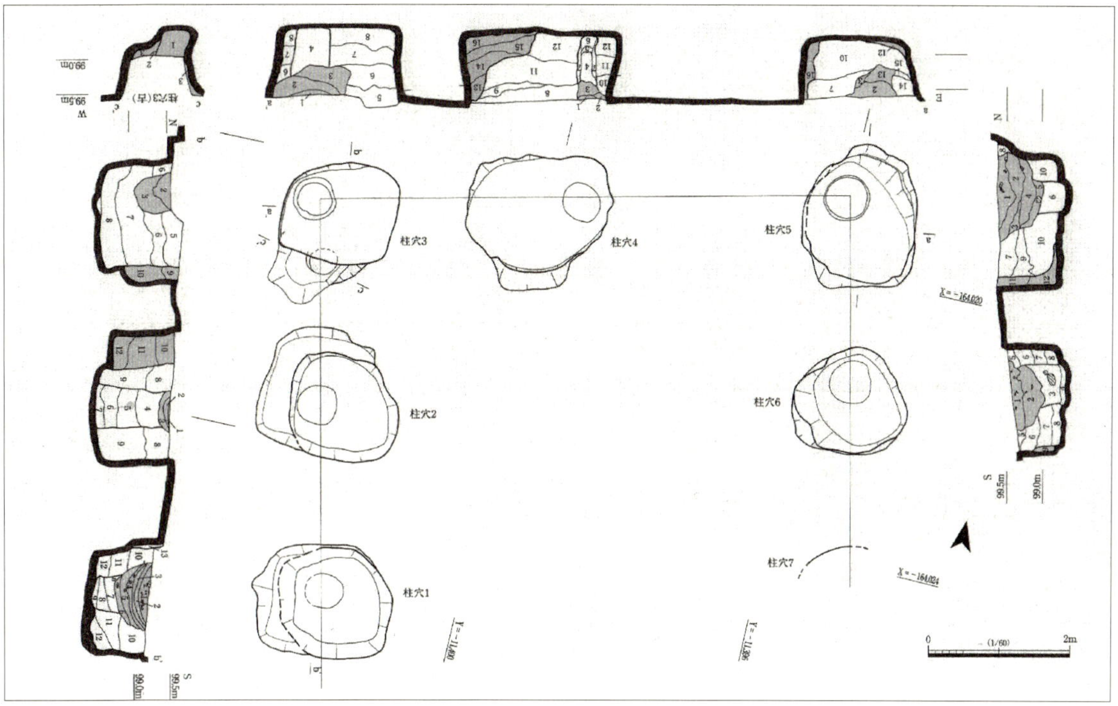

図 15 | 掘立柱建物(SB15006): 第15次調査
(奈良県立橿原考古学研究所編 2014)

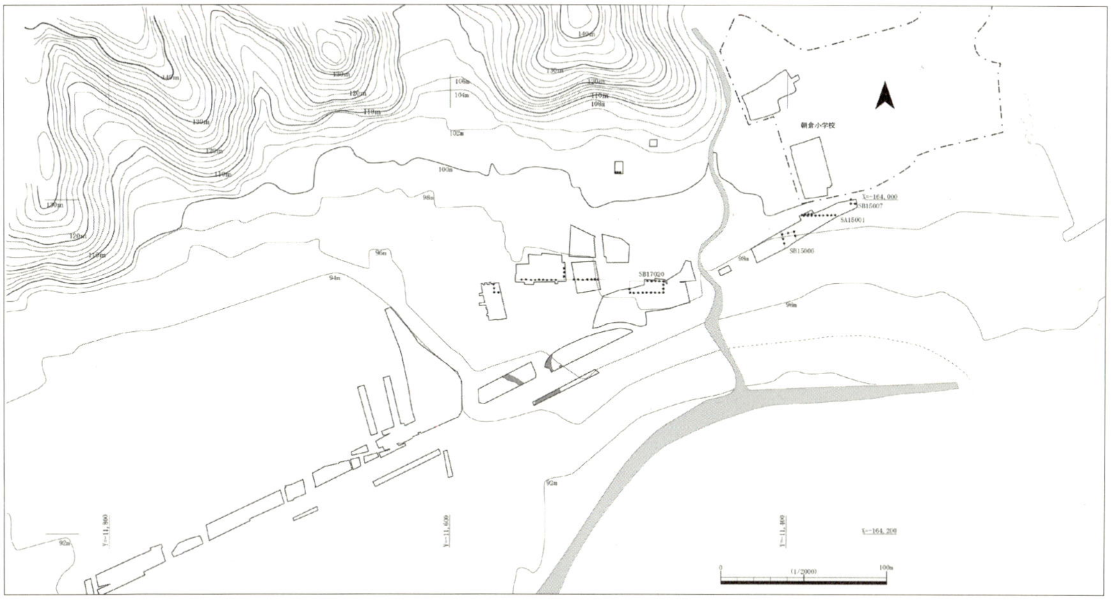

図 16 | 飛鳥時代の遺構配置図
(奈良県立橿原考古学研究所編 2014)

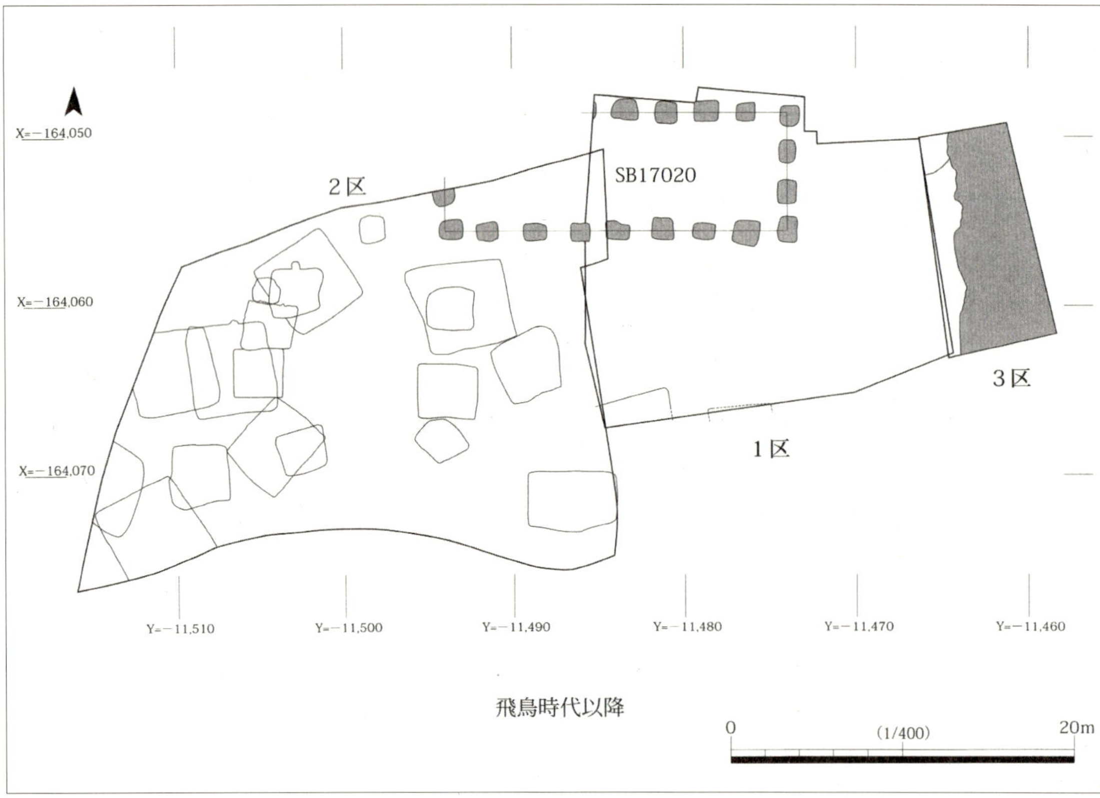

図 17 | 掘立柱建物(SB17020): 第17次調査
(奈良県立橿原考古学研究所編 2014)

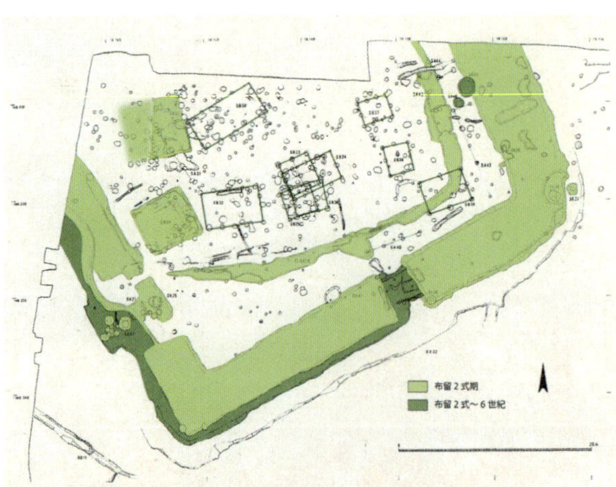

図 18 | 菅原東遺跡の首長居館
(桜井市立埋蔵文化財センター 2011)

図 19 | 菅原東遺跡出土の腕輪形石製品、玉類
(桜井市立埋蔵文化財センター 2011)

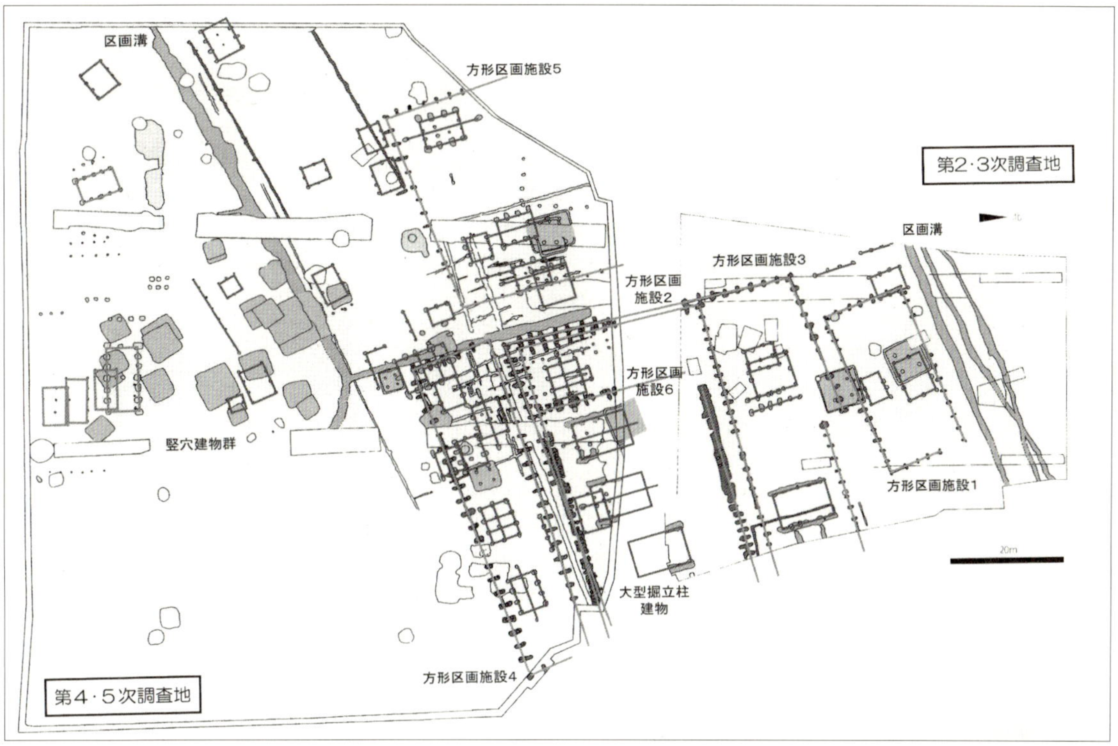

図 20 | 秋津遺跡の首長居館
(岡田 憲一 外 2011 「秋津遺跡第４次調査」 『奈良県遺跡調査概報』 2010年度)

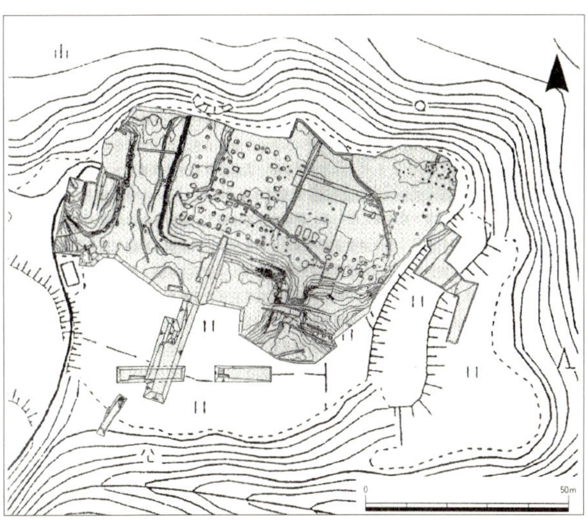

図 21 | 極楽寺ヒビキ遺跡の首長居館
(奈良県立橿原考古学研究所編 2007)

図 22 | 大型掘立柱建物復元模型
(奈良県立橿原考古学研究所附属博物館 2006 『葛城氏の実像』)

일본 고대왕성의 발굴 · 보존 · 활용 : 기나이지역

-3~5세기 마키무쿠유적 및 와키모토유적을 중심으로-

이노우에 치카라 일본 칸사이대학교 준교수

번역: 장우영 국립경주문화재연구소

Ⅰ. 서론

Ⅱ. 마키무쿠유적의 발굴 · 보존 · 활용

Ⅲ. 와키모토유적의 발굴 · 보존 · 활용

Ⅳ. 4 · 5세기 나라분지의 수장거관

Ⅴ. 결론

Ⅰ. 서론

『고사기古事記』와 『일본서기日本書紀』에는 역대 천황天皇의 궁호宮號가 기록되어 있지만(표 1), 이들 궁의 실재 존재 여부는 의문이 많다. 기기記紀*에 보이는 스진천황[崇神天皇]부터 스이코천황[推古天皇]까지 궁의 위치는 닌토쿠천황[仁徳天皇]과 한제이천황[反正天皇]을 제외하고 모두 야마토[大和](현재 나라현)에 전승되고 있다. 특히 5·6세기 야마토 왕권의 왕궁은 나라분지 동남부 미와산[三輪山] 주변(좁은 의미의 야마토)에 집중되어 있는 것으로 알려져 있다.

고분시대의 궁 중에서 지금까지 발굴조사로 그 위치가 확인된 것은 유랴쿠대왕(천황)[雄略大王天皇]의 하쓰세노 아사쿠라궁[泊瀬朝倉宮](『일본서기』)뿐이다. 그러므로 야마토 왕권의 궁 규모나 구조에 대해서는 거의 알려지지 않았다고 할 수 있다. 고대사 연구자인 와다 아쓰무[和田萃]가 하쓰세노 아사쿠라궁에 대한 여러 설들을 검토하고 와키모토유적[脇本遺跡]이 하쓰세노 아사쿠라궁이라는 근거를 기술하였다(和田萃 1988).

하쓰세노 아사쿠라궁의 일부로 알려진 유구는 1984년 3월 시키·이와레 제궁조사회[磯城·磐余の諸宮調査会]에 의한 와키모토유적 제1차 조사에서 굴립주건물이 확인된 것이 계기가 되었다. 상층에서는 7세기 후반대 굴립주건물이, 하층에서는 5세기 후반대 굴립주건물이 노출되었다. 5세기 후반대 건물은 2×4칸의 남북건물, 2×2칸 이상의 남북건물로 주축을 갖추고 남북으로 늘어선 양상이 확인되었다.

한편 3세기부터 4세기 전반에 걸쳐 이어진 마키무쿠유적[纒向遺跡]은 그 특성으로 보아 야마타이국[邪馬台国]의 위치라고 생각되며, 기기記紀에 보이는 궁과의 관련성은 명확하지 않지만 초기 야마토 왕권의 궁전이 존재했을 가능성이 높다고 추정되는 유적이다.

본고에서는 3~5세기에 걸친 왕궁의 후보지인 나라현 사쿠라이시 마키무쿠유적과 와키모토유적(그림 1)을 중심으로 각 유적의 발굴조사 성과, 보존·활용 사업에 대해 알아보고자 한다.

* 기기(記紀)는 나라시대(AD710~794)에 편찬된 『고사기(古事記)』, 『일본서기(日本書紀)』를 지칭한다. (번역자 주)

Ⅱ. 마키무쿠유적의 발굴 · 보존 · 활용

마키무쿠유적은 나라분지 동남부(좁은 의미의 야마토), 미와산[三輪山] 서쪽에 위치하는 동서2㎞, 남북1.5㎞의 유적이다. 3세기 초에 갑자기 출현하고 4세기 전반까지 이어진 대규모 취락유적이다. 주변에는 마키무쿠 이시즈카고분[纒向石塚]을 포함하는 마키무쿠고분군과 하시하카고분[箸墓古墳] 등 출현기의 고분이 위치한다. 지금까지의 조사 결과, 구하천에 둘러싸인 미고지微高地 위에 입지하는 주거구역과 유적의 서쪽 가장자리에서 남쪽 가장자리에 걸쳐 위치하는 왕묘구역의 존재가 상정된다(그림 2).

현재, 마키무쿠고분군(마키무쿠 이시즈카고분 · 호케노야마고분[ホケノ山古墳])이 2006년에 '사적 마키무쿠고분군'으로, 마키무쿠유적의 일부(오타지구[太田地区] · 쓰지지구[辻地区])가 2013년에 '사적 마키무쿠유적'으로 각각 지정되었다. 또한 2017년에는 하시하카 고분 전방부 서쪽 인접지가 국가 사적으로 지정되었다.

1. 지금까지의 조사와 유적의 특성

마키무쿠유적의 본격적인 조사는 1971 년 고용촉진 주택건설에 따른 조사에서 시작되어 같은 해 7차에 걸친 조사가 실시되었다. 이 조사 결과는 1976년에 간행된 보고서『마키무쿠[纒向]』에 상세히 기술되어 있다. 이 조사를 계기로 마키무쿠유적은 가장 오래된 전방후원분을 가진 고분시대 전기의 대규모 취락유적으로 자리매김하였다.

그 후, 사쿠라이시 교육위원회와 나라현립 가시하라고고학연구소[奈良県立橿原考古学研究所]에 의해 지속적으로 조사가 이루어져 새로운 지견을 얻음으로써 마키무쿠유적은 크게 주목을 받았다. 1984년 마키무쿠유적이 지닌 특성이 데라사와 카오루[寺沢薫]에 의해 지적되어 '새롭게 편성된 정권의 정치적 의도에 의해 건설된 일본 최초의 도시'로 평가되었다(寺沢薫 1984).

2000년대에 들어 고분이나 취락의 범위 확인조사를 계획적으로 진행할 수 있게 됨과 동시에 지금까지 출토된 유구 · 유물에 대한 연구도 비약적으로 진행되어 유적이 지닌 새로운 특성이 다수 지적되었다(橋本輝彦 2013).

마키무쿠유적의 여러 특징에 대해서는『奈良県桜井市史跡纏向遺跡・史跡纏向古墳群ー保存活用計画書ー』에 언급되어 있으며 다음과 같이 정리할 수 있다.

① 대규모 취락: 야요이시대 거점취락의 규모를 훨씬 상회할 뿐만 아니라 같은 시기의 취락에서도 동등한 규모의 취락은 없다.

② 3세기 초두에 갑자기 대규모 취락이 형성되었고 유적의 흥망성쇠는 주변 전기 고분의 동향과 시기가 일치한다.

③ 발생기의 전방후원분으로 구성된 고분군의 존재: 마키무쿠 이시즈카고분・야즈카고분[矢塚古墳]・가쓰야마고분[勝山古墳]・히가이다 오쓰카고분[東田大塚古墳]・호케노야마고분 등의 공통 규격을 지닌 전방후원분군이 존재하였다.

④ 농경을 운영하지 않았을 가능성: 출토 목제품에서 농경구인 추鍬가 극히 적고, 토목 공사용 서鋤 등이 많이 출토되었다.

⑤ 키비[吉備](현재 오카야마현과 히로시마현 동부)지역과의 직접적인 관계: 키비지역을 뿌리로 하는 코타이[弧帯] 문양을 지닌 특수기대特殊器台・코몬[弧文]원판 등의 출토로 키비지역과의 직접적인 관계가 추정된다.

⑥ 광범위한 지역에서 반입된 토기가 많이 출토되고 있다. 각 조사 지점에서는 전체15~30% 정도를 차지하고 있으며 양이 많다. 토기의 반입 범위는 북부 규슈[九州]에서 남부 간토[関東]지역에 이른다.

⑦ 교통의 요지와 '대시大市(큰 시정)'의 존재

⑧ 특수한 대형건물군의 존재(쓰지지구): 쓰지지구에서 울타리로 둘러싸인 대형굴립주건물이 확인되고 있다. 이들은 방위와 축선을 갖추고 있으며 명확한 설계와 규격에 근거해서 세워져 있다. 이 시기의 수장거관首長居館으로 주목받고 있다.

⑨ 수장층의 묘제: 오타지구에서는 일반적인 거주역에서 방형주구묘・목관묘・토기관묘 등과 함께 쇼나이식기[庄内式期](3세기 전반)의 전방후방분인 메쿠리メクリ1호분(길이 28m)이 확인되었다. 이 사례로 볼 때 유적 내 수장층의 묘제나 입지에 명확한 다양성과 계층성이 존재한다.

⑩ 고상식高床式 건물과 평지식 건물: 일반적인 수혈주거지는 거의 확인되지 않는다. 고상식과

평지식 건물로 거주역이 구성되어 있었을 가능성이 있다.

⑪ 한반도와 대륙계 유물: 한식계韓式系 토기와 바질(향신료로 쓰는 한해살이 풀) · 홍화紅花 꽃가루, 한식삼각촉漢式三角鏃을 모방한 목제촉, 목제등자, 호케노야마고분 부장품 중에서 중국 거울이나 살포 등 한반도와 대륙계 문물의 존재로 이들과의 직접적인 교류가 추정된다.

⑫ 고급 기술자 집단의 존재: 유적 북동부 도수시설導水施設구역(후루0식[布留0式]~후루 1 식[布留1式])과 북서부 가쓰야마고분 주변(후루1식)에서는 철기제작과 관련되는 송풍관이나 철재鉄滓 등 단야 관련 자료가 출토되고 있다. 단야로는 검출되지 않았지만, 철제품 · 철편 · 철재 · 송풍관 등이 확인되었다. 홍화를 이용한 염직이 이루어졌을 가능성도 지적되었다.

이상과 같은 다양한 특징으로 마키무쿠유적은 야요이시대의 거점취락이나 동시대의 취락과는 분명한 차이점이 있기 때문에 야마토 왕권의 정치적 중심지로 인식되었다. 한편 야마타이국의 유력한 후보지로도 생각되고 있지만 연구자들의 평가가 일치하지 않고 있다.

2. 쓰지지구 및 오타지구, 마키노우치지구의 조사 결과

다음은 마키무쿠유적 중 국가 사적으로 지정된 쓰지지구[辻地区] 및 오타지구[太田地区], 유적의 북동부에 해당하는 마키노우치지구[巻野内地区] 발굴조사 성과를 정리하고자 한다. 특히 이번 심포지엄의 내용과 관련된 유구로 쓰지지구에서 발견된 대형건물(橋本輝彦 2013 · 森暢郎 2016)에 대해서 자세히 살펴보고자 한다.

1) 쓰지지구

굴립주건물, 대규모 수로, 제사토광 등이 노출되었다(그림 3). 이 중 굴립주건물의 시기는 3세기 전반으로 보이며, 4동 이상의 건물(A · B · C · D)이 동서로 방향 및 주축을 갖추고 세워졌다(그림 4). 이들 중 중심적인 위치를 차지하는 대형굴립주건물(건물D)은 도리[桁行] 4 칸, 보[梁行]는 현재2칸, 복원하면 4칸으로 추정되며, 남북 19.2m, 동서 12.4m이다. 건물D의 서편에는 독립동지주건물独立棟持柱建物(건물C), 그 서쪽에도 굴립주건물(건물 B)이 노출되어, 건물 3동은 울타리로 둘러싸여 있었다. 울타리 바깥에도 많은 기둥구멍과 우물이 확인되었다. 또한 건물군의 폐기 시 굴착된 것으로 보이는 4.3×2.2m, 깊이 약 0.8m의 대형제사토광도 확인되었다.

이처럼 건물군은 미고지에 위치하고 방위와 축선을 갖추고 있기 때문에 규격성을 갖는 거관역으로 보인다. 동서 150m×남북 100m전후의 방형 거관구획이 존재하는 것으로 추정되는데, 울타리에 의해 내곽과 외곽의 구별이 있었다고 생각된다. 왕묘의 분포도 쓰지지구 서쪽에 집중되어 있으며, 마키무쿠유적 전반기에는 쓰지지구가 가장 중요한 구역이었을 것이다.

2) 오타지구

쓰지지구 남쪽에 계곡을 낀 오타지구에서는 굴립주건물이나 제사토광 외에도 길이 28m의 전방후원분인 메쿠리1호분, 방형주구묘, 목관묘, 토기관묘 등이 노출되었다. 쇼나이식기~후루식기의 유구가 다수 확인되었으며, 마키무쿠유적에서도 중심 거주역으로 상정된다.

3) 마키노우치지구

후루0식기 이후의 특수한 유구가 많이 노출되었으며, 쇼나이식기로 거슬러 올라가는 유구의 존재는 희박하다. 후루0식기에서 후루 2식기(3세기 후반~4세기 중반)에 걸친 구획구(그림5)나 도수시설 등이 노출되었다. 단야 관련 및 목재가공 관련 유물이 출토되었으며, 이와 관련된 공방의 존재가 상정된다. 또한 한식계토기와 목제촉의 출토가 알려져 있다. 쓰지지구의 거관역이 후루식기가 되면 마키노우치지구로 이전한 것으로 추정되어 마키무쿠유적 후반기에는 마키노우치지구가 유적의 중추로 인식된다.

3. 유적 보존과 활용

마키무쿠유적 조사연구와 보존・활용을 위한 노력을 종합적으로 실시하고 왜국倭国의 성립과 문화의 원상原像을 해명하기 위해 사쿠라이시 마키무쿠학연구센터[桜井市纒向学研究センター]가 2012년 4월 설립되었다.[1] 소장(비상근직) 이하 문화재과 조사연구계 직원 3명이 재직하고 있다. 또한 전시는 사쿠라이시립매장문화재센터[桜井市立埋蔵文化財センター]가 담당한다.

1_ 마키무쿠학연구센터는 '마키무쿠학'의 연구거점으로 설립되었다. '마키무쿠학'은 마키무쿠유적과 그 주변 지역의 조사와 연구를 충실히 실시하여 일본의 국가성립과 역사, 문화의 원래 모습을 해명하기 위한 '학(学)'이다.

사쿠라이시 교육위원회는『奈良県桜井市史跡纏向遺跡・史跡纏向古墳群－保存活用計画書－』를 2016년 3월 간행하고 유적 보존・활용 계획을 수립한 후 이 지침에 따라 정비・활용사업을 진행하고 있다(표2). 이 중에서는 유적 내에 향후 개발 및 현상 변경 등에 대응하기 위해서 먼저 유구의 중요도를 감안하여 보존관리지구・예정구분을 A~D구로 설정하고 구역에 따라 다른 취급기준을 정하고 있다.

1) 발굴조사 현황 및 향후 계획

1971년 이후의 마키무쿠유적의 발굴조사는 나라현 사쿠라이시 교육위원회와 나라현립 가시하라고고학연구소[奈良県立橿原考古学研究所]가 총193차에 걸쳐 마키무쿠유적을 조사해왔으나 지금까지 조사한 면적은 유적 전체의 약 2% 정도밖에 되지 않는다.

마키무쿠학연구센터에서는 마키무쿠유적의 발굴조사를 계획적으로 진행하고 있으며 현재는 국가 사적으로 지정된 오타지구의 정비에 따른 조사를 주로 실시하고 있다. 제193차 조사는 오타지구 안내시설 건설예정지에서 실시 중이고 발굴 비용은 국고 보조금에서 충당한다. 이 안내시설에는 안내기능은 물론 체험 학습이나 강좌가 가능한 학습기능, 자원봉사 활동거점으로서의 기능, 지역주민과의 교류거점으로서의 기능, 마키무쿠학 연구센터의 기능, 유적관리 기능 등을 가지게 될 예정이다. 오타지구와 마찬가지로 국가 사적으로 지정된 쓰지지구에서는 계속해서 공유지를 늘려가고 있으며 올해는 대형건물 3동이 노출된 곳에 기둥의 위치를 명시하는 임시정비가 계획되어 있다.

지금까지 마키무쿠고분군에서는 마키무쿠 이시즈카고분과 호케노야마고분이 국가 사적으로 지정되었는데, 나머지 야즈카고분, 히가이다 오쓰카고분, 가쓰야마고분의 사적 지정을 목표로 하고 있다.

2) 조사연구성과의 공개, 교육・보급활동

사쿠라이시와 마키무쿠학연구센터에서는 현장설명회에 대해서 홈페이지에서 홍보하고 있다. 또한 활동 보고를 정리한『纒向考古学通信』이나 연구기요『纒向学研究』의 간행, 도쿄 포럼이나 마키무쿠학 세미나 등 심포지엄 개최를 통해 홍보활동을 전개하고 있다. 그 결과 마키무쿠유적이 홍보 이전보다 더욱 널리 알려지게 되었다. 이 밖에 어린이의 체험강좌와 지역주민을 대상으로 한 마키무쿠 고고학강좌[纒向考古楽(学)]**를 개최하고 있다.

지역의 문화유산을 보존하여 후세에 전하기 위해서는 일반시민과의 연계가 필수적이다. 앞으로 지역주민에게 봉사활동 등을 통해 협력하면서 지역의 문화유산에 대해 관심을 가지게 하면서 유적의 보호 · 활용을 추진해 나갈 방침이다.

4. 소결

마키무쿠유적은 3세기 초에 갑자기 출현해서 4세기 전반까지 이어진 대규모 취락유적이다. 주변에는 마키무쿠고분군과 하시하카고분 등 출현기의 전방후원분이 위치한다. 이러한 사실 때문에 왜국의 성립과정을 해명하는데 중요한 유적이다.

쓰지지구에서 확인된 굴립주건물군은 이 시기 거관의 구조를 알 수 있는 중요한 자료이다. 같은 시기 거주역과 묘역, 제사유구, 대구大溝가 광범위하게 분포하고 있는 것으로 조사되고 있으며 출토유물도 종류가 다양하고 풍부하다.

고분시대 전기 전엽부터 전기 후엽에 걸쳐 마키무쿠유적 주변에서 연속해서 축조된 6기의 거대한 전방후원분인 하시하카고분, 니시토노즈카고분[西殿塚古墳], 사쿠라이 차우스야마고분[桜井茶臼山古墳], 메스리야마고분[メスリ山古墳], 안돈야마고분[行燈山古墳], 시부타니 무카이야마고분[渋谷向山古墳]은 6기 모두가 초기 야마토 왕권의 '왕묘'로 평가할 수 있다.

마키무쿠유적에서 초기 야마토 왕권의 왕궁이 후루1식기[布留1式期]까지 영위되었다. 실제로 마키무쿠유적에서는 후루0식기[布留0式期]에 취락규모가 확대되고 취락의 핵심인 거관역이 쓰지지구에서 마키노우치지구로 이동하고 대형 전방후원분인 하시하카고분이 축조되는 등 쇼나이식기 신상新相에서 후루0식기까지의 시기는 큰 획기로 평가되지만(橋本輝彦 2017), 후루0식기 신상에서 후루1식 고상古相경에는 이미 유적의 규모가 축소한다. 따라서 현시점에서는 마키무쿠유적 이후의 거점취락의 실태는 분명하지 않다.

** 일본어로 '악(楽)'과 '학(学)'은 같은 음(がく · 가쿠)으로 발음된다. 효고현립 고고박물관[兵庫県立考古博物館]에서는 '고고학에 관한 기초적인 지식을 가지고, 체험학습 등 박물관의 사업 운영에 종사하는 동시에 지역 역사문화유산 보호 활용의 리더로 활동할 수 있는 인재'를 고고학자(考古楽者)라고 한다.(번역자 주)

Ⅲ. 와키모토유적의 발굴 · 보존 · 활용

와키모토유적은 사쿠라이시 와키모토 · 구로사키[黒崎]에 위치한다. 나라분지 남동부 도카마산[外鎌山]과 미와산[三輪山]으로 둘러싸인 하세다니[初瀬谷]에 입지하는 와키모토유적은 하세가와[初瀬川] 우안의 미고지에 입지한다(그림 7). 하세다니에서 니시토게[西峠]를 넘어 하이바라[榛原]로 이어지는 이세카이도[伊勢街道]가 지나가는 고대부터 동국東国(기나이[畿內]의 동쪽 지방)와 야마토[大和]를 연결하는 교통의 요충지였다. 이 중에서 아사쿠라[朝倉]는 『일본서기』에서 유랴쿠천황[雄略天皇]이 하쓰세노 아사쿠라궁[泊瀬朝倉宮]을 세운 장소로 전해진다.[2]

1. 지금까지의 조사

와키모토유적의 중요성이 인식된 것은 1981년부터 1983년까지 아사쿠라 초등학교 체육관 및 수영장 부지에서 6세기 전반의 석조구石組溝와 주공군이 노출되면서였다(그림 8). 이를 계기로 1984년 시키 · 이와레 제궁조사회[磯城 · 磐余の諸宮調査会]가 조직되면서 유적의 본격적인 조사가 시작되었다. 1984년부터 1990년까지 7차에 걸친 학술 조사에서는 5세기 후반, 6세기 후반, 7세기 후반의 세시기에 걸친 대형굴립주건물과 울타리 등이 노출되었다(그림 10).

2004 년부터 2013년까지는 나라현립 가시하라고고학연구소가 유적 주변을 동서로 지나가는 국도 165호선 확장공사에 따른 발굴 조사를 실시하였다.

국도확장공사로 인한 조사에서는 야요이시대 후기 후반부터 고분시대 초두까지의 수혈건물(주거지)이 다수 확인되었으며 수혈건물과 그 주변에서 청동기 주조와 관련된 유물도 출토되었다(그림 9). 고분시대 중기부터 아스카시대까지는 수혈건물, 토광, 구 외에도 대형굴립주건물과 울타리 등이 노출되었다. 보고서가 간행되면서 더욱 명확해진 최근의 조사에 대해서 고분시대부터 아스카

2_ 유랴쿠천황[雄略天皇]에 대해 『고사기』에는 '大長谷若建天皇', 『일본서기』에는 '大泊瀬幼武天皇'이라고 기록되어 있다. 『송서(宋書)』에 따르면, 왜왕(倭王) 무(武)는 478년 송나라에 사신을 보냈다. 유랴쿠천황의 시내는 왜국이 수장연맹체제에서 대왕전제체제로 전환하는 정치적 획기에 해당한다.

시대까지의 성과를 정리한다(그림 11 · 16).

1) 제15차 조사

2009년 11월부터 2010년 3월까지 조사를 실시하였다. 3구에서는 고분시대 초두에 해당하는 수혈건물 4동과 다수의 토광과 함께 6 · 7세기의 굴립주건물과 울타리를 확인하였다. 이 중 굴립주건물(SB15006)은 동서 2칸, 남북 3칸 이상의 남북건물(주축방향 N-14°-W)이다. 6세기대에 지어져 7세기에 들어 재건축이 있었고 최종적으로는 기둥을 뽑아간 행위가 있었다. 동서 3.6~3.7m, 남북 2.7~2.8m로 측정되었다. 재건축이 이루어진 굴립주건물(SB15006)의 주공은 장변 1.5~2.0m, 단변 1.3~1.6m, 깊이 1.0m나 되는 매우 큰 것이며 기둥흔적에서 직경 48~58cm의 목재를 사용했다고 추측된다(그림 15).

재건축이 있었던 시기와 비슷한 시기에 유적 남쪽을 두른 울타리(SA15001)와 그 내부에 위치하는 굴립주건물(SB15007)이 세워졌다. 이 두 유구의 주축방향은 거의 정방위이다.

3구는 와키모토유적의 남쪽 가장자리에 있는데 중심 건물은 더 북쪽에 있었다고 추정된다. 따라서 1981년부터 1983년까지 아사쿠라 초등학교 부지 내에서 노출된 석조구나 굴립주건물과의 관련성이 주목된다.

2) 제17차 조사

2011년 5월부터 2012년 2월에 걸쳐 조사를 실시하였다. 아스카시대의 굴립주건물(SB17020)의 하층에서 고분시대의 수혈건물 19동을 노출하였다.

수혈건물은 고분시대 초두(3세기 초두)부터 후기 후반(6세기 후반)에 걸친 것으로 한변이 3~5m 정도의 방형주거지다. 수혈건물은 5세기 전반이 되면 노지를 대신하여 건물의 벽체에 부뚜막이 설치되었다.

굴립주건물(SB17020)은 동서8칸(18.8m), 남북3칸(8.0m)의 동서건물이며, 정지층 위에 세워져 있었다(그림 17). 건물의 주축은 정방위를 취한다. 주공은 장변1.3~1.5m, 단변 0.8~1.1m되는 말각방형으로 깊이 0.3~0.7m이다. 기둥은 직경 35~50cm 정도의 목재를 사용하였다고 추측된다. 이 건물은 유적의 중심부 남쪽 가장자리에 위치한 대형 외곽시설이었던 것으로 보인다. 이를 통해 시키 · 이와레 제궁조사회에 의한 제1 · 2차 조사에서 확인된 7세기 후반대 정방위로 늘어선 주공이 건물 SB17020과 동서로 대칭을 이루는 건물이 될 가능성이 제기되었다. 그 범위는 동서 약 100m에 이른다. 과거의 조사결과도 감안하면 7세기 후반대 오쿠노 히메미코[大伯皇女]의 하쓰세이쓰키궁[泊瀨斎宮]의 일부였을 가능성이 있다.[3]

또한 기왕의 조사에서는 해당 유적 4·5세기 취락이 5세기 후반에 행해진 조성에 의해 삭평되어 하쓰세노 아사쿠라궁과 관련된 대규모 건물이 세워진 것이 아닐까 하는 견해가 있었다(前園 実知雄 2004). 그러나 제17차 조사 결과에서는 수혈건물로 구성된 취락은 단절 되는 것이 아니라 지속된 것을 알 수 있다. 대형굴립주건물과 수혈건물이 병존하는 형태를 생각해 볼 필요성도 있다.

3) 제18차 조사

2012년 4월부터 2013년 1월까지 실시하였다. 야요이시대 후기 후반부터 고분시대 초두에 해당하는 수혈건물 1동 외에 5세기 후반에서 6세기 후반에 걸친 연못모양유구[池状遺構]와 그에 따른 석적유구石積遺構가 확인되었다(그림 12·13·14). 연못모양유구는 동서 60m, 남북 60m 이상의 규모이지만 전체 평면 형태는 불분명하다. 석적은 약 20도의 경사각을 가지고 석재는 20~40cm 크기의 강돌을 사용하고 있었다.

2. 조사 결과

와키모토유적은 아스카 지역에 궁이 옮겨지기 전에 5세기 후반에서 6세기 후반에 대형굴립주건물이 세워진다. 또한 스이코천황[推古天皇]의 도유라궁[豊浦宮](592년) 이후 아스카 지역에 궁이 옮겨지고 난 이후에도 계속해서 대형굴립주건물이 세워져 있었다. 중요한 사실은 계속해서 이곳에 대형건물이 세워져 있었다는 것이다. 또한 굴립주건물SB15006 이나 굴립주건물SB15007과 같이 동일지점에서 재건축이 진행되고 있는 것도 이 지점이 매우 중요한 의미를 가졌고 건물이 장기간에 걸쳐 사용되고 있었다는 것을 알 수 있다. 즉, 고분시대부터 아스카시대의 나라분지에서 여러 시기에 걸쳐 대형건물군이 같은 지역에 지어진 예는 아스카 지역 핵심부를 제외하면 극소수에 불과하다. 이것은 와키모토유적이 야마토 왕권에 있어서 유서 깊은 장소이고 이곳이 전승되고 있었던 것和田萃

3_ 와키모토유적에서 발견된 7세기 후반의 건물에 관해서는, 덴무천황[天武天皇]의 딸 오쿠노 히메미코[大来皇女]가 '하쓰세이쓰키궁[泊瀨斎宮]'에서 심신을 깨끗이 하였다는 기사(『일본서기』 天武2년 4월 14일조)와의 관련성이 지적된다.

1988)으로 보인다. 또한 하쓰세[泊瀬]는 동국東国으로 통하는 교통의 요충지에 위치하고 있다. 이것은 5세기 후반 이후 야마토 왕권과 밀접한 관계를 갖게 된 동국東国으로 향하는 교통로의 출발점이 아닐 수 없다. 나라분지에서 동국東国으로 향하는 관문關門의 기능도 갖추고 있었던 것이다.

이 유적을 기기記紀에서 언급되는 궁으로 직접 비정하기에는 남겨진 과제도 있다. 그러나 아스카시대 이전의 궁의 실태를 규명하는 단서가 되는 유적인 것은 틀림없다.

앞으로의 과제를 지적하면 제17차 조사에서 노출된 5세기 후반대 수혈건물군과 시키 · 이와레 제궁조사회 조사에서 발견된 5세기 후반의 굴립주건물 2동과의 관계를 들 수 있다. 즉 거관역과 주거역과의 관계를 어떻게 인식하느냐에 따라 고분시대의 궁 구조에 대한 평가가 달라진다. 5세기 후반대 왕궁에서 중심건물을 구성하는 굴립주건물군이 수혈건물과 입지상 분리되지 않았을 가능성도 시사하고 있다.

3. 보존 · 활용에 대해

국도165호선의 확장공사 부분에 포함된 유구의 대부분은 기록보존되었다(奈良県立橿原考古学研究所編 2011 · 2014 · 2015 등). 대형건물의 일부는 도로 설계 변경 등에 따라 현지에서 보존되어 있다. 국도 확장 부분 이 외의 유적 범위는 토지 이용 현황이 논이나 개인 주택으로 되어 있기 때문에 지하에 보존되었다. 또한 아사쿠라 초등학교 부지 내에서 발견된 석조구 등의 유구는 현재 초등학교 체육관 지하에 보존되어 있다.

또한 출토유물을 비롯하여 조사 기록 등은 사쿠라이시 교육위원회와 나라현립 가시하라고고학연구소에서 보관하고 있고 누구나 자료를 활용할 수 있는 상태이다.

Ⅳ. 4・5세기 나라분지의 수장거관

지금까지 살펴 본 마키무쿠유적과 와키모토유적은 고분시대의 왕궁일 가능성이 지적되는 한편, 4세기에서 5세기에 걸친 나라분지에는 왕권을 받치는 각지의 수장이 규격적으로 정비한 거관의 존재도 확인되고 있다. 호濠와 울타리[柵]・담[塀]으로 둘러싸인 내부에는 정치와 제사를 거행하는 대형건물군을 구축하고 있는 거관의 대표적 사례를 간략히 살펴본다.

스가와라히가시유적[菅原東遺跡] (나라시)

나라분지 북부에 위치하는 스가와라히가시유적에서는 고분시대 전기 후반~중기 전엽으로 보이는 방형구획의 호(SX22)가 조사되었으며(그림 18・19), 구획 안에는 수혈건물 2동이 배치되어 거관으로 평가되고 있다. 방형 구획 구는 폭 약 6m, 깊이 0.5~0.7m 규모로 동서 37m, 남북 25m이상을 구획하고 호 남변의 중앙 부근에는 폭 4m의 외부와 이어진 출입구가 존재한다(森下浩行・松浦五輪美 1994).

그 후, 호는 완전히 매몰되지 않고 구획 안에서는 수혈건물을 대신하여 굴립주건물 및 담장이 들어선다. 이 유구들의 시기는 알 수 없지만, 건물들 사이에 선후관계가 보이는 점과 주축방향이 다른 복수의 건물로 구성되는 점 등으로 6세기대를 포함한 일정한 시간 폭을 확인할 수 있다.

아키쓰유적[秋津遺跡](고세시[御所市])

나라분지 서남부의 가쓰라기[葛城]지역에 위치한다. 고분시대 전기 전반(4세기 전반)의 거관의 양상이 밝혀졌다. 동서 약 150m, 남북 약 100m의 범위에서 여러 방형구획시설과 구, 굴립주건물과 수혈건물 등이 조사되었다(그림 20). 방형 구획 내에서 독립동지주건물을 포함한 굴립주건물이 여러 동 세워져 있었다.

남쪽 수혈건물군(주거 공간)과는 분명하게 구분되어 있으며 제사・의례적 성격을 가진 것으로 추정된다(奈良県立橿原考古学研究所 2011). 가쓰라기 지역의 수장 거관이라고 보는 견해 이 외에도 규모로 보아 야마토 왕권과 연관된다는 견해도 있지만, 기기記紀에 기재되어 있는 아키쓰시마궁[秋津嶋宮]은 고안천황[孝安天皇] 자체가 실제로 존재했는지 의문이 제기되고 있다.

고쿠라쿠지히비키유적[極楽寺ヒビキ遺跡] (고세시)

나라분지 서남부의 가쓰라기 지역에 위치한다. 돌을 쌓은 구로 둘러싸인 구획이 확인되었고 그 안쪽은 판상기둥(판재를 기둥으로 사용함)의 특수한 대형굴립주건물이 조사되었다(그림 21 · 22). 구는 폭 약 13m, 깊이 약 2m이다. 대형건물은 2×2칸의 몸체에 5×5칸의 툇마루를 가지고 서쪽과 남쪽은 담장으로 두른 구조였다. 이 유적은 기둥의 배치와 판상기둥의 사용, 규모 등으로 보아 거주공간이 아닌 제사공간인 것으로 보고되었다(奈良県立橿原考古学研究所編 2007). 출토된 토기인 스에키[須恵器]나 하지키[土師器]로 고분시대 중기 전반(5세기 전반)경으로 추정된다.

V. 결론

아스카시대 이전의 궁에 관한 조사 · 연구는 그다지 진전되지 않았다. 그것은 발굴조사에 의해 궁의 위치가 확인된 예가 거의 없는 것에 기인한다.

실제로 마키무쿠유적에서 발견된 야마타이국[邪馬台国] 히미코[卑弥呼]의 왕궁, 혹은 초기 야마토왕권의 왕궁의 일부라고 생각되는 굴립주건물군(쓰지지구) 이 외에도 와키모토유적에서 확인된 하쓰세노 아사쿠라궁[泊瀬朝倉宮]의 일부라고 볼 수 있는 굴립주건물군과 연못모양유구 등을 들 수 있을 정도이다.

마키무쿠유적의 거관구조는 고분시대 궁의 원형이라고 지적되고 있다(橋本輝彦 2013). 와키모토유적이 특정 궁으로 비정하는 것은 여전히 과제가 남아 있지만, 5세기 후반의 굴립주건물군이나 돌을 쌓은 연못모양유구의 시기가 유랴쿠천황[雄略天皇]의 재위기간과 가까운 것은 사실이다. 또한 와다 아쓰무[和田萃]가 지적하는 하세다니[初瀬谷]는 재지씨족의 전승이 없는 점이나 조사된 유구의 규모로 문헌에 나오는 궁과 연관지을 수 있는 점을 감안하면 이 유적이 하쓰세노 아사쿠라궁이 될 가능성은 높다. 아스카시대 이전의 왕궁의 실태를 규명하는 데 있어서 중요한 유적이다.

고분시대 왕궁의 대부분이 비교적 단기간으로 인식되는 일대一代의 시간동안만 조영되고, 즉 대왕에 의한 역대천궁이 행해졌다고 한다. 그 후, 스이코천황[推古天皇]의 도유라궁[豊浦宮](592년) 이후의 아스카시대는 대가 바뀔 때마다 궁이 아스카 지역에 계속해서 조영되었다.

마키무쿠유적에서는 쓰지지구의 굴립주건물군이 단기간에 폐기되고 후루식기(3세기 후반)에는 마키노우치지구로 왕궁이 이동하는 것으로 추정되고 있다. 한편 와키모토유적에서는 하쓰세노 아사쿠라궁의 일부로 추정되는 굴립주건물이 단기간에 폐기된 이후, 6세기 후반대에 대형건물(행궁[4]?)이 세워졌고, 7세기 후반대에도 대형건물(왕자와 공주의 궁?)이 반복적으로 세워졌다. 또한 동일한 지점에서 재건축이 있었던 사실은 이 지역이 야마토 왕권에 있어서 유서 깊은 장소이고 전승되어왔기 때문으로 판단된다. 이는 고분시대가 역대천궁의 형태를 취하면서 다른 한편으로는 야마토 왕권에 있어서 유서 깊은 장소에서는 대형건물이나 울타리 등의 관련 시설이 여러 차례 세워졌던 상황을 추정할 수 있다.

또한 마키무쿠유적은 쓰지지구 굴립주건물군이 3세기 중반에 폐기된 후 후루2식기(4세기 중엽경)와 고분시대 중기 말(TK47형식기: 5세기 말)에 대구大溝가 굴삭되어 이 지구에서는 여러 차례 대규모 시설이 이어졌던 것으로 보인다(그림 6). 후루2식기의 구는 남북으로 뻗은 폭 약 9m, 깊이 약 1m의 대규모 구로 건축부재 등의 목제품이 다량으로 출토되었다. 또한 고분시대 중기 말~후기 초두의 석재가 깔린 구는 폭 약 5m로 같은 시기의 거관과 관련된 것으로 추정되고 있다. 이 구가 끊어지는 부분도 확인되고 있어 이는 거관의 출입구로 추정되고 있다. 그러나 지금까지 거관 자체는 확인되지 않았다(森暢郎 2016).

위에서 기술하였듯이 역대천궁이 행해졌던 고분시대의 왕궁 중에는 일대一代에 한정되지 않는 대형건물이나 울타리 등이 여러 차례 세워졌던 장소가 존재했을 가능성을 시사한다. 야마토 왕권에 있어서 이 왕궁의 위치는 유서 깊은 장소였으며 이는 전승되어왔기 때문으로 추측된다. 이러한 왕궁의 모습은 고분시대와 아스카시대 왕궁의 원래 모습을 추정하는 중요한 시각이 될 것이다.

마지막으로 유적의 보존·활용에 대해 언급한다. 와키모토유적에서 국도 확장공사에 따른 조사로 많은 유구가 기록보존되었지만, 대형건물의 일부는 도로 설계변경 등으로 현지 보존되었다. 한편, 마키무쿠유적에서 조사연구 및 보존·활용을 위한 노력을 종합적으로 실시하기 위해 마키무쿠학연구센터를 설립했다. 현재 연구센터에서는 보존·활용 계획의 책정 실시했고 이 지침에 따라 유

4_ 하세[泊瀨]에는 유랴쿠천황의 '하쓰세노 아사쿠라궁[泊瀨朝倉宮]' 외에도 부레쓰천황[武烈天皇]의 하쓰세나미키궁[泊瀨列城宮](『일본서기』)이 전승되고 있다. 또한 『일본서기』 欽明紀 31년 4월조에는 '하쓰세노 시바가키궁[泊瀨柴籬宮]에 행차(외출)한다'고 기록되어 있어 하세지역에 행궁도 존재했다고 추정된다.

적의 발굴조사를 계획적으로 실시하고 정비 · 활용 사업을 진행하고 있다.

【감사 말씀】본고를 작성하면서 마키무쿠유적은 마키무쿠학연구센터 寺沢薫 소장님을 비롯해 福辻淳, 森暢郎께 많은 가르침을 받고 관련 자료를 받았습니다. 깊은 감사를 드립니다.

참고문헌(일본 가나순)

桜井市教育委員会, 2016,『奈良県桜井市史跡纒向遺跡・史跡纒向古墳群 -保存活用計画書』

桜井市立埋蔵文化財センター, 2011,『ヤマトの王と居館』(平成23年度特別展)

寺沢薫, 1984,「纒向遺跡と初期ヤマト政権」,『橿原考古学研究所論集』6, 奈良県立橿原考古学研究所

奈良県立橿原考古学研究所編, 1971,『纒向』, 桜井市教育委員会

__________________________, 2002,『大和の考古学100年』

__________________________, 2007,『極楽寺ヒビキ遺跡』

奈良県立橿原考古学研究所, 2011,『御所市 秋津遺跡 第5次調査 現地説明会資料』

奈良県立橿原考古学研究所編, 2011,『脇本遺跡Ⅰ』

__________________________, 2014,『脇本遺跡Ⅱ』

__________________________, 2015,『脇本遺跡Ⅲ』

橋本輝彦, 2013,「纒向遺跡の特質と邪馬台国」『纒向出現 - 纒向に卑弥呼がいたなら - 』(桜井市纒向学研究センター設立記念 東京フォーラム)

________, 2017,「纒向遺跡と纒向遺跡群からみた初期ヤマト王権と黒塚古墳」,『王権は移動したか - 纒向から柳本へ』, 第7回奈良県立橿原考古学研究所公開講演会資料集

前園実知雄, 2004,『奈良・大和の古代遺跡を掘る』, 学生社

森下浩行・松浦五輪美, 1994,「平城京右京三条三坊二坪・菅原東遺跡の調査第257-3次」,『奈良市埋蔵文化財調査概要報告書平成5年度』, 奈良市教育委員会

森暢, 2016,「纒向遺跡の大形建物とその性格」,『宮室、楼観、城柵、厳かに設け… - 卑弥呼の居処 - 』(桜井市纒向学研究センター 東京フォーラムⅣ)

和田萃, 1988,「斯鬼宮と泊瀬朝倉宮」,『体系日本の歴史2 古墳の時代』, 小学館

______, 2010,『ヤマト国家の成立 - 雄略朝と継体朝の政権』, 文英堂

표 1 | 역대 궁과 산릉에 관해서
(和田萃 2010)

天皇 (数字は代数)	宮		山陵		
	宮の名	比定地	山陵名	所在地	現在治定の古墳
10, 崇神	磯城端籬宮	奈良県桜井市金屋付近	山辺道上陵	奈良県天理市柳本町	行燈山古墳
11, 垂仁	纏向珠城宮	〃 桜井市穴師付近	菅原伏見陵	〃 奈良市尼ヶ辻西町	宝来山古墳
12, 景行	纏向日代宮	〃 桜井市穴師付近	山辺道上陵	〃 天理市渋谷町	渋谷向山古墳
13, 成務	志賀高穴穂宮*	滋賀県大津市坂本穴太町付近	狭城盾列陵	〃 奈良市山陵町	佐紀石塚山古墳
14, 仲哀	(穴門豊浦宮)	山口県下関市豊浦町付近	河内長野陵	大阪府藤井寺市藤井寺4丁目	岡ミサンザイ古墳
	(橿日宮)	福岡市東区香椎町付近			
神功皇后	磐余若桜宮	奈良県桜井市池之内付近	狭城盾列陵	奈良県奈良市山陵町	五社神古墳
15, 応神	明宮 (軽島豊明宮)	〃 橿原市大軽町付近	川内恵賀裳伏崗*	大阪府羽曳野市誉田6丁目	誉田御廟山古墳
	難波大隅宮	大阪市東淀川区西大道町付近			
16, 仁徳	難波高津宮	〃 中央区大阪城付近	百舌鳥野陵	〃 堺市大仙町	大仙陵古墳
17, 履中	磐余稚桜宮	奈良県桜井市池之内付近	百舌鳥耳原陵	〃 堺市石津ヶ丘	上石津ミサンザイ古墳
18, 反正	丹比柴籬宮	大阪府松原市上田付近	耳原陵	〃 堺市北三国ヶ丘	田出井山古墳
19, 允恭	遠飛鳥宮*	奈良県高市郡明日香村付近	河内長野原陵	〃 藤井寺市国府1丁目	市野山古墳
20, 安康	石上穴穂宮	〃 天理市田町付近	菅原伏見陵	奈良県奈良市宝来町	☆
21, 雄略	**泊瀬朝倉宮**	〃 桜井市脇本付近	**丹比高鷲原陵**	大阪府羽曳野市島泉8丁目	高鷲丸山・平塚古墳
22, 清寧	磐余甕栗宮	〃 桜井市池之内付近	河内坂門原陵	〃 羽曳野市西浦6丁目	白髪山古墳
23, 顕宗	近飛鳥八釣宮	〃 高市郡明日香村上八釣付近	傍丘磐杯丘南陵	奈良県香芝市北今市	☆
24, 仁賢	石上広高宮	〃 天理市石上町付近	埴生坂本陵	大阪府藤井寺市青山3丁目	ボケ山古墳
25, 武烈	泊瀬列城宮	〃 桜井市出雲付近	傍丘磐杯丘北陵	奈良県香芝市今泉	☆
26, 継体	**樟葉宮**	大阪府枚方市楠葉付近	**三嶋藍野陵**	大阪府茨木市太田3丁目	太田茶臼山古墳
	筒城宮	京都府京田辺市多々羅付近			
	弟国宮	〃 長岡京市付近			
	磐余玉穂宮	奈良県桜井市池之内付近			
27, 安閑	勾金橋宮	〃 橿原市曲川町付近	河内古市高屋丘陵	〃 羽曳野市古市5丁目	高屋築山古墳
28, 宣化	檜前廬入野宮	〃 高市郡明日香村檜前付近	身狭桃花鳥坂上陵	奈良県橿原市鳥屋町	ミサンザイ古墳
29, 欽明	磯城嶋金刺宮	〃 桜井市金屋付近	檜隈坂合陵	〃 高市郡明日香村平田	梅山古墳
30, 敏達	百済大井宮	〃 桜井市吉備	磯長陵	大阪府南河内郡太子町葉室	太子西山古墳
	訳語田幸玉宮	〃 桜井市戒重付近			
31, 用明	磐余池辺双槻宮	〃 桜井市池之内付近	河内磯長陵	〃 南河内郡太子町向小路	春日向山古墳
32, 崇峻	倉梯宮	〃 桜井市倉橋付近	倉梯岡陵	奈良県桜井市倉橋	☆
33, 推古	豊浦宮	〃 高市郡明日香村豊浦付近	科長大陵*	大阪府南河内郡太子町山田	山田高塚古墳
	小墾田宮	〃 高市郡明日香村雷付近			
34, 舒明	飛鳥岡本宮	〃 高市郡明日香村岡付近	押坂陵	奈良県桜井市忍阪	段々塚古墳
	田中宮	〃 橿原市田中町付近			
	厩坂宮	〃 橿原市大軽町付近			
	百済宮	〃 桜井市吉備付近			
35, 皇極	百済宮カ	〃 桜井市吉備付近	小市岡上陵	〃 高市郡明日香村越	牽牛子塚古墳
	飛鳥板蓋宮	〃 高市郡明日香村岡付近			

※ 역대 궁과 산릉(『일본서기』) *은『고사기』의 기재. 산릉에 관해서는 현재 비정된 장소를 나타냈다.(☆은 고분이 아닌 것, 또는 확실하지 않은 것)

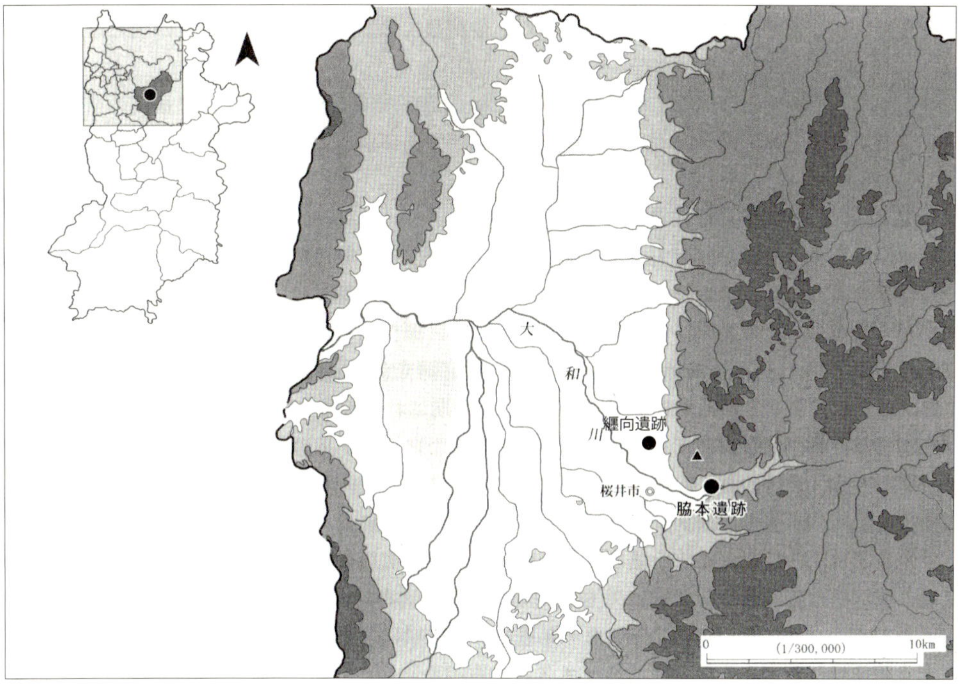

그림 1 | 관련유적 분포도
(奈良県立橿原考古学研究所編 2014 일부 수정)

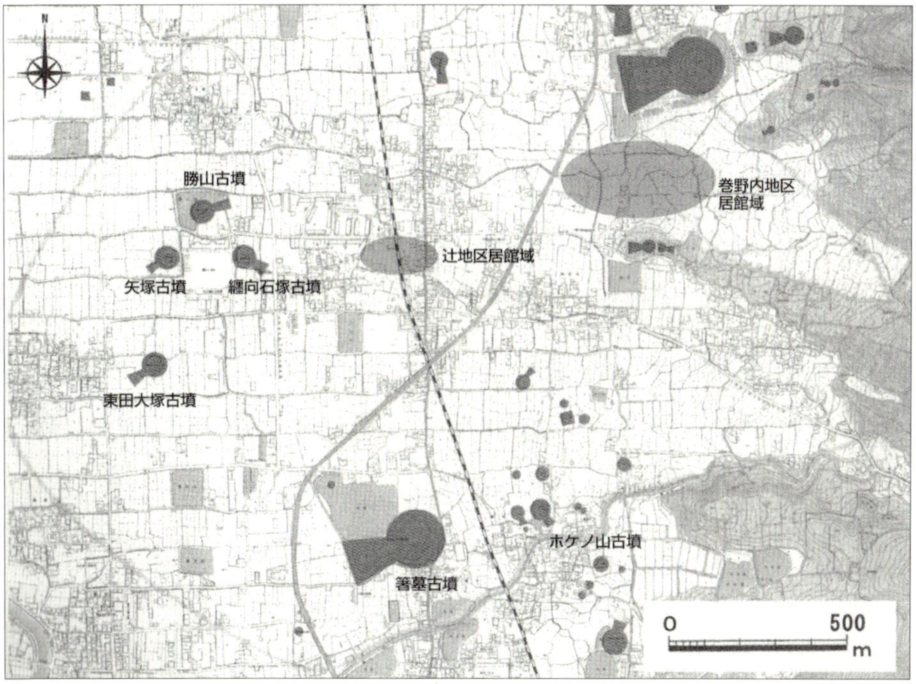

그림 2 | 마키무쿠유적 범위
(橋本輝彦 2013)

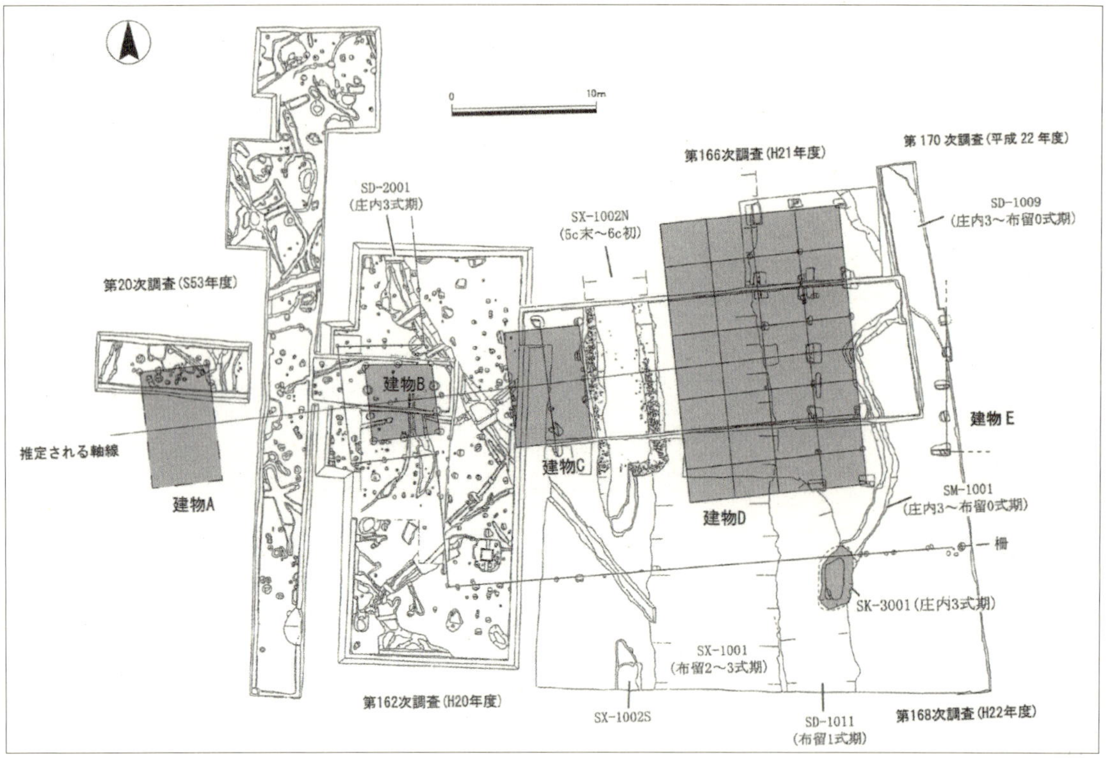

그림 3 | 쓰지지구 유구배치도
(橋本輝彦 2013)

그림 4 | 쓰지지구 건물복원안
(『纒向学研究センター年報』 第0号)

그림 5 | 후루식기의 구획구: 마키노우치지구
(桜井市立埋蔵文化財センター 2011)

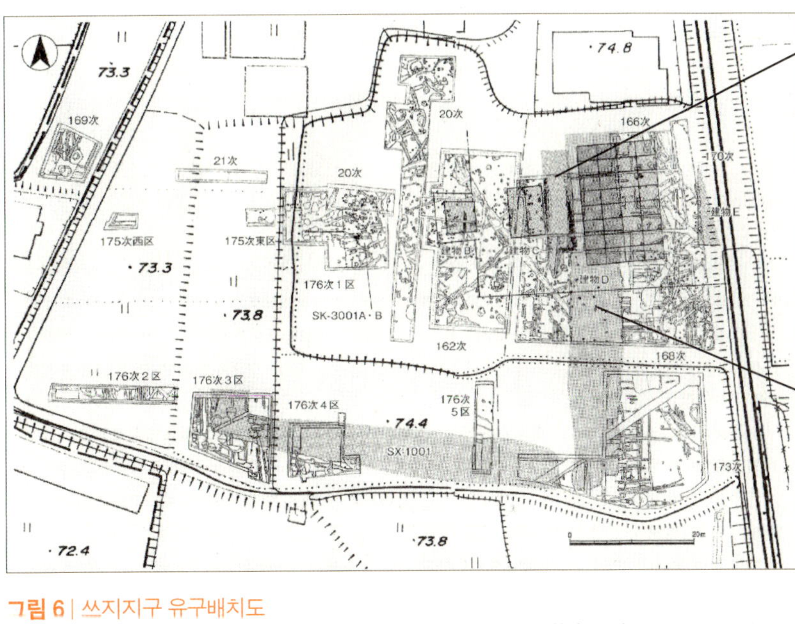

석재가 깔린 구(SX1002)

대구(SX1001)

그림 6 | 쓰지지구 유구배치도
(『纏向学研究センター紀要』 第1号, 사진은 桜井市立埋蔵文化財センター 2011)

표 2 | 마키무쿠유적 시책 실시계획 총괄
(桜井市教育委員会 2016)

年度	28	29	30	31	32	33	34	35	36	37
期	第Ⅰ期				第Ⅱ期					
保存事業（追加指定）	纒向古墳群の追加指定 勝山・矢塚・東田大塚古墳 →				纒向古墳群・纒向遺跡の追加指定 箸墓古墳・巻野内地区 - - →					
期	第Ⅰ期		第Ⅱ期		第Ⅲ期					
整備事業	センターエリア整備 遺構展示・活用広場・エントランスゾーン →		センターエリア整備 交流館 →	センターエリアの完成	センターエリア整備 メイン駐車場・アプローチ道路 - - →; サテライト整備 - - →					
期	第Ⅰ期		第Ⅱ期		第Ⅲ期					
活用事業	（仮）運営協議会の設置と活動 →		（仮）纒向遺跡保存活用協議会の設置と計画の策定 →		活用計画に基づいた活動の実施 →					

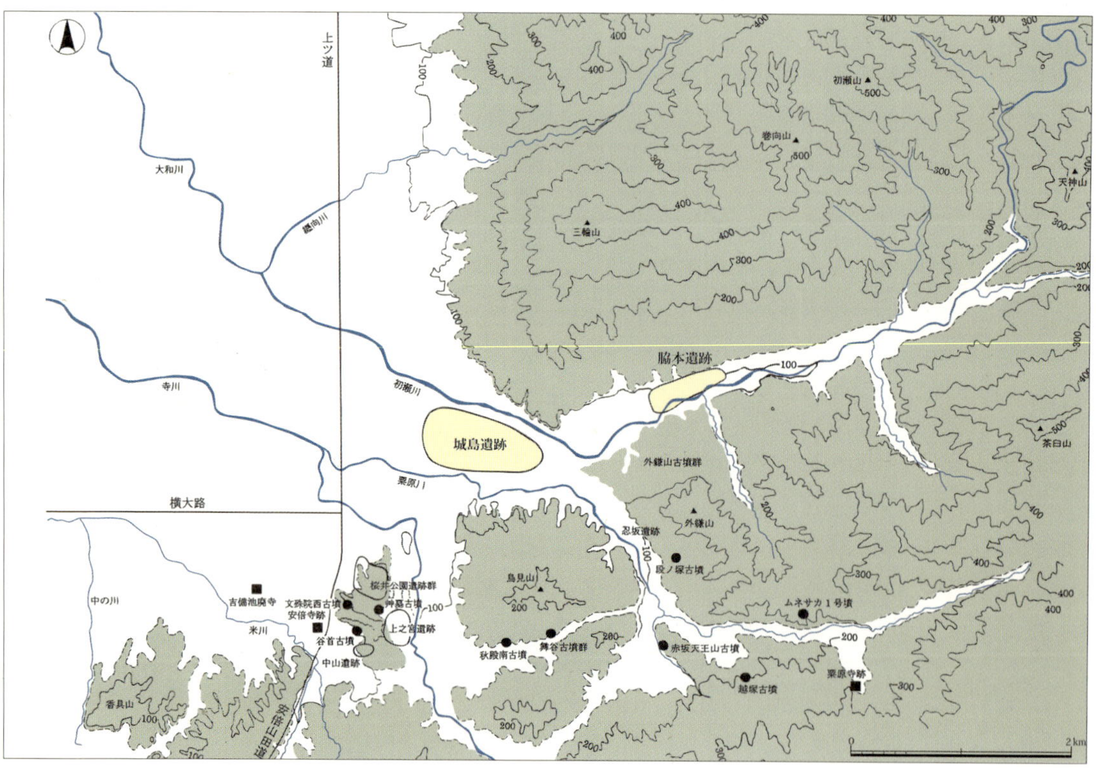

그림 7 | 와키모토유적 위치도

그림 8 | 석조구(아사쿠라 초등학교부지: 6세기 전반)
(奈良県立橿原考古学研究所編 2002)

그림 9 | 청동기주조와 관련된 유물
(奈良県立橿原考古学研究所編 2011)

그림 10 | 와기모토유적 제2차 조사
(桜井市立埋蔵文化財センター 2011)

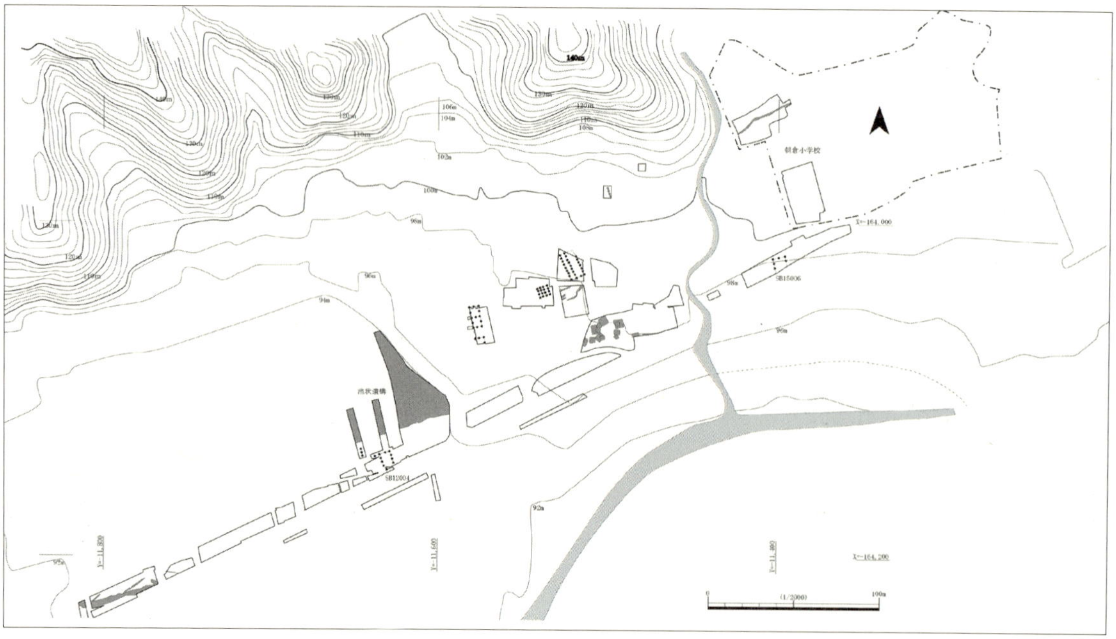

그림 11 | 고분시대 중기 · 후기 유구배치도
(奈良県立橿原考古学研究所編 2014)

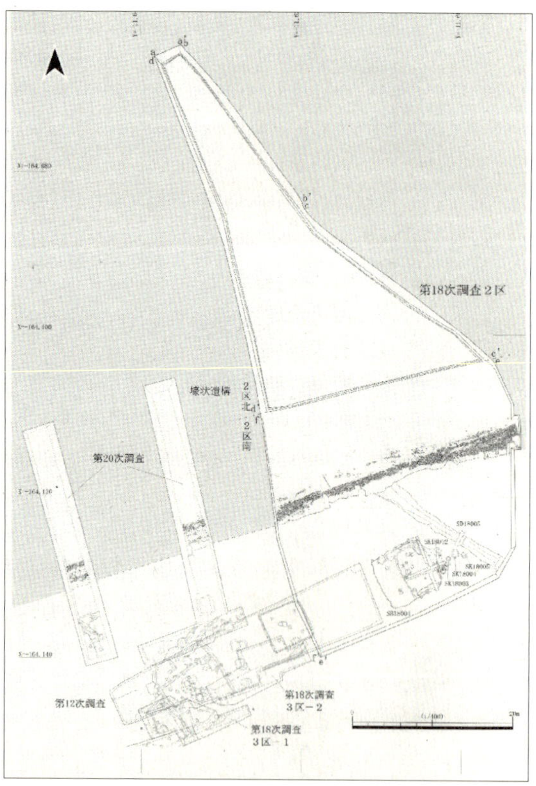

그림 12 | 연못모양유구: 제 18 · 20차 조사
(奈良県立橿原考古学研究所編 2015)

그림 13 | 석조유구(북서쪽에서)
(奈良県立橿原考古学研究所編 2015)

그림 14 | 연못모양유구 전경(북쪽에서)
(奈良県立橿原考古学研究所編 2015)

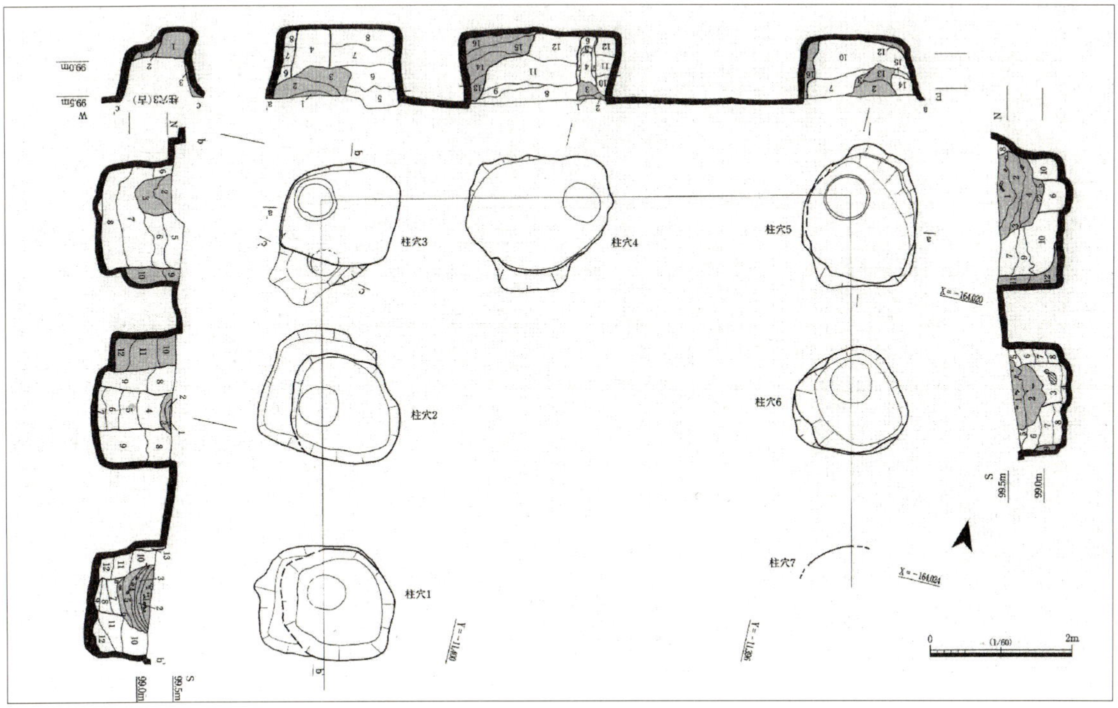

그림 15 | 굴립주건물(SB15006): 제15차 조사
(奈良県立橿原考古学研究所編 2014)

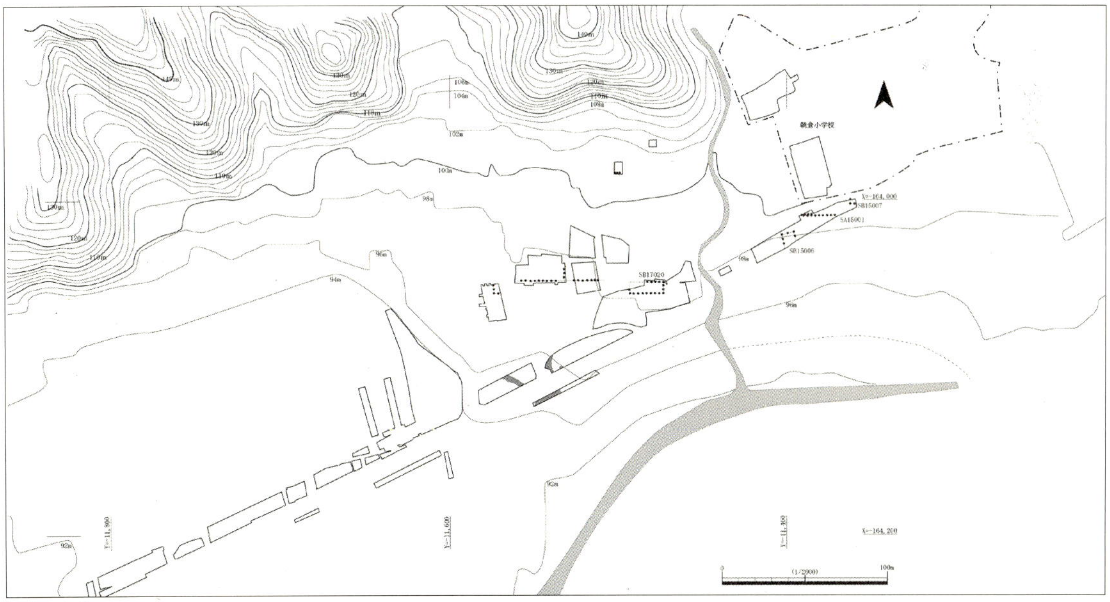

그림 16 | 아스카시대 유구배치도
(奈良県立橿原考古学研究所編 2014)

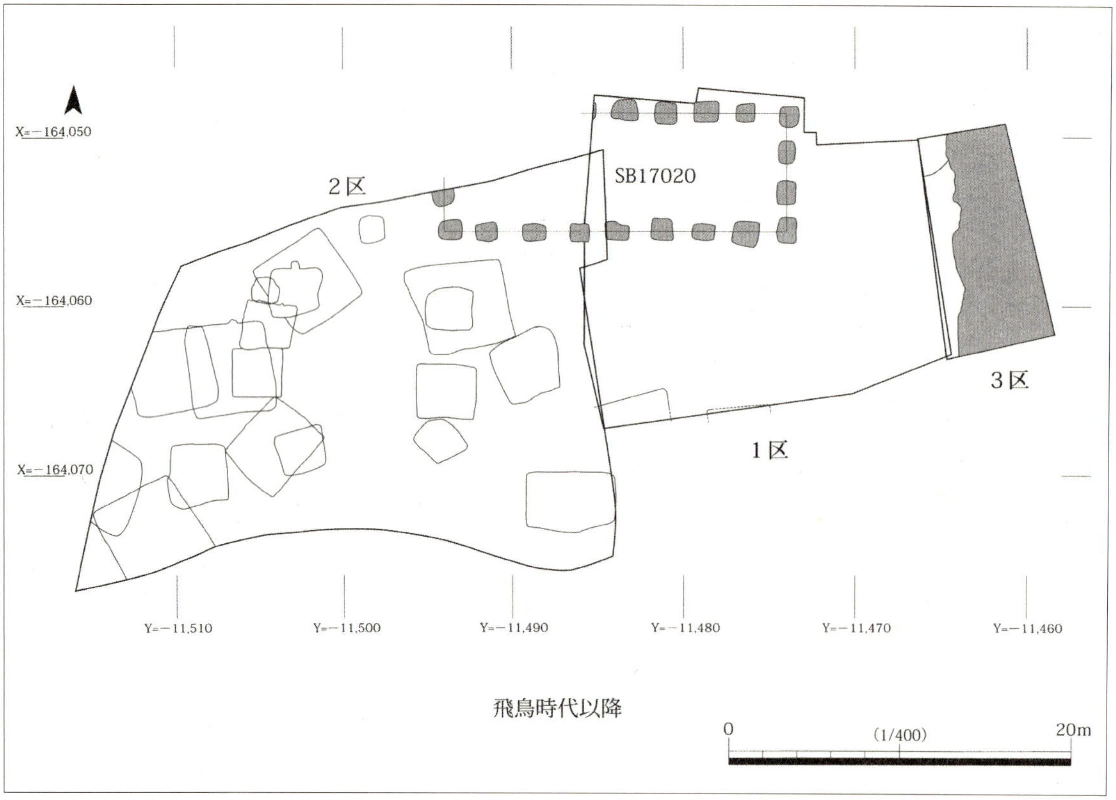

그림 17 | 굴립주건물(SB17020): 제17차 조사
(奈良県立橿原考古学研究所編 2014)

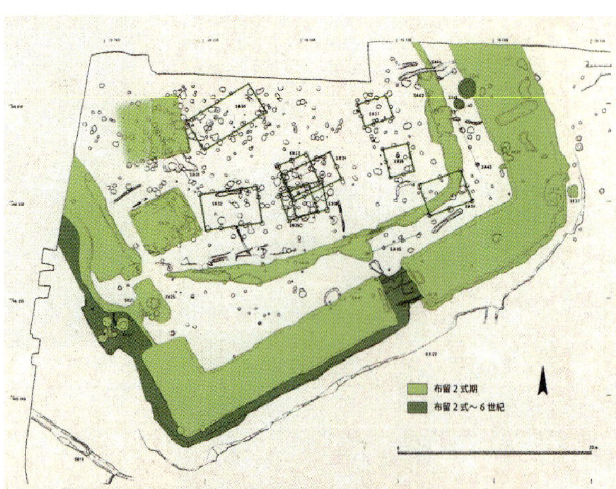

그림 18 | 스가와라 히가시유적 수장거관
(桜井市立埋蔵文化財センター 2011)

그림 19 | 스가와라 히가시유적 출토 팔찌형 석제품, 옥류
(桜井市立埋蔵文化財センター 2011)

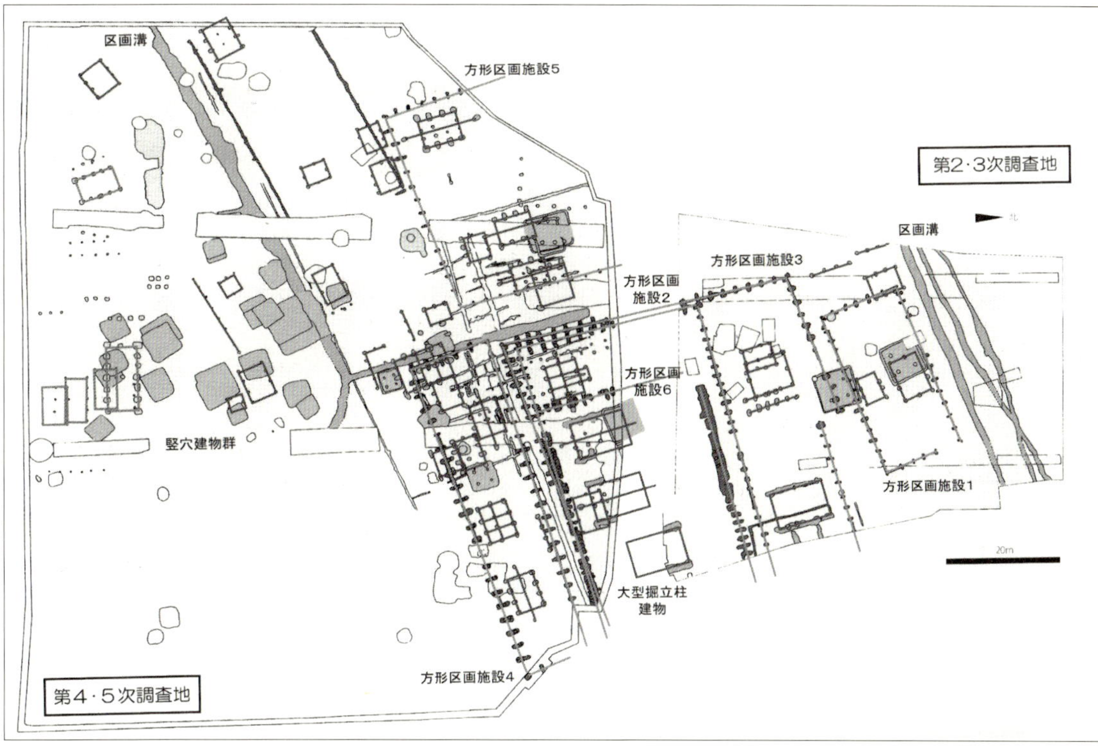

그림 20 | 아키쓰유적 수장거관
(岡田憲一 外 2011「秋津遺跡第４次調査」『奈良県遺跡調査概報』2010年度)

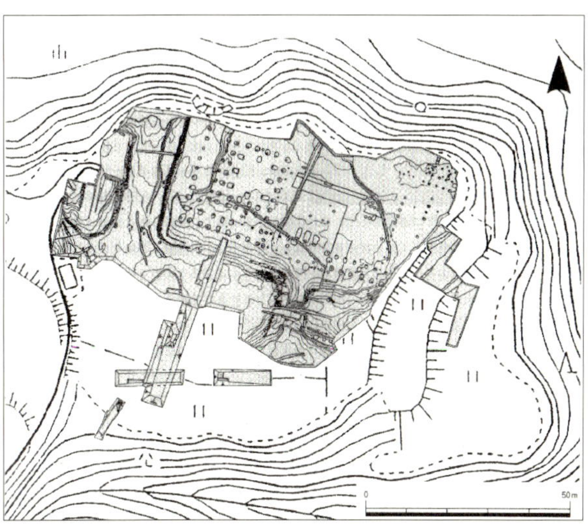

그림 21 | 고쿠라쿠지 히비키유적 수장거관
(奈良県立橿原考古学研究所編 2007)

그림 22 | 대형굴립주건물 복원모형
(奈良県立橿原考古学研究所附属博物館 2006
『葛城氏の実像』)

백제왕성 서울 풍납동 토성의 현재와 미래

Present and Future of Baekje Royal Fortress in Pungnap-dong, Seoul

三ツ寺Ⅰ遺跡を含む3~6世紀の東日本の古墳時代豪族居館遺跡

-基本ポリシー、調査、保存·管理、整備、活用-

橋本博文 日本 新潟大学 教授

Ⅰ. はじめに

発表者は、現在二人の代表委員のうちの一人を務める文化財保存全国協議会の第42回群馬大会の折、発掘調査後30周年を迎えた同県三ツ寺Ⅰ遺跡をテーマとした『豪族居館と古墳群の整備』のシンポジウムで「古墳時代豪族居館遺跡の保存・整備・活用」と題して発表したことがある（橋本2012a）。

今回の国際学術会議の発表者の一人としてお声掛けいただき、主催者との仲介の労をとっていただいた井上主税先生が西日本のうち主に畿内の正に「王宮」と豪族居館を対象とするということなので、発表者は東日本をメインに地方豪族居館を中心に発表することにする。

Ⅱ. 「豪族居館」の発見

日本では、畿内の倭王権の最高首長である大王の宮、すなわち王宮を除いて、古墳時代の中央豪族、地方豪族の活動拠点を「豪族居館」ないしは「首長居館」と呼んでいる。この種の遺跡は長らく不明であったが、1981年、上越新幹線の建設に伴う事前発掘調査で当時の群馬県群馬郡群馬町（現・高崎市）三ツ寺Ⅰ遺跡で初めて発見された[1]。その契機は第2次世界大戦後の日本の経済復興期の経済活動にある。池田勇人内閣の所得倍増計画、田中角栄内閣の日本列島改造論による列島規模のインフラ整備に伴い、高速道

1_ 豪族居館は古墳と異なって地下に埋もれており、地上に現れている古墳のようには視認できず、また、規模が大きいため一部を掘っても全容がうかがえなかったことに起因しよう。

路・新幹線・空港などの高速交通網が急激な発展を遂げた。その陰で、多くの遺跡が姿を消していった。豪族居館の発見はこの1980年代に集中しており、半数近くにのぼる。なお、その調査原因は、高速道路建設・新幹線鉄道建設・空港建設・圃場整備・住宅団地造成・工業団地造成・学校建設などである（橋本2012a）。

Ⅲ. 東日本を中心とする豪族居館遺跡の検討事例

① 木県那須郡那珂川町鹿島前遺跡

栃木県那須郡那珂川町鹿島前遺跡では国史跡那須八幡塚古墳の北を通す国道のバイパス建設の計画があり、事前発掘調査を栃木県埋蔵文化財センターが実施したところ、四隅に突出部があると考えられる方形囲郭施設が確認された。時期は古墳時代前期に遡り、その北に位置する温泉神社古墳と同時期の豪族居館の可能性が指摘された。その後、日本考古学協会埋蔵文化財対策委員会でも問題視され、栃木県教育委員会の指導のもと、地元那珂川町教育委員会では、鹿島前遺跡保存対策委員会が組織された。2017年度の今年度、重要遺跡の確認調査費として国庫補助金単年度250万円がつき、今冬の2018年2月に県の調査部分を補足すべく、方形囲郭施設の堀の部分と堀で囲まれた内部の部分の発掘調査が予定されている。委員会は有識者として地元栃木県考古学会会長、居館研究者である大学教員２名、前地元那須風土記の丘資料館小川館学芸員で、現大学教員、地元那珂川町文化財保護審議会会長の5名から構成される。初回の委員会には、オブザーバー参加として文化庁記念物課および栃木県教育委員会文化財保護課の職員、さらに特別参加として栃木県整備部烏山土木事務所の部長が出席した。

② 群馬県太田市中溝・深町遺跡

当初は「記録保存」の方向であったが、地元文化財調査員の要望や日本考古学協会、文化財保存全国協議会などの保存要望書の提出を受け、保存が決定された。工業団地内に義務付けられた緑地公園として、初期計画にあがっていた場所を移して史跡公園に充当させたものである。約1万㎡あり、公園として憩いの場になっているが、工業団地ということで、付近に民家が無く積極的な利・活用が図られていない。管理上の問題として、南側の堀で囲まれた長方形の囲郭施設に復元して架けて丸太の橋の劣化・老朽化が進んでいる。また、北西部の２つ並んだ井泉の復原整備したものにはゴミが溜まり、地元文化財パトロール員からの報告を受けているが、改善が進んでいない。地元太田市では以前、史跡巡りのスタンプラリーのコースに入れていたが、場所が分かりづらいとの市民からの苦情があり、現在はそのスタンプラリーのコースからはずしてしまっている。場所が分かりづらければ看板サインの設置を促進したいところである。

③ 群馬県高崎市三ツ寺Ｉ遺跡

調査後36年を経過したが、意外なことに国・県どころか市指定にもなっていない。それは遺跡の上を上越新幹線と県道前橋―安中線が走り、その上個人の住宅地・畑地となっていて指定の同意が取りづらいことに起因している。ところで、発掘調査後、同遺跡の重要性に鑑み、当初の建設計画を変更して、橋脚のスパンを長くとり、橋脚の建設で壊される面積を最小限に止める努力が関係者によって図られている。しかし、災害対応用の側道が設置され、景観が損われている。遺跡内から周囲を見渡した場合、新幹線敷設前は北西方に榛名山、北東方に赤城山という秀麗な上毛三山のうち二つの山容が居館機能時と同様に遠望できたが、今は橋脚の隙間から辛うじて望見することができる。現在、上越新幹線高架下に説明板が設けられているものの、設置から長い年月を経過し、劣化している。というのも、長年月の間、そもそも設置者が不明となっていることに起因しているからのようである。現地には、ここが三ツ寺Ｉ遺跡だという標柱はなく、それに代わって「三ツ寺Ｉ遺跡説明板」の標識が存在するが、それも劣化してきて読みづらくなっている。また、同遺跡には大型の商業用看板があふれ、遺跡の景観をおおいに損っている。

なお、同遺跡の発掘調査で確認された敷き石状遺構を約1ｋｍ離れた、かみつけの里博物館の敷地内に臨時的に再現し、毎年10月第３週の日曜日に古墳祭りの第１部として聖水を王に献ずる儀式を復元・執行している。しかし、現状で、それを現地で行う条件は整っていない。ちなみに、三ツ寺Ｉ遺跡の出土遺物は復元模型と共に、かみつけの里博物館内に展示している。一方、同遺跡の近くのコンビニエンスストアには同館が用意した三ツ寺Ｉ遺跡の解説用リーフレットが置かれているが、その存在を紹介する掲示はなく、たまたま見学者が道を尋ねた場合に、そのリーフレットを配布するとのことで、年間数件の利用しかないという。これではせっかくの広報活動が勿体ない。

④ 群馬県高崎市北谷遺跡

同市三ツ寺Ｉ遺跡の調査後、発見されたが、三ツ寺Ｉ遺跡と形態・規模・構造等が酷似するということと、比較的遺存が良いとのことで、既に国史跡となっている。確認調査の後に、昨年から国の補助金を得て用地買収に着手し、5～6年後の完了を目指している。指定地範囲外の南隣接地で発表者が実施したボーリング調査で張り出し部の存在が想定され、高崎市ではその部分の指定範囲拡大を検討している。現状では内部に解説板が設置されている。

⑤ 群馬県伊勢崎市原之城遺跡

今回の学術会議で対象外の古墳時代後期、6世紀の遺跡であるが、日本列島最大級の豪族居館遺跡として三ツ寺Ｉ遺跡と並んで重要なのでここにふれることにする。圃場整備の事前調査で地元伊勢崎市教育委員会が発掘調査後、原状で保存されている。しかし、未調査区においてゴボウなどの深耕のためトレンチャーによる遺構破壊が進行し、危機的状況にある。その耕作地では須恵器子持ち器台などが表面採集されている。新潟大学考古学研究室では発掘調査を計画したが、実現できていない。遺跡内を走る道路は、付近に大型商業施設ができたことによる影響で交通量が多く、その道路に面して立てられた解説板は撮影や読むのも命懸けである。新潟大学では空中写真撮影と測量調査を実施している。なお、地元教育委員会では文化庁の活用事業を利用し出土資料の再整理を業者に委託して実施しているが、今のところその再実測資料は公表されていない。ただし、出土遺物の地元赤堀歴史民俗資料館での展示やデパート等の商業施設での展示など活用に努めている。将来的には国史跡を目指すようであるが、現状で県史跡にも市史跡にもなっていない。

⑥ 栃木県さくら市四斗蒔遺跡

3度の発掘調査後、遺跡は水田として利用され、そのまま地下に眠っている。調査で出土した遺物は濠の断面剥離標本と共に新潟大学旭町学術資料館に展示され、教育・研究に活用されている。併せて、模型も製作され、業者に製作を依頼したものは地元さくら市ミュージアムに展示されている。一方、博物館実習の教育の一環で学生が製作したものは完成度は低いが先の大学博物館相当施設で展示に使用されている。なお、当遺跡と対応すると考えられる古墳のお旗塚古墳は、墳頂の銀杏の大木が枯れ、根を残して伐採されたが、古墳そのものには損傷は無く、そのままとなっている。

⑦ 新潟県佐渡市蔵王遺跡

圃場整備、農道の建設に伴って事前調査で発見されたものである。掘立柱建物、平地式建物、竪穴式建物などが確認されている。時期は弥生時代中期から後期、古墳時代前期に及ぶ。弥生中期段階の玉作関係の資料が僅かに含まれる。掘立柱建物の中に祭殿風の独立棟持ち柱を伴うものが含まれる。出土遺物の中に中型の仿製八葉内行花文鏡と小型仿製鏡の珠文鏡が含まれている。銅鏃や鳥形土製品も認められ、威信財の出土から単なる一般集落ではなく、豪族居館関連の遺跡と想定される。柱根や礎板が多く遺存し、その年輪年代測定から3世紀前半から中頃の「卑弥呼の時代」を中心に古墳時代早期・前期まで続くと推定される。

⑧ 福島県喜多方市古屋敷遺跡

国史跡指定後、文化庁の史跡の内容確認調査で5年計画の年間500～600万円の予算を

得て今年は3年目となるが、様相の判明していない2号区画の内部北西部分を調査している。しかし、2号区画は近世の遺構がすっぽり重複しているようで、肝心な古墳時代の遺構の保存が悪く、実態は不明のままである。4年目以降は2号区画の外側の遺構確認調

査を予定している。その後は13〜14世紀の新宮城中世館址の5カ年に及ぶ調査を計画しているとのことで、整備は当面進みそうもない。

⑨ 宮城県遠田郡美里町山前遺跡

復元大溝は枯れ葉や土が堆積し、構築時復元時の威容はなくなっている。内部の竪穴住居を1棟復元してあったが、老朽化と不審者対策のため取り壊してしまった。解説板は３つある。北側の最高所には東屋が設けられており、見学者と地元の方の憩いの場となっている。東日本大震災後、補強し屋根を修理している。震災では擬木の柵が傷んだため、モルタルで補修している。地割れには砂を入れて整備している。史跡公園整備後40年を経過し、伸びた木を伐採したりしている。

⑩ 宮城県栗原市入ノ沢遺跡

国道4号バイパス建設の事前調査で発見されたもので、丘陵上に環濠を廻らし、一部に突出部を設ける。内部には竪穴住居が群在し、そのうちの大型住居3棟から銅鏡が出土している。そのうちの1棟からは他に鉄斧や玉類、特殊な石製ペンダント等が認められる。ほとんどが焼失家屋で、戦闘の際に燃えた可能性がある。時期が古墳時代前期なので、続縄文文化の集団との接触のなかで被災した可能性がある。

前例のない遺跡の稀少的価値から、当遺跡は保存され最近国史跡となった。現在、宮城県と文化庁、国土交通省でルートの変更等を協議中で、今後遺跡の範囲確認調査が予定されている。

⑪ 岩手県奥州市中半入遺跡

圃場整備に先立つ発掘調査の後、遺跡は埋め戻され、現在遺跡には標柱が立てられているだけである。地元桜川地区振興会の町おこし部会が平成25（2013）年度に地区内のガイドマップに5〜6行で記しているのみである。

⑫ 石川県七尾市万行遺跡

石川県七尾市万行遺跡は古墳時代前期の大型倉庫群の発見で知られているが、平成年の国史跡指定以降、表立った整備はされていない。しかし、行政当局の七尾市が地元保存会に依頼して除草に努めている。また、当局文化課の北林雅康氏によれば、万行遺跡の所在する万行は「竹垣の里」でもあり、現在簡易的な環境整備というかたちで周囲の一部に竹垣を施しているという。さらに、毎年地元の小学生には竹垣の風習と万行遺跡についての出張講座や勾玉つくり、火起こし体験などの古代歴史体験の体験学習を実施している。地元の特産品や、伝統の若い世代への継承、人材育成など地道な活動が評価される。ただし、囲郭施設が発掘調査の成果に基づいて検証された場合には、異なる囲郭施設の復原も視野に入れる必要性があろう。

⑬ 大分県日田市小迫辻原遺跡

国史跡指定後、整備は止まっている。平成24年から5カ年計画で国の重要遺跡の確認調査費補助金総額600万円をかけ、範囲確認調査などが実施されている。その結果、台地の西側裾に地形に沿う断面V字形の古墳時代の溝が検出されている。

⑭ 長崎県雲仙市龍王遺跡

水田基盤整備事業がきっかけで発見され、34m四方の方形囲郭施設が確認されている。古墳時代初頭の布留式期の断面逆台形を呈する堀が認められ、その内部から平面方形の住居址が検出されている。盛土保存され、現状では整備されていない。

Ⅳ. 基本ポリシー

最初に、発表者の基本理念としてPublic Archaeology（市民と共にある考古学）を目指している。分かり易く言うと、① 市民に遺跡の価値を知ってもらうこと、② 市民に親しみのある遺跡に高めること、③ 市民が地域にとって誇りに思う遺跡にすること、④ 市民と共に遺跡を守ること、⑤市民に遺跡を活用し楽しんでもらうことを基本的姿勢としたい。

V. 調査

日本では、戦後の高度経済成長期に古墳時代の豪族居館関連遺跡の多くが発見され、破壊されてきた。開発の多い一時には、全国で実に年間1万件ほどの発掘調査が行われていた。現在ではおよそ8500件となっている。そのうちの約95%が開発行為に伴ういわゆる行政発掘である。残りの約5%が学術目的の学術発掘である。このうち古墳時代の豪族居館関係の遺跡の発掘調査は年間3件ほど、学術調査も3件ほどで、そのさらに調査主体で分けると3件中1件がわれわれの大学考古学研究室の調査、残り2件は行政の史跡整備に先行する調査ということになっている。

調査方法

行政による緊急発掘（事前発掘）調査は、基本的に開発行為に先行する調査で、開発対象地のみに限定される。そのため中心部であろうとも調査対象地外にある場合は、その部分は掘らない。一方で、開発対象地域内は全掘することになり、面的な発掘調査となる。その面的な調査が豪族居館の様相を明らかにする上で、重要な役割を果たしたといっても過言ではない。それまでの小規模調査で、濠や柵、掘立柱建物の一部を掘っていても、それが実態として何であったかを見過ごしてきたのが事実である。

最近の、群馬県渋川市下新田遺跡では、火山性堆積物の下から遺構が発見されたことにより、居館関連遺跡の良好な資料が得られた。実は、居館研究の嚆矢となった三ツ寺Ⅰ遺跡も同様に榛名山二ツ岳火山灰（Hr-FA）の下から確認されたもので、遺構の残りが良かった。

発表者は、古墳時代の豪族居館関連遺跡を学術目的で発掘調査してきた数少ない研究者の一人である。

栃木県さくら市四斗蒔（しとまき）遺跡[発掘調査]

群馬県伊勢崎市毒島城（ぶすじまじょう）遺跡[発掘調査]

群馬県伊勢崎市今井学校（いまいがっこう）遺跡[発掘調査]

群馬県伊勢崎市原之城（げんのじょう）遺跡[測量調査]

栃木県宇都宮市権現山（ごんげんやま）遺跡[発掘調査]

・東居館[新大1次・2次・3次]

・西居館[新大3次・4次・5次・6次]

・南居館[新大3次]

群馬県前橋市笂井八日市（うつぼいようかいち）遺跡[発掘調査]

群馬県高崎市三ツ寺（みつでら）Ⅰ遺跡[レーダー探査・ボーリング調査]

群馬県高崎市北谷（きたやつ）遺跡[ボーリング調査]

福島県郡山市清水内（しみずうち）遺跡[柵列痕剥ぎ取り調査]

発掘調査は、表土を重機のバックホーを入れて攪乱層を除去した後、手掘りで遺構確認をし、必要最小限の遺構内発掘を行ってきた。柵列や掘立柱建物址は一部ピットを半截し、濠はトレンチ調査で断面形状や規模を確認する程度である。なお、北関東の遺跡では火山性堆積物の確認のため濠の覆土断面剥ぎ取り調査を可能な限り試みた。また、花粉・プラントオパール・珪藻などの自然科学的な分析のため土壌サンプリングも併せて実施した。それらは、古環境復元や濠の湛水の有無を確認する目的で行った。

行政が実施した学術発掘調査としては、群馬県北谷遺跡の調査があげられる。トレンチ調査で、必要最小限の遺構確認調査が試みられている。外郭施設の濠の規模や護岸の葺き石の様子が明らかになっている。内部の大型竪穴住居址も検出されている。これによって、姉妹居館とも言われる三ツ寺Ⅰ遺跡との比較もなされ、国史跡指定に向けての基礎資料が得られた。

なお、発表者が中心となって行った居館遺跡の剥離標本を以下に記す。このうち、おおかたが濠の断面剥離であるが、標準土層の断面剥離の他、今井学校遺跡と清水内遺跡では柵列の断面剥離と平面剥離を行い、柵構造の復原に努めた。

栃木県さくら市四斗蒔（しとまき）遺跡[1号居館濠]

群馬県伊勢崎市毒島城（ぶすじまじょう）遺跡[標準土層]

群馬県伊勢崎市今井学校（いまいがっこう）遺跡[柵列断面・平面、標準土層]

栃木県宇都宮市権現山（ごんげんやま）遺跡[東居館南辺濠]

群馬県前橋市筑井八日市（うつぼいようかいち）遺跡[西辺濠]

福島県郡山市清水内（しみずうち）遺跡[柵列断面・平面、濠]

VI. 保存問題

基本的に日本の古墳時代豪族居館は開発に伴う事前発掘調査で発見されたものである。それらの多くは開発を前にしてほとんどが破壊されてきた。その中で、保存運動の末、破壊を免れた遺跡が存在する。

保存運動は、地元市民からなる保存団体が組織され、遺跡個々において団体が組織され運動が行われてきた。その中に在って、文化財保存全国協議会（略称：文全協）は個別の遺跡保存、地域の遺跡保存だけではなく、全国的に市民と研究者が連帯し遺跡の保存のために立ち上がり活動している団体である。群馬県中溝・深町遺跡の保存問題においても、地元当局に保存要望書を提出している。

一方、日本考古学協会の埋蔵文化財保存対策委員会（略称：埋文委）は、群馬県金井下新田遺跡や宮城県入ノ沢遺跡などの豪族居館関連遺跡の保存の問題にも保存要望書を提出している。

大型倉庫群の大阪法円坂遺跡に関しては、関西の数学会が連携・連帯してシンポジウムを開くなど保存運動を盛り上げ、結果的に保存を勝ちとった例である。

Ⅶ. 保存範囲

ところで、どこまでを保存すべきかという問題がある。東日本では福島県古屋敷遺跡の発見で、それまで方形の堀や柵で囲まれた範囲内のみを居館としていたのに対し、方形囲郭施設の外側にも関連する倉庫群や祭祀の場が存在することが明らかになった。さらには、別の囲郭施設が至近に確認されたことによって、いよいよ居館としての範囲が不明瞭になってきた。そこで、それらの遺構をのせる台地の縁にトレンチを入れたところ、さらに周囲に環濠が廻っている可能性が浮上してきた（植村2012）。

一方、西日本では、奈良県名柄・南郷遺跡群の度重なる調査で、先の東日本の古屋敷遺跡とはまた違った居館の存在形態が判明した（坂2012）。すなわち、より広範囲に性格を異にする遺構群が散在する様子が明るみにでたのである。葺石を伴う名柄遺跡の「首長居館」、その南方に高殿を確認した極楽寺ヒビキ遺跡、祭祀のための導水施設をもつ南郷大東遺跡、大型倉庫群の井戸大田台遺跡、武器生産の工房を有する南郷角田遺跡をはじめ、手工業生産を指導した中間層、親方層の居住地遺跡の井戸井柄・南郷柳原遺跡、鉄器・玉・ガラス・窯業などの手工業生産を行った下茶屋カマ田遺跡などで構成される。このような広大な地域に有機的に関連した遺跡が存在する場合、個々の遺跡をより完全なかたちで保存することは勿論のこと、「遺跡群」総体として残すことは容易なことではない。しかし、今現在市街化されていないのが救いである。今後、遺跡群全体の景観にも配慮した保存が望まれる。

Ⅷ. 保存・管理上の問題

史跡指定の動向

今日、日本では「史跡」として指定し、保存を図るレベルとして、国史跡、都道府県史跡、市町村史跡の３レベルがある。古墳時代の豪族居館関連遺跡では、このうち、国史跡が11件、都道府県史跡が1件、市町村史跡が2件である。ちなみに、古墳の国史跡は４３８件で、この数字を見て如何に少ない数字かが分かる。

その史跡指定の歴史を辿ると、1975年頃から関連遺跡が注目されはじめるも、1980年代から90年代の高度経済成長期には多くの居館関連遺跡が発見されている一方で、開発優先で保存・指定が二の次であったことがうかがえる。この史跡指定の空白期を経て、1996年に大分県小迫辻原遺跡が九州横断自動車道路の工事で一部を破壊されるも、設計計画の変更で多くを残し、国史跡に指定されたのは画期的であった。その後、1998年に群馬県中溝・深町遺跡が県営工業団地の造成の計画変更で中心部を保存することができ、しかも遺跡の真ん中を南北に貫く現有道路を廃して新たに道を付け替えて迂回させたことは特筆されることと言えよう。同遺跡は国史跡でこそないが、群馬県指定史跡として保存・整備・活用されている。その保存のために私の前任者、甘粕健先生と共に当時の現地の行政機関である群馬県新田郡新田町の教育委員会教育長を訪ねた日のことを今でもはっきり記憶している。2000年に福島県古屋敷遺跡が国史跡として保存された。

群馬県原之城遺跡では、耕作の行われている農地部分でトレンチャーによる深耕が深刻な事態を招いている。遺構はズタズタに撹乱されているものとみられ、須恵器子持ち器台の破片等が散っている。

栃木県宇都宮市権現山遺跡のSG5区（南居館）の東半分は道路となり、西半分の一部は学術発掘を実施したものの、多くは民間宅地造成により、事前の発掘調査が実現できなかった。東居館は北関東自動車道の建設に伴い、一部が道路の下になってしまった。残りの部分は個人所有の農地となっているが、土地所有者が学術調査に難色を示され、研究は進展していない。

群馬県今井学校遺跡も居館の残り半分の未調査地域に事前の発掘調査を経ず個人住宅が建てられてしまった。

Ⅸ. 整備

古墳時代の豪族居館ではないが、滋賀県伊勢遺跡や大阪府高槻市安満遺跡の弥生時代遺跡において市民交流と防災拠点としての史跡利用が行われている。ただし、史跡の転用は文化財保護部局から認められないとされ、予算などは厳密に区分されているようである。

同様な例は西日本ではあるが、九州の福岡県八女市深田遺跡の古墳時代豪族居館遺跡においても実施されている。すなわち、同遺跡は張り出し部を伴う古墳時代豪族居館遺跡として平成20年3月に八女市の市指定史跡となり、溝部分がブロックなどで表示されたが、平成26年4月からドクターヘリのヘリポートとして活用されている。

ユニバーサルデザイン · バリアフリー

日本では現在、2020年の東京オリンピック、パラリンピックの開催を前に、博物館施設等での多言語化を進める一方、身体障害者に配慮したバリアフリー化に努めている。ガイダンス施設の博物館内はもとより、遺跡の現地においても同様な試みが期待される。居館遺跡ではないが、さきたま風土記の丘では古墳の展示解説板に点字の解説が加わっている。

土城の土塁での昇降は車椅子利用者や年配の方には困難がともなう。そこで、リフトの設置などが考えられるが、遺跡・遺構の破壊につながらないよう注意を払いたい。また、安全にも留意する必要性がある。仮に土塁上にまで登れない見学者に配慮して土塁下にガイダンス施設を置き、ＣＧなどで仮想体験ができる配慮を施す。

保存・整備後の管理は、必ずしも十分に行われているとは言えない。国史跡などの場合は、管理費の配分を得て業者や指定管理者に除草などを委託している。福島県古屋敷遺跡では広大な史跡指定地の約50,000㎡を乗用草刈り機などを使用して年4回の除草に努めている。しかし、予算が無いので、刈った草の処分ができず、カメムシなどの害虫の発生要因となって周辺に水田をもつ農家からの苦情対策に追われる事態となっている。

史跡指定を受けていない遺跡の場合は、所有者任せで、目が行き届いている状況にはない。遺跡の調査区隣接地で遺跡の拡がりが想定される場合でも、個人住宅で木造の場合などは事前調査義務も生じず、いつの間にか遺跡の上に家が建っているということも度々である。

群馬県などでは遺跡のパトロール員を地域の関係者に委嘱して、損壊個所や開発予定地が無いかなど監視している。

X. 調査・整備・活用委員会

発表者は古墳時代豪族居館遺跡の福島県喜多方市古屋敷遺跡、栃木県那珂川町鹿島前遺跡の他、弥生時代～古墳時代にかけての環濠集落、新潟県上越市釜蓋・吹上遺跡、弥生時代後期の高地性環濠集落の同県新潟市古津八幡山遺跡の調査・整備・活用委員会の委員を務めている。ここでは委員会の様子についてご紹介したい。

まず、委員会の構成についてであるが、古屋敷遺跡では、有識者として考古学のサイドから2人、抱き合わせの国史跡である新宮城遺跡の中世城館の研究サイドから1人、環境学から1人、オブザーバーとして県教育委員会から1人の計6人から成る。

釜蓋遺跡では、考古学から5人、地質学から1人、古建築学から1人、植物学から1人の計6人の有識者委員に、オブザーバーとして近隣の市町村文化財担当者、地元上越市の文化財審議委員長、新潟県文化行政課職員、文化庁史跡担当職員を加えて委員会を構成している。

鹿島前遺跡では、考古学からの４人の有識者で構成され、オブザーバーとして埋蔵文化財保護部局の文化庁史跡担当職員、栃木県教育委員会埋蔵文化財担当職員、開発部局の土木建設課職員が加わっている。

古津八幡山遺跡では、考古学から4人、植物学から1人、学校関係者1人、市民公募で2人となっている。

このように、考古学のみから構成される場合と、考古学の他に植物学や建築学の有識者を加える場合、さらには地元小学校の校長や市民公募委員を入れる場合が存在する。このうち、考古学のみから構成される場合は保存問題が第一義で、オブザーバーには開発部局も同席する。整備目的だと考古学以外に、植物学や古建築学などが加わる。さらに、活用が目的だと地元小学校長などの学校関係者や市民公募の委員のメンバー構成にも配慮されている。

XI. 活用

スタンプラリー

西日本の名柄・南郷遺跡群の場合には、マップを持ってスタンプラリーを楽しむしかけを施せば、個々の遺跡の認知にも繋がり、遺跡群総体の重要性の認識にも寄与することになろう。

体験学習

居館遺跡ではないが、東日本の弥生時代高地性環濠集落遺跡の一つである国史跡の新潟県新潟市古津八幡山遺跡では、麓のガイダンス施設で火起こし、勾玉作り、ミニ銅鏡・銅鐸作りなど多彩な体験学習ができ、小中学校の学校教育を補完することができる。

教科書

現在、古墳時代豪族居館関連の遺跡で、教科書に取り上げられている遺跡の図を中心に検討してみたい。まず、ほとんどが群馬県三ツ寺Ⅰ遺跡を素材にしていることに気づく。実際は、上越新幹線敷設前の事前調査による発掘調査成果をもとにしたもので、多分に復元模型を意識したものとなっている。

最近の教科書では、群馬県高崎市かみつけの里博物館の復原模型写真が多く使用されている。イラストを用いた山川出版社の『新日本史Ｂ』では未調査地点の北東部に馬小屋や倉庫などを配しているが、復元模型のものに比べて建物の数が少なく、配置も異なる。多くは写真が小さいので個別の建物の性格はほとんど不明である。全体として雰囲気が伝われば良しとしている。

清水書院の教科書では、三ツ寺Ⅰ遺跡を5世紀後半〜6世紀の豪族居館とする。導水施設があり、滑石製模造品で神祭りを行うと解説する。本文中には居館は住居であり、政治を行う場でもあり、稲などの収穫物を蓄えておく所としている。

復元模型・画像

博物館の展示などで活用する復元模型で古墳時代豪族居館関連のものについて検討しよう。現在、公的機関で持っている古墳時代豪族居館関連の復原模型は以下のようである。

このうち、①は若狭徹氏の復元案にもとづいて製作されている。②は調査担当者であった下城正氏の案に拠るものである。両者は南東部の出入り口の位置や内部の倉庫群、家畜（馬）小屋などに違いがある。

なお、個人のインターネット配信画像で三ツ寺Ⅰ遺跡を紹介したものがあり、その中に優れたＣＧがあったので、関係者の了解を得て紹介する。この中で、倉庫の規模を１間×２間とするなど、この規模の居館の割には、小さく復元している。

原之城遺跡の復原模型に関しては、三ツ寺Ⅰ遺跡以上に、未調査区においても大胆な復元が試みられている。

① 三ツ寺Ⅰ遺跡（群馬県高崎市かみつけの里博物館）

② 三ツ寺Ⅰ遺跡（（公）群馬県埋蔵文化財調査事業団）

③ 原之城遺跡（国立歴史民俗博物館）

④ 原之城遺跡（群馬県伊勢崎市教育委員会）
⑤ 四斗蒔遺跡（新潟大学旭町学術資料展示館）
⑥ 四斗蒔遺跡（栃木県さくら市ミュージアム）

XII. 風納土城の保存·整備·活用に向けての提言

① マップ・散策道路・レンタサイクルの整備

遺跡の位置の記された分かりやすいマップを作製する。できれば多言語バージョンを期待したい。なお、徒歩・レンタサイクル・タクシー（車）などの交通手段の違いで所要時間を明記して欲しい。さらに、モデルコースを示していただきたい。加えて歩道やサイクリングロードを整備することが望まれる。また、レンタカー、レンタサイクルを用意し、駐車場も整備してもらいたい。しかし、遺跡内での舗装による整備は将来の調査を勘案して慎重を期して欲しい。

② スタンプラリー

ソウル市内の周辺遺跡を結んだスタンプラリーを開催する。夢村土城・石村洞古墳群など、それぞれにスタンプ台を置き、スタンプのデザインは各々の遺跡の象徴的なデザインとする。あるいは市民からデザインを公募してもよい。完成させたもの、あるいは一定以上の遺跡数を回った者には相応な景品を進呈する。景品は風納土城のグッズなどを利用するのも手である。各遺跡で象徴的な写真の印刷された遺跡カードを配るのもよい。

今回集った各国の王城をめぐる見学会（ツアー）

各国の旅行社が連携して見学会・ツアーを企画する。ソウル市内だけでなく国外でのスタンプラリーも面白い。観光考古学（アーケオツーリズム）を実践するものである。

③ イベント・祭り（フェスティバル）の開催

地元物産の販売、舞踊·歌謡の実演、食の祭典、祭祀の再現

食は市民を惹きつける。日本で言う「Ｂ級グルメ」や郷土料理の屋台、特産品を素材にした「食」を提供する。ただし、ゴミ対策は分別収集など万全でなくてはならない。

イベントは遺跡と直接関係ないものも可である。それは遺跡に関心のない人々にも地域の文化遺産があることを認知する機会につながる。ただし、遺跡・遺構の損壊に注意を払う必要性がある。

④ 体験イベントの開催

日本では火起こし体験や勾玉作り体験が定番である。出土遺物の中で気になるもの、人気の高いもののミニチュアを製作する。危険を伴うものは、日本のレクリエーション保険ように保険に加入してもらうことをお奨めする。

⑤ 映画・ミュージカルの制作・上映・上演、野外コンサートの開催

遺跡をロケ地として提供し、観覧者側に記憶させ親しんでもらう。

宝物を探せ！のようなゲームを行う。旅行社などと提携して実施する。遺跡なので埋めるわけにはいかないので、隠す場所に工夫を凝らす。「宝物」は当時に相応しい宝のレプリカとする。発見者にはそれを贈呈する。

⑥ 記念グッズの製作

⑦ マスコット・キャラクター（着ぐるみ人形）の製作

ソウル·オリンピックの時の虎（ホドリ）のように、マスコットとなる動物の愛くるしい姿を象った着ぐるみを作る。

⑧ 顔出しパネル

マスコット·キャラクターや王·王妃などをモデルとした顔出しパネルの作製。記念撮影のスポットに設置し、子供から大人まで撮影できるように配慮する。例えば後ろに台

を置くなど、身長差にも気を配る。

⑨ 試着体験

日本の京都などの観光地に行くと、日本の伝統的な着物を着ている人は韓国や中国の人の方が圧倒的に日本人よりも多い。百済王城としての風納土城の時代の人の服飾を再現し、しかも、誰しも王や王妃に憧れるので当時の最高位の人の衣装を準備して欲しい。なお、性別やサイズのバリエーションにも配慮する必要性がある。

⑩ 施設命名権

硬い施設名に企業名を冠した愛称を付ける。そしてスポンサー料を徴収するのも一考である。

⑪ ボランティア・友の会の活躍

以前、夢村土城を訪ねた時、日本語の流暢なボランティアの方に案内・説をしていただいたことがあり、大変ありがたかった。ボランティアの養成には手間がかかるが、その背後の家族や友人など多くの理解者を獲得することにつながる。また、見学者にとって有益なだけでなく、ボランティア本人にとっても生涯学習の見地から有益である。

XIII. おわりに

今回の国際学術会議にご招待いただき、大変光栄である。これまで、福岡大学武末純一先生の科学研究費補助金（A）の三国時代集落遺跡と日本の弥生・古墳時代集落遺跡の比較研究に参加して以来、彼我の比較研究に興味・関心を抱いてきた（橋本2012b）。埴輪研究の一環で興味をもった御地ソウルの夢村土城、居館研究との関わりで関連性に注目した風納土城には、それぞれ２回ほど訪れたことがある。このたびの３回目の訪問で、また違った見方ができることを楽しみにしている。さらに、韓国をはじめ中国・ベトナム・西日本の研究者との交流・意見交換も有意義なものになることを期待したい。これによって、破壊の危機に瀕している関連遺跡の保存・管理、整備・活用のお互いのヒントが得られ、実践が図られることを願っている。

ひいては、東アジアの学術交流・平和共存共栄に貢献できれば望外の幸せである。

末筆ながら、本稿を草するに当たって、岩渕竜也氏、小保方紀久氏、金子智美氏、北林雅康氏、小竹弘則氏氏、山中逸人氏、横澤真一氏、横山千晶氏、太田市教育委員会、雲仙市教育委員会、奥州市教育委員会、喜多方市教育委員会、栗原市教育委員会、久留米市教育委員会、日田市教育委員会、美里町教育委員会、八女市教育委員会等の諸氏・諸機関のお世話になった。記して謝意を表する。

参考文献（あいうえお順）

植村泰徳 2012「古屋敷遺跡の発掘調査成果と史跡の保存・管理、整備・活用」『明日への文化財』67号：23-32 文化財保存全国協議会

女屋和志雄 2011「三ツ寺Ⅰ遺跡の発掘調査から30年」『豪族居館と古墳群の整備—三ツ寺Ⅰ遺跡の発掘から30年—』：39-44 文化財保存全国協議会

川村恒明ほか 2002『文化財政策概論—文化遺産保護の新たな展開に向けて』東海大学出版会

笹山晴生・佐藤信・五味文彦・高埜利彦『詳説日本史Ｂ』改訂版：30 山川出版社

設楽博巳ほか『高等学校日本史Ｂ』新訂版、清水書院

十菱駿武 1993「遺跡・史跡の保存と活用」『明日への文化財』33：19-30 文化財保存全国協議会

十菱駿武 1994「遺跡の保存と活用のあり方」『月刊地方自治職員研修』363：26-29 公職研

十菱駿武 2003「遺跡・遺構保存の事例」『地球環境調査計測事典』第2巻陸域編2：893-899 フジ・テクノシステム

中島義晴 2003「高齢者や障害者等に配慮した史跡整備」『文化財と歴史学』：653-664 吉川弘文館

橋本博文 1992「古墳時代７ 住居と集落」『図解・日本の人類遺跡』：180-183 東京大学出版会

橋本博文 2012a「古墳時代豪族居館遺跡の保存・整備・活用」『明日への文化財』67号：1-22 文化財保存全国協議会

橋本博文 2012b「日本列島の古墳時代豪族居館と韓半島の当該遺跡との比較」『日韓集落の研究—弥生・古墳時代および無文土器～三国時代』：309-324 日韓集落研究会

坂 靖 2012「奈良県における豪族居館関連遺跡の現状と保存への課題」『明日への文化財』67号：33-41 文化財保存全国協議会

文化財保存全国協議会編 1990『遺跡保存の事典』三省堂

文化庁文化財部記念物課 2005『史跡等整備のてびき—保存と活用のために—』Ⅰ総説編・資料編 同成社

文化庁文化財部記念物課 2005『史跡等整備のてびき—保存と活用のために—』Ⅳ事例編 同成社

許義行 2017「발굴조사 유적지의 복원과 활용 연구」『嶺南考古学』77：75-97嶺南考古学会

表 1｜豪族居館遺跡の調査年と調査原因（橋本2017作成）

県名	遺跡名	調査年	調査原因
岩手県	中半入	1998・1999	圃場整備
宮城県	山前	1972・1973	住宅団地造成
宮城県	伊治城跡	1989・1991・1995	道路拡幅、河川改修代替え地
宮城県	入ノ沢	2015	道路建設
宮城県	佐沼城跡	1993	ショッピングセンター建設
宮城県	鶴館	1993・2010	法面保護工事
福島県	樋渡台畑	1989	圃場整備
福島県	東舘	1993	圃場整備
福島県	古屋敷	1996	圃場整備
福島県	清水内	1995	土地区画整理事業
福島県	上ノ台	1994～1995	道路建設
福島県	三森	1994	道路拡幅
福島県	菅俣B・折返A	1992	土地区画整理事業
福島県	舟田中道	1998	圃場整備
茨城県	森戸	1987・1988	道路建設
茨城県	奥谷	1986・1987	道路建設
茨城県	国生本屋敷	1986・1988	地方史編纂事業
茨城県	台渡里	2009・2010	学術調査
茨城県	梶内向山	2000～2002	圏央道・常磐自動車道ジャンクション
茨城県	辰海道	2001～2002	北関東自動車道
栃木県	鹿島前	2014	道路建設
栃木県	堀越	1985・1987～1988	圃場整備
栃木県	四斗蒔	1988・1989・1998	圃場整備・学術調査
栃木県	権現山	1996～1998・2010	道路建設・学術調査
栃木県	殿山	1988～1991	住宅団地
栃木県	成沢	1985	圃場整備
栃木県	下犬塚	1985・2007	宅地造成
群馬県	成塚住宅団地	1987～1988	住宅団地造成
群馬県	中溝・深町	1991～1996	工業団地造成
群馬県	水久保	1983～1985・1987	工業団地造成
群馬県	荒砥荒子	1983	圃場整備
群馬県	梅木	1985・1987	公園建設
群馬県	丸山	1986・1987	圃場整備
群馬県	笂井八日市	1990	道路拡張・学術調査
群馬県	元総社明神Ⅴ	1985・1986	区画整理

県名	遺跡名	調査年	調査原因
群馬県	原之城	1981・1983～1986	大正用水東部土地改良事業
群馬県	今井学校	1990・2007～2009	宅地造成・学術調査
群馬県	毒島城	2006	学術調査
群馬県	有馬条里	1982～1984	関越自動車道
群馬県	三ツ寺 I	1981～1983・1994	上越新幹線・道路建設
群馬県	本宿・郷土	1978～1980	道路建設
群馬県	北谷	2000	民間開発
東京都	赤羽台	1982～1986	東北新幹線関連
長野県	石川条里	1988～1991	中央自動車道
静岡県	大平	1983～1989	土地区画整理事業
静岡県	古新田	1989～1990	学校建設
愛知県	八王子	1995～1997	東海北陸自動車道
三重県	城之越	1991・1992～1995	圃場整備
奈良県	纏向	2009・2010・2011	宅地造成ほか
奈良県	名柄	1987～1989	学校建設
奈良県	南郷遺跡群	1995	圃場整備
奈良県	布留杣之内	1980	駐車場建設
奈良県	上之宮	1986～1990・2003	土地区画整理事業
奈良県	菅原東	1992	土地区画整理事業
奈良県	秋津	2008～2011	京名和道路
京都府	森山	1976	宅地造成
京都府	中海道	1995	住宅開発・国庫補助範囲確認調査
大阪府	法円坂	2001	大阪歴史博物館・NHK大阪放送局
大阪府	尺土	1998	南阪奈道路
兵庫県	松野	1982	市営住宅建設
和歌山県	鳴滝	1982	団地、学校建設
石川県	万行	2002	土地区画整理事業
福岡県	野方	1973	団地造成
福岡県	市ノ上東屋敷	2002	宅地造成
福岡県	比恵	1984・2000	建物建設
大分県	小迫辻原	1985	大分自動車道
長崎県	龍王	2004～2005	圃場整備
熊本県	宇土城西岡台	1977以前	学校建設

＜豪族居館時期別調査（発見）件数＞

1970年代—5件（7.4%）

1980年代—30件（44%）

1990年代—20件（29.4%）

2000年代—11件（16%）

2010年代—2件（3%）

総計—68件（99.8%）

＜調査原因＞

圃場整備（中半入、舟田中道、樋渡台畑、東舘、古屋敷、堀越、四斗蒔、成沢、荒砥荒子、丸山、城之越、南郷、龍王）

土地改良事業（原之城）

土地区画整理事業（清水内、菅俣B・折返A、元総社明神Ⅴ、大平、万行、上之宮、菅原東）

住宅団地造成（山前、殿山、成塚住宅団地、鳴滝）

工業団地造成（水久保、中溝・深町）

鉄道建設

東北新幹線（赤羽台）

上越新幹線（三ツ寺Ⅰ）

高速道路

北関東自動車道（権現山、梶内向山）

圏央道（梶内向山）

常磐自動車道（辰海道）

関越自動車道（有馬条里）

中央自動車道（石川条里）

東海北陸自動車道（八王子）

京奈和道路（秋津）

大分自動車道（小迫辻原）

南阪奈道路（尺土）

その他道路建設（入ノ沢、鹿島前）

学校建設（名柄、古新田、宇土城西岡台）

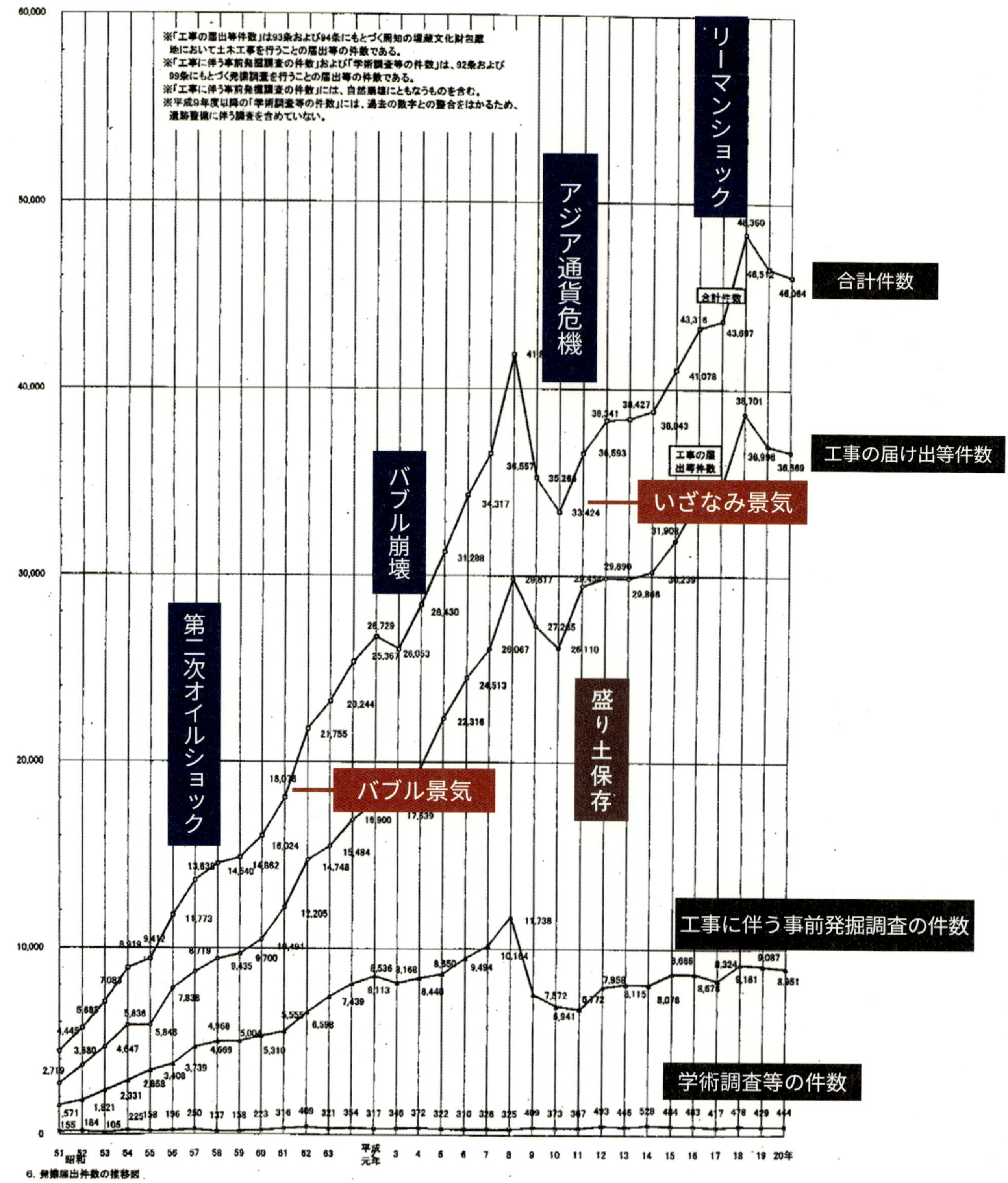

図 1 | 日本国内の発掘調査（届け出）件数の推移（2008年まで）

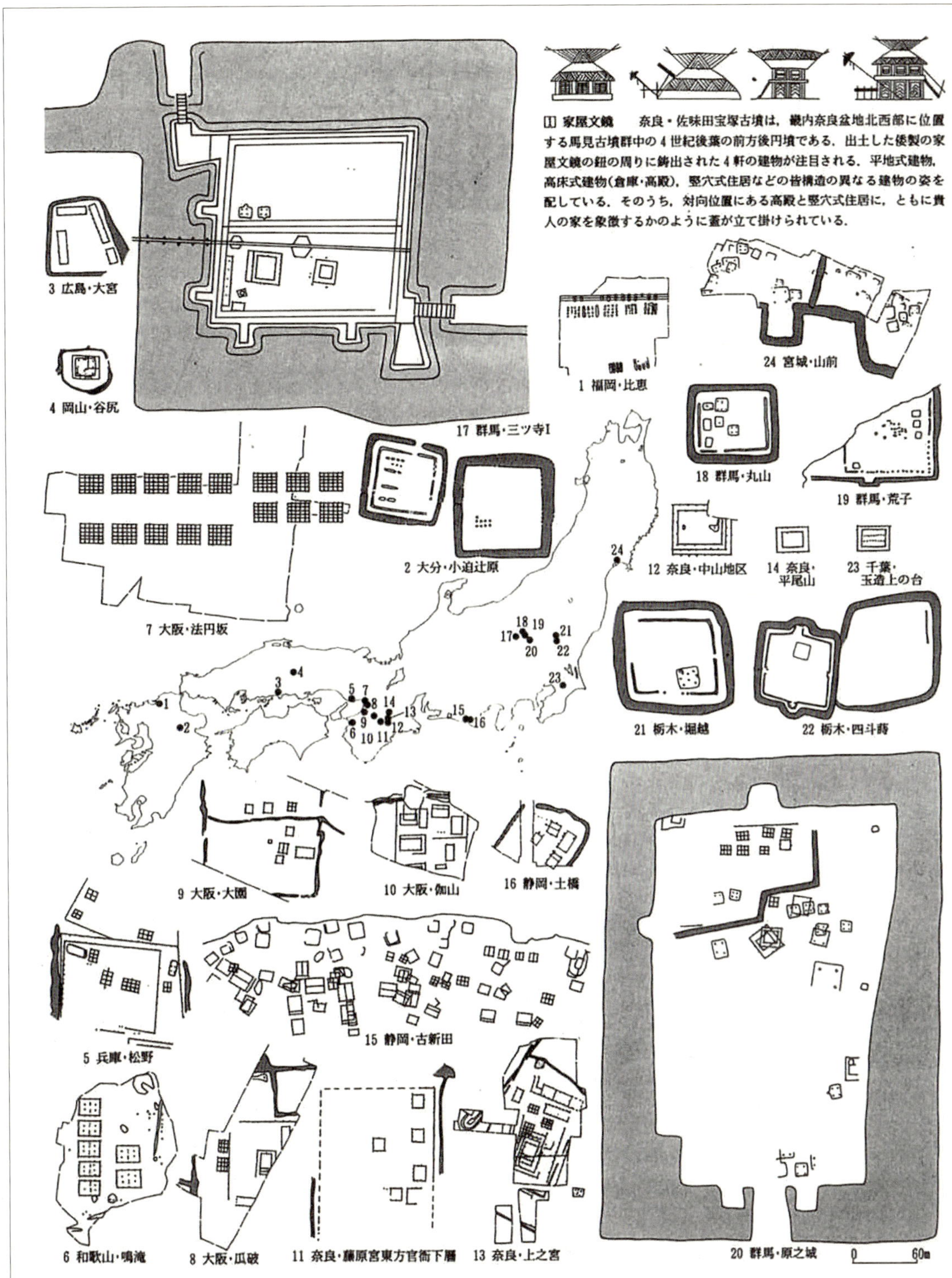

図 2 | 古墳時代の豪族居館と関連遺跡
(『図解日本の人類遺跡』東大出版より)

三ツ寺Ⅰ遺跡解説板

三ツ寺Ⅰ遺跡発掘時の模型(かみつけの里博物館提供)

上越新幹線下からの景観

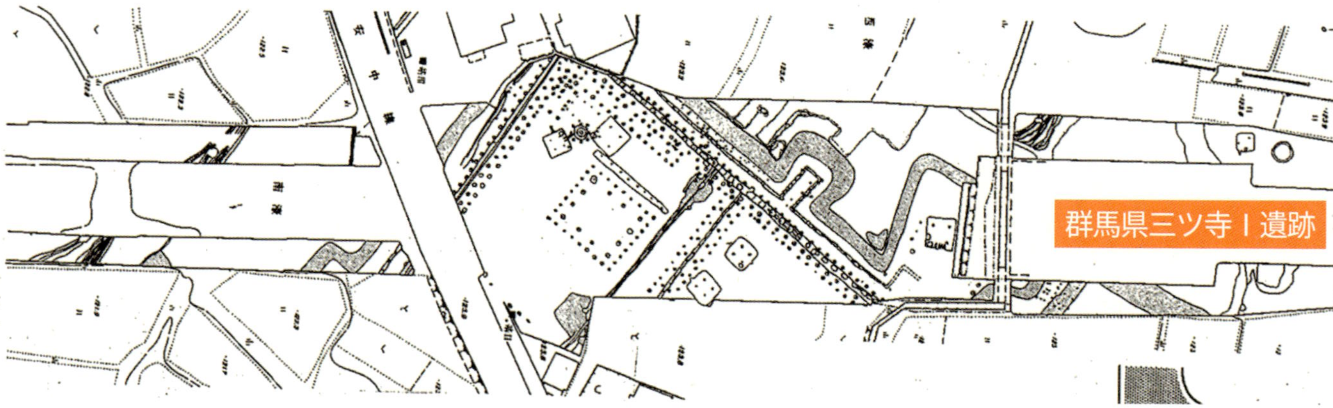

大型商業用看板の目立つ三ツ寺Ⅰ遺跡

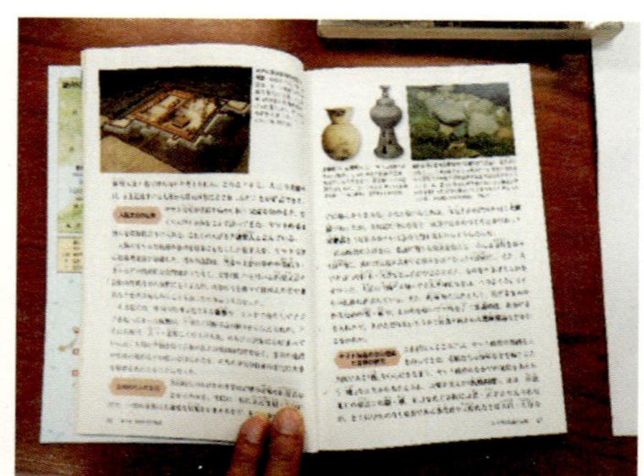

教科書に載った三ツ寺Ⅰ遺跡(山川出版高校本史B)

再現聖水祭祀(かみつけの里博物館提供)

図 3 | 群馬県三ツ寺Ⅰ遺跡

三ツ寺Ⅰ遺跡復元模型(かみつけの里博物館提供)

三ツ寺Ⅰ遺跡復元模型(群馬県埋蔵文化財調査事業団提供)

三ツ寺Ⅰ遺跡復元CG-1(山中逸人氏提供)

三ツ寺Ⅰ遺跡復元CG-2(山中逸人氏提供)

三ツ寺Ⅰ遺跡復元CG-3(山中逸人氏提供)

図 4 | 三ツ寺Ⅰ遺跡復元

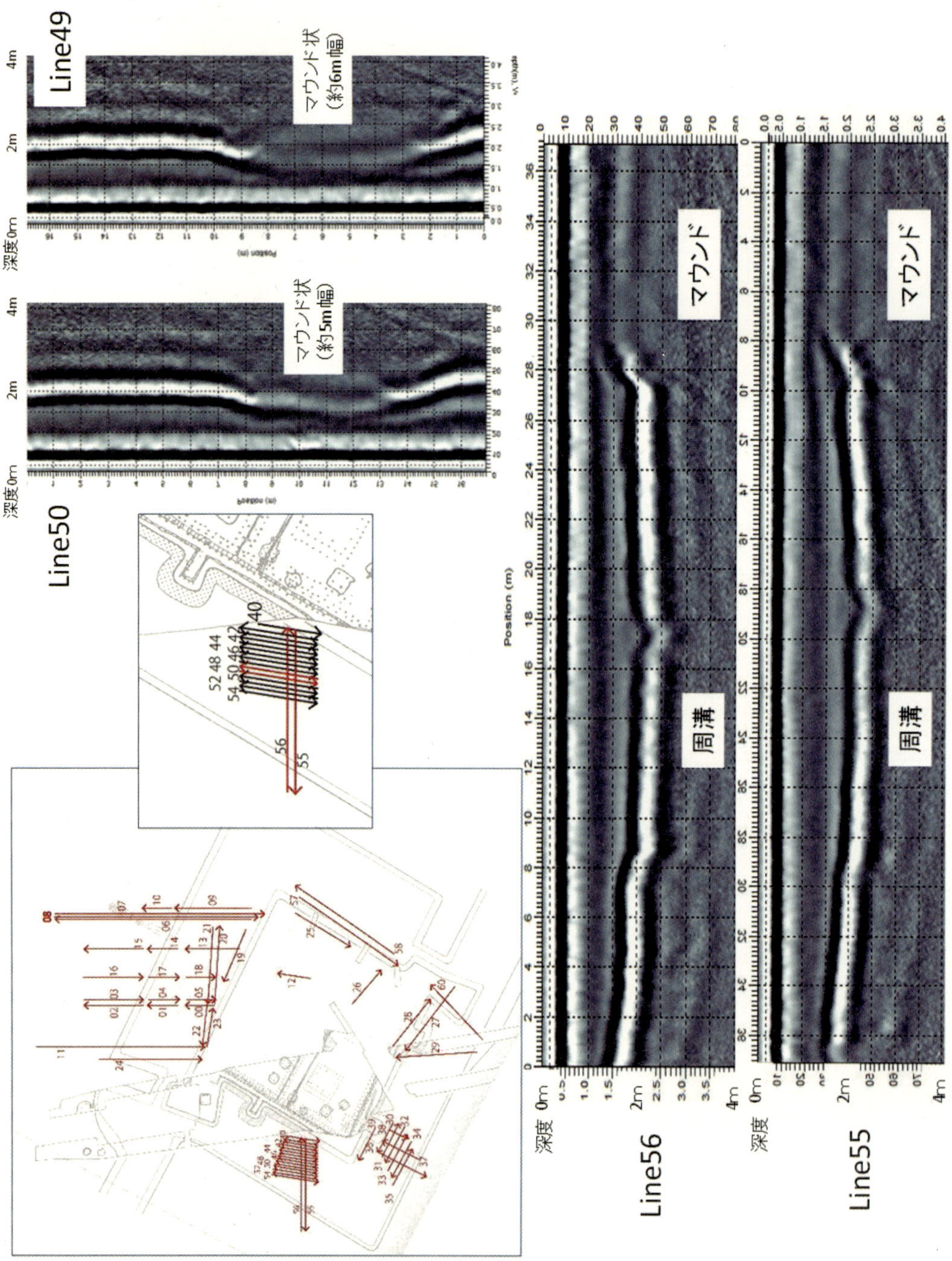

図 5 | 三ツ寺 I 遺跡における地中レーダ探査(新潟大学災害復興科学研究所グループによる)

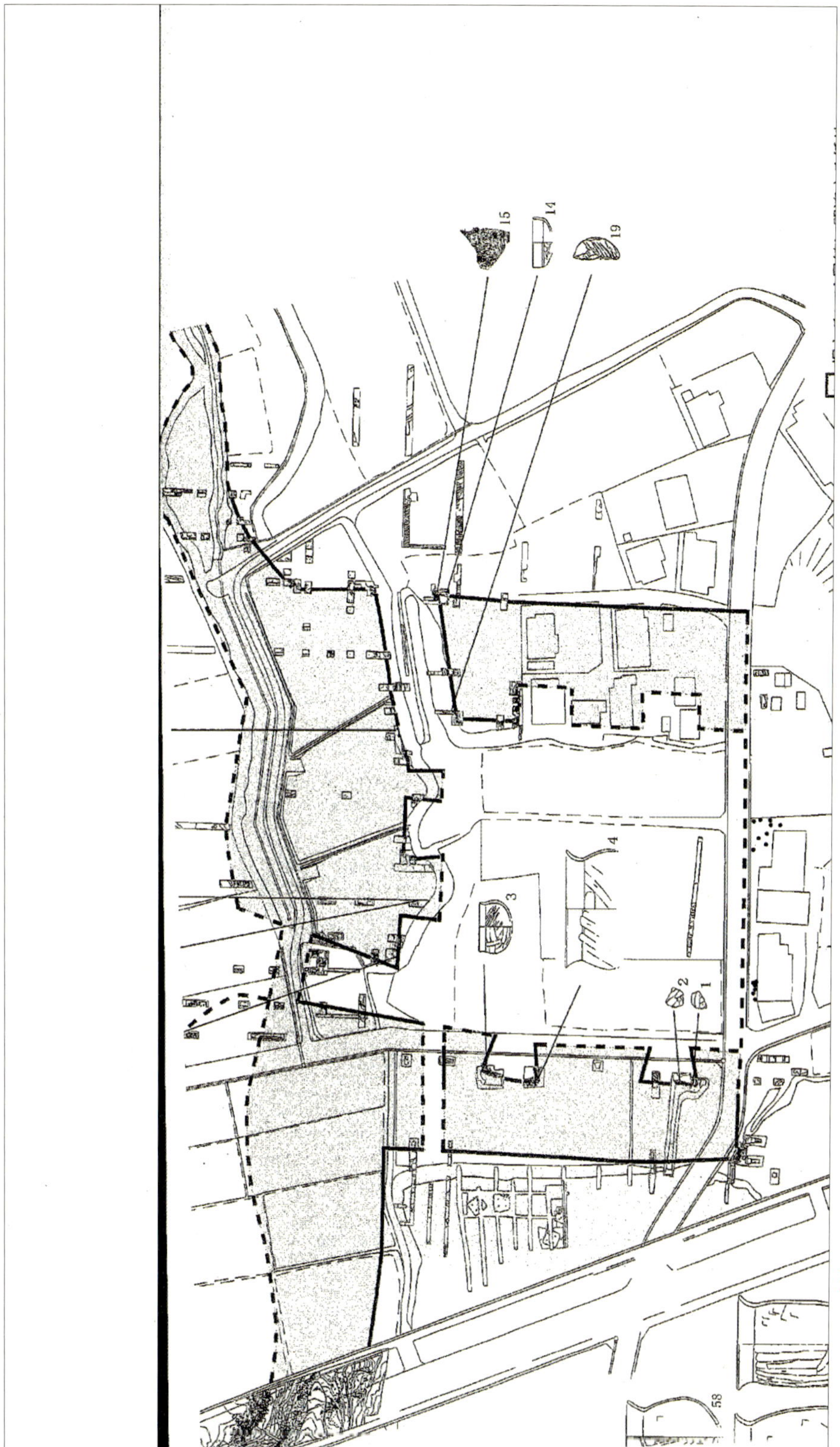

図6｜群馬県高崎市北谷遺跡ボーリング調査成果

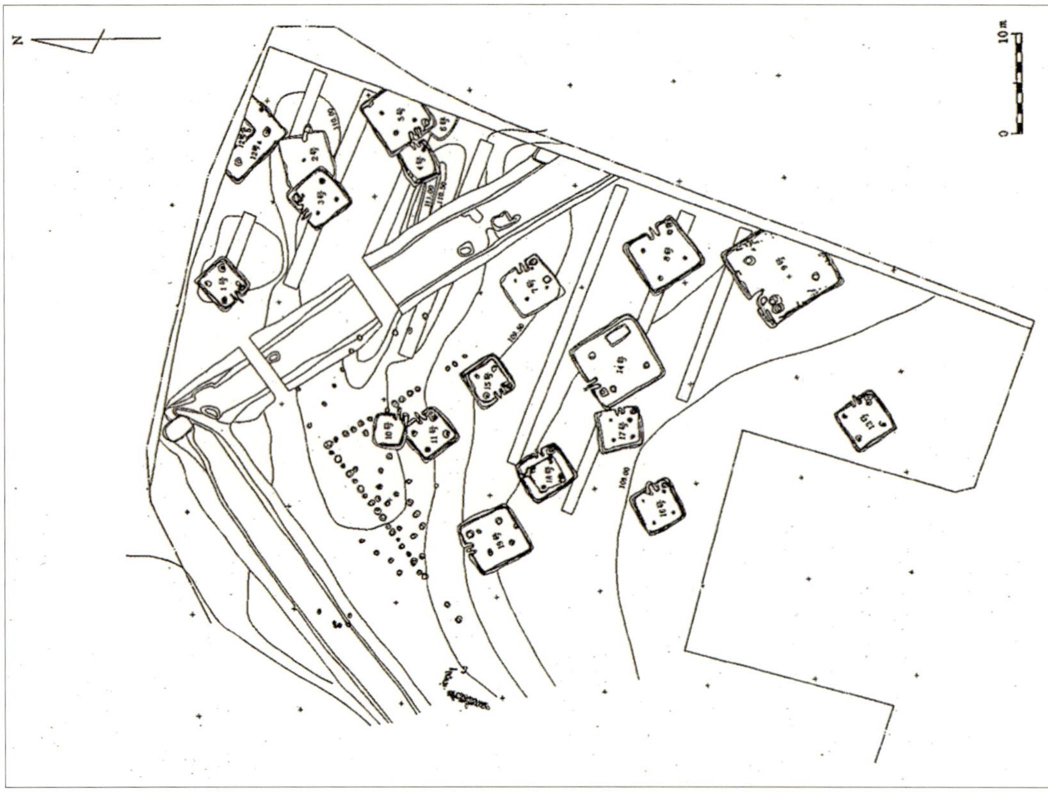

図 7 | 群馬県今井学校遺跡調査後の民間開発と学術発掘

小金井史跡公園入り口

解説板の整備

太田市中溝·深町遺跡

井泉と特殊掘立柱建物の整備

倉庫群と区画施設の整備

図 8 | 太田市中溝·深町遺跡

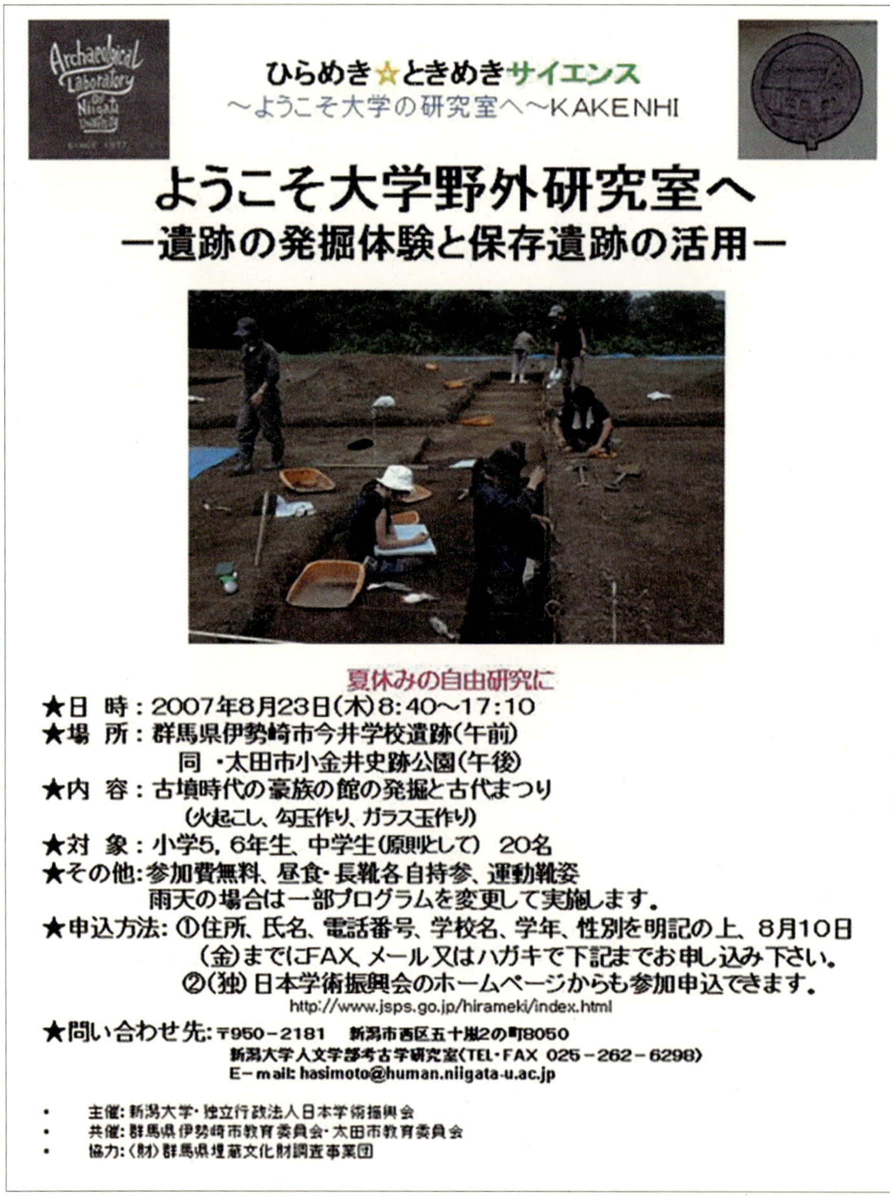

図 9 | ようこそ大学野外研究室へ - 遺跡の発掘体験と保存遺跡の活用

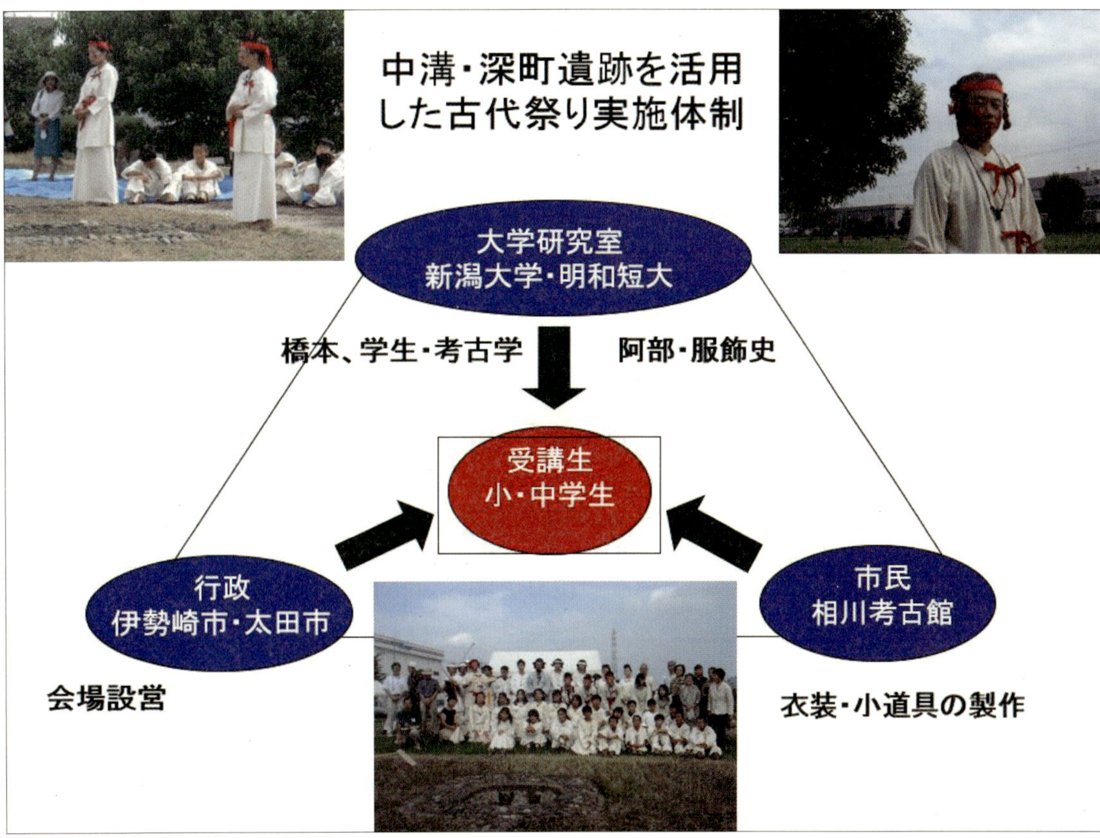

図 10 | 中溝・深町遺跡を活用した古代祭り実施体制

미쓰데라 I 유적을 포함하는 3~6세기 동일본의 고분시대 호족거관유적

-기본정책, 조사, 보존 · 관리, 정비, 활용-

하시모토 히로후미 일본 니가타대학교 교수

번역: 장우영 국립경주문화재연구소

Ⅰ. 서론

발표자는 현재 두 명의 대표위원 중 한 명으로 문화재보존전국협의회文化財保存全国協議会의 제 42회 군마대회[群馬大会] 때, 발굴조사 후 30주년을 맞이한 미쓰데라 I 유적[三ツ寺 I 遺跡]을 테마로 한『호족거관豪族居館과 고분군의 정비』 심포지엄에서 「고분시대 호족거관유적의 보존・정비・활용」에 대해서 발표하였다(橋本博文 2012a).

이번 국제학술회의 발표자 중 한 명으로 주최자와 발표자의 중간에서 고생 많으셨던 이노우에 치카라[井上主税] 선생님이 서일본西日本 중 주로 기나이[畿内]의 '왕궁'과 호족거관을 대상으로 하고 있기 때문에 발표자는 동일본東日本를 중심으로 지방 호족거관을 중심으로 발표하고자 한다.

Ⅱ. '호족거관'의 발견

일본에서는 기나이 왜왕권의 최고 수장인 대왕의 궁, 즉 왕궁을 제외하고 고분시대의 중앙호족, 지방호족의 활동거점을 '호족거관豪族居館' 혹은 '수장거관首長居館'이라고 부르고 있다. 이러한 유적은 오랫동안 불확실하였지만 1981년 죠에쓰 신칸센[上越新幹線]의 건설에 따른 사전발굴 당시 군마현 군마군 군마정(현 다카사키시[高崎市]) 미쓰데라 I 유적에서 처음 발견되었다[1]. 그 계기는 제2차 세계대전 후 일본 경제 부흥기의 경제활동이었다. 이케다 하야토[池田勇人] 내각의 소득 배증계획倍增計画, 다나카 카쿠에이[田中角栄] 내각의 일본열도 개조론에 의한 열도 규모의 인프라 정비에 따라 고속도로・신칸센・공항 등의 고속교통망이 급격한 발전을 이루었다. 그 뒤에는 많은 유적이

1_ 호족거관은 고분과 다르게 지하에 묻혀 있고 지상에 나타나 있는 고분처럼 눈으로 확인할 수 없으며, 또한 규모가 크기 때문에 일부를 조사하고도 전모를 알 수 없었던 것에 기인한다.

자취를 감췄다. 호족거관의 발견이 1980년대에 집중되고 있고 거의 절반에 이른다. 조사원인은 고속도로 건설 · 신칸센 철도 건설 · 공항 건설 · 포장 정비 · 주거단지 조성 · 산업단지 조성 · 학교 건설 등이다(橋本博文 2012a).

Ⅲ. 동일본을 중심으로 하는 호족거관유적의 검토사례

① 도치기현 나스군 나카가와정 가시마마에유적[栃木県那須郡那珂川町鹿島前遺跡]

도치기현 나스군 나카가와정 가시마마에유적에서 국가 사적 나스 하치만츠카고분[那須八幡塚古墳]의 북쪽을 통과하는 국도国道 우회 건설계획으로 사전 발굴조사를 도치기현 매장문화재센터가 실시한 결과, 네 모서리에 돌출부가 있다고 추정되는 방형위곽시설方形囲郭施設이 확인되었다. 시기는 고분시대 전기로 북쪽에 위치한 유젠진자고분[温泉神社古墳]과 같은 시기 호족거관일 가능성이 지적되었다. 그 후 일본고고학협회 매장문화재 대책위원회에서도 문제시되어 도치기현 교육위원회의 지도 하에 나카가와정 교육위원회에서는 가시마마에유적 보존대책위원회가 조직되었다. 올해인 2017년에는 중요유적의 확인조사 비용으로 국고보조금 단년도 250만엔이 지정되었고 이번 겨울 2018년 2월에는 도치기현의 조사부분을 보충하기 위해 방형위곽시설의 부분과 해자[堀]로 둘러싸인 내부의 발굴조사가 예정되어 있다. 위원회는 도치기현 고고학회 회장, 거관 연구 대학교수 2명, 나스 후도키노오카 자료관[那須風土記の丘資料館] 오가와관[小川館] 전학예원, 현재 대학교원, 나카가와정 문화재보호심의회 회장으로 5명의 전문가로 구성되었다. 첫번째 위원회에는 옵서버 참가로 문화청 기념물과 및 도치기현 교육위원회 문화재보호과 직원, 특별참가로 도치기현 정비부 가라스야마 토목사무소[烏山土木事務所] 부장이 참석하였다.

② 군마현 오타시 나카미조 · 후카마치유적[群馬県太田市中溝 · 深町遺跡]

원래는 '기록보존'을 할 예정이었지만 지역 문화재조사원의 요청과 일본고고학협회, 문화재보존전국협의회 등의 보존희망서로 보존이 결정되었다. 공단 내에 의무적으로 부속된 녹지공원을 초기계획에 있었던 장소로 옮겨 사적공원으로 충당하였다. 약 1만㎡인 공원으로 유식지가 되었지만, 공업단지라는 이유로 근처에 민가가 없어 적극적인 이용·활용이 힘든 실정이다. 관리상의 문제로는 남쪽 해자[堀]에 둘러싸인 장방형의 위곽시설로 복원하여 걸쳐 놓은 통나무 다리의 열화劣化·노후화가 진행되고 있다. 또한 북서부의 우물 샘[井泉] 2기를 복원정비한 곳에서도 쓰레기가 쌓여서 지역문화재 순찰원으로부터 보고를 받고 있지만 개선되고 있지 않다. 오타시에서는 이전에 유적지의 스탬프 랠리(이벤트) 코스에 포함되어 있었지만 장소를 알기 힘들다는 시민의 불만이 있어서 현재는 스탬프 랠리 코스에서 제외하였다. 장소를 찾기가 힘들기 때문에 간판 설치가 필요한 상황이다.

③ 군마현 다카사키시 미쓰데라 I 유적[群馬県高崎市三ツ寺 I 遺跡]

조사 후 36년이 경과했지만, 의외로 국·현·시사적으로 지정되어 있지 않다. 그 이유는 유적 위에 죠에쓰 신칸센과 현도県道 마에바시-안나카선[前橋-安中線]이 지나가고 개인 주거지·밭 등이 있어 유적을 지정하는데 동의를 구하기 어려운 상황이다. 그런데 발굴조사 후 유적의 중요성을 감안하여 당초 건설계획을 변경하여 교각 경간을 길게 잡아 교각 건설로 훼손되는 면적을 최소화하는 노력이 관계자에 의해 이루어졌다. 그러나 재해 대응을 위한 측도側道가 설치되어 경관이 손상되었다. 유적 내에서 주위를 둘러보면 신칸센 부설 전에는 북서쪽에 하루나산[榛名山], 북동쪽에 아카기산[赤城山]처럼 수려한 죠모삼산[上毛三山] 중 두 산을 거관이 있었던 시기와 마찬가지로 볼 수 있었지만 지금은 교각 사이로 간신히 보이는 상태이다. 현재 죠에쓰 신칸센 고가 아래에 설명판이 설치되어 있지만 설치 후 오랜 시간이 경과되어 열화되었다. 이는 오랜 세월 동안 설치자가 누구였는지 알 수 없게 되어버렸기 때문이다. 현재는 미쓰데라 I 유적의 위치를 나타내는 알림은 없고, 그것을 대신하는 '미쓰데라 I 유적 설명판'이 있지만 열화가 진행되고 있어서 읽기가 어렵다. 또한 이 유적 주변에는 대형 상업용 간판이 넘쳐나서 유적의 경관을 해치고 있다.

미쓰데라 I 유적의 발굴조사에서 확인된 석상유구石状遺構(돌을 깐 유구)를 약 1km 떨어진 가미쓰케노사토박물관[かみつけの里博物館] 부지 내에 임시로 재현하고, 매년 10월 셋째 주 일요일에 고분축제 1부로 성수聖水를 왕에게 바치는 의식을 복원·집행하고 있다. 그러나 현재상태는 이를 현지에서 할 조건은 갖추지 못하고 있다. 추가로 미쓰데라 I 유적의 출토유물은 복원모형과 함께 가미쓰케노사토박물관에 전시하고 있다. 한편 유적 근처 편의점에는 박물관이 준비한 미쓰데라 I 유적의 해설용 전단지가 놓여 있지만, 이를 소개하는 알림은 없고 우연히 관람객이 길을 묻는 경우만 전단지를 배포하고 있기 때문에 일년 동안 몇 건 이하로 이용되고 있는 실정이다. 이런 상황이면 홍보활동이 아깝다고 느껴진다.

④ 군마현 다카사키시 기타야쓰유적[群馬県高崎市北谷遺跡]

같은 행정구역인 다카사키시 미쓰데라 I 유적 조사 이후 발견되었지만, 미쓰데라 I 유적과 형태·규모·구조 등이 흡사하며, 비교적 유존상태가 좋아 이미 국가 사적으로 지정되었다. 확인조사 후 지난해부터 국가 보조금을 받아 토지보상에 착수하여 5~6년 후 완료를 목표로 하고 있다. 지정지 범위를 벗어난 남쪽 인접지에서 발표자가 실시한 시추조사에서 돌출부의 존재가 상정되어, 다카사키시에서 그 부분의 지정범위 확대를 검토 중이다. 현재는 내부에 설명판이 설치되어 있다.

⑤ 군마현 이세사키시 겐노죠유적[群馬県伊勢崎市原之城遺跡]

이번 학술회의의 시기와 맞지 않는 고분시대 후기인 6세기 유적이지만, 일본열도 최대의 호족거관유적으로 미쓰데라 I 유적과 함께 중요하므로 여기에서 언급하고자 한다. 포장정비의 사전조사로 이세사키시 교육위원회가 발굴조사한 후 원상태로 보존되었다. 그러나 아직 조사되지 않은 구역에서 우엉 심경深耕을 위한 트렌처trencher로 유구파괴가 진행되고 있어, 유적이 삭평될 위기상황에 이르고 있다. 우엉 경작지에서는 스에키 기대[須恵器子持ち器台] 등이 지표채집되었다. 니가타대학교 고고학연구실에서 발굴조사를 계획하였지만 실시하지는 못하고 있다. 유적 내부를 지나가는 도로는 근처에 대형 상업시설이 생겨 이 영향으로 교통량이 많아져 이 도로 근처에 세워진 유적 설명판을 촬영하거나 보는 것은 상당한 위험이 따른다. 니가타대학교에서는 항공사진 촬영과 측량조사를 실시하였다. 또한 지역 교육위원회에서는 문화청의 활용사업을 이용해서 출토자료의 재정리작업를 업체에 위탁하여 실시하고 있지만, 현재 재실측자료는 공개되지 않고 있다. 그러나 출토유물을 아카보리 역사민속자료관[赤堀歴史民俗資料館]에서 전시하거나 백화점 등 상업시설에서 전시하는 등 활용에 힘쓰고 있다. 최종적으로는 국가 사적을 목표로 하고 있지만, 현재는 현사적県史跡이나 시사적市史跡으로도 지정되지 않은 상황이다.

⑥ 도치기현 사쿠라시 시토마키유적[栃木県さくら市四斗蒔遺跡]

3회에 걸친 발굴조사 후 유적은 논으로 이용되어 그대로 지하에 보존되어 있다. 조사에서 출토된 유물은 호濠 단면 전사표본과 함께 니가타대학교 아사히마치 학술자료관[旭町学術資料館]에 전시되어 교육·연구에 활용되고 있다. 아울러, 업체에 제작을 의뢰해서 만든 모형도 사쿠라시 뮤지엄에 전시되어 있다. 한편, 박물관 실습교육의 일환으로 학생들이 제작한 것은 완성도는 떨어지지만 대학교박물관 등의 시설에서 전시하고 있다. 또한, 본 유적과 세트로 생각되는 오히타즈카고분[お

旗塚古墳]은 분구 정상에 있었던 은행나무가 고사하여 뿌리를 남기고 벌목되었지만 고분 자체에는 손상이 없어 그대로 보존되어 있다.

⑦ 니가타현 사도시 자오유적[新潟県佐渡市蔵王遺跡]

포장 정비, 농로 건설로 인한 사전조사에서 확인되었다. 굴립주건물, 평지식건물, 수혈식건물 등이 조사되었다. 시기는 야요이시대 중기부터 후기, 고분시대 전기에 이른다. 야요이 중기단계의 옥작玉作 관련 자료가 소량 포함된다. 굴립주건물 중에서는 제전祭殿과 비슷한 분위기의 독립기둥을 가지는 건물이 포함되어 있다. 출토유물 중에는 방제팔엽내행화문경仿製八葉内行花文鏡과 소형 방제경인 주문경珠文鏡이 있다. 동촉과 조형토제품鳥形土製品 등의 위신재가 출토되어, 단순한 일반취락이 아니라 호족거관 관련유적으로 추정된다. 수많은 나무기둥과 기둥판재가 남아 있어, 연륜 연대 측정으로 3세기 전반에서 중반 '히미코[卑弥呼]의 시대'를 중심으로 고분시대 조기 · 전기까지 이어졌다고 추정된다.

⑧ 후쿠시마현 기타카타시 후루야시키유적[福島県喜多方市古屋敷遺跡]

국가 사적 지정 후 문화청의 사적내용 확인조사로 5년 계획의 예산(연간 500~600만엔)을 배정받은 후 올해가 3년차가 되지만, 전체 양상은 확인되지 않고 있다. 2호 구획 내부 서북쪽 부분을 조사 중이다. 그러나 2호 구획은 근세의 유구가 넓게 중복되어 있어, 중요한 고분시대 유구의 보존상태가 양호하지 않으며, 그 실태는 확실하지 않은 상태이다. 4년차 이후는 2호 구획 외부의 유구확인조사를 진행할 예정이다. 그 후는 같은 유적 내에 위치하는 13~14세기 신구죠 중세관터[新宮城中世館址]의 5개년에 걸친 조사를 계획하고 있어 정비는 당분간 진행되지 않을 것으로 보인다.

⑨ 미야기현 도다군 미사토정 야마마에유적[宮城県遠田郡美里町山前遺跡]

복원한 대구大溝는 낙엽과 흙이 퇴적되어 복원 당시의 위용은 없어졌다. 내부의 수혈주거지를 1동 복원하였지만 노후화와 보안상의 문제(거동수상자 대책)로 철거하였다. 유적 설명판은 3개소에 있다. 북측의 가장 높은 곳에는 정자가 설치되어 있어 관람객과 지역민의 휴식처가 되고 있다. 동일본 대지진 후 지붕을 수리해 보강하였다. 지진피해로는 의목擬木 울타리가 손상되어 콘크리트용 모르타르mortar로 보수하였다. 지면이 갈라진 틈으로는 모래를 넣어 정비하였다. 사적공원 정비 후 40년이 경과하여 성장한 나무를 벌채하였다.

⑩ 미야기현 구리하라시 이리노사와유적[宮城県栗原市入ノ沢遺跡]

국도4호 우회도로건설 사전조사에서 발견된 유적으로 구릉 위에 환호를 두르고 일부에 돌출부를 두었다. 내부에는 수혈주거가 무리지어 있었고 그 중 대형주거 3동에서 동경銅鏡이 출토되었다. 그 중 1동에서는 철부鉄斧와 옥류玉類, 특수한 석제 목걸이 등이 확인되었다. 대부분이 화재주거지로 전투시에 불에 탔을 가능성이 있다. 시기가 고분시대 전기이므로 속 죠몽문화[続縄文文化]집단과의 접촉으로 피해를 입었을 가능성이 있다.

전례가 없는 유적의 희소가치로 이 유적은 보존되어 최근에 국가 사적이 되었다. 현재 미야기현과 문화청, 국토교통성에서 노선 변경 등을 협의 중이며, 향후 유적의 범위 확인 조사가 예정되어 있다.

⑪ 이와테현 오슈시 나카한뉴유적[岩手県奥州市中半入遺跡]

포장 정비에 앞서서 발굴조사 후 유적은 되메워졌고 현재 유적에는 표주標柱만 세워져 있다. 지역 사쿠라가와지구[桜川地区] 진흥회 마을부흥회에 의해 2013년도 지구 내 안내지도에 유적에 대해 5~6줄로 기술되어 있는 정도이다.

⑫ 이시카와현 나나오시 만교유적[石川県七尾市万行遺跡]

이시카와현 나나오시 만교유적은 고분시대 전기의 대형창고군의 발견으로 알려져 있지만 국가 사적 지정 이후(2003년) 확실하게 정비되어 있지 않다. 그러나 나나오시가 지역 보존회에 의뢰해서 제초작업을 하고 있다. 또한 나나오시 문화과의 기타바야시[北林雅康]씨에 따르면 만교유적의 소재지인 만교万行는 '다케가키[竹垣](대나무 울타리)의 고장'이기도 한데 현재 임시적인 환경정비로 주변 일부에 대나무 울타리를 설치하고 있다고 한다. 또한 매년 지역 초등학생에게는 대나무 울타리의 풍습과 만교유적에 대한 출장강좌나 곡옥 만들기 체험, 불 지피기 체험 등 고대 역사체험의 체험학습을 실시하고 있다. 지역 특산품 및 전통을 젊은 세대에 계승하고, 인재를 육성하는 등 꾸준한 활동이 평가된다. 그러나 위곽囲郭시설이 발굴조사 성과를 바탕으로 검증된 경우에는 다른 위곽시설의 복원도 생각해야 할 필요성이 있다.

⑬ 오이타현 히타시 오자코 쓰지바루유적[大分県日田市小迫辻原遺跡]

국가 사적 지정 후 정비는 중지된 상태이다. 2012년부터 5개년 계획으로 국가 중요유적의 확인

조사연구비 보조금(총액 600만엔)을 들여 범위확인조사 등이 실시되고 있다. 그 결과 대지 서쪽 밑부분으로 지형을 따라서 V자형 단면의 고분시대 구溝가 확인되었다.

⑭ 나가사키현 운젠시 류오유적[長崎県雲仙市龍王遺跡]

수전水田 기반정비사업을 계기로 발견되어, 사방 34m의 방형위곽시설이 확인되고 있다. 고분시대 초두의 후루식기의 역사다리꼴 단면 모양을 지닌 해자[堀]가 확인되어 그 내부에서 방형주거지가 노출되었다. 성토보존되어 현재 상태로는 정비되어 있지 않다.

Ⅳ. 기본 정책

우선, 발표자의 기본이념으로 대중고고학Public Archaeology(시민과 함께하는 고고학)을 지향하고 있다. 쉽게 말해, ① 시민이 유적의 가치를 알게 하는 것, ② 시민에게 친근한 유적으로 만드는 것, ③ 시민이 지역사회에서 자랑스럽게 여길 유적으로 만드는 것, ④ 시민들과 함께 유적을 지키는 것, ⑤ 시민이 유적을 활용하여 즐길 수 있도록 하는 것을 기본이념으로 한다.

Ⅴ. 조사

일본에서는 1950년 이후 고도경제성장기에 고분시대의 호족거관 관련유적이 많이 발견되고 파괴되었다. 개발이 많은 시기에는 전국에 무려 연간 1만건 정도의 발굴조사가 있었다. 현재는 약 8500건 정도이다. 그 중 약 95%는 개발 행위에 따른 이른바 행정발굴이다. 나머지 약 5%가 학술 목적의 학술발굴이다. 이 중에서 고분시대의 호족거관 관계유적의 발굴조사는 연간 3건 정도, 학술조사도 3개 정도로, 이를 조사주체로 나누면 3건 중 1건이 발표자의 대학교 고고학연구실의 조사, 나머지 2건은 행정발굴로 사적정비에 선행하는 조사이다.

조사방법

행정에 의한 긴급발굴(사전발굴)조사는 기본적으로 개발행위에 선행하는 조사로 개발대상지 내로 제한된다. 따라서 유적의 중심부가 조사 대상지역 밖에 있는 경우 조사를 하지 못한다. 한편, 개발대상 지역은 전면조사를 하게 되는데 면으로 조사된다. 이런 조사가 호족거관의 양상을 밝히는데 중요한 역할을 하였다고 해도 과언이 아니다. 지금까지의 소규모 조사에서 호濠와 울타리, 굴립주건물의 일부를 조사하고 있어도 그것이 실제로 무엇인지를 간과해온 것이 사실이다.

최근 군마현 시부카와시 시모신덴유적[渋川市下新田遺跡]에서는 화산성 퇴적물 아래에서 유구가 조사되었는데 거관과 관련된 양호한 유적자료를 얻을 수 있었다. 거관연구의 효시가 되었던 미쓰데라 I 유적도 또한 하루나산 후타쓰다케 화산재(Hr-FA) 아래에서 확인된 것으로 유구의 잔존상태가 양호하였다.

발표자는 고분시대의 호족거관 관련유적을 학술목적으로 발굴해온 몇 안 되는 연구자 중 한 사람이다.

도치기현 사쿠라시 시토마키유적[栃木県さくら市四斗蒔遺跡] (발굴조사)

군마현 이세사키시 부스지마죠유적[群馬県伊勢崎市毒島城遺跡] (발굴조사)

군마현 이세사키시 이마이학교유적[群馬県伊勢崎市今井学校遺跡] (발굴조사)

군마현 이세사키시 겐노죠유적[群馬県伊勢崎市原之城遺跡] (측량조사)

도치기현 우쓰노미야시 고겐야마유적[栃木県宇都宮市権現山遺跡] (발굴조사)

· 동거관東居館 (니가타대학교 1차 · 2차 · 3차)

· 서거관西居館 (니가타대학교 3차 · 4차 · 5차 · 6차)

· 남거관南居館 (니가타대학교 3차)

군마현 마에바시시 우쓰보이 요카이치유적[群馬県前橋市筑井八日市遺跡] (발굴조사)

군마현 다카사키시 미쓰데라 I 유적[群馬県高崎市三ツ寺 I 遺跡] (레이더탐사 · 시추조사)

군마현 다카사키시 기타야쓰유적[群馬県高崎市北谷遺跡] (시추조사)

후쿠시마현 고리야마시 시미즈우치유적[福島県郡山市清水内遺跡] (울타리열 토층전사조사)

발굴조사는 중장비로 표토와 교란층을 제거한 후 인력으로 굴삭하여 유구를 확인하고 최소한의 필요한 범위만을 진행해왔다. 울타리열이나 굴립주건물지는 일부 주공을 반파하고 호濠는 트렌치 조사로 단면과 규모를 확인하는 정도이다. 또한 북간토[北関東]의 유적에서는 화산성 퇴적물을 확인하기 위해 호의 유구퇴적토 전사조사를 가능한 한 시도하였다. 또한 화분 · 식물규산체 · 규조류 등의 자연과학적인 분석을 위해 토양 샘플링도 함께 실시하였다. 이들은 고대 환경 복원과 해자의 담수 유무를 확인하기 위해 이루어졌다.

행정당국이 실시한 학술 발굴조사로는 군마현 기타야쓰유적 조사를 들 수 있다. 트렌치 조사로 필요한 최소한의 유구 확인조사가 시도되고 있다. 외곽시설의 호濠의 규모나 호안護岸의 즙석葺石이 검출되었다. 내부의 대형 수혈주거지도 확인되었다. 이로 인해 자매거관이라고도 불리는 미쓰데라 I 유적과의 비교로 국가 사적 지정을 위한 기초자료를 얻을 수 있었다.

또한 발표자가 중심이 되어 실시한 거관유적의 토층전사 표본을 아래에 기술한다. 이 중 대부분이 호濠 단면전사이지만, 표준토층 단면전사와 다르게 이마이학교유적과 시미즈우치유적에서는 울타리열의 토층전사와 평면전사를 실시하여 울타리 구조의 복원에 힘썼다.

도치기현 사쿠라시 시토마키유적[栃木県さくら市四斗蒔遺跡] (1호 거관 호)

군마현 이세사키시 부스지마죠유적[群馬県伊勢崎市毒島城遺跡] (기준 토층)

군마현 이세사키시 이마이학교유적[群馬県伊勢崎市今井学校遺跡] (울타리열 단면 · 평면, 기준토층)

도치기현 우쓰노미야시 고겐야마유적[栃木県宇都宮市権現山遺跡] (동거관 남변 호)

군마현 마에바시시 우쓰보이요카이치유적[群馬県前橋市筑井八日市遺跡] (서변 호)

후쿠시마현 고리야마시 시미즈우치유적[福島県郡山市清水内遺跡] (울타리열 단면 · 평면, 호)

VI. 보존 문제

기본적으로 일본 고분시대 호족거관은 개발에 따른 사전 발굴조사에서 확인된 것이다. 이들 중 대부분은 개발을 앞두고 많은 수가 파괴되어왔다. 그 중에서 보존운동이 있어서 파괴를 면한 유적이 존재한다.

보존운동은 지역주민들로 구성된 보존단체가 조직되어 각각의 유적에서 단체가 조직적 운동을 펼쳐왔다. 그 중에서도 문화재보존전국협의회(약칭: 문전협文全協)는 개별유적 보존, 지역유적 보존뿐만 아니라 전국적으로 시민과 연구자가 연대하여 유적 보존활동을 하기 시작한 단체이다. 군마현 나카미조·후카마치유적의 보존문제에 관해서도 행정당국에 보존요청서를 제출하였다.

한편 일본고고학협회의 매장문화재보존대책위원회(약칭: 매문위埋文委)는 군마현 가나이 시모신덴유적[金井下新田遺跡]과 미야기현 이리노사와유적[入ノ沢遺跡]의 보존문제에 관해서도 지방자치단체에 보존요청서를 제출하였다.

대형 창고군이 조사된 오사카 호엔자카유적[法円坂遺跡]은 간사이[関西]의 여러 학회가 제휴·연대해서 심포지엄을 여는 등 보존활동에 힘을 실어 결과적으로 유적을 보존하게 된 사례이다.

Ⅶ. 보존 범위

그런데 어디까지를 보존해야 하는가 하는 문제가 있다. 동일본에서는 후쿠시마현 후루야시키유적[福島県古屋敷遺跡]의 발견으로 지금까지 방형의 해자[堀]와 울타리로 둘러싸인 범위만을 거관이라고 했던 반면, 방형 위곽시설의 외부에도 관련되는 창고군과 제사 장소가 존재하는 것이 밝혀졌다. 게다가 다른 위곽시설이 인접한 지점에서 확인되어 더욱 거관의 범위가 확실하지 않게 되었다. 그래서 이 유구가 입지하는 대지 가장자리에 트렌치를 넣은 결과, 대지 주위에 환호가 둘러져 있을 가능성이 제기되었다(植村泰徳 2012).

한편, 서일본에서는 나라현 나가라·난고유적군[名柄·南郷遺跡群]에서 거듭된 조사로 동일본의 후루야키시유적과는 또 다른 거관의 형태가 밝혀졌다(坂靖 2012). 더욱 광범위하게 성격을 달리하는 유적군이 산재한 양상이 확인된 것이다. 즙석葺石을 수반하는 나가라유적의 '수장거관', 그 남쪽의 고전高殿을 확인한 고쿠라쿠지 히비키유적[極楽寺ヒビキ遺跡], 제사를 위한 도수시설導水施設이 있는 난고 오히가시유적[南郷大東遺跡], 대형 창고군인 이도 오다다이유적[井戸大田遺跡], 무기 생산의 공방이 확인된 난고 스미타유적[南郷角田遺跡]을 비롯해 수공업 생산을 지도 한 중간계층, 관리계층의 거주지 유적인 이도이가라 · 난고 야나기하라유적[井戸井柄 · 南郷柳原遺跡] 철기 · 옥 · 유리 · 요업 등의 수공업 생산지인 시모차야 가마타유적[下茶屋カマ田遺跡] 등으로 유적군이 구성된다. 이러한 넓은 지역에 유기적으로 관련된 유적이 존재하는 경우 각각의 유적을 더 완전한 형태로 보존하는 것은 물론이지만, '유적군' 총체로 남기는 것은 쉬운 일이 아니다. 하지만 현재 시가지화되지 않은 것에 하나의 위로가 된다. 앞으로 유적군 전체 경관도 배려한 보존이 바람직하다고 본다.

Ⅷ. 보존 · 관리상 문제

사적 지정 동향

현재 일본에서는 '사적'으로 지정하고, 보존하는데 있어서는 국가 사적, 도도부현都道府県 사적, 시정촌市町村 사적이라는 세가지 레벨이 있다. 고분시대의 호족거관 관련 유적은 이 중 국가 사적이 11건, 도도부현사적이 1건, 시정촌사적이 2건이다. 덧붙여서, 고분의 국가 사적은 438건으로, 거관의 사적 지정수가 얼마나 적은 수인지 알 수 있다.

사적 지정의 역사를 돌아보면, 1975년경부터 관련 유적이 주목되기 시작하여 1980년대부터 1990년대의 고도 경제성장기에는 많은 거관 관련 유적이 발견된 한편으로, 개발 우선으로 보존 · 사적 지정은 뒷전이었던 것을 알 수 있다. 이 사적 지정의 공백기를 거쳐 1996년에 오이타현 오자코쓰지바루유적[小迫辻原遺跡]이 규슈 횡단 자동차도로 공사로 일부가 파괴되었지만 설계 계획의 변경으로 대부분을 남기고 국가 사적으로 지정된 것은 획기적인 사건이었다. 그 후, 1998년에 군마현 나카미조 · 후카마치유적[中溝 · 深町遺跡]이 현영県営 산업단지 조성계획 변경으로 유적 중심부를 보존할 수 있게 되고, 게다가 유적의 한가운데를 남북으로 관통했던 도로를 철거하고 새로운 길로 우회시킨 것은 주목할 만하다. 이 유적은 국가 사적은 아니지만 군마현 지정사적으로 보존 · 정비 · 활용되고 있다. 그 보존을 위해 발표자의 전임자인 아마카스 켄[甘粕健] 선생님과 함께 당시의 현지 행정기관인 군마현 닛타군 닛타마치[新田郡新田町] 교육위원회 교육장을 방문한 날을 지금도 분명히 기억하고 있다. 2000년에 후쿠시마현 후루야시키유적[古屋敷遺跡]이 국가 사적으로 지정되어 보존되었다.

군마현 겐노죠유적[原之城遺跡]에서는 경작이 이루어지고 있는 농지 부분에서 트렌처로 인한 심경深耕이 유적에 심각한 영향을 끼치고 있다. 유구는 훼손상태가 심각하게 진행되는 것으로 보이며 스에키기대 파편 등이 흩어져 있다.

도치기현 우쓰노미야시 고겐야마유적[宇都宮市権現山遺跡] SG5구(남거관)의 동쪽 절반은 도로가 되고, 서쪽 절반의 일부는 학술발굴을 실시하였지만 대부분은 민간 택지조성으로 발굴조사를 실시할 수 없었다. 동거관은 북간토[北関東] 자동차도로 건설에 따라 일부가 도로 아래에 위치하게 되었다. 나머지는 개인 소유의 농지이고 토지소유자가 학술조사에 난색을 보여서 연구는 진전되지 않고 있다.

군마현 이마이학교유적[今井学校遺跡]도 거관의 나머지 절반 미조사 지역에 사전 발굴조사를 거치지 않고 개인주택이 지어지고 말았다.

IX. 정비

고분시대의 호족거관은 아니지만 사가현 이세유적[伊勢遺跡]과 오사카부 다카쓰키시 아마유적[大阪府高槻市安満遺跡] 등 야요이시대 유적에서는 시민 교류와 방재防災 거점으로서의 사적이 이용되고 있다. 그러나 사적 기능을 바꿔서 활용하는 것은 문화재보호부국文化財保護部局에서 인정할 수 없다는 지적으로 예산 등은 엄밀하게 구분되어 있는 실정이다.

비슷한 예는 서일본 규슈 후쿠오카현 야메시 후카다유적[福岡県八女市深田遺跡]이라는 고분시대 호족거관 유적에서도 실시되고 있다. 즉, 이 유적은 돌출부를 수반하는 고분시대 호족거관 유적으로 2008년 3월 야메시의 시지정사적이 되었고, 구溝부분이 벽돌 등으로 표시되었지만, 2014년 4월부터 의료용 헬기 이착륙장으로 활용되고 있다.

유니버설 디자인universal design · 배리어 프리barrierfree

일본에서는 현재 2020년 도쿄올림픽, 장애인올림픽 개최를 앞두고 박물관 시설 등의 다국어 화

를 추진하는 한편, 장애인을 배려한 배리어 프리화를 위해 힘쓰고 있다. 안내시설과 박물관 내부는 물론 유적 현장에서도 같은 시도가 기대되고 있다. 거관유적은 아니지만 사키타마 후도키노오카[さきたま風土記の丘]에서는 고분의 전시 해설판에 점자 해설이 추가되었다.

토성의 토루를 오르내리는 경우 휠체어 이용자나 고령자는 어려움이 따른다. 따라서 리프트 설치 등을 생각할 수 있지만 유적·유구의 파괴로 이어지지 않도록 주의해야 한다. 또한 안전에 유의할 필요가 있다. 만일 토루 위까지 올라갈 수 없는 관람객을 배려하여 토루 아래에 안내 시설을 두고 CG 등으로 가상 체험을 할 수 있도록 배려한다.

보존·정비 후의 관리는 반드시 충분히 이루어지고 있다고 말하기 어렵다. 국가 사적 등의 경우는 관리비를 배분하고 업체 및 지정 관리자에게 제초 등을 위탁하고 있다. 후쿠시마현 후루야시키유적[古屋敷遺跡]은 넓은 사적 지정지(약 50,000㎡)를 승용제초기 등을 사용하여 연 4회 제초에 힘쓰고 있다. 그러나 예산이 없기 때문에 깎은 잡초를 처분하지 못해서 노린재 등 해충의 발생 요인이 되어 주변에 논을 가진 농가의 민원대책에 쫓기는 실정이다.

사적으로 지정하지 못한 유적의 경우 소유자에게 위탁하기 때문에 충분한 관리가 이루어지고 있는 상황은 아니다. 유적 조사구 인접지역에서 유적 범위가 확산되는 것이 충분히 예상되어도 목조개인주택 등은 사전조사 의무도 없기 때문에 어느새 유적 위에 집이 세워져 있는 경우도 빈번하다.

군마현 등에서는 유적의 순찰원을 지역 관계자로 위촉하여 파손된 곳과 개발 예정지가 없는지 등을 감시하고 있다.

X. 조사·정비·활용위원회

발표자는 고분시대 호족거관유적인 후쿠시마현 기타카타시 후루야시키유적[喜多方市古屋敷遺跡], 도치기현 나카가와 마치 가시시마마에유적[那珂川町鹿島前遺跡], 야요이시대~고분시대에 걸친 환호취락, 니가타현 죠에쓰시 가마부타·후키아게유적[上越市釜蓋·吹上遺跡], 고지성 환호취락(야요이시대 후기)인 니가타시 후르쓰하치만야마유적[新潟市古津八幡山遺跡] 조사·정비·활용위원회

위원을 맡고 있다. 여기에서는 위원회에 대해 소개한다.

먼저 위원회 구성에 대해서인데, 후루야시키유적에서는 전문가로 고고학분야 2명, 유적과 같이 묶여 있는 국가 사적 신구죠유적[新宮城遺跡]의 중세성관中世城館 연구분야 1명, 환경학 1명, 옵서버로 현교육위원회 1명 총6명으로 구성된다.

가마부타유적은 고고학 5명, 지질학 1명, 고건축학 1명, 식물학 1명 총6명의 전문위원회에 옵서버로 인근 시정촌市町村 문화재 담당자, 현지 죠에쓰시 문화재심의위원장, 니가타현 문화행정과 직원, 문화청 사적담당 직원을 추가하여 위원회를 구성하고 있다.

가시시마마에유적은 4명의 고고학 전문가로 구성되어 옵서버로 매장문화재보호부국 문화청 사적담당 직원, 토치기현 교육위원회 매장문화재 담당 직원, 개발부국인 토목건설과 직원이 참가하고 있다.

후르쓰하치만야마유적은 고고학 4명, 식물학 1명, 학교 관계자 1명, 시민공모 2명으로 구성된다.

이와 같이 고고학만으로 구성하는 경우와 고고학 외에 식물학과 건축학 전문가를 추가하는 경우, 또 지역 초등학교 교장과 시민공모 위원을 넣는 경우가 있다. 이 중 고고학만으로 구성하는 경우 보존문제가 가장 중요한 안건으로 옵서버로는 개발부국도 동석한다. 정비 목적이면 고고학 이외에 식물학과 고건축학 등이 참가한다. 또한 활용이 목적이면 현지 초등학교장 등 학교 관계자 및 시민공모위원의 멤버 구성도 고려되고 있다.

XI. 활용

스탬프 랠리stamprally

서일본 나가라 · 난고유적군[名柄 · 南郷遺跡群]의 경우에는 지도를 가지고 스탬프 랠리를 즐길 수 있게 한다면 각각의 유적에 대한 인식에도 연결되어 유적군 전체 중요성에 대한 인식에도 기여하게 될 것이다.

체험학습

거관유적은 아니지만 동일본 야요이시대 고지성 환호취락유적 중 하나인 국가 사적 니가타현 니가타시 후르쓰하치만야마유적[新潟市古津八幡山遺跡]에서는 산 아래 안내시실에서 불지피기, 곡옥 만들기, 미니동경 · 동탁 만들기 등 다양한 체험학습을 할 수 있어서 초등 · 중학교 학교교육을 보완할 수 있다.

교과서

현재 고분시대 호족거관 관련 유적으로 교과서에 거론되고 있는 유적의 도면을 중심으로 검토해 보고자 한다. 먼저 대부분이 군마현 미쓰데라 I 유적을 소재로 하고 있는 것을 알게 된다. 실제로 죠에쓰 신칸센 부설 전 사전조사에 의한 발굴조사 성과를 바탕으로 한 것으로 다분히 복원모형을 의식한 것이다.

최근 교과서에서는 군마현 다카사키시 가미쓰케노 사토 박물관[かみつけの里博物館]의 복원모형 사진이 많이 사용되고 있다. 일러스트를 이용한 야마카와출판사[山川出版社]의 『신일본사B』에는 조사되지 않은 지점의 북동부에 마구간과 창고 등을 배치하고 있지만, 복원모형과 비교하면 건물수가 적고 배치도 다르다. 사진 대부분이 작기 때문에 개별 건물의 성격은 거의 알 수 없다. 전체적으로 분위기가 전해지면 충분하다고 보인다.

시미즈쇼인[清水書院]의 교과서에서는 미쓰데라 I 유적을 5세기 후반~6세기 호족거관으로 본다. 도수시설導水施設이 있으며, 활석제 모조품으로 신에게 제사를 지냈다고 설명한다. 본문 중에는 거관은 주거공간이고, 정치를 하는 장소이기도 하며, 쌀 등의 수확물을 모아두는 곳으로 기술되어 있다.

복원모형 · 사진

박물관 전시 등으로 활용하는 복원모형으로 고분시대 호족거관과 관련된 것들을 검토한다. 현재 공공기관에서 가지고 있는 고분시대 호족거관 관련 복원모형은 다음과 같다.

이 중에서 ①은 와카사 토오루[若狭徹]씨의 복원안에 따라 제작되었다. ②는 조사 담당자였던 시모죠 쇼[下城正]씨의 복원안에 의한 것이다. 두 연구자는 남동부의 출입구 위치와 내부 창고군, 가축(말) 마구간 등에 의견 차이가 있다.

또한 개인 인터넷업로드 이미지 중에서 미쓰데라 I 유적을 소개한 것이 있어, 그 중에 뛰어난 그래픽이 있었기 때문에 관계자의 양해를 얻어 소개한다. 이 중에서는 창고 규모를 1×2칸으로 하는 등 이 규모의 거관에 비해서는 작게 복원하였다.

겐노죠유적[原之城遺跡]의 복원모형은 미쓰데라 I 유적 이상으로 조사되지 않은 지구에 관해서도 대담한 복원이 시도되고 있다.

① 미쓰데라 I 유적[三ツ寺 I 遺跡](군마현 타카사키시 가미쓰케노사토박물관[群馬県高崎市かみつけの里博物館])

② 미쓰데라 I 유적((공익재단) 군마현 매장문화재조사사업단[公群馬県埋蔵文化財調査事業団])

③ 겐노죠유적[原之城遺跡] (국립역사민속박물관[国立歴史民俗博物館])

④ 겐노죠유적 (군마현 이세사키시 교육위원회[群馬県伊勢崎市教育委員会])

⑤ 시토마키유적[四斗蒔遺跡](니가타대학교 아사히학술자료전시관[新潟大学旭町学術資料展示館])

⑥ 시토마키유적(도치기현 사쿠라시 뮤지엄[栃木県さくら市ミュージアム])

XII. 풍납토성의 보존 · 정비 · 활용을 위한 제언

① 안내지도 · 산책도로 · 자전거 대여서비스 정비

유적 위치가 기록된 알기 쉬운 지도를 제작한다. 가능하면 다국어 버전을 기대한다. 또한 도보 · 자전거 · 택시(자동차) 등 교통수단별로 소요시간을 명기해줬으면 한다. 또한 몇 가지 테마에 맞는 코스를 표시해줬으면 좋겠다. 더불어 보도와 자전거 도로를 정비하는 것이 바람직하다. 또한 렌터카, 자전거 대여를 제공하고 주차장도 정비해줬으면 한다. 그러나 유적 내 도로포장에 의한 정비는 미래의 조사를 감안하여 신중하게 생각해야 한다.

② 스탬프 랠리

서울시내 주변유적을 묶은 스탬프 랠리 이벤트를 개최한다. 몽촌토성 · 석촌동 고분군 등 각각 스탬프대를 설치하고 스탬프 디자인은 각 유적을 상징하는 디자인으로 한다. 또는 시민에게 디자인을 공모해도 좋다. 스탬프 랠리를 완성한 것, 또는 일정 수 이상의 유적을 방문한 사람에게는 상응하는 경품을 증정한다. 경품은 풍납토성의 상품 등을 이용하는 것도 좋은 방법일 것이다. 각 유적에서 상징적인 사진이 인쇄된 유적카드를 배부하는 것도 좋다.

이번 모인 각국의 왕성을 둘러보는 견학(투어)

삼국의 여행사가 연계하여 견학회 · 투어를 기획한다. 서울시내뿐만 아니라 국외에서 스탬프 랠리를 개최하는 것도 흥미로울 것이다. 관광고고학Archaeotourism을 실천하는 것이다.

③ 이벤트 · 축제(페스티벌) 개최

지역특산물 판매, 무용 · 가요 시연, 음식 축제, 제사 재현

음식은 시민을 불러 모은다. 값싸고 양 많고 맛있는 서민의 음식과 향토요리의 포장마차, 특산품을 소재로 한 음식을 제공한다. 그러나 쓰레기 대책은 분리수거 등 만전을 기해야 한다.

이벤트는 유적과 직접 관계 없는 것도 가능하다. 이는 유적에 관심 없는 사람들에게도 지역의 문화유산이 있다는 것을 알릴 수 있는 기회로 이어진다. 그러나 유적 · 유구의 파손에 주의를 기울일 필요가 있다.

④ 체험 이벤트 개최

일본에서는 불 지피기 체험과 곡옥 만들기 체험이 흔한 이벤트이다. 출토유물 중에서 궁금한 것, 인기 있는 유물의 미니어처를 제작한다. 위험한 이벤트는 일본 레크리에이션 보험처럼 보험에 가입하는 것을 추천한다.

⑤ 영화 · 뮤지컬 제작 · 상영 · 공연, 야외콘서트 개최

유적을 촬영장소로 제공하여 관람자에게 기억시켜 즐기게 한다.

보물찾기 같은 게임을 개최한다. 여행사 등과 제휴하여 실시한다. 유적이라서 보물을 묻을 수는 없기 때문에 숨길 장소를 연구해야 한다. '보물'은 유적이 존재했던 당시에 상응하는 보물의 복제품으로 한다. 발견한 사람에게 그것을 증정한다.

⑥ 기념상품 제작

⑦ 마스코트 · 캐릭터(인형) 제작

서울 올림픽 때 호랑이캐릭터(호돌이)처럼 마스코트가 되는 동물의 귀여운 모습을 본뜬 인형을 만든다.

⑧ 기념사진용 패널

마스코트 · 캐릭터나 왕과 왕비 등을 모델로 한 기념사진용 패널을 제작한다. 기념촬영 장소에 설치하고, 어린이부터 어른까지 촬영할 수 있도록 배려한다. 예를 들면 패널 뒤에 받침대를 두는 등 신장 차이에도 신경을 써야 한다.

⑨ 옷 입어보기 체험

일본 교토 등의 관광지에 가면 전통적인 기모노를 입고 있는 사람은 일본인보다 한국이나 중국 사람이 압도적으로 많다. 백제왕성으로서의 풍납토성 시대 사람들의 복식을 재현하고, 그 위에 누구라도 왕과 왕비를 동경하기 때문에 당시 최고위 계급의 의상을 준비했으면 좋겠다. 또한 성별과 크기의 다양성도 배려할 필요성이 있다.

⑩ 시설명명권

딱딱한 시설 이름에 기업명을 딴 애칭을 붙인다. 그리고 네이밍 스폰서요금을 징수하는 것도 한 가지 방법이다.

⑪ 자원봉사 · 동호회의 활약

이전에 몽촌토성을 방문했을 때, 일본어를 유창하게 하는 자원봉사자에게 안내 · 해설을 받은 적이 있었는데, 매우 고마웠다. 자원봉사자 양성은 노력이 필요하지만, 자원봉사자의 가족과 친구 등 많은 관계자를 얻을 수 있다. 또한 관람객에게 유익할 뿐만 아니라 자원봉사자 본인에게도 평생 학습의 관점에서 유익하다.

XIII. 결론

이번 국제학술회의에 초대받아 개인적으로 큰 영광이다. 지금까지 후쿠오카대학교 다케쓰에 쥰

이치[武末純一]선생님의 과학연구비 보조금(A)으로 진행하는 삼국시대 취락유적과 일본의 야요이·고분시대 취락유적 비교연구에 참여한 이후 한국과 일본의 비교연구에 흥미와 관심을 가지고 있었다(橋本博文 2012b). 하니와[埴輪] 연구의 일환으로 관심을 가진 서울 몽촌토성과 거관 연구로 양국의 관련성에 주목한 풍납토성에는 각각 2회 정도 방문한 경험이 있다. 이번 3번째 방문에서 또 다른 시각을 경험할 수 있기를 기대하고 있다. 또한 한국을 비롯해 중국·베트남·서일본 연구자와의 교류·의견 교환도 의미 있는 일이 될 것으로 기대한다. 이로 인해 파괴의 위기에 처한 관련 유적의 보존·관리 및 정비·활용에 관해 접점과 새로운 의견을 얻고 실천할 수 있기를 기원한다.

나아가 동아시아의 학술 교류·평화 공존공영에 개인적으로 공헌할 수 있으면 좋겠다.

발표문을 준비하면서 岩渕竜也氏、小保方紀久氏、金子智美氏、北林雅康氏、小竹弘則氏氏、山中逸人氏、横澤真一氏、横山千晶氏、太田市教育委員会、雲仙市教育委員会、奥州市教育委員会、喜多方市教育委員会、栗原市教育委員会、久留米市教育委員会、日田市教育委員会、美里町教育委員会、八女市教育委員会 등의 도움을 받았다. 지면으로 감사의 뜻을 전한다.

참고문헌(일본 가나순)

植村泰徳, 2012,「古屋敷遺跡の発掘調査成果と史跡の保存・管理､整備・活用」,『明日への文化財』67号：23-32, 文化財保存全国協議会

女屋和志雄, 2011,「三ツ寺Ｉ遺跡の発掘調査から30年」,『豪族居館と古墳群の整備―三ツ寺Ｉ遺跡の発掘から30年―』：39-44, 文化財保存全国協議会

川村恒明ほか, 2002,『文化財政策概論―文化遺産保護の新たな展開に向けて』, 東海大学出版会

笹山晴生・佐藤信・五味文彦・高埜利彦,『詳説日本史Ｂ』改訂版：30, 山川出版社

設楽博巳ほか,『高等学校日本史Ｂ』, 新訂版, 清水書院

十菱駿武, 1993,「遺跡・史跡の保存と活用」,『明日への文化財』33：19-30, 文化財保存全国協議会

________, 1994,「遺跡の保存と活用のあり方」,『月刊地方自治職員研修』363：26-29, 公職研

________, 2003,「遺跡・遺構保存の事例」,『地球環境調査計測事典』第2巻陸域編2：893-899, フジ・テクノシステム

中島義晴, 2003,「高齢者や障害者等に配慮した史跡整備」,『文化財と歴史学』：653-664, 吉川弘文館

橋本博文, 1992,「古墳時代７ 住居と集落」,『図解・日本の人類遺跡』：180-183, 東京大学出版会

________, 2012a,「古墳時代豪族居館遺跡の保存・整備・活用」,『明日への文化財』67号：1-22, 文化財保存全国協議会

________, 2012b,「日本列島の古墳時代豪族居館と韓半島の当該遺跡との比較」,『日韓集落の研究―弥生・古墳時代および無文土器～三国時代』：309-324, 日韓集落研究会

坂靖, 2012,「奈良県における豪族居館関連遺跡の現状と保存への課題」,『明日への文化財』67号：33-41, 文化財保存全国協議会

文化財保存全国協議会編, 1990,『遺跡保存の事典』, 三省堂

文化庁文化財部記念物課, 2005,『史跡等整備のてびき―保存と活用のために―Ｉ総説編・資料編』, 同成社

____________________, 2005,『史跡等整備のてびき―保存と活用のために―』Ⅳ事例編, 同成社

허의행, 2017,「발굴조사 유적지의 복원과 활용 연구」,『영남고고학』77：75-97, 영남고고학회

표 1 | 호족거관유적 조사연도와 조사원인 (橋本博文 2017년 작성)

행정구역	유적명	조사연도	조사원인
이와테현	나카한뉴[中半入]	1998·1999	포장 정비
미야기현	야마마에[山前]	1972·1973	주택단지 조성
미야기현	이지죠아토[伊治城跡]	1989·1991·1995	도로확장, 하천개수 대체지
미야기현	이리노사와[入ノ沢]	2015	도로 건설
미야기현	사누마죠 아토[佐沼城跡]	1993	쇼핑센터 건설
미야기현	쓰루다테[鶴館]	1993·2010	법면 보호공사
후쿠시마현	히와타시다이바타케[樋渡台畑]	1989	포장 정비
후쿠시마현	히가시다테[東舘]	1993	포장 정비
후쿠시마현	후루야시키[古屋敷]	1996	포장 정비
후쿠시마현	시미즈우치[清水内]	1995	토지구획 정비사업
후쿠시마현	우에노다이[上ノ台]	1994~1995	도로 건설
후쿠시마현	미모리[三森]	1994	도로 확장
후쿠시마현	스가마타[菅俣]B·오리카에시[折返]A	1992	토지구획 정리사업
후쿠시마현	후나다나카미치[舟田中道]	1998	포장 정비
이바라키현	모리토[森戸]	1987·1988	도로 건설
이바라키현	오쿠노야[奥谷]	1986·1987	도로 건설
이바라키현	곳쇼 모토야시키[国生本屋敷]	1986·1988	지방사 편찬사업
이바라키현	다이와타리[台渡里]	2009·2010	학술조사
이바라키현	가지우치무카이야마[梶内向山]	2000~2002	겐오도, 죠반자동차도 분기점
이바라키현	다쓰카이도[辰海道]	2001~2002	북간토 자동차도
도치기현	가시마마에[鹿島前]	2014	도로 건설
도치기현	호리코시[堀越]	1985·1987~1988	포장 정비
도치기현	시토마키[四斗蒔]	1988·1989·1998	포장 정비·학술조사
도치기현	고겐야마[権現山]	1996~1998·2010	도로 건설·학술조사
도치기현	도노야마[殿山]	1988~1991	주택단지
도치기현	나리사와[成沢]	1985	포장 정비
도치기현	시모이누즈카[下犬塚]	1985·2007	택지 조성
군마현	나리즈카 주택단지[成塚住宅団地]	1987~1988	주택단지 조성
군마현	나카미조[中溝]·후카마치[深町]	1991~1996	공업단지 조성
군마현	미즈쿠보[水久保]	1983~1985·1987	공업단지 조성
군마현	아라토아라코[荒砥荒子]	1983	포장 정비
군마현	우메노키[梅木]	1985·1987	공원 건설
군마현	마루야마[丸山]	1986·1987	포장 정비
군마현	우쓰보이 요카이치[筑井八日市]	1990	도로확장·학술조사
군마현	모토 소자묘진Ⅴ[元総社明神Ⅴ]	1985·1986	구획 정비

행정구역	유적명	조사연도	조사원인
군마현	겐노죠[原之城]	1981·1983~1986	다이쇼용수 동부토지 개량사업
군마현	이마이학교[今井学校]	1990·2007~2009	택지 조성·학술조사
군마현	부스지마죠[毒島城]	2006	학술조사
군마현	아리마죠오리[有馬条里]	1982~1984	간에쓰 자동차도
군마현	미쓰데라 I [三ツ寺 I]	1981~1983·1994	죠에쓰 신칸센·도로 건설
군마현	모토쥬쿠[本宿]·고우도[郷土]	1978~1980	도로 건설
군마현	기타야쓰[北谷]	2000	민간 개발
도쿄도	아카바네다이[赤羽台]	1982~1986	도호쿠 신칸센 관련
나가노현	이시카와죠우리[石川条里]	1988~1991	쥬오 자동차도
시즈오카현	오다이라[大平]	1983~1989	토지구획 정비사업
시즈오카현	고신덴[古新田]	1989~1990	학교 건설
아이치현	하치오우지[八王子]	1995~1997	도카이 호쿠리쿠 자동차도
미에현	죠노코시[城之越]	1991·1992~1995	포장 정비
나라현	마키무쿠[纒向]	2009·2010·2011	택지 조성 등
나라현	나가라[名柄]	1987~1989	학교 건설
나라현	난고 유적군[南郷遺跡群]	1995	포장 정비
나라현	후루소마노우치[布留杣之内]	1980	주차장 건설
나라현	우에노미야[上之宮]	1986~1990·2003	토지구획 정리사업
나라현	스가하라 히가시[菅原東]	1992	토지구획 정리사업
나라현	아키쓰[秋津]	2008~2011	게이나와 도로
교토부	모리야마[森山]	1976	택지 조성
교토부	나카카이도[中海道]	1995	주택개발·국고보조 범위 확인조사
오사카부	호엔자카[法円坂]	2001	오사카역사박물관·NHK오사카 방송국
오사카부	샤쿠도[尺土]	1998	남한나 도로
효고현	마쓰노[松野]	1982	시영주택 건설
와카야마현	나루타키[鳴滝]	1982	단지, 학교 건설
이시카와현	만교[万行]	2002	토지구획 정리사업
후쿠오카현	노카타[野方]	1973	단지 조성
후쿠오카현	이치노우에 히가시야시키[市ノ上東屋敷]	2002	택지 조성
후쿠오카현	히에[比恵]	1984·2000	건물 건설
오이타현	오자코 쓰지바루[小迫辻原]	1985	오이타 자동차도
나가사키현	류오[龍王]	2004~2005	포장 정비
구마모토현	우토죠 니시오카다이[宇土城西岡台]	1977 이전	학교 건설

〈호족거관 시기별 조사(발견)건수〉

1970년대—5건 (7.4%)
1980년대—30건 (44%)
1990년대—20건 (29.4%)
2000년대—11건 (16%)
2010년대—2건 (3%)
총계—68건 (99.8%)

〈조사원인〉

포장 정비 (中半入, 舟田中道, 樋渡台畑, 東舘, 古屋敷, 堀越, 四斗蒔, 成沢, 荒砥荒子, 丸山, 城之越, 南郷, 龍王)
토지 개량사업 (原之城)
토지구획 정리사업 (清水内, 萱俣B · 折返A, 元総社明神Ⅴ, 大平, 万行, 上之宮, 萱原東)
주택단지 조성 (山前, 殿山, 成塚住宅団地, 鳴滝)
공업단지 조성 (水久保, 中溝 · 深町)
철도 건설
도호쿠 신칸센 (赤羽台)
죠에쓰 신칸센 (三ツ寺Ⅰ)
고속도로
북간토 자동차도 (権現山, 梶内向山)
겐오도 (梶内向山)
죠반 자동차도 (辰海道)
간에쓰 자동차도 (有馬条里)
쥬오 자동차도 (石川条里)
도카이 호쿠리쿠 자동차도 (八王子)
게이나와 도로 (秋津)
오이타 자동차도 (小迫辻原)
남한나 도로 (尺土)
그 외 도로공사 (入ノ沢, 鹿島前)
학교 건설 (名柄, 古新田, 宇土城西岡台)

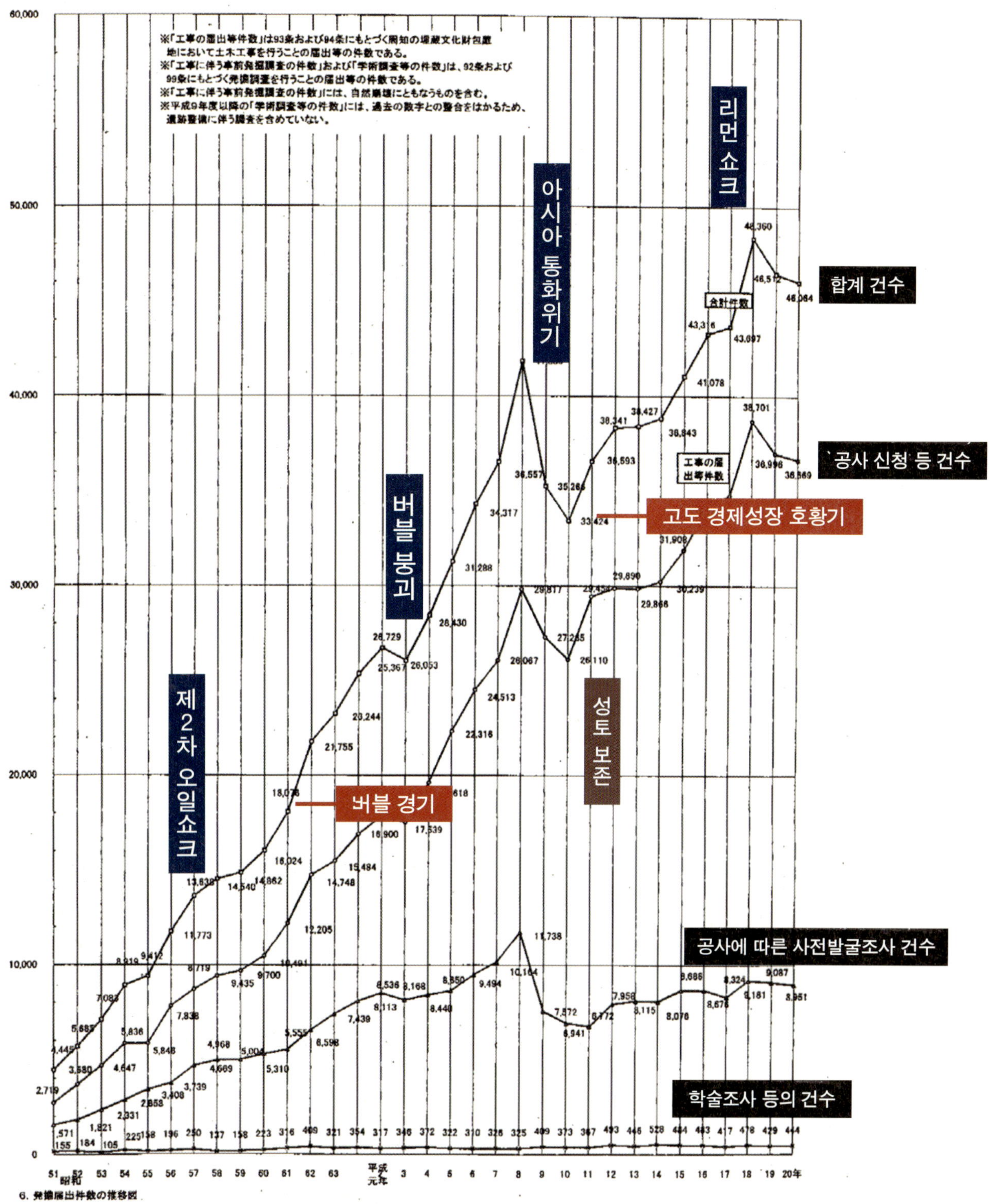

그림 1 | 일본 국내 발굴조사 건수의 추이(2008년까지)

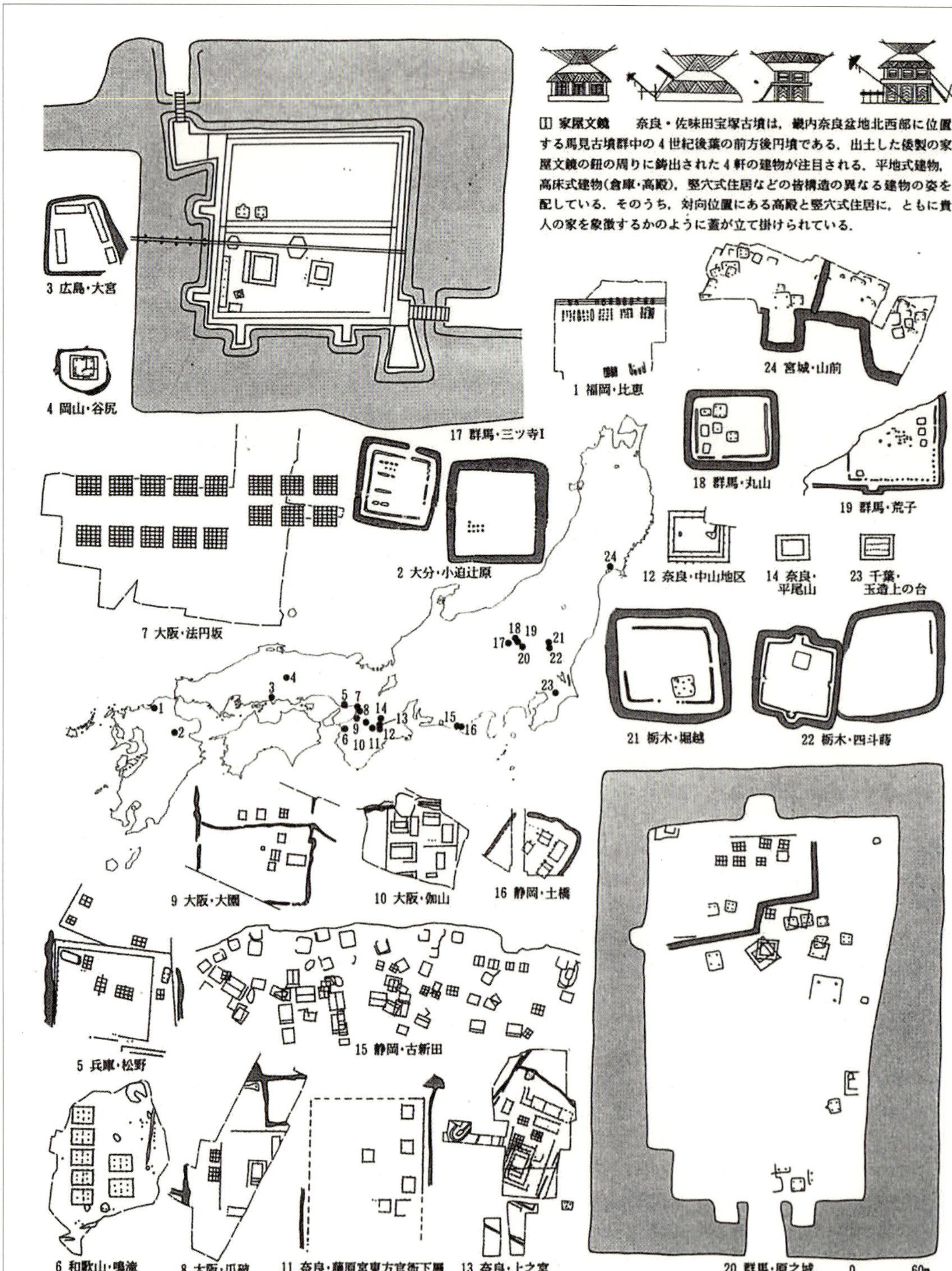

그림 2 | 고분시대 호족거관과 관련유적
(『図解日本の人類遺跡』, 東大出版)

미쓰데라 I 유적 해설판

미쓰데라 I 유적 발굴 모형(가미쓰케노사토 박물관 제공)

죠에쓰 신칸센 교각 아래 경관

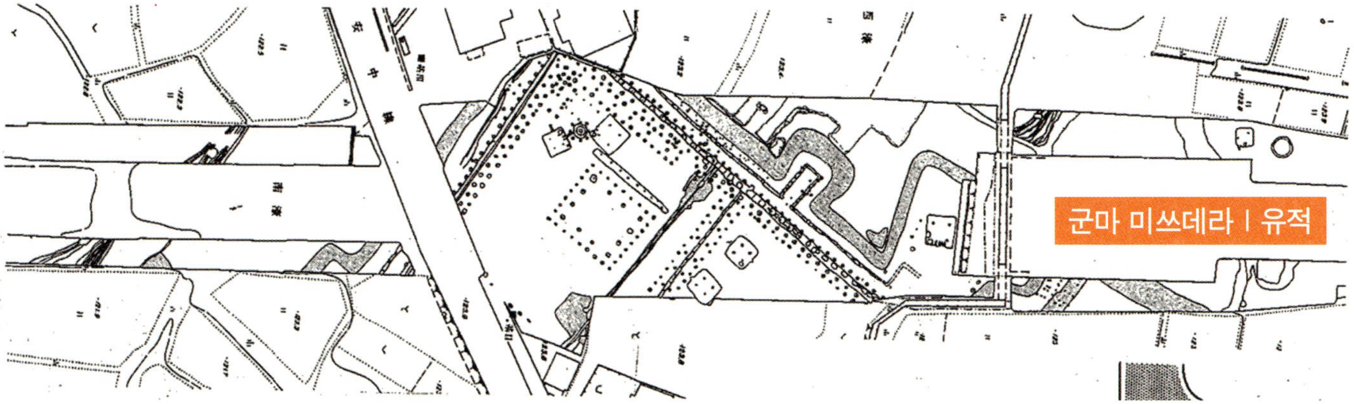

대형 상업용 간판이 눈에 띄는 미쓰데라 I 유적

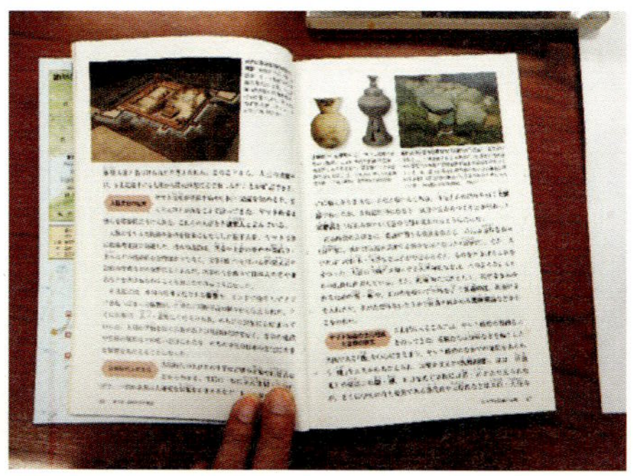

일본 교과서에 실린 미쓰데라 I 유적
(山川出版高校本史B)

성수 제사 재현(가미쓰케노사토박물관 제공)

그림 3 I 군마현 미쓰데라 I 유적

미쓰데라 I 유적 복원모형(가미쓰게노사토박물관 제공)

미쓰데라 I 유적 복원 컴퓨터그래픽1(山中逸人 제공)

미쓰데라 I 유적 복원모형(군마현 매장문화재조사사업단 제공)

미쓰데라 I 유적 복원 컴퓨터그래픽2(山中逸人 제공)

미쓰데라 I 유적 복원 컴퓨터그래픽3(山中逸人 제공)

그림 4 | 미쓰데라 I 유적 복원

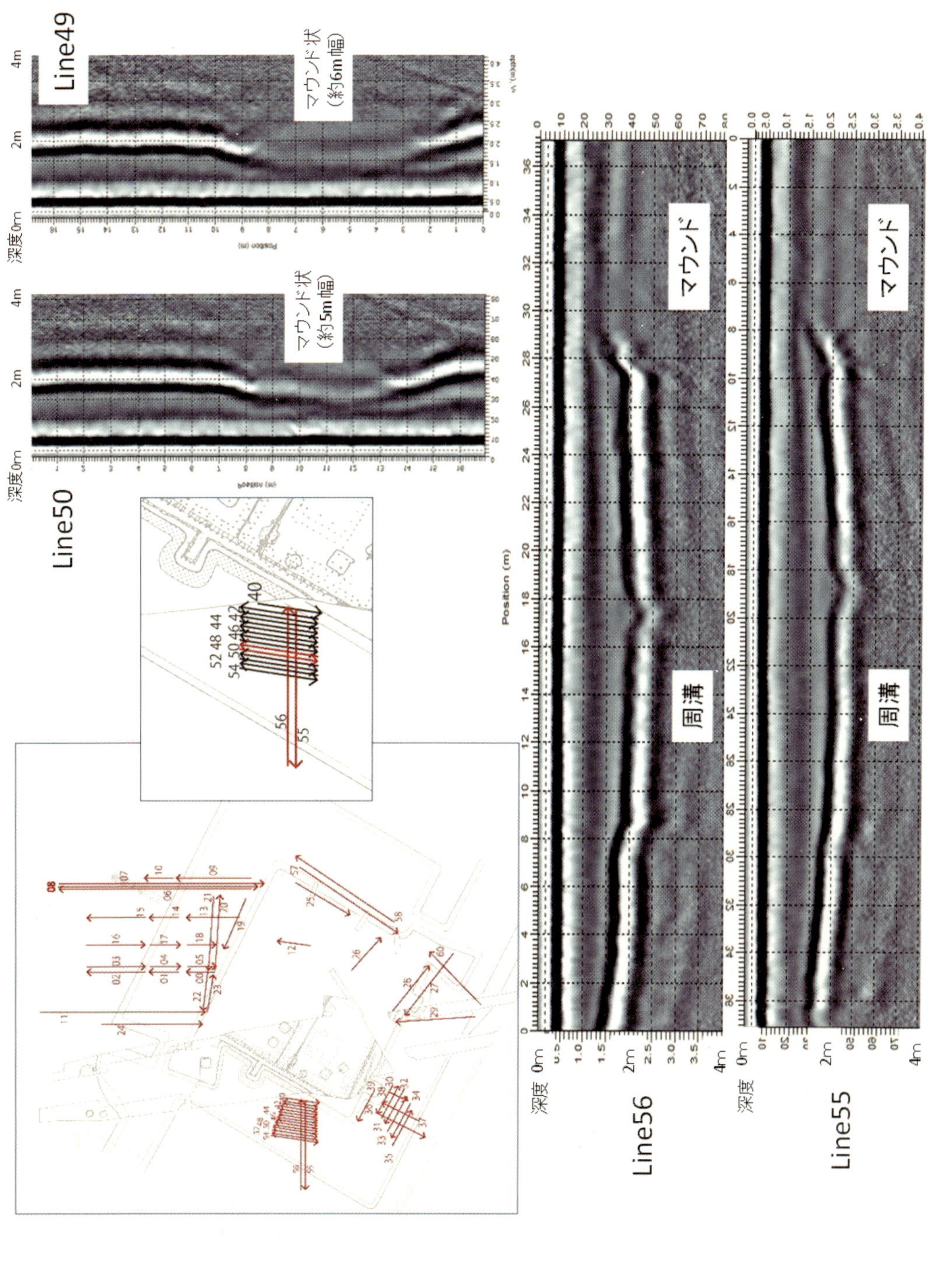

그림 5 | 미쓰데라 I 유적 지중레이더 탐사
(니가타대학교 재해부흥과학연구소그룹 인용)

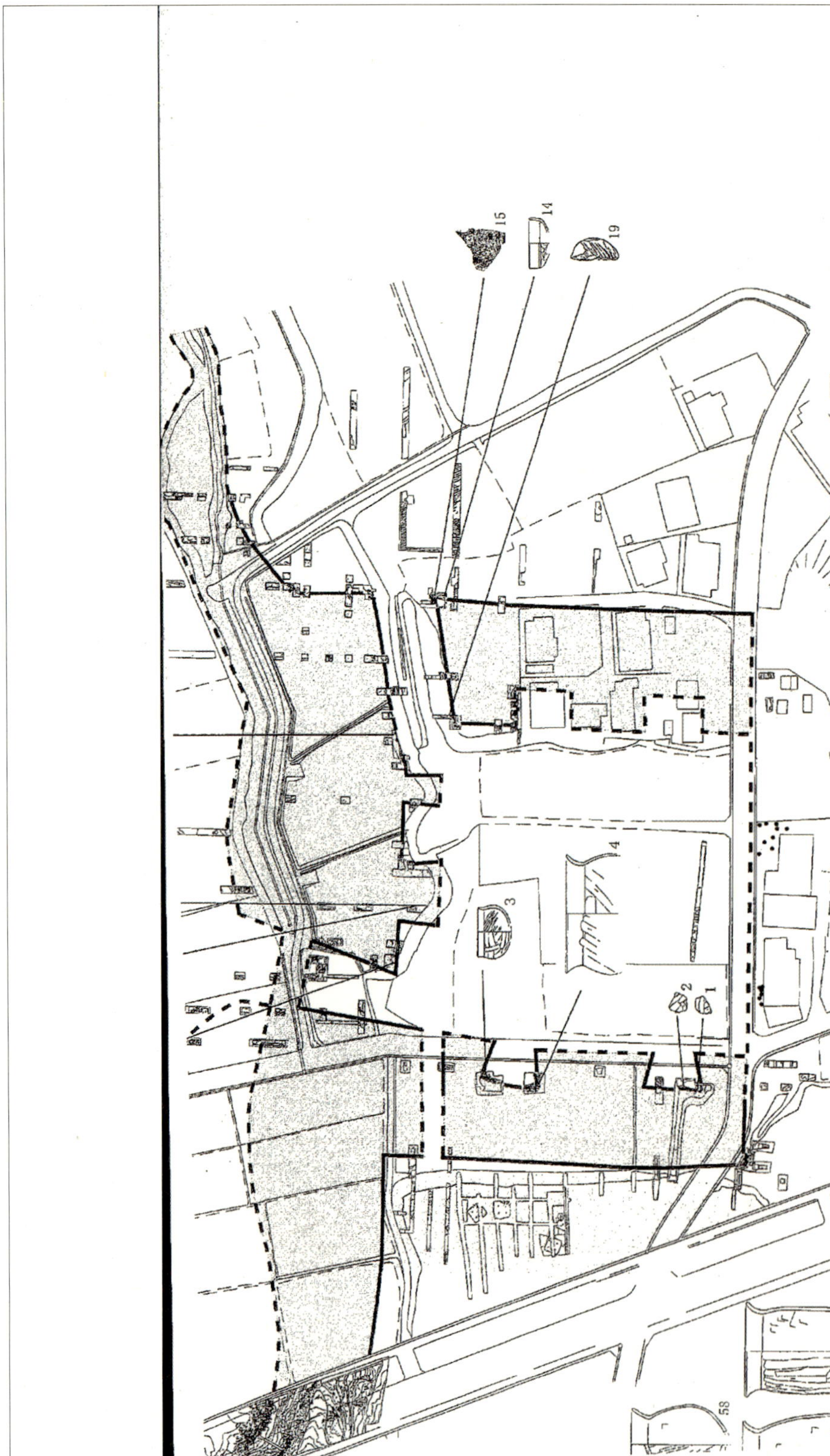

그림 6 | 군마현 다카사키시 기타야츠유적 시추조사성과

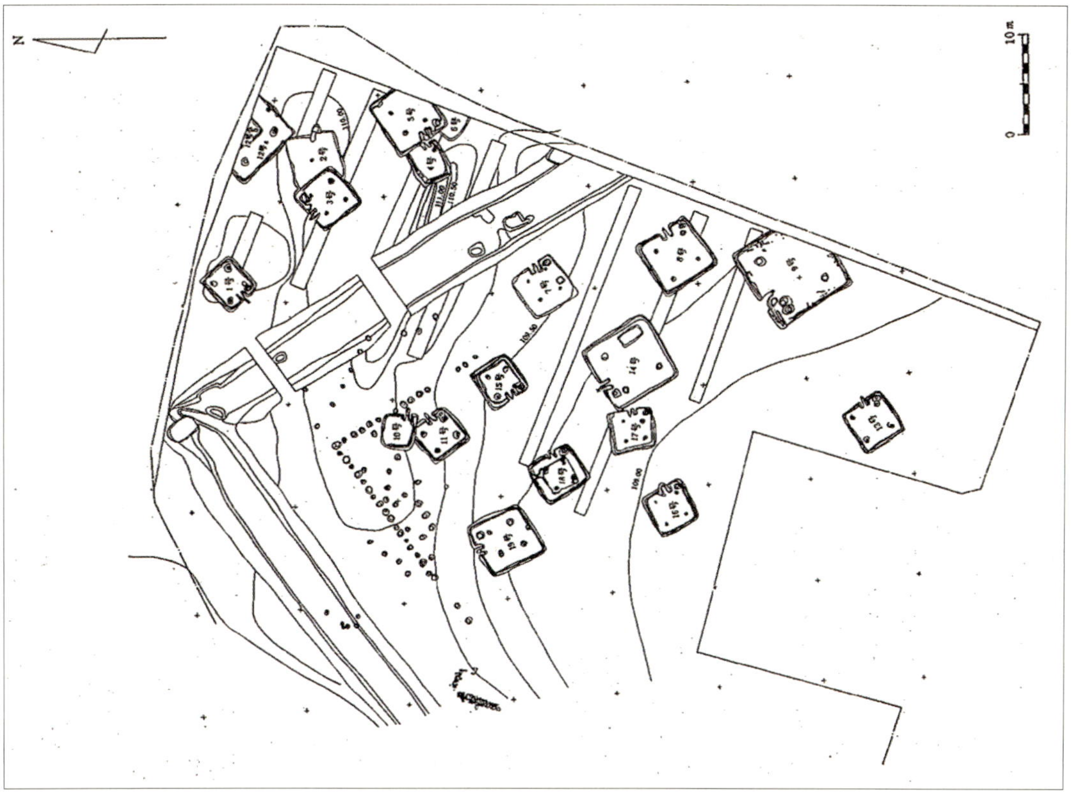

그림 7 | 군마현 이마이학교유적 조사 후 민간개발과 학술발굴

우물 샘과 특수굴립주건물의 정비

오타시 나카미조 · 후카마치유적

고가네이 사적공원 입구

창고군과 구획시설의 정비

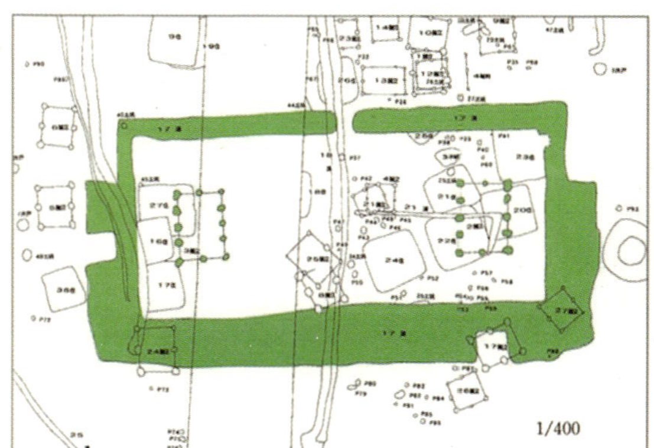

해자로 구획된 2동의 대형 건물(도판 제공 오타시 교육위원회)

해설판의 정비

그림 8 | 오타시 나카미조 · 후카마치유적

ひらめき☆ときめきサイエンス
〜ようこそ大学の研究室へ〜KAKENHI

ようこそ大学野外研究室へ
ー遺跡の発掘体験と保存遺跡の活用ー

夏休みの自由研究に

★日　時：2007年8月23日(木)8:40〜17:10
★場　所：群馬県伊勢崎市今井学校遺跡(午前)
　　　　　同 ・太田市小金井史跡公園(午後)
★内　容：古墳時代の豪族の館の発掘と古代まつり
　　　　　(火起こし、勾玉作り、ガラス玉作り)
★対　象：小学5，6年生、中学生(原則として) 20名
★その他:参加費無料、昼食・長靴各自持参、運動靴姿
　　　　　雨天の場合は一部プログラムを変更して実施します。
★申込方法: ①住所、氏名、電話番号、学校名、学年、性別を明記の上、8月10日(金)までにFAX、メール又はハガキで下記までお申し込み下さい。
②(独)日本学術振興会のホームページからも参加申込できます。
http://www.jsps.go.jp/hirameki/index.html
★問い合わせ先: 〒950-2181　新潟市西区五十嵐2の町8050
新潟大学人文学部考古学研究室(TEL・FAX 025-262-6298)
E-mail: hasimoto@human.niigata-u.ac.jp

- 主催: 新潟大学・独立行政法人日本学術振興会
- 共催: 群馬県伊勢崎市教育委員会・太田市教育委員会
- 協力: (財)群馬県埋蔵文化財調査事業団

그림 9 | 어서오세요, 대학교야외연구실로 - 유적 발굴체험과 보존유적 활용

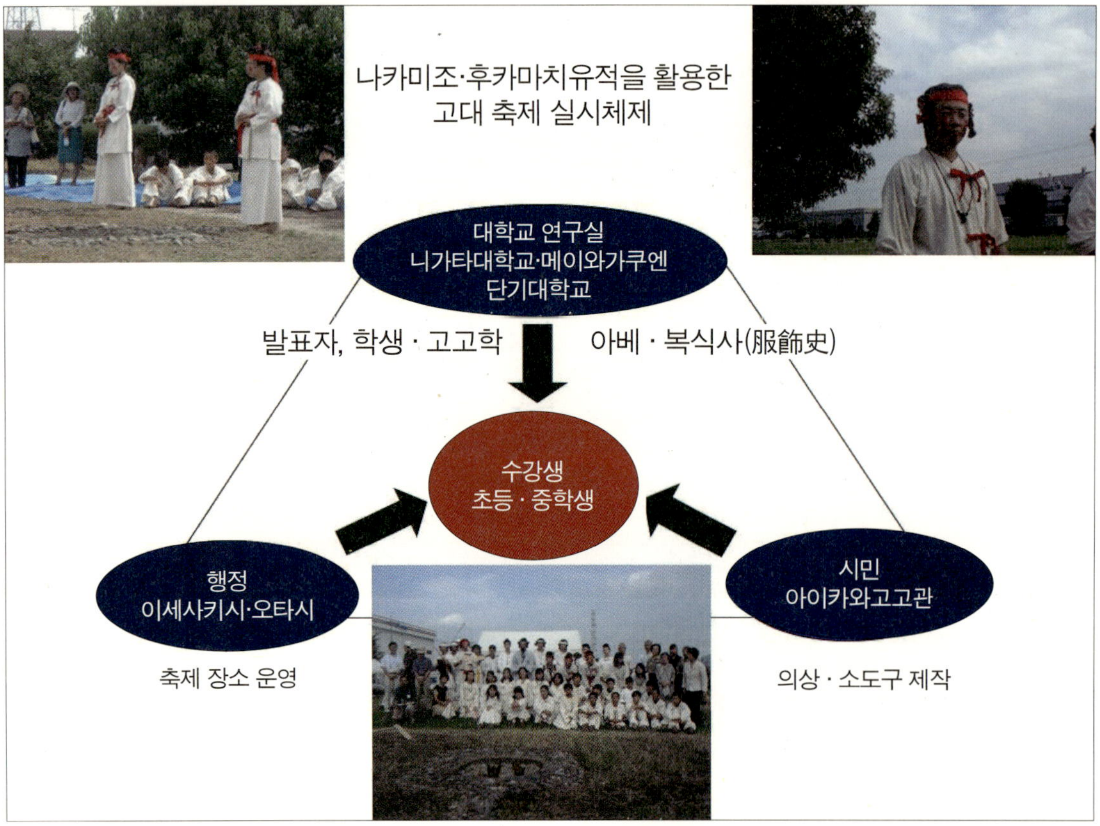

그림 10 | 나카미조 · 후카마치유적을 활용한 고대 축제 실시체제

백제왕성 서울 풍납동 토성의 현재와 미래

Present and Future of Baekje Royal Fortress in Pungnap-dong, Seoul

中国3-6世纪都城的考古发掘、保护与利用

- 以曹魏至北朝时期河北省邺城遗址为例 -

朱岩石 中国社会科学院考古研究所 副所长

Ⅰ. 序

邺城遗址，位于河北省临漳县西南约20公里处，由南北毗连的邺北城和邺南城组成。东汉末期建安九年（204年），曹操占据邺城后，对邺城进行了全新的规划和建设。今天曹魏邺城遗迹地面几乎不存，唯有“三台”中的铜雀台、金凤台成为唯一的地面名胜。曹丕称帝后，邺城始成为三国魏的“五都”之一。经考古勘探发掘初步了解到，曹魏邺城的平面布局具有单一宫城、中轴对称、功能分区的特点。曹魏邺城之后，又为后赵、冉魏、前燕、东魏、北齐诸王朝的国都，故邺城又称六朝古都。邺城都城布局前承秦汉，后启隋唐，是中国古代都城发展史上的里程碑之一。

邺城平面规划在中国城市发展史上的独特地位，一直引起中外学术界的关注。在一些零星考古调查、勘探之后，1983年中国社会科学院考古研究所与河北省文物研究所联合组建邺城考古队，开始了长期、持续、有计划的邺城考古工作。

迄今，经过近34年的考古工作，我们在邺城都城平面格局考古工作与研究、东魏北齐陵墓区与墓葬考古工作与研究、邺城手工业遗迹和遗物考古发掘与研究、邺城佛教遗迹与遗物的考古工作等方面，都取得了较为丰硕的学术成果，同时也推动了邺城遗址的保护与利用。

Ⅱ. 考古发掘与研究

1. 邺城都城格局考古方面的新进展

邺城考古工作队面对邺北城、邺南城合计约15平方千米的大遗址，对于如何有计划有步骤地开展邺城勘查发掘工作；如何运用有效的工作方法，才能适合邺城遗址等问题，在开展工作之初就十分注意。结合邺城地区堆积以黄粘土、漳河流沙为主的地质特点以及古代遗迹保存不佳之现状，邺城队确定了“全面勘探与重点发掘相结合”的工作思路，经过逐渐摸索、不断实践改进，邺城队确定的这些田野考古原则和方法提高了工作效率，取得了很好的效果。迄今，在总面积近一百平方千米的邺城遗址内，已发掘遗迹的总面积约2万平方米，发掘面积占遗址总面积比例很低，这也为邺城遗址此后的保护利用与研究打下坚实基础。

1) 关于外郭城区域新的考古发现

近年，在邺城都城格局方面的考古工作主要集中在东魏北齐邺城的外郭区、宫城区等区域。关于东魏北齐邺城外郭城的问题，20世纪90年代中期，邺城考古队逐渐提出了邺南城存在外郭城的学术推断，并于1998年、2000年先后在邺南城东郊、西郊进行考古勘探，但是当时没有找到与外郭城墙相关的有价值的线索。进入21世纪，邺城考古队在“大邺城遗址考古”的工作理念指导下，邺城考古不仅仅限于15平方公里的“邺北城”“邺南城”范围内工作，而是以更大的视野，结合当时的考古工作和综合研究，推断东魏北齐邺城应为东西二十里、南北二十里、约四百余里坊，从2002年发现了赵彭城北朝佛寺遗迹，坚定了关于外郭城的推断。

2013年以来核桃园村西南地北齐大庄严寺佛塔遗迹等考古收获，表明邺南城内城外、中轴线东侧属于国家大寺的宗教区域；2014年曹村青釉器窑址考古发掘等工作，丰富了对东魏北齐外郭城东郭区的认识，经勘探发现该区域属于具有一定面积的手工业作坊区。此外，在西郭城区的抢救性发掘工作中，发现了大量的道路、沟渠、建筑基址等遗迹等。

这些都极大推动了东魏北齐邺城外郭城的考古学研究。

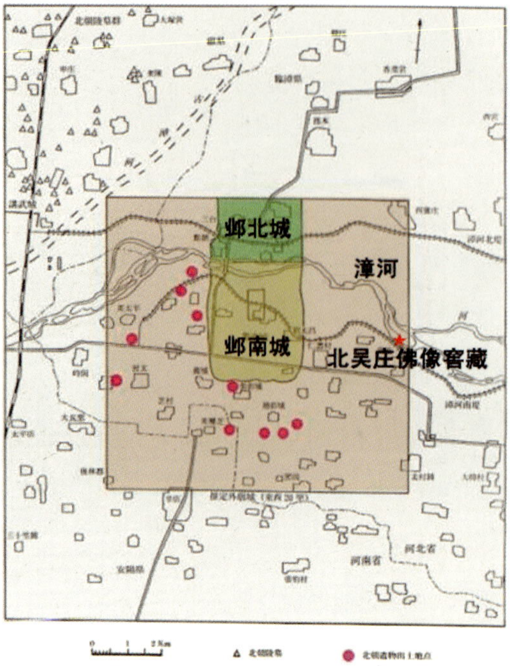

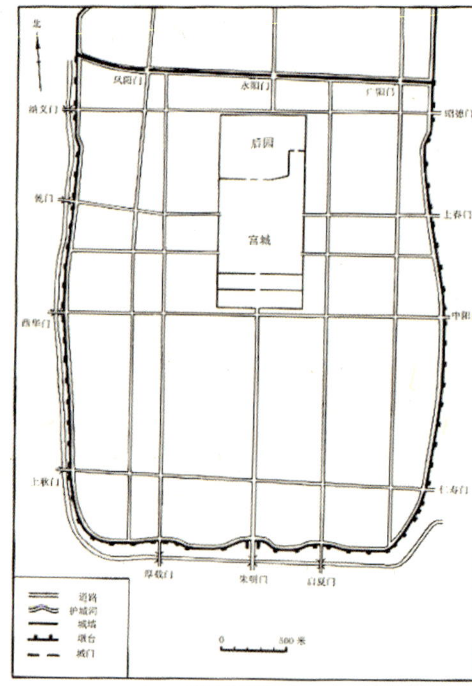

东魏北齐邺南城平面复原示意图
（图廓纵线为真子午线）

2) 关于宫城区认识的推进

东魏北齐邺城多重宫城墙的发现。2016年以来，在今漳河主河道内、邺南城宫城区北部开展了考古勘探、发掘等工作，种种迹象显示，东魏北齐邺城的宫城存在多重宫城墙的迹象。工作目前还在展开，这或许说明了东魏北齐的都城（宫城）规划不仅仅继承了北魏洛阳城的都城规划特点，同时也受到南朝建康城都城规划的影响。

2. 佛教遗迹方面新的考古工作

邺城考古队在寻找东魏北齐邺城外郭城的时候，先后在外郭区范围先后发现了赵彭城北朝佛寺遗址、北吴庄佛教造像埋藏坑、核桃园北齐佛寺建筑群等重要遗迹和遗物。这些发现，既为东魏北齐邺城平面格局的深入研究提供了重要资料，同时也把邺城佛教考古研究推向了一个崭新的高度。

赵彭城东魏北齐大型佛寺遗址自2002～2011年勘探、发掘，工作前后持续了10年（此处从略）。该寺院占尽当时一坊之地，是迄今考古发掘最大级的中古时期佛寺遗址。它既保留了北魏寺院以佛塔为中心的传统，又出现了多院落的新式格局，深刻影响了隋唐时期寺院布局。

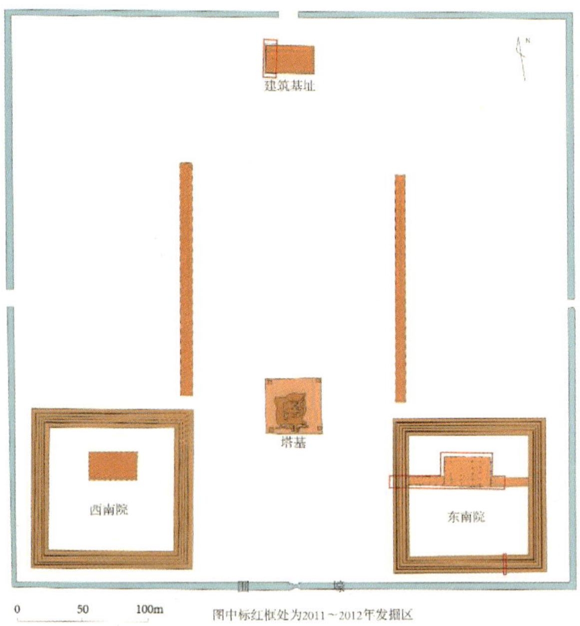

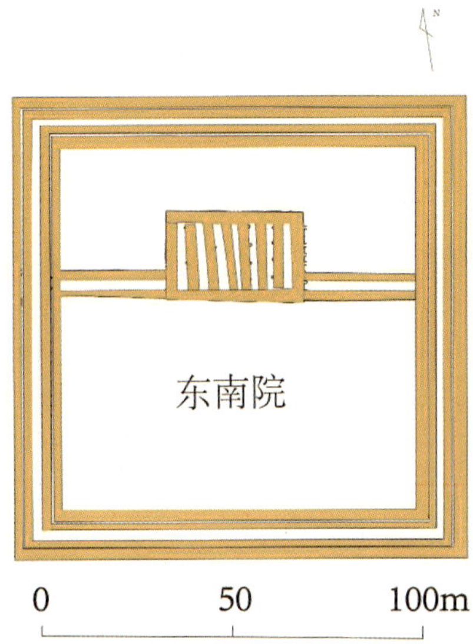

1) 北吴庄佛教造像埋藏坑

2012年北吴庄佛教造像埋藏坑发现于习文乡北吴庄北地、今漳河南堤北侧的河滩内。该地点位于东魏北齐邺城内城东城墙以东约3公里处，即邺城考古队研究推测的东郭城区内。埋藏坑内出土佛教造像数量众多，经测量编号的佛教造像共2895件（块），另出土的大量造像碎片，总数也近3000块（片）。出土造像绝大多数为汉白玉质，极少数为青石和陶质。根据初步整理，出土佛教造像的时代绝大多数为东魏北齐，个别为北魏、北周和隋唐时期。出土的大多数造像表面残存贴金和彩绘痕迹，造像样式除华北地区常见的中小型汉白玉背屏像外，还有部分较大的单体圆雕造像。有题记的造像约占十分之一强。

2) 大庄严寺遗址

2012年起，邺城考古队在勘探发现的核桃园村西南地建筑基址群持续发掘。

2012、2013发掘了核桃园1号建筑基址；2013年发掘了5号建筑基址。2号建筑基址目前还在发掘。

核桃园1号建筑基址位于东魏北齐邺城中轴线——朱明门外大道东侧，北距邺南城南墙约1200米。经发掘确认该基址是北齐时期兴建的一座大型土木结构方形木塔遗迹，出土遗物以陶砖、板瓦、筒瓦和瓦当等建筑材料为主。在距地面约2米的基槽夯土层与卵石层交界面上发现一件石函，上刻“三宝口口”字迹。石函及四角的青瓷罐内清理出大量“常平五

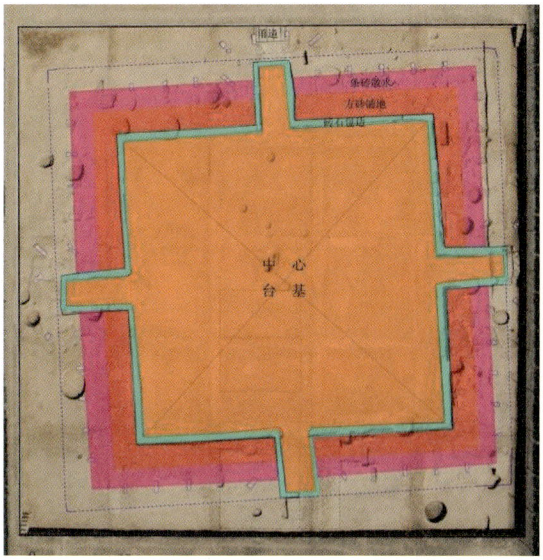

1. 塔基中心石函及青釉罐

2. 石函内部情形

3. T223 解 2 ：37 罐出土情形

4. 石函（T223 解 2 ：10）

1. 玛瑙珠（T223 解 2 ：10-112） 2. 玛瑙珠（T223 解 2 ：10-124） 3. 玛瑙珠（T223 解 2 ：10-139）
4. 白玉髓环（T223 解 2 ：10-103） 5. 玉髓珠（T223 解 2 ：10-128） 6. 水晶半球饰（T223 解 2 ：10-110
7. 水晶珠（T223 解 2 ：10-111） 8. 石英岩卵石（T223 解 2 ：10-113） 9. 石英岩卵石（T223 解 2 ：10-125
10. 琥珀珠（T223 解 2 ：10-129） 11. 钟乳石残段（T223 解 2 ：10-108）
12. 玻璃珠（T223 解 2 ：10-130） 13. 玻璃珠（T223 解 2 ：10-134） 14. 长颈玻璃瓶（T223 解 2 ：10-109

铢”及各种质地的管、珠、坠饰、圆形和椭圆形石饰、铜印、铜饰件及琉璃器残片，其中保存较好的一件长颈琉璃瓶中还残存有水银。从佛塔基址的规模等级和出土遗物，结合附近早年出土隋墓墓志关于方位的记录，我们推断这座佛塔所在的寺院即是天保九年建造的北齐大庄严寺。

核桃园5号建筑位于1号塔基北面约40米处，根据遗迹现象、地层叠压关系及包含物，可以确认5号基址由早、晚两期建筑遗迹构成，晚期基址与先前发掘的1号塔基同属北齐时期

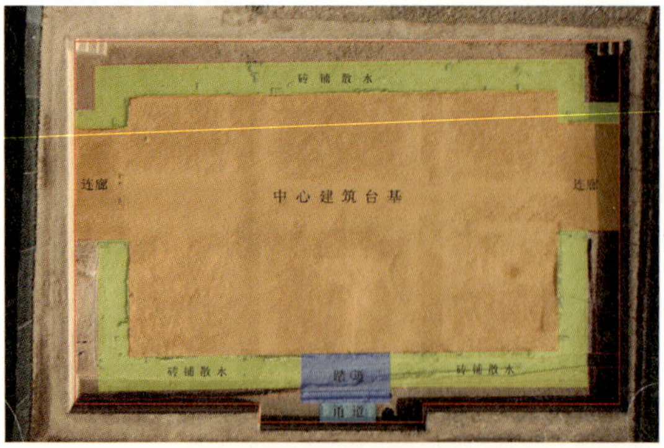

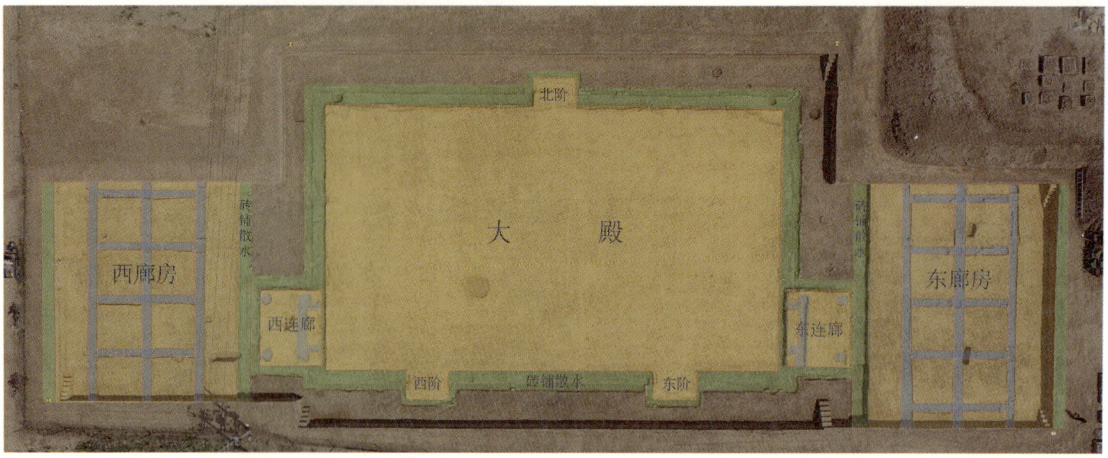

修建的寺院建筑遗存，可能是方形佛塔北部的一处门址。

核桃园2号建筑基址东西约37米、南北约25米，东西两侧有廊房，廊房与南侧门址（5号建筑基址）围合，封闭成为2号建筑前庭院。2号建筑南部两个踏道、北部一个踏道，从夯土基础情况可以推断，它是面阔7间、进深4间的大型殿堂建筑。

目前核桃园2号建筑基址北侧3号、4号建筑还有待了解。周边围墙、围沟情况还不太清楚。但这一佛教建筑群应属于北齐大庄严寺遗迹，那么它东侧的赵彭城北朝佛寺与它的规模等级相当，也应属于国家大寺。

在1号、2号、5号建筑基址考古发掘的时候，我们对于出土的建筑构件进行了全采集。当然，出土遗物全采集的工作量极大，整理的工作量也非常大。目前我们还在对全采集出土遗物进行综合研究，但是出现了非常令人振奋的成果。如对于陶瓦功能的再认识，如对于北齐大庄严寺佛塔复原的再认识等等。

3. 手工业遗迹曹村青釉器窑址考古发掘与研究

邺城地区从春秋战国时期以后，地处农业经济发达地区，因此也长期积淀了厚重的文化艺术、科学技术和宗教民俗之底蕴。作为3～6世纪北方政治、军事、文化、宗教的中心地，不仅仅体现于曹魏时期建安文学、十六国时期建筑技术、东魏北齐时期佛教艺术等方面，邺城遗址出土的手工业制品等，也呈现出了都城承前启后的工艺传统，例如陶俑的制作、砖瓦的制作、陶瓷器的生产等等。

这里摘要介绍2014年曹村青釉器窑址考古发掘收获

曹村窑址位于河北省临漳县习文乡曹村北约1.5千米的漳河河床内；窑址区位于邺城遗址东城墙再东约1.5千米、邺南城北城墙东延长线的南侧。2010年以后，在曹村北约1.5公里处（东魏北齐邺城东郭区北部）出现对窑址的盗掘现象，并开始有非正规资料的发表，引起了学术界的关注。

为保护这片遗址区提供科学依据、消除非正规学术资料发表后对学术界带来的一些观点困扰，邺城考古队在申报国家文物局批准后，2014年秋季～2015年春季紧急对该区域进行抢救性勘探和试掘，主要围绕该区域窑址存无、窑址性质和窑址年代等问题开展。通过勘探和发掘，我们了解了曹村窑址的地层堆积、出土遗物、遗迹分布等情况。我们发掘了其中的三座窑址（Y1、Y2、Y3），三座窑址都不是烧造青瓷器的窑址。发掘中获得的一批出土资料，包括三叉形支钉、高柄三叉形支具，还发现青釉器、酱釉陶器、砖瓦泥坯、陶明器残块等。

由此可知，这一区域窑场产品并不单纯，包括了砖瓦、陶制明器、陶器以及釉陶（青釉器）。但是我们发掘的区域里，没有直接的证据证明这里烧造青瓷器产品。

因此，我们目前对“曹村窑”生产青瓷器的提法持谨慎态度。

但是曹村窑址的发掘依然具有重要的意义：

其一、初步证实曹村北部、漳河河道内窑址区域有大量包括生产陶器、砖瓦的窑址存在，揭示了此地很可能是邺南城的东郭城手工业作坊区，这为深入研究邺城遗址的平面布局、空间功能划分提供了重要资料。

其二，就产品而言，在青釉器遗物中，我们确认了白胎青釉器是低温釉、高岭土胎。特别是高岭土胎土残片有的成温很高，接近瓷化的“白胎青釉器”值得特别关注，这类产品

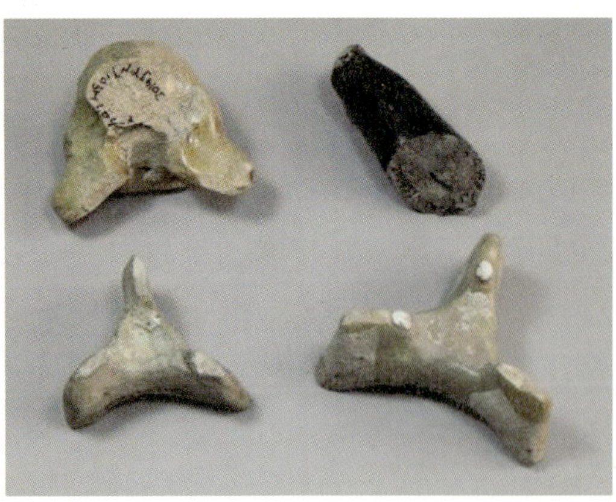

与北方白瓷的产生与成熟也应该有着直接关联，这种工艺应该成为了白瓷器产生的源头之一。

其三、发掘出土的二彩釉陶、搅胎器残片等是很重要了的产品种类。这与隋代相州窑相关产品、唐三彩的产生应有直接的承袭关系。

Ⅲ. 邺城遗址保护与利用

1. 遗址博物馆建设

邺城博物馆距县城20公里，位于邺城遗址北侧。2013年底正式开馆。邺城博物馆采用汉代与北朝的建筑意匠，主体建筑面积5千多平方米。博物馆共展出邺城遗址出土各类文物300件（组）。这是依据《邺城遗址保护总体规划》实施的第一项保护展示工程。

2012年初发现了北吴庄佛教造像埋藏坑，出土了数千件佛教单体造像。为了更好地保护这批文物，临漳县政府于2015年11月正式开馆。博物馆内展出了北吴庄佛教造像埋藏坑出土的佛像近200件，今后随着佛像保护工作的推进，还将定期调换展品，形成集修复、保护、展出、研究为一体的佛教造像保护研究基地。

2. 申请国家考古遗址公园的项目确立

邺城遗址保护工作长期以来受到国家文物局、河北省文物局和临漳县人民政府的大力支持。2003年临漳县政府委托中国文化遗产研究院开始编制《邺城遗址总体保护规划》，2008年通过该保护规划。在总体规划中，划定了邺城遗址的重点保护区、一般保护区以及一类建设控制地带、二类建设控制地带。通过对于遗址占地的分类，加强了整个遗址的保护工作。

2014年临漳县政府委托中国文化遗产研究院开始编制《邺城考古遗址公园总体规划》，2017年国家文物局原则同意邺城遗址进入国家考古遗址公园立项名单。

3. 邺城遗址考古与保护工作展望

邺城考古持续开展了30余年，获得很多新的认识。这些学术认识的进步，凝结了每一位参与邺城遗址考古勘探、发掘、保护所有工作者的心血。我们期待在更国际化的视野下，深入研究邺城遗址出土的资料，有目的、有步骤地持续开展邺城考古工作。

1) 继续扎实持续的考古工作，宏观与微观研究相结合。目前有关邺城遗址平面布局的认识还是初步的、阶段性的，有必要深化和细化。例如从邺城遗址正式开展考古发掘，经过了10余年工作积累之后，才提出东魏北齐邺城外郭城问题，但是迄今仍然没有真正解决。
2) 方法创新。在考古勘探、发掘方面运用新技术、新方法；在资料整理方面尝试创新，将研究成果最大化。
3) 多学科合作、加强交流

在电脑大数据应用处理、GIS系统建立与应用、全信息采集与3D模型重建等等新技术不断更新的今天，要求我们应该具备更加宏观的视野。

搭建平台，以开放的姿态，与历史学、艺术史学、地理学等学科的学者加强合作。同时将邺城考古置于中国古代都城综合研究、东亚古代都城文化交流研究的层面，才能够拓展对邺城遗址的认识，相关课题也更具有挑战性。

参考文献

中国社会科学院考古研究所、河北省文物研究所 邺城考古队：〈河北临漳邺北城遗址勘探发掘简报〉、《考古》1990年7期

中国社会科学院考古研究所、河北省文物研究所 邺城考古队：〈河北临漳邺城遗址出土的北朝铜造像〉、《考古》1992年8期

中国社会科学院考古研究所、河北省文物研究所 邺城考古工作队：〈河北临漳县邺南城朱明门遗址的发掘〉、《考古》1996年1期

中国社会科学院考古研究所考古科技实验研究中心：〈邺南城出土的北朝铁甲胄〉、《考古》1996年1期。

中国社会科学院考古研究所、河北省文物研究所 邺城考古工作队：〈河北临漳县邺南城遗址勘探与发掘〉、《考古》1997年3期

中国社会科学院考古研究所、河北省文物研究所 邺城考古队：〈河北临漳县邺城遗址东魏北齐佛寺塔基的发现与发掘〉、《考古》2003年10期

中国社会科学院考古研究所、河北省文物研究所 邺城考古队：〈河北临漳县邺城遗址赵彭城北朝佛寺遗址的勘探与发掘〉、《考古》2010年7期

中国社会科学院考古研究所、河北省文物研究所 邺城考古队：〈河北临漳县邺城遗址北吴庄佛教造像埋藏坑的发现与发掘〉、《考古》2012年4期

中国社会科学院考古研究所、河北省文物研究所 邺城考古队：〈河北邺城遗址赵彭城北朝佛寺和北吴庄佛教造像埋藏坑〉、《考古》2013年7期

中国社会科学院考古研究所、河北省文物研究所 邺城考古队：〈河北临漳县邺城遗址赵彭城北朝佛寺2010～2011年的发掘〉、《考古》2013年12期

中国社会科学院考古研究所、河北省文物研究所：《磁县湾漳北朝壁画墓》、科学出版社、2003年

中国社会科学院考古研究所、河北省文物研究所 邺城考古队：〈河北临漳邺城遗址核桃园一号建筑基址发掘报告〉、《考古学报》2016年4期

国家文物局、〈河北邺城曹村青釉器窑址考古发掘》、《2016年中国考古重要发现》、文物出版社、2017年3月

중국 3~6세기 도성의 고고학적 발굴과 보호 및 활용

- 조위~북조시기 하북성 업성유지를 사례로 -

주옌스 중국사회과학원 고고연구소 부소장

번역: 소현숙 원광대학교

Ⅰ. 서론

업성유지鄴城遺址는 하북성 임장현臨漳縣 서남쪽 20㎞ 정도 되는 지점에 위치하고 있는데(그림 1), 남북으로 인접한 업북성鄴北城과 업남성鄴南城으로 구성되어 있다. 동한東漢 말기 건안建安 9년(204) 조조曹操가 업성을 점거한 후, 업성에 대한 새로운 계획을 수립하고 이에 따라 도성 건설을 진행하였다. 오늘날 '조위曹魏시대 업성'의 지면 유적은 거의 남아 있지 않으며, 오직 '삼대三臺' 가운데 동작대銅雀臺와 금봉대金鳳臺 만이 남아 명승고적이 되고 있다(그림 2). 조비曹丕가 황제를 칭한 후, 업성은 삼국시대 위나라의 '오도五都' 가운데 하나가 되었다. 고고학적 탐사를 통해 조위시대 업성은 궁성宮城이 하나이고, 중축선을 중심으로 좌우 대칭을 이루며 기능에 따라 지역이 구획된 특징을 가지고 있음이 확인되었다. 조위시대 이후 업성은 후조後趙, 염위冉魏, 전연前燕, 동위東魏, 그리고 북제北齊 등 여러 왕조의 도성이 되었다. 그리하여 '여섯 왕조의 옛 도성[六朝古都]'이라 불리기도 한다. 업성의 도성 평면은 진한秦漢시대를 계승하고 수당隋唐시기에 전승된 것으로, 중국 고대 도성 발전사상 하나의 이정표가 되고 있다.

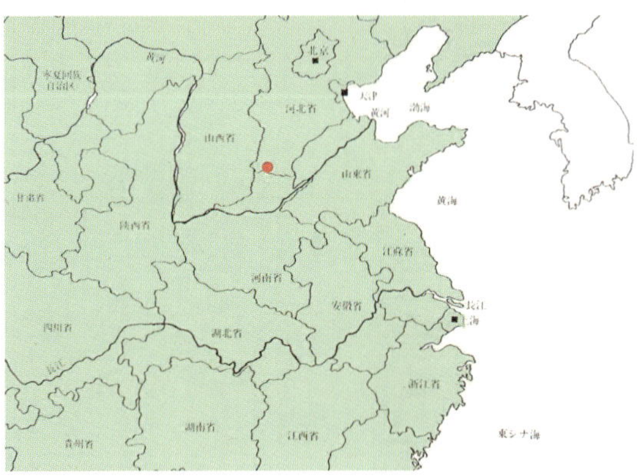

그림 1 | 업성의 위치

그림 2 | 업북성 서북쪽에 위치한 삼대 유지

업성의 평면 계획은 중국의 성시城市 발전사에서 독특한 지위를 차지하고 있어, 중국은 물론 해외 학계의 주목을 꾸준히 받아왔다. 그리하여 일부 산발적인 고고학적 조사와 탐사가 이루어지기도 했다. 1983년에 이르러 마침내 중국사회과학원 고고연구소와 하북성 문물연구소가 연합으로 업성고고대鄴城考古隊를 조직하여 업성에 대한 장기적이며 지속적인, 그리고 체계적인 고고학적 작업을 진행해오고 있다.

현재까지 34년에 걸친 고고학적 작업을 통해 업성 도성의 평면 배치, 동위 · 북제 능묘구역과 고분, 업성의 수공업 유적과 유물, 그리고 업성의 불교 유적과 유물에 대한 고고학적 발굴과 연구 등 여러 방면에서 풍부한 학술적 성과를 얻었다. 이런 작업들은 업성유지의 보호와 활용에도 중요한 영향을 미치고 있다.

Ⅱ. 고고학적 발굴과 연구

1. 업성 도성의 평면 배치에 대한 고고학적 성취

업성고고대는 업북성과 업남성을 합한 약 15㎢의 대유지大遺址의 조사와 발굴 등에 앞서 어떻게 업성의 조사 발굴 작업을 계획적이며 체계적으로 진행할 것인지, 그리고 어떤 작업방법이 업성유지에 효과적이고 적합할 것인지 등에 대해 신중한 주의를 기울였다. 업성고고대는 업성지역이 황토와 장하漳河의 사질토가 퇴적된 땅이라는 지질 특징과 고대 유적의 보존상태가 좋지 않다는 점 등을 고려하여, '전면적인 탐사'와 '중요 지점 발굴'이라는 두 가지 방식을 함께 진행한다는 기본적인 방식을 결정하였다. 업성고고대가 결정한 이와 같은 고고학적 원칙과 방법은 끊임없는 연구와 지속적인 방법의 개선 등을 통해 작업의 효율성을 높였으며, 그 결과 좋은 성과를 얻을 수 있었다. 현재까지 총면적 100㎢ 정도에 이르는 업성유지 안에서 이미 2만㎡ 정도의 발굴이 이루어졌다. 발굴면적은 유지의 총면적과 비교할 때 매우 낮은 비율에 불과하지만, 이후 업성유지의 보존과 활용, 그리고 학술연구에서 중요한 기초자료를 제공하고 있다.

1) 외곽성 구역에서 이루어진 새로운 발견

최근 업성 도성의 평면 배치에 관한 고고학적 작업은 주로 동위 · 북제시대 업성의 외곽구역과 궁성구역에 집중되었다. 동위 · 북제 업성의 외곽성外廓城과 관련된 논의는 1990년대 중엽부터 제

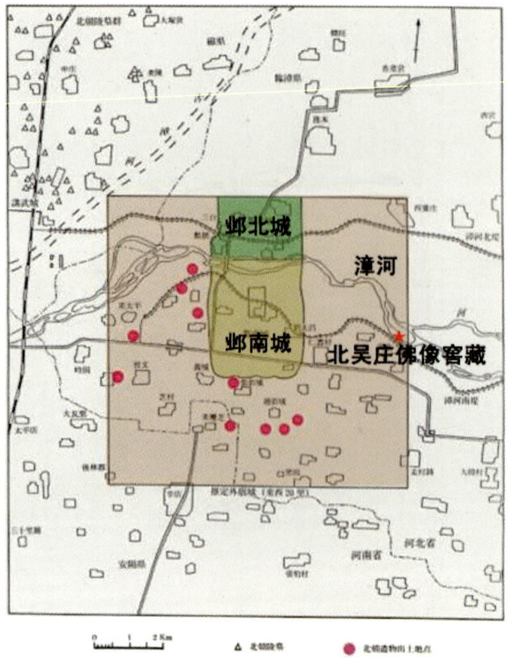

그림 3 | 동위 · 북제 업성 외곽성의 범위 추정도

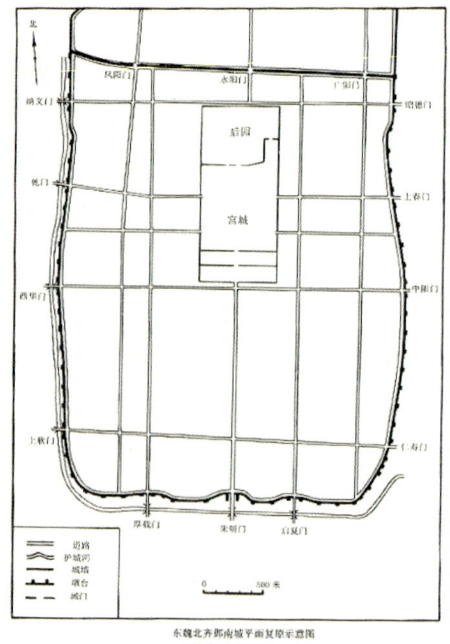

그림 4 | 동위 · 북제 도성 업남성의 추정복원도

기되었다. 업성고고대는 업남성에 외곽성이 존재한다는 추론 아래, 1998년과 2000년 업남성의 동쪽과 서쪽 교외에서 고고학적 탐사를 진행하였다. 그러나 당시에는 외곽성의 성벽과 관련된 의미 있는 단서를 찾지는 못하였다.

21세기에 들어 업성고고대는 '대大 업성유지 고고'의 이념 아래, 업성고고가 단지 15㎢의 업북성과 업남성 범위에만 국한되어서는 안 되며 시야를 더욱 확장해야 함을 인식하였다. 그리하여 이와 같은 거시적 관점과 당시의 고고학적 작업과 종합적 연구방법을 결합, 동위 · 북제 업성의 범위는 동서 20리里, 남북 20리로 대략 400여 리의 방坊에 해당한다고 추론하였다. 2002년부터 이루어진 조팽성趙彭城의 북조 사원유지 발굴로부터 외곽성이 존재했다는 추론의 타당성이 확인되었다.(그림 3, 4)

2013년 이래로 핵도원촌核桃園村의 서남부지역에서 북제시대 대장엄사大莊嚴寺의 불탑 유적이 발견되는 등 고고학적 수확이 있었다. 이를 통해 업남성의 내성 바깥의 중축선 이동以東 구역은 국가대사國家大寺가 존재하는 종교구역임이 드러났다. 2014년 조촌曹村에서 청유기靑釉器의 가마터가 발굴되는 등 동위 · 북제 외곽성의 동쪽 구역에 대한 이해가 풍부해졌는데, 탐사 작업을 통해 이 구역이 일정한 면적을 가진 수공업 공방구역임이 확인되었다. 이 밖에 '외곽성의 서쪽 구역[西廓城]'

에 대한 구제성 발굴을 통해 대량의 도로, 수로水路, 건물지 등의 유적을 발견하였다.

이와 같은 발굴과 조사는 모두 동위・북제 업성의 외곽성에 대한 고고학 연구에 중요한 영향을 미치고 있다.

2) 궁성구역에 대한 이해의 확대

동위・북제 업성에서 여러 겹의 궁성 담장이 발견되었다. 2016년 이래 현재 장하漳河의 주요 물길 안쪽과 업남성의 궁성구역 북부에 대한 고고학적 탐사와 발굴을 진행해오고 있다. 여기에서 발견된 여러 현상을 종합해보면, 동위・북제 업성의 궁성에는 여러 겹의 담장이 존재했을 가능성이 크다. 작업은 아직도 진행 중인데, 이와 같은 발견은 동위・북제의 도성(궁성宮城) 계획이 북위 낙양성洛陽城의 도성 계획 특징을 계승했을 뿐 아니라, 남조 건강성建康城 도성 계획의 영향도 함께 받았을 가능성을 시사한다.

2. 불교유적의 새로운 고고학적 성과

업성고고대가 동위・북제 업성의 외곽성을 탐색할 당시, 외곽성 범위 안에서 불교 관련 유적과 유물을 잇따라 발견하였다. 즉 조팽성의 북조시대 사지, 북오장北吳莊의 불교조상 매장 구덩이[坑], 핵도원核桃園의 북제 불교사원 건축군 등 매우 중요한 유적과 유물이다. 이들의 발견은 동위・북제 업성 평면 배치의 깊이 있는 연구에 중요한 자료를 제공하고 있을 뿐 아니라, 동시에 업성 불교고고학 연구에도 새로운 지평을 열어주었다.

조팽성의 동위・북제시대 대형 사지에 대해서는 2002년에서 2011년까지 무려 10년 동안 탐사 조사와 발굴이 이루어졌다(여기서는 최근의 새로운 발견만을 다루고자 하므로, 조팽성 사지에 대해서는 자세히 언급하지 않는다). 이곳은 동위・북제시기 하나의 방坊 면적을 점유하는 대형 사원으로, 현재까지 발굴된 중고시기中古時期 사지 가운데 가장 큰 규모이다. 사지는 '불탑 중심'이라는 북위 사찰의 전통을 유지하면서 '다원락多院落'이라는 새로운 형식이 출현한다(그림 5). 다원락 구조는 이후 수당隋唐시대 사원 배치에 커다란 영향을 미쳤다.

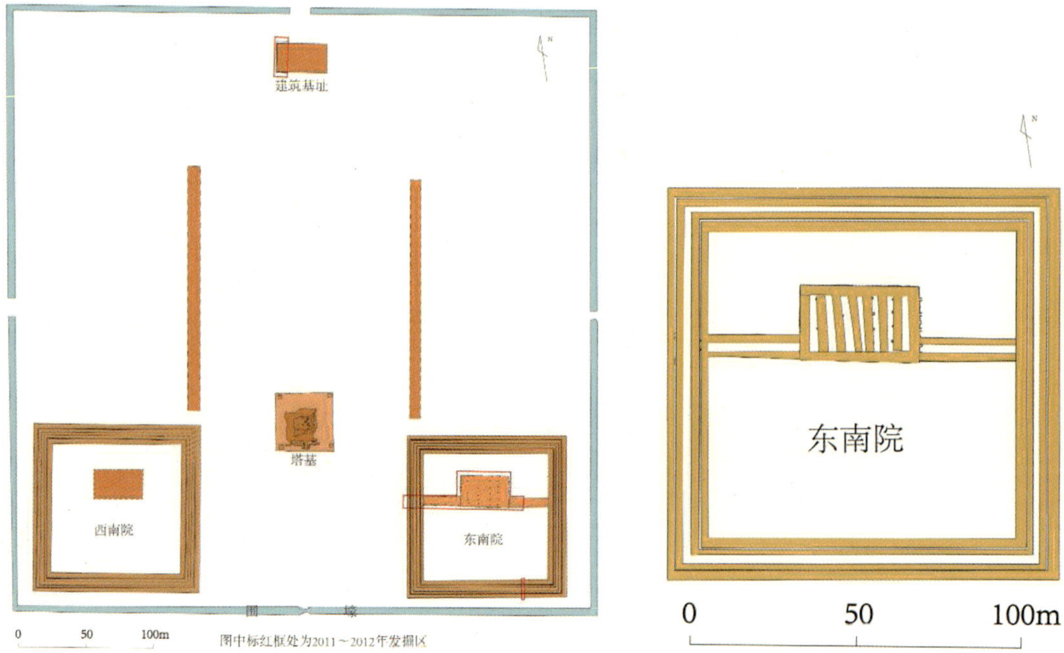

그림 5 | 조팽성 동위 · 북제시대 사지의 평면 및 동남쪽 원락의 평면

1) 북오장 불교조상 매장지

북오장의 불교조상 매장지는 2012년 습문향習文鄕의 북오장 북쪽과 현재 장하의 남쪽 제방 북측의 모래사장 안에서 발견되었다(그림 6). 이 지점은 동위 · 북제 업성 내성의 동벽에서 동쪽으로 3㎞ 떨어진 지점으로, 업성고고대가 외곽성의 동쪽 구역[東廓城]으로 추정한 곳이다. 구덩이 안에서는 다량의 불교조상이 출토되었는데, 이에 대한 측량과 편호編號 작업을 통해 모두 2,895건[块]을 확인하였다. 그 밖에 다량의 조상 파편도 수습되었는데, 모두 3,000조각 정도에 이른다. 출토된 조상은 대부분 백대리석[1] 재질이며, 극소량의 청석靑石과 도제陶製 조상도 존재한다. 초보적인 정리작업을 통해 불교조상의 시대는 대부분 동위 · 북제시대이며, 일부 북위, 북주北周, 수당대에 해당하는 조각이 있음을 확인하였다. 출토된 대다수 조상의 표면에는 금박을 붙이거나 채회彩繪한 흔적이 남아 있다. 조상의 양식은 화북지역에서 흔히 출현하는 백대리석제의 배병식背屏式[2] 조상 외에도 비교적 큰 단독의 환조상도 일부 있다. 명문 제기가 있는 조상은 대략 1/10을 넘는다.

1_ 중국에서는 한백옥(漢白玉)으로 지칭한다.(번역자 주)

2_ 커다란 광배를 배경으로 1불, 혹은 3불 등이 조성되는 형식(번역자 주)

그림 6 | 북오장 불교조상 매장지의 발굴장면과 출토유물

2) 대장엄사 유지

2012년부터 업성고고대는 탐사를 통해 발견한 핵도원촌 서남부 지역 건물지에 대한 발굴을 지속적으로 진행하였다.

2012년과 2013년에 핵도원 1호 건물지를, 2013년에는 5호 건물지를 발굴했으며, 2호 건물지는 현재 발굴 중이다.

핵도원 1호 건물지는 동위 · 북제 업성의 중축선인 주명문朱明門 밖 대로大路의 동쪽 지점으로, 업남성의 남쪽 성벽에서는 남쪽으로 1,200m 정도 떨어진 곳에 위치하고 있다. 발굴을 통해 이 건물

그림 7 | 핵도원촌 불사지의 목탑지 및 출토 사리석함과 유물

지가 북제시대에 조성된 토목土木 구조의 대형의 방형 목탑지임을 확인하였다(그림 7). 출토유물은 도제 벽돌, 수키와, 암키와, 그리고 와당 등 건축재료가 대부분이다. 지면에서 약 2m 떨어진 기조基槽의 항토층夯土層과 자갈돌층이 접하는 면에서 석제 함을 발견하였다. 석함 위에는 '三寶ㅁㅁ'가 새겨져 있었다. 석함과 그 사방 모서리에서 발견된 청자 관罐 안에서 대량의 상평오수常平五銖 및 각종 재질의 관管, 구슬, 늘어뜨리는 장신구, 원형과 타원형의 석제 장신구, 동제 인장, 동제 장신구 및

유리기 잔편이 발견되었다. 이 가운데 보존상태가 비교적 양호한 목이 긴 유리병 안에는 수은이 남아 있었다. 불탑지의 규모와 출토유물, 그리고 부근에서 일찍이 출토된 수대隋代 무덤의 묘지墓誌에 나타난 방위 기록 등을 근거로 이 불탑이 위치한 사찰을 북제 천보天保 9년(558)에 건립된 대장엄사로 추정하였다.

핵도원 5호 건물은 1호 탑지에서 북쪽으로 40m 정도 떨어져 있다. 유적의 현황과 지층의 중첩 상황, 그리고 지층에 함유된 물질 등을 근거로 5호 유지는 초기와 후기 건물지로 구성되어 있으며, 후기 건물지는 앞서 발굴한 1호 탑지와 마찬가지로 북제시대에 건립된 사원의 건물지임을 확인하였다. 아마도 방형 불탑의 북부에 건립된 문터[門址]일 가능성이 크다(그림 8).

핵도원 2호 건물지는 동서 약 37m, 남북 약 25m로, 동쪽과 서쪽에 낭방廊房이 있다. 낭방은 남

그림 8 | 문지로 추정되는 핵도원 5호 건물지

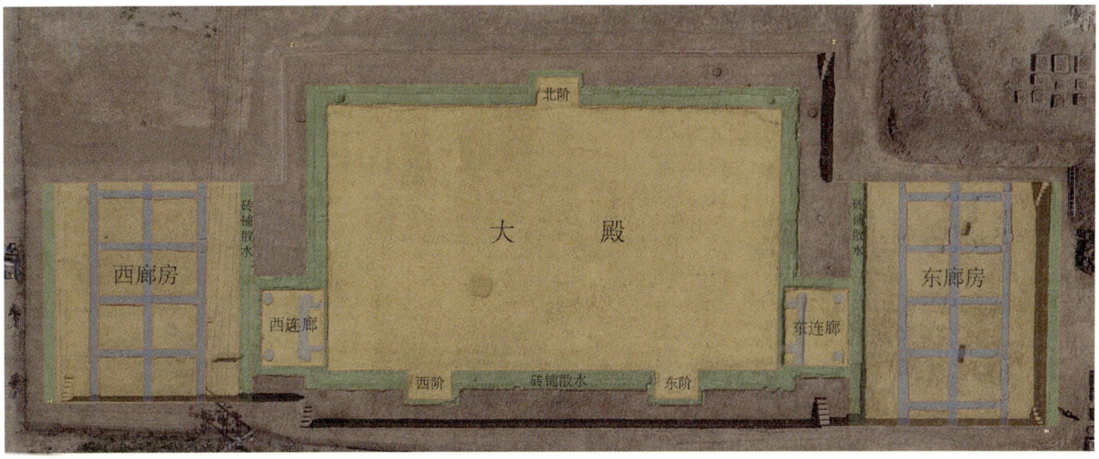

그림 9 | 대형 불전 건축으로 추정되는 핵도원 2호 건물지

쪽의 문지(5호 건물지)와 함께 2호 건물지 앞의 정원庭院을 감싸며, 이곳을 폐쇄식 공간으로 만들고 있다. 2호 건물지 남쪽에는 두 개의 계단이, 북쪽에는 하나의 계단이 있다. 항토의 기초상태로 미루어 정면 7칸, 측면 4칸의 대형 전당殿堂 건물로 추정된다(그림 9).

현재 핵도원 2호 건물지 북측의 3호 및 4호 건축의 성격은 아직 분명하지 않다. 주변을 두른 담과 수로가 조성되어 있는데, 구체적인 상황은 아직 확실하지 않다. 그러나 이 건물군 역시 북제 대장엄사 유적에 속하는 것은 확실하다. 그렇다면 이 사지와 그 서쪽의 조팽성 북조시대 사지의 규모가 비슷하므로, 이 곳 역시 국가대사급國家大寺級에 속한다고 할 수 있다.

1호, 2호, 5호 건물지를 발굴할 당시 발굴팀은 출토된 건축 부재를 전부 수집하였다. 이처럼 출토유물을 모두 수거하는 작업과 이를 정리하는 작업은 매우 고되고도 방대하였다. 현재 이렇게 수거된 출토유물에 대한 종합적 연구를 진행하고 있는데, 매우 놀랄 만한 성과를 거두고 있다. 즉 도제 기와의 기능에 대해 새로운 이해가 이루어졌으며, 북제 대장엄사 불탑의 복원에 대해서도 새로운 인식 등이 가능해졌다.

3) 수공업 유지인 조촌曹村 청유기青釉器 가마터의 발굴과 연구

업성지역은 춘추전국시대 이후 농업경제가 발달했기 때문에 오랫동안 문화예술과 과학기술이 발달하고 종교 등이 홍성하였다. 3~6세기 북방의 정치, 군사, 문화, 종교의 중심지로서 조위시기에는 건안문학建安文學을 꽃피웠으며, 16국시대에는 건축기술이 발달했고, 동위·북제시대에는 불교예술이 홍성하였다. 그뿐 아니라 업성유지에서 출토된 수공업 제품 등으로 미루어 여러 왕조의 공예 전통이 계승되었음을 알 수 있다. 이런 전승성은 도용陶俑 제작, 기와 제작, 그리고 도자기 생산 등에서 찾아볼 수 있다.

본 글에서는 2014년 이루어진 조촌의 청유기 가마터의 고고학적 발굴성과를 소개하고자 한다.

조촌 가마터는 하북성 임장현 습문향 조촌의 북쪽으로 약 1.5㎞되는 장하 안에 위치하고 있다. 가마터 구역은 업성유지의 동쪽 성벽에서 다시 동쪽으로 대략 1.5㎞ 떨어진 지점, 그리고 업남성의 북쪽 성벽을 동쪽으로 연장한 연장선의 남쪽에 위치한다. 2010년 이후 조촌에서 북쪽으로 1.5㎞되는 지점(동위 · 북제시대 업성 동쪽 외곽성의 북부)에서 가마터에 대한 도굴이 이루어지고 있었으며, 도굴을 통해 나온 자료들이 발표되면서 학계의 주목을 끌었다.

이런 자료들에 대한 과학적 근거를 제공하고, 비정규적인 방법으로 나온 자료가 학계에 발표된 이후에 생기는 문제점을 제거하기 위해 업성고고대는 중국 국가문물국의 승인을 받아 2104년 가을

그림 10 | 조촌 동위 · 북제시대 가마터의 모습과 출토 청유기 및 징유도기 잔편

에서 2015년 봄까지 이 지역에 대한 긴급 구제성 탐사와 시굴試掘을 진행하였다. 발굴은 주로 이 지역에 가마터의 존재 여부, 그리고 가마터의 성격과 연대 등에 대한 문제에 집중해 이루어졌다. 탐사와 발굴을 통해 조촌 가마터의 지층 퇴적, 출토유물과 유적의 분포상황 등을 확인하였다. 그리고 이 가운데 3곳의 가마터(Y1, Y2, Y3)를 발굴했는데(그림 10), 3곳 모두 청자를 굽는 가마터는 아니었다. 발굴과정에서 끝이 세 가닥으로 갈라진 삼차형三叉形 못, 긴 손잡이가 달린 삼차형 그릇, 그리고 청유기, 장유醬油 도기, 기와, 흙벽돌, 도제 명기明器의 잔편 등을 수습하였다.

이를 통해 이 지역 가마에서 생산되는 물건이 단일하지 않으며 기와, 도제 명기, 도기 및 시유도기(청유기) 등 매우 다양함을 알 수 있었다. 다만 발굴 구역 안에서는 이곳에서 청자를 구웠다는 직접적인 증거를 찾을 수 없었다.

그러므로 발굴팀은 이 '조촌요曹村窯'에서 청자를 생산했다는 기존의 주장에 대해서는 좀 더 유보적인 태도를 가지고 있다.

그럼에도 불구하고 조촌 가마터의 발굴은 여전히 중요한 의미를 가지고 있다.

첫째, 조촌의 북부, 장하의 안에 위치한 가마터 구역에서 도기와 기와를 생산하는 가마가 다량으로 존재했음을 확인하였다. 이는 이곳이 업남성의 동쪽 외곽성[東廓城]의 수공업 공방구역일 가능성을 보여주는 것으로, 업성유지의 평면 배치, 공간 기능 등에 대한 연구에 중요한 자료를 제공하고 있다.

둘째, 가마 생산품 가운데 백태白胎 청유기는 저온의 유약과 고령토 태도가 사용되었음을 확인하였다. 특히 고령토의 일부 태토 잔편은 온도가 매우 높아 거의 자화瓷化 단계의 '백태 청유기'에 가까웠다. 이는 특별히 주목할 만한데, 이런 종류의 생산품과 북방 백자의 생산과 발달 사이에는 밀접한 관계가 있기 때문이다. 이와 같은 공예는 백자 생산의 원류 가운데 하나가 되었다.

셋째, 두 가지 색상을 사용한 시유도기[二彩釉器], 여러 태도를 섞은 교태기攪胎器 잔편 등은 매우 중요한 자료이다. 이는 수대隋代 상주요相州窯와 관련된 제품과 당삼채唐三彩 생산에 직접적인 영향을 주었을 것이다.

Ⅲ. 업성유지의 보호와 활용

1. 유지 내 박물관의 건립

'업성박물관(그림 11)'은 현성縣城에서 20㎞ 정도 떨어져 있는데, 업성유지의 북쪽에 해당한다. 2013년 말 정식으로 개관하였다. 업성박물관의 외관은 한대漢代와 북조시대의 건축 의장을 채택하였다. 중심 건축의 면적은 5000여 ㎡에 이르며, 박물관에 전시된 업성유지 출토 각종 문물은 300건 정도이다. 이는 "업성유지 전체보호계획"에 근거해 실시된 첫 번째 보호 전시 프로젝트이다.

그림 11 | 업성박물관 외관과 불교유물 전시실

2012년 초 북오장 불교조상 매장지가 발견되어 수천 건의 불교조상이 출토되었다. 이 유물들을 좀 더 잘 보호하기 위해 임장현臨漳縣 정부는 2015년 11월 '불조상박물관'을 개관하였다. 박물관 안에는 북오장의 불교조상 매장지에서 출토된 불상 200건 정도가 전시되고 있는데, 이후 불상 보호 작업이 진전됨에 따라 정기적으로 전시품을 교환할 예정이다. 그리하여 이곳은 출토 불상의 복원 및 보호, 전시, 연구가 동시에 진행되는 불교조상 보호 연구의 기지가 될 것이다.

2. 국가고고유지공원의 행정 허가 신청

업성유지 보호 작업은 오랫동안 중국 국가문물국과 하북성문물국, 그리고 임장현 인민정부의 적극적인 지원 아래 진행되었다. 2003년 임장현 정부는 중국문화유산연구원에 의뢰하여 '업성유지 전체보호계획'을 만들기 시작했으며, 2008년 이 보호계획이 통과되었다. 전체계획 안에 업성유지의 중점보호구역, 일반보호구역 및 1급건설제한구역과 2급건설제한구역 등을 설정하였다. 그리고 유지 점유 토지에 대한 분류를 통해 전체 유지의 보호 작업을 강화하였다.

2014년 임장현 정부는 중국문화유산연구원에 의뢰하여 '업성고고유지공원 전체계획'을 수립했으며, 2017년 국가문물국은 업성유지가 국가고고유지공원國家考古遺址公園의 행정 허가 명단에 포함되는 것에 원칙적으로 동의하였다.

3. 업성유지에 대한 발굴과 보호작업의 전망

업성 발굴은 30여 년 동안 지속되어 왔는데, 이로 인해 업성유지에 대한 많은 이해가 가능해졌다. 이와 같은 학술적 이해의 확대에는 업성유지의 고고학적 탐사와 발굴, 그리고 보호에 참여한 모든 사람들의 정성과 땀이 맺혀 있다. 우리들은 더욱 국제화된 시야를 가지고 업성유지에서 출토된 자료에 대한 심화 연구가 진행되기를 기대하고 있으며, 뚜렷한 목적 아래 점진적으로 업성유지에 대한 고고학적 작업이 지속되기를 희망한다.

1) 충실한 고고학적 작업의 지속과 거시적 · 미시적 연구의 결합 : 현재 업성유지의 평면 배치에 대한 이해는 아직 초보적이며 단계적인 데 불과하여 앞으로 좀 더 깊이 있고 세밀해질 필요가 있다. 예를 들면, 업성유지에 대한 정식 발굴이 진행된 이후 10여 년의 축적이 이루어진 이후에야 비로소 동위 · 북제 업성의 외곽성 문제가 제기되었다. 게다가 이 문제는 아직도 완전하게 해결되지 못하였다.

2) 방법의 창조 : 고고학적 탐사와 발굴 등에서 새로운 기술과 새로운 방법을 활용하는 것이다. 그리고 자료 정리 방면에서도 새로운 방법을 시도하여 연구성과를 최대화하고자 한다.

3) 여러 학문 분야와의 합작과 교류의 강화 : 컴퓨터 데이터의 처리, GIS시스템의 건립과 응용, 전체적인 정보 수집과 3D 모형의 건립 등 새로운 기술이 끊임없이 나오고 있는 지금, 좀 더 거시적인 시야를 갖춰야 할 필요가 있다.

그리고 열린 태도로 역사학, 미술사학, 지리학 등 여러 분야 학자들과의 합작을 강화해야만 한다. 동시에 업성고고를 '중국 고대 도성의 종합적 연구' 및 '동아시아 고대 도성문화의 교류 연구'라는 관점에서 바라볼 때 비로소 업성유지에 대한 인식이 확대되고 관련 과제 역시 더욱 도전적인 성격을 갖게 될 것이다.

참고문헌

中國社會科學院考古研究所 · 河北省文物研究所 鄴城考古隊, 1990, 「河北臨漳鄴北城遺址勘探發掘簡報」, 『考古』 1990年 7期

______, 1992, 「河北臨漳鄴城遺址出土的北朝銅造像」, 『考古』 1992年 8期

中國社會科學院考古研究所 · 河北省文物研究所 鄴城考古工作隊, 1996, 「河北臨漳縣鄴南城朱明門遺址的發掘」, 『考古』 1996年 1期

中國社會科學院考古研究所 考古科技實驗研究中心, 1996, 「鄴南城出土的北朝鐵甲冑」, 『考古』 1996年 1期

中國社會科學院考古研究所 · 河北省文物研究所 鄴城考古工作隊, 1997, 「河北臨漳縣鄴南城遺址勘探與發掘」, 『考古』 1997年 3期

中國社會科學院考古研究所 · 河北省文物研究所 鄴城考古隊, 2003, 「河北臨漳縣鄴城遺址東魏北齊佛寺塔基的發現與發掘」, 『考古』 2003年 10期

______, 2010, 「河北臨漳縣鄴城遺址趙彭城北朝佛寺遺址的勘探與發掘」, 『考古』 2010年 7期

______, 2012, 「河北臨漳縣鄴城遺址北吳莊佛教造像埋藏坑的發現與發掘」, 『考古』 2012年 4期

______, 2013, 「河北鄴城遺址趙彭城北朝佛寺和北吳莊佛教造像埋藏坑」, 『考古』 2013年 7期

______, 2013, 「河北臨漳縣鄴城遺址趙彭城北朝佛寺2010~2011年的發掘」, 『考古』 2013年 12期

中國社會科學院考古研究所 · 河北省文物研究所, 2003, 『磁縣灣漳北朝壁畫墓』, 科學出版社

中國社會科學院考古研究所 · 河北省文物研究所 鄴城考古隊, 2016, 「河北臨漳鄴城遺址核桃園一號建築基址發掘報告」, 『考古學報』 2016年 4期

國家文物局, 2017. 3, 「河北鄴城曹村青釉器窯址考古發掘」, 『2016年中國考古重要發現』, 文物出版社

백제왕성
서울 풍납동 토성의
현재와 미래

Present and Future
of Baekje Royal Fortress in Pungnap-dong, Seoul

DẤU TÍCH KINH ĐÔ THĂNG LONG QUA CÁC PHÁT HIỆN KHẢO CỔ HỌC

TỐNG TRUNG TÍN
VIỆN KHẢO CỔ HỌC VIỆT NAM, PGS. TS.

I. Khảo cổ học với việc nghiên cứu kinh đô Thăng Long

III. Dấu tích kinh đô Thăng Long qua các thời

III. Giá trị

IV. Bảo tồn và phát huy giá trị

I. Khảo cổ học với việc nghiên cứu kinh đô Thăng Long

1. Vị trí và lược sử kinh đô Thăng Long

Năm 1010, Đại Việt sử ký toàn thư, chính sử Việt Nam thế kỷ XV - XVIII chép: *"Mùa thu tháng 7, vua [Lý Thái Tổ - TTT] từ thành Hoa Lư, dời đô ra Kinh phủ ở thành Đại La, tạm đỗ thuyền dưới thành có rồng vàng hiện ra ở thuyền ngự, nhân đó đổi tên thành gọi là thành Thăng Long".*

Vị thế đế vương của thắng địa Thăng Long lúc bấy giờ đã được Lý Thái Tổ nói rõ trong Chiếu dời đô: *"...Ở giữa khu vực trời đất, được thế rồng cuộn hổ ngồi, chính giữa Nam Bắc Đông Tây, tiện nghi núi sông sau trước. Vùng này mặt đất rộng mà bằng phẳng, thế đất cao mà sáng sủa, dân cư không khổ thấp trũng tối tăm, muôn vật hết sức tươi tốt phồn thịnh. Xem khắp nước Việt đó là nơi thắng địa, thực là chỗ tụ hội quan yếu của bốn phương, đúng là nơi thượng đô kinh sư mãi muôn đời"* (*ĐVSKTT* 1998a: 241).

CỘNG HÒA XÃ HỘI CHỦ NGHĨA VIỆT NAM

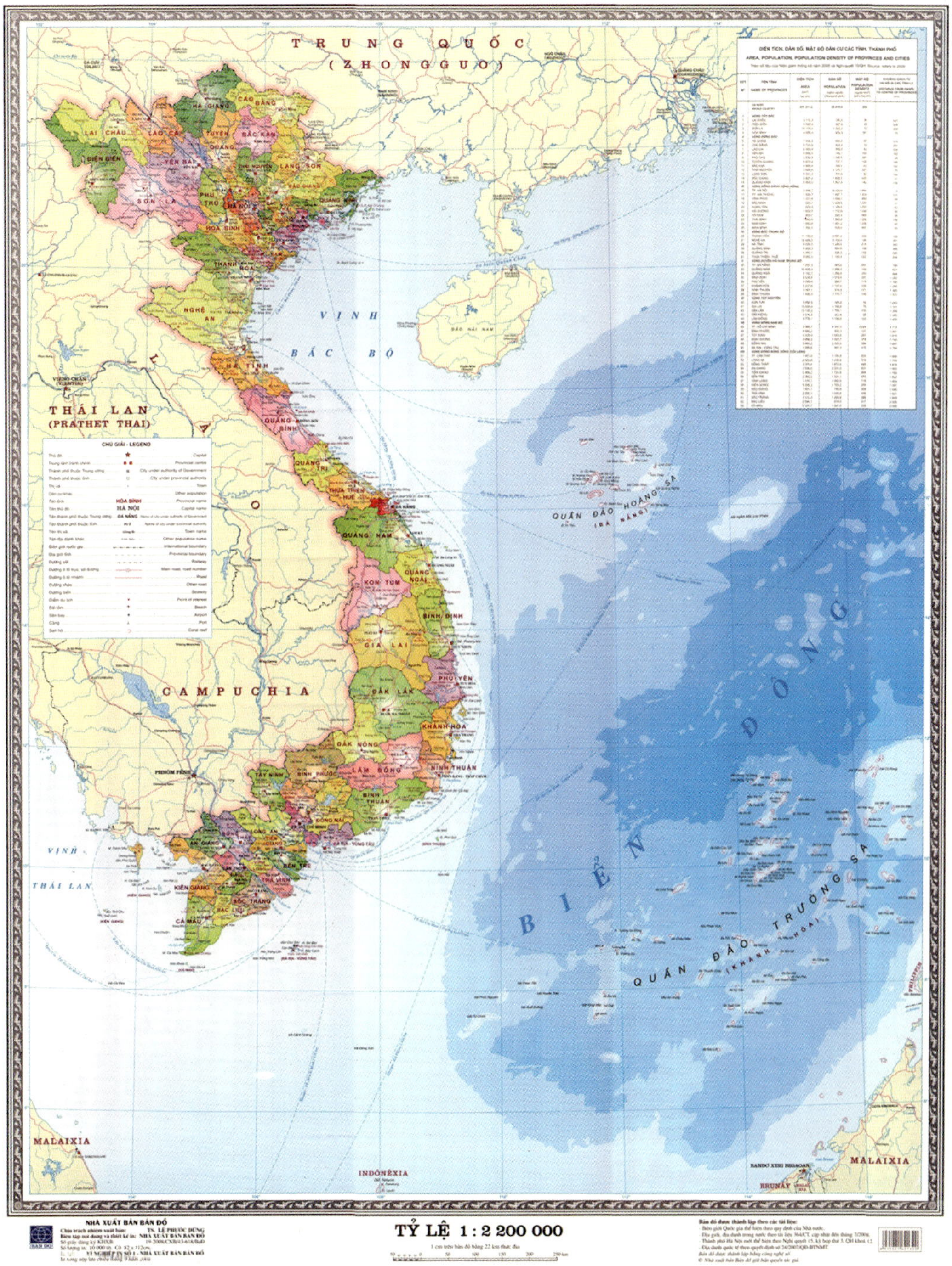

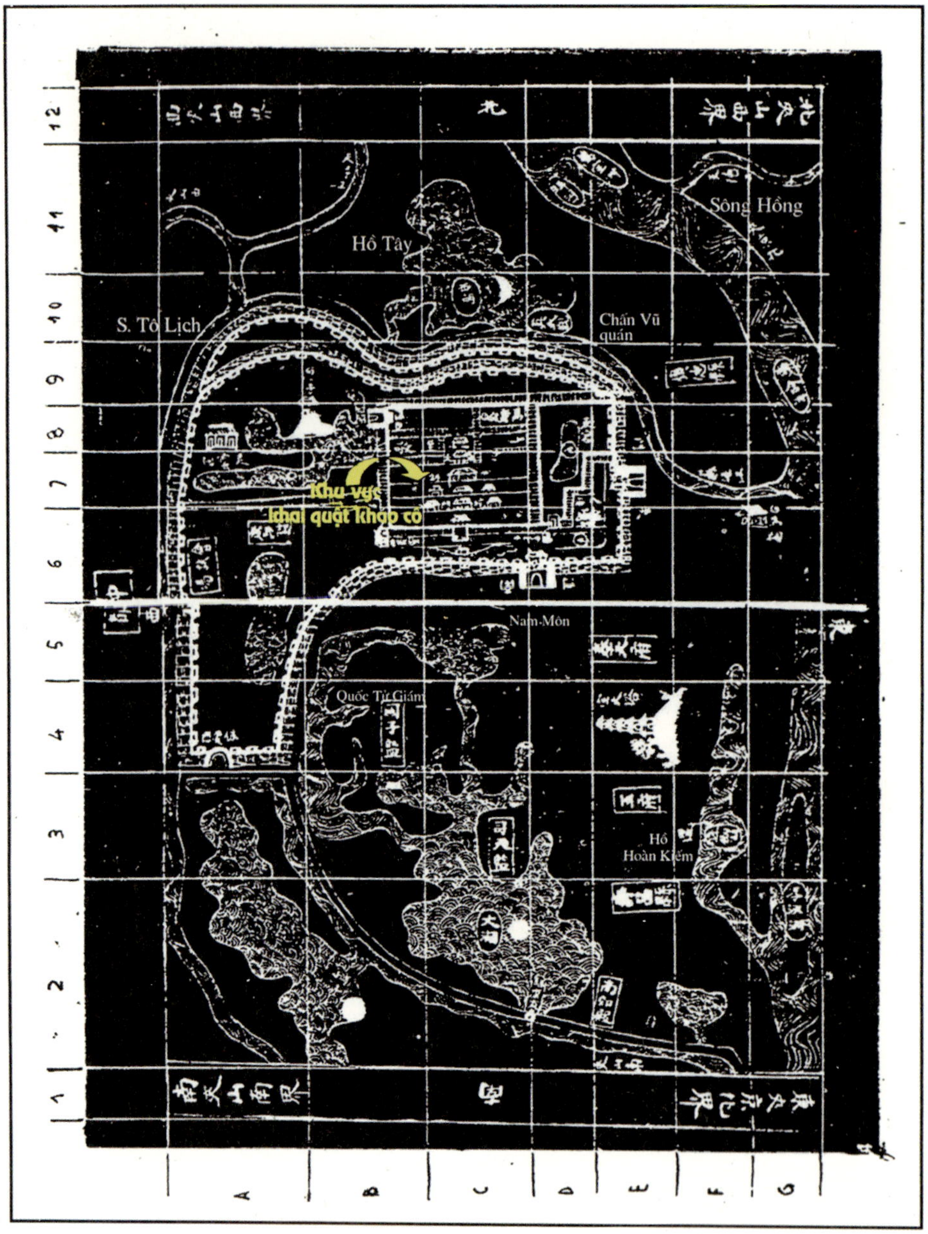

Bản đồ Thăng Long thời Hồng Đức (1490)

1 - A: Nam giáp Sơn Nam giới; **C**: Nam; **F- G**: Đông giáp Kinh Bắc giới.
2 - C: Đại Hồ; **D**: Lâm khang nhị cốc; **E**: Giáp Sơn Nam - Nam Giao điện - Thọ Xương huyện; **G**: Phù Sa châu.
3 - C: Tư thiên giám; **E**: Vương phủ; **F**: Hoàn Kiếm hồ.
4 - A: Bảo Khánh môn; **B**: Quốc Tử Giám; **E**: Bảo Thiên tháp.
5 - E: Phụng Thiên phủ.
6 - A: Hội thi trường, - Giảng Vũ điện; **B**: Tây Trường an;
C- D: Nam môn - Đông Trường An; **D**: Trì; **G**: Bạch Mã từ.
7 - A: Linh Láng từ; **C**: Đoan Môn - Thị Triều - Kính Thiên. **D -E**: Thái Miếu; **E**: Đông môn; **F**: Tô Lịch giang.
8 - B: Tây Môn; **B-C**: Chí Kính; **C**: Ngọc Hà - Vạn Thọ điện; **D**: Trì - Đông doanh.
9 - B: Hà Sơn tự - Quảng Đức huyện.
10 - C: Tây Hồ; **D**: Chấn Vũ quán.
11 - A: Giáp Sơn Tây; **B**: Thiên Phù giang; **D**: Nhĩ Hà;
D-E: Vạn Bảo châu; **F**: Thiên Đức giang; **G**: Giáp Kinh Bắc.
12 - A: Tây giáp Sơn Tây giới; **C**: Bắc; **F- G**: Giáp Sơn Tây giới.

T.P. HÀ NỘI (phần trung tâm) **19**

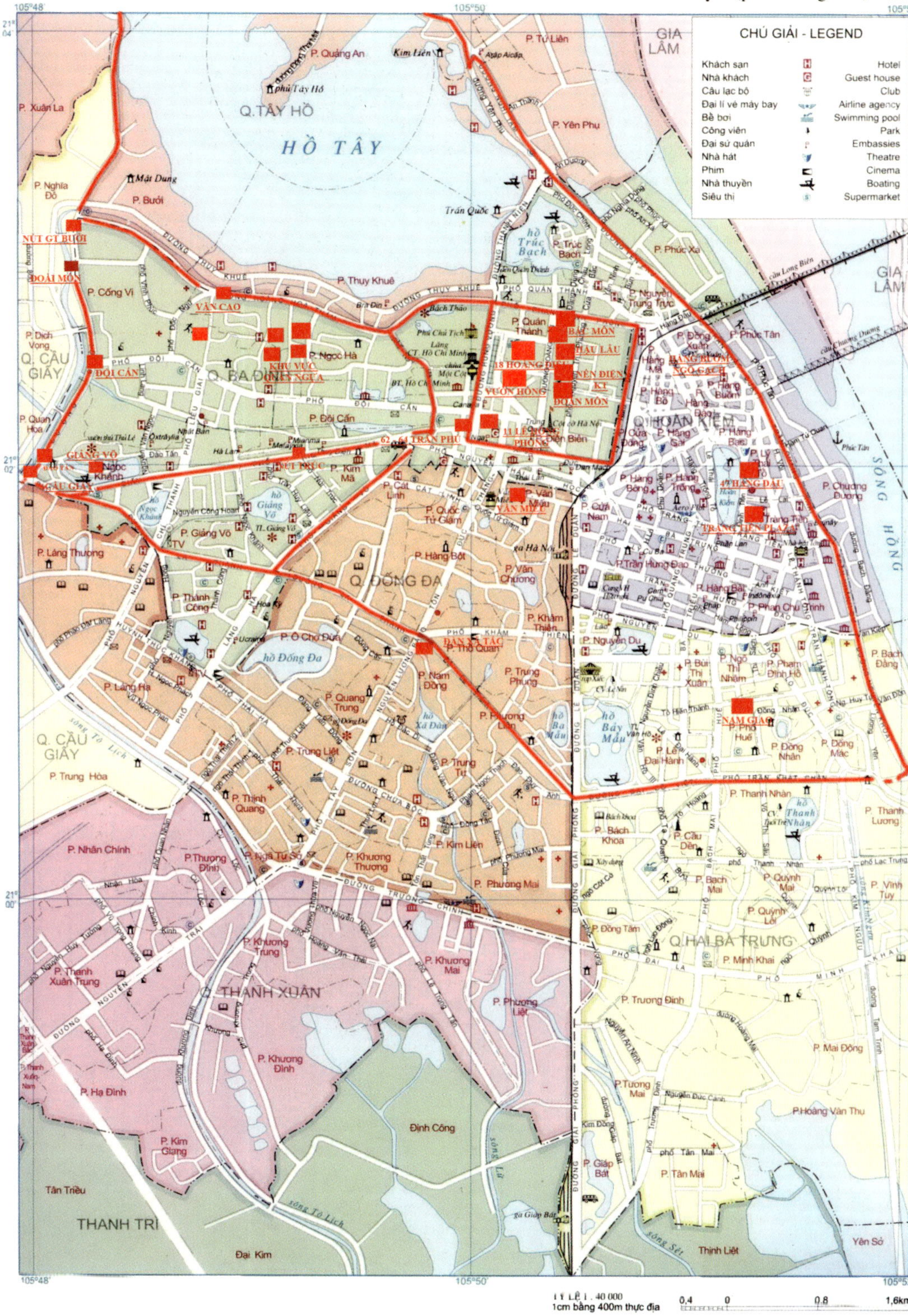

Kể từ năm 1010, trải qua bao biến đổi thăng trầm, Thăng Long - Hà Nội luôn luôn là trung tâm chính trị - văn hóa của Việt Nam. Nhưng dù thay đổi như thế nào thì vùng lõi của kinh đô Thăng Long với tâm điểm là dấu tích điện Kính Thiên (thế kỷ XV) (tọa độ 21002'22" vĩ Bắc, 105050'14" kinh Đông) vẫn không hề thay đổi, đúng như lời đức Lý Thái Tổ - người sáng lập kinh đô - đã nói cách đây nghìn năm: Thăng Long *"là nơi Thượng đô Kinh sư mãi muôn đời"*.

Kể từ thời Lý, các vương quốc quân chủ Việt Nam tiếp theo đều kế tiếp nhau định đô ở Thăng Long: Thời Trần (1225 - 1400), thời Lê sơ (1428 - 1527), thời Mạc (1527 - 1592), thời Lê Trung Hưng (1592 - 1788). Các thời khác như thời Đinh – Tiền Lê (968 - 1009), thời Tây Sơn (1788 - 1802), thời Nguyễn (1802 - 1945)…. tuy không đóng đô ở Thăng Long nhưng đất Thăng Long luôn là một trọng trấn đứng đầu của đất nước sau kinh đô Thăng Long… Theo sự thăng trầm của thời gian và lịch sử, kinh đô Thăng Long ngàn năm hầu như đã bị hủy hoại không còn dấu vết gì trên mặt đất. Điều may mắn là dấu tích kinh đô ngàn năm hoa lệ đó vẫn còn lưu dấu ít nhiều trong lòng đất Thăng Long – Hà Nội qua các cuộc khai quật khảo cổ học.

2. Khảo cổ học với việc nghiên cứu Thăng long – Hà Nội

Khảo cổ học Thăng Long – Hà Nội được bắt đầu từ cuối thế kỷ 19 đầu thế kỷ 20. Tuy nhiên, do điều kiện xã hội và thời đại, đó đơn thuần chỉ là các cuộc thu nhặt di vật phục vụ giải phóng mặt bằng phục vụ công tác xây dựng thành phố mới. Những cuộc khai quật khoa học chỉ thực sự bắt đầu từ năm 1998, đặc biệt từ năm 2002 khi mà Viện Khảo cổ học tiến hành khai quật địa điểm 18.Hoàng Diệu với diện tích trên 30.000㎡.

Tính chung từ năm 1972 đến năm 2012, khảo cổ học Thăng Long đã nghiên cứu các địa điểm nằm trong phạm vi phân bố của kinh thành Thăng Long như sau: Quần Ngựa (1972, 1987), Núi Trúc (1970), lăng Chủ tịch Hồ Chí Minh (1975), Giảng Võ Trường (1983), 5 Hoàng Diệu (1992), Hậu Lâu (1998), Đoan Môn và Bắc Môn (1999), 11 Lê Hồng Phong (1996), Văn Miếu (1999), Tràng Tiền Plaza (2000), 47 Hàng Dầu (2001), 18 Hoàng Diệu (2002-2003, 2008), 62-64 Trần Phú (2001 và 2008), Đoan Môn (2003), đàn Xã Tắc (2006), đàn Nam Giao (2008-2009), điện Kính Thiên (2008, 2011 - 2016), Văn Cao - Hoàng Hoa Thám (2012), Cầu Giấy - Đào Tấn - Đội Cấn (2012-2013) v.v…

Nhờ cuộc khai quật địa điểm 18 Hoàng Diệu và một số địa điểm khác ở khu Trung tâm, khảo cổ học đã chứng minh có một kho báu di sản Thăng Long đồ sộ tiềm ẩn dưới lòng đất trung tâm Hà Nội với tầng văn hóa rất dày.

Ví dụ tại khu vực khảo cổ học 18 Hoàng Diệu (tọa độ XY 103-174 đến XY 107-174) tầng văn hóa Thăng Long – Hà Nội có số liệu cụ thể từ lớp trên cùng đến lớp sâu nhất như sau:

- *Lớp văn hóa thời Lê* được nhận diện qua mặt cắt phía Tây: 0,8m đến 1m nằm dưới lớp đất mặt khoảng 1m. Lớp này có chứa các dấu tích kiến trúc thời Lê.

- *Lớp văn hóa thời Trần* nằm chồng lên lớp văn hóa thời Lý dày trung bình 36cm. Lớp này có chứa dấu tích kiến trúc thời Trần.

- *Lớp văn hóa thời Lý* được phân thành 2 lớp: Lớp trên: dày trung bình từ 18cm đến 20cm. Lớp giữa: dày trung bình từ 22cm đến 24cm. Lớp dưới cùng: dày trung bình từ 18cm đến 20cm đất xốp, có màu nâu xám lẫn các hạt sét vàng, loang lổ các ổ sét màu trắng. Lớp văn hóa Lý chứa rất nhiều dấu tích kiến trúc thời Lý.

- *Lớp văn hóa thời Đinh - Tiền Lê* dày từ 26cm đến 34cm, đất tơi xốp, có màu nâu đen lẫn than tro, có chứa nhiều di vật gạch ngói xám có kích thước nhỏ (trung bình từ 3cm x 4cm đến 7cm x 12cm) của thời kỳ Đại La và Đinh - Tiền Lê. Trong lớp đất thuộc tầng văn hóa này tìm thấy một số móng trụ được gia cố bằng gỗ xếp thành bè là đặc điểm của kiến trúc Đinh - Tiền Lê.

- *Lớp văn hóa thời Đại La có 2 lớp:* Lớp trên: dày từ 10cm đến 12cm, đất tơi xốp, có màu đen đậm, chứa nhiều than tro, tương đối thuần, phân bố trải dài trên phạm vi rộng. Lớp dưới: dày từ 60cm đến 70cm, đất xốp, có màu đen lẫn màu xám đen loang lổ, chứa nhiều than tro, gạch, ngói xám của thời Đại La. Trong lớp văn hóa này có chứa dấu tích kiến trúc là một đoạn bó nền gồm 7 lớp gạch bìa xám xếp chồng lên nhau. Sinh thổ là lớp đất sét màu nâu ngả tím, hoàn toàn không có hiện vật và di tích.

Trong các cuộc khai quật khảo cổ học, cuộc khai quật lớn nhất là địa điểm 18 Hoàng Diệu với tổng diện tích lên tới 40.000㎡. Chính cuộc khai quật này đã dấy lên cao trào nghiên cứu khoa học mạnh mẽ trong các năm 2003, 2004 và 2008 để khẳng định giá trị to lớn của khu di tích Trung tâm Hoàng thành Thăng Long. Và 8 năm sau kể từ khi cuộc khai quật bắt đầu năm 2002 đến năm 2010, khu Di sản Trung tâm Hoàng thành Thăng Long đã được UNESCO vinh danh là Di sản Thế giới thứ 900 của nhân loại.

ĐỊA TẦNG HỐ KHAI QUẬT - STRATIGRAPHY

II. Dấu tích kinh đô Thăng Long qua các thời

Thăng Long được thành lập năm 1010, nhưng toàn bộ lịch sử vùng đất này có 2 thời kỳ: thời kỳ tiền Thăng Long và thời kỳ Thăng Long. Cả 2 thời kỳ này đều tìm thấy nhiều di tích trong khu di sản.

1. Dấu tích thời tiền Thăng Long

1) Thời văn hóa tiền sử Phùng Nguyên

Tầng văn hóa địa điểm Đàn Xã Tắc (Ô Chợ Dừa) đã cho thấy từ khoảng 3500 năm trước công nguyên, người Việt cổ từ vùng đất Tổ trung du đã tràn xuống chiếm cư vùng đất trung tâm Thủ đô. Những đồ đá, đồ gốm văn hóa Phùng Nguyên dưới lòng đất địa điểm Đàn Xã Tắc đã minh chứng rất rõ điều đó. Dấu tích văn hóa Phùng Nguyên ở địa điểm Đàn Xã Tắc cũng chứng tỏ địa hình, đất đai Hà Nội khi đó đã đủ phì nhiêu hấp dẫn các bộ lạc Phùng Nguyên tiến vào sinh sống góp phần chinh phục châu thổ Bắc bộ ngay khi mà Biển tiến vừa rút. Người Phùng Nguyên ở Đàn Xã Tắc là lớp người Việt cổ cư trú sớm nhất ở ngay giữa nội thành Thủ đô.

2) Từ khoảng đầu công nguyên đến khoảng thế kỷ V - VI

Khu vực trung tâm Hà Nội ngày càng hấp dẫn người Việt cổ tụ cư đông hơn. Làng Việt cổ Đàn Xã Tắc có quy mô rất rộng lớn, tầng văn hóa dày xấp xỉ 1m. Cư dân Đàn Xã Tắc thời này sinh sống bằng nghề nông (các đồ gốm cỡ lớn), nghề chài lưới (chì lưới) và nghề trồng dâu nuôi tằm (dọi xe chỉ).

3) Từ khoảng thế kỷ VII - VIII đến khoảng đầu thế kỷ X

Miền đất Hà Nội có sự thay đổi lớn lao khi mà chính quyền đô hộ Tùy - Đường quyết định chọn nơi đây làm Đô hộ phủ. Cả một khu vực lớn rộng ở trong nội thành Hà Nội được cải tạo, xây dựng Phủ trị với tên gọi là thành Tống Bình nhưng tên gọi phổ biến nhất sau đó là thành Đại La. Dấu tích của lũy thành Đại La tuy chưa tìm thấy nhưng tại cuộc khai quật Vườn Hồng trong hố khai quật G3 - 4 đã xuất lộ một dấu tích móng cọc gỗ, gạch ngói vụn lớn dài (Đông - Tây) 21m và còn tiếp tục chạy về 2 phía, rộng (Bắc - Nam) 24m trong lớp văn hóa tiền Thăng Long. Quy mô quá lớn và kiên cố của di tích khiến cho một số nhà khảo cổ học và sử học bước đầu giả thiết có thể đó là dấu tích móng phía Tây của lũy thành Đại La. Điều này dường như có lý hơn khi mà phía "bên trong" của móng gỗ, tại các địa điểm Vườn Hồng, 18 Hoàng Diệu, Chính điện Kính Thiên (tức là khu vực nằm về phía Đông của móng gỗ) đều có tầng văn hóa tiền Thăng Long (thế kỷ VIII - đầu thế kỷ X) dày 0,50m - 0,70m, các dấu tích kiến trúc và di vật thời kỳ này phân bố dày đặc.

Bước đầu đã nhận ra một số nền móng kiến trúc Đại La có hình chữ nhật và hình chữ T. Kiến trúc Đại La sử dụng các loại gạch chữ nhật màu xám để xây bó nền, gạch vuông lát nền, móng cột được đầm nện nhiều lớp bằng ngói vụn, mái lợp ngói âm dương. Dã phát hiện một số loại vật liệu kiến trúc trang trí linh thú, cá sấu bơi trên sóng nước, hoa sen, hoa cúc, nhiều viên gạch chữ nhật có in chữ "Giang Tây quân". Bên cạnh các kiến trúc là hệ thống thoát nước khá và phức tạp.

Trong thành Đại La cũng tìm thấy nhiều đồ gốm Việt (gốm thô văn thừng, bình gốm men trắng có quai), xen lẫn gốm Trung Quốc (gốm men ngọc, men trắng), gốm Ixlam Tây Á màu xanh… Như thế, có thể bước đầu hình dung một Đô hộ phủ thế kỷ VIII - IX được xây dựng khá quy mô, bề thế, có ảnh hưởng của văn hóa Đường, nhưng nét văn hóa Việt vẫn thể hiện rất rõ như tượng voi, hình cá sấu trên gạch lát, ngói ống trang trí mặt người.

Kỹ thuật xây dựng giếng nước ở Vườn Hồng có cấu trúc đặc biệt nhất trong các giếng nước thế kỷ VIII - IX. Để xây nên giếng nước tròn, người thợ đã chế tạo các khối gạch có sẵn độ cong cần thiết và có khấc ở hai đầu. Khi khớp nối các viên gạch chuyên biệt này lại với nhau, sẽ tự tạo thành một khẩu giếng tròn độc đáo.

4) Thời Đinh - Tiền Lê

Năm 968, Đinh Tiên Hoàng xưng đế, đóng đô ở Hoa Lư (Ninh Bình), nhưng đã sớm nhận ra và chú ý ngay đến vị trí trọng yếu của vùng đất Đại La. Sử cũ gọi miền đất Đại La thời Đinh - Tiền Lê là Kinh Phủ hàm nghĩa đây là đơn vị hành chính lớn, quan trọng hàng đầu của Đại Cồ Việt. Điều này cũng được chứng minh khi khảo cổ học phát lộ ra lớp văn hóa và những di tích, di vật phong phú có niên đại Đinh - Tiền Lê ở khu vực 18 Hoàng Diệu. Đó là các di tích kiến trúc có móng cột kê chân tảng đá hoặc kê gỗ (có di tích đã xuất lộ rõ nền móng hình chữ nhật), các di tích mộ táng, các loại ngói âm dương, các đầu ngói có trang trí hoa sen, tượng uyên ương, gạch chữ nhật có chữ "Đại Việt quốc quân thành chuyên", đầu tượng đá, tiền đồng "Thái Bình hưng bảo" và "Thiên Phúc trấn bảo"...

2. Dấu tích kinh đô Thăng Long

1) Dấu tích kinh đô Thăng Long thời Lý (1010-1225)

Năm 1010, ngay sau khi quyết định dời đô ra Đại La - Kinh Phủ, Lý Thái Tổ tập trung quy hoạch, đào hào, đắp lũy xây dựng Thăng Long gồm 3 vòng thành bao bọc lẫn nhau.

Đại La thành xây năm 1014. Đây là ***vòng thành ngoài*** cùng bao bọc toàn bộ Hoàng thành và Cấm thành và các tầng lớp cư dân kinh thành. Đại La thành thời Lý được xác định tương đối rõ quy mô, các điểm mốc cũng như các dấu tích còn lại như sau: Đó là một *toà thành đất, phía Đông là đê sông Hồng* *cổ, phía Bắc bắt đầu từ khoảng đầu phố Hòe Nhai - Hàng Than (cửa Triều Đông) chạy theo đường Hoàng Hoa Thám (qua đền Đồng Cổ), đến dốc Bưởi (qua Đoài Môn), đến Cầu Giấy (qua cửa thành Tây Dương), theo đường La Thành (qua Xạ Đình), đến cửa thành Chợ Dừa (qua đàn Xã Tắc), đến đường Đê La Thành - Kim Liên, theo đường Đại Cồ Việt - Trần Khát Chân (qua cửa Nam Giao và đàn Nam Giao), đến Ô Đông Mác (cửa Vạn Xuân), cuối cùng gặp lại đê sông Hồng cổ.* Các điểm mốc của Đại La thành về cơ bản có sự thống nhất khá cao giữa các nhà nghiên cứu. Dấu tích thành Đại La thời Lý đã được tìm thấy ở các điểm thăm dò khảo cổ tại nút Cầu Giấy, Đào Tấn, Đội Cấn được đắp bằng đất sét cực kỳ kiên cố, công phu. Các lớp đất sét đều được đầm nện theo từng lớp. Giữa các lớp đất có dấu đầm đinh rất rõ. Các vị trí khảo cổ học Đào Tấn, Đội Cấn, Cầu Giấy đã cho thấy rõ kỹ thuật đắp thành đất cực kỳ cao và độc đáo của thời Lý: Đầm nện từng lớp đất nhỏ đất nhỏ (5cm - 10cm), đầm nện kết hợp giữa kỹ thuật dẫm chân với kỹ thuật đầm đinh, chiều cao nhất còn lại ở địa điểm Đào Tấn khoảng trên 5,50m, chân thành tại nút giao thông Bưởi rộng trên 20m. Đại La thành của Kinh đô Thăng Long về cơ bản đã hình thành và ổn định trong thời Lý.

Vòng thành giữa được xây dựng sớm nhất (năm 1010) là *thành Thăng Long*. Tòa thành này có 4 cửa: Đông (Tường Phù), Tây (Quảng Phúc), Bắc (Diệu Đức), Nam (Đại Hưng). Các ý kiến nghiên cứu về cơ bản tương đối thống nhất ranh giới thành Thăng Long phía Đông ở khoảng đường Thuốc Bắc, phía Bắc ở khoảng đường Phan Đình Phùng - Quán Thánh, phía Nam ở khoảng đường Trần Phú. Riêng phía Tây thì có một vài ý kiến còn rất khác nhau. Chúng tôi tạm thời giả thiết ranh giới phía Tây của thành Thăng Long (tức là Hoàng thành Thăng Long) thời Lý nằm trong khoảng từ phía ngoài đường Ông Ích Khiêm đến khoảng bến xe ô tô Kim Mã, với lý do cơ bản là các chứng cứ khảo cổ học thời Lý - Trần ở ngoài khu vực này (khu vực Quần Ngựa) chưa chứng minh được khu vực này nằm trong Hoàng thành Thăng Long thời Lý (không có tầng văn hóa đặc trưng thời Lý). Trái lại, các dấu tích ở địa điểm khảo cổ học Kính Thiên, Đoan Môn, Hậu Lâu, Bắc Môn, 18 Hoàng Diệu, 62 - 64 Trần Phú chứng minh rất rõ dấu tích Hoàng thành Thăng Long thời Lý ở khu vực này. Điều này cũng phù hợp cơ bản với các ghi chép của thư tịch cổ về Thăng Long thành thời Lý. Hơn nữa, sử ghi rằng, thành Thăng Long được xây dựng trên cơ sở Đại La thành của Cao Biền (thế kỷ IX) là tòa thành có chu vi khoảng 6km gần trùng khớp với chu vi thành Thăng Long thời Lý theo ước đoán của chúng tôi. Chính ở khu vực Trung tâm Hoàng thành Thăng Long tại 18 Hoàng Diệu đã tìm thấy tầng văn hóa Đại La dày với nhiều di tích kiến trúc Đại La mà các vị trí khác (như Quần Ngựa) không có.

Vòng thành trong cùng hay Cấm thành Thăng Long, thời Lý gọi là Long thành. Vòng thành này bao bọc nơi ở và làm việc của nhà vua và Hoàng gia cùng các cơ quan quan trọng nhất của Triều đình. Tại trục Trung tâm hiện nay có hai, ba dấu tích có thể định mốc phía Nam của Cấm thành là Đoan Môn và Tam Môn (Cột Cờ), phía Tây là chùa Một Cột, với quy mô mỗi chiều khoảng chừng 700m được giới hạn: Ranh giới Tây ở khoảng phía Đông chùa Một Cột, ranh giới Nam ở khoảng Cột Cờ Hà Nội, ranh giới Bắc ở khoảng phía Nam đường Phan Đình Phùng.

Như vậy, cấu trúc ba vòng thành bao bọc lẫn nhau, lệch tâm về phía Bắc là một đặc điểm của kinh đô Thăng Long. Trong các vòng thành, các vua Lý nối tiếp nhau xây dựng các cung điện, lầu gác, chùa, tháp, đền, đài, đàn tế, miếu, quán, nơi sinh hoạt và làm việc của Hoàng đế, Hoàng gia, Triều đình.

Trước hết, trong Đại La thành (vòng thành ngoài cùng) là một Hoàng cung lộng lẫy với tâm điểm là chính điện Càn Nguyên - Thiên An, trung tâm giáo dục Văn Miếu, các trung tâm lễ chế (đàn Xã Tắc, đàn Nam Giao, đền Đồng Cổ, Thái Miếu), hệ thống chùa tháp cung quán... Tất cả tập trung đề cao quyền uy chính đáng của Hoàng đế, Hoàng gia nhà Lý.

Dấu tích các công trình kiến trúc Lý được nhận biết khá rõ ràng qua hệ thống móng nền, bó nền, móng trụ, chân tảng và sân. Trong đó, móng nền được đắp bằng đất sét, xung quanh nền xây bó bằng gạch bìa, trên mặt nền nhà cũng như sân nên phổ biến được lát bằng loại gạch vuông làm từ đất sét màu đỏ hơi ngả vàng, độ nung rất cao. Đặc điểm và thành tựu quan trọng của kỹ thuật xây dựng kiến trúc thời Lý là hệ thống móng trụ kê chân tảng đá đỡ chân cột của bộ khung nhà bằng gỗ. Các móng trụ Lý phổ biến được xây cất cực kỳ công phu kiến cố nhằm chống lún cho các kiến trúc có quy mô to lớn được xây dựng ở vùng đất châu thổ mới hình thành rất dễ bị lầy sụt. Các móng trụ thường có hình vuông, kích thước trung bình mỗi cạnh 100cm-200cm, sâu từ 100cm đến 300cm, thường được làm từ nhiều loại nguyên liệu khác nhau (sành vụn, gạch ngói vụn, phổ biến là sỏi sông), được đầm nện từng lớp rất chặt. Thời Lý cũng tồn tại loại móng trụ cột âm được chôn dưới lòng đất. Tuy nhiên đặc trưng này chỉ ở một vài kiến trúc và thường kết hợp với các chân cột dương. Trên các mặt móng trụ được đặt các chân tảng đá (có nhiều chân tảng chạm hoa sen) để kê chân cột. Cũng có một số ít móng trụ có dáng hình tròn hoặc hình chữ nhật, nhưng loại này chiếm số lượng rất ít.

Mặt bằng kiến trúc thời Lý có hình chữ nhật, hình vuông, hình lục giác, hình bát giác. Dựa vào sự

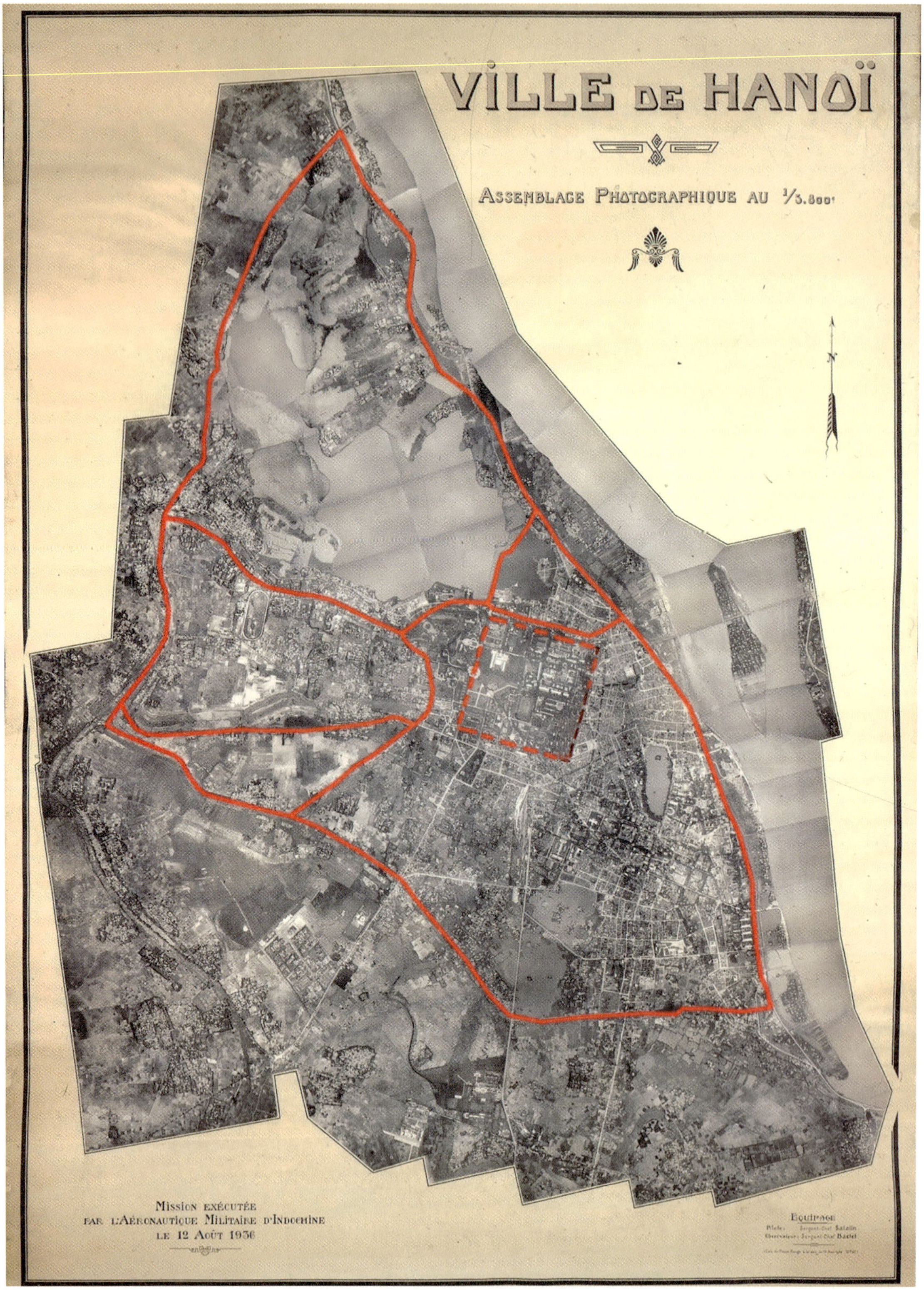
VILLE DE HANOÏ
ASSEMBLAGE PHOTOGRAPHIQUE AU 1/5.000e
N
MISSION EXÉCUTÉE
PAR L'AÉRONAUTIQUE MILITAIRE D'INDOCHINE
LE 12 AOÛT 1936
EQUIPAGE
Sergent-Chef Salalin
Sergent-Chef Bastel

phân bố các móng trụ có thể thấy loại kiến trúc mặt bằng hình chữ nhật là phổ biến nhất với diễn biến số lượng vì kèo khá đa dạng 2 hàng cột, 3 hàng cột, 4 hàng cột, 6 hàng cột, 7 hàng cột. Kiến trúc 7 hàng cột ở khu A là một kiến trúc có quy mô lớn nhất và kiên cố nhất hiện biết tại khu di tích. Các công trình kiến trúc trên có số lượng gian thay đổi, có thể 1 gian, 7 gian, 8 gian, 9 gian, 11 gian, 13 gian. Kiến trúc dạng "hành lang" có thể có số gian nhiều hơn. Tất cả các kiến trúc Lý đều được làm thống nhất phương vị Bắc - Nam và Đông - Tây, tất cả các số đo chiều dài, chiều rộng, bước gian, bước cột đều chia hết số 3. Điều đó chứng tỏ kiến trúc Lý được xây dựng theo một

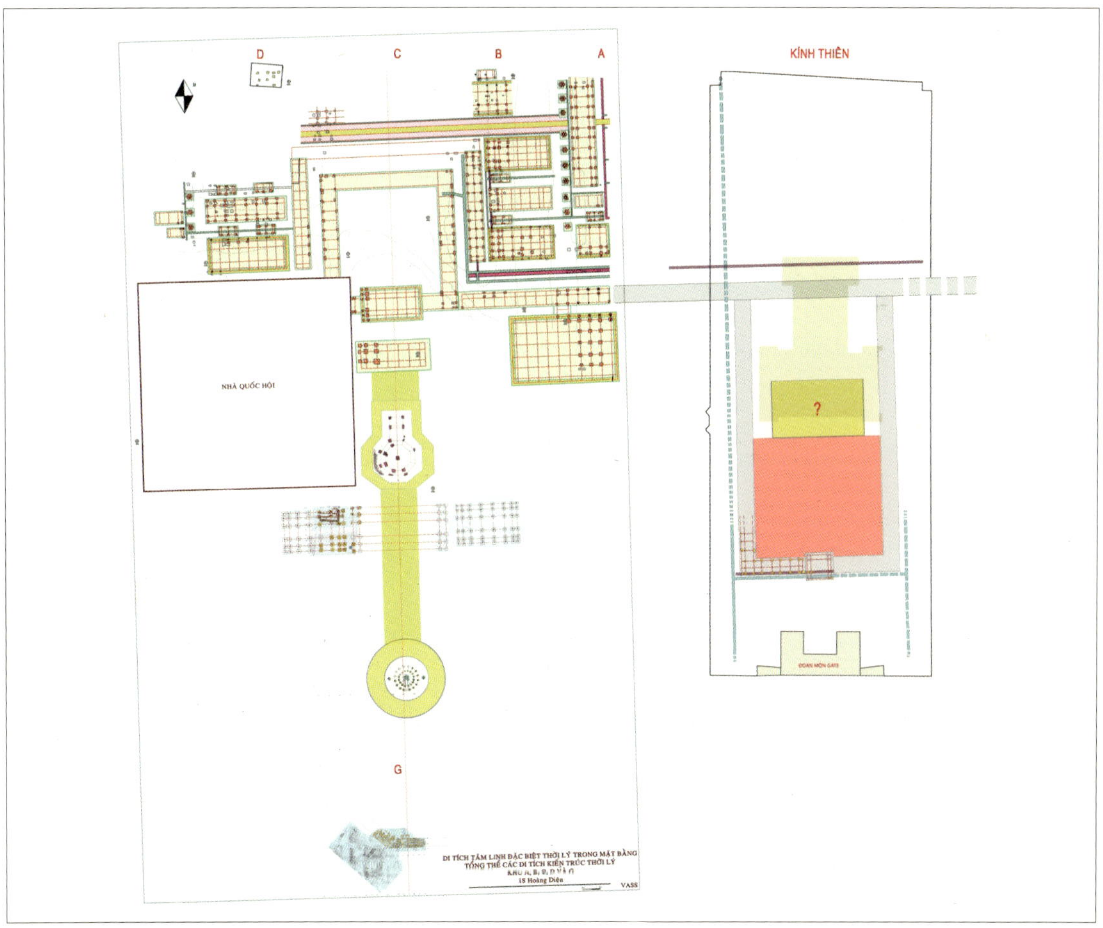

chuẩn mực thống nhất và quy hoạch thống nhất. Trong khu di tích cũng tìm thấy hệ thống móng tường bao. Có tường bao dấu tích còn lại dài 170,80m, rộng 1,90m chạy theo hướng Đông - Tây có thể là dấu tích tường phân chia các khu vực lớn trong Hoàng cung. Cống thoát nước ở đây có rất nhiều loại khác nhau: có cống rất lớn thoát nước cho cả khu vực, có cống nhỏ thoát nước nhỏ chỉ phục vụ cho một kiến trúc, có loại cống xây ngầm qua lòng nhà. Cống nước thời Lý cũng xây dựng rất công phu, người thời Lý đã chế tạo ra loại gạch lát rất lớn và gạch hình bình hành chuyên để xây cống. Ở địa điểm Bắc Đoan Môn, trước mặt điện Kính Thiên đã tìm thấy đường nước khổng lồ cao hơn 2m, rộng 2m được xây hoàn toàn bằng gạch. Điều đó cho thấy việc xây dựng cung điện ở kinh đô đã chú ý đặc biệt tới việc tiêu thoát nước.

Bộ khung kiến trúc Lý ở Thăng Long cơ bản đều bằng gỗ, do đó đã bị huỷ hoại gần hết. Một số mảnh gỗ kiến trúc thời Lý còn lại cho thấy bộ khung gỗ thời Lý chắc chắn được làm rất cầu kỳ.

Các kiến trúc Lý đều được trang trí các loại lá dề, các loại tượng rồng, phượng, uyên ương, sư tử, sấu thần, các loại đầu ngói trang trí rồng, hoa sen, hoa cúc với các đường nét tinh mỹ vào bậc nhất trong lịch sử mỹ thuật Việt Nam.

Từ kỹ thuật sản xuất gốm sứ thời Đinh - Tiền Lê, Thăng Long đã trở thành trung tâm sản xuất gốm sứ lớn nhất Việt Nam thời Lý

Có thể nói, tổng thể kiến trúc, quy hoạch kinh đô, nghệ thuật Lý là một sự bùng nổ đạt trình độ rất cao, biểu hiện rõ bản lĩnh sáng tạo cao của văn hóa Việt trong giao thoa rộng mở với văn hóa các nước trong khu vực và thế giới, dưới ảnh hưởng sâu đậm của Phật giáo thế giới.

2) Dấu tích kinh đô Thăng Long thời Trần (1225 - 1400)

Các nét chung về quy hoạch tổng thể kinh đô trong giai đoạn đầu về cơ bản vẫn như thời Lý, song các phát hiện khảo cổ cũng phản ánh có rất nhiều nét mới.

Ở các vị trí Đào Tấn, Đội Cấn, Cầu Giấy..., đã tìm thấy lớp đất đắp gia cố thêm thuộc thời Trần trên lớp đất đắp Đại La thành thời Lý. So với thời Lý, kỹ thuật đắp thành thời Trần đơn giản, chỉ đắp và đầm chặt chứ không đầm lần lượt từng lớp như thời Lý.

Các dấu tích kiến trúc thời Trần cũng tìm thấy nhiều ở khu vực trung tâm. Có kiến trúc sử dụng lại kiến trúc thời Lý. Có kiến trúc có móng cột nằm bên cạnh các móng cột thời Lý. Đa phần các móng cột

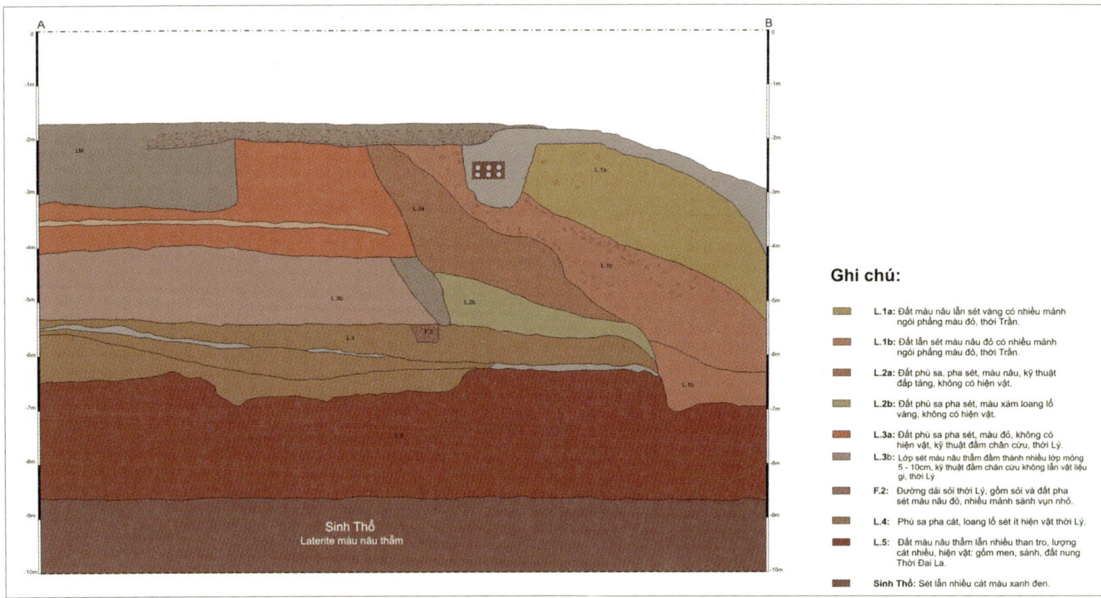

kiến trúc thời Trần nằm cao hơn thời Lý. Về mặt kỹ thuật, các móng cột kiến trúc thời Trần đã tìm thấy ở Thăng Long không kỹ như thời Lý. Có kiến trúc móng cột sử dụng sỏi (dấu tích kiến trúc Bắc khu A), nhưng đa phần các móng cột đã phát hiện thiên về sử dụng gạch ngói vụn, sành vụn, kích thước nhỏ hơn. Như vậy, đã có một sự thay đổi lớn trong quy hoạch và xây dựng kinh đô thời Trần so với thời Lý. Bước đầu có thể nhận biết được khoảng nửa đầu thế kỷ XIII, kiến trúc Thăng Long thời Trần về cơ bản đã sử dụng lại không gian chính điện Thiên An và một số vị trí khác. Nhưng, do ảnh hưởng của thiết chế chính trị 2 vua, nhà Trần đã cho xây dựng thêm 2 khu cung điện lớn: Cung Quan Triều (cho Vua/Quan gia) ở phía Đông (của Chính điện Thiên An), cung Thánh Từ (cho bố vua/Thượng hoàng) ở phía Tây (của chính điện Thiên An). Đến khoảng cuối thế kỷ XIII việc xây dựng mới ngày một nhiều hơn. Việc thay đổi quy hoạch và xây dựng mới trong Hoàng Cung, đã tạo ra những phong cách mới bên cạnh phong cách truyền thống: Chẳng hạn tạo ra các dải nền trang trí kiểu "hoa chanh" bao quanh các nền cung điện hoặc tường vây là nét đặc sắc chỉ có riêng ở thời Trần.

Phát triển mạnh mẽ loại ngói sen và ngói mũi lá là một nét riêng trong sản xuất vật liệu xây dựng thời Trần. Đẩy dòng gốm hoa nâu lên đỉnh cao, tạo ra dòng gốm hoa lam cũng là những nét mới trong kỹ nghệ gốm sứ Việt Nam thời Trần. Gốm thời Trần bắt đầu xuất khẩu xuống Đông Nam Á và Nhật Bản. Tổng thể nghệ thuật thời Trần về cơ bản tiếp nối truyền thống Lý nhưng dần dần đã chuyển đổi với phong cách khỏe khoắn, giản dị hơn, phóng khoáng hơn nhưng cũng biến động tự do hơn, đa dạng hơn so với thời Lý.

Năm 1397, đại thần Hồ Quý Ly đưa vua Trần dời đô vào Tây Đô (Thành Nhà Hồ - Thanh Hóa), Thăng Long được sử cũ gọi là Đông Đô. Năm 1407, nhà Minh ở phương Bắc xâm lược tàn phá Thăng Long, sử dụng Thăng Long là trị sở đô hộ. Năm 1427, khởi nghĩa Lam Sơn dưới sự lãnh đạo của vị anh hùng dân tộc Lê Lợi giành lại Thăng Long và quyết định tiếp tục đóng đô ở Thăng Long.

3) Dấu tích kinh đô Thăng Long thời Lê Sơ (1428 - 1527)

Thăng Long hoang tàn bởi xâm lược Minh đã được Lê Thái Tổ quy hoạch, xây dựng hoàn toàn mới. Đầu thời Lê Sơ dưới các triều vua Thái Tổ, Thái Tông, Nhân Tông, kinh đô Thăng Long chủ yếu được xây dựng trên cơ sở quy hoạch Thăng Long thời Lý - Trần. Bởi vậy cho nên, các đợt đào tại Đào Tấn, Văn Cao, Cầu Giấy, Đội Cấn, Đoan Môn đều không tìm thấy dấu tích các lớp đất đắp khoảng nửa đầu thế kỷ XV.

Đến khoảng năm 1490 dưới thời Lê Thánh Tông, có sự thay đổi lớn trong quy hoạch kiến trúc Thăng Long ở khu vực phía Tây. Tại địa điểm Văn Cao, đã xác định lũy thành ở đây có tới 14 lớp đất đắp liên tục khoảng nửa cuối thế kỷ XV (chiều cao còn lại 5,10m, chân thành rộng hơn 20m). Lũy đất này được đắp qua một lớp di chỉ cư trú thời Lý - Trần. Rõ ràng đây là lớp lũy đất được đắp hoàn toàn mới vào thời Lê Thánh Tông chứng minh ghi chép của sử cũ về việc vua Lê Thánh Tông cho mở mang Hoàng thành về phía Tây. Dấu tích này rất trùng khớp với lớp tường Hoàng thành phía trong được vẽ trên các bản đồ Thăng Long thời Lê (thế kỷ XV - XVIII), minh chứng xác thực một Hoàng thành Thăng Long thời Lê Thánh Tông có quy mô lớn nhất trong lịch sử Việt Nam. Để có thể xây dựng được kinh đô to lớn và tráng lệ như vậy, nhà Lê Sơ đã huy động hầu hết nhân tài, vật lực cho việc xây dựng kinh đô. Thư tịch cổ cho biết Thượng thư Vũ Hữu được Lê Thánh Tông giao tính toán xây dựng Hoàng thành Thăng Long tại cửa Đông Hoa, Đại Hưng mà không thiếu một viên gạch (Vũ Phương Đề 2001:20). Lực lượng quân đội thường trực được huy động thường xuyên tham gia xây dựng kinh đô. Bởi vậy, có rất nhiều viên gạch Lê Sơ ghi rõ các phiên hiệu quân đội như Tráng Phong quân, Vũ Phong quân, Hổ Uy quân, Tam Tự quân, Huyền Qua quân, Vũ Kỵ quân, Chiêu Thắng quân, Tam Phụ quân, Thiên Uy quân, Trung Uy quân, Dương Võ quân, Sùng Uy quân…

Nghệ thuật Lê Sơ có sự tiếp nối thời Trần, nhưng về cơ bản đã mang nhiều nét mới của một triều

L4
L5
L6
L7
L8
L9
L10
L11
L12

đại mới. Sân Đan Trì lát gạch vuông màu đỏ, móng ngự đạo, móng tường, móng cột kiến trúc được đầm nện nhiều lớp bằng gạch ngói vụn. Hứng thú sáng tạo (ngói rồng tráng men xanh và men vàng, hình ảnh rồng có chân 5 móng, chim phượng) của nghệ sĩ Lê Sơ tập trung theo hướng sáng tạo đề cao quyền lực tối thượng của Hoàng đế, Hoàng gia.

Thời Lê Sơ, nghề gốm Thăng Long đạt tới đỉnh cao của sự hoàn hảo về kỹ thuật và mĩ thuật, đặc biệt là dòng gốm cao cấp phục vụ Hoàng Cung. Không chỉ phục vụ Hoàng Cung, gốm Thăng Long còn tham gia vào thị trường xuất khẩu sang các nước trong khu vực Đông Nam Á, Okinawa (Nhật Bản) và nhiều nước khác xa hơn, góp phần quan trọng tạo nên thời kỳ hoàng kim của gốm xuất khẩu Việt Nam.

4) Dấu tích kinh đô Thăng Long thời Mạc (1527 - 1592)

Một mặt do hoàn cảnh đặc biệt của lịch sử Nam - Bắc triều, mặt khác nhà Mạc đặc biệt chú trọng xây dựng kinh đô mới ở Dương Kinh (Hải Phòng), bởi vậy Thăng Long dường như không có xây dựng mới. Nhà Mạc chỉ sửa chữa phần nào đó các cung điện thời Lê sơ, do đó gạch, ngói Mạc ở Thăng Long phát hiện rất ít. Một số viên được trang trí rồng. Rồng Mạc trên gạch ngói không còn cấu trúc chặt chẽ, hùng dũng như rồng Lê sơ mà có nhiều nét dân gian hơn, mộc mạc hơn . Gốm Mạc vẫn có loại gốm cao cấp (gốm trắng, gốm hoa lam, gốm men ngọc) trang trí rồng, phượng phục vụ Hoàng gia tuy không phong phú đẹp như thời Lê sơ nhưng vẫn thể hiện được sự nối tiếp truyền thống sản xuất gốm cao cấp ở Thăng Long.

5) Dấu tích kinh đô Thăng Long thời Lê Trung hưng (1592 - 1788)

Sau nội chiến Nam - Bắc triều, cấu trúc tổng thể của Thăng Long có sự thay đổi cơ bản về quy mô và chức năng. Nửa đầu thời Lê Trung hưng, nhà Lê - Trịnh đã bỏ hoàn toàn khu vực kinh đô phía Tây. Đại La thành và khu Hoàng Thành lớn rộng của thời Lê Sơ, thời Mạc không được sử dụng nữa. Mãi đến năm 1749, vòng thành Đại La ở phía Tây mới được chú ý thu gọn lại mà dấu tích còn nhận được ở vào khoảng đường Ngọc Hà. Các cuộc khai quật các địa điểm Cầu Giấy, Đào Tấn, Đội Cấn, nút đê Bưởi, Văn Cao đều không tìm thấy các lớp đất đắp thời Lê Trung hưng.

Trong khoảng thế kỷ XVII, Hoàng thành đầu thời Lê Trung hưng còn giữ được phần nào quyền lực của Hoàng Đế. Các chúa Trịnh vẫn triều kiến vua Lê trong Hoàng Thành. Vì vậy, dù sử cũ cho biết các vua Lê đầu thời Lê Trung Hưng xây dựng rất ít trong Hoàng thành nhưng dấu tích khảo cổ lại chứng minh việc xây dựng trong Hoàng thành thời kỳ này là khá quy mô. Đan Trì, Ngự đạo thời Lê Trung hưng được chồng xếp lên trên Đan Trì và Ngự đạo thời Lê sơ và được xây bằng gạch vồ (là chủ yếu), có chỗ dùng gạch vuông lát kiểu ca rô. Tường vây hoàn toàn sử dụng lại của móng thời Lê Sơ. Đặc biệt, kiến trúc hành lang ở Đoan Môn - Kính Thiên có móng cột rất lớn. Ở Vườn Hồng, cũng có dấu tích móng cột kiến trúc Lê Trung hưng lớn tương tự. Nghệ thuật Lê Trung hưng ở Thăng Long là sự tiếp nối nghệ thuật Mạc nhưng phát triển mang tính chuẩn mực của nghệ thuật cung đình (lan can đá chạm rồng ở di tích nền điện Kính Thiên, bia đá Nam Giao…).

6) Dấu tích thành Hà Nội thời Nguyễn (1802 - 1945)

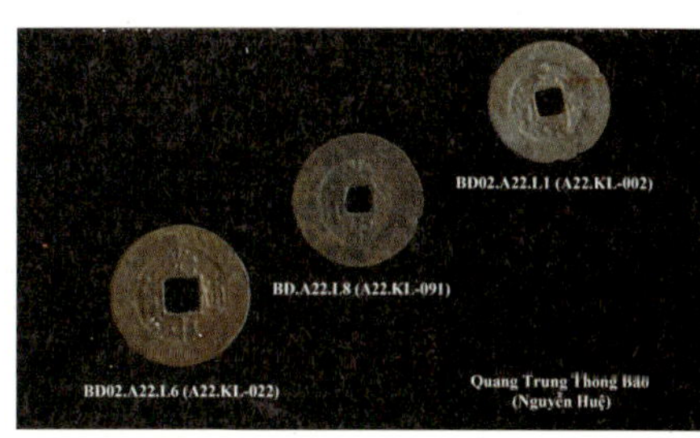

Trước thời Nguyễn do nhà Tây Sơn không đóng đô ở đây và thời gian ngắn, cho nên dấu tích thời Tây Sơn để lại rất ít, chủ yếu là một số di vật gốm men, tiền đồng….

Thời Nguyễn là triều đại quân chủ cuối cùng trong lịch sử Việt Nam, Kinh đô Đại Nam được chuyển vào Huế.

Khi phá thành Thăng Long thời Lê Trung hưng để xây thành Hà Nội, nhà Nguyễn đã sử dụng lại Đoan Môn và một phần nền điện Kính Thiên (lan can đá chạm rồng, hoa lá). Cuối thế kỷ XIX, người Pháp phá thành Hà Nội nhưng vẫn để lại nền điện Kính Thiên, Đoan Môn, Bắc Môn và Cột Cờ. Năm 2001 - 2009, khảo cổ học đã tìm thấy một phần móng tường và tường hào thành ở góc Tây Nam của thành Hà Nội tại địa điểm 62 - 64 Trần Phú (móng được xây dựng bằng đá xanh và gạch vụn, tường được xây bằng đá ong, gạch vồ). Trong thành Hà Nội, tại khu vực điện Kính Thiên đã tìm thấy dấu tích một số móng cột kiến trúc thời Nguyễn có kích thước nhỏ, sân nền được lát gạch Bát Tràng. Các dấu tích kiến trúc Cột Cờ - Bắc Môn và các dấu tích khảo cổ học thời Nguyễn phản ánh phần nào đặc trưng nghệ thuật Nguyễn ở Thăng Long. Đó là sự kết hợp giữa nghệ thuật truyền thống với ảnh hưởng của nghệ thuật phương Tây (cấu trúc mặt bằng thành lũy hoàn toàn mới - thành Vô băng kết hợp với gạch vồ, gạch bìa, đá xanh, đá ong và các loại kiến trúc khung gỗ trên cột…).

Từ Cách mạng tháng Tám năm 1945 trở đi, Thăng Long - Hà Nội trở thành Thủ đô của nước Việt Nam dân chủ cộng hòa và sau đó là Cộng hòa xã hội chủ nghĩa Việt Nam. Sau năm 1954, trong khu vực vùng lõi của Trung tâm Hoàng thành Thăng Long có di tích nhà và hầm ngầm D.67 là di tích của Tổng hành dinh Quân đội nhân dân Việt Nam trong các cuộc chiến trang bảo vệ Tổ quốc thời hiện đại như biểu trưng cho sự tiếp nối liên tục của lịch sử di sản từ quá khứ cho đến ngày hôm nay.

III. Giá trị

Tổng quan chung, Khu Di sản Trung tâm Hoàng thành Thăng Long đáp ứng 3 tiêu chí nổi bật toàn cầu (ii), (iii) và (vi) theo quy định tại điều 77 của hướng dẫn thi hành Công ước về Di sản Thế giới của UNESCO. **Tổng thể toàn bộ di sản kinh đô Thăng Long hoàn toàn thống nhất đáp ứng 3 tiêu chí nổi bật toàn cầu đó của Di sản Thế giới, nhưng với các diễn trình và chứng cứ toàn diện hơn, lâu dài hơn, sinh động hơn, sâu sắc hơn, rõ ràng hơn, phản ánh những đặc trưng tiêu biểu nhất của một nền văn hóa - văn minh độc đáo, có lịch sử lâu dài hàng nghìn năm phát triển trên cơ tầng văn hóa - văn minh bản địa đã hình thành từ hàng ngàn năm trước đó, hội tụ, giao thoa, hấp thụ tinh hoa văn hóa của cả nước và của một số nền văn hóa tiên tiến trên thế giới sáng tạo lên một nền văn hóa phong phú, đa dạng, đậm đà bản sắc Việt Nam. Di sản là một trung tâm quyền lực lâu dài nhất, với các minh chứng xác thực gắn bó chặt chẽ với nhiều sự kiện lịch sử - văn hóa trọng đại trên Thế giới trong quá khứ và còn đang tiếp nối đến ngày hôm nay.**

IV. Bảo tồn và phát huy giá trị

Nghiên cứu di sản kinh đô Thăng Long hiện nay mới chỉ tiến hành được quy mô và liên tục trong 15 năm. Tổng diện tích khai quật mới chỉ được khoảng 5 – 6% trong tổng số diện tích có thể nghiên cứu của khu di sản. Do vậy, công cuộc nghiên cứu Thăng Long – Hà Nội sẽ còn tiếp tục lâu dài. Do việc bảo tồn các di tích dưới lòng đất gặp khá nhiều khó khăn cho nên các cấp quản lí phải vừa nghiên cứu vừa xây dựng kế hoạch bảo tồn, phát huy giá trị. Kế hoạch này, hiện nay đã, đang và sẽ tiếp tục từng bước thực hiện với một số công việc chính theo khuyến nghị của UNESCO như sau:

- Khai quật khảo cổ học theo tọa độ Thăng Long – Hà Nội và nghiên cứu lịch sử toàn diện kinh đô Thăng Long.

- Bảo tồn cấp thiết một số di tích đặc biệt đã xuất lộ để phục vụ khách tham quan du lịch. Bên cạnh đó tiến hành lấp bảo tồn một số các vị trí đã khai quật khác nhằm bảo tồn nguyên trạng di tích khảo cổ dưới lòng đất và sẵn sàng tái khai quật khi cần nghiên cứu trở lại.

- Xây dựng kế hoạch nghiên cứu xây dựng bảo tàng di tích tại chỗ và bảo tàng Hoàng cung Thăng Long trên cơ sở kết quả nghiên cứu khoa học và sự phối hợp giữa các chuyên gia trong nước và chuyên gia các nước trên Thế giới.

Đó là một chương trình nghiên cứu, bảo tồn tổng thể hết sức khó khăn, dài lâu nhưng cũng hết sức hấp dẫn đối với khu di sản bởi vì di sản có diện tích tương đối lớn, di tích phong phú và chồng xếp lên nhau rất phức tạp. Do vậy khu di sản rất cần thiết có sự giúp đỡ tư vấn của các chuyên gia quốc tế. Gìn giữ và bảo vệ tốt di sản Hoàng thành Thăng Long – Hà Nội chúng ta sẽ có một di sản kinh đô có giá trị đóng góp vào kho tàng văn hóa các kinh đô cổ của Đông Á nói riêng, Châu Á nói chung.

고고학적 발견을 통한 수도 탕롱의 흔적

똥쭝띤 베트남고고학연구소 부교수

번역: 홍승희 베트남 하노이사범대학교 대학원

Ⅰ. 수도 탕롱에 관한 연구로 보는 고고학

1. 수도 탕롱의 위치와 역사

15~18세기 베트남 정사正史『대월사기전서大越史記全書』기록에 의하면, 1010년 "7월 가을, 리타이또Lý Thái Tổ, 李太祖 왕이 호아르성Hoa Lư, 華閭城에서 다이라성Đại La, 大蠡城으로 도성을 옮기고 잠시 배를 성 아래 정박하였을 때 황금용이 나타나 그 배에 좌정하니, 이를 보고 그 성을 탕롱성Thăng Long, 昇龍城이라 개칭하였다"고 전한다.

당시 탕롱 승지勝地의 제왕적 위치에 대해 리타이또는 천도할 때 읊었던 시조에서도 "…하늘과 땅 가운데 있고, 용이 웅크리고 호랑이가 걸터앉은 지세이며 동서남북 중앙에 있으며 앞뒤로 산과 물이 있어 안락하다. 이 지역은 대지가 넓고 평평하나, 지형이 높고 깨끗하여, 백성들이 궁핍하지 아니하고, 장수하고 윤택한 삶을 누리리라. 월越국 어느 곳을 봐도 이곳이 승지니, 진정 만년을 누

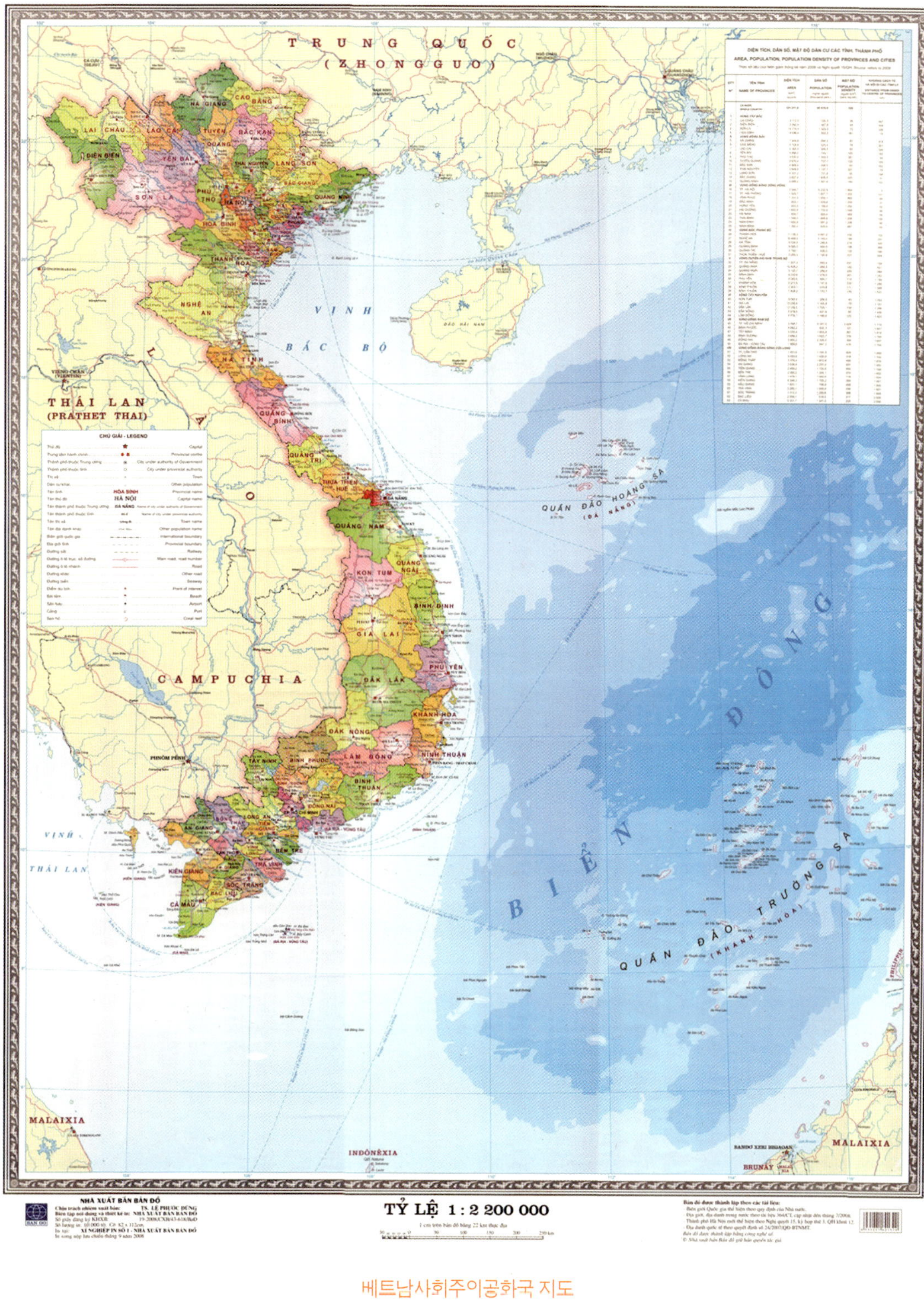

베트남사회주의공화국 지도

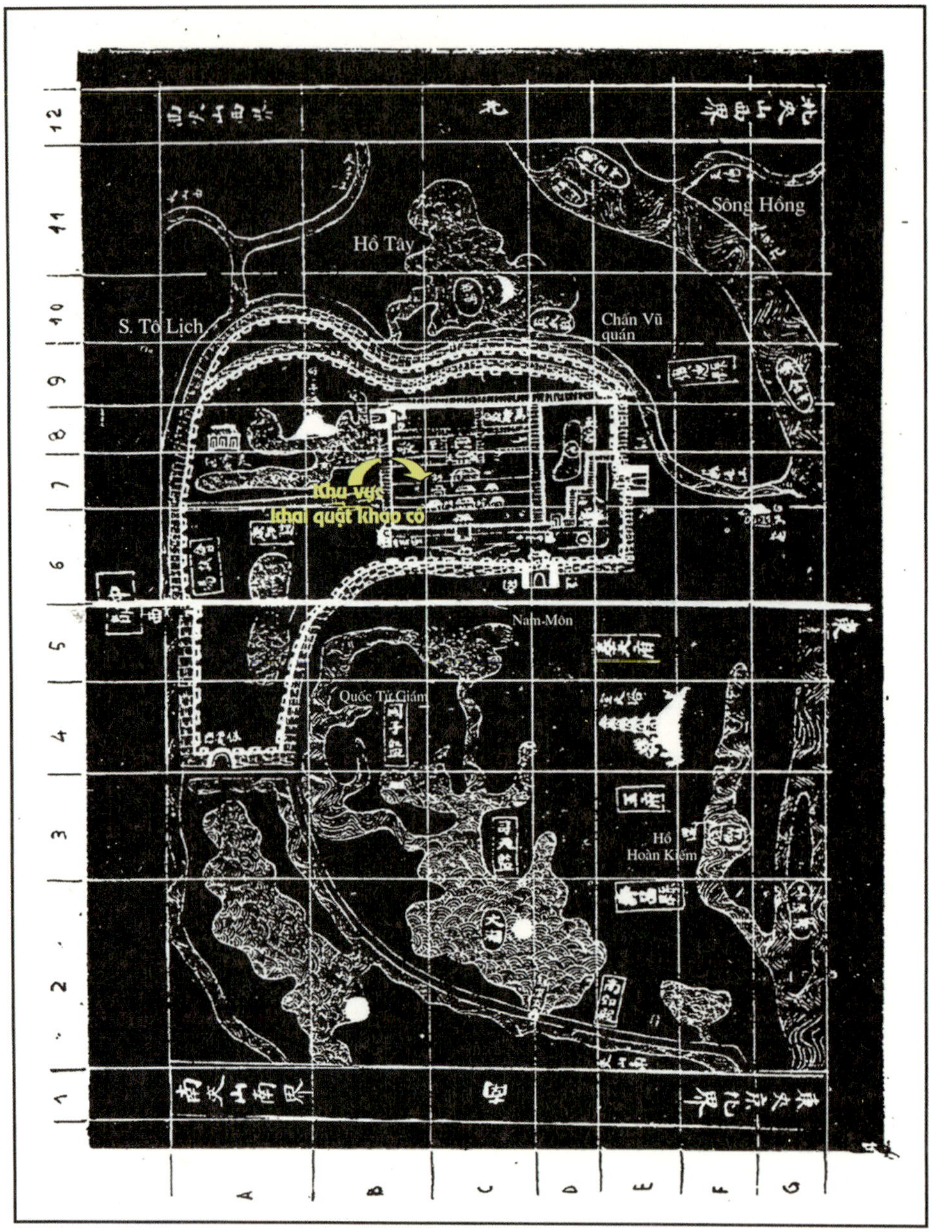

Bản đồ Thăng Long thời Hồng Đức (1490)

1 - A: Nam giáp Sơn Nam giới; C: Nam; F- G: Đông giáp Kinh Bắc giới.
2 - C: Đại Hồ; D: Lâm khang nhị cốc; E: Giáp Sơn Nam - Nam Giao điện - Thọ Xương huyện; G: Phù Sa châu.
3 - C: Tư thiên giám; E: Vương phủ; F: Hoàn Kiếm hồ.
4 - A: Bảo Khánh môn; B: Quốc Tử Giám; E: Bảo Thiên tháp.
5 - E: Phụng Thiên phủ.
6 - A: Hội thi trường, - Giảng Vũ điện; B: Tây Trường an;
C- D: Nam môn - Đông Trường An; D: Trì; G: Bạch Mã từ.
7 - A: Linh Láng từ; C: Đoan Môn - Thị Triều - Kính Thiên. D -E: Thái Miếu; E: Đông môn; F: Tô Lịch giang.
8 - B: Tây Môn; B-C: Chí Kính; C: Ngọc Hà - Vạn Thọ điện; D: Trì - Đông doanh.
9 - B: Hà Sơn tự - Quảng Đức huyện.
10 - C: Tây Hồ; D: Chấn Vũ quán.
11 - A: Giáp Sơn Tây; B: Thiên Phù giang; D: Nhĩ Hà;
D-E: Vạn Bảo châu; F: Thiên Đức giang; G: Giáp Kinh Bắc.
12 - A: Tây giáp Sơn Tây giới; C: Bắc; F- G: Giáp Sơn Tây giới.

홍득Hồng Đức시대 탕롱 지도(1490)

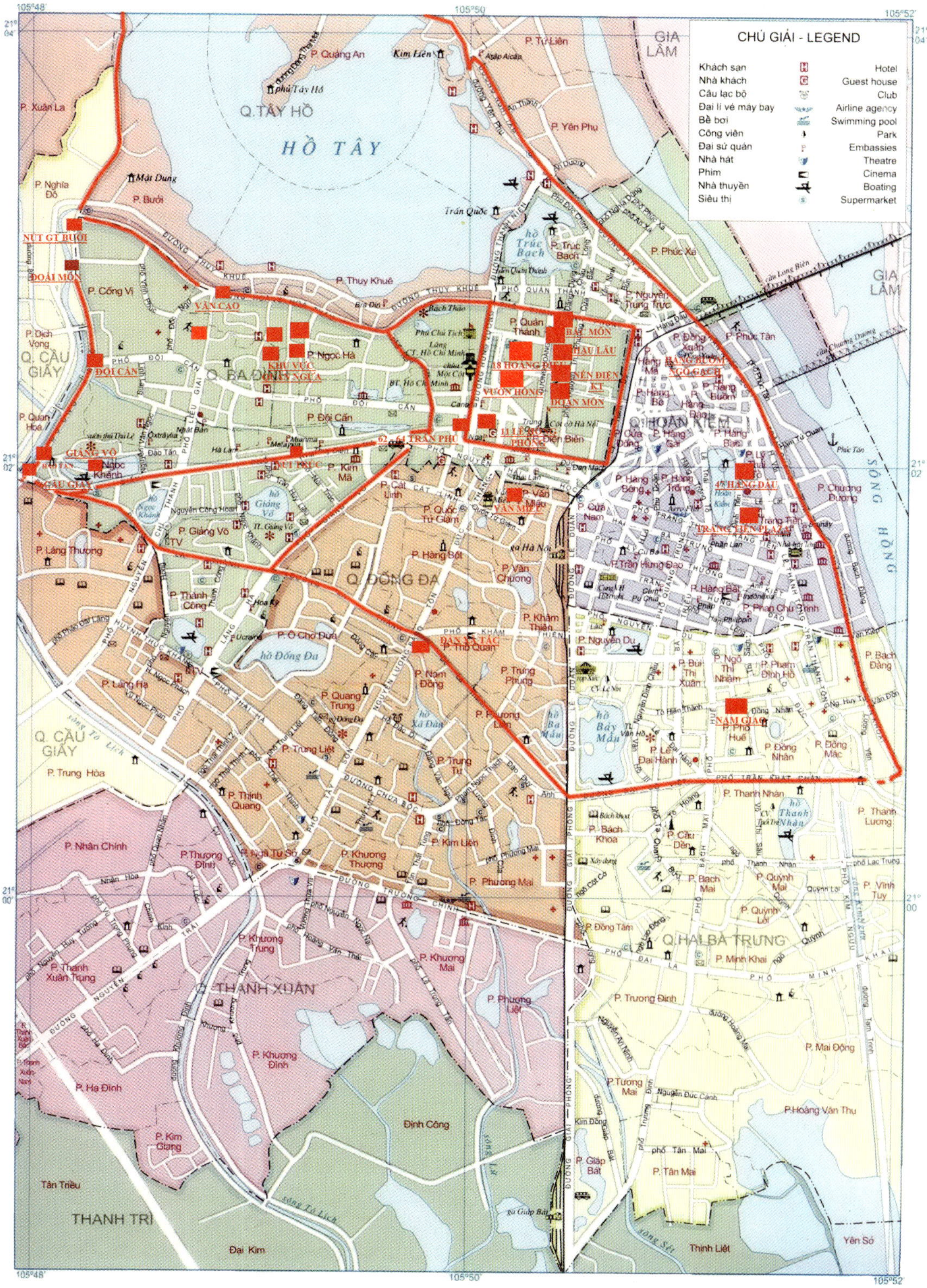
CHÚ GIẢI - LEGEND
Khách sạn Hotel
Nhà khách Guest house
Câu lạc bộ Club
Đại lí vé máy bay Airline agency
Bể bơi Swimming pool
Công viên Park
Đại sứ quán Embassies
Nhà hát Theatre
Phim Cinema
Nhà thuyền Boating
Siêu thị Supermarket
HỒ TÂY
Q.TÂY HỒ
Q.BA ĐÌNH
Q.ĐỐNG ĐA
Q.HOÀN KIẾM
Q.HAI BÀ TRƯNG
Q.THANH XUÂN
Q.CẦU GIẤY
THANH TRÌ
GIA LÂM
SÔNG HỒNG
NÚT GT BƯỞI
ĐOÀI MÔN
VĂN CAO
ĐỘI CẤN
GIẢNG VÕ
CẦU GIẤY
18 HOÀNG DIỆU
BẮC MÔN
HẬU LÂU
VƯỜN HỒNG
ĐOAN MÔN
62-64 TRẦN PHÚ
VĂN MIẾU
HÀNG ĐẬU
TRÀNG TIỀN PLAZA
NAM GIAO
105°48'
105°50'
105°52'

하노이시(중심지)

릴 수도지라 할 만하다"고 하였다.(『대월사기전서』 1998a: 241)

1010년부터 그 수많은 흥망성쇠의 변화를 겪으면서 탕롱Thăng Long-하노이Hà Nội는 언제나 베트남의 정치문화의 중심지로 자리잡고 있다. 그러나 어떻게 변화했건 경천궁điện Kính Thiên, 敬天宮(15세기)의 흔전을 중심으로 수도 탕롱의 옛터는 천년 전 천도할 적 탕롱은 "항시 경사京師(도읍)로 삼기에 최상지니라"라고 했던 리타이또의 말처럼 여전히 변하지 않고 그대로 남아 있다.

리Lý 왕조 이후 쩐Trần(1225~1400), 레 전기Lê sơ(1428~1527), 막Mạc(1527~1592), 레쭝흥Lê Trung hưng(1592~1788), 떠이선Tây Sơn(1788~1802), 응우옌Nguyễn(1802~1945) 왕조 등 베트남 봉건제 군주왕국들도 모두 이어 탕롱을 도읍으로 정하였다. 또한 도읍을 탕롱으로 정하지 않았더라도, 도읍 다음으로 탕롱은 항상 국가 최고의 전략적 요충지였다. 시대와 역사의 흥망성쇠와 더불어 수도 탕롱은 천년의 세월동안 대부분 훼손되어 지상에서는 거의 흔적이 남아 있지 않다. 다행스럽게도 그 화려했던 천년 수도의 흔적은 고고학적 발굴 작업을 통해 탕롱-하노이의 땅 깊이 적지 않은 흔적들을 간직하고 있었다.

2. 탕롱-하노이 연구와 고고학

탕롱-하노이에 관한 고고학은 19세기와 20세기 초부터 시작되었다. 그러나 시대와 사회적 여건으로 인해 이는 단순히 신도시 건설을 위한 토지개간사업으로서의 '이물질 수거작업'에 불과했다. 과학적 차원의 발굴은 1998년부터 착수되었으며, 특히 고고학연구소가 면적 30,000㎡ 규모 황지에우Hoàng Diệu 18 구역 발굴을 진행한 2002년부터 본격적으로 시작되었다.

탕롱 황성의 분포범위에 속한 지점은 뀐응으어Quần Ngựa(1927, 1987), 누이쭉Núi Trúc(1970), 호치민Hồ Chí Minh 묘소(1975), 장보쯔엉Giảng Võ Trường(1983), 황지에우Hoàng Diệu 5번지(1992), 허우러우Hậu Lâu(1998), 도안몬Đoan Môn과 박몬Bắc Môn(1999), 레홍퐁Lê Hồng Phong 11번지(1996), 문묘[Văn Miếu](1999), 짱띠엔 플라자Tràng Tiền Plaza(2000), 항저우Hàng Dầu 47번지(2001), 황지에우 18번지(2002-2003, 2008), 쩐푸(rần Phú 62-64번지(2001, 2008), 도안몬Đoan Môn(2003), 싸딱단đàn Xã Tắc(2006), 남자오단đàn Nam Giao(2008-2009), 경천궁[điện Kính Thiên](2008, 2011~2016), 반까오Văn Cao-황화탐Hoàng Hoa Thám(2012), 꺼우저이Cầu Giấy-다오떤Đào Tấn-도이껀Đội Cấn(2012-2013) 등을 대상으로 1972년부터 2012년까지 탕롱에 관한 고고학적 연구가 진행되었다.

고고학은 황지에우 18번지와 기타 중심가에 위치한 몇몇 지점에 대한 발굴을 통해 하노이 한가운데 두껍게 쌓인 문화지층에 숨겨진 거대한 탕롱 유물 꾸러미의 존재를 입증시켰다.

예를 들어, 탕롱-하노이 문화층인 황지에우 18번지 고고학 구역(좌표 XY 103-174부터 XY 107-174까지)에서는 최상층부터 최하층까지 다음과 같은 구체적인 자료를 담고 있다.

- 레Lê 왕조 문화층은 지표면에서 약 1m 아래에서 0.8~1m 서쪽으로 향한 단면으로 볼 수 있다. 해당 지층에는 레 왕조시대 건축의 흔적이 남아 있다.
- 쩐Trần 왕조 문화층은 평균 두께 36㎝로 리 왕조 문화층 바로 위에 형성되어 있다. 해당 지층에는 쩐 왕조시대 건축의 흔적이 남아 있다.
- 리Lý 왕조 문화층은 2개의 지층으로 구분된다. 상층은 평균 두께 19~20㎝, 중간층은 평균 두께 22~24cm, 최하층은 평균 두께 19~20cm로 형성된 황색이 섞인 회갈색 점토로, 흰색 얼룩무늬가 있다. 리 왕조 문화층은 리 왕조시대 건축의 흔적이 남아 있다.
- 딘Đinh-레 전기[Tiền Lê] 왕조 문화층은 두께 26~34㎝로 숯재가 섞인 흑갈색 조립질 점토로, 다이라Đại La와 딘-레 전기 시대 회색 벽돌 기와 파편(평균 3×4㎝~7×12㎝)을 포함해 형성되었다. 이 문화층에서는 딘-레 전기 건축양식의 특징인 나무로 보강된 기둥 터를 볼 수 있다.
- 다이라Đại La 왕조의 문화층은 2개의 지층으로 구성되며, 상층은 평균 두께 10~12㎝의 짙은 검정색 조립질 점토로 숯재를 다량 포함하고 있으며, 상대적으로 고르고 넓은 범위에 걸쳐 분포되어 있다. 하층은 60~70㎝ 두께이며, 검정과 회검정색이 뒤섞인 얼룩덜룩한 점토질로 숯재와 다이라 시대 회색 기와 벽돌을 다량 포함하고 있다. 이 문화층에서는 서로 겹쳐진 7장 벽돌의 흔적이 발견된다. 생토는 보랏빛을 띤 점토이며 유적지와 유물이 전혀 발견되지 않았다.

고고학적 발굴사업에서 최대 성과는 총 면적 40,000㎡ 이상에 달하는 황지에우 18번지 지점에서 이루어졌다. 이 발굴사업은 탕롱 황성 중앙부 유적지의 큰 가치를 재확인하기 위해 2003년, 2004년, 2008년 동안 과학연구의 반향을 불러일으켰다. 그리고 사업이 시작된 2002년부터 8년 뒤인 2010년, 탕롱 황성 중앙부는 유네스코에 의해 인류의 900번째 세계문화유산으로 등재되었다.

현대 문화층
응엔 시대 문화층 (19~20세기)
레 시대 문화층 (15~18세기)
쩐 시대 문화층 (13~14세기)
리 시대 문화층 (11~12세기)
다이라 문화층 (7~9세기)
발굴 토층

Ⅱ. 시대별 수도 탕롱의 흔적

탕롱은 1010년에 세워졌으나, 전체 역사는 탕롱 전기와 탕롱의 2개 시대로 나뉜다고 볼 수 있다. 유적지에서는 이 두 시대에 관한 많은 흔적이 발견되었다.

1. 탕롱 전기의 흔적

1) 풍응우옌Phùng Nguyên 선사시대 문화

싸딱단Đàn Xã Tắc 지점(오저즈어Ô Chợ Dừa 시장) 문화층은 기원전 약 3,500년경 고대 베트남인이 고원지대에서 수도 중심부로 유입되어 이곳을 본거지로 삼았음을 말해준다. 싸딱단 지점에서 출토된 풍응우옌 문화 석기, 그릇들이 이를 명확히 입증한다. 또한 싸딱단 지점 풍응우옌 문화 하노이의 지형, 지대가 풍응우옌 부락들에게 이곳이 해침 · 해퇴 때 북부 지역을 정복할 수 있기에 용이한 생활터전으로서 충분히 비옥한 곳이었음을 알 수 있다. 싸딱단의 풍응우옌인은 고대 베트남인 중에서 수도 중심부로 입성한 최초의 유목민이다.

2) 서기 초부터 약 5~6세기까지

하노이 중심부는 이곳에서 살고자 하는 고대 베트남인들이 날로 많이 유입되어 붐비는 곳이 되었다. 싸딱단 고대 베트남촌은 넓은 규모와 문화층 두께 약 1m를 자랑한다. 이 시대 싸딱단 거주민들은 농사를 지었으며(대형 도자기), 투망(그물)과 뽕나무를 심어 누에를 키워(베틀) 생활하였다.

3) 약 7~8세기부터 10세기 초반까지

하노이는 중국 수나라와 당나라가 이곳에 도호부都護府를 설치하기로 하면서 큰 변화를 맞이한다. 하노이 시내에 속한 크고 작은 모든 지역이 도호부 지휘 아래 일제히 개조, 재건되어 똥빈성Tống Bình, 宋平城이라 불렸는데, 나중에 다이라성Dai La, 大螺城이라는 보편적인 이름으로 알려지게 된다. 다이라성 유적은 아직 발견된 바 없으나 G3-4 발굴지 브언홍Vườn Hồng 발굴작업 중 탕롱 문화층에서 가로 21m(동-서), 세로 24m(북-남) 크기의 나무 말뚝 흔적을 찾아냈다. 유적의 규모가 크

고, 견고한 만큼 일부 고고학자들과 사학자들이 다이라성루 서쪽 터 흔적일 수도 있다는 가설을 세웠다. 이는 황지에우 18번지, 브언홍, 경천정전敬天正殿-즉, 목재기초가 동쪽으로 기운 구역-에서 발견된 목재기초의 '안쪽內'편에 모두 0.5~0.7m 두께의 탕롱 전기(8~10세기 초) 문화층이 존재하며 그 시대 건축 유적과 유물이 빼곡하게 분포되어 있다는 점에서 더욱 잘 알 수 있다.

먼저 日자와 T자 형태의 다이라성 건축기초로부터 알 수 있다. 다이라성 건축양식은 기초공사에 회색 직사각형 벽돌이 사용되었고, 흙기와를 여러 겹 쌓아 지반을 다졌으며, 암 · 수키와를 지붕에 얹었다. 영수靈獸, 물을 헤엄치는 악어, 연꽃, 국화 같은 장식용 건축자재가 일부 발견되었고, 수많은 일자형 벽돌에 '강서군[Giang Tây quân]'이라는 글자가 새겨져 있었다. 건축과 관련하여 하수시설도 어느 정도 모양새를 갖추어 꽤나 복잡했던 것으로 보인다.

다이라성 내부에서도 월족越族이 사용했던 그릇(빗살무늬토기, 유약바른 하얀병)뿐만 아니라 중국풍 도자기(청자, 백자), 청색 서아시아 이슬람풍 그릇 등이 다수 출토되었다. 이처럼 8~9세기 도호부都護府로서 첫 모양은 당나라의 영향을 받아 꽤 규모 있게 지어졌으나 코끼리상, 벽돌에 새겨진 악어문양에서 보듯 베트남의 문화도 명확하게 잘 나타나 있다.

브언홍Vườn Hồng 지점에서 발견된 우물의 설치 기술은 8~9세기 사이 만들어진 모든 우물 중 제일 특별한 구조를 지닌다. 작업자는 원형 우물을 설치하기 위해 필요한 만큼 휜 벽돌을 특별히 제조하였고, 이 특이한 모양의 벽돌을 서로 연결하기 위해 양쪽에 조립 가능한 별도 노치(notch)를 만들어 독특한 둥근 무늬를 만들어냈다.

4) 딘Đinh-레Lê 전기 시대

968년, 딘띠엔황Đinh Tiên Hoàng이 칭제하여 호아루Hoa Lư(닌빈Ninh Bình)를 도읍으로 정하였으나 일찌감치 다이라 지대의 위치적 중요성에 대해 인식하여 큰 관심을 보였다. 딘-레 전기 시대에 다이라 지역은 경부라고 불리며, 행정구역 중 가장 큰 단위를 뜻하며 옛 베트남의 가장 중요한 행정구역이었다. 이로써 황지에우 18구역에서 딘-레 전기 연대의 문화층이 발견되어 유적, 유물이 다양하게 출토되고 있음이 증명된다. 이것은 돌 또는 나무로 된 기둥 지지대와 무덤, 암 · 수키와, 연꽃, 원앙이 그려진 기와와 '대월국군성전[Đại Việt quốc quân thành chuyên]'이라는 글자가 새겨진 벽돌 등 건축 유물과 석조상 머리, '태평흥보[Thái Bình hưng bảo]'와 '천복전보[Thiên Phúc trấn bảo]' 엽전 등이다.

2. 수도 탕롱의 흔적

1) 리Lý 왕조시대 수도 탕롱의 흔적 (1010~225)

1010년, 다이라Đại La 경부로 천도를 결정한 직후 리타이또Lý Thái Tổ는 3면의 성곽을 포함한 도시계획과 도시개간에 집중하였다.

다이라는 1014년에 이르러 마침내 완성되었다. 이는 황성과 금성, 각계각층 백성들의 주거지 전체를 둘러싸는 외성곽이었다. 다이라는 리Lý 왕조 시대에 이르러 도시규모가 확정되었고, 이를 나타내는 분계점은 대다수 훼손되었으나, 현존하는 유적은 다음과 같다. 성곽의 동쪽인 홍강제방, 북쪽은 대략 호에냐이Hòe Nhai-항탄Hàng Than(찌에우동Triều Đông 문) 거리를 시작으로 황화탐Hoàng Hoa Thám을 지나 브어이Bưởi(도아이몬Đoài Môn 통과시)까지, 꺼우저이Cầu Giấy(떠이즈엉Tây Dương 성문 통과시)까지, 라타인La Thành 거리를 따라 (싸딘Xạ Đình 통과) 쩌즈어Chợ Dừa 성문

(싸딱단đàn Xã Tắc 통과시)까지, 데라타인-낌리엔Đê La Thành-Kim Liên 거리까지, 다이꼬비엣-쩐콹쩐Đại Cồ Việt - Trần Khát Chân 거리까지(남자오Nam Giao 문, 남자오 단 통과), 오동막Ô Đông Mác(반쑤언Vạn Xuân 문)까지, 홍Hồng 강 제방에서 다시 만나는 지점까지다. 연구에 의하면 기본적으로 다이라의 각 분계점은 꽤 통일성 있다. 리 왕조 다이라 성의 유적은 고고학적 탐사가 이루어진 꺼우저이Cầu Giấy, 다오떤Đào Tấn, 도이껀Đội Cấn 지점에서 발견되고 있다. 각 층은 짙은 점토질로 지층 구분이 뚜렷하다. 다오떤, 도이껀, 꺼우저이는 고고학적으로 당시 개간기술이 매우 우수하며, 이 왕조의 독자적인 기술이 있었음을 보여준다. 지층 입자가 매우 작고(5~10㎝), 다오떤 지점에 잔존한 최고 높이는 대략 5.5㎝ 이상이다. 수도 탕롱의 다이라 성은 전반적으로 리 왕조 시대에 형성되어 안정기에 접어들었다.

가장 초기에 지어진 성곽(1010년)은 탕롱성이었다. 이 성채에는 동Tường Phù, 서Quảng Phúc, 북Diệu Đức, 남Đại Hưng쪽으로 4개의 문이 있다. 탕롱성 경계에 관한 연구 결과, 동쪽 경계는 투옥박Thuốc Bắc 거리에, 북쪽 경계는 판딘풍Phan Đình Phùng-콴탄Quán Thánh에, 남쪽 경계는 쩐푸Trần Phú 거리에 위치하는 것에 의견을 모은다. 한편, 서양 연구자들은 확연히 다른 견해를 가지고 있다. 기본적으로 이 지역 밖의 리Lý-쩐Trần왕조 기간의 고고학적 증거들로서는 리 왕조 시대에 이 지역이 탕롱 황성에 속하였는지 여부를 증명할 수는 없다는 주된 이유에서 우리는 리 왕조시대 탕롱성(탕롱 황성)의 서쪽 경계가 옹익키엠Ông Ích Khiêm 거리와 낌마Kim Mã 버스정류장 사이에 있다고 잠정적으로 가정하였다. 반면에, 낑티엔Kính Thiên, 도안몬Đoan Môn, 허우러우Hậu Lâu, 박몬Bắc Môn, 황지에우Hoàng Diệu 18번지와 쩐푸Trần Phú 62-64번지 같은 고고학적 유적지에서 발견된 고고학적 흔적은 이 지역에서 리 왕조시대의 탕롱 황성의 흔적임을 분명히 증명한다. 이것은 또한 리 왕조 탕롱성에 관한 고서적의 기록과도 일치한다. 더욱이 역사에 기록되길, 탕롱성은 까오비엔Cao Biền(9세기)의 다이라 성채를 기반으로 지어졌다. 성채의 원주는 약 6㎞에 달하는데, 이는 리 왕조의 탕롱 성채와 일치한다. 바로 이 황지에우 18번지에 위치한 탕롱 황성 중앙부에서 다른 지역(꿘응으어Quần Ngựa 등)에서는 찾아 건축 유적이 다수 발견되는 지층인 다이라 문화층을 찾아볼 수 있다.

제일 안쪽 성채 또는 탕롱금성은 리 왕조시대에 용성이라 불렀다. 이 성은 왕가의 거주지와 집무실, 황실의 가장 중요한 기관을 둘러싸고 있다. 현재 중앙부에는 약 700m 길이 2, 3개의 흔적이 금성의 남쪽으로 도안몬Đoan Môn과 땀몬Tam Môn(꼿꺼Cột Cờ), 서쪽으로 일주사가 남아 있다. 서쪽 경계는 일주사 동쪽에, 남쪽 경계는 하노이 깃대에, 북쪽 경계는 판딘풍Phan Đình Phùng의 남쪽에 위치한다.

VILLE DE HANOÏ
ASSEMBLAGE PHOTOGRAPHIQUE AU 1/5.800e
N
MISSION EXÉCUTÉE
PAR L'AÉRONAUTIQUE MILITAIRE D'INDOCHINE
LE 12 AOÛT 1936
ÉQUIPAGE
Pilote: Sergent-Chef Salaün
Observateur: Sergent-Chef Bastet

하노이시

이처럼, 3중으로 겹쳐 중심이 북쪽으로 치우친 구조는 수도 탕롱의 특징이다. 이 성에 리 왕조는 궁궐, 누각, 절, 탑, 사당, 신사, 사원, 재단, 생활공간, 왕과 왕자, 조정대신의 집무실을 지었다.

먼저, 다이라탄Đại La thành(최외곽)은 깐응웬Càn Nguyên-티엔안Thiên An 정전, 교육기관인 문묘, 제례기관(싸딱Xã Tắc 단, 남자오Nam Giao 단, 동꼬Đồng Cổ 사당, 타이미에우Thái Miếu 사당)을 중점으로 건설된 황궁이다. 모든 것은 리 왕조시대의 왕과 왕가의 정당한 권력을 제고하는데 집중하였다.

리 왕조 건축의 흔적은 지반, 기초, 마당구조를 통해 다른 왕조와 명확하게 식별된다. 그 중에서 지반은 점토로, 마당 둘레는 벽돌로 지었으며, 내부 마루와 마당 바닥은 당시 일반적으로 네모난 벽돌로 만들어졌고, 이 벽돌은 노란빛을 띤 적색 황토로 빚은 다음에 고열의 화덕 안에서 오래 구워낸 것이다. 리 시대 토목·건축의 가장 중요한 성과는 바로 나무집의 전체적인 틀을 받쳐준 기둥받침을 만든 것이라고 할 수 있다. 지반이 약하고 산사태가 쉽게 일어난 지역에 위치한 대형 건축물이 가라앉지 않도록 리 시대의 기둥받침은 섬세하고 견고하게 지어졌다. 보통 기둥받침은 네모모양이며, 한 가장자리의 평균 규격은 100~200㎝, 깊이는 100~300㎝이고, 다양한 자재(도자기 조각, 벽돌 기와 조각, 가장 흔한 자재가 자갈이다)로 여러 층을 겹쳐 촘촘하게 만들었다. 리 왕조시대에는 지하에 묻혀 있는 기둥 유형도 존재했다. 그러나 이 특징은 일부 건축물에만 있으며, 종종 기둥 받침과 결합된다. 기둥받침 위에 연꽃을 새긴 돌덩이를 두었고 드물게 둥근 모양이나 직사각형 모양의 기초도 몇 개 있지만, 이 모양은 많지 않다.

리 왕조 건축의 평면은 직사각형, 정사각형, 육각형, 팔각형을 이루고 있다. 기둥받침의 분포에 따르면 직사각형의 건축물이 가장 보편적이며, 서까래의 수가 다양하여 2열, 3열, 4열, 6열, 7열이 있다. 잘 알려진 A구역 7열 건물이 가장 큰 규모를 지닌 견고한 건축물이다. 각 건물의 내부 칸 수가 각각 달라 1칸, 7칸, 8칸, 9칸, 11칸, 13칸이다. 복도형 건물의 칸 수는 그보다 더 많을 수도 있다. 리 왕조의 건축물은 모두 남북 및 동서방향으로 통일되어 지어졌으며, 길이, 넓이, 기둥의 모든 치수는 모두 3으로 나눌 수 있다. 이는 리 왕조의 건축물 통합 표준 및 통합 계획에 따라 구축되었음을 증명한다. 유적지에서도 성벽 기초가 발견되었다. 남서쪽으로 170.80m, 너비 1.90m의 동서로 이어지는 벽 유적으로 궁전의 넓

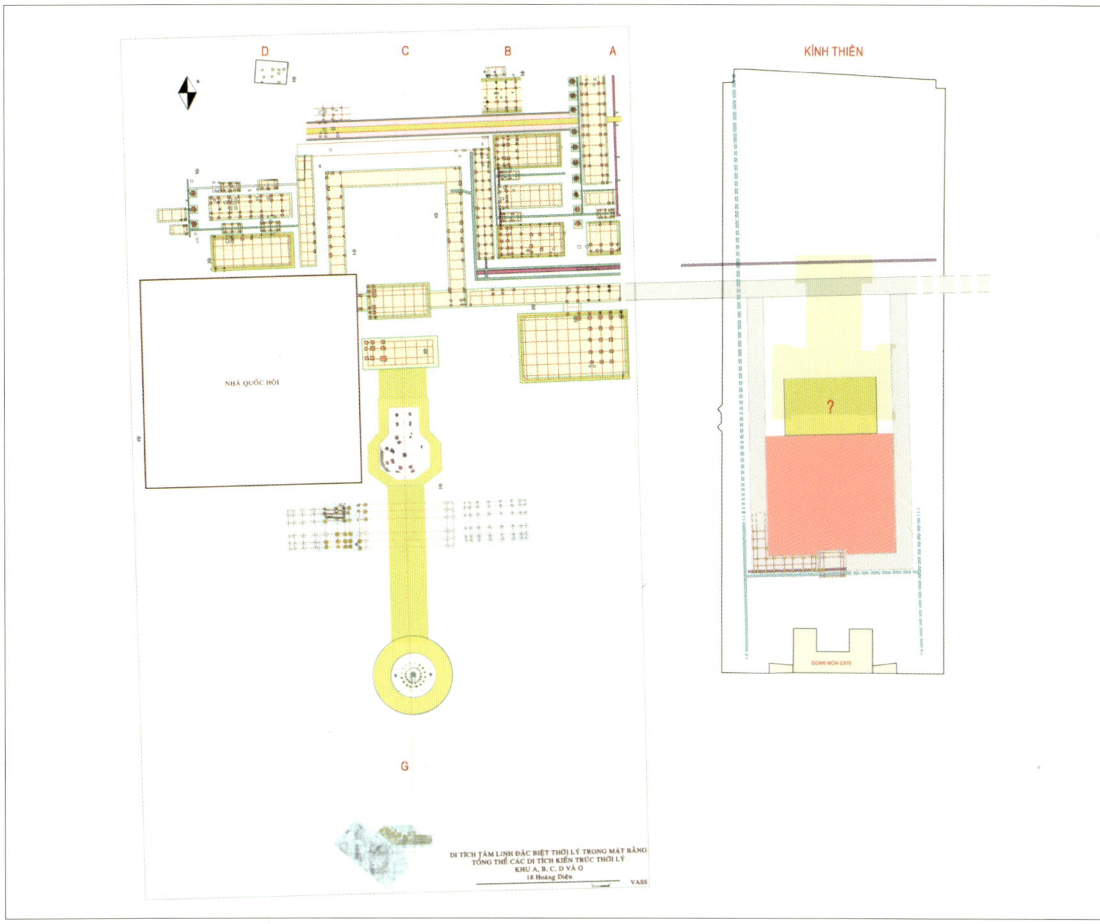

은 지역을 구분할 수 있다. 배수로는 여러 종류가 있다. 전체에 거대한 배수로가 위치하고 있고, 작은 배수 하수도는 일부 건물용으로만 사용 가능하며 건물 지하에는 지하 배수도가 있다. 리 왕조의 배수관은 매우 정교했고, 리 왕은 배수관 전용의 큰 타일과 평행 타일을 별도 제작하여 배수로를 지었다. 경천궁 앞면이자 도안몬 북쪽 지점 거리에 높이와 넓이가 2m인 거대한 수로가 발견되었고, 전체가 벽돌로 지어져 있다. 이는 수도의 궁전 건설시 배수에 특별한 주의를 기울였음을 보여주고 있다.

탕롱에 있는 리 왕조시대 건축의 구조는 기본적으로 나무이므로 거의 대부분이 파손되었지만, 일부 남아 있는 리 왕조의 목조건축물은 리 왕조시대의 목재 틀이 확실히 정교하다는 것을 보여주고 있다.

리 왕조시대의 건축물은 하나같이 각종 잎, 용, 봉황, 원앙, 사자, 악어 등으로 장식되어 있고, 용머리, 연꽃, 국화로 장식된 기와를 사용하였다. 베트남 예술의 역사에서 가장 높은 단계의 예술 수

준을 보여준다.

딘 왕조-레 전기 왕조시대의 도자기 생산 기술로 인해 탕롱은 리에서 베트남 최대 도기 생산지가 되었다.

리 왕조의 전반적인 건축, 자본 계획, 예술은 불교 세계의 짙은 영향 아래 국내와 세계의 여러 국가의 문화와 교차하며 베트남 문화의 높은 창조 정신을 표현하고 있다.

2) 쩐Trần 왕조시대 수도 탕롱의 흔적 (1225~1400)

초창기의 수도 계획의 일반적인 특징은 기본적으로 리 왕조와 동일하지만, 고고학적 발견으로 또 다른 특징을 알 수 있다.

다오떤Đào Tấn, 닥껀Đội Cấn, 꺼우져이Cầu Giấy의 위치에서 쩐Trần 왕조 아래 토양층에서 다이라Đại La 왕조에 이은 리Lý 왕조의 토양층을 발견할 수 있었다. 쩐 왕조는 리 왕조에서와 같이 켜켜이 층으로 덮지 않고 간단히 덮어서 압축했다.

리 왕조시대의 건축을 재활용한 쩐 건축물의 유적도 중심지에서 다소 발견되었다. 건축 기둥 재단은 리 왕조시대의 기둥 토대 옆에 위치하고 있다. 쩐 왕조의 기초석 기둥의 대부분은 리 왕조 때보다 높이 위치하고 있다. 기술적으로, 탕롱성에서 쩐 왕조의 건축 기초는 리 왕조시대만큼 철저하지 않다. 자갈을 사용하는 기둥 구조(A구역 북쪽 건축 흔적)가 있지만, 기둥 기초의 대부분은 더 작

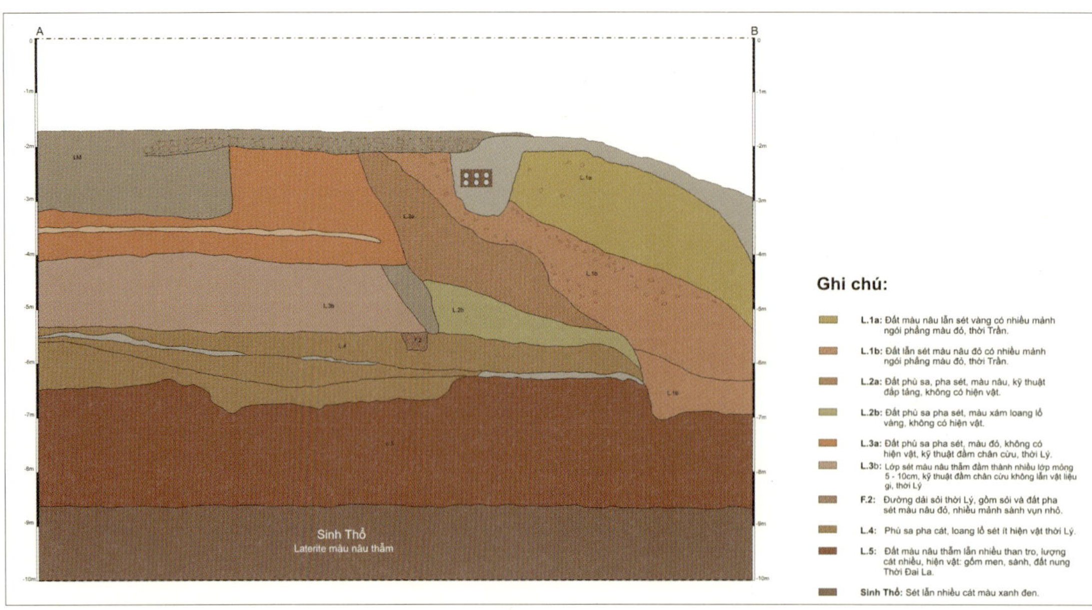

은 크기의 벽돌과 타일을 사용한 것으로 밝혀졌다. 따라서 리 왕조시대와 비교하여 쩐 왕조의 계획과 건설에는 큰 변화가 있다고 볼 수 있다. 13세기 전반의 쩐 왕조의 탕롱건축은 기본적으로 티엔안Thiên An, 天安 궁과 다른 위치를 재사용하였다. 그러나 역사적으로 두 왕의 정치체제를 유지하던 시대적 영향으로 쩐 왕은 2개의 큰 궁전을 짓게 되었다. 동쪽에 왕을 위한 Quan Triều 궁을, 서쪽에는 상왕을 위한 Thánh Từ 궁을 지었다(티엔안 궁 위치). 13세기 말에 이르러 계속적으로 건설되던 황궁은 기존 계획 및 건축 방식에 있어, 전통적인 스타일 외에도 새로운 스타일을 창출하기도 했다. 예를 들어, 궁전 부지 또는 성벽 주위에 '레몬 꽃'장식등을 만드는 것은 쩐 왕조시대의 독특한 특징이다.

연꽃 지붕 타일과 코 기와의 발전은 쩐 왕조시대의 독특한 건축자재의 특징이라 할 수 있다. 갈색 도자기를 발전시킴과 동시에 청자도 만들기 시작했고 이는 쩐 왕조의 고유한 도자기 특징이라 볼 수 있다. 쩐 왕조는 기본적으로 리 왕조의 전통을 따랐지만 점차적으로 좀 더 단순하고 담백한 스타일로 변화했지만 리보다 더 자유롭고 다양한 양상을 띠고 있다.

1397년에 호꾸이리Hồ Quý Ly 대신은 떠이도Tây Đô(냐호성Nhà Hồ-현 탄호아성Thanh Hóa)으로 쩐 왕을 보내고, 탕롱은 동도Đông Đô라 명하였다. 1407년 명나라 침략 이후 탕롱을 파괴하고 지배 관아로 사용하였다. 1427년, 국가 영웅 레로이Lê Lợi의 지휘 아래 람썬Lam Sơn 반란을 성공시켜 탕롱을 다시 찾고 탕롱에서 수도를 지속하기로 하였다.

3) 레써Lê Sơ 왕조시대 수도 탕롱의 흔적 (1428~1527)

중국 명나라 침공에 의해 망가진 탕롱은 레타이또Lê Thái Tổ 왕에 의해 완전히 새롭게 세워졌다. 그러나 레써 왕조 초기의 타이또Thái Tổ 왕, 타이 똥Thái Tông 왕, 년똥Nhân Tông 왕 통치 하의 탕롱은 리Lý-쩐Trần 왕조 탕롱구역의 기초 위에 세워졌기에 다오떤Đào Tấn, 반까오Văn Cao, 꺼우저이Cầu Giấy, 닥껀Đội Cấn, 도안몬Đoan Môn에서의 발굴작업은 15세기 전반기의 지층을 발견하지 못하였다.

레타잉똥Lê Thánh Tông 시대 약 1490년경에 이르러 탕롱 서쪽구역의 건축계획에 큰 변화가 있었다. 반까오 지역에서는 15세기 후반 약 14겹의 지층 분석을 통해 이곳에 성루가 있었음을 확인하였다.(남아 있는 높이 5.10m, 길이 20m 이상). 이는 레타잉똥 시대에 새롭게 덮인 토양의 새로운 층으로 레타잉똥 왕의 탕롱 황성 서쪽 구역에 대한 역사적 기록이 증명하고 있다. 이는 레타잉똥 시대의 탕롱성의 진위성을 증명하는 레Lê 왕조시대(15~18세기)의 지도들에 그려진 탕롱성과 일치하며, 베트남 역사상 제일 큰 탕롱성의 규모를 자랑했던 레타잉똥 시대의 탕롱성을 확인할 수 있다. 이러한 장대한 수도를 건설하기 위해 레써왕은 건설을 위한 인력과 물자를 총동원하였다. 문헌에 따르면,

L4
L5
L6
L7
L8
L9
L10
L11
L12
L13

레타잉똥 왕은 부휴Vũ Hữu 상서에 탕롱 황성 건설을 전담시켰고 동화Đông Hoa, 다이홍Đại Hưng에서 진행된 탕롱성 건설에 단 한장의 벽돌도 모자라지 않았다고 전해온다(Vũ Phương Đề 2001:20). 정규 군대 역시 정기적으로 수도 건설에 동원되었다. 그렇기에 레써 왕조의 각 벽돌에는 Tráng Phong, Vũ Phong, Hổ Uy, Tam Tự, Huyền Qua, Vũ Ky, Chiêu Thắng, Tam Phụ, Thiên Uy, Trung Uy, Dương Võ, Sùng Uy 부대 등과 같이 건설에 동원된 각 부대의 정확한 표식이 있다.

레써 왕조시대의 예술은 쩐 왕조시대에 기반을 두고 있지만 근본적으로 새로운 왕조의 특징을 가지고 있다. 벽 기초, 건축기둥 기초는 붉고 네모난 벽돌 잔해 층으로 이루어져 있었다. 레써 왕조의 예술가는 파랗고 노란 유약으로 용을 장식했고, 5개의 손톱을 가진 용과 봉황을 그려 넣었으며, 창의적인 방법들로 황제와 왕좌의 권력집중을 표현했다.

레써 왕조시대에 탕롱 도자기는 기술적인 면과 예술적 우수성의 절정에 이르렀다. 왕궁에 상납되는 것 외에도 탕롱 도자기는 동남아시아, 오키나와(일본) 및 기타 여러 국가의 다른 국가들과의 수출 시장에도 관여하여 베트남의 도자기 수출 황금시대에 크게 기여했다.

4) 막Mạc 왕조시대 수도 탕롱의 흔적 (1527~1592)

막Mạc 왕조는 즈엉 낀Dương Kinh(현재 하이퐁Hải Phòng)에 새로운 수도 건설에 특별한 관심을 보였기에, 탕롱은 새로운 건축물은 없는 것으로 보인다. 막 왕조는 초기 레써 왕조시대의 궁전의 일부만 수정했기 때문에 탕롱의 타일과 석조물은 거의 발견되지 않았다. 일부 벽돌과 타일에서 용무늬가 발견되었으나, 레써 왕조시대의 화려하고 복잡한 문양에 비해 더 간결하고 소박한 양식을 띠고 있다. 막 왕조시대의 도자기는

여전히 고급 도자기(화이트 세라믹, 블루 세라믹, 청자의 도자기)에 있는 장식 용과 봉황 역시 레써 왕조만큼 풍부하고 다양한 아름다움을 띠고 있지는 않지만, 탕롱에서 도자기 생산의 전통을 이어가고 있는 것을 나타내고 있다.

5) 레쭝흥Lê Trung Hưng 왕조시대 수도 탕롱의 흔적 (1592~1788)

남북전쟁이 끝난 후 탕롱의 전체적인 구조는 규모와 기능면에서 근본적인 변화가 있었다. 레쭝흥 왕조의 전기에 레찐Lê-Trịnh 왕조는 서쪽 수도를 완전히 버렸다. 레써 왕조와 막 왕조의 넓고 큰 성채는 더 이상 사용할 수 없었다. 1749년이 되어서야 서쪽에 있는 다이라 성의 주변이 남아 있는 유적으로 응옥하Ngọc Hà 길 주위에서 발견되었으나 꺼우저이Cầu Giấy, 다오떤Đào Tấn, 닥껀Đội Cấn, 브어이Bưởi, 반까오Văn Cao 지역에서는 레쭝흥 왕조시대의 흔적은 발견되지 않았다.

17세기 레쭝흥 왕조시대의 성은 레써 왕조시대의 성벽지반을 완전히 재활용하여 지었으며 주로 성벽을 쌓기 위한 큰 벽돌이 주로 사용되었으며 작은 타일벽돌이 일부 사용된 곳도 있다. 특히, 도안몬Đoan Môn-경천궁[Kính Thiên]의 복도건축물은 큰 기둥 기초가 있다. 홍 가든[Vườn Hồng]에는 레쭝흥 왕조시대와 비슷한 기둥기초 건축의 흔적이 있다. 탕롱 황성에 있는 레쭝흥의 예술은 막 왕조시대와 이어지지만 왕실 예술(경천궁 바닥과 남지아오Nam Giao 묘비 유물의 용을 새긴 석조 난간)의 성격을 띤 양식이 더 발전하는 양상을 보인다.

6) 응웬Nguyễn 왕조시대 하노이성의 흔적 (1802~1945)

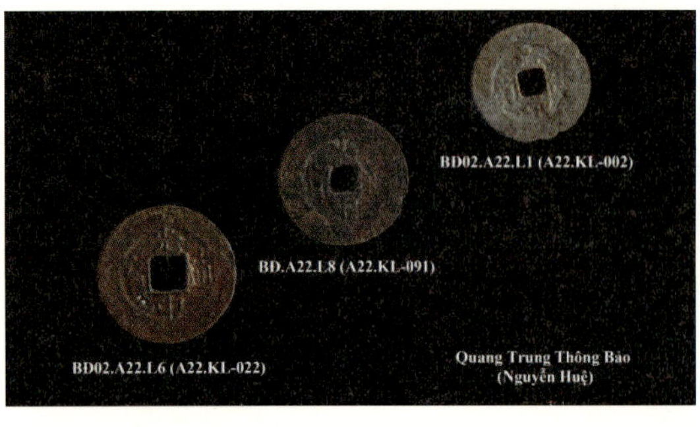

응웬 왕조 이전 떠이썬 왕조시대는 그 기간이 짧고 수도가 아니었기에 유약을 바른 도기, 엽전 등 일부 유물만이 남아 있다.

응웬 왕조는 베트남 역사상 최후의 군주국이었고, 남부의 수도는 후에Huế(베트남 중부)로 옮겨졌다. 19세기 말, 프랑스인은 하노이를 파괴

했지만 Kính Thiên, 도안몬Đoan Môn, 박몬Bắc Môn, 꼿꺼Cột Cờ 지역은 남겨 두었다. 2001년부터 2009년까지 고고학적으로 하노이시 남서쪽 구석 쩐푸Trần Phú 거리 62-64번지에서 성벽을 발견하였다(기초는 녹색 돌과 작은 벽돌로 지었고, 벽은 붉은 흙과 커다란 벽돌로 지었다). 하노이성 내 경천궁 부지에는 응웬 왕조시대의 기둥 기초에 해당하는 건축적 토대가 있으며, 바닥에는 Bat Trang 타일이 깔려 있다. 꼿꺼Cột Cờ-박몬Bắc Môn의 건축 흔적은 응웬 왕조시대 탕롱성의 예술적 특징을 반영하고 있고, 이는 서양의 영향을 받은 전통 예술의 조화가 특징이라 할 수 있다.

1945년의 혁명 이후, 탕롱-하노이는 베트남 민주공화국에서 이후 베트남 사회주의 공화국의 수도가 되었다. 1954년 이후, 탕롱 황성의 중심지에는 집터 유적과 지하터널 D.67이 있다. 이는 조국을 지키기 위한 베트남 인민군 본부의 유물이며, 과거부터 현재까지 이어지는 역사유산의 연속성을 상징하기도 하다.

IV. 가치

일반적으로 탕롱문화유적지는 유네스코 세계유산협약 제77조에 정의된 세 가지 등재기준 (ii), (iii) 및 (vi)를 충족시킨다. 탕롱 수도 유적지의 완전성은 세계문화유산 조건의 세 가지 등재조건을 충족시키고 있지만, 이를 나타내는 더욱 명확하고, 오래되고, 깊이 있는 근거는 베트남의 독보적이고 다양한 고유의 문화를 지닌 천년의 탕롱 문화유적을 반영하고 있다. 이 유적은 천년 이전의 역사속 베트남 고유의 다양하고 풍부한 문화유산이 바탕이 된 유적이기에 더 뜻깊은 문화라 할 수 있다. 유산은 제일 오래된 권력이며, 과거로부터 오늘날까지의 역사와 문화의 실증을 근거로 한다.

Ⅳ. 가치의 보존과 증진

탕롱 수도유산에 대한 조사는 단지 15년 동안 일정한 규모로 지속적으로 시행되었다. 총 발굴 면적은 총 유적지 면적의 5~6%밖에 되지 않는다. 그렇기에 탕롱-하노이에 대한 조사는 오랜 기간 지속될 것이다. 지하 유적들을 보존하는 일은 실로 많은 어려움이 있기 때문에 각 처에서 가치를 보존하고 증진하기 위한 계획을 연구하고 개발해야 한다. 이러한 계획은 다음과 같은 유네스코가 권고하는 몇 가지 주요 과제와 함께 단계적으로 시행되어왔고 지속될 것이다.

- 탕롱-하노이에 대한 고고학적 발굴과 탕롱 수도에 대한 종합적 역사 연구
- 탐방객을 위한 일부 특별한 유적의 보존. 그 외 지하 유적지를 현재 상태대로 지키고, 다시 조사가 필요할 경우 재발굴할 수 있는 많은 다른 발굴지의 보존
- 과학적 조사 결과와 국내외 전문가들과의 협력을 기반으로 현장유적박물관 및 탕롱박물관 건립을 연구하는 계획 개발

이는 정리해내기에 복잡하고 실로 방대한 규모의 유산으로서 매우 어렵고 시간이 많이 걸리는 보존 연구 계획이다. 그렇기에 국제 전문가들의 자문이 절실한 상황이다. 탕롱 황성-하노이 유산을 잘 보호하고 유지하는 것은 동남아뿐만 아니라 아시아의 고대 수도 문화의 보고에 가치를 더 할 수 있을 것이다.

백제왕성
서울 풍납동 토성의
현재와 미래

Present and Future
of Baekje Royal Fortress in Pungnap-dong, Seoul

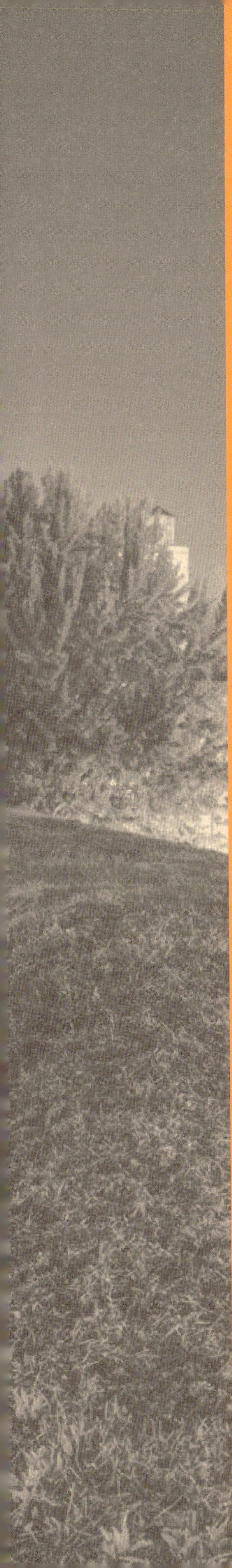

제2부 총평

조유전 전 국립문화재연구소장

이종철 한성백제왕도세계유산등재추진위원회 위원장

총평 2 - 1 / 조유전(전 국립문화재연구소장)

풍납토성 발굴 20주년 기념 학술회의의 토론자가 아닌 총평자로 나오라고 해서 조금 갸우뚱했습니다. 그런데 풍납토성과 저 개인과의 관계는 여기 이종철 위원장님도 계시지만 무려 54년이라는 인연을 가지고 있습니다. 문화재 관리를 위한 문화재보호법이 1961년에 발의돼서 1962년에 공표되었습니다. 신희권 교수가 처음 발표에서 두루 역사를 이야기했습니다만, 1963년인가 그때 일제시기에 사적으로 지정됐던 것을 그대로 우리나라가 국보, 보물, 사적으로 구분하여 지정해서 풍납토성이 사적으로 지정되고, 경주 월성도 동시에 지정됐습니다. 그래서 제가 짧은 시간이지만 소회라고 하기 보다는 조금 지나간 저 나름의 이야기를 하고 지나가는 게 좋을 것 같아서 반성의 차원에서 몇 마디 말씀드리고자 합니다.

일제시대에 지정됐던 것을 조금만 더 생각하여 당시 풍납토성 내부까지 아울러서 전체를 지정했다면 오늘날 이렇게 소위 보존상의 문제에 부딪히지는 않았을 것입니다. 물론 일제시대에도 광역으로 지정하여 우리가 광복이 되고 나서 그 유적을 보존함에 있어서 그대로 지정했다면 지금에 와서 주민과의 문제, 보존상의 문제 같은 이런 큰 문제가 대두되지는 않았을 것입니다. 어쨌든 첫 번째 잘못이 일제시대에 있었다고 생각한다면, 우리가 지정할 때 좀 더 앞을 생각하여 많은 범위를 지정했겠습니다만, 그때도 이렇게 발전할 줄은 모르고 착각을 한 겁니다.

그 다음 1964년, 저는 대학교 3학년이었는데, 그 때 스승과 함께 풍납토성을 시굴조사하기 위해서 실습으로 풍납토성에 왔을 때에는 그곳에 집이 거의 없었습니다. 논도 없었고, 거의 밭이었습니다. 그래서 8곳인가에 피트 조사, 즉 구덩이 조사를 했습니다. 그 결과로 2~3m 밑에는 소위 백제가 숨쉬고 있다는 것까지는 학생의 입장인 저희들이 알지는 못했습니다. 그때 당시에 발굴과 실습을 맡아서 했던 분이 저의 스승이십니다. 그 결과로 백제의 유물과 유구가 확인됐다면 지정을 더 확대해야 되는 게 아닌가 하는 부분에 더 고민하고, 지금은 문화재청인 당시의 문화재관리국에 그 부분을 건의해서 확대 지정을 하든지 그 내부까지 지정하는 그 기회를 놓쳐버린 겁니다. 그래서 두 번째 기회를 놓쳐버렸다는 겁니다.

그리고 어느덧 세월이 지나서 지금 말하고 있는 1997년 이형구 교수가 풍납토성 실측 도중에 현대연립 재건축부지에서 들어갈 수도 없는 곳을 정월 3일 휴무를 이용해 들어가서 백제유물을 발견하고 그것이 언론에 보도돼서 처음으로 학술조사가 아닌 긴급 구제발굴을 하게 된 것입니다. 아마 그때부터 발굴 20년인데, 이 대목에서 한 말씀 드리고 싶은 것은 오늘 여기 주최를 하고 있는 서울시가 발굴을 한 적이 없습니다. 그런데 묘하게도 이 문제는 국가 사적이고, 오히려 문화재를 담당하는 문화재청에서 20주년이든, 30주년이든 해야 할 텐데, 서울시가 발굴 주체자도 아니면서 진행하는 걸 보면서 지방자치단체가 어떻게 보면 정부를 능가하는구나 하는 생각을 해봤습니다. 왜냐하면 국가에서는 하지 않는데, 시에서는 하는 걸 보고 어떤 이유에서든 간에 국가가 할 일을 대신하는 것은 아니지만 소위 주체적으로 할 수 있다는 것이 앞으로 이런 문제에 있어서 하나의 표본이 되지 않을까 하는 느낌을 받았습니다.

분명히 말씀드리지만, 고고학이라는 학문을 위해서 필요한 것이 유적발굴입니다. 우리가 1964년 시굴하고 나서 스승으로부터 백제고고학을 하라고 order를 받았다면 누군가 백제사, 백제연구를 했겠지요, 그런데 당시에는 1961년에 고고학과가 생겼으니까 고고학의 대상이 역사시대가 아니라 선사시대라고만 배운 것입니다. 그러니까 풍납토성 내부 2~3m에 백제가 살아 숨쉬고 있어도 백제에 관심을 가질 수 없었던 것입니다.

그리고 한편으로 생각하면 저의 스승께서 이것이 일제시대에 조사되고 난 이후에 왕성으로 리포트까지 쓴 보고서가 있는데, 당시에는 이것이 사성蛇城이 맞는 것 같다고 끝내버렸다는 것입니다. 그것은 두계 선생이 발표한 풍납동 바람드리 이것이 사성이 변해서 바람드리로 해서 풍납이 됐다는 것이 소위 고정되어 있었던 겁니다. 쉽게 말하면 '역사를 하지도 않은 사람이 뭘 안다고 소위 말해서 백제 위례성이라고 하느냐, 말도 안된다' 라는 그 이야기에 결국은 사성인 것 같다로 끝나버린 겁니다.

그래서 발굴 20년이 아닌 반세기가 지나서 저희들이 아직 살아있으니까 반성해보면, 역시 유적은 함부로 손을 대는 것은 아니고, 또 더 말씀드리면 파괴하지 않으면 고고학이 성립되지 않다 보니까 오늘날 역사시대의 유적, 유물도 유구를 찾기 위해서 발굴조사를 하고 있다는 것입니다. 그래서 이 파괴를 수반하지 않으면 학문이 성립되지 않다 보니까 문제가 많이 발생하는 것입니다.

이제 본론으로 들어가서 몇 마디 드리고자 합니다. 경주 월성 발굴에 대해서 잘 들었고, 일본에서 조사한 두 분 교수께서 오셔서 발표하셨습니다. 솔직히 말씀드려서 어떤 학문적인 차원에서의 토론이 아닌 총평을 하라는 이야기는 발표자 스스로 발표를 하고, 뒤에 멘트를 했기 때문에 사실 그것으로써 끝입니다. 내가 풍납토성 답사를 함께 가서 봤더니 어떻더라고 하는 것이 다들 우리 일본 교수분들은 발표를 마치고 모두 하셨는데, 그걸로 가름해도 충분하기 때문에 그 이상 중언부언은 하지 않겠습니다.

다만, 발굴하고 나서 그 다음에 어떻게 해야 할까, 아니면 지금 얼마만큼 진척되고 있느냐 하는 문제와 관련하여, 일본에는 지금으로부터 약 5년 정도 된 2012년에 마키무쿠학[纒向學] 연구센터를 설립했다고 했습니다. 우리는 소위 한성백제박물관에 백제학연구소가 생겼기 때문에 우리나라도 하고 있습니다. 그런데 우리가 살고 있는 서울이 백제 고도古都로 소위 2천년의 역사를 가지고 있다는 그 문제는 오늘날 풍납토성이나 몽촌토성, 방이동고분군, 석촌동고분군의 일대를 싸고 있는 백제유적이 존재했기 때문입니다. 그래서 우리의 역사, 소위 수도의 역사를 기원전 시작으로 한다면 2천년이 넘게 끌어올렸습니다. 그것을 증명하고 있는 것이 바로 풍납토성입니다. 그런데 개발로 인해서 그것들을 다 지워버리고 흔적조차 없애버렸다면, 우리는 "그것은 보고서 상에 있는 백제 도성이지, 실체가 어디 있느냐"고 할 때 그건 소설밖에 더 되겠습니까? 그래서 유적은 그 자리에 두어야 하는 것이 답입니다.

그리고 정도定都 600년이라는 말을 귀가 따갑게 들으셨을 겁니다. 그것은 조선의 정도 600년이지 서울의 정도 600년이 아닙니다. 백제가 이곳에서 도읍했으면 그 때부터 따지면 2천년이 넘은 수도 서울을 정도 600년, 1392년에 조선이 들어서고 이성계가 역성혁명을 일으키고 나서 개성에서 왕으로 등극하고, 2년 후에 서울에 경복궁을 짓고 이 쪽 서울로 내려옵니다. 그래서 1994년이 정도 600년이라고 했을 겁니다. 그때는 김영삼 대통령 때였지요. 그래서 대대적으로 뭔가 이벤트를 한다고 하다가 뭔가 큰 사건이 터져서 묻혀버렸습니다만, 그게 어불성설입니다. 그건 그래서는 안되는 겁니다. 조선사를 하는 사람들의 욕심이었기 때문입니다. 조선을 연구하는 학자들의 욕심이고, 그것이 정도 600년으로 틀린 말은 아닙니다만, 조선 정도 600년이라고 하면 맞는 이야기입니다. 그렇게 해서 서울역사박물관이 건립되고, 우리가 말하는 백제 500년의 수도였던 서울이 한성백제박물관을 만들게 된 것입니다. 이것이 박물관이 건립된 깊숙한 역사라고 해도 틀린 말이 아닙니다.

마무리를 하자면, 경주 발굴을 발표한 소장님께서는 지금까지의 발굴을 쭉 나열하셨습니다만, 부끄럽게도 2014년부터 발굴하기 전에 이루어졌던 모든 발굴은 거의 제가 관여한 발굴조사였습니다. 그러나 다행인 것은 발굴하고 나서 유적을 없앤 곳은 전혀 없습니다. 그런데 한가지 경주 국립경주박물관은 신라유적을 조사하고 없애버리고 지은 것입니다. 이게 자기모순입니다. 어떻게 해서 유적을 보존할 것인가 하는 것은 시대의 아픔을 읽는 것입니다. 그러나 경주 월성 발굴을 시작했으니까 거기에 따른 이야기보다는 '제발 당대에 다 하려고 생각하지 말라'고 하는 것입니다. 지금 이야기를 들어보니까 약 10% 정도밖에 발굴을 못했다고 하는데, 가능하면 지금이 가장 모든 것이 발달

됐다고 생각하면 오산입니다. 그렇기 때문에 후학이나 후대에 남겨주고 물려줘야 합니다. 그렇게 해서 다시 반성차원에서 그 점을 고려했으면 좋겠다는 이야기입니다.

일본 학자들이 발표하신 내용에서 연구센터를 만드신 것은 대단히 환영할 일이라고 생각합니다. 정말 저희들도 경주가 아닌 다른 곳에서도 그 유적이 대단히 중요한 유적이 아니더라도 그 시기를 연구할 수 있는 연구기관이 많이 들어섰으면 좋겠다는 이야기로 저의 총평을 가름하고자 합니다.

총평 2 - 2 / 이종철(한성백제왕도세계유산등재추진위원회 위원장)

총평을 준비하면서 열심히 공부했는데, 오늘 발표하신 주옌스 선생님이나 똥쭝띤 선생님께서 보고서를 아주 잘 써 오셨습니다. 그동안 여기에 천착하셔서 총평할 내용이 거의 없습니다. 애써 준비해주신 두 분 선생님, 일본 선생님들과 어제 발표해주신 동료들, 모두 고생 많으셨습니다.

2부 맨 마지막 발표자이셨던 똥쭝띤 선생님께 어제 백제왕성을 보고 베트남과 비교해서 우리가 준비해야할 게 무엇인가 하는 주문을 드렸습니다. 그걸 밤에 잠도 못 주무시고 작업해와주셨고, 중국 주옌스 선생님께서는 자료까지 만드셔서 세심하게 우리가 해야 할 것이 무엇인가에 대해 정리해 주셔서 아주 고맙습니다.

백제왕성 발굴조사 20주년 국제학술회의를 즈음해서 동아시아 고대 역사를 가진 중국, 베트남, 캄보디아, 일본, 한국의 학자들이 국제학술회를 갖는 것은 굉장히 의미 있는 학문교류라고 생각합니다. 그리고 오늘 이야기가 나왔듯이 정부간, 국가간의 학회나 학술기관들이 중심이 돼서 경제적인 아세안이 아니라 동아시아의 문화교류를 위해서 정기적인 학자교류, 조직의 준비 이러한 것들이 굉장히 학문을 정례화하는 접근으로써 우리가 앞으로 나아가야 할 길이 아닌가 생각합니다.

그리고 오늘 발표하신 내용 중에 발굴의 거시적인 접근과 미시적인 접근이 여러 번 나옵니다. 그래서 우리도 그동안 너무 풍납왕성의 여러 가지 감춰지거나 알려진 문제 때문에 고민하면서 정말 해야 할 풍납토성의 연구가 미진한 부분들이 있는데, 이런 부분들도 이제는 어떤 것이 더 현명한 방법인가는 어느 정도 나온 걸로 알고 있습니다. 그래서 거시적이고 미시적인 접근을 같이 해야겠다는 말씀을 드리고 싶습니다.

그리고 제가 유사 강남에 삽니다. 저희 집이 어디냐면 서울 동작구 사당동입니다. 거기에 제가 거의 30년 살았습니다. 제 친구들이 강남은 강남인데, 유사강남이라고 합니다. 제가 억울한 것은 저희 집이 꽤 넓습니다. 제가 단독주택에 거의 34년 살았는데, 강남만큼 집값이 나가지 않습니다. 아파트 값도 길 하나 차이인데, 거의 3~4억 정도 차이가 납니다. 참 억울한데요. 제가 처음 그곳으로 이사할 때 주변 팔래스호텔 근처에 있는 서래마을과 저희 집이 비슷했었습니다. 그런데 안목이 없어서 그런지 집이 길가 도로변이고 깔끔해서 샀는데, 집값이 별로 안 올랐습니다. 그래서 제가 팔자타령을 했습니다.

그런데 지금 인구학자들에 의하면 인구가 자꾸 줄고 있고 변화가 오고 있습니다. 그리고 일본 같은 경우에는 도시공동화현상이 있습니다. 서울시에서 풍납문제를 빨리 해결하자고 해서 시장이 열심히 하고 있는데, 저는 이게 꽤 좋은 기회라고 생각합니다. 우리가 살아 있는데 우리 정신의 역사를 망가뜨리고 잊어버리면 과연 이게 살아 있는 것인가, 의미 있는 것인가 이런 고민을 하면서 희망적인 결과가 나왔으면 합니다.

또 하나는 풍납토성 문제가 하도 안 풀리니까 1지구, 2지구, 3지구, 4지구 그런 식으로 해서 울며 겨자먹기 식으로 해결하려고 하는데, 죄송하지만 저는 그건 답이 아니라고 생각합니다. 어제 발표에서 보셨듯이 청동초두나 소중한 유물들이 동벽 가까이에서 나왔잖습니까? 저는 발굴에서 바둑판식이라고 하는 소위 Grid Method라고 해서 전체 지형을 구획을 정해서 중요한 부분을 시굴해서 발굴의 큰 계획을 세우는 것인데, 풍납도 결국은 그렇게 가야 하지 않을까 하는 방법도 모색해야겠다고 어제 오늘 여기 참석하면서 느꼈습니다.

끝으로 백제사쪽이 굉장히 어렵습니다. 잘 나가는 학문도 아니고, 빛나는 학문도 아닌데도 이 화두를 붙잡고 백제사를 열심히 지켜주신 노중국 교수, 신희권 교수, 이형구 교수 모두 감사드립니다. 그리고 의도적이었든 아니든 간에 풍납토성에서 재산의 경제적인 기회를 놓치면서 어렵고 힘드신 삶을 가지시는 풍납토성의 주민들께도 위로를 보내면서 이번을 계기로 해서 모든 걸 다 얻을 수는 없으니까 풍납왕성이 빨리 우리의 소중한 문화유산으로 우리 가슴 속에 남아 있었으면 하는 기대를 합니다. 고맙습니다.

제3부

백제왕성 풍납동 토성의 미래

Present and Future of Baekje Royal Fortress in Pungnap-dong, Seoul

백제왕성 서울 풍납동 토성의 현재와 미래

Present and Future of Baekje Royal Fortress in Pungnap-dong, Seoul

풍납토성 백제 왕궁유적 발견과 왕도유적 보존

- 역사의 진리가 그곳에 있기에 -

이형구 선문대학교 석좌교수 · 동양고고학연구소 대표

Ⅰ. 왜 2017년은 서울 백제 왕궁유적 발견 20주년인가?

Ⅱ. 서울 백제 왕궁유적의 첫 발견

Ⅲ. 서울 백제 왕궁유적 발견 이전의 서울 백제 왕도유적에 대한 인식

Ⅳ. 제5공화국 하에서의 문화재 보존운동 전개

Ⅴ. 서울 백제 왕도유적의 보존 결정

Ⅵ. 풍납토성의 첫 제원 실측 및 실태조사

Ⅶ. 풍납토성 서성벽 남쪽 외부 아산병원 아파트부지의 발굴조사

Ⅷ. 서울 백제 왕도유적 보존을 위해 학술회의 자비로 5회 개최

Ⅸ. 서울 백제 왕도유적을 도시개발로부터 지켜내다

Ⅰ. 왜 2017년은 서울 백제 왕궁유적 발견 20주년인가?

20년 전 풍납토성 안에는 5만 명에 가까운 주민이 살고 있는 강변 대도시였다. 이 대도시의 건물들이 밀집된 지하에서 백제의 왕궁유적王宮遺蹟이 있을 것이라고는 아무도 생각하지 않았다. 지금으로부터 20년 전 1997년 1월, 필자는 풍납토성 안에서 현대아파트 터파기 기초공사장에 백제 초기 토기와 기와 편들을 발견發見하였다.[1] 이로 비롯해서 발굴이 시작되었다.

풍납토성이 근대에 처음으로 알려지기 시작한 것은 1925년(을축년) 7월의 대홍수 시, 한강의 범람으로 풍납토성의 서벽이 무너지고 토성 내부가 휩쓸려 나가면서 백제시기 유물이 노출되었다고 한다. 일제강점기 총독부박물관(현 국립중앙박물관)이 풍납리 남단의 토사 중에서 육조식六朝式의 초두鐎斗 2점과 금환金環 등 수습된 것을 주민으로부터 구입하여 소장한 것으로 알려졌다. 그 후, 일본인 아유카이 후사노신[鮎貝房之進]이 풍납토성을 답사하다가 한 노파가 토성 내에서 수습하였다고 말하는 자감색紫紺色의 유리옥 십 수 개를 사서 일행과 나눠 가져갔다고 한다. 모두가 수습품을 골동적 가치로 매입한 것으로 고고학적 가치를 논하기는 어려울 뿐만 아니라 성 내에서 왕궁유적을 확인한 것이 아니다. 골동품 수집가인 아유카이가 1934년 11월 『조선朝鮮』이란 잡지에 「백제고도안내기百濟古都案內記」라는 기행문을 쓰면서 이를 근거로 풍납토성을 하남위례성일 것이라고 추정한 바 있다.[2]

1936년 2월 21일에는 조선총독부가 경기도 광주군 구천면 풍납리(오늘의 서울특별시 송파구 풍납동) 소재 백제 토성을 '조선 고적古蹟 제27호 광주풍납리토성廣州風納里土城'으로 지정한 바 있다.[3] 그러나 이병도李丙燾는 1939년 『진단학보』 제10호에 「광주풍납리토성廣州風納里土城과 백제시대의 사성蛇城」을 발표하면서 『삼국사기』 백제본기 책계왕 원년(286)조에 보이는 '사성蛇城'을 풍납토성에 비정하고, "사성이 평고성坪古城 즉, 풍납토성의 원명元名인 것을 명언明言할 수 있다"고 하였다.[4]

1_ 이형구, 1997.8, 『서울 풍납토성[백제왕성] 실측조사연구』, 백제문화개발연구원.

2_ 鮎貝房之進, 1934, 「百濟古都案內記」, 『朝鮮』 234. 아유카이 후사노신은 골동품수집가로 1922~1939년까지 총독부박물관협의회 협의원으로 있었다.

3_ 朝鮮總督府, 1936, 『官報』 第2730號.

4_ 이병도, 1976, 「풍납리토성과 백제시대의 사성」, 『한국고대사연구』, 박영사, 505쪽.

이러한 이병도의 풍납토성이 사성이란 주장은 그 어원에 근거한 것이기 때문에 처음부터 많은 모순이 있었지만 이병도의 '사성설蛇城說'은 오래 동안 정설로 되어왔다. 이로부터 '풍납토성 하남위례성'설은 우리 역사에서 사라졌었다.

1962년 1월에 대한민국정부는 문화재보호법을 공포하였으며, 그 이듬해인 1963년 1월 21일에는 풍납토성의 성곽부분 121,325㎡만을 '대한민국 사적史蹟 제11호'로 지정 고시하였다.[5] 금년(2017)이 풍납토성이 사적으로 지정된 지 54년이 된다.[6]

1964년 김원용金元龍의 주관으로 서울대학교 고고인류학과 학생들의 현장실습발굴로 풍납토성 내 8개 지점을 시굴하였다.[7] 이 조사는 풍납토성 내부의 유물포함층遺物包含層에 대한 시굴조사였다. 김원용은 이 조사를 규정하기를 "도합 8개의 탐측갱을 주로 그 북반부에서 발굴하여 토기 편을 수집蒐集한데 끄쳤다"고 하였다.

김원용은 풍납토성을 『삼국사기』 백제본기 온조왕조의 위례성과 거의 같은 시기인 기원 후 1세기를 전후한 시기에 처음 축조된 것으로 보았다. 그럼에도 불구하고 "풍납리토성이 백제 초기의 성지임은 틀림없는 것 같은데 백제의 어느 성인가 하는 문제에 관해서는… 우리 이병도 박사는 역시 (삼국)사기에 나오는 사성으로 비정하고 있다. … 이 박사의 설이 옳다고 생각된다"고 김원용은 이병도가 풍납토성을 『삼국사기』 백제본기에 나오는 '사성蛇城'으로 인식하고 있었기 때문에 이병도의 '사성설'을 그대로 천착하였다. 그 후 김원용은 계속 '사성 즉 풍납토성'설을 주장하였다. 그리고 그 성격에 대해서는 "반민반군적半民半軍的 읍성邑城이었다고 생각하는 바이다"라고 하였다.

이와 같이 김원용이 풍납토성을 백제 초기의 유적으로 본 고고학적 성과는 이병도의 '사성설'에 가려지고 말았다. 이와 함께 풍납토성은 일개 읍성 정도의 토성으로 전락하여 주목을 받지 못하였다. 이로 인하여 풍납토성 내부는 문화유적 보존구역에서 해제되어 줄곧 방치되고 있다가 결국은 서울시의 도시계획에 의해 5만 명에 가까운 인구가 거주하는 대도시로 탈바꿈하고 말았다.

풍납토성 내부는 1964년에 서울대에서 백제 초기의 유적, 유물을 확인하고도 이를 보호하지 못하고 서울시 도시계획으로 파괴 인멸湮滅되고 있었다. 한편, 1970년대와 1980년대에 서울대가 몽촌

5_ 문교부, 1963, 『고시』 제174호. 사적지정 당시에는 '광주풍납리토성(廣州風納里土城)'이라고 하였으나 지금은 통칭 '풍납토성(風納土城)'이라 부른다.

6_ 필자는 2013년 10월 25일(금) 한성백제박물관 대강당에서 풍납토성 사적지정 50주년 기념 겸 한강유역 백제전기 수도유적 보존문제 제기 30수년 기념 국제학술회의를 개최한 바 있다.

7_ 김원용, 1967, 『풍납리토성내포함층조사보고』, 서울대학교 고고인류학과.

토성을 발굴하면서부터 몽촌토성을 백제도성이라고 주장[8]하는 바람에 풍납토성은 몽촌토성에 밀려 풍납토성 내부의 도시개발이 더욱 급진전되어갔다. 마침내 모두의 관심에서 망각한 대도시 안에서 백제 초기 유물이 발견되고 백제가 새롭게 태어났다. 이것이 발견發見이 아니고 무엇인가?

Ⅱ. 서울 백제 왕궁유적의 첫 발견

1997년 1월 1일은 필자로서는 영원히 잊을 수 없는 날이다. 풍납토성 현장에서 새해를 맞이하면서 신정에도 꾸준히 조사활동을 실시하는 노력 끝에 백제 전기 왕궁유적의 유물을 발견하게 된다. 5만 명이 거주하는 대도시의 지하에서 백제 전기 왕궁유적의 유물이 발견된 것은 역사적인 사건이라고 아니할 수 없을 것이다.

『삼국사기』 백제본기 지리지 백제조에 "삼국시대의 지명만 있고 분명치 않은 지역으로 남아 있던 위례성慰禮城"이 이렇게 현현顯現하였다.[9]

풍납토성 안에서 백제 초기 왕경유적의 유물이 발견됨으로써 백제 역사를 300년이나 앞당겨 한성백제 역사를 되살리는 우리나라 역사에 일대 변화를 가져오게 되었다. 그것은 마치 혁명革命과도 같은 대사건이었다.

백제 초기의 왕경유적 발견을 두고 '한국판 폼페이'라고 하는 것은 바로 이탈리아의 '폼페이 발

8_ 성주탁, 1983, 『한강유역 백제 초기 성지연구』, 『백제연구』 14, 충남대학교 백제연구소, 134쪽.
최몽룡, 1991, 「몽촌토성과 하남위례성」, 『백제사의 이해』, 학연문화사, 96쪽.

9_ 조유전, 2004, 『한국사 미스터리』, 황금부엉이, 66쪽. 조유전은 "잃어버린 한성백제의 한(恨)은 그다지도 깊었나 보다. 1996년을 이용해 학생들과 함께 토성의 정밀 실측을 하던 선문대 교수 이형구가 다시 백제의 혼을 부활시켰다. 1997년 1월 초 이형구는 아무도 접근하지 못하게 방호벽을 치고 기초 터파기 공사가 한창인 현대아파트 재개발 부지에 들이닥쳤다. 그는 공사 현장의 지하 벽면에 백제 토기 조각들이 금맥이 터진 듯 무수히 박혀 있는 것을 목격했다. 지하 4m 이상이 파여진 지점이었다. 기존 주택건물은 파봐야 2m 정도였기에 깊숙이 박혀 있던 백제유물층을 발견되지 못했던 것이다. 대규모의 재개발이 역설적으로 지하 깊숙이 묻힌 백제의 잠을 깨웠으니…"라고 하였다.

견'이라고 하지 '폼페이 발굴'이라고 하지 않는 것처럼 '풍납토성 백제 왕궁유적 발견'을 두고 하는 말일 것이다.

필자는 1997년 1월 풍납토성 내의 현대아파트 터파기 기초공사장에서 백제토기들을 발견한 다음 문화재관리국에 보고하여 아파트 공사가 중지되고 문화재관리국에서 유적이 발견發見된 그 자리를 발굴發掘하였다. 도심에서 유적을 발견한 사실을 밝히는 것은 역사적인 사실이다.

그림 1 | 풍납토성 내 현대아파트 공사장에서 백제토기를 수습하는 필자 (1997.1.4,『조선일보』제공)

풍납토성 현대아파트 신축부지 안에서 발견된 유적은 일반 집터로는 보기 힘든 큰 건물터로, 집회장이나 관청과 같은 고급건물들이 있었음을 보여주는 기와와 전돌, 주춧돌 받침대, 불탄 기둥, 서까래가 출토되었다. 이 밖에 기원전 3~2세기의 회흑색 마연연질토기, 기원 전후시기의 이른바 풍납리식 토기라고 하는 경질 무문토기, 연질 타날문토기, 회청색 연질 무문토기, 적갈색 연질토기, 회색 연질토기, 2~3세기경의 회색 경질토기계의 삼족三足토기, 원통형 기대器臺 등 토기류와 어망추, 그리고 옥기류, 유리류, 철기편 등 수많은 유물들이 출토되었다.[10] 이들 모든 유물이 적어도 기원 3세기 이전의 유물이다.

그러나 1997년 11월 25일 발굴을 종료하고 개최된 2차 자문위원회의에서는 "이전의 발굴조사 성과와 비교 고찰한다면 백제시대 주거지 등 전체적인 유구를 밝히는데 귀중한 자료가 될 것으로 사료된다"[11]고 간략하게 소결을 남겨 놓고 있다. 당시 백제 왕궁유적이 1천5백년 만에 세상에 나왔다가 인멸위기에 처해 있는데 발굴자의 견해는 이것이 전부였다.

10_ 국립문화재연구소, 2001.6,『풍납토성』I, 594쪽.

11_ 국립문화재연구소 풍납동제1지구 발굴소사단, 1997.11.25,「풍납동제1지구 발굴조사 지도위원회 회의 자료」.

이마저도 발굴한 지 5년이 되는 2001년 6월에 가서야 발굴보고서가 나온다.[12] 문화재관리국(국장 정기영)은 이때까지만 해도 이형구가 발견한 후에 아파트 부지의 터파기공사로 파손된 유적을 수습收拾하는 발굴에서 상상을 초월하는 유적과 유물이 쏟아져 나왔지만 유적의 가치를 제대로 평가하지도 않았고 적극적으로 보존하려는 의지도 없었다. 오히려 백제 왕궁유적임을 주장하면서 보존을 주장하는 이형구를 폄하하기 일 수였다. 발굴단에서는 주민들의 항의가 귀찮았겠지만 그들은 공권력을 가진 국가기관이다. 그렇다고 폭언은 물론 폭행까지 당하고도 저항 한번 못하는 민간인의 신원과 전화번호를 주민들에게 가르쳐주어 이형구의 가족에게까지 폭언과 괴롭힘을 당하는 사태가 벌어지게 만들었다. 공권력이 없는 민간인의 신분으로 어쩔 수 없이 참아낼 수밖에 없으나, 필자의 '풍납토성 백제왕궁'이라는 주장을 학계와 관계당국이 묵살하고 폄훼하는 작태를 참아내기가 더 힘들었다. 이때가 가장 힘든 시기였다.

발굴내용을 빨리 학계와 시민에게 알려주어야 하는데도 그로부터 5년이나 지나서야 보고서만을 남겨 놓고,[13] 결국은 1천5백여 년 만에 뇌살아난 백제 왕궁유적은 인멸되고 그 자리에 현대리버빌아파트가 신축되었다. 당시 필자의 소회는 "천추의 한[千秋之恨]이 되는 일을 저지르고 말았다"고 탄식하였다.[14]

Ⅲ. 서울 백제 왕궁유적 발견 이전의 서울 백제 왕도유적에 대한 인식

1974년에 서울대학교박물관과 고고학과가 합동으로 석촌동3호분. 석촌동4호분에 대한 발굴조사를 실시하였다.[15]

12_ 국립문화재연구소, 2001.6, 앞 책.

13_ 국립문화재연구소, 2001.6, 앞 책.

14_ 이형구, 1997.8, 앞 책, 79쪽.

15_ 서울대학교박물관 · 고고학과, 1975,『석촌동 적석총 발굴조사보고』, 서울대학교 고고인류학총간 6집.
임효재, 1976.6,「석촌동 백제 초기고분의 성격-제5호분과 파괴분을 중심으로-」,『고고미술』129 · 130합.

석촌동3호분은 계단식 적석총으로 백제지역에서는 보기 드문 돌로 한 층 한 층 쌓아 올린 계단식 적석총으로, 계단식 피라미드인 지구라트Ziggurat를 닮은 고분이다. 그래서 1975년 5월, 이 유적은 국가 사적 제243호로 지정받았다. 그러나 "한강유역의 이들 적석총은 백제 건국자들과 관련시켜야 할 것이다"라는 말뿐,[16] 파괴되어 가고 있는 이들 적석총에 대한 어떤 대책도 남기지 않았다.

1975년에 정부가 사적 제243호로 지정하면서 제3호 적석총은 521평, 제4호 적석총은 552평, 제5호 봉토분은 440평 등 불과 1,513평만을 사적 보호구역으로 설정하였다. 당시의 여건으로 얼마든지 유적 잔존지역殘存地域의 범위를 넓혀 지정할 수 있었던 때인데, 발굴자나 학계의 무관심으로 석촌동 일대 고분의 분포 양상과 관련된 정확한 내용이 파악되지 않은 상태에서 3호분의 일부와 4호분, 5호분 등의 1,500여 평만을 부분적으로 지정하였다. 하물며 3호분은 고분 위에 무허가 건물들이 들어서 13가구가 상주하고 있는 상태에서 발굴된 서쪽 일부(400㎡) 만을 철책을 두르고 부분적인 보호 조치가 이루어지게 되었다. 잠실지구유적발굴조사단은 3호분을 1차 부분 발굴한 다음 '보호구역선保護區域線'을 지상紙上으로 설정[17]하여 놓고도(그림 2) 보호구역 내를 관통하는 도로(백제고분로)가 개설되는 것을 방기放棄하고 말았다.

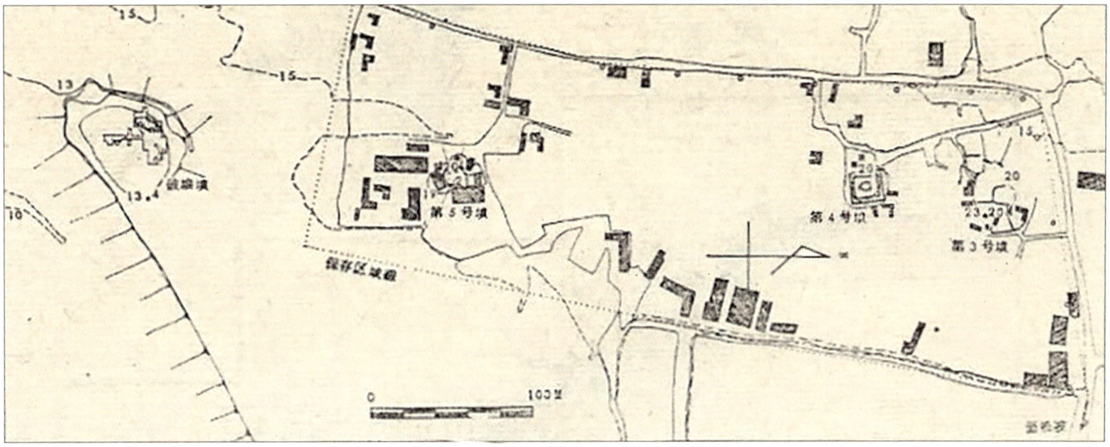

그림 2 | 석촌동지구 고분분포도. 점선이 '보호구역선保護區域線'(『한국고고학보』 4, 1978.4, 47쪽) 내로 도로(우측 점선)가 개설되었다(점선은 필자 가첨).

16_ 김원용 등, 1983, 『석촌동3호분(적석총)발굴조사보고서』, 석촌동유적발굴조사단, 27쪽. "백제 최고(最古)의 치자(治者) 즉, 국왕(國王)의 묘(墓)가 틀림없다고 보여진다. 시기적으로 보면 3세기 중엽을 넘지 않을 것으로 판단된다"고 하였다.

17_ 잠실지구유적발굴조사단, 1978.4, 「잠실지구유적발굴조사보고-1976년도(제3차)」, 『한국고고학보』 4, 47쪽, '석촌동지구 고분분포도'.

그림 3 | 석촌동 제3호 적석총으로부터 동쪽으로 불과 30m 떨어진 곳에서 도로 개설로 백제 고분과 인골이 잘려나갔다.
(조사자 이형구, 1983.5.25)

그림 4 | 석촌동 제3호 적석총으로부터 동쪽으로 불과 20m 떨어진 곳에서 옹관묘가 잘려나가고 도로 경계석을 깐 지 오래되었으나 석촌동 유적발굴조사단이든 서울시든 문화재관리국이든 어느 누구 하나 눈여겨보지 않았다.
(조사자 이형구, 1983.5.25)

1970년대 후반부터 일기 시작한 강남지구 신도시 개발 붐은 석촌동 일대도 예외일 수 없었다. '보호구역선'은 이미 해제되었고, 사적 제243호로 지정된 제3호와 제4호 적석총 및 제5호 봉토분 등 1,500여 평 이 외는 일반에게 불하拂下되고, 1981년에 제3호분과 제4호분 주변지역은 도시계획에 포함되고 제3호분과 제4호분 사이에 폭 35m나 되는 도로(백제고분로)가 새로 개설되었다. 문제는 서울시가 백제 왕릉급 고분이라고 하는 제3호분이 잘려나가고 옹관묘가 절단되고 백제 유적들을 파괴하고 도로(백제고분로)를 개설하고 있는데도 잠실지구유적발굴조사단은 그 옆에서 발굴하고 있었다고 하는 사실이다.[18] 그런 와중에 필자는 석촌동고분군을 보존하자고 정부에 하소연하고 다녔다.

Ⅳ. 제5공화국 하에서의 문화재 보존운동 전개

1. 1970년대 조사

1970년대 와서 서울 강남지구가 도시개발이 한창 진행되면서 석촌동고분군은 많이 파괴, 훼손되었다. 그 중에서 석촌동 제3호 적석총도 예외는 아니었다. 1974년 가을 서울대학교박물관과 동고고학과가 석촌동에서 파괴된 적석총(3호분)과 외견상 봉토분으로 추정되는 4호분에 대한 발굴조사를 50여 일간 실시하였다. 그러나 "한강유역의 이들 적석총은 백제 건국자들과 관련시켜야 할 것이다"라는 말뿐, 파괴되어가고 있는 이들 적석총에 대한 어떤 대책도 남기지 않았다.

1975년에는 정부가 사적 제243호로 지정하면서 제3호 적석총은 521평, 제4호 적석총은 552평, 제5호 봉토분은 440평 등 불과 1,513평만을 사적 보호구역으로 설정하였다. 당시의 여건으로 얼마든지 '유적부존지역遺蹟賦存地域'의 범위를 넓혀 지정할 수 있었던 때인데, 석촌동 일대 고분의 분포 양상과 관련된 정확한 내용이 파악되지 않은 상태에서 3호분의 일부와 4호분, 5호분 등의 1,500평만을 부분적으로 지정하였다. 하물며 3호분은 고분 위에 무허가 건물들이 들어서 10여 가구가 상주

18_ 석촌동유적발굴조사단, 1983.6,『석촌동3호분(적석총) 발굴조사보고서』. 발굴기간: 1983.5.16.~7.2.

하고 있는 상태에서 발굴된 서쪽 일부(400㎡) 만을 철책을 두르고 부분적인 보호 조치가 이루어지게 되었다. 1차 부분 발굴한 다음 '보호구역'을 지상紙上으로 설정하였기 때문에 보호구역 내를 관통하는 도로가 개설되는 것을 방기放棄한 모양새가 되었다.

1970년대 후반부터 일기 시작한 강남지구 신도시 개발 붐은 석촌동 일대도 예외일 수 없었다. 앞서 사적으로 지정된 지역 외 석촌동 고분 주변의 토지는 일반에게 불하拂下되고, 1981년에 제3호분과 제4호분 사이에 폭 35m나 되는 도로가 새로 개설되고 제3호와 제4호 적석총 및 제5호 봉토분 등 1,500평 이 외는 도시계획에 포함되었다. 1980년대에 들어와서는 강남지구 신도시 개발이 급속도로 진행되면서 서울 강남 백제유적이 파괴돼 가고 있었다. 그러나 백제유적 - 석촌동 고분이 파괴돼가도 아무도 주목하지 않았다.

2. 유적발굴조사단의 한강유역 백제유적 삭평, 삭산 결정

1) 구의동유적 삭평削平

구의동유적은 한강 북안 성동구 구의동 해발 53m의 속칭 '장군봉' 봉우리에 위치하고 있다. 1977년 서울시의 지구 구획정리사업의 일환으로 구제발굴에 들어가 화양지구유적발굴조사단이 발굴하였다. 이 유적은 매우 특이한 유적으로 매토, 봉토 형성으로 끝나는 일련의 작업과정을 전제로 하는 역시 분묘이고 가옥, 방화는 그에 부수되는 제도적 행사로 보아야 할 것이고 이 가옥을 백제 당시의 삼년장을 위한 빈전적殯殿的 건조물로 보고 출빈出殯 완료와 함께 가옥을 태우고 봉토를 형성한 것이라고 보면 될 것 같다. 그러나 이것도 역시 추측에 불과하고 앞으로 이러한 유적의 재현, 재조사를 통해 그 정확한 성격이 규명되어야 할 것이다. 백제시대의 부장품-철기와 다양한 토기류를 얻게 된 것은 또 하나의 성과라고 할 수 있겠다고 하였다.

이 유적은 이상과 같은 점으로 그 보전保全이 바람직했으나 그 위치가 산정이어서 그 보전에는 광대한 주변지역이 필요하고 그것은 화양지구 구획정리사업을 실질적으로 막는 것이 되기 때문에 유적의 구조나 원상을 기록으로 남기고 유적 자체는 삭평削平할 것을 조사단 최종회의에서 합의合議하였다.[19]

이토록 귀중한 유적이 화양지구유적발굴조사단의 최종 결정에 따라 모두 '삭평削平'되고 아파

19_ 화양지구유적발굴조사단, 1977, 『화양지구 유적발굴 조사보고』, 30쪽.

트단지로 개발되었다. 1997년에 보고서는 나오기는 하였으나 돌연 고구려유적으로 둔갑해서 나왔다.[20] 현지에는 안내판 하나 없다.[21]

2) 가락동고분군 삭산削山

1961년, 송파구 가락동 해발 40m 구릉에서 청동기시대 주거지가 발굴된 것을 비롯하여[22] 1974년 가락동 백제고분 제1·2호분 발굴조사, 그리고 1975년 잠실지구유적발굴조사 등 세 차례 조사가 이루어졌다. 석촌동고분군 근처의 평지에 위치한 가락동 1·2호분은 토광묘식의 즙석봉토분이다. 그 중에 가락2호분은 바닥부가 12×15m, 높이 2.2m의 비교적 큰 봉토 안에 4기가 합장된 특이한 구조를 가지고 있다. 보고자는 이 고분의 하한은 BC 1·2세기경, 상한은 AD 2세기경으로 백제 건국시기에 근접되리라고 생각된다고 하였다.[23]

그리고 1975년 8~9월에는 가락동 안산(해발 55m) 구릉 상에서 석실분 4기가 발굴되었는데, 다양한 묘제가 확인되었다. 가락동석실분은 방형 석실에서 장방형 널방으로 변화하기 시작한 고구려 무덤 양식이 백제에 영향을 준 것으로 보이며, 4호분과 동일한 천장 모줄임 양식도 고구려 영향으로 보고 있다. 가락동석실분은 횡구식에서 횡혈식으로 변화해 가는 과도기로 보고 있다.

조사자는 4호 석실분에서 백제토기 여러 조각이 나왔다고 한다. 4호분은 백제 초기 횡혈식석실분과 동일 범주에 드는 형식이라고 한다. 대개 4~5세기경으로 추정하고 있다. 그리고 금동환이 출토된 5호분을 만든 시기는 이 보다 이른 4세기경으로 추정되고 피매장자가 왕족이거나 귀족일 수 있다고 보았다.[24] 모두 백제 초기의 귀족무덤이다.

이 해(1975)에 잠실지구유적발굴조사단은 '잠실지구 구획정리사업지구' 내에서 방이동 및 가락동 5만평에 대한 발굴을 실시하여 가락동지구에서는 청동기시대 주거지 5기, 석실고분(백제시기 추정) 5기, 기타 유구 2개소를 확인 조사하였다.

그러나 서울시로부터 위촉장을 받은 전문가 16인으로 구성된 잠실지구유적발굴조사단은 "파괴된 고분들이 파괴는 되었으나 형식이 다양하고 인골 등 유물도 나와서 잠실지구의 역사를 밝히는데

20_ 구의동보고서 간행위원회, 1997, 『한강유역의 고구려요새-구의동유적 발굴조사 종합보고서』, 소화.
21_ 약보고서나 종합보고서 어디에도 유적의 지번을 찾아 볼 수 없다.
22_ 김정하, 1963, 「광주 가락리 주거지 발굴 보고」, 『고문화』 2.
23_ 윤세영, 1974, 「가락동 백제고분 제1·2호분 발굴조사 약보」, 『고고학』 3, 139쪽.
24_ 잠실지구유적발굴조사단, 1977, 「잠실지구유적발굴조사보고」, 『한국고고학보』 3, 46쪽, 50쪽.

많은 도움이 되었을 뿐만 아니라 백제고분연구에 귀중한 자료를 제공하게된 것은 조사단의 망외望外의 기쁨이었다"고 감격스럽게 총평하였다.

그 기쁨은 오래가지 못하고 발굴조사단은 그 자리에서 바로 다음과 같이 의결하게 된다.[25]

1. 이번 조사지구 남단의 방이동지구에는 5기의 구조가 완전히 남아 있는 백제석실고분이 있으며 이들은 잠실지구 완전 백제석실분으로서 마지막 5기이기 때문에 그 학술적, 역사적 가치로 보아 전부 보존이 필요하며 따라서 이 고분지구는 채토금지採土禁止, 원상 보존토록 함.
2. 이상 방이동 주요 보존지구 이 외의 금차今次 조사지구는 그 속에 파괴 석실분 들과 기타 유적들이 있으나 그 파괴도破壞度로 보아 이를 기록으로 남기고 채토採土, 삭산削山하여도 가可함"

발굴을 끝내고 각 대학, 기관별로 보고서를 작성하여 조사단 본부에서 종합하여 그해 10월 8일 서울시와 문화재관리국에 약보고서를 제출하고 잠실지구유적발굴조사를 종결하였다. 결국 서울시로부터 위촉장을 받은 잠실지구유적발굴조사단의 전문가 위원 16인이 가락동 백제고분군을 모두 인멸시켰다. 한마디로 경천동지驚天動地할 일이다. 발굴조사 후 몇 기만이 남아 있던 고분마저도 1983년에 한양아파트(1단지) 건축과 함께 모두 인멸되고 말았다.

3) 방이동고분군의 삭평

방이동고분군은 표고 약 50m 남짓한 얕은 능선에 조성되어 있는데, 1976년 발굴조사 당시에 알려진 것이 8기였으나 4·5호 고분은 곧 삭평되고 나머지 6기 가운데 북쪽 구릉 위에 몰려 있는 3기(1~3호)와 약간 남쪽에 있는 1기(6호) 만을 남겨 놓고 그 외 지역은 모두 도시계획에 포함되어 삭평되었다. 1980년대 초 필자의 보존운동의 결과로 1983년 한국정신문화연구원에서 『한강유역 백제전기 수도유적 보존문제』라는 제목으로 학술연찬[26]을 개최하고, 방이동고분군의 확대 보존을 정부에 건의하였다. 1985년 7월 1일에 정부가 '서울 백제고도 문화유적 종합복원계획'을 발표하고 보호

25_ 잠실지구유적발굴조사단, 1977, 위의 글, 64~65쪽.

26_ 이형구, 1983, 「한강유역 백제수도유적의 현상과 보존문제」, 『한강유역 백제전기 수도유적 보존문제』, 1983년 제3회 학술연찬, 한국정신문화연구원.
이형구, 1984, 「한강유역 백제전기 수도유적 보존문제」, 『정신문화연구』 21, 1984년 여름호.

구역이 6배로 확대되면서 6호 고분에서 남쪽으로 약 100m 떨어져 있던 2기(7·8호)까지 조사한 바 7·8호 부근에서 새로이 2기의 석실묘가 발견되었다.

방이동고분군의 무덤 외형은 대체로 봉토분인데, 1·4호묘는 궁륭상의 천장이고, 5호묘는 장방형의 석곽 형태이며, 6호묘는 주실과 부곽이 겸비된 터널형의 횡혈식 석실이다.[27] 1985년 종합 보존계획이 발표된 후 1990년 방이동고분군도 석촌동고분군과 함께 고분공원으로 조성되었다.

3. 1980년대 조사와 보존활동

필자는 1981년 11월 늦은 가을, 『동방학지』 32집(연세대학교 국학연구원)에 게재할 '고구려의 향당享堂제도 연구'를 작성하면서 백제시기의 석촌동 고분을 조사하기 위하여 석촌동을 찾아갔을 때 도로 개설 공사로 대형 고분(제3호분 적석총)이 잘려나가고 있는 사실을 목격하게 되었다.

이듬해 답사 시에는 3호분의 동쪽 15m 지점에서 백제시기의 옹관甕棺이 포클레인에 잘려나가고, 인근에서 백제고분이 잘려나가면서 인골人骨이 찍혀 나간 참상慘狀이 눈에 들어왔다. 그런데도 도로공사는 계속되고 도로 경계석을 깔고 가로수를 심어 놓았다. 이와 같은 사실을 관계당국에 알렸으나 관리당국의 한 문화재전문위원은 포클레인에 찍혀 나간 인골을 '민묘民墓'에서 나온 것이라면서 대수롭지 않게 취급하였다. 민묘는 아무 죄없이 '부관참시剖棺斬屍'돼도 되는지 모르겠다.

이후, 필자는 1980년대 초 수년 동안 학술연찬이나 학술세미나를 개최한다든가 언론과 학계에 지속적으로 관심을 환기시켰다. 1983년에는 필자의 주도로 석촌동 일대의 '백제전기 수도유적 보존문제'를 활발하게 전개하였다.

필자가 1983년 봄, 석촌동 일대의 문화유적을 조사하던 시기에 석촌동유적발굴조사단에서 도로개설로 잘려나간 제3호분(적석총)의 남쪽 기단부분을 수습하는 발굴 작업이 진행되고 있었다.

1983년 5월 26일, 한국정신문화연구원 한국학대학원 석 · 박사과정학생 등 17명을 대동하고 현장강좌를 실시하면서 최근에 뚫린 문제의 제3호분(적석총)과 제4호분 사이로 뚫린 도로가 도시계획에 의하여 또다시 북쪽으로 확장공사가 진행됨으로 해서 제3호분(적석총)의 기단부가 파괴되고 남면 석축의 상당부분이 멸실되어 약 10m 폭의 판축대지의 흙을 이미 '불도저'로 들어내다 버렸음

27_ 김병모, 1977, 「방이동고분군」, 『고고학』 4, 1~35쪽.
잠실지구유적발굴조사단, 1978, 「잠실지구유적발굴조사보고」, 『한국고고학보』 4, 7~51쪽.

을 확인하였다.

5월 27일 오전에는 재차 현장조사에 나서고 오후에는 연구원에 돌아와 유승국柳承國 원장과 김형효金炯孝 부원장에게 서울의 백제 '왕릉王陵'이 도로공사로 파괴된 사실을 보고하는 한편, 청와대 조趙 비서관을 통해 신극범 교육문화수석보좌관에게도 보고하였다. 마지막으로 도로공사로 '왕릉'이 파괴되는 화급한 사태를 중지시켜야 하는 절박한 사정으로 여론에 호소하기로 결정되어 당일 밤 KBS TV 이명구李鳴九 기자에게 알리는 것으로 몇 년을 지나온 것 같은 하루가 끝났다.

다음날 5월 27일, KBS TV에서 즉각 현장을 동행 취재하여 당일 밤 9시 뉴스를 통하여 백제 '왕릉'의 참상慘狀이 세상에 알려지게 되었다.

KBS TV에 보도된 다음날(5.28) 오전에 다시 석촌동 현장을 답사하고 관할 경찰관파출소장과 통장을 방문하여 포클레인으로 잘린 유적을 보호해줄 것을 당부하였다. 오후에는 문화공보부 허문도許文道 차관의 내방 요청을 받고 서울 창성동 문공부 청사를 방문하여 최근에 서울 석촌동에서 일어났던 일련의 과정을 설명하고 도로공사를 중지시켜 백제의 '왕릉'유적을 보존할 수 있도록 조치해줄 것을 건의하였다. 허 차관은 문제의 심각성을 인식하고 즉각 공감共感지지해주었다.

제5공화국 하에서 허 차관의 결심을 얻어내는데 성공한 순간이 오늘날과 같은 한성백제유적이 보존되고 한성백제사를 복원하는데 결정적인 계기가 되었다. 33년 전, 일촉즉발 할 것 같은 순간순간의 일들이 이 자그마한 야장野帳에 적혀 있었다. 감개하기 그지없다.

4. 「한강유역 백제전기 수도유적 보존문제」 학술연찬 개최

1983년 7월 6일 한국정신문화연구원에서 개최된 제3회 학술연찬「한강유역 백제전기 수도유적 보존문제」에서 한강유역에 산재한 백제유적을 보존하는 문제가 학계에서 심각하게 거론되었다. 이에 따라 한국정신문화연구원은 6일 '한강유역 백제전기 수도유적 보존문제'를 주제로 한 학술연찬을 열고 백제전기의 유적 현황과 보존대책을 논의하였다.[28]

학술연찬에는 이형구(한국정신문화연구원 교수)의「한강유역 백제수도유적의 현상과 보존문제」, 김병모(한양대 교수)의「한강유역 고분의 고고학적 고찰」, 차용걸(충북대 교수)의「백제도성 유

28_ 이형구, 1983, 앞의 글.
이형구, 1984, 앞의 글.

그림 5 | 1983년 7월 6일 한국정신문화연구원에서 개최된 '한강유역 백제전기 수도유적 보존문제' 학술연찬 장면. (오른쪽에서 4번째가 필자) 오늘날 서울백제가 존재하게 된 중요한 학술회의다.

적 보존문제」를 발표하였다. 이어 발표자와 참석 인사(30여 명)들의 의견을 종합하여 건의문을 작성한 다음 대통령을 비롯하여 관계기관에 배포하였다.

필자가 주관한 이 학술연찬에서 주제의 제목으로 "한강유역의 백제 500년 도읍지의 유적들이 도시개발이라는 미명 아래 날로 파괴되어 가고 있는 실정이다. 서울 한복판에서 파괴되어가고 있는 고대 백제유적에 대해서 시급한 보존대책이 꼭 필요하다"고 주창하였다.

건의문은 즉시 대통령을 위시하여 정부 유관 부처와 국회 및 관계기관에 배포하였다. 「한강유역 백제전기 수도유적 보존문제」 학술연찬 이후 일련의 보존운동을 계속 전개하는 가운데 1985년 7월 1일에 당시 대통령의 특별령에 의하여 강남 일대의 「백제유적보존령」이 발표되면서 519억이라고 하는 천문학적인 국가예산이 책정되고, 석촌동고분군은 지하터널을 뚫고 잘려진 고분을 복원하여 보호구역을 처음 1,514평에서 15,126평으로 무려 10배로 면적을 확대하게 되었다.

V. 서울 백제 왕도유적의 보존 결정

1. 석촌동고분군의 보존

「한강유역 백제전기 수도유적 보존문제」 세미나를 통하여 전국적으로 일반의 관심이 높아지자 관계당국은 1983년 7월에 사적 243호인 제3호분과 4호분 주변을 4,929평으로 확대 지정하였다. 1983년 7월 29일, 문화재위원회는 「한강유역 백제전기 수도유적 보존문제」 학술연찬에서 서울시 석촌동 백제고분의 심각성을 지적하자마자 회의를 갖고 서울시 석촌동의 백제 초기 적석총 3·4·5호분들을 보존하기 위해 현재 이 일대에서 진행 중인 도시개발을 변경하고 보호지역을 확대해주도록 건의하였다. 〈한강유역 백제전기 수도유적 보존문제 건의문〉에서

> 2. 사적 제243호인 석촌동 제3·4호 왕릉을 비롯하여 제4호 왕릉의 전방에 있는 2기의 고분유구와 제5호분·'파괴분' 및 최근 파괴된 석촌동 일대의 백제문화포함층을 다시 발굴조사해야 할 것임.

이라고 하였다. 그리고 제6항에는

> 6. 특히 석촌동 지역의 사방 1㎞ 내의 모든 지상건물과 토지를 매입하고 '역사공원'으로 지정하여 역사교육도장으로 활용하는 동시에 국가적인 문화유적공원으로 조성해야 할 것임.

이라고 하였다.

1985년 5월, 학술회의 직후 청와대 신극범愼克範 교육문화수석이 그동안 한강유역 백제전기 수도유적 보존문제를 전개한 자료를 요청해왔다.

필자는 계속 청와대를 비롯해서 관계기관, 언론사 등에 그동안의 조사내용을 제공提供하던가, 직접 설명하면서 앞으로의 대책을 건의하는 한편, 도로공사로 백제 '왕릉급' 유적인 3호분을 잘라내고 도로가 지나가는데 당장 도로를 폐쇄하고 지하화地下化해서 지상에 3호분을 복원하고 3호분과 4호분을 연결하여 이 일대 사방 1㎞를 백제유적 보존지구로 설정해서 백제유적을 보호해야 한다고

설득하고 다녔다.

이후, 문화재위원회는 사적의 지정면적을 1,513평에서 4,928평으로 넓힘과 동시에 3호분과 4호분을 한 권역으로 묶어 사적공원으로 지정할 것을 결의하였다. 문화공보부는 문화재위원회의 건의를 받고 이 일대를 사적공원이나 고분공원으로 꾸며 보존한다는 계획을 세우고 서울시 당국과 협의를 하고 있다고 밝혔다. 문화공보부는 더 이상 백제유적을 방치放置할 수 없다는 강경한 방침 아래 도시개발을 변경시켜 이 일대의 유적을 보존하겠다고 밝혔다.

1985년 7월 1일, 마침내 전두환全斗煥 대통령은 정부로 하여금 서울 '백제고도百濟古都'를 되살리기 위한 특별지시를 하기에 이른다. 이원홍李元洪 문공부장관과 염보현廉普鉉 서울시장은 7월 1일, 서울 강동구 석촌동의 고분군과 방이동의 고분군, 몽촌토성 등을 519억원의 예산을 들여 대대적으로 정비해나가겠다는「서울고도 민족문화 유적 종합복원 계획안」을 공동 발표하게 된다.

석촌동 고분, 몽촌토성 등의 유적을 1985년부터 1991년까지 일제히 정비 복원할 계획이라고 발표하였다. 백제 왕릉으로 추정되는 석촌동고분군은 현재 1,500평의 사적 면적을 17,000평으로 확대하여 공원화한다고 하였다. 특히 유적지를 횡단, 유적을 해치고 있는 35m 도로를 91억원의 예산을 들여 지하차도를 개설하고, 또 둘로 갈라진 석촌동 고분영역을 하나로 연결시키려면, 토지보상비 1백47억원 등 모두 2백56억원의 예산이 소요된다고 하였다.

그리고 방이동고분군은 6기 중 2기가 아직 정비돼 있지 않은 상태로 현재 고분들은 도로나 택지 조성으로 묘역이 단절되어 있어 이를 연결시켜 사적공원으로 확대 조정한다고 하였다. 몽촌토성은 백제성으로 길이는 2.3㎞, 13만3천634평으로 31억원을 들여 성을 보수하고 유적이 훼손되지 않도록 녹지화하여 산책로를 조성하기로 하고, 백제역사관을 건립하기로 하였다. 모두가 1985년 7월 1일 이후에 일어났던 일들이다.[29]

풍납토성은 일부 복원돼 있으나 주위 환경이 좋지 않고 정비지역 내 사유지를 보상하고 5억원을 들여 보수 정비하기로 하였다. 풍납토성은 화급한 석촌동이나 몽촌산성에 비해 좀 빠진 감이 있다. 이와 같은 조치는 문화유적 복원으로는 건국 이래 최대의 규모다. 이 같은 정부의 용단이 있기까지는 필자를 위시해서 언론계와 학계의 끈질긴 노력이 뒷받침되었다.

이 순간이 오늘의 백제의 역사가 '재탄생再誕生'하는 순간이라 해도 과언이 아닐 것이다. 이 시기

29_ 이형구, 2016,「서울 백제고분의 보존과 발굴-석촌동고분군을 중심으로」,『한국고대사탐구』23, 291~368쪽.

그림 6 | 석촌동고분군에 도로가 개설되면서 석촌동 3호분(오른쪽)이 잘려나간 상태 (필자 촬영, 1982.6.)

그림 7 | 1983년 7월 6일 학술회의 이후, 석촌동고분군이 지하화로 연결되어 3호분이 복원되었다.

는 '제5공화국'에서 강남 개발이 적극 진행되던 시기이다. 국민이 승리한 순간이자 정부가 승리한 순간이다.

2. 방이동고분군의 부활

인근 방이동고분군은 '대왕자산大王子山'이라고 불려오던 송파구 방이동의 야산(해발 48m)에 있던 방이동고분군도 잠실지구유적발굴조사단이 앞서 가락동지구를 '채토採土, 삭산削山' 해제할 때 방이동지구도 함께 "방이동 주요 보존지구 이 외의 금차 조사지구는 그 속에 파괴 석실분들과 기타 유적들이 있으나 그 파괴도破壞度로 보아 이를 기록으로 남기고 채토採土, 삭산削山하여도 가하다"고 결론을 내리는 바람에 야산 윗부분에 있던 4호분과 5호분이 채토, 삭산되어 완전히 인멸되었다.

1983년 7월 6일 「한강유역 백제전기 수도유적 보존문제」 학술연찬을 마치고 제출한 〈건의문〉 중에

> 4. 현재 '사적공원'으로 조성사업을 벌이고 있는 방이동고분군 중 제 7 · 8호가 제외되고 있는데 이를 연결하여 공원면적을 확대 조성해야 할 것임.

이라 하였다.

원래 방이동고분군의 제7 · 8호가 제외되고 1~3호, 6호만 보호구역으로 설정하고 나머지 보호구역에서 제외됐던 7 · 8호분 지역을 연결하여 확대 보존하도록 건의하였다.[30] 정부의 '서울 백제고도 문화유적 종합복원계획'이 발표(1985년 7월 1일)된 이후 6호분에서 남쪽으로 약 100m 사이에 길을 두고 분리돼 있던 2기(7 · 8호) 고분을 정비하다가 7 · 8호 고분을 발굴하면서 "채토採土, 삭산削山하여도 가可하다"고 하여 이미 불하된 지역에서 다시 백제고분 2기를 더 발견하였으니 천만다행이다.[31] 두 구역 사이의 공간을 연결하여 보호구역이 원래의 면적보다 6배 이상으로 확대되었다.[32]

송파구 일대 한성백제시기의 묘제는 대체로 석촌동고분군의 토광목관묘에서부터 석곽묘나 적

30_ 이형구, 1984, 앞의 글, 158쪽.

31_ 원래 7 · 8호로 편호를 매긴 것을 정비 시에 새로 발견된 2기를 7 · 8호라 하고, 원래 7 · 8호를 9 · 10호로 정하였다.

32_ 1988년 9월, 오늘날과 같은 '방이동고분공원'이 조성되었다. 2017년에는 방이동 3호분을 재발굴하였다.

그림 8 | 1984년의 방이동고분군. 중앙부분이 이미 삭산되었다.(1984.4. 필자 촬영)

그림 9 | 1995년의 방이동고분군. 보호구역이 확대된 조감도.(1995.7. 필자 촬영)

석총으로, 그리고 가락동고분군의 석실묘로, 다시 방이동고분군 횡혈식석실묘로 이어지고 있음이 주목된다.

3. 몽촌산성 보존-성벽 조각공원과 미술관 건립계획 변경

1983년 7월 6일 「한강유역 백제전기 수도유적 보존문제」 학술연찬을 마치고 제출한 〈건의문〉 중에 몽촌토성(산성) 보존을 위해서

> 5. 둔촌동에 건설될 '올림픽 주경기장' 후보지 내의 지표조사를 철저히 할 것과 인접 몽촌토성의 원형을 찾아 복원하여 토성 내에는 일체의 시설을 불허해야 할 것임.

이라고 하였다.

다행히 성 내부는 건의서에 밝힌 대로 보존이 결정되고 발굴에 들어가 사적공원화하고 '몽촌역사자료관'을 건립하여 오늘까지 백제역사 교육장으로 활용되고 있다.

그러나 어려운 일은 계속되었다. 성벽 위에 세계조각공원을 조성하려고 하는 것을 정부 부서에

찾아다니면서 성벽 접근을 적극 만류하였다. 다행히 수용해서 성벽 남쪽에 한데 모아 입체적으로 전시하는 방법을 강구하였다.

그리고 서울시에서 88올림픽 당시 올림픽촌 관리사무소로 사용하던 2층 건물을 증개축해서 백남준미술관으로 사용하려고 하였으나 성벽 인접지역이라서 불가하다고 극구 설득하고 이전에 늪지였던 공원 제4문 근처 공지를 추천하여 구제발굴을 거쳐 오늘날 우리가 자랑하는 소마미술관이 되었다. 그 바람에 백남준미술관은 경기도로 가게 되었다.

4. 올림픽대교 풍납토성 램프 건설계획 변경

필자는 1985년 10월 착공하여 88올림픽을 앞두고 1985년 10월 착공하여 1988년 6월 완공예정이던 올림픽대교의 설계변경 결정을 얻어낼 때도 동분서주하였다. 처음 설계된 대교는 풍납토성의 동서 성벽을 50m씩 자르고 풍납토성을 관통하게 돼 있었다. 서벽에 진입 출차 램프가 설치되면 서벽은 100m 가까이 유실되고 동벽은 50m를 절단해서 성 내에도 50m 폭의 도로가 생기고 올림픽공원 북단으로 지나가는 도로와 연결되게 설계되어 있었다.

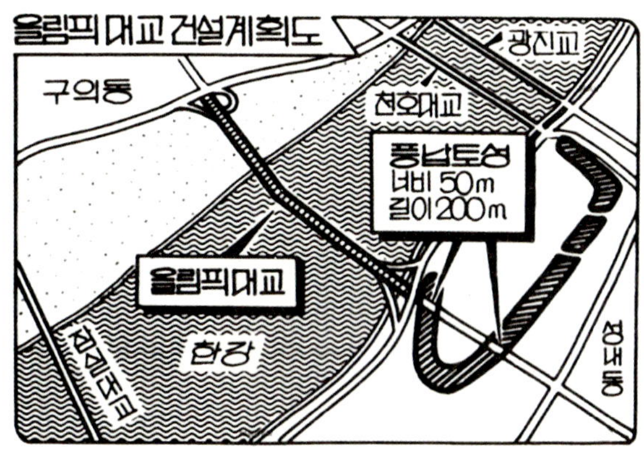

그림 10 | 1985년 1월에 발표된 올림픽대교 설계도면
(『경향신문』, 1985.4.18.)

1985년 4월, 풍납토성을 관통해서 올림픽대교를 건설한다는 계획을 신문을 통해서 보고 경천동지할 일을 저지르고 있구나 생각하고 앞장서 설계변경을 촉구했고 언론 · 문화계가 이에 호응하였다. 결국 올림픽대교는 풍납동 램프 자리를 현대아산재단 부지 쪽으로 이전하여 재설계에 들어가 88올림픽이 끝나고 나서 1990년 6월, 3년여 만의 공사 끝에 오늘날과 같이 완공되었다(완공 후의 모습은 본서 앞부분 화보 〈사진 1〉 참조). 물론 필자가 혼자서 이뤄낸 일은 결코 아니다. 문화재위원 등 도와준 이들도 적지 않았다. 공이야 누구에게 돌아가도 상관없다. 상상만 해도 너무 엄청난 일을 저질렀다. 결국 오늘의 풍납토성이 있게 한 정부와 서울시에 감사한다.

한편으로, 풍납토성만은 이미 도시화가 될 대로 다 된 것을 목격하면서 본격적으로 서울 백제전기 수도유적을 보존하기 위하여 전력투구하기 시작하였다.

VI. 풍납토성의 첫 제원 실측 및 실태조사

필자는 1995년 4월부터 풍납토성의 전체 현장상황을 파악할 수 있는 지표조사와 전체규모를 확인할 수 있는 실측조사[측량] 계획을 세우고 백제문화개발연구원에 연구지원을 신청하였다. 1996년 3월, 선문대학교 역사학과로 직장을 옮기자마자 학술조사단을 조직하고 지금까지 한 번도 시도해보지 않은 풍납토성(사적 제11호)의 실측조사를 실시해 제원諸元을 밝히고, 풍납토성 내·외부의 현황 실태를 파악하기 위하여 조사에 착수하였다.[33] 이 조사를 계기로 일찍부터 풍납토성을 백제전기 왕성으로 믿어오던 필자는 풍납토성이 갖는 왕성으로서의 역사적 의의를 규명하고 문화적 중요성을 인식하고, 백제왕성과 왕궁유적이 존재되어 있을 풍납토성 내부를 보존하기 위한 뜻에서 실측조사를 실시한 것이다. 1996년 여름방학을 이용하여 풍납토성의 전체 현장상황을 파악할 수 있는 지표조사와 전체 규모를 확인할 수 있는 실측조사[측량]를 겸행하였다. 그리고 1996년도 겨울방학을 맞이하면서 풍납토성 성벽의 최소한의 현존 높이를 확인하기 위한 등고선 측량을 실시하였다.

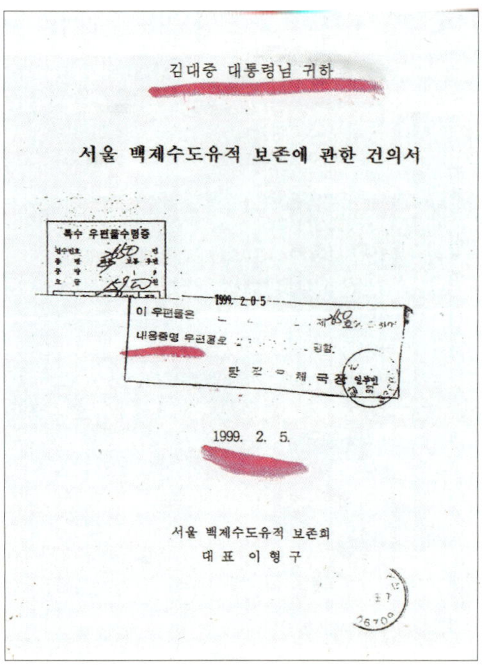
김대중 대통령님 귀하

서울 백제수도유적 보존에 관한 건의서

특수 우편물수령증

이 우편물은 1999. 2. 05 … 내용증명 우편물로 … 함.

1999. 2. 5.

서울 백제수도유적 보존회
대 표 이 형 구

그림 11 | 김대중 대통령에게 '내용증명' 우편으로 건의한 '서울 백제수도유적 보존에 관한 건의서' (1999.2.5.)

1996년 여름, 필자는 선문대학교 역사학과 학술조사단을 조직하여 풍납토성의 실측조사에 들어갔다. 하계방학을 이용하여 풍납토성의 전체 현황을 파악할 수 있는 지표조사와 풍납토성의 제원을 확인하는 측량조사를 겸행하였다. 그리고 1996년 동계방학을 맞이하면서 풍납토성 성벽의 현존 높이를 확인하기 위한 등고선 측량조사를 계속하였다. 이때의 측량조사에서 풍납토성의 전체 크기가 3,470m로 밝혀냈고, 이

33_ 1969년 6월 28일에는 성벽 구간 중, 토성의 동북벽 일부가, 지금 시장화된 지역은 사적지 지정에서 해제되었다. 그리고 1925년 대홍수시 유실되고 남은 유실부 5,409평도 사적지 지정에서 해제되었다.

미 복원된 북쪽 성벽의 가장 높은 곳의 높이는 현지표로부터 11.1m나 된다는 사실을 확인하였다.[34]

이 밖에 복원되지 않은 지역의 남쪽 성벽의 가장 높은 지역은 지표로부터 높이 6.5m이고, 동측 성벽의 가장 높은 지역의 높이가 지표로부터 높이 6.2m나 된다. 그리고 성벽의 저부 폭은 대체로 40~30m이고, 성벽의 가장 넓은 곳의 저부 폭은 동남측 성벽의 폭이 70m에 이르고 있다는 사실을 알게 되었다. 원래의 성체 높이는 아마 15m 정도 될 것이다. 그리고 성벽 외 주위에는 넓은 해자垓子가 둘러져 있었을 것으로 추정하였다. 이 조사에서 확인된 실제 제원은 1999년의 풍납토성 동벽 절개 발굴조사에 거의 동일한 수치로 확인되었다.[35] 이해에 "서울 백제수도유적 보존에 관한 건의서"를 내용증명으로 김대중 대통령에게 제출한 바 있다.

Ⅶ. 풍납토성 서성벽 남쪽외부 아산병원 아파트부지의 발굴조사

1995년 5월 17일에 서울특별시 송파구청장으로부터 풍납토성 서남쪽 풍납동 388번지 현대아산중앙병원 기숙사 건물의 신축허가신청을 받아 성곽 외부지역이기 때문에 이를 허가했다고 하는 회신을 받고, 필자는 즉각 풍납동 388번지 일대를 현지답사하고 이 지역이 풍납토성의 서성벽 밖의 자연해자 지역일 가능성이 많아 현대아산중앙병원 측에 우선 발굴을 실시한 다음 건축토록 조치하였다.[36]

시굴조사 결과를 조사지역 북쪽(한강방향)에 설정된 트렌치 1에서 사선으로 형성된 암회색 사질 점토층위의 안쪽으로 형성된 황색 모래와 갈색 사질토층에서 백제 격자문토기를 비롯한, 조선시대 토기편과 자기편 등이 수습되었나.

34_ 이형구, 1997.8, 앞 책, 64쪽.

35_ 국립문화재연구소, 1999, 『풍납토성』Ⅱ-동벽발굴조사보고서, 1999. 119쪽.

36_ 현대아산중앙병원의 법인인 아산재단의 이병규(李丙圭) 이사장(현 문화일보 회장)의 적극적인 협조로 발굴이 가능하였다. 발굴 신청 단계에서는 한양대학교박물관(관장 김병모 교수)에 의뢰하고, 필자는 조사위원으로 발굴에 참여하는 한편, 보고서 작성 시에 「풍납토성의 역사적 의미」를 맡아 집필하였다. (한양대학교박물관, 1996, 『풍납토성 인근지역 시굴조사보고서』, 아산사회복지사업재단, 9~19쪽)

조사지역 남쪽의 트렌치 2에서는 현 지표 하 9m 아래까지 굴토하였는데, 흑회색의 사질점토층이 수평으로 층위를 이루고 있었다. 이 흑회색 사질 점토층에는 백색 모래 간층이 여러 곳에서 확인된다. 트렌치 2에서는 맨 아래층인 자갈과 회색 모래층에서 조선시대 경질토기편과 자기편이 수습되었다. 이러한 시굴결과로 볼 때 현재 한강 수면보다 훨씬 얕은 층인, 한강의 바닥 층으로 보이는 자갈층이 잔존 성벽 바로 앞까지 연결되어 있는 것으로 보아 해자가 원래 없었거나, 축성 초기에는 있었더라도 하도의 변화에 따라 유실되었을 수밖에 없다고 판단된다고 하였으나,[37] 자연해자의 가능성이 많다.

또한, 현 지표는 해발 14~15m 내외이며, 트렌치 1과 2는 각각 해발 8m, 5m 깊이까지 굴토되었는데, 2개의 트렌치에 관한 시굴조사 결과 벽면에서 나타난 층위를 기초로 하여 추정하여 보면 레미콘 층이 폐기되기 전 지표는 해발 10m 내외로 추정되며, 잔존한 서벽의 현존 높이가 3m 내외인 점과 원 지표까지의 높이 4m를 더해 보면 서벽의 높이는 7~8m 내외였던 것으로 보인다고 하였다.

이 발굴을 통해서 한강의 바닥 층으로 보이는 자갈층이 잔존 성벽 바로 앞까지 연결되어 있었다고 하는 사실이 밝혀져 풍납토성 서쪽 성벽의 외벽 경사면 하부가 한강 바닥까지 다다랐음이 확인되었다. 사실은 '풍납토성 발굴사'에서 이 발굴이 풍납토성에 관련된 최초의 정식 발굴이 되는 매우 중요한 발굴이다.

최근에 서성벽에 눌러 앉았던 삼표레미콘 구지舊址를 국립강화문화재연구소가 발굴하였다. 성벽의 중심 토루土壘를 파괴하고 콘크리트 잔해물을 대량으로 매립한 사실이 확인되고, 일부 남아있는 성체城體에서 문지가 발견되었다고 2017년 10월 17일 발표하여 관계자들을 놀라게 하였다.[38] 이 지점은 바로 필자가 『한성백제사 3』에서 풍납토성의 서남문지로 추정하였던 지역이다.[39]

37_ 한양대학교박물관, 1996, 『풍납토성 인근지역 시굴조사보고서』, 아산사회복지사업재단, 9~19쪽.

38_ 국립강화문화재연구소, 2017.11.18, 「서울 풍납동 토성 서성벽 복원지구 내 유적 자료집」.

39_ 이형구, 2008, 「서풍납토성」, 『한성백제사』 3-왕도와 방어체계, 서울특별시, 176쪽.

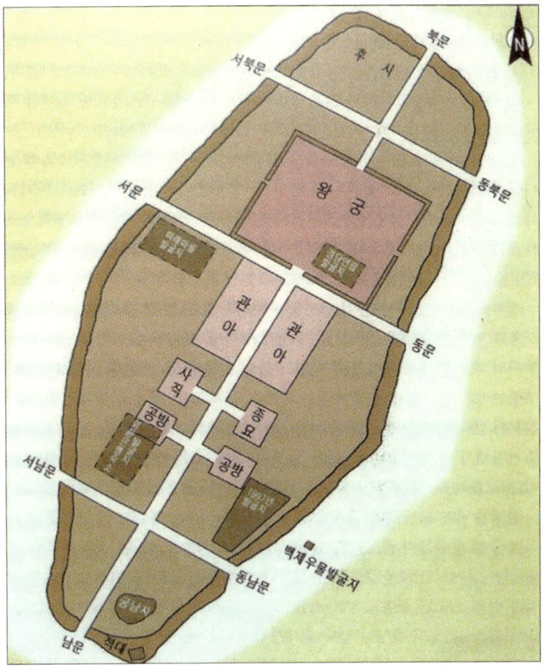

그림 12 | 이형구가 추정한 풍납토성 왕궁유적 배치도의 서남문지(좌하) (『한성백제사 3』, 서울시, 2008)

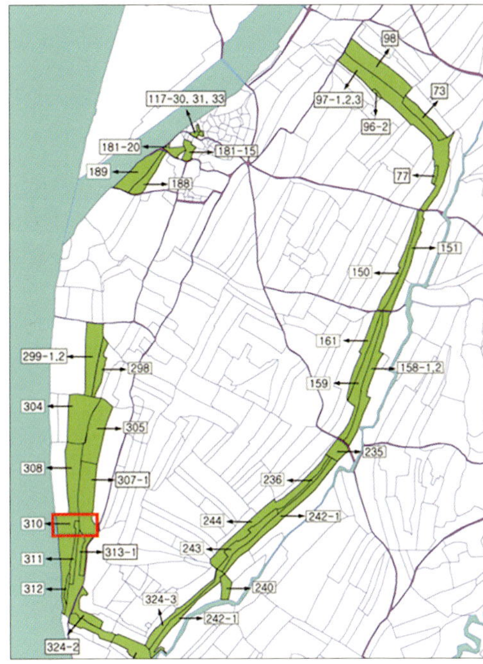

그림 13 | 2017년 10월 삼표레미콘 부지에서 발굴된 문지(좌하)

Ⅷ. 서울 백제 왕도유적 보존을 위해 학술회의 자비로 5회 개최

1. '1994년 백제 정도 2000년' 서울백제수도유적보존회의 발기인 28명 결의

1994년 9월 28일, 동양고고학연구소(대표: 이형구)가 주관하여 '백제 정도定都 2000년'을 기념하기 위하여 '서울 백제 수도유적 보존회'를 결성하고 서울 한글회관 강당에서 보존대책 회의와 학술토론회를 갖고 즉각 학계와 관계기관에 이에 대한 시정과 보존대책을 촉구하는 건의서를 제출하였다.[40] 이 해는 마침 서울시가 '서울 정도 600년' 기념행사를 계획하고 10월 28일 '서울의 날' 행사를 준비하고 있었다. 이 학술회의는 필자가 진행은 물론 경비 일체를 부담하여 주관해온 서울지구 백

40_ 이형구, 1994.9.28, 『서울 백제 수도유적 보존회의』.

제 수도유적 보존문제에 관한 두 번째의 학술회의인 셈이다. 그러나 풍납토성이 갖는 중대한 역사적 의미와 의의를 건의建議했음에도 불구하고 지난 수십 년이 넘도록 풍납토성은 문자 그대로 방치 인멸상태를 면치 못했다.

1994년 10월 5일에 정부요로에 건의한 「건의사항」 제2항에 "풍납토성 내외의 미개발 상태의 유휴지는 철저히 보호구역으로 확대 설정하여 보존되도록 한다"고 한 것처럼 지금이라도 이를 실행하여 사적 범위를 성 안까지 확대하고 사적공원으로서의 위상을 확립하고 백제왕성전시관과 같은 건축물이 절실하다고 의견을 모았다.

1994년 10월 21일 등교길에 성수대교가 붕괴되는 불상사가 발생하여 서울시가 계획한 '서울 정도 600년' 기념행사는 취소되었다.

2. 풍납토성[백제왕성] 보존을 위한 학술회의

1997년 풍납토성 내 왕궁유적 발견 이후 풍납토성 백제 왕궁유적을 학계와 일반에게 알리고 "풍납토성을 보존을 위한 학술회의"를 동양고고학연구소(대표: 이형구)가 2000년 5월 8일 개최하였다.[41] 이 학술회의는 손병헌의 사회로 조유전趙由典(전 국립문화재연구소장)이 기조연설을 맡고, 논문발표는 이형구가 「풍납토성[백제왕성]에 관한 조사연구 및 그 보존문제」에 대해서 발표하였으며, 윤근일尹根一(국립문화재연구소 연구관)이 「풍납토성 발굴과 그 의의」를, 이종욱李鍾旭(서강대학교 교수)이 「풍납토성과 『삼국사기』 초기기록」을 발표하였다. 그리고 학술회의에는 원로학자 정영호鄭永鎬(전 단국대학교 교수) 박사가 축사를 맡아 주었다. 이 밖에 한국학계의 김삼룡金三龍(전 원광대학교 총장), 김영상金永上(전 동아일보 편집국장), 맹인재孟仁在(전 문화재위원), 박동백朴東百(전 창원대학교 교수), 손보기孫寶基, 전 연세대학교 교수), 이종선李種宣(전 서울시립박물관장), 정명호鄭明鎬(전 원광대학교 교수), 최재석崔在錫(전 고려대학교 교수) 많은 원로인사들이 토론자로 참석하여 풍납토성[백제왕성] 보존을 위한 훌륭한 의견을 개진하였다. 그 토의내용을 7개항으로 정리하여 김대중金大中 대통령에게 건의서를 제출하였다.

이 건의서가 제출된 1주 후인 2000년 5월 16일, 김대중 대통령은 국무회의를 개최하고 풍납토성과 풍납토성 내의 백제유적을 보존하기 위한 '대통령령大統領令'을 특별제정하였다. 2000년 10월 20

41_ 동양고고학연구소, 2000.5.8, 『풍납토성[백제왕성] 연구 논문집』.

일, 정부(김대중 대통령)는 그 동안 풍납토성 내 백제 왕궁유적 발견과 백제 유적 보존에 공로가 많았다고 인정하여 필자에게 '대한민국문화훈장大韓民國文化勳章'을 수여하였다.

3. 한강유역 백제전기 수도유적 보존문제 제기 20주년 기념 국제학술회의 개최

동양고고학연구소(대표: 이형구)는 2003년 6월 20일에 서울역사박물관 대강당에서 "한강유역 백제전기 수도유적 보존문제 제기 20주년 기념-서울 풍납동 백제왕성 연구 국제학술 세미나-서울 풍납동 백제왕성의 발견과 보존"이라고 하는 긴 주제를 가지고 학술회의를 개최하였다.[42] 먼저 기조강연은 조유전이 「풍납토성과 하남위례성」을 발표하였다. 이어서 학술발표회는 손병헌 · 김영수金瑛洙의 사회로, 바이윈샹[白雲翔](중국사회과학원 고고연구소 부소장)이 「중국의 한대성시漢代城市와 한국의 풍납토성」, 나카오 요시하루[中尾芳治]가 「일본의 나니와노미야難波宮 발굴조사와 보존保存 · 환경정비에 대하여」, 심정보沈正輔(한밭대학교 교수)가 「풍납동 백제왕성의 축성기법에 관한 고찰」을 발표하였다. 또 신희권申熙權(국립문화재연구소 연구사)이 「풍납동 백제왕성 백제토기의 형성과 발전-한성백제토기에 대한 제언」, 이종욱(서강대학교 교수)이 「풍납동 백제왕성의 역사적 성격」, 이형구가 「풍납동 백제왕성의 발견과 보존」을 발표하였다. 그리고 송석범宋錫範(간사이외국어대학[関西外国語大学] 교수), 최맹식崔孟植(국립문화재연구소 연구관), 김무중金武重(기전문화재연구원 연구원), 김영하金映河(성균관대학교 교수), 이용李傭(『경향신문』 부국장), 김태식金台植(『연합뉴스』 문화부 기자)이 토론자로 나왔다. 당시

그림 14 | '한강유역 백제전기 수도유적 보존문제 제기 20주년 기념-서울 풍납동 백제왕성 연구 국제학술 세미나-서울 풍납동 백제왕성의 발견과 보존' 학술회의에서 개회사를 하는 필자. 뒷줄 왼쪽부터 조유전 박사, 윤세원 전 총장, 노태섭 청장.

42_ 동양고고학연구소, 2003, 『한강유역 백제전기 수도유적 보존문제 제기 20주년 기념 서울 풍납동 백제왕성 연구 국제학술세미나』.

현임 문화재청 노태섭盧泰燮 청장과 대한민국학술원 회원인 선문대학교 전 총장 윤세원尹世元(2013년 3월 작고) 박사가 축사를 맡아 주어 대사회적對社會的 인식을 높여주는 계기가 되었다.

특히 일본의 원로고고학자로 나니와노미야 궁적을 직접 발굴한 경험이 많은 데즈카야마가쿠인[帝塚山學院]대학 나카오[中尾芳治] 교수를 특별히 초청하여 일본의 나니와노미야 유적 발굴조사와 보존·환경정비에 대하여 '한국의 나니와노미야'라고 칭하기도 하는 '풍납토성'을 보존하고 정비하는 문제를 일본의 사례를 통해 타산지석他山之石으로 삼을 만한 훌륭한 논문을 발표하였다. 그리고 중국의 바이윈샹[白雲翔] 부소장이 중국 한대성시漢代城市의 발원과 한국 백제 풍납토성의 건축기술의 발원을 심도 있게 비교 탐구하는 논문을 제출하였다.

4. 풍납토성 내 왕경유적 발견 10주년 기념 국제학술회의 개최

그림 15 | 『풍납토성 내 백제왕경 유적 발견 10주년 기념 국제 학술세미나 논문집』. 서울역사박물관에서 개최키로 하였으나 풍납동주민들의 반대로 프레스센터에서 학술회의를 가졌다.(2007.6.8.)

동양고고학연구소(대표: 이형구)는 2007년 6월 8일에 풍납토성 내 왕경유적 발견 10주년을 기념하기 위하여 "서울 풍납동 백제왕성의 발견과 보존"이라는 주제로 "풍납토성 내 백제 왕경유적 발견 10주년 기념 국제학술 세미나"를 서울역사박물관 대강당에서 개최하려고 하였으나 풍납동 주민 300여 명이 세미나 개최 사실을 미리 알고 경희궁慶熙宮 내에 있는 서울역사박물관에 몰려와 농성하는 바람에 발표자나 청중이 강당에 진입할 수 없는 사태가 벌어졌다. 한국학의 원로 류승국 교수와 일본의 원로고고학자 세가와 요시노리[瀨川芳則] 교수가 노구에 이 학술세미나를 위해 특별히 초청되었는데, 주민의 방해로 장소 사용이 어렵게 되어 부득이 인근 중구 태평로에 있는 프레스센터의 19층 '국제기자클럽'이라고 하는 연회식宴會式 회의장을 거금으로 긴급 임대하여 국외에서 온 발표자나 국내발표

자 그리고 내빈들을 모시고 학술회의를 개최할 수밖에 없었다.[43]

광화문 일대와 회의장 건물 주변을 경찰이 에워싼 긴장된 분위기에서 풍납동대책위원장과 주민대표를 토론자로 참여시키는 조건으로 간신히 타협하여 졸지에 '뷔페식 발표회'를 개최할 수밖에 없었다.

이 학술발표회는 손병헌 · 김영수의 사회로, 이형구가 「풍납토성 내 백제왕경 유적 발견과 역사적 의의」, 권오영이 「풍납토성 내 경당유적 발굴과 그 의의」, 신희권이 「고대중국도성의 출현과 그 특징-이리두二里頭유적과 풍납토성과의 비교를 중심으로-」, 세가와 요시노리가 「일본고대도성의 조사와 보존현황」을 발표(통역: 송석범)하였다. 그리고 논평자로 이종욱, 윤근일, 심정보, 이남규李南珪(한신대학교 교수)가 참석하고, 김기섭金起燮(서울역사박물관 연구원), 김태식, 신형준愼亨浚(『조선일보』 문화부 기자), 최맹식, 황평우黃平宇(문화연대 문화유산위원회 위원장) 등이 토론에 참여하였으며, '풍납동주민대책위원회' 이기영李基永 회장이 특별초대되었다. 이에 앞서 대한민국학술원 회원인 류승국柳承國(2011년 3월 작고) 박사가 축사를 맡아주었다.

이 학술회의에는 일본의 저명한 고대성곽전문가인 간사이외국어대학 세가와 교수가 특별히 초대되어 학술발표를 할 예정이었으나 풍납동주민들의 저지로 장소를 옮기는 황당 중에도 세가와 교수는 준비해온 일본의 고대도성의 조사연구 성과와 일본의 문화재 보존에 관한 선험적 연구를 발표하여 풍납토성 보존뿐만 아니라 한국의 고대도성연구에 큰 교훈을 주었다.

5. 풍납토성 사적지정 50주년 기념 겸 한강유역 백제전기 수도유적 보존문제 제기 30주년 기념 국제학술회의 개최

선문대학교 고고연구소와 동양고고학연구소는 2013년 10월 25일(금) 한성백제박물관 대강당에서 풍납토성이 국가 사적으로 지정된 지 50주년을 맞아 이를 기념하여 풍납토성과 한성백제 왕궁유적에 대한 지금까지의 연구와 발굴조사에 대한 회고와 전망, 그리고 풍납토성의 보존과 풍납동 주민들의 향후 대책 문제를 토의하며 미래를 모색하고 아울러 '한강유역 백제전기 수도유적 보존문제' 제기 30주년을 기념하는 국제학술회의를 개최하였다.[44]

43_ 동양고고학연구소, 2007, 『풍납토성 내 백제왕경 유적 발견 10주년 기념 학술세미나』.

44_ 동양고고학연구소, 2013, 『풍납토성 사적지정 50주년 기념 겸 한강유역 백제전기 수도유적 보존문제 제기 30주년 기념 학술세미나』.

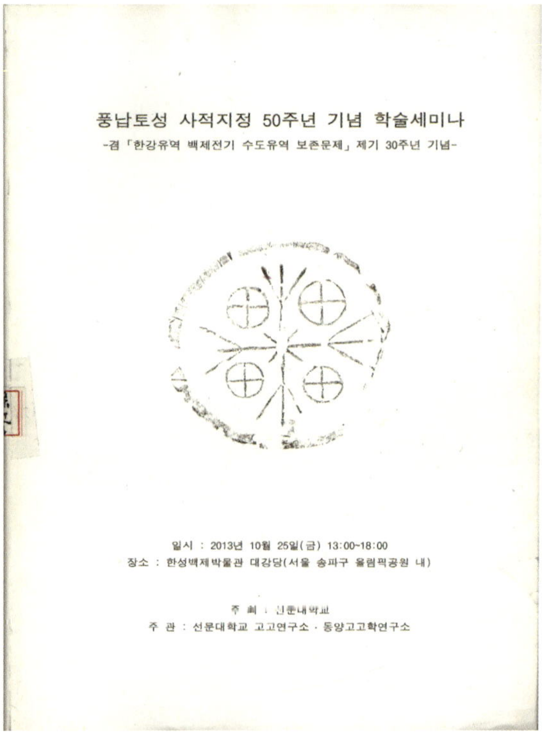

풍납토성 사적지정 50주년 기념 학술세미나

-겸 「한강유역 백제전기 수도유역 보존문제」 제기 30주년 기념-

일시 : 2013년 10월 25일(금) 13:00~18:00

장소 : 한성백제박물관 대강당(서울 송파구 올림픽공원 내)

주 최 : 선문대학교

주 관 : 선문대학교 고고연구소 · 동양고고학연구소

그림 16 | '풍납토성 사적지정 50주년 기념 겸 한강유역 백제전기 수도유적 보존문제 제기 30주년 기념 국제학술세미나'에서 기조강연하는 필자(2013.10.25, 한성백제박물관 대강당)와 발표 논문집

기조강연은 이형구(선문대학교 석좌교수)가 「풍납토성 한성백제 왕궁유적의 보존과 연구」를 맡았고, 발표논문은 이종욱(전 서강대학교 총장)의 「한성백제 왕궁(풍납토성)유적 발견의 역사적 의의」, 최맹식(국립경주문화재연구소장)의 「풍납토성 내 미래마을부지의 발굴 성과」, 권오영(한신대학교 한국사학과 교수) · 박지은(한신대학교박물관 연구원)의 「백제 왕성王城의 어정御井-풍납토성 경당지구를 중심으로-」, 신희권(국립해양문화재연구소 연구과장)의 「풍납토성 성벽의 축조기법」, 김태식(연합뉴스 문화부 기자)의 「풍납토성을 어찌할 것인가-풍납토성과 왕궁유적의 보존과 대책-」, 사토 고지[佐藤興治], 일본 나라문화재연구소 명예연구원)의 「일본 고대왕궁유적의 발굴과 보존」이다. 그리고 종합토론은 손병헌 교수(성균관대학교 사학과)의 사회로 노중국(계명대학교 사학과 교수), 신종국(국립해양문화재연구소 연구관), 김기섭(한성백제박물관 전시기획과장), 이성준(국립문화재연구소 연구사), 김홍제(풍납토성주민대책위원회 위원장)이 맡았다.

필자가 자력으로 풍납토성과 백제 왕궁유적을 보존하고 연구하기 위한 국내외 학술세미나를 5회 개최하였는데, 2회는 국내학술세미나, 3회는 국제학술세미나를 개최하였다. 5회의 학술세미나에 소요되는 경비는 정부나 기관의 도움을 받지 못하고 모두 동양고고학연구소(대표: 이형구)가 전담하면서 지금까지 풍납토성의 보존과 연구를 계속해왔다.

필자는 계속적인 학술조사와 연구 활동을 통하여 마침내 풍납토성이 한성백제의 수도인 하남위례성河南慰禮城이란 사실을 밝혀냈다.

Ⅸ. 서울 백제 왕도유적을 도시개발로부터 지켜내다

필자가 1997년 1월 4일, 풍납토성 내 아파트 공사장에서 한성백제 왕궁유적을 발견한 다음 1월 4일 문화재관리국(현 문화재청)에 보고한 다음 공사를 중단시키고, 1월 16일 국립문화재연구소가 현장을 실사하고 '긴급구제발굴緊急救濟發掘' 조사를 시행하였다(1997.1.16.~9.5.). 이 무렵 서울시는 풍납토성 정비계획을 수립하고, 풍납토성의 성벽을 차지하고 있는 사유지를 매입하는 계획을 세웠으나 재원확보의 한계로 단계적인 사유지 매입 방향으로 재조정하였다. 그러나 풍납토성 내부에 대해서는 여전히 문화재로 지정되지 않고 일반 도시개발지역으로 고시되어 있었기 때문에 서울시는 풍납토성 내부 지역의 건축물 신축을 계속 허가해주고 있었다.

필자는 도시개발로부터 백제유적을 보존하기 위하여 1998년 12월, '서울백제수도유적보존회의'라는 제하의 유적보전을 위한 건의서를 김대중 대통령에게 제출하였으며, 이듬해인 1999년 2월에도 김 대통령에게 재차 건의서를 제출하였다. 그 다음해(2000)에 '대통령령大統領令'으로 풍납토성 내에 고층아파트 신축은 금지되고, 5층 이내의 재건축 신청 시에만 허용하되, '선발굴先發掘 후건축後建築'이라는 방침에 따라 지하 2m 이내에서 유물이나 유구가 발견되면 건축을 불허하기로 하였다.

1999년 6월에는 국립문화재연구소에 의해 동측 성벽 2개(A, B) 지점에 대한 발굴조사를 실시하였으며 이후, 2003년부터 2011년까지 국립문화재연구소에 의해 풍납동 197번지 풍납토성 내 미래마을에 대한 발굴조사가 연차적으로 실시되었고, 여기에서 수혈주거지, 대형건물지, 도로유구, 우물터 등 한성백제 왕도의 위용을 나타내는 유적과 유물들이 드러났다. 1999~2008년에는 한신대학교박물관에서 경당연립주택 부지에 대한 발굴조사를 실시하였다. 2011년에는 국립문화재연구소에 의해 동측 성벽에 대한 발굴조사가 실시되었으며 이해(2011)에 동남쪽 성벽 밖에서 해자를 확인하

는 발굴을 시작하였다.[45]

1997년 1월의 왕궁유적 발견 이후, 최근까지 풍납토성과 풍납토성 내부에서 근 20차의 대형발굴과 200여 차의 소형발굴이 시행되고 있는 동안 주민들의 계속되는 저항을 이겨 내면서 발굴지도위원에 위촉되어 학술 연구와 보존 방면에 매진해왔다.

2000년 5월 8일, 필자가 주관한 "풍납토성을 보존하기 위한 학술회의"가 끝난 5일 후인 2000년 5월 12일 오전에 풍납토성 내 주택 조합원 40여 명이 버스 한 대에 타고 필자가 봉직하고 있는 충청남도 아산시 소재 선문대학교 총장실을 방문하여 총장(이경준)에게 "이형구 교수가 자꾸 풍납토성을 한성백제의 왕성王城이라고 주장하는 바람에 주민들이 아파트 건축을 하지 못하게 되었으니 이형구 교수를 해직시켜라"고 2시간여 동안 항의 농성하다가 별 소득 없이 서울로 돌아갔다.

다음날 5월 13일에는 전날의 분노를 식히지 못한 조합원들은 풍납토성 내 경당지구 발굴 현장에 진입하여 굴착기로 막 발굴해서 1500년 만에 모습을 드러낸 백제 유구를 훼손하는 사건이 벌어졌나. 이 충격적인 문화재 훼손사건 직후, 풍납토성 내의 백제 왕궁유적 훼손사건의 진상을 김대중 대통령에게 보고하게 되면서 2000년 5월 16일에 국무회의에서 풍납토성과 풍납토성 내의 한성백제유적에 대한 보존대책을 마련하도록 '대통령령大統領令'으로 특별조치되어 오늘에 이르고 있다.

이런 와중에 특별히 힘들었던 일은 현지 재개발조합 구성 주민(조합원)들의 거센 반발은 필자 본인은 물론 야밤에 전화로 가족에게 폭언하는 행위와 현장에서 개최되는 발굴지도회의 때마다 발굴조사위원이나 지도위원 자격으로 현장에 나오는 필자에게 항의, 구타, 폭언, 감금은 일수이고 심지어 2001년 3월 21일에는 '이형구 화형식火形式'까지 자행하는 일이 벌어졌다.

2007년 6월 8일에는 풍납토성 내 왕경유적 발견 10주년을 기념하기 위하여 "서울 풍납동 백제왕성의 발견과 보존"이라는 주제로 "풍납토성 내 백제왕경 유적 발견 10주년 기념 국제학술 세미나"를 서울역사박물관 대강당에서 개최하려고 하였으나 풍납동 주민 100여 명이 세미나 개최사실을 미리 알고 경희궁慶熙宮 내에 있는 서울역사박물관에 몰려와 농성하는 바람에 발표자나 청중이 강당에 진입할 수 없는 사태가 벌어졌다.

한국학의 원로 류승국 교수와 일본의 원로고고학자 세가와[瀨川芳則] 교수가 노구에 이 학술세미나를 위해 특별히 초청되었는데, 주민의 방해로 장소 사용이 어렵게 되어 부득이 인근 중구 태평로

45_ 국립문화재연구소에 의해 2011년 동측성벽에 대한 발굴조사가 실시되었으나 발굴보고서는 아직 발간되지 않았다. 2011년에 발굴을 시작한 동남쪽 해자 추정지 발굴보고서도 아직 미간이다.

에 있는 프레스센터의 19층 '국제기자클럽'이라고 하는 연회식宴會式 회의장을 거금으로 긴급 임대하여 국외에서 온 발표자나 국내발표자 그리고 내빈들을 모시고 학술세미나를 개최할 수밖에 없었다.[46] 광화문 일대와 회의장 건물 주변을 경찰이 에워싼 긴장된 분위기에서 풍납동대책위원장과 주민대표를 토론자로 참여시키기로 타협하여 학술회의를 개최할 수 있었다.

2012년 4월 30일, 박원순 서울시장은 '한성백제박물관' 개관테이프를 끊게 된다. 2016년 1월에는 서울시와 문화재청이 공동으로 풍납토성을 국가적으로 공인하고 전반적인 문제를 해결하자고 합의하는 한편, 2016년 4월에는 풍납토성을 비롯하여 서울 백제 왕도유적을 2020년까지 유네스코 세계문화유산으로 등재 신청하는 데에 합의하고 등재추진위원회를 출범하였다. 그리고 서울시는 2016년 5월, 앞으로 2020년까지 5천억원을 투입해 주민을 보상하겠다고 천명하였다.[47] 최근, 박원순 서울시장은 한 인터뷰에서 "서울은 2000년의 역사를 가진 도시"라고 강조하였다.[48]

필자의 풍납토성 백제왕경 유적 발견 이후, 국립문화재연구소, 한신대학교박물관의 발굴관계자와 발굴지도위원 그리고 사적지정에 참여한 문화재위원들의 노력과 언론종사자들의 성원으로 오늘날의 풍납토성이 이만큼이나마 보존될 수 있었다. 물론 정부와 행정 당국의 노력이 있었음은 두말할 나위없다. 무엇보다도 풍납동 주민들이 참아온 고충을 잊을 수 없다. 국가와 지방정부가 주민들을 위해 노력하겠다고 한 약속을 기대한다.

필자가 혼자서 이뤄낸 일은 결코 아니다. 도와준 이들도 적지 않았다. 공이야 누구에게 돌아가도 상관없다. 상상만 해도 너무 엄청난 일을 저질렀다. 결국 오늘의 풍납토성은 중앙정부와 서울시의 몫이다.

풍납토성의 백제 왕궁유적이 발견되고 이런 과정들을 거침으로써 『한성백제사』[49]가 복원되어 오늘날 서울의 역사가 『서울600년사』[50]에서 『서울2000년사』[51]로 정립되고, 『한성백제사』는 중 · 고

46_ 동양고고학연구소, 2007, 앞 책.

47_ 『연합뉴스』, 2016.5.30.

48_ 『매일경제』, 2017.10.10. 한편, "풍납토성 아래에는 폼페이가 잠들어 있습니다. 기원전에 존재했던 한성백제의 수도로서 엄청난 문화유산을 간직한 곳이죠. 앞으로 어마어마한 발굴이 이뤄질 것입니다"라고도 하였다.

49_ 서울시사편찬위원회, 2008, 『한성백제사』1~5권.

50_ 서울시사편찬위원회, 1996, 『서울육백년사』1~10권.

51_ 서울시사편찬위원회, 2017, 『서울2000년사』1~40권.

등학교『국사』교과서에 등재되기에 이르렀다.[52] 풍납토성에서 백제왕궁 유적이 발견되고 여기까지 온 것은 한 마디로 역사 그 자체이다.

필자가 서울 백제 왕도유적 보존운동을 전개한 지 오늘(2017.12.1.)로 37년이다. 1981년 제5공화국 시절부터 서울 백제 왕궁유적을 보존하기 위하여 정부에 건의도 하고 학계에 하소연하고 잘 풀리지 않으면 여론을 통해 사회에 환기시키면서 지속적으로 풍납토성이 백제 왕궁유적이란 논지를 주장하고 이해시켜왔다. 그동안 정부로부터 미움도 많이 사고 학계로부터 호응을 받지도 못하고 주민들로부터는 폭언과 구타와 성토와 감금과 심지어 화형식을 당하는 일까지 겪으면서 견뎌온 인고忍苦의 세월이 37년이다.

그 긴 세월, 국가나 자치단체로부터 지원을 받지 못하고 가족의 도움으로 공부하고 조사하고 연구하고 학술세미나를 개최하면서 온갖 난관을 극복하고 헌신해온 것은 오직 그곳에 역사歷史의 진리眞理가 존재하고 있다고 믿고 있기 때문이다. 그곳은 바로 서울 백제 왕궁유적이다. 위례성慰禮城이나.

52_ 주진오 등, 2011,『고등학교한국사』, 천재교육, 22쪽.
이문기 등, 2017,『중학교역사』1, 동아출판, 42~43쪽.

참고문헌

구의동보고서 간행위원회, 1997, 『한강유역의 고구려요새-구의동유적 발굴조사 종합보고서』

국립강화문화재연구소, 2017.11.18, 「서울 풍납동 토성 서성벽 복원지구 내 유적 자료집」

국립문화재연구소 풍납동제1지구 발굴조사단, 1997.11.25, 「풍납동 제1지구 발굴조사 지도위원회 회의자료」

국립문화재연구소, 2001.6, 『풍납토성』 I , 국립문화재연구소

김병모, 1977, 「방이동고분군」, 『고고학』 4

김원용, 1967, 『풍납리토성내포함층조사보고』, 서울대학교 고고인류학과.

김원용 등, 1983, 『석촌동3호분(적석총)발굴조사보고서』, 석촌동유적발굴조사단

김정학, 1963, 「광주 가락리 주거지 발굴 보고」, 『고문화』 2, 한국대학박물관협회

동양고고학연구소, 1994.9.28, 『서울 백제 수도유적 보존회의 논문집』

______, 2000, 『풍납토성[백제왕성] 연구 논문집』

______, 2003, 『한강유역 백제전기 수도유적 보존문제 제기 20주년 기념 서울 풍납동 백제왕성 연구 국제학술세미나』

______, 2007, 『풍납토성 내 백제왕경유적 발견 10주년 기념 학술세미나』

______, 2013, 『풍납토성 사적지정 50주년 기념 겸 한강유역 백제전기 수도유적 보존문제 제기 30주년 기념 학술세미나』

문교부, 1963, 『고시』 제174호

서울대학교박물관 · 고고학과, 1975, 『석촌동 적석총 발굴조사보고』, 서울대학교 고고인류학총간 6

석촌동유적발굴조사단, 1983.6, 『석촌동3호분(적석총) 발굴조사보고서』

성주탁, 1983, 『한강유역 백제 초기 성지연구』, 『백제연구』14, 충남대학교 백제연구소

윤세영, 1974, 「가락동 백제고분 제1 · 2호분 발굴조사 약보」, 『고고학』3, 한국고고학회

이병도, 1976, 「풍납리토성과 백제시대의 사성」, 『한국고대사연구』, 박영사

이형구, 1983, 「한강유역 백제수도유적의 현상과 보존문제」, 『한강유역 백제전기 수도유적 보존문제』, 1983년 제3회 학술연찬, 한국정신문화연구원

______, 1984, 「한강유역 백제전기 수도유적 보존문제」, 『정신문화연구』 21, 1984년 여름호, 한국정신문화연구원

______, 1997.8, 『서울풍납토성[백제왕성] 실측조사연구』, 백제문화개발연구원

______, 2008, 「서울풍납토성」, 『한성백제사』 3 - 왕도와 방어체계 - , 서울시사편찬위원회

______, 2016, 「서울 백제고분의 보존과 발굴 - 석촌동고분군을 중심으로 - 」, 『한국고대사탐구』 23, 한국고대사탐구학회

임효재, 1976.6, 「석촌동 백제 초기고분의 성격 - 제5호분과 파괴분을 중심으로 - 」, 『고고미술』 129 · 130합, 한국미술사학회

잠실지구유적발굴조사단, 1977, 「잠실지구유적발굴조사보고」, 『한국고고학보』 3, 한국고고학회

______, 1978.4, 「잠실지구유적발굴조사보고 - 1976년도(제3차)」, 『한국고고학보』4, 한국고고학회

조유전, 2004, 『한국사 미스터리』, 황금부엉이

최몽룡, 1991, 『몽촌토성과 하남위례성』, 『백제사의 이해』, 학연문화사

한양대학교박물관, 1996, 『풍납토성 인근지역 시굴조사보고서』, 아산사회복지사업재단

화양지구유적발굴조사단, 1977, 『화양지구 유적발굴 조사보고 : 1977년도(1 · 2차 합병)』

『매일경제』, 2017.10.10.
『연합뉴스』, 2016.5.30.

鮎貝房之進, 1934,「百濟古都案內記」,『朝鮮』234
朝鮮總督府, 1936,『官報』第2730號

백제왕성 서울 풍납동 토성의 현재와 미래

Present and Future of Baekje Royal Fortress in Pungnap-dong, Seoul

서울 풍납동 토성 보존·관리·활용 정책

- 문화재청의 정책 변화를 중심으로 -

김철주 문화재청 전문위원

Ⅰ. 들어가며

서울 풍납동 토성은 서울특별시 송파구 풍납동에 위치한 백제시대 성곽으로서, 현재 사적 제11호로 지정되어 있다.

지정구역은 2017년 현재 388,301.8㎡로 서북측의 홍수에 의해 쓸려나간 부분을 제외하고 체성부와 내부의 핵심구역이라고 하는 곳이 집중적으로 지정구역이 되어 있다.

그리고 서울 풍납동 토성 내부에는 지정구역 외에는 아파트와 주택 등 주민 5만여 명이 거주하고 있는 도심지이기도 하다.

이렇게 문화재 내부에 주민이 거주함으로써 문화재보호법에 저촉을 받으며, 역사문화환경보존지역 내에 거주함으로써 개발에 많은 제약이 있음으로 인해 문화재와 갈등을 일으키고 있는 상황이기도 하다.

필자는 문화재 보존 · 관리의 일선에 있는 사람으로서, 이러한 문화재의 보존과 개발에 따른 현황의 상황을 정책적으로 살펴보고 제언함으로써 하나의 방향성을 제안하는 계기가 되지 않을까 기대를 해본다.

Ⅱ. 서울 풍납동 토성의 연혁

서울 풍납동 토성은 서울특별시 송파구 풍납동에 위치한 백제시대 성곽으로서, 한강변에 위치한 배모양의 형태를 띤 토축 성곽이다.

서울 풍납동 토성은 을축년乙丑年(1925) 대홍수 시 청동제 초두, 과대금구銙帶金句 등 중요 유물이 출토되면서 일제강점부터 하남 위례성으로 비정되는 등 주목을 받아 왔다. 그러다가 1964년 서울대학교가 최초로 성내 유물포함층을 시굴조사하여 이 토성의 성벽은 판축版築(돌을 판판하게 깔

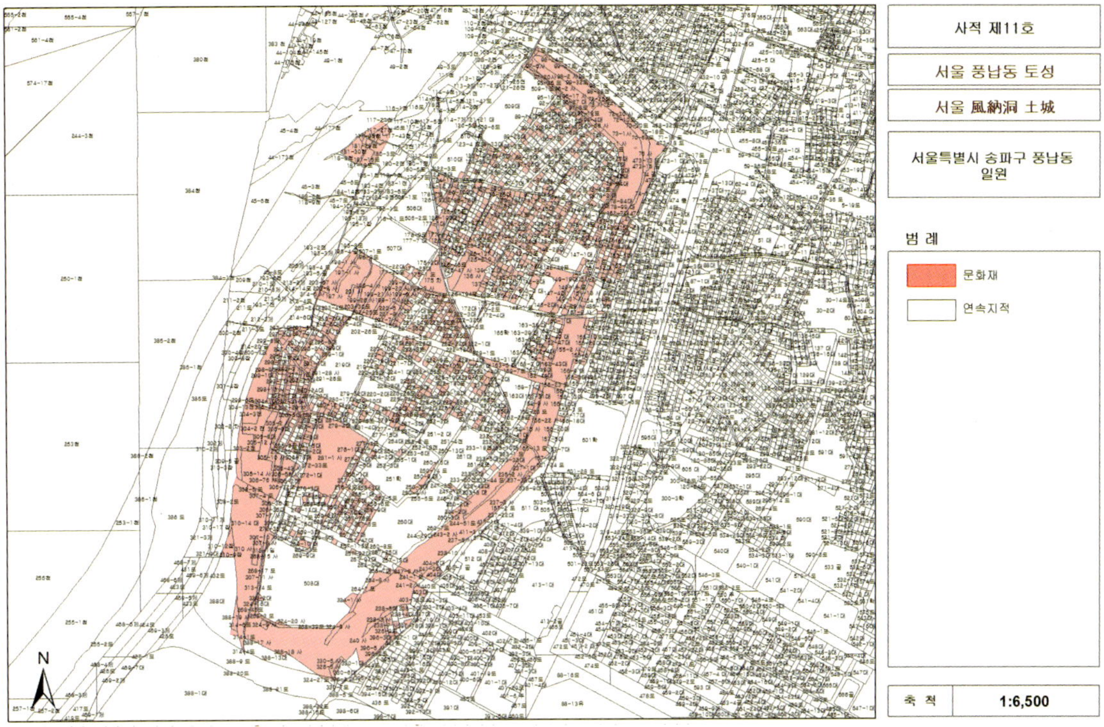

그림 1 | 서울 풍납동 토성 지정구역 현황 (2017년 기준)

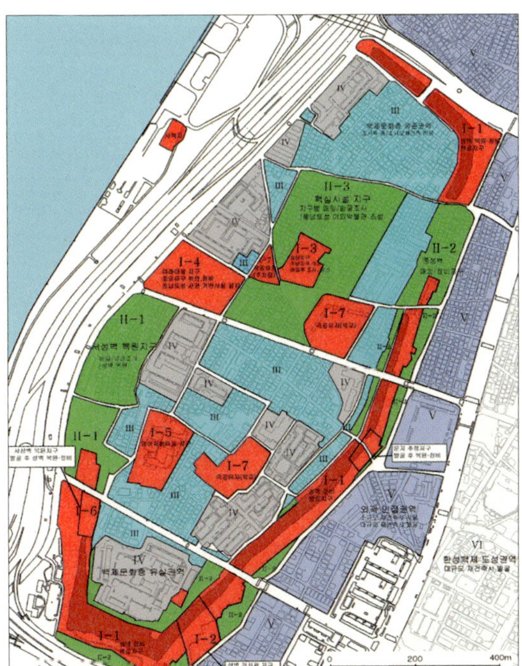

그림 2 | 풍납동 토성 권역별 종합 보존계획(안)

고 위에 흙을 다지는 것)방법을 사용하여 고운 모래로 한 층씩 다져 쌓았음이 확인되었으며, 백제시대의 생활면 2개 층과 풍납리식무문토기風納里式無文土器·조질유문토기粗質有文土器·김해식토기金海式土器·신라식토기新羅式土器·풍납리흑도風納里黑陶 등의 토기와 도제陶製 그물추·물레가락바퀴[紡錘車]·개와蓋瓦·철편鐵片 등의 유물이 출토되어, 이 성의 축조가 백제 건국 초기(서기전 18년)까지 올라갈 수 있음을 확인하였다.

그 후 이렇다 할 조사가 이루어지지 않은 채 토성 내부의 아파트 재건축이 진행되었는데, 1997년 1월 서울 풍납동 토성의 성벽 실측조사를 실시하던 선문대학교에 의해 풍납동 231-3번지 일대의 아파트 재건축 공사 현장에서 백제토기 등 유물 다수가 출토된 사실이 제보되어 국립문화재연구소에서 긴급 발굴조사를 실시하게 되었다.

1997년 선문대학교 서울 풍납동 토성 학술조사단에 의해 실시된 실측조사에 의하면, 성벽의 너비는 30~40m 정도이고, 가장 넓은 곳은 70m에 이르며, 복원된 북벽의 높이는 11.1m, 미복원된 남쪽과 동쪽의 높이는 6.2m 내지 6.5m 정도로 보고되어 있다.

서울 풍납동 토성에서 실시된 최초의 본격적인 발굴조사에서는 서기 전후의 소위 경질무문토기가 주로 출토되는 3중의 환호유구와 평면형태 6각형에 20평 내외의 큰 규모를 보이는 초기 백제시대 집자리 19기, 토기가마 1기, 기타 토기산포유구 4기 및 수혈유구 40여 기 등 당시의 생활상을 밝혀줄 만한 중요한 유구들과 토기, 기와, 철기 등 실로 방대한 양의 초기 백제시대 유물들이 출토되었다. 이 발굴조사를 계기로 서울 풍납동 토성 내부에 대한 사전조사가 의무화되어 아파트 재건축에 따른 시굴조사 및 발굴조사가 이어졌고, 그 중에는 1999~2000년 한신대학교박물관에 의해 발굴된 초대형 '여呂'자형 건물터 및 '대부大夫'명 토기편 등이 출토된 경당연립 재건축부지 등도 포함되어 있다.

이렇듯 서울 풍납동 토성 내부에서 중요한 성과들이 잇따라 발견됨에 따라 서울 풍납동 토성의 복원사업계획에 의거 학술 및 복원·정비의 기초자료를 획득, 활용을 목적으로 국립문화재연구소에서 1999년 동쪽 성벽에 대한 발굴조사를 실시하였다.

발굴지점은 1997년에 발굴조사한 지역에 연결되는 동벽 2개 지점(북쪽 A지점, 남쪽 B지점)을 동~서로 절개하는 방법으로 조사를 실시하였다. 성벽의 축조방법을 보면 우선 가장 하단에 뻘을 깔아 기초를 다지고 하부 폭 7m, 높이 5m 정도의 사다리꼴 모양 중심토루를 쌓았다. 그리고 나서 안쪽으로 사질토(Ⅱ토루)와 모래(Ⅲ토루), 점토다짐흙(Ⅳ토루)과 뻘흙(Ⅴ토루)을 위주로 한 판축토루를 비스듬하게 덧붙여 쌓았다. 그 중 마지막 토루 상면에는 강돌[川石]을 1겹씩 깔아 3단으로 만들고, 그 안쪽으로는 깬돌[割石]을 1.5m 이상 쌓아 마무리하였다. 이러한 석렬 및 석축은 토사의 흘러내림과 안쪽으로 밀리는 것을 방지하는 한편 배수의 기능도 겸했던 것으로 추정된다. 이러한 사실은 3단의 강돌렬 사이에 의도적으로 돌을 깔지 않고 배수홈을 낸 것에서 뒷받침된다.

한편 A지점의 경우에는 뻘흙으로 이루어진 V토루에 나뭇잎이나 나뭇가지 등의 식물유기체를 얇게 깐 것이 10여 겹 이상이 확인되는데, 뻘흙을 10㎝ 정도 두께로 부은 후 식물유기체를 얇게 깔고, 다시 뻘흙을 까는 과정을 10여 차례 이상 반복하여 토루를 쌓아 올린 것이다. 이러한 축조 방법은 김제 벽골제와 부여 나성 등에서도 확인된 바 있고, 일본의 수성水城을 비롯한 제방유적에서도 확인되어 고대 한국과 일본의 문화 전파과정을 보여주는 중요한 자료이다. 또한 식물유기체 4~5겹에 한번씩 3단에 걸쳐 성벽의 횡방향으로 각재목을 놓고 수직목을 결구시켜 지탱한 구조물도 확인되었는데, 종간격 1.1m 정도로 8렬이 확인되었다. 이러한 목재는 후대의 판축틀과도 유사한 구조로 보이나 현 상태로서는 목심의 역할 정도로 보는 것이 타당할 것 같다. B지점에서는 V토루 하단부 4단째의 석축이 시작되는 지점에서 성벽의 종방향을 따라 0.8m 간격의 수직목이 확인되기도 하여 구획선임을 추정할 수 있다.

중심토루 외벽으로는 경사지게 떨어지는 자연층 위에 판축법으로 토루를 쌓고, 내벽과 마찬가지로 상부에 할석 또는 강돌을 깔아 마무리하였다. 내벽과 외벽의 석렬은 중심토루로부터 거의 동일한 거리에 축조되어 있어 당시의 계획된 축성 의도를 볼 수 있다. 이상 확인된 규모만 보더라도 성벽의 폭이 약 40m, 높이가 9m가 넘는 규모이고, 조사 구간이 협소하여 내외부로 확장하여 조사하지 못한 것을 감안하면 하부로 내려가면서 그 규모가 더 커질 것으로 기대된다.

한편 출토유물은 가·나지점 성벽 하단부에서 동일하게 출토된(기원 전후에 출현하여 3세기를 전후한 시기까지 존속한 것으로 판단되는) 고식古式의 깊은바리모양토기[深鉢形土器]를 비롯하여 판축토 내부에서 출토된 경질무문토기, 타날문토기, 회(흑)색 무문양토기 그리고 토루 상단부와 퇴적토와의 경계에서 출토된 장란형토기, 동이편 등이 있다.

그림 3 | 풍납동 토성 동성벽 단면

토루의 축조방식은 그 판축법에 준하는 다소 원시적인 기법으로 흙을 쌓아 올렸고, 그렇게 쌓아 올린 각 토루들이 중심 토루쪽으로 일정 경사를 유지하며 비스듬히 쌓여 있는데 이는 고식에 속하는 축성법으로 판단된다. 보통 판축법에서 확인되는 영정주나 판목, 횡장목 또는 종장목 등의 뚜렷한 증거를 발견할 수 없었고, 각 토루의 축조 자체가 판축법에 의해 수직으로 이루어진 것이 아니라 비스듬하게 이루어져 있음이 확인되었다.

특히 이러한 방식은 중국의 신석기시대 이래 토루 축조방식에서 다수 관찰되기 때문에, 한국 토성 역시 초기에는 중국의 초기 토성과 같이 비스듬하게 성토한 방법이 도입되었을 것으로 추정된다. 그리고 앞서 살펴본 조사내용에서 드러난 여러 가지 사실들은 서울 풍납동 토성의 축조연대가 삼국시대의 발달된 산성보다 다소 앞서는 원인으로 보아도 될 것으로 판단된다.

덧붙여 지난 1997년 1월부터 11월에 걸쳐 국립문화재연구소가 발굴조사한 토성 안쪽 풍납 현대아파트 건축 예정지에서 나온 목탄 6점을 비롯해 1999년 역시 국립문화재연구소가 발굴한 토성 성벽 출토 목탄 및 목재 3점, 1999년부터 2000년 5월까지 한신대학교에서 발굴한 토성 안쪽 경당연립아파트 재건축부지 출토 목탄 3점에 대해 방사성탄소연대를 측정한 결과 이들 12개 시료는 서기 전후를 중심으로 그 중심연대가 가장 빠른 것이 BC 199년으로 나왔으며 가장 늦은 것은 AD 231년으로 나왔다. 이는 서울 풍납동 토성이 서기 전후에 축조에 들어가 늦어도 서기 200년쯤에는 축조가 끝났음을 보여주는 결정적인 증거로 평가된다.

따라서 이 토성은 고고학적 발굴조사와 『삼국사기』 등의 기록을 토대로 보면, 1세기경에 만들어져 475년(문주왕 1)에 웅진熊津으로 도읍이 옮겨질 때까지 500여 년간 사용되었던 것으로 추정되고 있다. 이처럼 백제시대 초기에 만들어진 이 성의 사용 목적에 대하여는 여러 가지 견해가 있다.

Ⅲ. 서울 풍납동 토성의 문화재적 가치

앞에서 살펴보았듯이 서울 풍납동 토성은 1925년 홍수에 의해 초두 2점이 발견된 이후, 1935년 문화재로 지정되어 보존 · 관리되어왔다.

본격적인 발굴은 1964년 서울대학교가 최초로 성내 유물포함층을 시굴조사하여 이 토성의 판축 성벽과 이른 시기의 토기에 의해 이 성의 축조가 백제 건국 초기(서기전 18년)까지 올라갈 수 있음을 확인하였다.

1997년에는 풍납동 231-3번지 일대의 아파트 재건축 공사 현장에서 백제토기 등 유물 다수가 출토된 사실이 제보되어 국립문화재연구소에서 긴급 발굴조사를 실시하게 되었다.

이 발굴조사에서 서기 전후의 소위 경질무문토기가 주로 출토되는 3중의 환호유구와 평면형태 6각형에 20평 내외의 큰 규모를 보이는 초기 백제시대 집자리 19기, 토기가마 1기, 기타 토기산포유구 4기 및 수혈유구 40여 기 등 당시의 생활상을 밝혀줄 만한 중요한 유구들과 토기, 기와, 철기 등 실로 방대한 양의 초기 백제시대 유물들이 출토되었다.

1999~2000년에는 경당연립 재건축부지 등을 한신대학교박물관에서 발굴하였으며, 여기에서 초대형 '여呂'자형 건물터 및 '대부大夫'명 토기편 등이 출토되었다.

1999년에는 국립문화재연구소에서 동쪽 성벽에 대한 발굴조사를 실시하였다. 여기에서는 고대에 많이 사용되었던 토축 구축 방법임이 확인되었고 그 규모 또한 성벽의 폭이 약 40m, 높이가 9m가 넘는 규모임을 확인하였다. 출토유물은 기원 전후에 출현하여 3세기를 전후한 시기까지 존속한 것으로 판단되는 토기 등이 출토되었다.

그리고 현대아파트 건축 예정지에서 나온 목탄 6점과 토성 성벽 출토 목탄 및 목재 3점, 1999년부터 2000년 5월까지 한신대학교박물관에서 발굴한 토성 안쪽 경당연립아파트 재건축부지 출토 목탄 3점에 대해 방사성탄소연대를 측정한 결과 이들 12개 시료는 서기 전후를 중심으로 그 중심연대가 가장 빠른 것이 BC 199년으로 나왔으며 가장 늦은 것은 AD 231년으로 나와, 이는 서울 풍납동 토성이 서기 전후에 축조에 들어가 늦어도 서기 200년쯤 완성되고 웅진 천도 이전까지 국가적 중요 시설로써 사용되었음을 보여준다.

이처럼 서울 풍납동 토성은 발굴조사를 통해 백제 이전부터 이곳이 고대인의 생활 근거지였으며, 고대의 발달된 토축기법이 적용되었으며, 당시의 생활상을 밝혀줄 만한 중요한 유구들과 토기, 기와, 철기 등 실로 방대한 양의 초기 백제시대 유물들이 출토되었음을 알 수 있다.

이를 통해 서울 풍납동 토성은 왕성 또는 제방이라는 여러 가지 설이 있지만 이를 명확히 근거할 만한 것은 향후의 발굴조사를 기대해야 할 것으로 판단되며, 현재까지 알려진 것으로는 고대의 토축기법으로 쌓여진 토성이 있다는 것과 대형건물지와 생활 건물지, 그리고 이를 뒷받침하는 토기 등의 유물이 나왔다는 것이다.

그러나 현재까지의 사실로 무엇보다 중요한 것은 삼국시대의 한성백제를 알 수 있는 초기 백제의 중요한 유적이며, 주변에 몽촌토성과 석촌동 고분군과 관련되어 역사적 가치가 있는 유적이라 할 수 있다는 것이다. 단, 아직도 그 실체는 명확치 않다.(이 이야기를 하는 것은 나중에 정책 방향과 연계되기 때문이다.)

Ⅳ. 서울 풍납동 토성의 정비 현황

현재 서울 풍납동 토성은 발굴조사 후 복토를 하고 잔존하는 토성 전체를 잔디로 식재하여 보존·관리하고 있다.

그 외 토성 내부의 발굴지는 복토하고 공원으로 정비하여 시민에게 제공하고 있다.

그리고 이전의 토성 내 전체를 매입하기 위하여 매도의사를 밝힌 곳을 우선적으로 점단위로 매입한 곳이 있으며, 이곳은 지역민의 주차장이나 펜스를 설치하고 노지로 유지되는 곳도 있다.

Ⅴ. 서울 풍납동 토성의 정책적 변화

문화재청의 풍납토성에 대한 정책적인 큰 변화는 3번 정도 있다.

첫 번째는 2002년도에 "풍납토성의 보존·관리 및 활용에 관한 기본계획"을 수립한 것이며, 두 번째는 2009년도에 "풍납리토성 보존·관리 및 활용방안 기본계획", 세 번째는 2015년 "풍납토성의 보존·관리 및 활용 기본계획 변경"이다.

첫 번째의 2002년도에는 1997년과 1999년에 이루어진 풍납토성의 발굴과 이 결과에 따른 조치

그림 4 | 풍납동 토성 전경(항공)

그림 5 | 경당지구 정비현황

그림 6 | 동측 체성부 정비 및 주변현황

그림 7 | II권역 내 점단위로 매입된 토지의 정비 활용현황

그림 8 | III권역 내 거주현황

로서, 발굴된 곳을 추가 지정하고 향후 풍납토성의 내 · 외부를 보존 · 관리하기 위한 것이었다.

기본원칙은 다음과 같다.

1. 풍납토성 내 · 외부지역 전체를 매입 · 보존하는 것은 현실적으로 어려우므로 성벽구간과 내부 · 외부 해자 추정지역을 사안별(단계적)로 보존 · 정비함
2. 풍납토성 지역 보존정비에 따른 주민들의 사유재산권 보호를 위한 예산이 안정적으로 확보될 수 있도록 함

그리고 세부사항은 다음과 같다.

1. 성벽구간
   - 현재 사적지로 지정 · 보호되고 있는 성벽 조사 · 정비
   - 추정 성벽 잔존지역 매입 · 정비
2. 내부지역
   - 사적 지정구역 발굴조사를 통해 사적공원화
   - 외환은행 연수원 건물은 한성역사전시관 등으로 활용 등을 통해 역사교육관광자원화
3. 해자 추정지역
   - 학술조사를 통해 보존 가능 범위설정 및 매입 · 정비

이로써 문화재 지정에 관하여는 발굴조사 후, 내외를 막론하고 지정하여 보존 · 관리하는 원칙을 고수하고 있었으며, 예산 확보는 답보적인 상태였다.

2009년도에는 풍납토성 구역 전체에 걸쳐 구체적인 방침을 세워, Ⅰ~Ⅵ권역으로 나누어 구체적인 별도의 보존·관리 방안을 제안하였다.

- Ⅰ권역: 현재 사적으로 지정 · 매입된 성벽 · 해자지역 및 내부지역, 국공유지(경당지구, 미래마을지구, 영어체험마을지구, 소규모주택지구 일부)
- Ⅱ권역: 향후 사적으로 지정 · 매입해야 할 지역(삼표레미콘부지 등 서성벽 유존지역, 동성벽 사적 해제구간)

- Ⅲ권역: 내부지역 중 Ⅰ·Ⅱ권역을 제외한 백제문화층 유존지역
- Ⅳ권역: 내부지역 중 백제문화층이 파괴된 지역(고층 아파트 건축 지역)
- Ⅴ권역: 풍납리 토성 인접지역(백제우물지 등 한성백제시대 유구가 확인된 지역, 현 성벽 보호구역으로부터 외곽 100m 이내 지역)
- Ⅵ권역: 성 외부지역으로 한성백제시대 도성의 범위에 포함되는 지역

6개 권역으로 세분화하여 그 내용을 정하였으며, Ⅰ·Ⅱ권역은 확실히 보존하는 구역으로, Ⅲ~Ⅵ권역은 소규모 건축이나 중규모 이상은 발굴을 거처 개별로 검토하는 것으로 되어 있다. 그러나 성곽 내부에 대하여는 매매 의사에 따라 문화재청에서 지정하여 매입하는 과정은 계속되었다. 이때까지도 예산에 대한 부분은 답보적인 상황을 벗어나지 못하고 있었다.

2015년도에는 기본계획 변경으로서, 풍납리 토성에 있어서 가장 큰 문제는 지정에 따른 개발제한과 보상(예산)이었다고 한다면, 이러한 점에 중점을 두어 방향이 크게 수정되었다.

풍납리 토성은 핵심구역만의 매입에 기존의 예산 투입으로는 몇 십년이라는 시간이 걸리는 것은 물론, 예산 규모도 8000억~2조원이 드는 등, 현실적인 정비방향이 제안되지 않고는 문화재 보존과 주민의 상생을 이룰 수 없기 때문이었다.

기본방향의 전환으로는 핵심구역인 Ⅱ·Ⅲ권역의 매입에서 Ⅱ권역만 적극 매입하고, Ⅲ권역에 대하여는 발굴 후 복토 보존 후 건축이 가능하며, 건축규모가 15m 5층에서 서울시 도시계획에 의한 것으로 7층까지 가능하도록 하였다.

또한 토지매입 예산을 획기적으로 늘려 문화재청이 500억원, 그리고 필요한 비용은 서울시가 채권을 발행하여 빠른 시간 안에 매입이 완료되도록 한 점은 큰 변화라 할 것이다.

Ⅵ. 서울 풍납동 토성의 향후 제언

앞에서 살펴보았듯이, 서울 풍납동 토성은 일제강점기에 홍수에 의해 유물이 발견된 이후, 그게

1964년, 1997년, 1999년의 발굴조사가 있었으며, 이를 통해 거대한 토성의 실체와 다수의 건물지, 많은 백제시대 유물 등이 발굴되어 성격이 명확하지는 않지만 기원전 백제 이전부터 백제시대에 걸치는 동안 주요 생활 근거지로 사용되었다는 것을 파악하였다.

그러나 현대에 이르기까지 많은 주민들이 생활하는 도시로서 개발과 보존의 갈등은 현재까지도 계속되고 있는 실정이다.

그러나 문화재청이 2015년도 획기적인 정책의 변화를 보였듯이, 문화재의 보존과 개발이 조화를 이루고 상생하는 대안을 제시하는 중요한 시기에 있다고 필자는 보여진다.

그러나 그렇기 위해서는 몇 가지 전제조건이 있다. 이를 제안해보면 다음과 같다.

첫 번째는 토지매입이다.

핵심지역라고 하는 잔존 토성부와 문지 주변 그리고 내부의 왕궁추정지인 Ⅱ구역에 대하여 토지매입이 전제되어야 발굴을 통해 정확한 유적의 성격을 규명할 수 있기 때문이다. 현재 서울시의 예산투입 정책이 발표되어 일괄적으로 토지를 매입하고 이후 문화재청이 점차적으로 갚아 나가는 방향으로 가고 있다. 그나마 바람직한 방향으로 나아가고 있다고 생각된다.

두 번째, 발굴조사다.

매입된 토지에 대하여 시행되는 발굴조사는 문화재의 가치 규명과 범위를 확인하는데 상당히 중요한 작업이다. 현재 매입된 토지의 30%밖에 발굴되지 않아 명확한 성격을 규명하기에는 부족한 상황이다. 성격이 규명되어야 앞으로 어떻게 정비를 하고 어디를 어떻게 허용할지 방향을 설정할 수 있다. 상당히 중요한 작업으로 국립문화재연구소에서 지속적인 발굴을 하고 있지만, 그 진척이 느린 이유로, 학술적인 접근을 하면서도 속도를 낼 수 있는 방안이 필요하다.

세 번째, 역사적인 맥락을 고려한 종합정비 기본계획 수립이다.

이렇게 토지매입과 발굴이 완료된 시점에서 성격 규명이 되었다면 무엇을 어떻게 보존정비하고 그 외 지역에 대하여는 어떻게 개발할 수 있는지에 대한 검토와 계획이 필요하다. 문화재청과 서울시, 주민들의 충분한 공동 협의에 의해 계획이 수립될 필요가 있다.

네 번째, 개발계획의 수립이다.

이렇게 종합정비 기본계획 수립에 따른 문화재적 가치와 역사적 맥락의 보존이 전제된 후, 그 외 구역에 대하여 5대 경관지표(장소성, 일체성, 왜소화, 조망성, 마루선) 등의 적용과 도시계획의 관점에서 역사도시로서의 계획이 필요하다.

서울 풍납동 토성의 경우, 주민과 문화재가 조화를 이루어 어울려 살아가는 공간으로 만들어갈 필요가 있다. 문화재로 지정된 읍성의 경우를 참조할 만하다.

다섯 번째, 프로그램(소프트웨어) 개발(활용방안 제안)이다.

보존과 개발의 방향이 정해졌다면 이를 활성화할 방안이 필요하다. 일반적인 도시와는 달리 문화재라는 특수요소를 충분히 부각시키고 주민이 이를 통해 더욱 풍요로운 삶과 생활에 도움이 되도록 프로그램을 구성하는 것이 중요하다고 생각된다.

이와 같이 서울 풍납동 토성의 보존 · 정비 · 활용이라는 제목으로 내용을 다루었지만, 아직 풍납동 토성의 성격이 명확치 않아 방향을 정하기는 어렵다. 다만, 내용에서 언급한대로 전제되는 토지 매입과 발굴에 대한 진행이 시급한 과제이며, 이를 위한 정책적인 전환이 필요한 시점이라 생각된다. 이를 통해 문화재와 주민이 상생하는 그런 모범사례가 되길 빈다.

백제왕성 서울 풍납동 토성의 현재와 미래

Present and Future of Baekje Royal Fortress in Pungnap-dong, Seoul

지역주민 및 시민과 함께하는 풍납토성

- 지역축제 등 시민참여 활용방안 -

오덕만 (사)문화살림 대표

Ⅰ. 들어가는 말

풍납토성 발굴로 한성백제시대 전모全貌가 드러나며 서울은 2천년 역사를 품은 고도古都의 정체성을 갖게 됐다. 그러나 한성백제 왕성으로 밝혀진 풍납토성 보존과 발굴에는 지역주민의 보상 불만을 포함해 많은 장애물이 남아 있다. 역사와 문화가 현재와 충돌하지 않고, 오히려 시민의 삶을 더욱 풍요롭게 만들기 위해서 큰 관심과 소통이 필요한 상황이다.

지금까지 외부로 알려진 풍납토성은 끊임없이 주민들과의 갈등과 분쟁으로 점철點綴되어 미래세대에게 물려줄 소중한 문화유산이라는 것보다 개발제한과 지역의 낙후성, 재산권침해 등으로 인한 도심의 외딴섬처럼 치부恥部되어졌다고 해도 과언이 아니다. 1997년 풍납토성이 세인世人의 관심을 받게 되면서 풍납동에서 살아오던 주민들에게는 개발제한과 집값 하락이라는 재산상의 피해를 입게 되었고 끊임없이 정부를 상대로 매입買入과 대토代土를 요구하게 되었다.

풍납토성은 20여 년간(1993~2015) 유구 보존지역 Ⅰ~Ⅲ권역 72만7천5㎡ 중 35.1%만 보상이 됐다. 문화재 예산 상당 부분이 투입됐는데도 주민 불만은 계속되고 언제 끝날지 기약하기도 어렵다. 더군다나 신청이 들어오는 곳 위주로 보상이 되다 보니 왕궁터 등 핵심구역에 대한 본격 발굴로 이어지지 못했다. 대대적으로 주민 보상을 하고 전면 발굴하기에는 너무나 막대한 비용이 필요하고, 그렇다고 문화재 보호 필요성을 강조해 주민 협조를 강요하기에는 재산권 피해도 감안하지 않을 수 없다. 국가 차원에서 풍납토성의 갈등과 딜레마를 풀 능력이나 의지를 보여주지 않는 가운데 시간만 흐르고 갈등의 골만 깊어졌다.

한성백제유적을 잘 보존한다는 데는 다들 이의異議가 없다. 전설처럼 전해지던 고대국가 백제의 초기 모습을 확인하는 일은 교과서를 새로 써야 할 정도로 엄청난 사건이다. 1천 년여 세월이 흐르는 동안 켜켜이 몇 미터 쌓인 흙 아래 고이 남아 있는 유물들은 선조들이 남겨준 타임캡슐 선물과 같다. 동아시아 찬란한 해상왕국 백제의 모습을 보여주는 우리의 소중한 역사다. 역사유적을 잘 보존하고 지역 주민에게도 도움이 되는 지혜가 필요하다.

Ⅱ. 문화재를 활용한 사업 제안

그동안 문화재는 도시발전의 저해 요소로 인식되어져 많은 지자체와 지역주민들로부터 구박과 원성의 대상이 되거나 터부시되어온 감이 적지 않다. 그러나 2천년대에 들어와 산업구조의 변화가 나타나고 굴뚝산업에서 지식첨단산업의 시대로 바뀌어가면서 문화관광산업에 대한 관심이 확산되었고 문화상품과 서비스 개선으로 국내 관광객 유치뿐만 아니라, 외국인들이 잔잔히 느끼는 토속적인 감동과 추억을 기억할 수 있는 문화와 관광콘텐츠, 인프라에 더 많은 관심과 정책의 변화를 엿보게 된다.

외국의 사례에서도 수많은 국가들이 자신들의 전통과 문화를 산업화하여 관광객 유치에 온힘을 쏟고 있으며, 자국의 문화유산을 유네스코 세계유산에 등록함으로 더 많은 시너지 효과를 보려는 그야말로 문화전쟁이라 할 만큼 치열한 국가 간의 경쟁이 벌어지고 있는 실정이다. 우리나라도 지난 1990년대 말부터 지자체들이 전통과 문화를 상품화하기에 온 힘을 기울이고 있고, 문화유산과 도시의 축제를 브랜드화하려는 노력을 많이 하고 있다.

그러나 문화재를 대상으로 펼쳐볼 수 있는 문화사업은 1962년에 만들어진 문화재보호법에 의해 문화재를 보호의 대상으로 인식하게 만듦으로써 보존과 관리에 중점을 두다보니 감히 상상할 수도 없는 일이었다. 그러다 보니 자연스럽게 주민원성의 대상이 되었고 문화재는 도시 중심의 천덕꾸러기가 될 수밖에 없었다.

그러다가 지난 1997년에 문화재보호법 개정으로 '문화재 활용'이라는 개념이 도입되었고, 삶의 질 제고提高 및 여가문화의 확산에 따른 국민의 문화재 향유수요를 반영하겠다는 문화재청의 인식 변화에 따라 2005년 문화재활용팀이 신설되고, 2009년에는 문화재활용국이 신설되면서 다양한 문화재 활용사업이 펼쳐지고 있다.

특히 2004년에 제정되고 2005년에 시행된 '고도古都 보존 및 육성에 관한 특별법'에 의해 경주 · 공주 · 부여 · 익산 4개 도시를 법률에 의한 고도로 지정하고 있다. "이 법은 우리 민족의 문화적 자산인 고도의 역사문화환경을 효율적으로 보존·육성함으로써 고도의 정체성을 회복하고 주민의 생활을 개선하여 고도를 활력 있는 역사문화도시로 조성하는 데 기여함을 목적으로 한다"는 고도육성법은 "지정지구에 거주하는 주민의 생활환경을 개선하고 복리를 증진하기 위한" 주민지원시업을 포함하고 있다.

그러나 안타깝게도 한성백제의 왕도로서 500년 역사가 고스란히 남아 있는 송파는 우리 민족의 정치·문화의 중심지로서 역사상 중요한 의미를 지니고 있음에도 불구하고 고도로 지정되지 못했다. 그러다 보니 풍납동 주민들에게 있어선 당장의 불편과 재산권 피해에 대한 원성만 높을 뿐이며, 이에 대한 요구조차도 보상권에만 매달리고 있는 실정이다.

지자체와 지역주민이 먼저 고민하고 숙의해야 할 것은 오히려 풍납토성의 미래가치를 높이는 일이고, 풍납동이 역사문화도시의 경쟁력을 확보하는 데 전력을 다해야 한다. 이를 위해 서울시와 송파구에서 '풍납동 토성 보존·관리 및 활용을 위한 종합정비계획'을 마련한 것에 대해선 너무도 반가운 일이다. 이번 종합정비계획에 8개의 사업 과제 중 '문화재 활용사업 전개'와 '지역주민 지원 및 부가가치 창출방안 마련', '도시기반시설 개선방안 마련'과 '미래상 및 기대효과 분석' 등은 송파구가 그동안 진정성을 가지고 얼마나 많은 노력을 해왔는지를 엿볼 수 있는 풍납토성의 미래가치를 높이는 사업이 되리라 확신한다.

Ⅲ. 문화재로 행복한 문화재행복마을 만들기

지난 2013년에 문화재청은 문화재 보호 행정환경 변화에 따른 정책 전환을 표방하면서 '문화재 행복마을 가꾸기'라는 프로젝트를 내놓은 적이 있다. 그때 아래와 같은 도표를 제시한 적이 있다.

표 1 | 문화재 정책 변화(2013)

〈지금까지의 문화재 정책〉		〈앞으로의 문화재 정책〉
문화재 보존 우선 • 문화재의 보존 가치 강조 • 지역발전의 장애 · 침체 • 기피, 소외감, 피해의식	⇨	**문화재 활용이 최선의 보존** • 문화재 보존을 전제로 효율적 활용 • 지역 가치 증진 및 발전의 견인차 • 자부심, 정주희망 촉진
문화재 규제 행정 • 역사적 · 문화적 가치 중심 • 문화재 보존 · 복원 중심 • 보존기관 우선의 문화재	⇨	**문화재 활용 진흥 정책** • 경제적 · 사회적 · 공동체적 가치 제고 • 문화재 활용을 통한 지역 특화 • 지역 공동체 회복 및 지역 활성화
외생적 보존 • 중앙정부 주도의 관리 • 행정-전문가 중심의 보존 • 문화재 주변 활용의 타 부처 의존	⇨	**내발적 보전** • 주민주도, 지자체의 활용과 관리 • 주민-전문가-행정의 융합경영체제 • 문화재청 주도 문화재 주변 활용

그리고 이에 대한 법적 근거를 다음과 같이 제시하였다.

표 2 | '문화재 행복마을 가꾸기'의 법적 근거

【문화재보호법】

ㅇ 제1조(목적)

- 문화재를 보존하여 민족문화를 계승하고, 이를 활용함으로써 국민의 문화적 향상을 도모함과 더불어 인류문화발전에 기여함을 목적으로 한다.

ㅇ 제4조(국가와 지방자치단체 등의 책무)

- 국가는 문화재의 보존관리 및 활용을 위한 종합적인 시책을 수립·추진하여야 한다.
- 지방자치단체는 국가의 시책과 지역적 특색을 고려하여 문화재의 보존관리 및 활용을 위한 시책을 수립·추진하여야 한다.

ㅇ 제6조(문화재 기본계획 수립)

- 문화재청장은 시·도지사와 협의를 거쳐 문화재의 보존·관리 및 활용을 위하여 문화재활용에 필요한 사항 등이 포함된 종합적인 기본계획을 5년마다 수립하여야 한다.

ㅇ 제7조(문화재 시행계획 수립)

- 문화재청장 및 시·도지사는 문화재기본계획에 관한 연도별 시행계획을 수립 시행하여야 한다.

【국토기본법】

ㅇ 제3조(국토의 균형 있는 발전)

- 국가와 지방자치단체는 각 **지역이 특성에 따라 개성 있게 발전**하고, 자립적인 경쟁력을 갖추도록 함으로써 국민 모두가 안정되고 편리한 삶을 누릴 수 있는 국토여건을 조성하여야 한다.

ㅇ 제5조(친환경적인 국토관리)

- 국가와 지방자치단체는 국토의 계획 또는 사업을 수립·집행할 때에는 **자연환경과 생활환경에 미치는 영향을 사전에 고려**하여야 하며, 환경에 미치는 부정적인 영향이 될 수 있도록 하여야 한다.
- 국가와 지방자치단체는 **국토의 무질서한 개발을 방지**하고 국민의 생활에 필요한 토지를 공급하기 위하여 토지이용에 관한 **종합적인 계획을 수립**하고 이에 따라 **국토의 공간을 체계적으로 관리**하여야 한다.
- 국가와 지방자치단체는 산·하천·호수·늪·연안·해양으로 이어지는 자연생태계를 통합적으로 관리보전하고 훼손된 자연생태계를 복원하기 위하여 종합적인 시책을 추진함으로써 **인간이 자연과 더불어 살 수 있는 쾌적한 국토환경을 조성**하여야 한다.

【국토의 계획 및 이용에 관한 법률】

- 제3조(국토이용 및 관리의 기본원칙)
  - 국토는 자연환경의 보전과 자원의 효율적 활용을 통하여 환경적으로 건전하고 지속가능한 발전을 이루기 위하여 **주거 등 생활환경 개선을 통한 국민의 삶의 질 향상, 지역의 정체성 및 문화유산의 보전, 지역간 협력 및 균형발전을 통한 공동번영의 추구** 등의 목적을 이룰 수 있도록 관리되어야 한다.

【국토균형발전 특별법】

- 제3조(국가 및 지방자치단체 책무)
  - 국가 및 자방자치단체는 **지역발전과 지역간의 연계 및 협력을 촉진하기 위하여 필요한 예산을 확보**하고 관련 시책을 수립·추진하여야 한다.
- 제10조(국토의 다각적 개발과 지역발전역량 확충)
  - 국가와 지방자치단체는 지역의 여건과 특성을 고려한 **국토의 다각적 개발과 지역발전 역량 확충**을 위하여 **기초생활권의 삶의 질 향상과 지역공동체 활성화에 관한 사항 등의 시책**을 체계적으로 추진하여야 한다.
  - 국가와 지방자치단체는 시책을 추진할 때 **지역산업, 인력양성**, 교통·물류시설 확충 등 관련부문의 **지속가능성을 고려**하여 체계적으로 연계하고 관련부문에 대한 **재정지원 및 규제완화를 추진**하여야 한다.
- 제15조(지역문화·관광의 육성)
  - 국가 및 지방자치단체는 **지역의 문화 및 관광의 발전**을 위하여
    1. **지역의 문화 및 관광자원의 개발·기반조성**에 관한 사항
    2. **지역의 문화 및 관광과 관련된 전문 인력의 양성**에 관한 사항
    3. **지역의 문화 및 관광산업의 활성화**에 관한 사항
    4. 그 밖의 지**역의 문화 및 관광의 발전을 위하여 필요한 사항**에 관한 시책을 추진하여야 한다.

【경관법】

- 제4조(국가 및 지방자치단체의 책무)
  - 국가 및 지방자치단체는 **쾌적하고 양호한 경관형성에 필요한 시책을 강구**하여야 한다.

문화재청에서 문화유산을 활용한 지역재생 기본계획수립 연구(2012.7.~12.)와 문화재 행복마을 가꾸기 정책세미나(2013.5.30)를 개최하였고, '문화재 행복마을 가꾸기' 사업 설명회(2013.6.13.)와 '문화재 행복마을 가꾸기' 환경기반조성 연구용역(2013.5.~12.)까지 진행하였지만 기재부의 예비타당성 조사대상에서 반영이 안 된 사업으로 전격 취소된 바 있다.

그러나 지역의 역사문화자원과 향토적·역사적 풍경을 매력적인 관광자원으로 만들고 주민의 삶의 질을 향상시키겠다는 목적과 방향성에 대해서는 좋은 정책이었다고 평가할 수 있다. 이를 기반으로 서울시와 송파구가 각각의 조례를 제정한다면 풍납동의 역사문화자원을 통한 지역재생에 큰 힘이 될 수 있을 것이다.

그리고 이를 기반으로 한 풍납동 역사문화마을 만들기 프로젝트는 이와 같은 목적과 방향성 속에서 몇 가지 사업을 제안한다.

1. 활용사업 주민참여 방안

지역의 특성은 지역주민이 가장 잘 알고 있으며, 특히 주민 스스로가 지역의 향토문화에 관심을 갖게 될 때 애향심과 지역의 공동체성은 강화될 수밖에 없다. 그동안 개발제한이라는 공권력에 의한 피해의식과 부동산 가치가 인근지역에 비해 상대적 박탈감을 키워온 주민들에게 있어서 문화재란 오로지 부정적인 이미지가 가득한 대상이 되고 말았다. 그러기에 우선은 지역주민들의 인식변화를 위한 교육이나 홍보가 절실한 형편이다. 적절한 교육과 홍보가 이뤄진 다음에는 지역의 주체로서 지역주민 스스로가 무엇을 할 수 있는가를 고민하도록 해야 한다. 그리고 지역재생이라든지 지역경제 활성화를 위한 프로그램으로 이어져야 한다. 예를 들면 지역주민들의 인식변화를 위한 교육 프로그램으로 ① 지역주민 문화재학교, ② 역사문화교실, ③ 문화답사 프로그램, ④ 전통놀이 학교 등의 프로그램을 운영할 수 있다.

그 다음의 순서로는 지역주민 스스로 ① 문화재 보존과 관리를 위한 돌봄사업, ② 문화재지킴이 활동, ③ 문화유산 해설사, ④ 문화체험 강사, ⑤ 문화기획활동가, ⑥ 공예 및 문화상품 제작, ⑦ 관광안내 및 게스트하우스 운영, ⑧ 아트카페 운영 및 지역특산 먹거리 상점 운영 등 할 수 있는 다양한 일거리들을 만들어 낼 수 있으며 이는 곧 지역재생과 지역경제 활성화와 맞물려 갈 수 있다고 본다.

현재 송파구청에서 문화재청과 함께 문화유산 활용사업으로 생생문화재 사업을 풍납동에서 진행 중인데 특히 지역주민을 대상으로 문화플래너 양성교육을 실시하고 있으며, 배출된 문화플래너들을 중심으로 '역사와 이야기가 흐르는 바람들마을'이라는 프로그램을 운영하고 있다. 이 사업은 한성백제의 다양한 문화유산을 융·복합하여 지속가능한 역사문화자원으로 활용하는 문화재 활용사업을 진행함으로써 지역의 대표적인 브랜드 사업으로 성장하며, 지역경제 활성화에 일조를 하고, 지역주민들의 일터·일감으로 성장한다는 목표를 가지고 있다.

지난 2015년부터 운영해 온 생생문화재 사업은 크게 '5일간의 구다라 여행'과 '구다라, 한 여름밤의 꿈'이라는 프로그램으로 문화재 체험과 공연 등으로 구성되어 있으며, 지역의 초·중·고 학생들과 유치원·어린이집을 대상으로 하는 프로그램과 가족 중심의 참여자들의 프로그램, 지역주민들을 대상으로 하는 프로그램 등으로 구분되어 있다.

이 사업이 제시하는 향후 발전계획은 다음과 같다

표 3 | 송파구 '생생문화재 사업' 발전계획

ㅇ '방치된 문화재'와 '침체된 지역'을 함께 치유·개선하여 매력적인 역사문화 공간으로 탈바꿈시켜 행복한 마을로 조성 - 한성백제의 상징이 되는 역사·문화자원인 풍납토성에 백제마을을 조성하고, 적극 활용할 수 있는 다양한 상시적인 프로그램을 운영함으로써 지역민이 문화재로 행복을 느낄 수 있도록 함. ㅇ 지역 활성화를 위한 다양한 문화재 활용 콘텐츠 및 프로그램 개발·시행 - 문화재 이야기 자원 활용한 백제마을 및 상설체험부스 운영, 문화재 안내해설 및 교육 프로그램 등 - 주민 소득 창출을 위한 문화재 산업 육성(전통공예 등)과 문화재 관광상품 개발 등 ㅇ 지역사회에 기반한 추진주체 구성·지원 및 역량 배양 협력 체계 구축 - 주민협의체, NPO, 문화재형 사회적 기업 육성 - 문화재 해설사·문화재 경영기획 인력·지역 지도자 양성 - 지역주민의 사회교육·훈련 - 지역주민 공감대 형성을 위한 홍보·마케팅 활동

결국 주민의 참여가 이 사업의 목표를 이끌어낼 수 있는데 지역주민의 자발적인 참여가 만들어지기 위해선 많은 지원과 체계적인 관리, 비전 제시 등이 필요할 것이다.

2. 토성 및 역사공원 활용방안

풍납토성은 1963년에 사적 제11호로 지정되었지만, 복원계획은 1993년에 시작되었다. '서울 고도古都 민족문화유적 복원 계획'에 의거해 토성벽 2,080m를 복원하는 일이 진행되었다. 토성벽의 현재 모습은 이때 복원이 된 것으로 이해해도 될 것이다. 그 후로도 토성구간 내 건물 및 토지를 우선 보상과 협의 매수하여 연차별로 성벽 주변을 정비해왔다.

풍납토성은 기원전후 시기에 축성된 토성으로 국내외에서 규모는 그 유래를 찾을 수 없을 만큼의 최대 판축토성으로 1925년 홍수로 남서쪽 일부가 잘려나가 현재는 약 2.7㎞ 가량 남아 있지만, 토성은 둘레가 약 3.5㎞, 밑변이 30~40m, 높이가 15m, 넓이 약 26만평으로, 현존하는 토성 중 대한민국에서 최대 규모다. 국립문화재연구소는 방사성탄소연대 측정 결과, 이 성이 기원전 2세기에서 기원후 3세기에 축정된 것이라고 2000년 4월 발표했다. 성의 규모와 축성된 시기를 보았을 때, 당시 이 성을 축조한 백제는 이미 상당한 규모의 국가 체제를 수립한 것으로 학계에서는 해석하고 있다.

이런 토성벽을 걸어서 둘러보는 것만으로도 당시 백제의 위용을 알 수 있을 만큼 나름 장엄미를 갖추고 있다. 그러나 그 거리가 결코 만만치 않아 북성벽에서 동성벽과 남성벽에 이르기까지 산책로를 만들어놓았지만 그 길을 걷기에는 장정들마저도 힘이 들고 지치기 십상이다. 그럼에도 풍납토성을 관람해야 한다면 이 성벽구간을 둘러보지 않으면 안 되는 풍납토성의 백미白眉이다.

그렇다면 관람객들을 위한 어떤 시설과 장치가 필요할 것인가를 궁리해봐야 할 것이다. 문화재를 훼손하지 않는 범위에서 문화재의 가치를 극대화하고 또 이곳을 찾는 탐방객들이 좀 더 쾌적하고 편안한 분위기 속에서 고대 한성백제의 왕성을 보고 즐길 수 있는 것이 무엇이 있을까? 여기에 주민들의 일자리와 맞물려 경제적 가치도 창출될 수 있는 것이라면 금상첨화錦上添花가 아닐까 싶다.

몇 가지 예를 들면 ① 관람객의 운송과 안내의 편의를 제공할 수 있는 마차馬車 운영, ② 전동차 운영, ③ 백제군사 복장을 갖춘 성벽관리원 운영, ④ 성벽구간 도보관람 시 스탬프 투어, ⑤ 성벽 위에 목조 전망대 시설 설치, ⑥ 성벽 위 산책로 조성 등을 떠올릴 수 있겠다.

역사공원은 현재 1999년 경당연립 발굴과 2000년 미래마을 발굴이 시작되어, 2009년에 경당역사공원과 2015년 풍납백제문화공원으로 개장開場되었다. 그러나 아쉽게도 역사공원에 한성백제 500년의 역사를 알 수 있는 시설이나 장치가 턱없이 빈약하여 역사공원이라기 보다는 근린공원의 이미지가 강하다. 역사공원은 최소한 야외박물관이라는 이미지와 위상을 갖출 수 있을 때 역사공원이라고 할 수 있을 것이다. 규모의 차이로 인한 한계가 있을지 모르겠으나 야외박물관과 부대시설, 녹지와 편의시설까지 곁들일 수 있을 때 비로소 역사공원으로서의 모습을 갖추게 된다.

그림 1 | 경당역사공원 전경

그림 2 | 풍납백제문화공원 조감도

현재 경당역사공원에서는 지난 2013년부터 생생문화재사업의 일환으로 문화재 활용사업이 진행된 바 있고, 또 풍납1동 주민센터의 주관으로 '바람드리골(풍납1동) 작은 음악회'를 개최한 바 있다. 그리고 해마다 진행되는 '한성백제문화제'에서 '혼불채화식'이라는 행사를 2010년부터 해오고 있다. 또 풍납백제문화공원에서는 2015년부터 생생문화재사업으로 '한성백제체험마을'을 조성하여 다양한 문화체험의 장으로 만들려는 노력을 해왔다. 상설문화체험장으로 '한성백제체험마을'을 운영해 갈 수 있다면 전국의 초중고학생들과 문화유적답사를 하는 탐방객들을 유치하여 풍납동 마을의 활성화가 가능하다고 본다.

현재 사단법인 문화살림에서 진행하는 생생문화재사업의 내용을 보면 활용방안의 좋은 예시가 될 수 있을 것으로 본다.

3. 문화재 활용사업 사례

표 4 | 2013년 생생문화재사업 활동 예시 -「풍납토성에서 찾아라 생생백제!」

행사명 (프로그램명)	기간	장소	참여인원	주요 내용	횟수
풍납토성에서 찾아라 생생백제	2013.3.23~ 2013.5.25	서울 송파구 풍납토성	349명	• 풍납토성 내 지도를 보며 미션수행하며 경당지구 발굴지 찾아가기 • 유물발굴체험과 발굴보고서 작성하기 • 놀이로 배우는 백제배움터	6회

지도로 미션 수행하기

미션 완성 인증샷

신청자 명단확인

백제유물 발굴체험

풍납시장에서 미션 수행중

풍납토성을 배경으로 인증샷

풍납토성에서 찾아라 생생백제!

생생 역사체험- 신가족 문화로 뜨다!

2013. 4. 15.

윤영애

"개로왕 잡기 딱 한 번 더 하면 안돼요?"

"우리가 이겼다!"

4월 첫 주말, 풍납토성 경당지구 안에서는 가족 대항 전통놀이가 한창이다, 한편에서는 유물발굴체험으로 미래의 어린고고학자들이 아빠와 함께 발굴 보고서 쓰느라 눈을 반짝인다.

2013년 4월 13일(토), 위례역사문화연구회가 문화재청 후원과 송파구청과 협업으로 〈되살아나는 한성백제, 고대역사 부활의 꿈- 풍납토성에서 찾아라! 생생백제!〉 생생문화재 사업을 시작하는 첫날이다.

꽃샘 추위에도 불구하고 9시 30분이 되자 삼삼오오 참가 신청자들이 행사장으로 모였고, "여기가 맞다구요~" 라는 소리와 함께 아빠 등을 밀고 다가오는 삼부자(행복나눔팀, 거여동거주. 6학년, 3학년, 아빠), 유모차를 밀고 유치원아들과 함께 온(방이동 거주, 5살, 4살) 젊은 부부, 딸 둘과 함께 온 아빠(내정팀) 친구들과 함께 온(삼전동탐색대) 모녀팀…. 52명의 참가들이 행사장을 찾아오는 것부터 이미 "풍납토성, 생생백제" 나들이는 시작이 된 셈이다.

유구한 역사 문화재가 단순히 눈으로만 감상하는 관상용 체험은 식상하다. 위례역사문화연구회의 오덕만 대표 외에 10명의 전문 교사는 두 달여 동안을 고심하여 살아있는 역사체험이 되고자 〈되살아나는 한성백제, 고대역사 부활의 꿈- 풍납토성에서 찾아라! 생생백제!〉 야심찬 프로그램을 구상하였다.

신청 단계에서부터 가족 단위를 원칙으로 하고, 건강하고 바람직한 가족 문화의 부재를 고려하여 가족 나들이겸 놀이와 학습을 겸하는데 주안점을 두고 공지하였다. 놀랍게도 수 분만에 신청은 마감이 되었고, 다음 기회를 예약하고자 하는 높은 관심과 기대는 가벼운 긴장감마저 들게 하였다. 지역문화를 지켜온 비영리 자원봉사단체인 위례역사문화연구회 15년의 역량과 풍부한 자료들은 이번 생생사업 준비에 시의적절하게 활용되었다. 무엇보다도 내 고장의 문화지킴이로서 지역 문화재 홍보에 기꺼운 마음으로 봉사를 자청한 자원봉사자들의 노력은 지대하다.

드디어 50여 명의 신청자 접수 확인이 끝나자 역사 체험을 위한 - 지도 손수건과 관련 책자, 조별 스티커, 이름표 등 비품 제공과 함께 활동 안내를 시작하였다.

모둠명을 정하고 이름표를 붙인 다음에 가족 대표가 뽑은 첫 번째 미션수행을 위하여 역할을 나누고, 가족이 머리를 모아서 전략을 짜는 모습은 단순하게 보고 즐기는 가족 놀이에서 새로운 가족 문화의 변화를 엿볼 수 있다. 동생은 등에 손수건 지도를 매고, 형은 미션지를 들고, 아빠는 인증샷을 찍으며 저마다 자기 역할에 충실하게 미션을 수행하는 모습은 여느 주말의 시간 때우기 나들이와는 확연히 다르다.

10시에 시작된 〈풍납토성에서 찾아라! 생생백제〉 역사 체험은

① 사적비 → ② 풍납시장 골목 → ③ 토성에서 스피드게임 → ④ 토성길 따라 걷기 → ⑤ 성 밖 우물지 → ⑥ 경당지구 발굴 체험(해설포함) → ⑦ 놀이(고백게임, 닭잡기게임) → ⑧ 미션종료까지 총 2시간 30분 동안 진행되었다.

첫 번째 지도미션의 〈백비 단문쓰기〉 수행완료를 인증하는 스티커를 붙이고 나서, 두 번째 미션을 찾아가는 가족들의 얼굴에는 기대와 호기심으로 가득하다. 〈골목시장 안에 있는 떡집 상점 이름을 3곳 찾아서 쓰세요〉, 〈메리 포핀스 앞에서 가족 모두 인증샷을 찍으세요〉, 〈아이들에게 아이스크림을 사주세요〉…. 의 골목시장 안에서의 재미난 미션은 자연스럽게 풍납토성 안에 자리한 전통 재래시장 탐방을 안내한다.

시원한 아이스크림과 꿀떡을 입에 물고, 토성길을 따라 걸으며 옛 백제의 영광을 되새겨

보며 〈고구려에게 땅을 빼앗기고 괴로워 하다가 죽은 제 21대 백제의 왕은? 개로왕!〉 스피드 게임을 통한 백제의 역사 지식을 익히고 나면 드디어 마지막! 유물 발굴 체험을 위한 세 번째 미션지를 찾아서 경당 지구를 향한다.

늘 고요하고 한적하기만 경당지구에서 사뭇 다른 목소리가 들린다.

"여기가 우물 자리라구요? 말 뼈가 왜 있는데요?" 호기심 가득 한 눈으로 해설사의 이야기에 귀를 쫑긋 세우는 아이들! 경당 한쪽에 준비된 유물발굴체험장에는 벌써 모래 놀이가 한창이다. 발굴과정의 주의사항이 채 끝나기도 전에 작은 손으로 모래를 헤치며 발굴에 집중한다. 유물의 발굴 위치 확인하고, 크기를 측정하여 발굴보고서를 작성하는 아이들의 표정은 제법 진지하다.

만만치 않은 보고서 작성에 부모님의 적극지원은 다시 한 번 가족의 힘을 알아가는 기회가 된다. 백제역사를 알리기 위한 망까기, 달팽이놀이, 개로왕놀이…. 전통놀이가 기다린다. 가족 모두가 한편이 되어서 달리고, 잡고, 막는 놀이는 미션 수행의 고됨도 잊은 채 생생백제의 즐거움으로 하나가 된다.

스티커북에 가득 붙은 미션 수행 스티커는 오늘 하루 온 가족이 함께하였음을 알려주는 작은 선물이다.

"다음에는 엄마도 함께 올게요" 엄마의 권유로 멋모르고 왔다고 투덜대던 꼬마아이가 행사가 끝나면서 하는 말이다.

"우리 동네에 이런 곳이 있는 줄 몰랐다."

"가족과 뭔가 새로운 놀이를 찾은 것 같아서 흡족했다."

"아이들과 대화의 소재가 넓어진 것 같다."

"친구랑 또 와도 돼요?"

기꺼운 마음으로 감사를 나누니 종료가 아쉬운 것은 참가자나 진행자나 모두 마찬가지였다.

역사체험이 가족과 함께 이렇게 유쾌할 수 있음을 보여준 이번 행사는 단순학습용 체험이기보다는 가족의 화합을 돕는, 크게는 가족 문화의 새 지평을 여는 계기가 될 수도 있다는 희망에 오늘 하루가 즐겁다.

그림 3 | 2013년 생생문화재사업 포스터

그림 4 | 2013년 생생문화재사업 활동(위례역사문화연구회 진행)

생생문화재 소개

해설이 있는 왕성길

시장미션 진행중

유물발굴체험

백제저금통라이트 만들기

고백게임(고구려vs백제) 영토정복놀이

백제의상체험

발굴보고서 작성하기

그림 5 | 2014년 생생문화재사업 활동 예시 -「풍납토성에서 찾아라 생생백제!」(사)문화살림 진행)

표 6 | 2015년 생생문화재사업 활동 예시 -「역사와 이야기가 흐르는 한성백제 바람들마을」

행사명 (프로그램명)	기간	장소	주요내용	참여 인원	주요 관람층	횟수
한성백제 문화플래너 양성	2015.3.17.~4.7.	송파구청 기획회의실 외 2	문화재생생사업을 이끌어갈 인력양성	127명	성인	6회 (12강)
5일간의 구다라여행	2015.6.3~7.	풍납동 경당역사 문화공원	한성백제역사와 문화를 알리고 이해하는 체험부스 운영	314명	어린이 성인	2회
구다라, 한 여름밤의 꿈	2015.8.21.~23.	풍납동 경당역사 문화공원	한성백제역사와 문화를 알리고 이해하는 체험부스 운영과 공연	1,150명	어린이 청소년 성인	3회
5일간의 가을스케치	2015.10.28. ~11.1.	풍납백제 문화공원	한성백제역사와 문화를 알리고 이해하는 체험부스 운영과 공연	1,233명	유아 어린이 가족	5회
				2,824명		

구다라, 한 여름 밤의 꿈(8/21~23)

한성백제 문화플래너들

구다라, 한 여름 밤의 꿈 참가자 접수

왕인서당

백제의상을 입은 소년들

백제 전돌 탁본 체험

활쏘기 체험

백제노래방

왕인서당 붓글씨 쓰기

체험 부스 전경

쌍육놀이

에코백 만들기

백제의상 체험

왕인책방 옛 책 만들기

퓨전국악공연(라온제나)

판소리 공연(쑥대머리)

어린이 국악 공연단

선비춤

표 7 | 2016년 생생문화재사업 활동 예시 - 「역사와 이야기가 흐르는 한성백제 바람들마을」

행사명 (프로그램명)	기간	장소	주요내용	참여 인원	주요 관람층	횟수
5일간의 구다라여행	5.10.~5.14.	풍납백제 문화공원	한성백제역사와 문화를 배우고 체험하는 프로그램으로 어린이집 아동대상의 평일 프로그램과 주말 가족단위 체험프로그램 진행. 아동 눈높이에 맞는 인형극 '한성백제이야기극장'과 '산넘고 물건너 백제를 세우다' 등	707명	어린이 성인	15회
	5.17.~5.21.			732명		
	9.6.~9.10.			744명		
구다라, 한 여름밤의 꿈	7.15.~7.16.	풍납동 경당역사공원	전문공연단과 지역주민참여의 공연프로그램으로 한성백제역사와 문화체험부스 동시진행. 2회중 우천으로 1회 취소	381명	어린이 청소년 성인	1회
5일간의 구다라여행 (백제체험마을)	10.9.~10.9.	몽촌토성	한성백제문화제기간 중 백제체험마을 운영. 5일간의 구다라 여행 체험부스와 축성놀이, 발굴체험 등 진행	2,200명	유아 어린이 가족	4회
				2,564명		

표 8 | 「5일간의 구다라 여행」(3차) 활동

구분	내용	
일 시	3차 2016.9.6.~10.(5일) 평일 10:00~13:00(유치원 및 어린이집 단체참여) / 주말 9:00~16:00(가족, 모둠, 일반인 참여)	
장 소	서울 풍납동 풍납백제문화공원	
진행인력	*총 인력 82명 진행요원 21명(1일 4명×5일+1명) / 진행보조 53명(1일 10명×4일) +13명) / 자원봉사자 8명(4일)	
참가인원	744명(지역주민과 시민 가족단위)	
행사내용	풍납토성은 한성백제의 왕성임을 증명하는 문화유산이다. 3.5㎞에 달하는 거대한 토성은 백제의 강력한 정치력과 역량을 보여주며 풍납토성 안에서 발굴되는 유구와 유물 또한 백제의 왕성임을 뒷받침하는 증거가 되고 있다. 거대한 집자리와 포장도로의 흔적, 수많은 기와파편이 발견된 미래마을에 조성된 '풍납백제문화공원'에서 백제의 '박사촌'을 테마로 하여 한성백제의 역사와 문화를 다양한 활동과 함께 배울 수 있는 '5일간의 구다라 여행'을 진행하였다. '구다라'는 고대 일본이 백제를 부르는 말로 '크다', '좋다', '우수하다'의 뜻을 담고 있으며 일본에게 백제는 많은 문물을 전해준 크고 좋은 나라였던 것이다. 5일간씩 총 4차를 진행하는 일정에서 3차를 9월에 진행하였다.	
세부내용	[평일 프로그램] • 이야기가 흐르는 바람들마을-인형극 • 왕인서당 붓글씨 쓰기 • 백제옷방 의상체험 • 와박사의 집 수막새 메모홀더 만들기 • 백제무예 활쏘기 • 산넘고 물건너 백제를 세우다	[주말 추가 프로그램] • 한성백제 어디까지 알고 있니? 풍납백제문화공원 미션활동 • 백제놀이 쌍륙 • 백제무예 칠지검무체험 • 칠지도 검무 공연 • 백제직조방 베틀체험 • 의박사의 집 향약첩싸기 • 노반박사의 집 백제탑이야기와 팝업탑만들기 • 역박사의 집 백제밤하늘과 led별자리등 만들기 • 한성백제 선물의 집 • 바람들마을 쉼터(카페운영)
기타사항	평일에는 유치원 및 어린이집 아동들을 대상으로 단체의 신청을 받아 진행하였으며, 체험적정인원이 한정되어 있어서 참여하지 못하는 단체가 상당수 발생하였다. 무료로 진행된 유치원 및 어린이집의 만족도가 높았으며 향후 유로 프로그램전환에 대한 설문조사에서도 긍정적인 답변이 많아 유료화의 가능성을 보였다. 5월 1, 2차 진행된 프로그램으로, 지역주민들에게 알려져 있어서 지리적으로 불리한 위치임에도 불구하고 주말 가족단위의 참여가 많았다. 지역민뿐만 아니라 지역 외 참가자들은 사전예약을 통해 프로그램에 참여 발전가능성을 볼 수 있었다. 외부에서 진행되는 프로그램의 단점을 보완할 필요성은 여전하다. 기상상환에 따라 진행여부가 결정되는 점을 보완하기 위해선 체험전시관의 설치와 운영이 절실하다.	

표 9 | 박사촌 프로그램(「5일간의 구다라 여행」(3차))

• 이야기가 흐르는 바람들마을
한성백제와 풍납동에 대한 설명을 아이들의 눈높이 맞도록 인형극형태로 기획하여 운영하며, 등장인형은 [신제도원]으로 백제의 왕녀이다.

• 백제옷방 의상체험
재현된 백제복식을 체험하며, 평민복과 귀족의 복식 2가지로 구분된다.

• 왕인서당 붓글씨 쓰기
왕인은 경전에 능통한 오경박사로 왜로 건너가 왜의 태자와 관리들에게 학문을 전파하였으며, 일본 문학의 시조로 평가받는 인물이다. 왕인서당에서 천자문 성독과 붓글씨 쓰기 체험을 한다.

• 와박사의 집 수막새 메모홀더 만들기
풍납토성에서는 백제왕성임을 증명하는 수많은 기와와 다양한 무늬의 수막새가 발견되었다. 풍납토성에서 발견된 수막새를 클레이를 이용하여 메모홀더를 만들어 본다.

• 노반박사의 집 백제입체탑 만들기
불교는 고대 국가 성립에 중요한 요소이다. 불교문화를 대표하는 탑을 관장하는 최고의 책임자를 노반박사라 하였으며, 백제의 탑만드는 신라, 왜에 전파되었다. 노반박사 집에서는 탑업이 되는 입체탑을 만들며 탑 이야기를 듣는다.

• 역박사의 집 별자리led 등 만들기
농사가 기본이 되고 바닷길을 통해 교역을 활발히 하였던 백제는 천체에 관한 기술이 있었다. 우리 고유의 별자리 이야기와 함께 별자리led등 만들기를 한다.

• 백제직조방, 베틀체험
백제의 왕녀 신제도원은 7명의 부녀자와 함께 직조기와 직조기술을 왜에 전해주었다. 천연재료에서 실을 뽑아내어 옷감을 짜고 몸에 맞는 옷을 만들기까지 많은 기술이 필요하다. 여기에서는 베틀로 팔찌를 직접 만들어 보는 체험을 한다.

• 의박사의 집 향약첩싸기
백제의 박사제도 중에는 의술에 관한 의박사의 기록도 있다. 의박사의 집에서는 방향제로 사용할 수 있는 재료를 넣어 약첩싸기 체험을 한다.

• 백제무예 활쏘기
강력한 백제를 이끌었던 근초고왕의 이야기와 함께 백제 활쏘기 체험을 한다.

• 칠지도 검무 공연 및 체험
토요일 프로그램에 특별히 칠지도 검무공연을 진행하였다. 공연 후에는 검무를 배우고 가르기를 해보는 체험을 진행하였다.

• 산넘고 물건너 백제를 세우다
평일 아동대상의 프로그램으로 백제를 건국한 온조왕의 이야기와 함께 나라를 세우기 위해 많은 노력이 필요했음을 놀이화하였다. 참여아동들이 이야기를 바탕으로 신나게 뛰어 놀 수 있는 활동이다.

• 풍납백제문화공원 미션활동
풍납백제문화공원 곳곳에 설치되어 안내와 유구를 직접 돌아보며 미션지의 문제를 풀어오면 한성백제유물노트를 선물로 증정한다. 한성백제의 역사를 스스로 배우고 현장을 직접 돌아보는 활동이다.

표 10 |「역사와 이야기가 흐르는 한성백제 바람들마을」 프로그램

체험	○ 박사촌(博士村) 운영 - 근거 : 근초고왕대 이후로 이후 백제로부터 일본으로 오경박사(五經博士)를 비롯하여 재봉녀(裁縫女)·직공(織工)·야공(冶工)·양주자(釀酒者)·도공(陶工)·안공(鞍工)·화원(畵員)·금공(錦工)·의사 등이 건너가서 백제문화를 일본에 전수해주어 일본의 고대문화 발달에 공헌하였다. - 운영 : 부스(캐노피)로 만든 작은 초가에서 진행 • 재봉방(裁縫房): 옷감 따위로 옷을 짓거나 꿰매는 일을 하도록 함. 조각보를 이용한 체험 등 • 직공방(織工房): 직물을 짜거나 옷감을 만드는 일을 하도록 물레 등을 설치하고 다양한 직기 등을 통한 체험 • 야공방(冶工房): 대장간 체험 등 • 양주자방(釀酒者房): 술을 빚는 체험 등 • 도공방(陶工房): 도자기 체험 • 안공방(鞍工房): 가죽공예 체험 등 • 화공방(畵工房): 천연염료 만들기 체험 등 • 금공방(錦工房): 천연염색 체험 등 • 의약방(醫藥房): 한약재 썰기 및 갈기 체험 등
놀이	○ 놀이로 배우는 백제 - 근거 : 백제시대부터 전해 내려온 전통놀이는 저포놀이, 쌍륙놀이 등이 있나. 또한 새롭게 응용된 닭잡기 놀이, 달팽이 놀이, 제기차기, 비석치기, 엉치기엉차 축성놀이 등을 만들어 간다. - 운영 : 각 공방 앞마당에서 진행 • 저포놀이 • 쌍륙놀이 • 닭잡기 놀이 • 제기차기 • 비석치기 • 투호 • 축국 • 고누놀이 • 축성놀이 등
공연 및 행사	○ 문화유산 스토리텔링 공연물 제작 및 공연 • '백제사신이 들려주는 이야기' 창극 제작 • 백제 유랑극장 '도미와 도미부인' 제작 및 공연 ○ 주민들과 함께하는 어울림 마당 • 지역주민들과 어우러지는 소통·화합의 놀이한마당 • 판소리로 들어보는 백제이야기
교육 (Teaching)	○ 왕인서당(王仁書堂) 운영 - 근거 : 근초고왕 때는 백제가 융성하던 시대로 문화도 대단히 발달하였다. 이때 아직기(阿直岐)가 근초고왕의 지시로 말 2필을 끌고 일본에 건너가서 왕에게 바친 뒤 말을 기르는 일을 맡아보다가, 그가 경서에 능통함을 안 일본 오진왕[應神王]이 태자 우지노와키이라츠코[兎道稚郎子]의 스승으로 삼았다. 그가 임기를 마치고 돌아올 때 일본왕이 아라타[荒田別] 등을 보내어 학덕 높은 학자를 보내주기를 청하니, 이에 왕인이 추천되어 『논어』 10권, 『천자문』 1권을 가지고 일본에 건너가 일본왕의 태자 우지노와키이라츠코의 스승이 되었다. 그는 경서에 통달하였으므로 왕의 요청에 의해 군신들에게 경 · 사(經史)를 가르쳤다. 그의 자손들은 대대로 가와치[河內]에 살면서 기록을 맡은 사(史)가 되었으며, 일본조정에 봉사하여 일본고대문화 발전에 크게 기여하였다. - 운영 : 천자문 등을 배우는 부스(캐노피)로 만든 작은 초가에서 글공부와 논어 등 경전을 중심으로 20~30분 동안 글 읽기와 붓글씨 쓰기 등을 체험하도록 한다.

Ⅳ. 전통시장 활성화 및 지원방안

풍납동은 자연촌락으로 윗바람드리[上風納里], 아랫바람드리[下風納里], 그리고 벌말이 있었다. 이 지역은 예부터 한강의 범람으로 질이 좋은 흙이 퇴적된 까닭에 조선시대의 이 곳 주민들은 농업과 도요업陶窯業을 생업으로 삼아왔다. 1925년 을축년 대홍수 때는 풍납동에서 왕십리까지 물이 차는 피해를 받게 되었는데 이 때문에 옹기를 굽던 200채가 넘는 집이 모두 강물에 잠겼다고 전한다.

이러한 번성은 광복 후에도 여전하여 성내동을 중심으로 풍납동 등지에는 옹기, 기와, 벽돌, 토관, 화분 등을 제조해내는 군소공장지대가 될 정도였다고 한다.

풍납동 바람드리길 주변에 형성된 도깨비시장(서울 송파구 바람드리길 50)은, 2011년 10월에 전통시장으로 인정, 등록되어 180여 개 점포가 있는 골목형 종합시장이다. 주민들 사이에서 불리는 '도깨비시장'에 대한 유래는 정확히 알 수 없으나, 1960년대 초부터 좌판을 벌리고 옷이나 먹거리를 파는 보따리 상인들이 낮에 잠깐 모였다가 저녁이 되기 전에 파장하는 '반짝 시장'의 형태로 시장이 형성된 데서 유래했다는 설이 있다. 하지만 그보다는 도깨비 방망이처럼 없는 것이 없는, 시끌벅적하고 정겨운 시장 풍경을 도깨비에 빗대어 표현한 것은 아닐까 한다. 그러나 풍납동에 본격적으로 인구가 늘어나고 주택가로 변모해간 것은 1970년대에 들어서 부터이다. 이때에 형성된 것이 바로 일명 도깨비시장으로 불리는 풍납1동 시장골목일 것이다. 지금도 1970~1980년대의 시장의 모습을 취하고 있는 좁은 골목의 상권은 근래 들어와 풍납동 주민들의 이주가 시작되면서 점차 쇠퇴의 길을 걷고 있다.

그러나 오밀조밀한 전통 골목시장의 멋과 향수를 가지고 있는 도깨비시장은 문화관광적 요소를 가미하여 잘 관리하면 추억의 장소로 명소화가 될 수 있는 여지가 많다.

무엇보다 이곳의 특별한 점은 한성백제의 중요한 유적인 풍납토성에 안겨있는 형태라는 것이다. 백제 한성시대 당시 풍납토성 안 고을에도 이러한 시장은 분명히 있었을 터, 풍납시장은 머나먼 과거와 현재가 공존하는 곳이기에 더더욱 재미가 쏠쏠하다. 아울러 도깨비시장과 풍납토성은 영화로도 제작됐던 강풀의 웹툰 '바보'의 배경지로도 유명하다.

예를 들어 모든 상점을 영화세트장처럼 1940년대와 1950~1960년대의 골목시장으로 리모델링을 한다면 천호동 사거리의 교통입지와 맞물려 쉽게 찾을 수 있는 명소거리가 될 수 있다. 과거 백

그림 6 | 영화 '바보' 스틸컷

제의 도성부터 현재 우리의 소중한 문화유적, 녹지, 삶의 터전, 문화콘텐츠 속 배경, 관광명소까지 오랜 역사와 문화를 자랑하는 풍납토성에서 진정한 과거와 현재의 공존을 느껴볼 수 있을 것이다.

V. 매입 또는 보상 처리된 주택의 활용방안

지금까지 대부분의 매입, 보상 처리된 주택들은 대부분 철거하여 공지空地나 주차장으로 바뀌왔다. 현재까지 산발적이고 점적인 보상으로 인하여 권역별, 공간별 구체적 사업 추진이 지연될 수밖에 없으며, 점차적으로 정주성이 악화되고, 지역 환경이 저해되는 요소가 발생되고 있다. 그러기에 당장 발굴에 들어갈 경우가 아니라면 차라리 철거보다는 지역주민들의 편의나 문화재의 특성을 살릴 수 있는 문화공간으로 탈바꿈시키는 것이 바람직하다고 본다.

표 11 | 현재까지의 철거부지 활용현황(송파구 제공)

용도	주차장	소공원	운동공간	텃밭
수량	116개소 1,022면	8개소	2개소	2개소

표 12 | 보상완료 건물 활용현황(송파구 제공)

위치	건물(㎡)	구조	사용승인	보상완료	활용용도
풍납동 257-93	171	연와조	1986년	2013년	구립어린이집
풍납동 162-33	283	연와조	1993년	2013년	환경미화원 휴게주택
풍납동 281-1	13,260	철근 콘크리트조	1983년	2004년	서울시 활용

소공원

풍납토성 어린이집

현장분소(예정)

그림 7 | 보상완료 후 철거부지 · 건물의 활용사례

풍납동이 세계적인 명소로 바뀌기 위해 나름 미관적美觀的 요소도 있어야 하며 그곳에 사는 사람들의 모습이 행복해야 한다. 많은 문화·예술인의 공간으로 장기 임대도 가능하며 지역주민들도 함께 참여할 수 있도록 하는 문화·예술촌로 변모를 강구할 필요가 있다고 본다.

그리고 Ⅲ · Ⅳ권역 신개축 건물의 경우에는 반드시 도시미관과 연계한 설계가 있도록 해야 한다. 한옥으로 신축할 경우에 지원을 아끼지 않음으로써 고도古都의 정취가 있는 풍납동의 모습이 되어야 한다.

VI. 서울 창의인성융합 풍납캠프의 활용방안

서울 창의인성융합 풍납캠프는 서울시 송파구 풍납동 281-1호(16,733㎡)에 위치하고 있다. 1983년 외환은행 합숙소로 건립되어 서울시 건축상을 받을 만큼 뛰어난 건축물이다.

그러나 2000년도에 시굴조사를 통해 대옹, 소호, 타날문토기편 등이 발견된 이후 2001년 2월 사적으로 지정되었다. 이후 서울시는 2004년에 보상완료를 하였고, 121억원을 들여 합숙소 건물 4동을 리모델링해 400명이 한꺼번에 생활할 수 있는 생활시설과 외국의 공항, 호텔, 우체국 등을 본뜬

표 13 | 서울 창의인성융합 풍납캠프 동별 시설현황

건물명	연면적(㎡)	층수	주요 운영내용
North Wing	3,995	지상1층~5층	체험실, 기숙사, 사무실
East & South Wing	6,000	지하1층~지상5층	체험실, 기숙사, 영화관, 양호실, 부대시설
식당동	1,506	지하1층~지상2층	구내식당 기계실
상가동	360	지상1층	대강당
연구소동	1,271	지상3층	체험실, 국립문화재연구소(2~3층)

교육 시설을 꾸며 영어마을 풍납캠프를 개관하였다. 이는 2006년과 2010년에 설립한 수유캠프·관악캠프와 함께 서울시내 학생들에게 저비용·양질의 영어학습 기회를 제공하고, 아울러 영어 공교육의 보완과 고가高價의 국내외 영어캠프 참여에 따른 사교육비를 절감할 수 있는 영어체험학습 전문 교육시설로 활용한다는 것이었다.

그러나 예상과는 달리 서울시는 막대한 적자운영에 허덕이다가 결국 2017년 21세기 융합형 체험캠프로 변신해 민간운영기관을 공모해 위탁을 맡기게 되었다. 그러나 이 또한 얼마나 버틸 수 있을지 궁금하다. 이 캠프는 대지면적 16,733㎡, 건물 연면적 13,132㎡으로 체험실(46개소), 숙소(200실)식당, 강당, 운동장 등의 시설을 갖추고 있다.

그동안 풍납동 주민들에게 있어서 풍납캠프는 지역의 상권이나 지역발전, 주민들과의 연관성을 찾을 수 없는 외딴 섬처럼 느끼고 있으며, 오히려 대형차량의 출입으로 좁은 골목에서 안전의 위협을 받으며 불편을 호소하는 등 민원의 요소가 되어왔다.

그러기에 지역민들의 공간으로 탈바꿈을 할 수 있다면 오히려 활용도에서 더 효율적일 수 있다. 현실적으로 핵심지역(Ⅱ-3, Ⅱ-2)에 포함된 구 복지시설 이전移轉이 필요하고 또 풍납동 토성 발굴 유물 전용 전시관의 필요성이 대두되고 있는 상황에서 솔바람복지센터와 풍납복지관이 이곳으로 이전을 하고 주민들의 강력한 요구사항인 도서관과 유물 전시관으로 활용할 수 있으며, 마을예술창작소와 지역문화예술센터와 문화예술극장, 청년문화예술창작지원센터 등으로 활용하여 지역문화 진흥과 청년 일자리문제 해결, 예술인들의 공간활용 등 다양한 프로젝트를 진행할 수 있을 것이다.

Ⅶ. 지역문화예술네트워크를 통한 풍납동 문화진흥 프로젝트

송파구가 자치구로서 1988년 강동구로부터 분리된 이후 30여 년이 되어가지만 문화예술인의 교류와 소통이 되는 네트워크가 없다. 정부는 지역문화진흥에 필요한 사항을 정하여 지역 간의 문화격차를 해소하고 지역별로 특색 있는 고유의 문화를 발전시킴으로써 지역주민의 삶의 질을 향상시키고 문화국가를 실현하는 것을 목적으로 2014년 지역문화진흥법을 제정하였다. 이는 풍봉의 역사적·문화적 정체성을 이루고 있는 지역을 기반으로 하는 문화유산, 문화예술, 생활문화, 문화산업 및 이와 관련된 유형·무형의 문화적 활동을 진흥시키는 정책과 지원을 국가와 지방자치단체가 해야 하는 것이다.

2017년 하반기부터 (사)문화살림이 주축이 되어 송파구와 함께 지역문화 활동가, 예술가, 역사학자, 지역문화 기관 및 단체 등의 인적 네트워크를 결합하여 외적으로는 지역 고유의 문화유산인 한성백제 문화를 널리 알리고, 내적으로는 주민들에게 지역문화 정체성을 형성하려는 지역네트워크사업을 펼쳐가고 있다. 아직은 송파지역 전반에 걸쳐 있는 개인 · 집단의 실태를 조사하여 분야별 · 권역별 네트워크 구성 기반을 마련하고 지속적인 네트워크를 구축해가는 단계이지만, 앞으로는 주민들이 참여하여 지역 활동을 통해 스스로 지역 정체성과 문화 예술 발전에 대해 고민하고 운영할 수 있는 단계까지 발전해 갈 수 있을 것이다. 그리하여 2018년에는 꿈마을(방이동과 몽촌토성을 중심으로), 돌마을(석촌동과 석촌동고분군), 바람마을(풍납동과 풍납토성)의 마을문화와 예술의 장을 펼쳐갈 예정이다. 이 가운데서도 풍납동의 마을문화예술진흥사업은 '방치된 문화재'와 '침체된 지역'에서 치유 · 개선해 매력적인 역사문화 공간으로 탈바꿈시키기 위한 사업의 동력이 될 수 있을 것으로 생각된다.

Ⅷ. 마무리

서울시에서 풍납동 토성 보존 · 관리 및 활용정책을 수립함에 있어서 추진방향을 '풍납토성과 주민이 공존하는 역사문화도시로 조성'하겠다는 것에 우선 환영한다.

많은 지자체들이 역사문화도시로서의 면모를 갖추기 위해 많은 예산과 더불어 노력을 해왔지만 대부분이 지역주민들의 소외 속에 절뚝발이 행정을 해 온 사례가 너무나 많다. 서울시는 이런 우를 범해서는 안 되겠다.

문화재 보존 및 활용의 근간이 되는 「문화재보호법」 제1조(목적)에서는 '이 법은 문화재를 보존하여 민족문화를 계승하고, 이를 활용할 수 있도록 함으로써 국민의 문화적 향상을 도모함과 아울러 인류문화의 발전에 기여함을 목적으로 한다'고 명기되어 있다. 즉, 법령을 통해 문화재를 보호하는 이유는 과거의 문화를 현세와 미래의 사람들에게 널리 전하여 문화적 향상을 도모하고자 하는 것이다. 그러기에 '보존을 위한 활용', '활용을 통한 보존'은 세계적인 추세임을 알 수 있다.

문화재 활용에 대한 인식이 대두되기 전에 문화재청에서는 문화재 원형유지를 위한 보존·관리 분야에 주력하여왔다. 2000년대 이후 문화재의 효율적 활용 대두로 국민의 활용과 보존에 대한 관심과 참여가 확대되었다. 그동안 보존 중심의 정책은 문화재에 대한 보호의식 제고에 기여하지 못하고, 오히려 소유주 및 지역주민들에게 적대적 반감을 고취시킴에 따라 보존에 대한 근본적 접근을 요하게 되었다. 그러나 세계기준에서는 활용을 통한 교육과 향유, 관광과 지역경제 활성화가 보존의 이유이자 중심가치임을 들어, 보존과 활용에 대한 통합적 인식이 요구되고 있는 것이다.

풍납토성도 지금까지는 오로지 토지매입과 보상으로 발굴에만 치중하여 주민들과 상생할 수 있는 구체적인 마스터플랜을 갖고 있지 못하였다. 즉 지역주민 입장에서 명확한 비전과 구체적 로드맵이 없고, 또한 기존의 매입된 토지의 활용 등 내부 전체에 대한 도시계획 전략이 부재하였다. 이제는 풍납토성 합리적 관리방향과 풍납토성과 주민이 공존하는 역사문화도시로 조성되어야 한다.

또한 풍납토성을 중심으로 한성백제 역사유적도 유네스코 세계유산으로 등재함으로써 '한국·중국·일본 동아시아 3국의 고대왕국 사이에 교류를 잘 보여준다'는 점과 '백제의 내세관·종교·건축기술·예술미 등을 모두 포함하고 있는 백제 역사와 문화의 특출한 증거라는 점'으로 문화유산 가치의 탁월성을 인정받은 백제역사유적과 마찬가지로 세계인들의 관심과 사랑을 받는 역사유적이 되어야 한다. 세계유산 전문가들은 지난 2015년 7월 유네스코 세계유산으로 등재된 공주 · 부여 · 익산 백제역사유적지구와 연계하여 확장extension방식으로 유산 등재를 추진한다면 등재 가능성이 높다는 반응을 보였고, 그러기 위해 풍납토성은 고고학적 유적으로서 발굴상태 유지와 미발굴지역에 대한 보존·관리계획을 국제사회로부터 인정받아야 한다고 말한다.

그러나 그보다 먼저 세계유산위원회는 유산 자체의 가치 탁월성과 함께 보존·관리를 중요시하는데 그 중에 지속가능한 보존을 담보하는 주민의 주체적 참여 정도와 유산이 그 지역에서 환영받는 존재인가, 보존관리계획에 지역 주민의 참여 시스템이 있는가를 중시한다. 그런 면에서 주민들과 풍납토성의 가치를 공유하는 교육과 스스로 보존·관리에 참여하는 문화재 해설사와 문화재지킴이 활동 등의 참여가 스스로 만들어져 운영되어야 한다.

현재 우리나라의 문화재는 다양한 분야의 학자들에 의해 연구성과가 축적·공유되고 있으며, 가치의 중요도에 따라 국가지정·시도지정문화재 등으로 지정 분류 및 관리되고 있다. 그러나 학자들을 제외한 일반 국민이 문화재의 연구성과와 가치를 이해할 수 있는 경로는 많지 않다. 유적지, 박물관 등에 있는 안내판 또는 해설사의 해설이 전부라 할 수 있다. 특히 문화재 안내판은 해당 문화재의 가치를 함축적으로 보여주어야 하기 때문에, 일반 국민이 문화재 안내판을 보며 해당 문화재의 가치를 자체적으로 이해하기에는 한계가 있다.

풍납토성의 유산적 가치를 공유할 수 있는 풍납토성 역사교육관 건립 등이 필요하고, 이러한 상황에서 생생문화재 등 문화유산 활용프로그램으로 문화재의 가치를 보다 많은 사람들에게 쉽고 효율적으로 전달할 수 있다.

뿐만 아니라 문화재 행복마을 가꾸기는 지역의 역사문화자원과 향토적·역사적 풍경을 매력적인 관광자원으로 만들고 주민의 삶의 질을 향상시킬 수 있는 대안으로서 충분하다고 본다.

그동안 역사문화도시 조성에 있어서 대부분의 지자체들이 하드웨어에는 많은 투자를 아끼지 않음에도 불구하고 소프트웨어에는 무관심과 소홀함이 지나쳤다. 그러나 그 어떤 일이든 사람이 중요하고 사람이 만들어가는 것이라는 것을 잊어서는 안 된다. 조금 늦고 더딜지라도 사람에게 투자를 하는 행정이 된다면 결코 실패하는 일은 없으리라고 생각한다.

백제왕성 서울 풍납동 토성의 현재와 미래

Present and Future of Baekje Royal Fortress in Pungnap-dong, Seoul

백제 왕도 정비활용과 풍납토성
- 문화유산과 주민의 상생을 위한 일제언 -

김태식 연합뉴스 기자

Ⅰ. 애물단지가 된 신주단지

Ⅱ. 같은 신석기시대 통나무배, 다른 대접

Ⅲ. 풍납토성엔 없는 풍납토성

Ⅳ. 레미콘공장을 둘러싼 법정공방

Ⅴ. 개발 압력을 무마하려는 시도들

Ⅵ. 지속가능한 풍납토성 개발

Ⅰ. 애물단지가 된 신주단지

한국 문화재 주변을 거대한 유령이 배회 중이다. 이른바 문화재 숭엄주의라 할 만한 흐름이 그것이니, 이 숭엄주의는 첫째, 문화재는 고귀하기만 한 것이며 둘째, 그런 까닭에 문화재로 지정되기만 하면 되도록 사람의 접근을 봉쇄해야 그것을 잘 지킨다는 믿음으로 발전한다. 나아가 그리하여 셋째, 그런 문화재를 향한 모든 개발 움직임은 적어도 문화재 업계에서는 철퇴를 맞아도 시원찮을 반역행위로 간주하곤 한다. 이에 더해 그런 문화재 중 일부가 대한민국이라는 국경을 박차고 나가, 예컨대 세계유산에 등재되기라도 하면, 숭엄이란 방벽은 더욱 강고해져 그런 문화재 현장을 절대의 영역, 절대의 신주단지로 둔갑케 한다.

하지만 숭엄으로 장착한 이 신주단지주의야말로 오늘날 문화재를 곳곳에서 애물단지로 전락케 하는 역설로 작동한다. 오늘 이 자리에 선 나는 애물단지가 된 신주단지를 풍납토성을 통해 이야기하면서, 그 타개책을 나름대로 고민해 보고자 한다. 미리 말하지만, 그렇다고 내가 이를 일거에 부수어 버릴 정도로 경천동지할 묘수가 있는 것도 아니다.

나는 문화재 현장도 이제는 개발 수요를 적극 수용해야 한다고 본다. 문제는 어떤 개발이냐에 모아진다. 이에서 대해서는 이미 오래 전에 UN 혹은 그 산하기구 중 하나인 UNESCO가 길을 제시했다고 본다. '지속가능한 개발Sustainable Development'이 그것이다. 그렇다면 무엇이 '지속가능한 개발'인가? 그에 대해서도 많은 말이 있겠지만, 나는 무엇보다 인간과 자연, 혹은 범위를 더욱 좁혀 인간과 문화재의 조화라고 본다.

돌이켜 보건대 우리의 문화재 현장은 '개발'이라는 말 자체를 금기로 삼았다. 이 개발이라는 개념에 '관광'을 포함할 수 있을 것이다. 하지만 현행 문화재 관련법들의 모법에 해당하는 문화재보호법을 살피면, '관광'이라는 말은 아예 종적조차 찾을 길이 없고, '개발'이라는 말 역시 비록 8번이나 출현하지만, 문화재 현장을 개발한다는 개념으로는 단 한 번도 사용되지 않았다.[1] 그런 개념 혹은 맥락으로 사용된 '개발'은 제4조(국가와 지방자치단체 등의 책무) 제3항에서 딱 한 번 보이지만,

---

1_ 기타 7번 '개발'은 '연구개발' 등의 맥락으로 사용되었다.

"국가와 지방자치단체는 각종 **개발**사업을 계획하고 시행하는 경우 문화재나 문화재의 보호물·보호구역 및 역사문화환경이 훼손되지 아니하도록 노력하여야 한다"(강조는 필자)고 해서, 개발을 문화재(보호)와 아주 대립하는 개념으로 사용하고 있음을 본다. 이는 개발과 관광을 문화재 보호의 '적enemy'으로 간주하는 단적인 보기라 할 만하다. 비단 법 조항만 아니라, 실제 문화재 현장 곳곳에서 지금 이 순간에도 저 두 말은 차마 입에 담아서조차 아니 되는 괴물로 간주되곤 한다. 이제 문화재 혹은 그 일종인 세계유산에서 개발이라는 말을 금기의 영역에서 구출해야 한다고 나는 본다.

따라서 내가 이 자리에서 할 말은 시종일관 풍납토성을 개발하자가 될 것이다. 그렇다면 어찌 개발해야 하는가? 지속가능하게 개발하자고 말하고자 한다. 더는 풍납토성을 보호 혹은 보존이라는 허울 아래 일방적인 주민의 희생만을 요구하는 정책으로는 지킬 수 없다.

풍납토성을 개발하자!

Ⅱ. 같은 신석기시대 통나무배, 다른 대접

올해(2017년) 4월 1일, 경남 창녕군에 비봉리 패총전시관이 정식 개관했다. 사업비 13억5,000만원이 투입된 전시관은 부지면적 4,183㎡에 연면적 437.5㎡, 지하 1층, 지상 1층 규모이다. 이곳은 비봉리유적 발굴성과를 홍보하기 위한 시설이다. 규모도 작고, 사업비 역시 다른 유사 문화시설에 비해서는 형편없다. 그럼에도 이런 시설조차 들어서기까지 과정이 그리 녹록치는 않았다. 비봉리 유적을 유명케 한 것은 한반도에서는 처음으로 지금으로부터 8천년 전 신석기시대 통나무배 2척이 발굴된 일이다. 그 성과에 힘입어 현장은 사적으로 지정되고, 조촐하나마 전시관이라 할 만한 시설이 들어선 것이다. 나는 이에서 서글픈 우리네 문화재 행정의 그림자를 본다.

2005년 9월 5일, 국립김해박물관은 충격적이라고 할 만한 고고학 발굴성과를 발표했다. 경남 창녕군 부곡면 비봉리 44번지 일대 신석기시대 유적을 발굴하는 과정에서 8천년 전으로 거슬러 올라가는 초기 신석기시대 통나무배 1척을 찾아냈다는 것이었다. 이 배는 비봉리유적 중에서도 제2피트(조사구덩이) 제5 패층貝層 아래서 출토됐다. 배가 확인된 지점은 해수면보다 2.0m가량 낮은 곳이며, 비봉리유적 중에서도 신석기시대 초창기 문화층에 속하는 곳이었다는 것이다. 발견 당시 배는 동서방향으로 놓여 있었고, 강을 향해 남쪽으로 약간 기운 상태였다. 실물 기준으로 최대길이 3m 10㎝, 최대폭 60㎝, 두께 2.0~5.0㎝, 깊이 약 20㎝인 이 목선은 양끝 중 어디가 선수부船首部이며 선미부船尾部인지는 확실히 알 수 없지만, 폭이 상대적으로 좁아지는 동쪽 부분이 선수로 추정됐다. 배는 가운데를 잘랐다고 했을 때 그 단면이 U자형이며 통나무를 파내 만든 소위 환목주丸木舟로 분류됐다.

원래 선체는 4m를 넘었다고 추정되며, 철기나 청동기 같은 금속기가 발명되지 않은 당시로서는 대단히 치밀하게 가공한 흔적이 역력했다. 배를 만들기 위해 당시 사람들은 통나무를 군데군데 불에 태운 다음 돌자귀 같은 날카로운 석재를 이용해 깎아내고, 다시 갈돌과 같은 기구로 표면을 정리하는 방식을 구사했음이 드러났다. 이를 증명하듯 선박 곳곳에는 불에 그슬려 가공한 흔적인 초흔焦痕이 발견됐다. 배를 제작하는 데 쓴 나무는 소나무로 밝혀졌다.

김해박물관은 당시 이 비봉리선이 일본에서 가장 오래된 배로 알려진 도리하마[鳥浜] 1호나 이키리키[伊木力]유적 출토 목선보다 무려 2천년 이상을 앞서며 세계에서 가장 오래된 목선이라고 발표했다. 이런 소식을 접한 당시 일부 기자가 세계 최고最古라는 데는 의구심을 표시하기도 했다. 무엇보다 '중국에 없는 것은 세상에 없다'는 중국 쪽 발굴 사정을 궁금해하기도 했다.

이로부터 얼마 뒤, 역시나 중국 대륙에서 신석기시대 목선 발굴 소식을 전했다. 중국 당국의 발표에 따르면, 저장성문물고고연구소[浙江省文物考古硏究所]와 항저우[沆州] 지역 샤오산구박물관[蕭山區博物館]이 샹후[湘湖]라는 유명한 호수 바닥을 준설하는 과정에서 샤오산[蕭山] 콰후자오[跨湖橋] 신석기시대 유적을 연차 발굴조사한 결과 신석기시대 독목주獨木舟를 발견했다는 것이다. 독목주란 글자 그대로 나무 하나로 만든 통나무배라는 뜻이니, 김해박물관이 비봉리유적 목선에 쓴 환목주와 같은 말이다. 중국 고고학도들이 잔존 길이 5m 60㎝, 두께 2.9~5.2㎝ 소나무로 제작한 이 목선을 발견한 시점은 2002년 11월이었다. 비봉리 통나무배보다 몇 년 더 일찍 발견한 것이다. 이 목선의 탄소연대 측정 결과는 7천~8천년 전. 비봉리유적의 목선과 거의 같은 시기다.

그림 1 | 콰후자오유지박물관 신석기시대 통나무 배

그런데 2008년, 김해박물관은 또 다른 소식을 전했다. 2004~2005년 비봉리 조사에서 발견한 같은 신석기시대 소나

그림 2 | 창녕 비봉리유적 전경

그림 3 | 창녕 비봉리유적 출토 가래

무로 제작한 통나무배가 1척 더 있다는 내용이었다. 역시 단면 U자형인 또 다른 목선은 내·외부에서 돌도끼로 가공한 흔적이 발견됐고 불로 지진 자국도 드러났다. 현재 남은 크기는 길이 64㎝, 너비 22㎝, 두께 1.2~1.7㎝지만, 1호 비봉리선과 흡사했을 것으로 추정됐다.

비봉리유적은 이들 통나무배뿐만 아니라 신석기시대 생활상을 엿보게 하는 성과를 쏟아냈다. 유적 자체가 한반도에서는 처음으로 확인한 신석기시대 저습지 유적으로서, 망태기라든가 칼모양 목기, 똥이 화석처럼 굳어 생긴 분석糞石, 멧돼지로 추정할 수 있는 동물 그림 등 국내 최고最古, 최초로 기록되는 유물을 다량으로 쏟아낸 것이다. 이런 성과에 힘입어 애초 홍수 예방을 위해 배수장이 들어설 예정이던 비봉리유적은 2007년 8월에는 국가 사적 486호로 지정돼 현장이 보존되기에 이르렀다. 현장은 잔디밭을 조성해 보호 중이다. 통나무배 2척은 보존처리를 거쳐 국립박물관에서 전시 중이다.

이쯤이면 비봉리유적이 그럴 법한 대접을 받았다고 생각할지 모른다. 하지만 같은 8천년 전 신석기시대 목선인 콰후자오 통나무배가 중국에서 받는 대접과 비교해 보면 우리의 얼굴이 화끈거린다고 할 수밖에 없다. 2008년, 중국 당국은 저장성 성도 항저우 시내 중심가에서는 남동쪽으로 1시간 남짓 걸리는 콰후자오유적 현장에 박물관을 지어 개관했다. 이 유적이 샹후라는 호수 바닥에서 발견됐으므로 어떻게 현장에다가 박물관을 짓느냐 되물을지 모른다. 하지만 그들은 지었다. 어떻게? 박물관을 물 속에다 지은 것이다. 이른바 수중박물관을 완공했다. 박물관 이름은 콰후자오유지박물관[跨湖橋遺址博物館]이다.

박물관은 중국에서는 흔한 현장박물관이 그렇듯이 크게 두 구역으로 나뉜다. 하나는 발굴성과를 실제 유물과 사진 동영상 자료 등으로 보여주는 자료관이고, 다른 한 곳은 실제 발굴현장을 전시

그림 4 | 콰후자오유지 수중박물관

하는 유지관遺址館이다. 우리에게 익숙한 박물관은 당연히 자료관이다. 하지만 중국에서는 유적 현장을 보여주는 유지관이 거의 세트를 이루며, 실제 박물관 중심도 현장이다. 발굴이 끝나면 유물을 수거해버리고 박물관 전시실이나 수장고로 옮기는 우리의 문화재 정책과는 판이하기만 하다.

콰후자오박물관 중 자료관은 호수와 육지가 만나는 지점에 배모양으로 만들었다. 그 인근 통나무배가 출토된 호수를 보면 마치 버섯머리모양으로 지붕만 수면 위로 내민 유지관이 있다. 이 유지관이 애지중지하며 마스코트로 내세우는 주인공이 바로 통나무 목선이다. 우리 같으면 유물 훼손 논란이 있을 거라 해서 출토 지점에 해당 유물을 그대로 가져다 놓는 일은 절대 없을 것이지만, 이곳은 다르다. 보존처리를 끝낸 통나무배를 발견될 당시 위치 그대로 놓고 전시 중이다. 이렇게 되니 고고학을 모르는 사람도 통나무배가 지하 어느 지점에서 어떠한 상태로 있었는지를 한눈에 알아볼 수 있다.

현재까지 중국 대륙에서 발견된 선박 중에는 가장 오래됐다 해서 현장 자체를 박물관으로 만들고, 그에서 한발 더 나아가 수중박물관까지 지은 중국을 두고 단순히 "중국은 사회주의 국가니깐, 그리고 항저우와 저장성은 돈이 많은 고장이니깐" 이런 말로만 설명할 수는 없다. 유적으로만 보면 창녕 비봉리유적이 콰후자오유적에 비해 훨씬 풍부한 신석기시대 생활상을 보여준다. 그럼에도 우리는 그런 비봉리유적을 위한 박물관을 짓기는커녕 고작 잔디밭을 조성해 보호하다 겨우 작은 전시관 하나 문을 열었을 뿐이다. 그 내실을 들여다 보면 더욱 처참해, 비봉리유적에 유명세를 안겨다 준 통나무배만 해도 현장엔 없다. 그것과는 전연 관계가 없는 국립중앙박물관 혹은 국립김해박물관에 가 있다. 비봉리를 보려면 김해나 서울을 가야 하는 역설이 빚어지는 중이다.

Ⅲ. 풍납토성엔 없는 풍납토성

그렇다면 풍납토성엔 풍납토성이 있는가? 풍납토성엔 풍납토성이 없다. 비봉리에 비봉리가 없듯이, 풍납토성엔 풍납토성이 없다. 지금의 풍납토성엔 한성도읍기(BC 18~AD 475)에 백제가 쌓은 성벽이라고 '누군가가 주장'하는 흙더미가 대략 2㎞ 남짓한 구간이 길게 남았을 뿐이며, 그 내부 백제 왕궁터 일부가 나왔다고 '누군가가 주장'하는 공원만 있을 뿐이다. 풍납토성 그 어디에도 백제는 없다.

풍납토성 성벽은 바닥 기준으로 너비 43m, 높이로는 9~11m 규모로, 댐을 만들듯이 흙을 한 켜 한 켜 쌓아 만들었다 하지만, 그 흔적이 지금의 풍납토성에는 그 어디에도 없다. 나아가 풍납토성은 1925년 을축년 대홍수에 한강에 인접한 서쪽 성벽이 붕괴하면서, 그 내부에서 청동초두를 비롯한 백제시대 유물이 노출되면서 알려졌다 하지만, 그 흔적도 역시 풍납토성에는 없다. 더불어 1997년 이래 현재에 이르기까지, 풍납토성은 현재 그 내외부에 대한 간단없는 발굴 결과, 무수한 한성도읍기 백제시대에 해당하는 유구遺構와 유물이 출토했고 그에 따라 이곳이 그 시대 백제 왕성이었음이 확실해졌다 하지만, 그런 흔적은 지금의 풍납토성 그 어디에서도 만날 길이 없다.

우리가 찾는 풍납토성은 전연 엉뚱한 곳에 가 있다. 원래는 전체 둘레 3.7㎞에 달했을 것으로 추정하는 성벽은 1997년과 2014~2015년 국립문화재연구소에 의해 두 차례 걸쳐 절개 조사가 있었다. 그 내막은 풍납토성 남쪽 성내천이라는 한강 지류를 사이에 두고 1㎞가량 떨어진 몽촌토성 남쪽 성벽 인근 지점에 근자에 들어선 한성백제박물관 1층 로비에 그 2차 조사 당시 드러난 성벽 단면을 전사轉寫 전시한 데서 겨우 편린을 만날 뿐이다. 이 박물관에는 이 외에도 주로 2000년대 접어들어 풍납토성을 발굴한 성과들을 본다. 그나마 다행이라 하겠지만, 왜 풍납토성을 만나러 우리는 몽촌토성과 한성백제박물관과 올림픽공원으로 가야 하는지에 대한 의문을 풀 수 없다. 왜 이런 풍납토성을 풍납토성 현장에서는 맛볼 수 없다는 말인가?

뿐인가? 풍납토성 존재를 세상에 알린 청동초두를 비롯한 을축년 대홍수기 유물들은 저 먼 서울 용산 국립중앙박물관에 있다. 왜 우리가 풍납토성을 만나러 용산을 가야 한다는 말인가? 더불어 풍납토성은 무수한 발굴성과들을 알렸다. 1997년 1월 6일, 선문대 역사학과 이형구의 제보를 기초로 조선일보 기자 신형준이 르포 기사를 통해 알림으로써 마침내 다시금 세상에 모습을 드러낸 풍납토성은 이후 국립문화재연구소와 한신대학교박물관을 중심으로 하는 조사기관들의 발굴을 통해 이곳이 한성백제 그 핵심 유적임을 증명하는 소식을 정신없이 알렸다. 그 내부 소위 경당연립지구만 해도, 종묘 관련 건축물에도 비견할 만한 건축물 기초가 나왔는가 하면, 왕이 사용했을 법한 목조석축 혼합 우물이 출현했으며, 종래에는 그 사용 여부조차 의심 받는 각종 기와를 다량으로 출토했다. 하지만 그렇게 풍납토성이 쏟아낸 백제의 흔적들은 어디에 있는가? 풍납토성엔 없다.

나는 소위 풍납토성 문제가 사회문제로 한창 대두한 시점인 2001년, 『풍납토성 500년 백제를 깨우다』(김영사)라는 단행본을 냈다. 지금으로부터 16년 전이다. 이에는 당연히 당시의 풍납토성 일대 모습을 곳곳에서 채록해 놓았다. 그때의 풍납토성과 지금의 풍납토성을 비교하면 격세지감이다. 그 책에는 처참한 성벽 현황을 관련 사진을 비롯한 형태로 보고한 대목이 더러 있다. 지금은 말끔히 정비되어, 시민들의 산책 코스 혹은 공원으로 변모한 동벽 일대는 온통 묘목밭이었고, 무허가 파밭이었다. 성벽은 개똥 천지였다. 그 내부 역시 사정은 마찬가지라, 2017년 12월 현재 풍납토성의 자세한 사정은 모르나, 성벽 기준 내부 19만 평에는 4만에 달하는 주민이 거주했다. 남쪽과 한강변 일대로 일부 아파트가 들어서 있기는 했지만, 나머지는 단층주택이었다. 이런 사정이 크게 변했다고는 하기 힘들다. 하지만 풍납토성을 다시금 알린 1997년 현대리버빌지구에만 대규모 아파트 단지가 들어섰을 뿐, 이후 더 이상의 대규모 주택지구 개발은 원천 봉쇄됐다. 예컨대 경당지구와 미래마을지구가 대표하는 아파트 예정지는 논란 끝에 건설 계획이 무산되고, 대신 그 자리는 역사유적공원이 되었다.

풍납토성 주민들이야 어찌 받아들이는지 모르나, 이런 변화상을 줄곧 지켜본 나로서는 그야말로 혁명이다. 1997년 이래 풍납토성이 소위 문화재 보존이냐 개발이냐 하는 논란에 시달릴 때, 그때의 여러 목소리를 나는 기억한다. 주로 개발론자의 시각이기는 했지만, 나아가 지극히 현실론이기는 했지만, 이 넓은 풍납토성을, 더구나 강남 금싸라기 땅에 위치한 풍납토성을 어찌 보존하겠느냐 하는 반론이 적지 않았다. 아니, 아주 컸다. 땅을 다 매입하는데 몇 조 혹은 수십 조가 드니 하는 목소리가 끊이지 않았다. 그렇지만, 그런 우려와 논란을 뒤로 하고 어쩌면 우직하게도 풍납토성은 소위 문화재 보존의 길을 줄기차게 걸었다. 주민들의 개발욕구에 끊임없이 저항하면서, 오늘날의 풍납토성을 있게 한 기관과 그 종사자들을 나는 존경한다. 그때는 불가능하다고 본 풍납토성이 오늘날 이 모습으로(그것이 얼마나 현지 주민들에게 만족감을 주느냐와는 별개로) 변화하기까지 생각보다는 그리 많은 시간이 필요하지는 않았다.

하지만 우리는 언제나 풍납토성 역설을 마주한다. 그 어떤 문화재에 기반을 둔 변화가 지역사회를 만족시킬 수는 없었다. 지난 10여 년간 풍납토성 주변 환경이 적어도 내 눈에는 혁명을 방불할 정도로, 그것도 삶의 질을 개선하는 방향으로 변했다고 보이지만, 여전히 풍납토성을 둘러싼 지역사회에서는 불만들만 터져 나온다.

이런 불만이 혹자는 지역사회가 원하는 것이 부동산 개발이기 때문이라고 한다. 더 간단히 말하면 개발을 통한 지가地價 상승을 바란다고 한다. 그와는 조금 다른 목소리가 있다는 말도 있다. 문화재 보호를 위해 희생당한 정당한 보상에 대한 요구라는 말도 들린다. 그 일환으로 예컨대 대토代土를 요구하는 목소리도 있다고 듣기도 한 듯하며, 풍납토성을 포기하는 대신 다른 곳으로의 이주를 요구하는 요구도 있었다고 들은 것도 같다.

문화재 당국자들이 보기에는 이 정도 변화라면, 지역사회가 어느 정도 만족하면서, 기다려줄 만도 하겠지만, 간단히 말하면 그 어떤 시도도 실패했다. 제아무리 성벽 주변 일대와 내부 발굴지역을 중심으로 헤서, 이런 지역들이 인근 지역 올림픽공원에 견줄 만한 시민공원으로 변모했다고 해도, 여전히 풍납토성 지역사회는 주리다고 아우성이다. 이를 무마하고자 문화재청이 대표하는 중앙정부와 서울시 및 송파구청을 중심으로 하는 지방자치단체가 다양한 대책들을 내놓기는 했다. 하지만 그 어떤 시도도 지역사회를 만족시키는 데 실패했다. 그에 대해 나는 비관적이다. 그 어떤 대책도 문화재를 지키는 일에 주안점을 두는 한 지역사회를 만족시키지 못할 것이라고 본다. 무엇보다 지역사회는 문화재 보호를 빌미로 그들이 일방적인 희생을 강요당한다고 생각하기 때문이다.

Ⅳ. 레미콘공장을 둘러싼 법정공방

풍납토성은 여러 모로 21세기 한국 문화재판의 문제를 응축한 도가니다. 근자에 일어난 이런 사례를 우리는 또 한 번 목격했다. 이른바 삼표레미콘 부지 사태가 그것이다. 대전고법 제1행정부(부장판사 허용석)는 2017년 11월 2일, 삼표산업이 국토교통부를 상대로 낸 사업인정고시 취소 소송 항소심에서 '제1심 판결을 취소한다'며 원고 패소 판결했다. 1심 판결을 뒤집었다. 이로써 풍납토성을 점유한 레미콘 업체에 맞서 문화재 보존을 위해서는 이 업체가 다른 곳으로 이전해야 한다는 정부가 일단 유리한 고지를 점령했다. 레미콘 업체 손을 들어준 1심 판결과 달리 항소심은 이를 뒤집고 정부 손을 들어줬기 때문이다. 대법원 확정 판결이 어떻게 나든, 이를 둘러싼 법정공방은 풍납토성의 앞날은 물론이고, 유사한 문제에 봉착한 다른 문화재 현장들의 앞날도 결정할 시금석과 같다.

중앙정부 기관인 문화재청과 광역자치단체인 서울시, 그리고 풍납토성 소재지 기초자치단체인 송파구는 지하에 문화재가 묻힌 것으로 추정되는 삼표산업 풍납레미콘공장 이전을 추진했다. 하지만 삼표산업이 이를 거부하자 송파구는 공장 부지를 강제 수용하는 절차에 나섰고, 국토교통부 역시 2016년 2월에 이를 승인했다. 그렇게 되자 삼표산업은 "서울 풍납토성 복원 · 정비 사업의 사업인정고시를 취소하라"며 국토교통부를 상대로 소송을 제기했다. 그 결과 지난 1월 선고한 1심은 삼표산업 편을 들었다. 삼표산업은 "공장 부지에 풍납토성 성벽이나 성곽 등 존재를 확인한 후 사적 지정처분을 해야 하지만 사전 유구遺構 조사 등 문화재보호법에서 정한 절차를 준수하지 않았다"며 "공장을 이전시킬 목적에서 비롯된 표적 수용의 성격을 띠고 있다"고 반발한 것이다. 그에 대해 1심 재판부는 "풍납토성 서성벽이 존재할 가능성이 없어 풍납토성 내 레미콘공장을 이전할 필요가 없다"며 업체 손을 들어줬다. 하지만 국토부가 항소했고, 항소심에서는 뒤집힌 판결이 나온 것이다.

2심 재판부는 "풍납토성 전체 복원 정비 사업의 핵심권역인 수용대상 부지에 성벽 등이 존재하였을 것으로 추정하는 것이 합리적"이라며 "성벽 등이 수용 대상 부지를 관통하지 않았더라도 풍납토성의 전체 형태 등에 비추어 성벽 등 시설에 매우 근접한 위치일 것으로 추정된다"고 판시했다. 그러면서 "성벽 등의 복원 · 정비를 위해서는 수용대상이 될 수밖에 없다"며 "원고 등에게 발생하는 사익 침해의 정도가 문화재 등의 가치를 보호하는 공익에 비춰 크다고 보기 어렵다"고 덧붙였다.

이번 법정공방에 사실 정부가 안이하게 대응한 측면도 없지 않다. 당연히 정부가 이길 것으로 판단했기 때문이다. 하지만 이는 오판이었다. 레미콘공장 부지 일대에 성벽을 비롯한 백제시대 문화층 존재는 적어도 이 분야에서는 이론의 여지가 없는 것으로 인정됐지만, 그런 추정, 혹은 확신이 1심 재판부에서는 통용되지 않은 것이다. 1심 판결에 놀란 정부 기관들은 뒤늦게 강력한 대응에 나섰으며, 급기야 한국고고학회를 비롯한 학술단체들과 곧이어 진행한 공장 부지 주변 일대에 대한 고고학 발굴성과를 보강해 겨우 1심 판결을 뒤집을 수 있었다.

그런 점에서 2심 판결을 코앞에 두고 진행한 풍납토성 발굴결과는 여러 모로 주목을 요한다. 국립강화문화재연구소와 송파구청이 시행한 조사 결과 레미콘공장 남쪽에 있는 풍납동 310번지에서 사라진 성벽과 석축 시설, 문이 있던 터인 문지門址로 추정되는 유구遺構가 발견된 것이다. 이로써 서성벽이 레미콘공장을 관통할 가능성이 매우 크고, 기존에 학계가 예상한 곳보다 성벽이 3m 정도 서쪽에 있다는 사실이 아울러 드러났다. 2심 법원은 정부가 공장 부지에서 문화재를 보존하고 관리하는 것이 아니라, 인공문화환경을 조성하려 한다는 삼표산업 주장도 받아들이지 않았다. 서성벽 원형이 발견되지 않았더라도 조사와 발굴 활동을 통해 이를 추정하고 복원하는 작업도 문화재 보존의 일환으로 파악한 것이다. 이 발굴성과를 2심 법원도 눈여겨봤음이 분명하다. 그 판결문에 "(성벽)구조가 명확하게 확인되지는 않았으나, 서성벽이 과거에 존재했을 가능성은 충분히 인정된다"고 했기 때문이다.

앞서 문화재청은 2014년 12월에는 풍납토성 토지를 전부 매입하는 대신, 핵심 지역에서만 주민 이주를 추진하고, 나머지 구역은 문화재와 주민이 상생하는 도시를 만든다는 계획을 수립했다. 핵심 지역은 왕궁이 있을 것으로 추정되는 중앙부와 서쪽 · 남쪽 · 동쪽의 성벽이 지나는 구간이다. 레미콘공장도 핵심 지역에 포함된 것이다.

이번 사태는 문화재 정책이 언제든지 이해당사자를 넘어 법정으로 갈 수도 있음을 새삼스럽게 보여준 사건이다. 우리는 이미 그런 심각한 장면을 설악산 오색케이블카 사건에서 여실히 봤다. 명승 보호를 이유로 문화재청이 문화재위원회 심의를 거쳐 결정한 케이블카 설치 불허 방침에 반발해, 그것을 추진한 양양군은 이 사건을 행정심판으로 끌고 가 뒤집어버린 것이다. 물론 문화재 정책을 둘러싼 법정공방이 어제 오늘의 일은 아니다. 하지만 분명한 것은 앞으로는 그런 일이 더욱 빈발할 것이라는 사실이다. 더구나 이해관계가 첨예한 풍납토성임에랴?

V. 개발 압력을 무마하려는 시도들

이와 같은 사태들 전개에 즈음해 그런 분쟁을 완화 혹은 완충하려는 각종 제도 정비도 아울러 진행됐다. 이런 조치들은 무엇보다 개발 압력이 거세짐에 따른 주민 달래기 차원이라는 목적을 표방했지만, 이조차 적지 않은 우여곡절을 겪게 된다. 근자에 진행된 조치들만 주요한 것을 뽑아보면, 예컨대 서울시는 2000년 7월 개정한 도시계획조례에 따라 풍납토성 내부에 대해서는 문화자원보존지구로 지정해 지하 2m 이하 굴착을 수반하는 공사로 4층 이하, 20m 높이 이하 건축물 이 외의 건축에 대한 제한을 할 수 있도록 했다.

더불어 문화재위원회와 문화재청은 풍납토성 내부와 주변에 대해 지하 2m 이내, 지상 15m(4층 규모 해당) 이하 소규모 건축은 허용하기로 했다. 이 결정은 풍납토성 안쪽 전체와 그 주변 100m 이내 지역에 적용됐다. 또 이 구역 안에 있는 기존 건물의 증·개축은 그 건물이 15m 이하이면 15m까지, 15m 이상이면 기존 높이 안에서만 가능토록 했다.

하지만 소규모 건축이라도 국립문화재연구소를 비롯한 문화재 전문 공인기관이 지켜보는 가운데 터파기 공사를 해야 하며, 유구나 유물이 확인되면 건축은 금지됐다. 이에 따라 풍납토성 일대는 사실상 대규모 아파트 건축이 불가능해졌다. 비록 한창 검토 끝에 무산되기는 했지만 풍납토성을 본보기로 삼아 문화유산 토지 보전 대안으로 용적률거래제가 나온 시점도 이 무렵이다.

이와 관련해 가장 주목할 만한 일로는 2015년 1월 8일 문화재청이 변경 · 시행하기 시작한 '풍납토성 보존 · 관리 및 활용 기본계획'이 있다. 이는 풍납토성 건축 규제를 완화해 이주 · 토지보상은 Ⅱ권역만으로 한정하고, Ⅲ권역은 건물 높이를 최고 15m에서 21m로 상향조정한다는 내용이 골자다. 이는 풍납토성 내부 주민 전체를 외부로 이주케 하는 기존 정책 기조를 바꾼다는 의미가 있다.

계획에 따르면 문화재 지정을 통한 토지보상 권역은 현행 Ⅱ · Ⅲ권역에서 Ⅱ권역만으로 조정하고, Ⅲ권역에 대해서는 건축물 규제 높이를 현재의 15m에서 서울특별시 도시계획조례와 일치하는 21m로 상향한다. 이전까지 풍납토성에 대해서는 왕궁터 추정지역인 Ⅱ권역과 기타 백제문화층 유존遺存지역인 Ⅲ권역 모두에 대해 토지매도 · 보상 신청을 받아 사적으로 지정하고 연차적인 보상을 했지만, 앞으로는 핵심권역인 Ⅱ권역만 문화재로 지정 · 보상하게 된다는 것이다. 다만, Ⅱ권역 주민이 아니라고 하더라도 현재 토지보상을 신청한 대기자는 권역에 상관없이 보상을 받도록 했다. 문화재청은 이 계획이 최고 15m로 제한된 Ⅲ권역 건축높이를 서울특별시 도시계획조례가 말하는 21m를 따르도록 함으로써 도시계획과의 불일치에 따른 주민들의 불편을 해소할 수 있을 것으로 기대했다.

나아가 건축행위에 따른 Ⅲ권역의 역사문화환경은 현상변경 허가제도를 통해 관리해 나가도록 하며, 매장유구를 엄격히 보호하기 위해 대지면적 792㎡ 이하일 때는 현행과 같이 국가에서 지하 2m 이내로 시굴조사를 수행하고, 792㎡를 초과할 경우에는 '매장문화재 보호 및 조사에 관한 법률'에 따라 사업시행자가 시굴과 발굴조사를 시행토록 했다. 이런 변경 조치가 문화재청은 불가피했다고 말한다. 현재와 같이 풍납토성 Ⅱ · Ⅲ권역 전체를 문화재로 지정해 토지 보상을 실시하면 현재의 예산규모(2014년 기준 연 500억 원)로는 풍납토성 전체를 매입하는 데는 약 2조 원(보상기간 약 40년)이 소요되고, 보상완료 후에도 풍납토성의 명확한 성격규명을 위한 발굴조사에 50년 이상

걸릴 것으로 예상된다는 것이었다.

이런 계획을 확정하는 과정에서 문화재청은 풍납동 주민대표, 문화재 전문가 등으로 2011년 9월 조직한 '풍납토성 보존관리 소위원회'에서 12차례 심도 있는 논의와 문화재위원회의 심의(2회)를 거쳐 결정된 사안임을 강조했다. 이는 말할 것도 없이 혹 있을지도 모를 서울시의 반발을 고려한 것이다.

하지만 이런 방침에 역시나 서울시에서는 격렬히 반대하고 나섰다. 문화재청 방침이 선택과 집중을 통한 핵심 문화재 분포지역 우선 살리기를 표방하고자 했다면, 서울시는 특단의 재원 대책 마련을 통한 단기간의 좀 더 포괄적인 문화재 구역 조기 보상을 주장하고 나선 것이다. 서울시는 문화재청의 이런 발표가 서울시와 합의되지 않은 일방적인 계획안이라며, Ⅱ권역뿐만 아니라 Ⅲ권역 또한 3~5년 내에 조기보상을 마무리할 수 있는 특단의 재원 대책을 마련해야 한다고 맞섰다.

그렇다면 서울시의 복안은 무엇이었을까? 서울시는 완전한 매입을 위해 서울시 분담분의 부담을 다하기 위해 지방채 발행을 포함한 보상책 마련에 적극적으로 협조할 계획이라고 말했다. 서울시에 따르면 문화재청 계획대로 추가적인 재원대책 없이 보상권역을 기존 Ⅱ · Ⅲ권역에서 Ⅱ권역으로 축소한다고 해도 보상기간 단축 효과가 미흡해 20년이 지난 후에나 보상이 끝나고 발굴정비가 가능하다. 이렇게 되면 주민들도 경우에 따라서는 20년 이상을 기다려야 하는 상황이며, 따라서 Ⅱ권역 우선 해결이라는 발표 내용은 실상과 다르다는 것이다.

나아가 문화재청이 Ⅲ권역 전체를 보상에서 제외하고 15m 건축높이 제한을 서울시 도시계획조례(2종, 7층 21m)와 일치시켜 주민불편을 해소한다는 명분을 내세우지만, 이는 최소한의 문화재 보호 원칙과 기준을 결여한 조치이며, Ⅲ권역에서 사실상 이러한 규제완화가 가능한 지역은 극히 일부분인 5%에 불과하다고 맞섰다. 서울시는 풍납토성은 지반이 연약한 하천퇴적층이므로 지하 2m 이내 굴착 제한을 유지하면서 7층을 건축할 경우에 지내압으로 인한 지하 유적층 훼손 개연성에 대한 검토가 필요하다는 의견도 냈다.

이런 주장에 맞서 문화재청도 반박 논리를 냈다. 문화재청은 서울시가 말하는 대로 특단의 대책이 없으면 현실적으로 Ⅱ · Ⅲ권역 모두를 단기간에 토지보상한다는 것은 불가능하다고 하면서, Ⅲ권역을 마치 문화재청이 문화재 보존을 포기한 것처럼 말하지만 이 또한 실상과 전연 다르다는 것이었다. 그들에 의하면 Ⅲ권역 건축물 허가높이를 21m로 높인다 해서 모든 건축물이 이 높이로 들어선다거나, 더구나 그렇기 때문에 Ⅲ권역 지하 매장 문화재가 파괴될 것이라는 생각은 잘못이라는 것이다. 문화재위원회 심의 등을 통해 개별 건축물 높이는 얼마든 제한할 수 있다고 반발했다. 예컨대 성벽과 인접지점에 문화재위원회가 7층 높이 아파트를 허가할 수는 없다는 것이다.

풍납토성은 1963년 1월 사적 지정 당시, 성곽이 남아있는 지역만 문화재로 지정하고 그 내부는 지정대상에서 제외함으로써 70년대 이래 대규모 개발이 이뤄져 2017년 11월 현재, 내부 기준으로 1만8천여 세대 약 4만8천명이 거주하는 대규모 도심지로 변모했다. 그러다가 1996년 내부 아파트 건설 예정지에서 이곳이 한성도읍기 백제왕성인 하남위례성임을 뒷받침하는 고고학적 발굴성과가 나오면서 문화재 관리 정책이 급변한다.

이에 문화재청은 2000년 이래, 풍납토성 내부를 6개 권역으로 나누어 권역별 관리지침을 정해 보존관리 정책을 시행 중이었다. Ⅰ권역은 이미 토지보상과 정비가 끝난 사적 구역이라 절대 보존 지역이며, Ⅱ권역은 왕궁 집중 분포 예상지다. Ⅲ권역은 기타 중요한 백제시대 유적이 분포할 것으로 예상하는 지역이다. 이에 따라 문화재청과 서울시는 매년 7대 3 비율(350억 대 150억)로 500억원을 투입해 Ⅱ·Ⅲ권역에 대한 토지보상을 실시 중이었다. 하지만 이런 계획에 따르면 Ⅱ·Ⅲ권역 보상을 끝내는 데는 40년이 걸리는데다, 토지보상을 기다리는 주민이 많아 주민 불만과 민원이 잇따르는 실정이었다. 문화재청은 이런 계획 변경을 통해 향후 15년 안에 Ⅱ권역만이라도 우선적으로 매입을 완료할 수 있으며 그만큼 주민 불만을 누그러뜨릴 수 있다고 기대한 것이다. 그에 맞서 서울시는 Ⅱ·Ⅲ권역 전체 구역을 지방채를 발행해서라도 3~5년 안에 토지매입을 완료하자는 생각이다. 공방 끝에 이 계획안은 문화재청 안대로 현재 진행 중인 것으로 안다.

제도정비와 더불어 발굴조사 또한 장기조사 체제로 전환됐다. 그 일환으로 국립문화재연구소는 2005년 3월 '풍납토성조사단'을 출범해 이곳 장기조사를 위한 발판을 마련했다. 초유의 발굴현장 훼손 사태를 빚은 경당지구도 제반 여건이 한결 좋아져 2008년 이후 한신대학교박물관이 재조사에 착수해 석곽과 목곽을 혼합한 백제시대 우물을 발굴하고 그에서 백제토기만 215점을 수습하는 개가를 올리기도 했다. 성벽 절개 조사 또한 다시 벌여 언론의 주목을 다시 받기도 했다. 나아가 발굴성과에 대한 정리와 소개 움직임도 활발해 적지 않은 보고서가 발간되었는가 하면 풍납토성 조사단들인 국립문화재연구소와 한신대학교박물관, 그리고 국립중앙박물관과 서울역사박물관 등지에서 관련 특별전도 잇따라 개최됐다.

더불어 주변 정비 사업에도 착수했다. 예컨대 서울시는 풍납토성 주변 불법노점 정비를 대대적으로 벌여 2007년 완료하기도 했다. 이런 움직임들에 힘입어 앞서 말한 풍납토성 일대는 격세지감, 혹은 상전벽해라 할 만큼 변모했다. 성벽을 난립한 채소밭이나 묘목장은 전부 철거되고, 그 바깥을 따라 넓은 잔디밭과 산책로가 조성됐다. 문제의 경당지구도 역사공원 조성 방침이 확정됐다. 곧이어 한성백제박물관도 개관했다.

이런 제반 정비에 따라 동벽 외곽 지점 동산·대진연립 재건축 부지에서 백제시대 나무곽 우물이 발견되고 그 안에서 각종 생활유물이 수습되기도 했다. 이는 풍납토성 외곽 인접 지점에서 발견된 첫 유적이라는 점에서 많은 주목을 받은 일도 있다.

VI. 지속가능한 풍납토성 개발

풍납토성을 삶의 무대로 살아가는 사람들, 더욱 엄격히 범위를 좁히면 이곳에 부동산을 보유한 사람들이 되겠지만, 문화재 보호를 앞세운 그 어떤 건축규제 완화도, 그것이 완전한 철폐가 아닌 이상 달가워하지 않을 것으로 본다. 그들이 원하는 것은 아마도 자유로운 개발일지도 모른다. 그렇지만 비단 풍납토성 같은 문화재 지역이 아니라 해도, 건축 규제가 없는 곳은 대한민국에서, 아마도 지구상 어디에도 없다. 각종 규제가 작동하기 마련이다. 다만 풍납토성 주민들이 느끼는 오직 유일한 걸림돌이 문화재라는 데 문제의 심각성이 있다. 문화재 지역이 아닌 곳에서도 고도제한이며, 그린벨트며 하는 제한이 있을 수밖에 없다는 논리로는 지역사회를 설득할 수는 없는 노릇이며, 그것이 먹힐 리도 없다. 그렇다고 문화재 가치를 모르는 사람들이라고 지역사회를 우롱할 수도 없다.

나는 앞에서 풍납토성을 '개발'하자고 주장했다. 하지만 그것이 무분별한 개발일 수는 없는 노릇이다. 풍납토성이 한성도읍기, 어쩌면 그 500년에 달하는 시대를 암흑에서 건져내는 비밀을 품은 문화자산이라는 사실도 부인할 수 없다. 그 어떤 경우에도 이를 포기하고는 풍납동 현지 지역사회가 그토록 부러워하고, 그래서 이름까지 한때 따라 바꾸려한 인근 잠실동 아파트 단지처럼 만들 수도 없는 노릇이다.

말할 것도 없이 내가 말하고자 하는 개발은 '지속가능한 개발'이다. 그것이 어떤 개발이건 그것이 백제를 희생한 대가일 수는 없다. 지속은 문화재의 지속이며, 개발 역시 그 대상이 문화재다. 그렇다고 이곳을 터진으로 삼은 사람들을 무시하자는 뜻은 결코 아니다. 문화재 정책 당국자들이 볼 때는, 풍납토성은 문화재가 있기 때문에 이만큼이라도 삶의 환경이 '놀랍도록' 변화한 것이 아닌가 하겠지만(나 역시 그런 사람 중 한 명임을 고백한다), 지역 연고권을 주장하는 현지주민 어느 누구도 그래서 고맙다는 말을 한 적이 없다. 언제나 풍납토성 일대에서 문화재 혹은 백제는 붕괴시키고 말아야 할 괴물로 통용한다. 이것이 풍납동이 처한 역설이다.

그렇다면 풍납토성은 제대로 개발되었는가? 전연 그러지 못한 상태라는 것이 내 판단이다. 그 개발 대상은 백제 혹은 문화재여야 하지만, 이것이 제대로 개발된 적은 없다. 혹자는 묘목밭과 파밭이 사라진 동쪽 성벽 구간과 발굴조사 결과 유적이 보존되고 공원으로 조성된 미래마을지구와 경당지구, 그리고 옛 외환은행 합숙소 부지 일대를 들겠지만, 이들 그 어디에도 정작 백제가 없는 역설이 빚어지고 있다. 백제는 지하 4m에 잠들어 있다. 그것을 발굴이라는 이름으로 곳곳에서 칼을 찔러 깨웠지만, 깨우고선 그 복장을 헤집어 보물만 꺼내고선 복개수술을 해놓은 상태에 지나지 않는다. 그래서 풍납토성엔 백제가 없다고 나는 말한다. 묻는다. 풍납토성 그 어디에 백제가 있고 온조왕이 있다는 말인가?

지금은 밋밋한 흙 둔덕이지만, 두 번이나 배를 가른 풍납토성 성벽은 압도적 위용을 자랑했다. 그 갈라낸 모습은 유감스럽게도 풍납토성 현지에는 없다. 이에서 남쪽으로 1㎞ 남짓한 올림픽공원 내 몽촌토성 남쪽 성벽 인접 지점에 위치한 한성백제박물관으로 가서야 겨우 그 편린을 볼 뿐이다. 이에는 두 번째로 동쪽 성벽을 가른 다음, 그 단면을 전사한 성벽이 있다.

성벽만이 아니다. 풍납토성 곳곳을 파서 나온 백제의 흔적들은 이곳 한성백제박물관과 조사단들인 국립문화재연구소와 한신대박물관 등지에 흩어져 있다. 한성백제박물관만 해도 서울시가 그 건립을 추진하던 무렵, 현재의 자리가 아니라 풍납토성 주변 일대, 구체적으로는 삼표레미콘 주차장 부지에 세워야 한다는 반론도 적지 않았지만, 현실적인 여러 이유로 엉뚱한 곳으로 가고 말았다.

외환은행 합숙소 부지가 보존 결정되고, 정부가 이를 매입하자, 그 활용방안을 두고 많은 말이 있었고, 그 일환으로 이곳을 풍납토성박물관으로 탈바꿈시켜야 한다는 목소리가 제법 높았던 적이 있다. 하지만, 전연 엉뚱하게도 이 합숙소 부지는 영어마을이 들어서고 말았다. 그 활용방안을 두고 여러 말이 오갈 때, 영어마을을 환영한 목소리도 없지는 않았다고 기억한다. 하지만 막상 이 영어마을이 들어서고 운영에 들어가자, 그것이 지역사회에 초래한 변화는 극히 미미했다고 안다. 영어마을 조성 붐을 타고 풍납토성까지 그것이 치고 들어올 때만 해도 그것이 지역경제 활성화에 어느 정도 도움이 되지 않을까 하는 기대가 있었겠지만, 영어마을 자체가 급격히 동력을 상실했다. 백제가 들어갔어야 할 외환은행 합숙소 부지엔 백제를 밀어낸 영어가 들어 앉았다.

나는 풍납토성 곳곳에서 지하에 잠든 백제를 깨우는 개발이 진행되어야 한다고 본다. 백제의 가치를 구현하는 방향이라면 그 개발은 '무자비'하게 진행되어도 좋다고 나는 생각한다.

돌이켜 보면 풍납토성은 적어도 문화재 업계에선 그 롤 모델이 몽촌토성이 아니었나 생각해본다. 몽촌토성 모델이란 무엇인가? 간단히 정의하면 '공터주의' '잔디밭주의'다. 이를 위해 문화재보호구역 안에서 주민들은 몰아내고 가옥은 철거하며 잔디를 심는다, 이것이 어쩌면 몽촌토성만이 아니라 한국 문화재 현장을 지배하는 가장 이상적인 문화재 보존정책의 롤 모델이다.

그에 따라 사적 지정 같은 방식을 통해 정비된 문화재 현장은 곳곳이 제2의 몽촌토성 아류로 전락했다. 저 멀리 충북 청주 정북동토성은 그 내부 주민들을 몰아내고 성벽에 들이찬 아름드리 수풀은 베어져 지금은 황량한 벌판으로 변하고 말았다. 골프장이라 불러도 무방할 현장이 되어 버리고 만 것이다. 몽촌토성은 그것이 올림픽공원 일부만 아니라면, 그리고 천만 인구를 거느린 서울이 아니었다면 일찌감치 정북동토성처럼 변하고 말았을 것이다.

이 몽촌토성식 문화재 보존 방식을 칭찬한다. 하지만 아무도 그곳이 몽촌토성인 줄을 모른다. 그곳이 왜 보존되었고, 왜 중요한지를 알 수 있는 데가 없다. 몽촌토성은 아무도 기억하지 못한 채, 그 내부 구역 넓은 잔디밭 한가운데 우뚝 선 나무 한 그루만 언제나 사람들로 북적인다. 수종이 일본향나무인지, 측백나무인지 나는 잘 모르는 그 나무가 하도 유명해 '나홀로나무'니 '왕따나무'니 하고 불리며 사람들을 불러 모으는 중이다. 몽촌토성은 몰라도 왕따나무는 아는 희대의 촌극이 빚어지는 것이다.

몽촌토성이 그 자체 올림픽공원 일부로서 시민의 휴식공간으로 활용된다는 점에서는 나 역시 이의를 달 수는 없다. 하지만, 그것을 있게 한 원인이 망각된 채 그렇게만 기억된다는 사실을 용납할 수는 없다. 지금의 풍납토성 관리 방식 역시 이러한 몽촌토성과 견주어 하등 다른 점이 무엇인지 묻지 않을 수 없다.

몽촌토성을 있게 한 백제를 개발해야 하듯이, 그 모성母城에 해당하는 풍납토성 역시 그런 개발이 이뤄져야 한다. 이를 위해 무엇보다 풍납토성과 백제에 초점을 맞춘 현장 박물관이 필요하다. 하지만 이런 현장 박물관이 여타 유적 전문박물관 같은 방식으로 건설될 수는 없다. 유적이 있는 곳을 피해 그 외곽으로 벗어나는 박물관 건립 운영방식은 실상 일본에서 유래한 것으로, 전근대적이다. 현장 박물관은 말 그대로 현장에 그대로 건립되어야 한다.

영어마을로 전용 중인 외환은행 합숙소 부지는 하루 빨리 풍납토성박물관으로 새 삶을 얻어야 한다. 기존 건물은 박물관에 맞게 리모델링하고, 90년대 발굴 조사를 통해 드러난 부지 내 백제 유적은 발굴조사를 거쳐 그 현장을 그대로 보여주어야 한다.

그 거대한 성벽은 두 번에 걸쳐 팠다 했지만, 나는 지금도 왜 성벽을 절개했는지 이유를 모른다. 발굴조사단은 축조 방식과 축조 시기 해명을 내세웠지만, 단순히 이런 조사를 위해 멀쩡한 성벽을 파제낄 수는 없는 노릇이다. 멀쩡한 사람 뱃속을 그 안이 궁금하다 해서 잘라 볼 수는 없는 노릇 아닌가? 이를 통해 설혹 소기한 목적을 달성했다 하자. 그래서 규모를 알아내고 축조시기도 짐작 가능해졌다 하자. So what? 현장을 보여주어야 할 것 아닌가?

종래와 같은 판에 박힌 학술발굴조사는 더는 필요하지 않다. 성벽은 속내를 드러내야 한다. 조사를 끝내고 다시 원상처럼 흙으로 덮는 것이 능사인 줄로 아는 종래의 문화재 정책 당국자의 생각은 하루 속히 혁파되어야 한다. 두 군데를 자른 성벽은 조사 결과 축조방식과 축조시기에서도 적지 않은 차이를 노출했다. 나는 팠다가 도로 묻은 이 두 군데 성벽을 이제는 노출해서 전시시설을 하고 보여주어야 한다고 본다. 실제 1999년 성벽 발굴 때는 그런 말이 없었지만, 2014~2015년 성벽 발굴에서는 현장 전시 이야기까지 분명히 나왔다고 기억한다. 하지만 조사가 끝나기가 무섭게 도로 덮고 말았다. 묻는다. 도대체 뭣하러 성벽을 파제꼈던가?

미래마을지구가 한창 발굴되던 중 무수한 기와를 비롯한 건축자재와 토기를 다량으로 매납한 구덩이 유적이 발굴된 적이 있다. 이 구덩이 하나에서만 출토된 기와 분량만 해도 500박스가량이나 되었다고 기억한다. 나는 이 구덩이가 한창 노출되었을 적에, 발굴단에 다른 곳은 몰라도 이 기와 구덩이만큼은 유물을 수거하지 말고, 현장에 그대로 두었으면 한다는 말을 했다. 지금 당장 전시는 하지 못하더라도, 현장 전시관이 들어설 때는 대비해 이곳은 풍납토성 실상을 보여주기에 안성맞춤이니 우선은 현장을 그대로 두자 했다. 하지만 그 구덩이는 이내 유물들을 몽땅 덜어내고는 빈 껍데기가 되고 말았다. 이유는 첫째, 유물을 방치할 수 없고, 둘째, 이걸 걷어내지 않으면 그 아래층위 조사가 불가능하기 때문이라는 것이었다. 하지만 아래에 무엇이 있는지를 알고자 유적을 판다는 말인가? 이런 조사 우선주의 전통이 한국고고학 발굴현장에는 지독한 생명력을 자랑한다. 단언하지만 이런 조사 자세야말로 유적 파괴를 부르는 주범이다.

흔히 고고학도들은 "발굴은 파괴"라는 말을 주문처럼 되뇐다. 한 번 조사된 유적은 그 자체 파괴일 수밖에 없으므로, 그만큼 조사를 신중히 해야 한다는 좋은 뜻이라는 거 잘 안다. 하지만 나는 결코 "발굴은 파괴"라는 말에 동의할 수 없다. 실제 유적을 파괴하는 주범은 고고학도들의 과도한 조사 욕심이지 결코 조사 행위 자체가 아니다. 따라서 저 말은 조사라는 명목으로 무수하게 자행한 파괴에 대한 고고학도들의 변명에 지나지 않는다. 조사를 통해 드러난 유적은 일단 걷어내고 해체하고 봐야 직성이 풀린다는 주의主義야말로 한국고고학 현장에서 박멸해야 할 때다.

모든 고고학 현장이 전시용은 아니다. 조사를 끝낸 유적 대부분이 다시 덮거나, 혹은 해체하거나 하는 운명을 맞는다. 보존이라 해도, 현장 보존도 있고, 이전 복원도 있다. 그만큼 보존방식은 다양하다. 하지만 이런 다양한 보존 형태 중에서도 '개발' 영역에 속하는 것은 얼마 되지 않는다. 나는 이 보존에서 더 많은 개발의 손길이 미쳐야 한다고 본다.

풍납토성을 보면, 앞서 말한 성벽 말고도 내부 소위 왕궁 밀집 지역이라는 곳이 대규모로 발굴됐다. 경당지구와 미래마을지구가 대표적인 곳이니, 기와더미는 후자에서 드러난 것이다. 하지만 미래마을지구에서는 이 외에도 대규모 창고 건물지가 드러나고, 도로 유적도 상당 부분 나타났다. 이들은 조사 완료와 더불어 덮고 말았다. 현재는 잔디밭 밑에, 운동기구 밑에 깔려 있다. 현재의 지표에는 그것들이 있었다는 흔적만 표시되어 있을 뿐이다.

경당지구는 미래마을지구보다 유구 밀집도가 훨씬 더 높다. 이곳에는 풍납토성을 일약 왕성의 지위로 끌어올린 44호 건물지를 필두로, 근자 재발굴에서는 왕이 사용한 우물이라 해서 왕정王井이라 이름 붙인 유적도 드러났다. 44호 건물지는 인근 주택 밀집 지역으로 범위가 확정되는 바람에 온전한 규모를 확인하지 못했지만 그 규모와 독특한 구조로 인해 종묘 같은 시설에 비견되기도 한다. 우물은 그 압도적인 규모가 놀랍고, 또한 구조 역시 아래쪽에는 방형 목곽으로 쌓고 그 위에는 원형에 가까운 석축으로 했다는 점이 이채롭다. 그 안에서는 200여 점에 달하는 백제토기가, 그것도 주둥이 부분이 일부러 깨진 상태로 무더기로 발견됐다.

하지만 이런 흔적들은 조사가 끝난 지금은 그 어디에서도 모습을 볼 수가 없다. 전시해도 좋을 만한 것들은 이제는 지하에서 구출해 보여주어야 한다. 더구나 백제시대 그것은 지상에 노출되거나, 지표에서 연결된 흔적들이다. 왜 세월이 묻어버린 그 백제의 유산들을 도로 끌어 묻어야 한다는 말인가? 노출 전시를 하는 방향으로 풍납토성은 개발이 급속도로 진행되어야만 한다.

조사하고 보물만 끄집어내고는 도로 흙으로 덮어 잔디 심는 일은 이젠 그만 했으면 싶다. 그런 건 몽촌토성 하나로 족하다. 풍납토성이 신라단지가 된 경주가 그랬듯이 백제단지가 되지 말라는 법 있는가? 풍납토성 지역사회가 백제가 있어 조금은 더 품격 있는 도시지구로 변모했으면 하는 마음 간절하다.

백제왕성
서울 풍납동 토성의
현재와 미래

Present and Future
of Baekje Royal Fortress in Pungnap-dong, Seoul

제3부 총평

노중국 계명대학교 명예교수

김도형 동북아역사재단 이사장 · 전 서울역사도시서울위원회 위원장

총평 3 - 1 / 노중국(계명대학교 명예교수)

오늘 '2017 백제왕성 풍납토성 발굴조사 20주년 기념 국제학술회의'에서 '백제왕성 풍납토성의 현재와 미래'라는 주제를 가지고 13분이 발표해주셨습니다. 제가 맡은 부분은 제3부입니다. 자료집을 봤을 때, 제1부, 제2부, 제3부 중에서 결국은 이번 학술회의의 제일 핵심은 제3부가 아닌가 생각했습니다. 제1부는 '풍납토성을 어떻게 조사하고 연구했느냐' 하는 부분입니다. 제2부에서는 '신라라 등 주변 나라들이 유산을 어떻게 발굴 · 보존 · 활용하고 있는가' 하는 사례를 제시해줬습니다. 제3부는 이러한 것을 다시 종합해서 '우리가 풍납토성을 어떻게 보존하고, 관리하고, 앞으로 어떻게 향유하고, 활용한 것이냐' 하는 점에 초점이 맞춰지니 이게 제일 핵심이 아닌가 저 스스로 그렇게 생각해봤습니다.

네 분 중 두 분에 대해서는 김도형 동북아역사재단 이사장님께서 말씀해주셨기 때문에 저는 앞의 두 분에 대해서 간단하게 이야기하고, 어느 면에서는 종합적인 측면에서 몇 가지 제언의 말씀을 드리고자 합니다.

이형구 선생님 발표는 저로서는 상당히 감동스럽게 들었습니다. 오늘날 풍납토성, 석촌동고분군이 현재 모습으로 있을 수 있게 한 것은 이형구 선생님의 몸을 던져 보존해야 한다는 의지의 소산이기 때문에 한편으로는 감사드리고 박수를 쳐드리지 않을 수 없다고 말씀드리겠습니다.

그러면서 동시에 이형구 선생님을 비롯한 많은 분들이 노력해서 풍납토성을 지켜왔는데, 최근에 와서 상당히 어려운 시절도 있었습니다. 역사적 유적의 성격이 연구자들에 의해서 규정되어야 함에도 불구하고 법의 심판대로 가버린 것은 어느 면에서는 상당히 불행한 일이라고 생각합니다. 불행한 중에서도 굉장히 불행할 뻔 했는데 다행스럽게도 다시 제 위치를 찾을 수 있게 되었습니다. 이를 위해 이제 문화재청이나 서울시 관계자, 관련 연구자들이 상당히 노력하고, 학회도 역시 노력해서 풍납토성이 백제왕성이라고 하는 점을 확고히 할 수 있는 큰 디딤돌을 마련하게 된 것입니다. 이를 위해서 애를 많이 써주신 관계자 여러분에게도 감사와 축하의 말씀을 드립니다.

김철주 선생님 발표에서 문화재청이 사적지를 어떻게 보느냐는 것에 있어서 제가 봤을 때 가장 큰 변화는 2015년인 것 같습니다. 특히 풍납토성과 관련해서 그 전까지는 풍납토성 안에 있는 주민들을 다 이주시키고 그 다음에 왕도다운 모습을 만든다는 것이었는데, 2015년에 와서는 그것이 아니라 그 안에 살고 있는 주민들과 유산이 공존하고 공영하는 쪽으로 간다는 큰 인식의 변화인 것 같습니다.

이러한 변화를 가져오게 된 중요한 배경 중의 하나는 경주 쪽샘지구였던 것 같습니다. 쪽샘지구에 있는 이른바 '쪽샘'이라고 하는 술집들을 다 드러내버렸습니다. 지금 경주같은 경우는 황량하게 빈 공터로만 남아 있습니다. 다만 그 옆에 돔을 씌워서 발굴하는 현장 하나를 만들어놓았는데, 이게 뭐냐 하는 상당한 반성이 일게 된 계기가 된 것 같습니다. 그래서 문화유산이라는 것이 결국은 현재 살아가는 사람과 같이 가야 된다고 하는 인식 전환의 계기가 되었고, 2015년에 풍납토성에 관한 기본계획을 수립할 때 그것이 일정하게 반영된 것으로 알고 있습니다. 저는 그것이 좋은 결론이라고 생각합니다.

그럼 '앞으로 어떻게 이것을 해나가야 할 것인가' 하는 문제들이 있습니다. 그런 문제들에 있어 이번 글에서 많은 이야기들이 나왔습니다. 그런데 이런 이야기들을 하다 보면 마지막에는 돈에 귀착됩니다. 예산이 있어야 되는데 거기에 부딪치게 되면 할 게 없어집니다. 참 답답한 측면을 금할 수 없습니다. 그러면서도 그 틈새에 그래도 해야 될 일들을 찾아서 해야 되지 않느냐, 그런 면에서 여러분들의 글도 읽고, 발표도 듣고, 평소의 저의 생각도 같이 덧붙여서 몇 가지 말씀드리고자 합니다.

대전제는 백제왕성을 잘 보존, 관리하여 후손에 잘 물려주고, 동시에 이를 활용하여 풍납동민, 송파구민, 서울시민, 대한민국 국민이 향유해야 될 뿐만 아니라 나아가 지구촌 사람들이 함께 향유하는 유산으로 만드는 것이 최종 목적이 되리라 싶습니다. 그렇게 하기 위해서 유적과 주민이 공생, 공유하는 공간이 되어야 합니다. 어떻게 할 것인가 하다가 많이 나온 이야기 중의 하나가 '유산다운 모습으로 표현되어야 하지 않느냐', '현재 풍납토성을 가보자, 여기서 무엇을 느낄 수 있느냐' 하는 것이 많이 지적되었습니다. 현실적으로 할 수 있는 일들을 경우에 따라서 정부, 지자체, 학계, 시민들이 각자 할 일이 있을 것 같습니다. 먼저 학계와 지자체, 문화재청이 같이 해야 할 일 중의 하나가 제1순위가 되어야 할 것 같습니다. 김태식 기자가 발표하면서 '그 성벽, 그 장엄한 것을 왜 덮어버리고 있느냐' 이런 이야기인데, 그걸 현장박물관, 현장전시관으로 만드는 것에 대해서는 저도 백퍼센트 찬성입니다. 그게 제1순위로 나와야 될 것입니다.

공교롭게도 제가 11월 26일에 폼페이를 갔다가 왔습니다. 굉장히 충격적이었습니다. 그러나 가장 섭섭하고 굉장히 유감스러운 것이 하나 있었습니다. 사실 폼페이가 화산재로 폐허가 된 도시라는 것을 현장에 가면 하나도 못 느낍니다. 그냥 폐허가 된 도시이지 화산재에 묻혀서 폐허가 된 도시라는 것을 저는 못느꼈습니다. 화산재가 하나도 없었습니다. 안내문도 없었습니다. 그래서 제가 그때 든 생각이 거기에 화산재가 11m 쌓였었다고 하는데, 한 부분이라도 좀 남겨놨으면 굉장한 더 큰 충격을 주지 않았을까 하고 생각해봤습니다. 사실 풍납토성 자체도 지금 보면 지표에서 5~6m밖에 안돼서 솔직히 장엄한 맛은 없습니다. 그런데 그 밑으로 그 이상의 성벽이 있다는 걸 보여줄 때 보는 이들에게 주는 충격과 감동은 말할 필요도 없을 것 같습니다.

제가 하나 여쭤보고 싶은 게 있습니다. "여기 서울시에 계신 분 있습니까? 송파구청에서 오신 분 계십니까? 문화재청에서 오신 분 계신가요?" 사실 그 분들이 이 자리에 끝까지 계셔야 합니다. 제1차로 성벽은 이미 발굴한 것 아닙니까? 김태식 기자 말대로 덮어놓지 말고 제1순위로 현장박물관을 만들어야겠다는 말씀을 드립니다.

두 번째는 좀 과감한 제안인데, 이름 바꾸기입니다. 사실 명칭이 내용과 성격을 규정합니다. 지금 '풍납동 토성'을 백제왕성이라고 하는데, 그 명칭에서 백제를 느낄 수 있는 건 하나도 없습니다. '바람드리성' 여기에 백제를 느낄 수 있는 무엇이 나와 있습니까? 이건 백제를 느낄 수 있는 이름이 아닙니다. 풍납이라는 게 백제 당시의 이름도 아닙니다. 저는 풍납토성이 백제왕성이기 때문에 이걸 느끼게 하기 위해서 동 이름을 바꾸자는 겁니다. '서울특별시 송파구 백제왕성동' 이렇게 명칭을 바꾸면, 이미 이름 속에서 백제가 드러난다는 것입니다.

한 가지 예를 들겠습니다. 경상북도 고령군이 있습니다. 대가야지역입니다. 굉장히 강조합니다. 그런데 고령군의 행정구역 명칭이 '고령군 고령읍'이었습니다. 이걸 최근에 '고령군 대가야읍'으로 바꿨습니다. 확 살아납니다. 고령군 대가야읍이라고 하니까, 이곳이 대가야의 수도가 있던 곳이구나 이렇게 되는 것입니다. '풍납'도 아무리 떠들어도 이게 백제와 관련 있다는 느낌은 없습니다. 그래서 가칭이긴 한데 '백제왕성동'과 같이 백제와 직접 관계되는 명칭으로 바꿔서 함께 할 수 있으면 좋겠다는 말씀을 드립니다.

세 번째는 연구하는 분들, 지자체, 시민단체에서도 같이 공유해야 될 문제입니다. 우리가 발굴할 때 발굴지역 명칭을 전에는 현대아파트, 미래마을, 경당지구 등으로 했습니다. 그런데 발굴이 끝나고 그 성격이 어느 정도 드러난 게 있습니다. 그런데도 불구하고 그 지역 명칭을 여전히 미래마을, 경당지구, 태양열주택, 현대아파트 등으로 부르고 있습니다. 그게 백제와 무슨 상관이 있습니까? 그 성격에 맞는 쪽으로 이름을 좀 바꿔서 공통으로 부르자는 겁니다.

가장 대표적인 게 '경당지구'입니다. 경당지구에서 좋은 제사 관련 건물이 나왔습니다. 종묘일 수도 있고, 신전일 수도 있는데, 그렇다면 그 지역은 가장 대표적인 유적이니까 '종묘 · 신전구역'으로 부르고, 거기에 걸맞게 공원화되어 있는 것을 종묘와 신전구역에 걸맞게 표현해줘야 되지 않겠냐 하는 겁니다. 그런데 그런 표현을 할 때 어느 면에서는 지금 공원화되어 있는 아까 말씀드린 미래마을 지역은 창고와 도로가 나왔기 때문에 '도로 · 창고구역'이라고 해도 좋습니다. 거기에 그 성격에 걸맞은 공원을 만들어야 되겠지요. 지금 만든 것은 아마 새로 해야 될지 모르겠습니다.

그리고 또 다시 새롭게 발굴해서 공원화할 때, 특히 지자체 쪽에 하나 부탁드리겠습니다. 이런 복원사업을 하는 쪽에 용역을 맡길 때, 제발 발굴한 사람들의 견해를 좀 들어주기를 바랍니다. 그리고 이 경우에는 발굴한 연구자들과 지자체 공무원들과 함께 이 지역을 많이 안내하고 알림이와 지킴이 역할을 하는 시민대표들까지도 같이 모여서 어떤 형태로 만들어주는 것이 가장 좋은 역사문화공원이 될 수 있을지 같이 고민하고, 중간에 반드시 점검하는 것이 있어야 되겠습니다. 계획 따로 시행 따로입니다. 중간에 검증하는 과정이 없습니다. 그 동안에는 엉뚱한 모습의 복원이 이루어졌다는 이야기를 엄청나게 많이 듣습니다. 그래서 반드시 중간에 검증하는 과정이 있도록 했으면 좋겠다는 말씀을 드리겠습니다.

마지막으로 한 가지 더 말씀드리겠습니다. 백제왕성에 대해서는 이제는 더 이상 소모적인 논쟁을 하지 않았으면 좋겠습니다. 그 소모적인 논쟁에 들어가는 에너지를 어떻게 하면 풍납동, 제가 말하는 가칭 '백제왕성동'에 사는 주민들이 왕성인답게, 왕경인답게 살 수 있을까 하는 데에 에너지를 맞췄으면 좋겠다는 생각입니다.

그리고 이것을 하나의 밑걸음으로 해서 700년 백제 전체 역사를 세계인이 향유할 수 있도록 서울의 유산을 공주, 부여, 익산 백제역사유적지구에 확장하여 세계유산으로 등재하는 데 초점을 맞췄으면 합니다. 2015년 공주, 부여, 익산의 백제역사유적이 세계유산이 되었는데, 백제 한성시기가 빠지고 나니까 굉장히 허전합니다. 제가 공주, 부여, 익산 백제역사유적지구를 세계유산으로 등재시킬 때 추진위원장을 했습니다. 2015년 7월에 세계유산에 등재된 소식을 들었을 때 굉장히 기분이 좋았는데, 이튿날 신문, 방송을 보고 굉장히 기분이 나빴습니다. 두 가지 때문입니다.

하나는 일본의 군함도가 부각이 되어 백제역사유적지구가 상대적으로 언론의 주목에서 죽어버렸습니다. 그 다음 두 번째가 '왜 서울이 빠졌냐'는 질책성 기사들이 굉장히 많이 나왔습니다. 우리가 일부러 서울을 뺀 게 아니라 서울이 전혀 준비가 되어 있지 않아서 빠진 건데, 마치 서울을 왕따시킨 것처럼 이런 식의 언론기사가 나오는 바람에 굉장히 기분이 나빴습니다. 그러나 기분 나쁜 건 일시적이고, 서울이 들어가야만 700년 백제의 역사가 세계인이 향유하는 문화유산이 될 수 있기 때문입니다. 이쪽에 초점을 맞춰서 모든 것이 이루어져야 되지 않을까 하는 말씀을 드리면서 저의 총평을 마치겠습니다.

총평 3-2 /

김도형(동북아역사재단 이사장 · 전 서울역사도시서울위원회 위원장)

김도형입니다. 얼마 전까지 서울시를 역사도시로 만들기 위해 노력하던 '역사도시서울위원회'의 공동위원장으로 활동했습니다. 제가 최근 맡은 동북아역사재단의 일들이 많아 오래 전에 약속한 오늘의 학술발표회 총평의 임무를 수행하지 못하고 이렇게 글로 대신합니다. 모이신 여러 학자분, 시민들과, 또 제가 맡은 고역을 대신 져주신 노중국 교수님께 죄송한 마음을 가집니다.

잘 아시고 계시는 바와 같이 '역사도시서울위원회'는 서울이 가진 역사적 자원을 보존하면서, 동시에 이를 현재를 살고 있는 시민들이 공동으로 향유하면서, 나아가 새로운 미래의 역사도시를 만드는 일을 담당하고 있습니다. 이런 차원에서 서울의 역사를 조선의 왕도 시절 600년을 넘어 백제의 건국이 이루어진 시기를 포함하여 최소한 '2천년 역사도시'라는 점을 강조하여 왔습니다. 물론 국가 형성 이전의 선사시대 유적도 있습니다만, '수도'의 의미를 담은 시기만 하여도 2천년이 넘는다는 점을 드러냈습니다.

'2천년 역사도시 서울'의 시작점은 바로 오늘 우리가 살펴보는 풍납토성입니다. 서울의 역사뿐 아니라 백제 자체의 역사에서도 한성백제 시기는 백제 전성기를 이루었다고 해도 좋을 것입니다.

그러나 초기 백제의 역사는 오랫동안 땅 속에 묻혀 있었고, 그리하여 그 역사 위에는 다시 우리 현재의 역사와 삶이 얹혀져 있습니다. 풍납토성 유적을 박물관 속 '박제의 유물'로 만들지 않고, 이곳의 주민과 나아가 서울 시민과 공생共生, 상생相生할 수 있는 방안을 찾아야 할 시점에 다다랐습니다. 우리가 긴 시간 학술회의를 하는 이유도 여기에 있고, 특히 제3부 「백제왕성 풍납토성의 미래」에서 다룬 발표들은 바로 이런 고대인과 현대인의 '공생', 시민차원의 문화유산 활용문제를 다루고 있습니다.

오덕만 대표님께서는 지역주민이 문화재에 애정을 가지고 참여할 수 있는 지역축제 속에서 시민참여 활용방안을 구체적으로 제안하였습니다. 특히 '풍납토성의 미래가치를 높이는 일'과 '역사문화도시의 경쟁력을 확보하는 일'을 강조하고, 풍납토성과 주민이 공존하는 방안을 모색해야 한다는 점은 매우 의미 있는 제안이라고 생각합니다. 활용사업에서의 주민참여방안, 토성 및 역사공원 활용방안, 그리고 시행한 바 있는 문화재 활용사업의 사례를 예시하였으며, 나아가서는 매입 혹은 보상 처리된 주택의 활용방안까지 제안하셨습니다. 특히 마을역사관, 혹은 풍납토성 역사교육관 건립 등은 매우 소중한 제안이라고 생각합니다.

김태식 기자님, 또한 문화유산과 지역주민의 상생을 위한 제안을 하셨습니다. 김 기자님은 문화유적의 보존이라는 측면보다는 '풍납토성을 개발하자'는 다소 도발적인 표어로 이 문제를 풀어가고 있습니다. 물론 이 개발은 기존 우리가 행하던 개발이 아니라 '품위 있는 문화지구의 개발'입니다. 곧 과거와 현재가 공존하는 '개발' 입니다. 땅 속에 묻힌 유물만을 '구출'하고 유적지를 흙으로 덮고 다시 잔디를 심은 형태의 '보존'은 하지 말자는 제안입니다.

이 두 분의 제안은 공통적으로 유물과 유적을 오늘날 살고 있는 주민, 시민과 호흡을 같이 하는 유물과 유적으로 만들고자 하는 것입니다. 저도 두 분의 제안과 기본적으로 방향을 같이 합니다. 그러면서도 이를 보완하는 차원에서 다음과 같이 몇 가지를 첨언함으로써 총평의 책임을 면하고자 합니다.

1) 지금까지 지역주민에게 풍납토성은 족쇄와 같은 존재가 되어왔습니다. 문화재 보존이라는 미명 아래 주민들은 자신의 삶의 많은 부분을 제약받고 포기해야 하는 현실이 엄연히 존재하고 있습니다. 풍납토성이 지역주민에게 사랑받고 자부심이 되는 유적이 되기 위해서는 풍납토성이 '내 삶에 도움이 되는 문화재', 더 나아가 '삶의 일부로서의 문화재'라는 인식의 전환이 필요합니다.

인식 전환은 지금도 난제로 되어 있는 토지보상과 매입문제에 매달려 있어서는 불가능합니다. 보상과 매입문제는 천문학적인 재원과 사회적 합의가 필요한 사안인 만큼 서울시나 주민이 모두 열린 마음과 긴 호흡을 가지고 풀어나가야 할 것입니다. 토지보상과 매입문제는 그 문제대로 풀어가야 하지만 우리는 또 다른 활로를 찾아야 합니다. 그래서 문화재 활용에 주목하게 됩니다. 풍납토성을 통해서만 얻을 수 있는 유·무형의 이로움을 지역사회 속에서 공유해야 가능합니다. 지역주민에게 실질적이면서도 안정적인 혜택이 주어져야 하고, 이런 혜택 속에서 '여기에 살기를 잘했다'는 긍정적인 인식을 가질 수 있도록 해야 합니다.

2) 이를 위해서는 역사적 유물로서의 풍납토성과 현재를 살아가는 사람들의 '조화'를 이룰 수 있는 방안을 찾아야 할 것입니다. 우선, 백제의 도성이었다는 역사적 사실을 풍납토성을 통해서 느낄 수 있는 '분위기 있는 공간'으로 거듭나야 합니다. 잔디밭으로 조성된 산책로와 근린공원으로 탈바꿈한 유적지만으로는 불가능합니다. 오 대표님이 제안해주신 바와 같이 지역주민과 시민들이 함께 누릴 수 있는 다양한 문화공간을 만들어갈 수 있는 투자가 필요합니다. 김 기자님이 제안하신 것처럼 성벽 절개면과 풍납토성 내부에서 발굴조사된 유적현장을 보여줄 수 있는 현장박물관 건립도 고

려해볼 수 있을 것입니다.

다만, 한성백제박물관과 몽촌역사관과 같이 기존에 있는 시설과 역할분배를 잘 조정해야 할 것입니다. 예를 들어 한성백제박물관은 백제 한성도읍기의 역사를 중심으로 서울의 선사와 고대사를 아우르는 허브박물관으로서의 역할을 수행하고, 풍납토성에 건립될 박물관은 백제 왕성의 발굴현장을 생생하게 보여줄 수 있는 유적박물관으로서 그 역할을 나누고 협력할 수 있는 체계를 만들어야겠습니다. 그리고 유물 확보문제에도 지역 연고가 존중될 수 있도록 제도적 지원이 함께 이뤄져야 하겠습니다.

3) 풍납토성을 백제 도성으로서의 분위기를 느낄 수 있는 공간으로 정비하는 가운데, 그 안에서 모든 시민들이 누리면서 체험할 수 있는 기회가 주어져야 할 것입니다. 볼거리, 먹거리, 즐길거리의 아이템을 찾고 이를 발전시켜 지역경제에 도움이 되는 방안을 찾아야 할 것입니다. '풍납토성'과 '백제'라는 키워드를 중심으로 지역주민에게 다양한 사업 아이템을 제공하고 지원하는 방안을 고심해야 할 것입니다.

4) 마지막으로 지역주민에게 문화와 복지 분야에 다양한 혜택을 향유할 수 있도록 지원하는 것입니다. 개인마다의 토지보상 문제도 중요한 현안이지만, 풍납토성에서 계속 거주하는 지역주민에게 피부에 와 닿는 생활 속 변화도 중요한 문제일 것입니다. 풍납토성에 대한 적극적인 활용과 부대사업을 통해서 얻은 성과를 지역주민의 삶을 개선하는 데 투자될 수 있도록 선순환 구조를 만드는 노력이 필요할 것이라고 생각됩니다.

제가 거론한 몇 가지 점이 다소 추상적이지만, 풍납토성 문제가 단순한 보상과 철거의 문제가 아니라 역사 유적과 현재의 삶이 공존하고, 그리하여 과거의 역사와 미래의 역사가 한 공간 속에서 시계열적으로 호흡을 같이 한다는 원칙을 다시 강조하기 위한 것입니다. 성벽과 건물 아래의 역사적 층이 오늘날의 삶으로 연결되는 역사문화공간으로 바꾸어나가는 것입니다. 이를 위한 시민들의 적극적인 참여와 서울시, 송파구의 구체적인 노력을 기대합니다.